Das demokratische Weltparlament
Eine kosmopolitische Vision

Jo Leinen/Andreas Bummel

Das demokratische Weltparlament

Eine kosmopolitische Vision

Bibliografische Information der Deutschen Nationalbibliothek
Die Deutsche Nationalbibliothek verzeichnet diese Publikation
in der Deutschen Nationalbibliografie; detaillierte bibliografische
Daten sind im Internet über http://dnb.dnb.de abrufbar.

ISBN 978-3-8012-0492-1

2. Auflage 2017
Copyright © 2017 by
Verlag J.H.W. Dietz Nachf. GmbH
Dreizehnmorgenweg 24, 53175 Bonn
Umschlag: Hermann Brandner, Köln
Satz: just in print, Bonn
Druck und Verarbeitung: CPI books, Leck
Alle Rechte vorbehalten
Printed in Germany 2017

Besuchen Sie uns im Internet: *www.dietz-verlag.de*

Inhalt

Einleitung 1

Teil I: Die Idee eines Weltparlaments: Ihre Geschichte und Pioniere. 7

1. Von der Stoa bis Kant: Kosmopolitismus, Naturrecht und Vertrags-
denken. 9
   Kosmopolitismus im alten Griechenland 9 — Kosmopolitische Wurzeln in Indien und China 10 — Der Menschheitsstaat bei Vitoria 11 — Friedenskonzeptionen im Zeichen der »souveränen Staatsgewalt« 12 — Die Idee des Gesellschaftsvertrages bei Hobbes und Locke 14 — Vertragsdenken und Völkerstaat bei Wolff 17 — Das kosmopolitische Projekt von Kant 18

2. Das 18. Jahrhundert: Aufklärung, Revolutionen und Parlamentarismus. . 21
   Der amerikanische Bundesstaat und repräsentative Demokratie 21 — Die historischen Wurzeln des Parlamentarismus 23 — Kosmopolitismus in der Französischen Revolution 24 — Die »Republik der Menschheit« bei Cloots 26 — Das Ende der kosmopolitischen Strömung 27

3. Vom Wiener Kongress bis zu den Haager Konferenzen: Integrationslogik und der Beginn des Interparlamentarismus. 28
   Die Völkerrepublik bei Sartorius 28 — Das Programm weltweiter Integration bei Pecqueur 29 — Weltföderation und Weltparlament bei Pecqueur 30 — Tennyson's »Parlament der Menschheit« 32 — Der Kampf um eine Ausweitung des Wahlrechts 33 — Die Entstehung des Interparlamentarismus 34 — Die Gründung der IPU 36 — Die Haager Konferenzen als Impulsgeber 36 — Internationalismus in den USA 37 — Eine Initiative bei der IPU 38 — Argumente aus der deutschen Friedensbewegung 40

4. Weltkrieg, Völkerbund und die Pariser Konferenz 43
   Das Programm der »Round Table«-Gruppe 43 — Die Theorie der soziokulturellen Evolution und eine Weltföderation 44 — Ein Weltparlament auf der Tagesordnung von Versailles 45 — Der »deutsche Entwurf« für eine Völkerbundssatzung 47 — Enttäuschung über den Völkerbund 48

5. Der Zweite Weltkrieg und die Atombombe: Der Weltföderalismus in der Anfangszeit der UNO 51
   Der Föderationsgedanke unter dem Druck des Faschismus 51 — Die Etablierung des Weltföderalismus 52 — Überlegungen über die Nachkriegsordnung 54 — Grundsatzkritik an der UNO und der Schock der Atombombe 55 — Prominente Unterstützung für eine föderale Weltordnung 56 — Demokratie, Nationalstaat und Souveränität in der Kritik von Reves 57 — Albert Einstein und Albert Camus als Für-

sprecher 58 — Die Position der katholischen Kirche 59 — Der britische Vorstoß von November 1945 60 — Die Frage der Charta-Revisionskonferenz 61 — Die Gründung des Europarates 63 — Der Vorschlag einer Parlamentarischen Versammlung der UNO von Sohn 63 — Entwürfe für eine Weltverfassung 64 — Das Konzept von Clark und Sohn 65 — Parlamentarische Zusammenarbeit für eine Weltföderation 67

6. Die Blockkonfrontation und der Aufstieg der »Nichtregierungsorganisationen«. 69

Der Weltföderalismus zwischen den Fronten des Kalten Krieges 69 — Die föderalistische Bewegung und die Gründung der NATO 69 — Das Abklingen des Weltföderalismus und der Weltparlamentsidee 70 — Das World Order Models Project 71 — Die wachsende Bedeutung der »Nichtregierungsorganisationen« 72 — Die Idee einer »Zweiten Kammer« 74 — Die Frage der Stimmengewichtung in der UN-Generalversammlung 75 — Der Reformbericht von Bertrand 76 — Perestroika und der Vorstoß Gorbatschows 77

7. Das Ende des Kalten Krieges: Demokratisierungswelle und Wiederbelebung der Debatte 80

Die Demokratisierungswelle 80 — Die Wiederbelebung der Debatte 81 — Eine Parlamentarische Versammlung bei der UNO als strategisches Konzept 82 — Unterstützung für ein Weltparlament und eine UNPA 83 — Der Bericht der Commission on Global Governance 86 — Der Bericht der Weltkommission für Kultur und Entwicklung 87

8. Kosmopolitismus und Demokratie im Zeitalter der Globalisierung und der »Weltrisikogesellschaft« 89

Globalisierung und Nationalstaat 89 — Die Theorie einer »kosmopolitischen Demokratie« 91 — Die Beiträge von Falk und Strauss 93 — Eine Gemeinschaft der Demokratien? 95 — Die föderale Weltrepublik bei Höffe 96 — Die Forderung nach einem WTO-Parlament und die Rolle der IPU 97 — Weitere Vorstöße in Richtung Weltparlament und UNPA 99

9. Der »Krieg gegen den Terror«, die Rolle der IPU und die Kampagne für ein Parlament bei der UNO 103

Landminenverbot, Strafgerichtshof und Weltsozialforum 103 — Neue Beiträge zur Idee eines globalen Parlaments 104 — Die Konferenzen in Lucknow 105 — Der 11. September und globale Demokratie 106 — Der Bericht der Enquete-Kommission des Deutschen Bundestages 107 — Der Bericht der Weltkommission für die soziale Dimension der Globalisierung 108 — Die Kampagne des Ubuntu-Forums 109 — Der Bericht des Cardoso-Panels 110 — Wachsende Unterstützung für eine UNPA 112 — Die internationale Kampagne für eine UNPA 115 — Forderungen nach einer UNPA ab 2007 118 — Die dritte Weltkonferenz der Parlamentssprecher 121 — Die Resolution des Europaparlaments von 2011 122 — Die Empfehlungen von de Zayas 124 — Neuere Entwicklungen 125 — Der Bericht der Albright-Gambari-Kommission 126

Teil II: Regieren und Demokratie im Anthropozän 129

10. Das Anthropozän, planetare Grenzen und die Tragödie der Gemeingüter 132

   Das Zeitalter des Menschen 132 — Die Grenzen des Erdsystems 133 — Das Problem des Freiwilligkeitsprinzips 135 — Die »Tragödie der Gemeingüter« 137 — Das Management globaler Gemeingüter 138 — Das Generationenproblem 140 — Globale Mehrheitsentscheidungen 141 — Die Tragödie des Völkerrechts 142

11. Die Wachstumsproblematik, die »Große Transformation« und eine globale ökosoziale Marktwirtschaft 144

   Overshoot und der ökologische Fußabdruck 144 — Das Ende der Wachstumsutopie 145 — Die Herausforderung globaler ökosozialer Entwicklung 146 — »Politikblockaden« als Hauptproblem der Transformation 147 — Staatsbildungsprozess und Entstehung der Marktwirtschaft 148 — Die Doppelbewegung zwischen Marktfundamentalismus und Dirigismus 149 — Eine globale ökosoziale Marktwirtschaft 150

12. Turbokapitalismus, Finanzkrise und der entfesselte globale Wettbewerb 153

   Die Aktualität der Doppelbewegung und die Frage der Emanzipation 153 — Die Finanzkrise und das fortbestehende Systemrisiko 154 — Staatliche Interventionen zur Stabilisierung des Finanzsystems 156 — Das Finanzsystem als »prioritäres globales öffentliches Gut« 157 — Das anarchische Völkerrechtssystem 158 — Liberalismus, Laisser-faire und die Frage eines Weltstaates 159 — Der globale Deregulierungswettlauf 160 — Die zentrale Rolle der Steueroasen und anonymer Strohfirmen 162 — Die versteckten Billionen 164 — Globale Staatsbildung als Ziel der Gegenbewegung 165

13. Die Frage einer Weltwährung, globale Steuern und weltweiter Fiskalföderalismus 167

   Weltwährung und Weltzentralbank 167 — Externe Effekte nationaler Währungspolitik und Währungskriege 168 — Neuere Vorschläge einer Weltreservewährung 169 — Der steuerpolitische Abwärtswettlauf 170 — Eine einheitliche Besteuerung multinationaler Unternehmen 172 — Die Ablehnung durch die OECD 173 — Globaler Fiskalföderalismus und die Wiederherstellung fiskaler Souveränität 174 — Vorschläge für globale Steuern 175 — Die Verwaltung, Kontrolle und Verwendung globaler Steuereinnahmen 177

14. Weltinnenpolitik, transsouveräne Probleme und komplexe Interdependenz 179

   »Transsouveräne Probleme« 179 — Der Begriff der Interdependenz 180 — Transgouvernementale Netzwerke und die Verschmelzung von Innen- und Außenpolitik 181 — Entwicklungsphasen der internationalen Ordnung 183 — Souveränität und das Zeitalter der »Implosion« 184

15. Die Fragilität der Weltzivilisation, existentielle Risiken und die
    Evolution des Menschen.. 186
    Das Potential eines weltweiten Zusammenbruchs 186 — Das Genom als Erbe der
    Menschheit 187 — Reprogenetik 188 — Transhumanismus und künstliche Intelligenz 189 — Autonome Waffensysteme 190 — Bioterrorismus, Nanobots und neue
    Viren 191 — Die Notwendigkeit weltrechtlicher Regulierung 192

16. Die Bedrohung durch Nuklearwaffen, »allgemeine und vollständige
    Abrüstung« und kollektive Sicherheit 195
    Der Atomkrieg als Ende aller Dinge 195 — Die Gefahr einer Abdrift zum Atomkrieg 196 — Das Risiko nuklearer Zwischenfälle 197 — Die unerfüllte Verpflichtung
    zur allgemeinen und vollständigen Abrüstung 199 — Die Architektur nuklearer
    Abrüstung 201 — Der Zusammenhang zwischen nuklearer und konventioneller
    Abrüstung 203 — Das McCloy-Zorin-Übereinkommen 204 — Die unerfüllte Friedenskonzeption der UN-Charta und UN-Streitkräfte 205 — Die vier Säulen einer
    Weltfriedensordnung 208 — Die Rolle eines Weltparlaments 208

17. Terrorismusbekämpfung, Rückstoß und Datenschutz.................... 210
    Der »Krieg gegen den Terror« als Selbstzweck 210 — Die verdeckte Kriegsführung der
    USA 210 — Folgen der US-Außenpolitik und des »Krieges gegen den Terror« 211 —
    Menschenrechtsverletzungen und der Drohnenkrieg der USA 213 — Ursachen des
    transnationalen Terrorismus und die Bedeutung eines Weltparlaments 214 — Der
    globale Überwachungsapparat und die Entrechtung aller Menschen 217 — Ein globales Datenschutzrecht 219

18. Ein Weltpolizeirecht, internationale Strafverfolgung und das postamerikanische Zeitalter... 222
    Die Notwendigkeit eines Weltpolizeirechts und eine supranationale Polizei 222 —
    Das Versagen klassischer Zwangsmaßnahmen 223 — Eine supranationale Polizei
    zur Unterstützung des ICC 224 — Die Strafverfolgung des ICC ausweiten 226 —
    Souveränität und die Zusammenarbeit der Strafverfolgungsbehörden 227 — Die
    Stärkung der internationalen Strafverfolgung und ein Weltparlament 228 — Die
    mangelhafte Kontrolle von Interpol 230 — Ein Weltparlament als Instanz des Weltpolizeirechts 231 — Die Rolle und Bedeutung der USA 234

19. Ernährungssicherheit und die politische Ökonomie des Hungers........ 238
    Das Ausmaß des Welthungers und das Recht auf angemessene Ernährung 238 —
    Bevölkerungswachstum und Nahrungsmittelproduktion 240 — Die Fragilität der
    globalen Nahrungsmittelversorgung 242 — Die Abhängigkeit von Öl und Phosphat 244 — Hunger als Problem der politischen Ökonomie 245 — Die Bedeutung
    von Demokratie und des internationalen Systems 246 — Ernährungssicherheit als
    globales öffentliches Gut und das Versagen der G20 247 — Die FAO, ein World Food
    Board und globale Nahrungsmittelreserven 249 — Offener Handel, Ernährungssicherheit und eine Weltfriedensordnung 250 — Die Demokratisierung der globalen
    Ernährungspolitik und ein Weltparlament 252

20. Globale Wasserpolitik 254
    Die Situation der Trinkwasserversorgung 254 — Wassersicherheit als globales Anliegen 255 — Das Demokratiedefizit der Wasser-Governance und ein Weltparlament 257

21. Die Abschaffung von Armut und eine soziale Grundsicherung für alle .. 260
    Armut als Schlüsselproblem 260 — Extreme Armut und das Recht auf angemessenen Lebensstandard 260 — Die Notwendigkeit einer neuen Entwicklungspolitik 263 — Wirtschaftswachstum reicht nicht 264 — Soziale Grundsicherung als Basis eines planetaren Gesellschaftsvertrages 265 — Ein globales Grundeinkommen 266 — Die Teilhabe aller Menschen an den Gemeingütern 268 — Der Traum vom Leben ohne wirtschaftlichen Zwang 268

22. Globale Klassenformation, die »Superklasse« und globale Ungleichheit . 270
    Die Entstehung globaler Klassengegensätze und die Rolle der Mittelschicht 270 — Das globale Prekariat 272 — Das Konzept der Multitude 273 — Die Superreichen und globale Herrschaftsstrukturen 275 — Die transnationale kapitalistische Klasse 276 — Ein transnationaler Staatsapparat 278 — Die Verflechtung transnationaler Konzerne 279 — Die Notwendigkeit einer globalen Antikartellbehörde 280 — Globale Ungleichheit und Instabilität 282 — Ungleichheit als Ursache der Finanzkrise 284 — Die Vermehrung von Kapitalanlagen und eine globale Kapitalsteuer 285 — Die Notwendigkeit weltstaatlicher Instrumente und ein Weltparlament 286 — Ein neuer globaler Klassenkompromiss 287

23. Die Weltordnungsdebatte, eine planetare Verwirklichungshierarchie und das Zeitalter der Entropie 289
    Die globale Elite und die Frage einer Weltregierung 289 — Das Schreckbild eines globalen Leviathans 291 — Hierarchische Ordnung und Komplexität 293 — Herrschafts- und Verwirklichungshierarchien 293 — Das Prinzip der Subsidiarität 294 — Die Fragmentierung der Global Governance und des Völkerrechts 295 — Ein kohärentes Weltrecht und ein Weltparlament 297 — Die Unübersichtlichkeit der Weltordnung und das »Zeitalter der Entropie« 297 — Ein entropischer Niedergang der Weltzivilisation? 299 — Weltföderalismus als Komplexitätsreduktion 300 — Die Tabuisierung der Idee eines Weltstaates 301 — Das wankende Paradigma der Zwischenstaatlichkeit 302 — Standardthesen der reaktionären Rhetorik 304

24. Die dritte demokratische Transformation und das globale Demokratiedefizit 306
    Die Demokratisierungswellen 306 — Wirtschaftliche Entwicklung und Demokratie 308 — Der postindustrielle Wertewandel 309 — Demokratie als universeller Wert 310 — Das Recht auf Demokratie 312 — Entdemokratisierung durch die intergouvernementale Ebene 313 — Der Einfluss transnationaler Konzerne 315 — Das Beispiel der Codex-Kommission 316 — Fragmentierung als Demokratieproblem 317 — Das Dilemma der Größenordnung 318 — Die Idee der Legitimationskette 319 — Output-Legitimation 320 — Rechenschaftspflicht gegenüber der Weltbürgerschaft 322 — Gleichheit und Repräsentation im Völkerrecht und im Weltrecht 323 — Die dritte demokratische Transformation 325 — Internationale parlamentarische Institutionen 327

25. Die Entwicklung eines planetaren Bewusstseins und eine neue globale
Aufklärung 329
Krieg und soziopolitische Evolution 329 — Der Rückgang von Gewalt 332 — Die Entwicklung von Vernunft, Empathie und Moral 332 — Gruppenselektion als Ursprung der Moral 335 — Binnenmoral und die Adoleszenzkrise der Menschheit 336 — Soziogenese und Psychogenese 339 — Der wachsende Kreis der Empathie 340 — Der Übergang zum integralen Bewusstsein 342 — Gruppennarzissmus und promethisches Gefälle 344 — Das Problem der kulturellen Phasenverschiebung 346 — Globale Identität und die »Anderen« 348 — Der »Overview«-Effekt und ein planetares Weltbild 350 — Identität, Demos und Staatsbildung 353 — Die progressive Haltung der Weltbevölkerung 356 — Globalgeschichte und weltbürgerliche Schulbildung 358 — »Big History« als moderne Schöpfungsgeschichte 360 — Die Fortsetzung des Projekts der Moderne 362 — Die neue globale Aufklärung 365

**Teil III: Die Zukunft gestalten:
Design und Verwirklichung einer Weltdemokratie** 367

26. Die Entwicklung eines Weltparlaments 369
Das Beispiel des Europäischen Parlaments 369 — Der Vorschlag einer UNPA 371 — Ausbau von Kompetenzen und Zuständigkeit 372 — Steigende demokratische Anforderungen 375 — Die Sitzverteilung 376

27. Die Schaffung von Weltrecht 380
Völkerrecht und Weltrecht im Vergleich 380 — Eine Weltlegislative mit zwei Kammern 382 — Ein Weltverfassungsgericht 383

28. Die Bedingungen der Transformation 385
Die Rahmenbedingungen für institutionelle Veränderungen 385 — Eine kosmopolitische Bewegung 387 — Die Rolle der NGOs 388 — Eine UNPA als Motor der Veränderung 390 — Vier Faktoren 392 — Die schleichende Revolution 392 — Die Revolution von unten 393 — Die Revolution von oben 394 — Der Auslöser 395 — Den Schrecken antizipieren und verhindern 396 — Klimabedingte Ereignisse 397 — Ein demokratisches China 398 — Am Anfang 400

Anhang

Personenverzeichnis 403

Endnoten 411

Einleitung

Erstmals in der Geschichte sind alle Menschen durch eine gemeinsame Weltzivilisation verbunden, die ausnahmslos die gesamte Erde umfasst. Die technologischen Fortschritte im Bereich der Kommunikation, des Transports, der Medien und der Information treiben die planetare Verflechtung weiter voran. Die Vernetzung durch das Internet ist allgegenwärtig und für Wirtschaft und Gesellschaft unverzichtbar geworden. Das moderne Leben unserer Zeit ist nur möglich aufgrund der Globalisierung des Warenhandels, des Kapitalverkehrs, der Dienstleistungen und der Produktionsprozesse. Die weltweite Konsumgesellschaft und ihr Ressourcenverbrauch sind allerdings nicht nachhaltig. Wegen der engen und komplexen Verflechtungen hat das Handeln jedes Einzelnen Einfluss auf alle anderen, so unmerklich er auch scheinen mag. In der Summe ist die Menschheit zu einer Schicksalsgemeinschaft geworden. Wir verfügen über die Mittel, die hoch entwickelte menschliche Zivilisation zu zerstören. Die Weltgesellschaft ist produktiv genug, um allen Menschen ein Leben mit einer Grundsicherung, Schulbildung und Gesundheitsversorgung zu ermöglichen. Und doch ist dies noch nicht geschehen. So wie die Sklaverei und der Kolonialismus überwunden wurden, müssen auch extreme Armut und die Institution des Krieges mitsamt der Kriegswirtschaft in die Geschichtsbücher verbannt werden. Ein zentrales Problem ist außerdem die extreme soziale Ungleichheit. Die Vorteile der Globalisierung und der fortschreitenden Produktivität müssen in den einzelnen Gesellschaften und global gerecht verteilt werden. All das zu schaffen ist weniger eine Frage der richtigen Politik. Es ist viel mehr eine Frage der *richtigen politischen Strukturen*. Aus welcher Perspektive man es auch betrachtet, der zentrale Punkt liegt darin, dass keine politischen Institutionen für wirksame globale Regulierung existieren. Trotz aller hilflosen Versuche kann die Weltzivilisation so nicht gestaltet werden. Die Weltordnung befindet sich in einer Krise, die mit der Gefahr eines katastrophalen Zusammenbruchs einhergeht. Das träge »Weiter so« der wirtschaftlichen und politischen Eliten provoziert den Aufstieg nationalistischer, antimoderner und gegenaufklärerischer Kräfte, die das Risiko eines globalen Niederganges erheblich vergrößern. Um diesen instabilen Zustand zu beseitigen, sind effektive weltrechtliche Institutionen nötig, die demokratisches Weltregieren ermöglichen. Es geht um die Frage, ob der Prozess der Globalisierung endlich auch in den politischen Strukturen vollzogen wird. Die entscheidenden Leitplanken auf dem Weg zu einer ökosozialen und nachhaltigen globalen Marktwirtschaft sind dabei die Prinzipien der Demokratie, des Föderalismus und der Subsidiarität. Ohne Zweifel muss die Demokratie weiterentwickelt und gestärkt werden. Dies wird jedoch nur mit einem ganzheitlichen Ansatz gelingen, der ein besonderes Augenmerk auf die globale Ebene legt.

Dieses Buch ist das Ergebnis unserer langen Beschäftigung mit der Frage eines Weltparlaments und basiert auf einer mehrjährigen intensiven Recherchearbeit. Es handelt sich nicht um eine neutrale Betrachtung, sondern um ein leidenschaftliches Plädoyer. Wir sind von der Notwendigkeit eines demokratischen Weltparlaments überzeugt. Ein neutrales Buch zu schreiben war weder unsere Absicht, noch wäre es uns überhaupt möglich gewesen. Als einen praktischen Schritt haben wir vor zehn Jahren die internationale Kampagne für eine parlamentarische Versammlung bei den Vereinten Nationen mit gegründet. Wir wissen, dass ein Weltparlament und eine Weltrechtsordnung nicht von heute auf morgen verwirklicht werden können. Doch wir argumentieren, dass es allerhöchste Zeit ist, diese Entwicklung mit der Einrichtung einer Parlamentarischen Versammlung bei der UNO, abgekürzt UNPA, in Gang zu setzen. In der übergeordneten Perspektive haben wir uns nicht davon leiten lassen, was realpolitisch möglich ist, sondern davon, was nötig wäre. Ohne visionäres Vorausdenken wäre in der Menschheitsgeschichte nicht viel zustande gekommen. Die Zeit der Utopien ist nicht vorbei. Ganz im Gegenteil. Über den Zustand und die Ziele der planetaren Zivilisation muss nun, zu Beginn der globalen Moderne, dringend vorbehaltlos nachgedacht werden. Wir wollen die Weltordnung unserer Zeit in ihren vielen Facetten analysieren und mit Blick auf eine föderale und demokratische Weltordnung Vorschläge machen. Unser Anliegen ist es schlicht und einfach, die Frage eines Weltparlaments und einer Weltrechtsordnung in den Blickpunkt zu rücken und eine ernsthafte Debatte darüber anzustoßen.

Das Projekt eines Weltparlaments ist unserer Ansicht nach *der* Schlüssel zur Realisierung einer demokratischen, solidarischen und nachhaltigen Weltordnung und darüber hinaus ein Vehikel für eine neue globale Aufklärung. Die Schaffung eines Weltparlaments gehört zu den wichtigsten politischen Voraussetzungen für das langfristige Fortbestehen der Weltzivilisation im Zeitalter des Anthropozäns. Die globalen Risiken und Herausforderungen unserer Zeit sind gravierend, ja sogar existentiell. Wir möchten jedoch keinen Alarmismus verfallen. Selbst wenn es alle Probleme der Welt nicht gäbe, würde das die Argumente für ein Weltparlament nicht entkräften. Es ist eine Konsequenz daraus, die Gleichheit aller Menschen und ihre globale Vernetzung innerhalb der *einen* Weltzivilisation anzuerkennen. Die Art und Weise, wie in einer Gemeinschaft Entscheidungen gefällt werden, ist von zentraler Bedeutung. Hier zeigt sich, wie die Mitglieder der Gemeinschaft zueinander stehen und welche Einflussmöglichkeit sie auf ihr Schicksal haben. Ein Weltparlament ist natürlich kein Allheilmittel. Es ist aber *das* Instrument, das es erlaubt, alle Mitglieder der Weltgemeinschaft – und das sind *alle* Menschen – in Entscheidungen von globaler Tragweite einzubeziehen.

In gewisser Weise haben wir eine archäologische Arbeit vorgelegt. Einerseits ist die Idee eines Weltparlaments nicht neu. Der erste Teil des Buches geht auf die ideengeschichtlichen Grundlagen seit der Antike ein und schließt eine Lücke, indem er die Bemühungen für ein Weltparlament seit der französischen Revolution erstmals historisch nachverfolgt. Wir skizzieren wichtige Beiträge aus der Geschichte und legen das beachtliche theoretische und praktische Fundament des Projekts in Umrissen frei. Für die Befürworter der Idee ist es wichtig zu wissen, dass sie in einer jahrhundertelangen Tradition stehen. Andererseits ist die Forderung nach einem Weltparlament heute so relevant wie nie zuvor. Um das sichtbar zu machen, stellen wir die Frage eines Weltparlaments im zweiten Teil des Buches in den Kontext der Gegenwartsprobleme und langfristiger Entwicklungen. Unser Ausgangspunkt ist dabei die Beachtung planetarer Grenzen, der Umgang mit den globalen Gemeingütern und die Wachstumsproblematik. Wir gehen auf die latente Krise des Finanzsystems ebenso ein wie auf den Deregulierungswettlauf oder die Notwendigkeit, Steuervermeidung global zu unterbinden. Transsouveräne Probleme zeigen sich überall. Die Weltzivilisation ist fragil und aufgrund der rasanten technologischen Entwicklungen im Bereich der Bio- und Nanotechnologie, der Robotik und der künstlichen Intelligenz stellen sich fundamentale Fragen, denen die Menschheit institutionell nicht gewappnet ist. Das Gleiche gilt für nukleare Abrüstung, kollektive Sicherheit, den Schutz der Menschenrechte oder Kriminalitätsbekämpfung. Auch bei der Bekämpfung von Hunger, Armut und Ungleichheit oder in der globalen Wasserpolitik spielt der Aufbau globaler Demokratie eine entscheidende Rolle. Vor dem Hintergrund der globalen Herrschaftsstrukturen der transnationalen Elite argumentieren wir für die Durchsetzung eines neuen globalen Klassenkompromisses. Bei all dem muss das traditionelle Verständnis nationaler Souveränität auf den Prüfstand gestellt werden. Die heutige Dynamik ist am besten als chaotischer Beginn eines globalen Staatsbildungsprozesses zu verstehen. In diesem Zusammenhang gehen wir im letzten Kapitel des zweiten Teiles auf die soziopolitische Evolution der Menschheit ein und zeichnen die Entwicklung eines planetaren Bewusstseins nach.

Wir möchten Hinweise geben und Zusammenhänge herstellen, die bisher zu wenig Beachtung gefunden haben. So oft wie möglich lassen wir dabei besonders bemerkenswerte und relevante Quellen und Autoren selbst zu Wort kommen. Es geht nicht darum, wissenschaftliche oder politische Diskurse im Einzelnen darzustellen. Bei der Vielzahl der angesprochenen Themen ist das auch nicht möglich. Das Buch demonstriert wie verbreitet die Unterstützung für ein Weltparlament ist und analysiert die Schwächen der gegenwärtigen Weltordnungsdebatte. Zitate aus fremdsprachlichen Texten haben wir selbst ins Deutsche übertragen. Manchmal gehen wir auch darauf ein, welche Politik ein Weltparlament unserer Meinung nach umsetzen sollte. Der dritte Teil schließlich gibt eine Vorstellung davon, wie der Weg zur Realisierung eines Weltparlaments und die Transformation zu einer demokratischen Weltrechtsordnung verlaufen könnte. Wir gehen dabei auf wichtige Gestaltungsmerkmale eines Weltparlaments als Teil einer Weltlegislative ein.

Für die Unterstützung bei der Buchveröffentlichung danken wir dem Komitee für eine demokratische UNO, der Stiftung Apfelbaum und der Vereinigung der Weltföderalisten der Schweiz. Wir möchten bei dieser Gelegenheit außerdem die wichtige Rolle würdigen, die das Komitee für eine demokratische UNO, das World Federalist Movement-Institute for Global Policy, die Gesellschaft für bedrohte Völker und in jüngerer Zeit der Workable World Trust in der Kampagne für eine parlamentarische Versammlung bei der UNO spielen. Im Zuge der Kampagne hat es im Verlauf der letzten zehn Jahre und in der Vorbereitungszeit davor unzählige Begegnungen, Diskussionen und Veranstaltungen in aller Welt gegeben, die auf die eine oder andere Weise unsere Überlegungen und damit auch dieses Buch geprägt haben. Wir danken allen, die zu diesem Austausch und zur Kampagne beigetragen haben. Wir bitten um Verständnis, dass eine namentliche Nennung an dieser Stelle den Rahmen sprengen würde.

Es ist unsere Hoffnung, dass dieses Buch nicht nur eine ernsthafte Debatte in Gang bringt, sondern auch die Bemühungen für ein Weltparlament wesentlich stärkt. Sie sind herzlich dazu eingeladen, sich unserem Projekt anzuschließen. Schenken Sie dieses Buch Freunden, Kollegen und Bekannten. Besuchen Sie die Internetseite der Kampagne und unterzeichnen Sie dort den internationalen Aufruf für eine parlamentarische Versammlung bei der UNO. Werden Sie Förderer von Democracy without Borders, das als Nachfolgeorganisation des Komitees für eine demokratische UNO die Arbeit für ein Weltparlament und globale Demokratie fortsetzt. Werden Sie Teil einer neuen kosmopolitischen Bewegung!

www.unpacampaign.org
www.democracywithoutborders.org

Teil I

Die Idee eines Weltparlaments: Ihre Geschichte und Pioniere

Die Idee eines Weltparlaments wirft die Frage auf, welche Rolle jeder einzelne Mensch in der Weltordnung spielt. Sie geht von dem Gedanken aus, dass alle Menschen ungeachtet ihrer vielfältigen Unterschiede Mitglieder der einen, weltumspannenden Menschheitsfamilie sind. Allein durch ihr Menschsein sind sie ohne Ausnahme gleichwertige und gleichberechtigte Weltbürger. Als solche tragen sie Mitverantwortung für die planetare Gemeinschaft und deren Lebensraum, die Erde. Das Weltparlament ist die politische Institution, in der alle Menschen durch von ihnen direkt gewählte Abgeordnete unmittelbar vertreten werden. Aufgabe dieser Institution ist es, über das bestmögliche Wohlergehen aller Menschen und ihr gemeinsames Interesse zu wachen. Es ist Ausdruck der Selbstbestimmung und Souveränität der Menschheit als Ganzes und Grundlage einer legitimen weltstaatlichen Ordnung.

In dieser Vorstellung von einer globalen Volksvertretung vereinen sich ideengeschichtliche und historische Entwicklungen, die sich über viele Jahrhunderte zurückverfolgen lassen. Eine wichtige Dynamik, die spätestens seit der Aufklärung bis heute besteht, ist das Streben der Menschen nach Emanzipation, Demokratie, Selbstbestimmung und Frieden. Indem das Weltparlament als eine Institution gedacht wird, dessen Mitglieder aus allgemeinen, gleichen und freien Wahlen hervorgehen, ist die Idee angesichts der noch immer vorhandenen autokratischen Regime zugleich auch ein Plädoyer für fortschreitende politische Emanzipation und Demokratisierung. In diesem Sinne wurzelt die Idee eines Weltparlaments nicht nur in den Werten der Aufklärung, die sich zum Ziel gesetzt hat, in den Worten von Immanuel Kant (1724 bis 1804), den Menschen aus seiner »selbstverschuldeten Unmündigkeit« zu befreien, sondern sie setzt das Programm der Aufklärung in seiner kosmopolitischen Dimension fort. Die Verwirklichung eines Weltparlaments ist insofern der zentrale Zielpunkt einer neuen globalen Aufklärung, indem es jeden Menschen zu einem mündigen weltrechtlichen Subjekt macht. Das Vorhaben durchbricht damit das jahrhundertealte völkerrechtliche Paradigma des souveränen Nationalstaats und leitet das Ende des völkerrechtlichen Zeitalters ein, für das der Westfälische Frieden von 1648 der Meilenstein war. Damals, nachdem beim Dreißigjährigen Krieg fast ein Drittel der mitteleuropäischen Bevölkerung zu Tode gekommen war und ganze Landstriche entvölkert wurden, einigte man sich auf eine souveräne Gleichheit der Fürsten und eine konfessionelle Koexistenz. »Das Recht des Verkehrs zwischen den Souveränen als unabhängigen, gleichberechtigten Herrschern, die keinen Höheren über sich anerkennen, wurde in Anlehnung an das römische ius gentium als ›Völkerrecht‹ bezeichnet, obwohl jedermann wußte, daß von Rechten der Völker keineswegs die Rede war«, merkt Otto Kimminich treffend an.[1] Schon nach Ansicht von Kant sollte statt von Völkerrecht daher besser von »Staatenrecht« die Rede sein.[2]

War die Souveränität anfangs eine persönliche Eigenschaft der Feudalherren und der monarchischen Herrscher, verwandelte sie sich im Zuge der amerikanischen und französischen Revolution im 18. Jahrhundert in die Souveränität des Volkes im Innern und in die des modernen Staates nach außen. Der republikanische Staat trat so nahtlos das Erbe der Monarchien an. Die Fortsetzung des Programms der Aufklärung im globalen Zeitalter wird zum Ziel haben müssen, die nationalstaatliche Einhegung der Menschen zu überwinden, das Regieren und die Demokratie dort, wo es sinnvoll ist, in klare globale staatliche Strukturen einzubetten sowie den Sprung vom zwischenstaatlichen Völkerrecht zu einem kosmopolitischen Weltrecht zu schaffen. Das Ziel des in sich paradoxen Völkerrechts, das im Kern keine Entscheidungs- oder Durchsetzungsinstanzen kennt, weil es auf souveränen Gebilden aufbaut, muss letzten Endes seine eigene Abschaffung sein, wie Vittorio Hösle es passend ausgedrückt hat.[3] Im Gegensatz zum Völkerrecht soll Weltrecht tatsächlich über die Merkmale von Recht verfügen: Allgemeinverbindliche Festsetzung durch Gesetzgebung, obligatorische Entscheidung von Streitfällen vor Gericht sowie Mittel zur Rechtsdurchsetzung. Unser Augenmerk liegt auf dem ersten Aspekt und dort auf der gesetzgebenden Institution.

Das Anliegen, ein Weltparlament zu verwirklichen, ist eng mit den Problemen und Herausforderungen der Gegenwart verknüpft. Für das Verständnis ist es dabei unverzichtbar, sich die ideengeschichtlichen Wurzeln und die historische Dimension des Projekts klar zu machen. In diesem Teil schaffen wir von den Anfängen bis zur Gegenwart einen geschichtlichen Überblick.

1.
Von der Stoa bis Kant: Kosmopolitismus, Naturrecht und Vertragsdenken

Kosmopolitismus im alten Griechenland

Eine Grundlage, auf der die Idee eines Weltparlaments basiert, ist, die ganze Erde als Heimat aller Menschen zu begreifen. Die Geschichte des Kosmopolitismus wird meist auf den griechischen Philosophen Diogenes von Sinope (ca. 400 bis 323 v. Chr.) zurückgeführt, der, nach seinem Heimatort befragt, geantwortet haben soll, ein Weltbürger – ein »kosmopolitês« – zu sein. Eine wichtige, wenn auch zwiespältige Rolle spielte sein Zeitgenosse Alexander der Große (356 bis 323 v. Chr.), der Persien, Kleinasien und Ägypten seiner Herrschaft unterwarf und bis an den indischen Subkontinent vordrang. In einer Darstellung der Geschichte des Weltbürgertums schreibt Peter Coulmas, dass Alexander als erster die Vorstellung ausgesprochen habe, dass alle Menschen als Brüder und Verwandte anzusehen seien. Er habe die Vision eines viele unterschiedliche Völker und Länder umfassenden »Menschheitsreiches« verfolgt.[1] Er soll den Gedanken vertreten haben, dass »die bewohnbare Erde« das »allen gemeinsame Vaterland« sei. Wie der Althistoriker Alexander Demandt berichtet, soll sich Alexander laut Plutarch als »Schiedsrichter und Ordner der Menschheit« gefühlt haben, dessen Aufgabe es sei, »alle Menschen zu einem einzigen Körper zusammenzufügen und die Völker in einem riesigen Mischkrug der Freundschaft zu vermengen« und »zu einer einzigen Familie zu vereinen«. Seine Philosophie habe auf dem Gedanken der Gleichheit aller Menschen, Hellenen wie Barbaren, basiert.[2] Auch wenn er Persern und anderen Völkern nicht als Fremdherrscher gelten wollte, entsprach das nicht der Realität. Ihr Einschluss in sein Weltreich wurde durch Gewalt erpresst.

In der stoischen Philosophie war die Idee einer natürlichen Menschheitsgemeinschaft und der Einheit allen Lebens um 300 v. Chr. fest verankert. Diese Sichtweise stand im Gegensatz zur Kleinstaaterei des antiken griechischen Gemeinwesens, das nach dem Zusammenbruch des Alexanderreiches in rivalisierende Stadtstaaten geteilt war. »Die ganze hiesige Welt« als eine »gemeinsame Gesellschaft der Götter und Menschen«, wie Cicero (106 bis 43 v. Chr.) sich ausdrückte[3], war in einem apolitischen Sinn gemeint, ohne dass damit der Gedanke an einen Weltstaat verbunden gewesen wäre. Dennoch, so stellt Coulmas fest, war es »die säkulare, welthistorische Leistung der Stoa, daß sie die in der Polis verwirklichte Bürgergemeinschaft auf die Menschengemeinschaft projiziert und damit universalisiert hat«.[4]

In einem ciceronischen Dialog findet sich die Ansicht, dass menschliche Solidarität und Mitverantwortung sich auf die gesamte Menschheit erstrecken. Ein Mensch, so heißt es da, darf »einem Menschen aus eben dem Grunde, dass er ein Mensch ist, nicht als ein Fremder gelten«. Jeder Einzelne sei mit der Menschheitsgemeinschaft verbunden. Von Natur ergebe sich »die Verpflichtung, dass wir das gemeinsame Interesse aller Menschen unserem eigenen voranstellen sollen«.[5] Wie der Altphilologe Klaus Bartels feststellt, gipfelt der Dialog in dem Konzept eines Menschheitsverrates und in dem erstaunlich aktuellen Postulat, dass nicht nur gegenüber der Menschheitsgemeinschaft, sondern auch gegenüber künftigen Generationen eine Verpflichtung bestehe. Nicht schärfer sei zu tadeln, »wer sein Vaterland verrät, als wer das gemeinsame Interesse oder Wohl aller Menschen preisgibt zugunsten seines eigenen Interesses oder Wohles«. Auch für »die Generationen, die in Zukunft einmal leben werden«, so heißt es später, müsse »um ihrer selbst willen Vorsorge« getroffen werden.[6]

Den Gedanken einer demokratischen Weltgemeinschaft formulierte dann Philo von Alexandria (ca. 15 v.Chr. bis 40 n.Chr.), einer der bekanntesten Vertreter des hellenistischen Judentums. Es gebe zwei Arten von Städten, schrieb er in einem Traktat, und davon sei eine die bessere, nämlich diejenige, »die sich einer demokratischen Regierung erfreut und eine Verfassung hat, die die Gleichberechtigung anerkennt und deren Herrscher Recht und Gerechtigkeit sind«.[7] Das Auf und Ab im Schicksal der Völker und Nationen, philosophierte er in einem anderen Text, laufe darauf hinaus, dass »die ganze Welt sozusagen zu einer Stadt wird und die hervorragendste aller Verfassungen genießt, die Demokratie«.[8]

Kosmopolitische Wurzeln in Indien und China

Auch außerhalb des griechischen Kulturraums findet sich kosmopolitisches Gedankengut schon sehr früh. In der alttamilischen Gedichtsammlung »Puranāṇūru« beispielsweise, die ein Teil der Sangam-Literatur ist und auf die Zeit zwischen 100 v. Chr. und dem fünften Jahrhundert datiert wird, heißt es in einem Gedicht von Kaṇiyan Pūṅkunṛan, dass »alle Länder Heimat« seien und »alle Menschen Verwandte«.[9] In den zum Teil weitaus älteren Upanishaden der hinduistischen Tradition und anderen altindischen Sanskritschriften ist das philosophische Konzept des »Vasudhaiva Kutumbakam« enthalten, was in Sanskrit »die ganze Welt ist eine einzige Familie« bedeutet.[10] Im »Buch der Riten«, einer der fünf Klassiker der konfuzianischen Schriften, die auf die Lehren des chinesischen Philosophen Konfuzius (551 bis 470 v. Chr.) zurückgehen, findet sich die Idee der »Großen Einheit«, der zufolge die Welt von allen gleichermaßen harmonisch geteilt werden solle. Noch älter ist das Konzept namens »Tianxia«, was so viel wie »Alles unter dem Himmel« heißt. Es erlangte in der Zhou-Dynastie um etwa 1046 bis 256 v. Chr. Bedeutung und umfasst unter anderem den Gedanken, dass der chinesische Kaiser als Himmelssohn die Welt vereint und regiert. In der Zhou-Dynastie, so der chinesische Philosoph Zhao Tingyang, war die Welt als Ganzes Ausgangspunkt des politischen Denkens. Sie wurde als »höchste politische Entität« angesehen, der alle anderen politischen Einheiten untergeordnet sein sollten. Der Theorie des »Tianxia« zufolge könne ein politisches System nur dann beanspruchen, sich in einem Zustand des Friedens zu befinden, wenn »die Idee von Externalität nicht mehr existiert«, also »nichts und niemand« ausgeschlossen sei, erläutert Tingyang. Der Philosoph weist darauf hin, dass auch das Daodejing etwa in Kapitel 54 eine globale Perspektive beinhalte.[11]

Der Menschheitsstaat bei Vitoria

Die Idee der ganzen Menschheit als einer staatlichen Gemeinschaft findet sich erstmals prominent ausformuliert zu Beginn der europäischen Kolonialisierung Mittel- und Südamerikas. Der dominikanische Theologe Francisco de Vitoria (1483 bis 1546), der ab 1526 an der Universität von Salamanca Vorlesungen hielt und ein Zeitgenosse von Christoph Columbus und Hernán Cortés war, entwickelte das Konzept einer »res publica totus orbis«, eines den ganzen Erdball umfassenden Gemeinwesens. Zwar gab es vor Vitoria schon andere weltstaatliche Entwürfe, insbesondere Dante Alighieri's (1265 bis 1321) Modell einer abgestuften Universalmonarchie. Dieses drehte sich jedoch um die Begründung eines imperialen christlichen Kaisertums. »Im Kontrast zur Universalmonarchie«, so der Vitoria-Forscher Johannes Thumfart, »zeigt sich Vitoria als der Befürworter eines konkreten, demokratisch legitimierten und pluralistisch strukturierten globalen Gemeinwesens.«[12]

Der Ansatz von Vitoria ist für uns, die wir an die Aufteilung der Welt in Staaten so sehr gewöhnt sind, nicht so einfach zugänglich. Wie Josef Soder erläutert, ist das von Vitoria postulierte Gemeinwesen »weder Staat neben anderen Staaten, noch ein Überstaat, sondern lediglich die Zusammenfassung der ganzen

Menschheit, ob diese in Staaten aufgeteilt ist oder nicht«.[13] Die globalstaatliche Gemeinschaft des »totus orbis« ist nach Vitorias Verständnis ursprünglich vorhanden. Sie geht der Bildung von einzelnen politischen Gemeinwesen voraus und wird durch deren Entstehung auch nicht aufgehoben. Es ist vielmehr so, dass der »totus orbis« Gesetze erlassen könne, die für alle Menschen und Staaten verbindlich seien. Die Zustimmung einer Mehrheit soll dafür bemerkenswerterweise ausreichen. Wie solche Beschlüsse »des ganzen Erdkreises« praktisch gesehen zustande kommen könnten, führt Vitoria allerdings nicht aus. Ziel der nach seiner Ansicht in der Natur angelegten Gemeinschaft sei jedenfalls das Wohlergehen aller Menschen.

Die ursprüngliche Gemeinschaft aller Menschen ist in Vitorias Konzeption die Ausgangslage staatlicher Organisation und jeder Einzelne ist von Natur aus ein völkerrechtliches Subjekt, dem unter bestimmten Bedingungen schützenswerte Rechte zukommen. Vitoria ging dabei davon aus, dass alle Menschen ihrer Natur nach gleich sind, unabhängig von ihrer Religion oder anderer Eigenschaften. Diese Sichtweise formulierte er zu Beginn des Zeitalters der Globalisierung, als die Europäer auf ihnen bis dahin völlig unbekannte Völker trafen. Sie kontrastierte stark mit der ungebremsten Unmenschlichkeit der spanischen Conquista, die Hans Magnus Enzensberger 1981 als einen »Völkermord, begangen an zwanzig Millionen Menschen« bezeichnete.[14] Nach Vitorias Völkerrechtslehre konnten allerdings auch nichtchristliche Gemeinschaften, wie die in der »Neuen Welt« angetroffenen, herrschafts- und eigentumsfähig sein. Ihre Unterwerfung war somit Unrecht und zumindest rechtfertigungsbedürftig.[15] »In einer Zeit, in der Spanier Azteken ermorden und deren Herrschaft zerstören und in der Frankreichs Franz I. mit Suleiman II. ein Bündnis gegen Karl V. schließt und Mauren sowie Juden verfolgt werden, ist dieser Durchgriff auf die allgemeine Menschennatur von hochpolitischer Bedeutung, und er ist es bis heute geblieben«, kommentiert Rolf Grawert.[16]

Friedenskonzeptionen im Zeichen der »souveränen Staatsgewalt«

Vitorias Überlegungen zu einer kosmopolitischen Menschheitsgemeinschaft, die jedem Menschen seiner Ansicht nach zum Beispiel auch das Recht der Freizügigkeit einräumte, sind bis zur Aufklärung im 18. Jahrhundert eine Ausnahmeerscheinung. Schon zur Zeit Dantes »war die reale geschichtliche Entwicklung dabei, den übernationalen politischen Einheitsgedanken zu verabschieden. Anfang des 14. Jahrhunderts war nicht mehr daran zu denken, daß Kaiser oder Papst wieder zu einer Universalmacht werden könnten. Immer stärker wurde der Zusammenhalt der christlichen Welt durch den Unabhängigkeitsanspruch der Fürsten zersetzt«, schreibt Maja Brauer in einer Geschichte des Weltföderalismus.[17] Im Übergang vom Mittelalter zur Neuzeit strebten die Fürsten und andere Hoheitsträger in einer über Generationen reichenden Entwicklung immer stärker danach, ein möglichst einheitliches geografisches Territorium unter ihre ausschließliche Kontrolle zu bekommen. Der französische Staatstheoretiker Jean Bodin (ca. 1529 bis 1596) formulierte als wichtigstes Ziel der neuen Staatsgewalt das Konzept der Souveränität. Nach Bodin ist der souveräne Herrscher Inhaber aller Gewalt in seinem Reich, anderen gegenüber unabhängig, insbesondere gegenüber Kaiser und Papst, und erkennt über sich stehend nur Gott alleine an. »Das Hauptmerkmal der souveränen Majestät und absoluten Gewalt«, so Bodin 1583, bestehe vor allem darin, »allen Untertanen ohne deren Zustimmung Gesetze auferlegen zu können.«[18] Mit dem gleichzeitigen Aufbau behördlicher Verwaltungen entstanden so langsam abgegrenzte »souveräne« Flächenstaaten.

»Für Jahrhunderte trat an die Stelle des Modells einer großen Gemeinschaft der Völker das Modell des Bundes souveräner Herrscher, die Regeln vereinbarten, nach denen sie Streitfälle friedlich beilegen und Gewaltakten einzelner Mitglieder gemeinsam entgegentreten wollten«, resümiert Brauer für die Zeit nach Dante.[19] Angesichts der seit dem frühen 15. Jahrhundert andauernden osmanischen Expansion nach Europa und der Belagerungen Wiens in den Jahren 1529 und 1683 war die Idee einer Bündelung christlicher Kräfte gegen die »türkische Gefahr« ein wichtiger Aspekt, der Friedenskonzepten dieser Epoche im Ergebnis oft eine imperialistische Ausrichtung gab. Ein Beispiel dafür ist der vom französischen Diplomaten Abbé Castel de Saint-Pierre (1658 bis 1743) ab 1711 nach und nach in verschiedenen Fassungen vorgelegte Plan »eines ewigen und umfassenden Friedens unter allen Völkern Europas«. In seinem Entwurf eines christlich-europäischen Staatenbundes, der ein Schiedsgericht und eine gemeinsame Armee haben sollte, war das osmanische Reich nicht als vollwertiges Mitglied vorgesehen. Ganz im Gegenteil, die »Vertreibung der Türken« beschrieb er in einem dritten Band über das Projekt von 1716 als »dringende Notwendigkeit«.[20]

Die zahlreichen Entwürfe für zwischenstaatliche Friedensbünde sahen meist regelmäßig tagende Kongresse und Versammlungen vor. Mit einem Weltparlament im Sinne einer kosmopolitischen demokratischen Volksvertretung durch unabhängige Abgeordnete hatten sie jedoch nichts zu tun. Vorgesehen waren in der Regel Versammlungen, die aus den weisungsgebundenen Abgesandten der fürstlichen Herrscher zusammengesetzt waren, wie zum Beispiel bei Saint-Pierre oder auch im Friedenskonzept des französischen Philologen Émeric Crucé (1590 bis 1648), das sich dadurch hervorhebt, dass es interreligiös angelegt war und insbesondere auch die islamische Welt einbezog. Wie bei Saint-Pierre oder Crucé war oft daran gedacht, dass diese Fürstenkongresse im Bereich der zwischenstaatlichen Friedenssicherung verbindliche Entscheidungen treffen können sollten, bis hin zu gemeinsamen Zwangsmaßnahmen gegen Friedensbrecher. Um eine völkerrechtliche Vertretung der »Untertanen« ging es keineswegs. Wenn in den Friedenskonzepten begrifflich von einem Parlament die Rede ist, dann im vormodernen Wortsinn, der allgemein schlicht einen Ratschlag von Interessenvertretern bezeichnet und hier speziell die der Fürsten. Der Begriff des Parlaments stammt vom altfranzösischen »parlement«, was wörtlich »Unterredung« bedeutet.

Die Idee des Gesellschaftsvertrages bei Hobbes und Locke

Der Gründer von Pennsylvania, William Penn (1644 bis 1718), argumentierte 1693 in einem Essay über ein Friedensmodell für Europa, dass durch eine kollektive Beistandsgarantie die Souveränität der Herrscher nicht eingeschränkt, sondern im Gegenteil durch größere Sicherheit vor gegenseitigen Angriffen gestärkt werde. Penn sah dabei das Konzept der »souveränen Gleichheit« der Fürsten als weltfremd an. In der von ihm vorgeschlagenen Versammlung von Fürstenvertretern sah er eine Stimmengewichtung nach Wirtschaftskraft vor, um die »Ungleichheit der Fürsten und Staaten« in der Versammlung widerzuspiegeln und den größeren Mächten eine Mitwirkung schmackhafter zu machen. John Bellers (1654 bis 1725), ein Freund von Penn und wie dieser ein Quäker, legte 1710 ebenfalls ein Friedensmodell vor, in dem eine Stimmengewichtung vorgesehen ist. Er zieht allerdings die Bevölkerungsgröße als Grundlage heran. Bellers ist einer der Ersten, der Rechte der Untertanen im Kontext eines Staatenbundes anspricht: »Mit der Zustimmung der Ratsversammlung [des Staatenbundes] wird zwischen Souveränen und Untertanen eine Ordnung und Regelung etabliert, um auf der einen Seite Unterdrückung und Tyrannei der Fürsten und auf der anderen Seite Tumulte und Rebellion der Untertanen zu verhindern.«[21] Einen tyrannischen Fürsten, so schrieb Crucé noch rund hundert Jahre zuvor, müsse »man hinnehmen wie ein dürres Jahr, in der Hoffnung auf bessere Zeiten«.[22]

Mit seinen Werken »De Cive« von 1642 und »Leviathan« von 1651 läutete Thomas Hobbes in der politischen Philosophie das Ende der Legitimation politischer Herrschaft durch das Gottesgnadentum ein. An seine Stelle trat das theoretische Konzept der vertraglichen Selbstbindung aller Individuen, die Idee des Gesellschaftsvertrags. Hobbes konstruierte einen gedanklichen Naturzustand, in dem aufgrund des seiner Ansicht nach in der wölfischen Natur des Menschen angelegten Konkurrenzverhaltens, des gegenseitigen Misstrauens, der Eigennützigkeit und der Furcht mangels einer allgemeinen Gewalt, die Recht und Gesetz durchsetzt, ein anarchischer »Krieg eines jeden gegen jeden« herrsche. Um diesem Zustand der Unsicherheit zu entkommen, werde durch einen gegenseitigen Vertrag eines jeden mit jedem der Staat mit einem absoluten Herrscher und dem Gewaltmonopol eingesetzt. Dieser Vertrag komme für alle zustande, sobald eine Mehrheit zustimme. Es handelt sich um einen einmaligen und irreversiblen hypothetischen Akt, aus dem Hobbes die uneingeschränkte Macht eines absoluten Souveräns ableitet. Dieser sollte ähnlich unbezwingbar sein wie das im Alten Testament angeführte Seeungeheuer Leviathan.

Im Jahr 1649 endete der Englische Bürgerkrieg zwischen den parlamentarischen Kräften um Oliver Cromwell und den Royalisten um Karl I. mit der Hinrichtung des Königs und der Abschaffung der englischen Monarchie (die 1660 wieder restauriert wurde). Eine starke politische Basisbewegung im Revolutionslager waren die sogenannten Leveller, die ein neues Demokratieverständnis vertraten. »Die Leveller waren davon überzeugt, dass politische Herrschaft auf den vernünftigen Willen ursprünglich Gleicher und Freier zurückzuführen sei, und zwar durch einen Vertrag aller mit allen«, so der Politikwissenschaftler Richard Saage.[23] Sie hätten erkannt, dass die politischen Herrschaftsverhältnisse von Menschen entworfen und aufrechterhalten werden und nicht im Sinne Aristoteles »natürlich« gegeben seien. Hobbes nutzte den gleichen Ansatz, um einen rigorosen Absolutismus zu begründen. Die dahinter stehende Vertragstheorie ermöglichte es jedoch auch, die Frage legitimer staatlicher Herrschaft und ihr Verhältnis zum Individuum radikal neu zu denken. »Die Geschichte des modernen Staates ist die Geschichte der Zähmung des Leviathans – durch Menschenrechte und Vernunftrecht, durch Gesetzesstaatlichkeit, Rechtsstaatlichkeit und Verfassungsstaatlichkeit, durch Gewaltenteilung und Demokratie«, schreibt der Kieler Philosophieprofessor Wolfgang Kersting.[24]

Einen Meilenstein bildete der staatstheoretische Entwurf von John Locke (1632 bis 1704). In seinen 1689 anonym veröffentlichten »Zwei Abhandlungen über die Regierung« griff der englische Philosoph die Idee des Gesellschaftsvertrages auf und nutzte es als Grundlage zur Demontage des Konzepts absolutistischer Monarchie. Er argumentierte, dass sich die Menschen im hypothetischen Naturzustand in vollkommener Freiheit, Gleichheit und Unabhängigkeit befänden. Anders als bei Hobbes liegt ein positives Menschenbild zugrunde. Zweck des durch den Gesellschaftsvertrag gebildeten Gemeinwesens sei es, Ordnung zu schaffen sowie die naturgegebenen Rechte des Einzelnen zu schützen, insbesondere das Leben, die Freiheit und das Eigentum. Die Staatsgewalt sei darauf beschränkt, dem »öffentlichen Wohl der Gesellschaft« zu dienen. »Es ist eine Gewalt, [die] niemals das Recht haben kann, die Untertanen zu vernichten, zu versklaven oder mit Vorbedacht auszusaugen«, so Locke.[25] Daran schließen sich Überlegungen an, wie der Sozialvertrag zu gestalten wäre, um politische Gewalt zu kontrollieren. Als Souverän ist eine gewählte Legislative vorgesehen, die »aus vom Volke auf Zeit gewählten Repräsentanten gebildet«[26] werden kann, deren mit Mehrheit beschlossenen Gesetze allgemeingültig sind und insbesondere auch die Gesetzgeber und die staatliche Gewalt selbst binden. Damit formulierte Locke die Herrschaft des Volkes durch gewählte Repräsentanten und das Rechtsstaatsprinzip. Indem er dafür plädiert, die Vollstreckung der Gesetze und damit die Ausübung des Gewaltmonopols von der Legislative zu trennen, um einem Machtmissbrauch vorzubeugen, betont Locke erstmals auch die Notwendigkeit einer Gewaltenteilung. Verwirkt die Legislative das Vertrauen des Volkes und handelt sie gegen den Staatszweck, so fällt die Souveränität an das Volk zurück, das den Gesellschaftsvertrag erneuern und die Legislative ersetzen kann.

Das Vertragsdenken bei Hobbes und Locke war nicht universell angelegt, sondern bezog sich auf einzelne Gemeinwesen, nicht etwa auf die Begründung eines Weltstaates. Hobbes legte aber nahe, dass sich die einzelnen Souveräne selbst wiederum in einem anarchischen Naturzustand ohne Recht und Gesetz befänden. »Über die gegenseitigen Pflichten der verschiedenen Souveräne, die in dem Gesetz, das man gewöhnlich Völkerrecht nennt, enthalten sind, brauche ich an dieser Stelle nichts zu sagen, da Völkerrecht und Gesetz der Natur dasselbe sind«, schrieb Hobbes.[27] Der ursprüngliche »Krieg eines jeden gegen jeden« als hypothetisches Verhältnis der Individuen im Naturzustand wird demnach von den Souveränen auf der zwischenstaatlichen Ebene tatsächlich geführt. Um ihre Handlungsfähigkeit, ja ihre Existenz, im Naturzustand zu gewährleisten, müssen die Staaten nach dieser Sichtweise größtmögliche Anstrengungen zu ihrer Sicherheit unternehmen und zu große Machtungleichgewichte verhindern. Immer stärkere Aufrüstung und Bündnispolitik ist die Folge, was die Unsicherheit nur noch weiter steigert. Es entsteht das vom deutschamerikanischen Völkerrechtler John H. Herz im Jahr 1950 ausformulierte »Sicherheitsdilemma«.

Eine derartige Wahrnehmung der zwischenstaatlichen Beziehungen lag den meisten völkerrechtlichen Friedenskonzepten zugrunde und ist bis heute von Einfluss. »Geben wir doch zu«, sagte schon Saint-Pierre in seinem Plädoyer für eine föderative Regierung Europas Anfang des 18. Jahrhunderts, »daß das Verhältnis der europäischen Mächte untereinander eigentlich ein Kriegszustand ist und daß alle Teilverträge mit irgendeiner seiner Mächte viel mehr nur zeitlich begrenzte Waffenstillstände sind als ein wirklicher Frieden«.[28] Ein dauernder allgemeiner Friede durch eine Balance der Mächte sei ein »bloßes Hirngespinst«, schrieb Kant 1793.

Vertragsdenken und Völkerstaat bei Wolff

Das Vertragsdenken liefert den Ausweg aus dem Naturzustand der Staaten in einem nächsten logischen Schritt freilich gleich mit, nämlich indem ein mit Souveränität ausgestattetes gemeinsames politisches Staatswesen eingerichtet wird, das alle Staaten umfasst. In seiner bemerkenswerten Untersuchung kosmopolitisch begründeter globaler Staatsentwürfe weist der Züricher Philosophieprofessor Francis Cheneval darauf hin, dass erstmals Christian Wolff (1679 bis 1754) die Vertragstheorie zur Begründung eines Völkerstaates herangezogen und so »in der Philosophie des Völkerrechts eine supranationale Wende« eingeleitet habe.[29] Folgt man der Analyse von Cheneval, so ist die von Wolff 1749 und 1750 vorgelegte philosophische Konzeption in der Tat als wesentlicher Meilenstein in der Entwicklung kosmopolitischer Ordnungsentwürfe anzusehen. In seiner abstrakt angelegten Vertragstheorie, die auf alle Ebenen menschlicher Gemeinschaft ausgedehnt wird, skizziert Wolff demnach eine universale menschliche Kooperationsgemeinschaft, eine »civitas maxima«, deren Streben auf das Wohlergehen aller Menschen gerichtet ist und die letztlich in einem demokratisch verfassten Völkerstaat gipfelt. Wolff transformiert nicht nur das Vertragsdenken und überwindet dabei die Theorie der göttlichen Stiftung, sondern er greift wohl als Erster seit Vitoria in seinem völkerrechtlichen Entwurf wieder auf den Gedanken einer Menschheitsgemeinschaft aller Individuen zurück. Diese »societas magna« aller Menschen und die in ihr verankerten Menschenrechte sind die Grundlage jeder weiteren Vergesellschaftung.[30]

Wie Cheneval erläutert, folgt das Wolff'sche Argument zugunsten des Völkerstaates der vertragstheoretischen Logik und versucht, eine allgemeine Verbindlichkeit für eine universale Rechtsstruktur herzuleiten. Wolff zeige auf, dass die vertragstheoretische Begründung ziviler Herrschaft nicht auf der Stufe nationalstaatlicher Integration stehen bleiben könne, um nachher wieder in den Naturzustand zurückzufallen. »Ein nationalistischer Kontraktualismus ist deshalb inkohärent und wendet sich auf der völkerrechtlichen Stufe gegen seine eigenen Prinzipien«, so Cheneval.[31] Die Theorie enthalte somit folgerichtig die Forderung, dass die Staaten sich zu einem übergeordneten Völkerstaat zusammenschlössen. »Wolff vertrat die These eines bundesstaatlichen Völkerstaats, der durch einen ursprünglichen Vertrag des Einzelstaats mit der Allgemeinheit und der Allgemeinheit mit dem Einzelstaat zustande kommt, in dem eine Versammlung der Staatsrepräsentanten, ein Völkersenat, nach dem Mehrheitsprinzip Zwangsgesetze verabschiedet, denen durch die Annahme einer naturrechtlich begründeten Menschheitsgemeinschaft und bestimmter Grundgesetze Schranken gesetzt sind«, fasst Cheneval zusammen.[32] Ein globaler Leviathan entstehe dabei gerade nicht, denn Wolff lege einen abgestuften, funktional differenzierten Souveränitätsbegriff zugrunde, weshalb der entstehende Völkerstaat nur solche Kompetenzen habe, die ihm von den Staaten übertragen werden und die zu seiner Aufgabenerfüllung notwendig seien. Für Wolff ist dabei klar, dass dieser Völkerstaat noch nicht existiert. Das Konzept ist vielmehr ein im Lauf der Geschichte anzustrebendes Ideal einer vernünftigen gesellschaftlichen Weltordnung.

Das kosmopolitische Projekt von Kant

Einen Höhepunkt fand das kosmopolitische Denken im philosophischen Werk von Immanuel Kant (1724 bis 1804). In dem 1784 veröffentlichten Aufsatz »Idee zu einer allgemeinen Geschichte in weltbürgerlicher Absicht« skizzierte Kant auf Grundlage der Vertragslogik, wie die Weltgeschichte auf die »vollkommene bürgerliche Vereinigung der Menschengattung« mit einer »gesetzmäßigen Verfassung« hinauslaufe.[33] In seinem berühmten Essay »Zum ewigen Frieden« von 1795 schrieb Kant, dass der Naturzustand universell gesehen nur überwunden werden kann, wenn drei Elemente einer bürgerlichen Verfassung zusammenkommen, nämlich ein Staatsbürgerrecht der Menschen innerhalb eines Volkes, ein Völkerrecht zwischen den Staaten sowie ein Weltbürgerrecht in dem »Menschen und Staaten ... als Bürger eines allgemeinen Menschenstaats anzusehen sind (ius cosmopoliticum)«.[34] Auch die von Kant konzipierte Weltrepublik hebt die Staaten also keineswegs auf, sondern macht sie zu Bestandteilen, zu »Bürgern«, einer übergeordneten Weltverfassungsordnung.

Kant sah allerdings verschiedene Hürden, aufgrund derer der ideale Völkerstaat mit den drei genannten Elementen zur Überwindung des Kriegszustands nicht sofort, sondern nur nach und nach in »kontinuierlicher Annäherung« durch »allmähliche Reform« entstehen könne.[35] Zum einen hielt er die Regierung des Völkerstaats »bei gar zu großer Ausdehnung über weite Landstriche« für unausführbar.[36] Zum anderen erwähnt er die mögliche Gefahr des Despotismus,[37] zumal die meisten Staaten selbst noch autokratisch waren. Entscheidend aber war Kants Einschätzung, dass die Staaten, also die Fürsten seiner Zeit, nicht dazu bereit wären, den zwischenstaatlichen Naturzustand durch die Bildung eines gemeinsamen republikanischen Völkerstaates zu verlassen. Als erster praktisch möglicher Schritt kam für ihn daher nur ein Völkerbund in Betracht: »Für Staaten, im Verhältnisse unter einander, kann es nach der Vernunft keine andere Art geben, aus dem gesetzlosen Zustande, der lauter Krieg enthält, herauszukommen, als daß sie, eben so wie einzelne Menschen, ihre wilde (gesetzlose) Freiheit aufgeben, sich zu öffentlichen Zwangsgesetzen bequemen, und so einen (freilich immer wachsenden) *Völkerstaat* (civitas gentium), der zuletzt alle Völker der Erde befassen würde, bilden. Da sie dieses aber nach ihrer Idee vom Völkerrecht durchaus nicht wollen, mithin, was in thesi richtig ist, in hypothesi verwerfen, so kann an die Stelle der positiven Idee *einer Weltrepublik* (wenn nicht alles verloren werden soll) nur das *negative* Surrogat eines den Krieg abwehrenden, bestehenden, und sich immer ausbreitenden *Bundes* den Strom der rechtscheuenden, feindseligen Neigung aufhalten, doch mit beständiger Gefahr ihres Ausbruchs.«[38] Der vorgeschlagene Staatenbund enthält keine Souveränität wie in einer bürgerlichen Verfassung und ist daher unvollkommen. Die Beschränkung des Weltbürgerrechts auf ein Besuchsrecht in fremden Ländern ist im Sinne der Geschichtsphilosophie Kants ebenfalls als Konzession daran zu verstehen, dass die Fürsten zu mehr nicht bereit wären. Er vergleicht den Unwillen der Staaten, sich einem gesetzlichen und von ihnen selbst konstituierten Zwang zu unterwerfen, mit der »Anhänglichkeit der Wilden an ihre gesetzlose Freiheit«, die »mit tiefer Verachtung« als »Rohigkeit, Ungeschliffenheit und viehische Abwürdigung der Menschheit« anzusehen sei.[39]

Der von Kant als Minimallösung skizzierte Völkerbund entspricht den traditionellen zwischenstaatlichen Friedenskonzepten und ist nicht innovativ. Wegweisend ist jedoch die Konzeption eines kosmopolitischen Programms, das eine Entwicklung von diesem Völkerbund hin zu einer Weltrepublik vorsieht, in der nicht nur die Staaten, sondern auch die Menschen unmittelbar zu Bürgern einer Menschheitsgemeinschaft werden. Das völkerrechtliche Dogma der absoluten Souveränität würde also gleich zweifach durchbrochen. Einerseits, indem die Souveränität zwischen Einzelstaaten und Weltrepublik aufgeteilt würde, andererseits, indem das Individuum neben den Staaten zu einem Teilhaber der menschheitlichen Souveränität wird. Über die institutionelle Gestalt des Völkerstaates als Verkörperung des höchsten politischen Gutes, des ewigen Friedens, hat Kant nichts gesagt. Da Kant aber »den Gedanken der Repräsentation zum Wesensmerkmal der Republik machte, war für ihn eine Repräsentation der Bürger eines Staates durch die Regierung oder durch direkt gewählte Abgeordnete auf der supranationalen Ebene kein Problem«, folgert Cheneval.[40] In der Philosophie von Kant war damit ohne weiteres ein Weltparlament angelegt.

2.
Das 18. Jahrhundert:
Aufklärung, Revolutionen und Parlamentarismus

Der amerikanische Bundesstaat und repräsentative Demokratie

Im Zuge der Aufklärung verbreitete sich ab Mitte des 18. Jahrhunderts in Europa und Nordamerika eine »beispiellose kosmopolitische Begeisterung«, wie Coulmas schreibt.[1] Der Ausspruch des Diogenes, ein Weltbürger zu sein, wurde zu einer programmatischen Aussage der Zeit, verwendet beispielsweise von Thomas Paine, David Hume, Voltaire, Gotthold Ephraim Lessing oder Christoph Martin Wieland. Zwar verfolgten die Monarchen wie eh und je ihre dynastischen und geopolitischen Interessen, wenn nötig mit Krieg, doch der Geist habe in eine neue Richtung geweht.[2] »Die Schranken sind durchbrochen, welche Staaten und Nationen in feindseligem Egoismus absonderten. Alle denkenden Köpfe verknüpft jetzt ein weltbürgerliches Band«, sagte Friedrich Schiller (1759 bis 1805) enthusiastisch in seiner Jenaer Antrittsvorlesung im Mai 1789.[3] Für eine kurze Zeit sahen sich intellektuelle und bürgerliche Kräfte in einem aufklärerischen und kosmopolitischen Geist vereint. Es war ein Schmelztiegel erreicht, der die Idee eines Weltparlaments zum ersten Mal ausdrücklich, ja als konkrete politische Forderung, zum Vorschein brachte. Der kosmopolitische Gedanke verband sich mit der Repräsentations- und Demokratietheorie, die in Nordamerika gerade in monumentaler Weise zum praktischen Durchbruch gelangt war, und vermischte sich mit dem Impetus der französischen Revolution.

In der amerikanischen Unabhängigkeitserklärung von 1776 wurde erstmals die Gleichheit und Freiheit aller Menschen deklariert und zur Grundlage einer neuen staatlichen Ordnung gemacht. Nachdem Großbritannien den Krieg mit Frankreich um die Vorherrschaft in Nordamerika für sich entscheiden konnte, stiegen ab 1763 die Spannungen zwischen London und den Kolonisten. »No taxation without representation« wurde zur Parole, mit der sie eine Vertretung im englischen Parlament forderten, aber nicht erhielten. Wenn eine Regierung die unveräußerlichen Menschenrechte verletze, wie durch Georg III. (1738 bis 1820), dem König von England, geschehen, sei ein Widerstandsrecht gegeben. In dem folgenden Unabhängigkeitskrieg schüttelten die Kolonisten die Herrschaft Englands ab und läuteten ein neues Zeitalter ein, ein »Novus ordo seclorum«. Sie hatten dabei einen großen Vorteil, denn sie konnten ganz von vorne anfangen. »Wir haben jede Gelegenheit und allen Ansporn für uns, die vornehmste und reinste Verfassung auf Erden zu schaffen. Es steht in unserer Macht, die Welt von Neuem zu beginnen«, stellte Paine fest.[4] Die dreizehn ehemaligen Kolonien gründeten mit den Konföderationsartikeln von 1777 zunächst einen losen Staatenbund, der die Souveränität der Einzelstaaten, auch in der Außen- oder Handelspolitik, nicht berührte. Gemeinsame Beschlüsse wurden kaum umgesetzt und waren daher ineffektiv. Es gelang zum Beispiel nicht, einen gemeinsamen Wirtschaftsraum aufzubauen. In der Verfolgung ihrer Interessen dividierten sich die Staaten auseinander und gerieten in Konflikt. Die Befürworter einer republikanischen Ordnung, die Föderalisten, setzten sich schließlich durch. Mit der Verfassung vom 17. September 1787 wurden die Vereinigten Staaten von Amerika als ein echter Bundesstaat gegründet. Die Gesetzgebung des neuen, großflächigen Bundesstaates, dessen Bevölkerung aus Emigranten aus ganz Europa bestand, war in den Händen eines aus zwei Kammern bestehenden Kongresses: Dem (zunächst nach einem Zensuswahlrecht für Männer) direkt gewählten Repräsentantenhaus als Vertretung des Volkes und dem Senat, bestehend aus Vertretern der Bundesstaaten, die von den einzelstaatlichen Parlamenten gewählt wurden (und ab 1913 ebenfalls direkt).

Die frühen demokratischen Ansätze in den griechischen Stadtstaaten (bis etwa 300 v. Chr.) und der Römischen Republik (bis zu Beginn des Prinzipats 27 v. Chr.) basierten auf Versammlungen der (männlichen) Stimmberechtigten, die auf vergleichsweise kleine Stadtstaaten beschränkt waren. Mit Hinweis auf diese Vorbilder meinte Jean Jacques Rousseau (1712 bis 1778) noch in seinem Werk »Vom Gesellschaftsvertrag« von 1762, dass allein das versammelte Volk als Souverän eine dem Gemeinwillen entsprechende Gesetzgebung schaffen könne. Da die Souveränität des Volkes weder geteilt, noch durch Abgeordnete repräsentiert werden könne, lasse sich eine republikanische Ordnung daher von vornherein nur in Kleinstaaten verwirklichen. Die graduelle Verlagerung der Idee der Demokratie weg von ihrem historischen Ursprung in den Stadtstaaten und hin zu den ausgedehnteren Herrschaftsbereichen einer Nation, eines Landes oder eines Nationalstaates hat der Politikwissenschaftler Robert Dahl (1915 bis 2014) als »zweite demokratische Transformation« in der Geschichte bezeichnet.[5] Das Beispiel der USA zeigte, dass Demokratie, verstanden als repräsentative Demokratie, nicht nur in einem großen Territorium, sondern zugleich auch in dem politischen Novum eines Bundesstaates organisiert werden kann. Schon 1787 beispielsweise äußerte Benjamin Franklin den Gedanken, dass die neue amerikanische Bundesverfassung auch als Vorbild für eine »föderale Union« Europas dienen könne.⁶

Die historischen Wurzeln des Parlamentarismus

Mit den Vereinigten Staaten von Amerika wurde eine neue Epoche in der Geschichte der repräsentativen Demokratie eingeläutet. Die Gründerväter der USA betrachteten ihr System aufgrund der in einer geschriebenen Verfassung verankerten Volkssouveränität, des Republikanismus und des Föderalismus als einzigartig. »Dennoch«, so der Historiker Colin Bonwick, »ist es klar, dass die Verfassungen der einzelnen Staaten genauso wie die Verfassung der USA selbst (die alle während der Revolutionsära entworfen wurden und daher zusammen betrachtet werden müssen), den Erfahrungen in anderen Ländern viel verdanken – und besonders dem britischen Konstitutionalismus, von dem die Amerikaner entflohen.«⁷ Die Entwicklung des Parlamentarismus, der in der US-Verfassung einen vorläufigen Höhepunkt fand, kann über viele Jahrhunderte auf die mittelalterlichen und frühneuzeitlichen Ständegesellschaften zurückgeführt werden. Vertreter des Adels, des Klerus und später auch der städtischen Oberschichten konnten gegenüber dem herrschenden Souverän zu einem gewissen Grad Mitspracherechte erringen. Die Mitgliedschaft in den entstehenden Ständeversammlungen war exklusiv und basierte in der Regel auf persönlichen Privilegien, öffentlichen Ämtern, Immobilienbesitz oder Berufszugehörigkeiten, die sich oft schon aus der Abstammung ergaben. Die Mitglieder der Ständeversammlungen vertraten nur ihre eigenen Interessen und keineswegs die Untertanen im Allgemeinen. Besonders zur Erhebung von Steuern war der Herrscher oft auf ihre Mitarbeit und Zustimmung angewiesen. Die Entwicklung der Ständevertretungen und des Parlamentarismus verlief auf komplexen Wegen, mit Unterbrechungen und in jeder Region mit Besonderheiten. Die erste Ständeversammlung jedenfalls, die auf Dauer angelegt war, den König verpflichtete und außerdem neben dem Adel und dem Klerus auch Vertreter der Städte einschloss, wurde 1188 von Alfons IX. (1171 bis 1230), dem König von León auf der iberischen Halbinsel, einberufen.⁸

Die Entwicklung des Parlamentarismus in England bildete einen Sonderfall. Denn England, so der Politikwissenschaftler Klaus von Beyme, »war das einzige Land auf der Welt, das die parlamentarische Regierung ohne wesentlichen Bruch der Kontinuität in der Verfassungsentwicklung aus einem ständischen System seit dem Spätmittelalter entwickelte«.⁹ Nach der Eroberung Englands im Jahr

1066 führte Wilhelm I. (1027 bis 1087) regelmäßige Konsultationen mit dem Klerus und dem Landadel ein, um sich bei wichtigen Fragen ihrer Zustimmung zu versichern und sie so zu Stützen seiner Herrschaft zu machen. Nach der 1215 durchgesetzten »Magna Charta« war der englische König erstmals regelrecht verpflichtet, vor der Verhängung neuer Steuern die Zustimmung seines versammelten Landadels einzuholen. Ab 1295 waren auch Vertreter aus den Städten und Gemeinden im englischen Ständeparlament vertreten. Die »Commons« versammelten sich seit 1341 auch getrennt vom Adel und dem Klerus. Das englische Parlament als ein Zwei-Kammern-System entstand. Im 15. Jahrhundert wurde ein allgemeines Zensuswahlrecht für das Unterhaus, das »House of Commons«, eingeführt. Schon 1619, zwölf Jahre nach Gründung von Jamestown als der ersten ständigen Siedlung englischer Kolonisten in der »Neuen Welt«, wurde in der Provinz Virginia die erste Versammlung gewählter politischer Vertreter der Kolonisten in Nordamerika gebildet und wertvolle demokratische Erfahrung gesammelt.

Bei der langsamen Ausbildung der »souveränen« Territorialstaaten entstand »die Tendenz der Monarchen und Fürsten, die an der Spitze der mittelalterlichen Lehenspyramide gestanden hatten, die neue Souveränität für sich alleine zu beanspruchen und die Stände, die sich im mittelalterlichen Staat zu Mitträgern politisch-öffentlicher Gewalt entwickelt hatten, auszuschalten«, so der Historiker Heinz Schilling.[10] Die in den drei Jahrhunderten ab 1500 zwischen Monarchen und Ständevertretungen ausgetragenen Konflikte um Macht und Privilegien waren ein zentraler Aspekt aller großen sozio-politischen Auseinandersetzungen der Epoche.[11] Oft weigerten sich die Könige gleich ganz, die Ständevertretungen einzuberufen, wie etwa Karl I. im Jahrzehnt vor Ausbruch des englischen Bürgerkriegs im Jahr 1642. Bei der Revolution von 1688/89 machte sich das englische Parlament mit der »Bill of Rights« schließlich selbst zum Träger der Souveränität des Staates. Auch wenn der Monarch weiterhin die große Politik bestimmte und insbesondere über Krieg und Frieden entschied, musste er sich für den Regierungshaushalt ab jetzt eine Mehrheit im unabhängig gewordenen Parlament beschaffen.

Kosmopolitismus in der Französischen Revolution

Die Entwicklung in England und die Ideen John Lockes blieben auch in Frankreich, dem Zentrum des Ancien régime, nicht ohne Wirkung. Im 18. Jahrhundert unterminierten sie langsam aber sicher die Autorität der Monarchie. Es wirkte wie ein Fanal, das weit über Frankreich hinaus die Menschen elektrisierte, als sich Ludwig XVI. im Jahr 1789 zum ersten Mal seit 1614 zur Legitimation und Durchsetzung von Steuerreformen gezwungen sah, die Generalstände in Frankreich einzuberufen. Der Dritte Stand, der rund 98 Prozent der Bevölkerung repräsentierte, erklärte sich nach der Wahl zu den Generalständen im sogenannten Ballhausschwur vom 20. Juni 1789 zu einer verfassungsgebenden Nationalversammlung. Als symbolische Geburtsstunde der Revolution gilt der Sturm auf die Bastille am 14. Juli. Am 26. August wurde die Erklärung der Menschen- und Bürgerrechte verabschiedet, die mit der Feststellung der Gleichheit und Freiheit der Menschen sowie der Volkssouveränität beginnt und die Prinzipien benennt, auf die die neue Ordnung begründet werden sollte.

In den Wirren der Revolution ging es unter anderem um die Frage, ob die Verwirklichung einer republikanischen Ordnung über Frankreich hinaus auch für die anderen noch unter monarchischer Herrschaft stehenden Völker Europas angestrebt werden sollte. Der Republikanismus sei »in jener Zeit des Umbruchs und am historischen Ursprung der modernen europäischen Demokratie noch nicht partikularistisch fixiert, sondern europäisch und kosmopolitisch« gewesen, betont Cheneval. Der Begriff der »nation« sei während der ersten Revolutionsjahre nicht notwendig nationalstaatlich besetzt gewesen.[12] Die außenpolitische Lage war in dieser Situation entscheidend. Die Nationalversammlung erklärte im Mai 1790 den Verzicht auf Eroberungskriege, doch das revolutionäre Fieber, entfacht durch die Proklamation des Selbstbestimmungsrechts der Völker, griff um sich und beunruhigte die europäischen Monarchien zunehmend. Ludwig XVI. diskutierte mit ihnen über eine bewaffnete Intervention, »um die Aufrührer zu stoppen«.[13] Im April 1792 begannen kriegerische Auseinandersetzungen zwischen Frankreich sowie einer von Österreich und Preußen geführten Allianz, die bis 1797 andauern sollten und in deren Verlauf Frankreich unter anderem die Südlichen und die Vereinigten Niederlande besetzten.

Ein Ausdruck der bestehenden kosmopolitischen Strömung der Revolution war es, als die Nationalversammlung am 26. August 1792 siebzehn Ausländern, die sich um die Revolution verdient gemacht hatten, das französische Bürgerrecht verlieh, darunter Jeremy Bentham, Alexander Hamilton, James Madison, Thomas Paine, Johann Heinrich Pestalozzi, Friedrich Schiller und George Washington. Unter den Geehrten war auch der im preußischen Kleve geborene und aus einer niederländischen Familie stammende Johann Baptist Baron de Cloots, genannt Anacharsis Cloots (1755 bis 1794). Cloots lebte wie Paine in Paris und war seit 1789 aktives Mitglied des Jakobinerclubs. Im September 1792 wurde er, wie auch Paine, in die Nationalversammlung gewählt und zeitweise bei der Erarbeitung der Verfassung hinzugezogen. Es ist bemerkenswert, dass mit Cloots nicht etwa ein Philosoph, sondern ein Revolutionär erstmals den Gedanken eines Weltparlaments ausdrücklich formulierte.

Die »Republik der Menschheit« bei Cloots

Die Revolution hatte für Cloots einen universellen Charakter und Auftrag. Er vertrat vehement die Ansicht, dass ausgehend von Frankreich eine Weltrepublik errichtet werden solle. In seinem Werk »Bases constitutionelles de la République du genre humain« von 1793 vertrat Cloots einen radikal individualistischen Souveränitätsbegriff. Aus den Menschenrechten ergebe sich die »solidarische und unteilbare Souveränität des Menschengeschlechts«.[14] Völker, die miteinander irgendwie in Kontakt stünden, ja auch nur voneinander wüssten, könnten nicht beide zugleich souverän sein. Autonome Selbstbestimmung ist dann nach Ansicht von Cloots nicht mehr möglich und die Grundlage für Konflikte gelegt. »Die Republik der Menschheit« dagegen werde »niemals mit jemanden in Disput sein, denn zwischen den Planeten gibt es keine Kommunikation«, argumentierte Cloots.[15] Er lehnte damit zugleich den von seinem Kollegen Paine in dem Buch »Rights of Man« 1791/92 entwickelten Gedanken ab, dass weltweiter Friede und Wohlstand schon erreicht werden könne, wenn nur alle Länder die Regierungsform der repräsentativen Demokratie verwirklicht hätten (womit dieser die bis heute diskutierte Theorie des »demokratischen Friedens« fundierte). Souveränität setze die Vereinigung der Menschen in einer auf den Menschenrechten basierenden, universellen Gemeinschaft voraus. Dies sei auch machbar, wo doch alle die gleichen Ziele hätten, nämlich Freiheit, Gleichheit, Sicherheit, Gerechtigkeit, Schutz des Eigentums, des Friedens und vor Unterdrückung.[16] Die konstitutiven Subjekte der Weltrepublik können nach Cloots aufgrund der Unteilbarkeit der Souveränität allein die Individuen sein. Im Mittelpunkt der Weltrepublik steht als Legislative ein direkt gewähltes Parlament. Als subsidiäre Verwaltungseinheiten sind Départements vorgesehen, die zugleich als Wahlkreise der Parlamentsabgeordneten dienen. Seinem Entwurf folgend schlug Cloots vor, Frankreich mit der neuen Verfassung zu einer universellen Republik zu machen, der sich alle von der Monarchie befreiten Völker als Départements anschließen sollten.

Das Ende der kosmopolitischen Strömung

Sehr zur Freude von Cloots beschloss das aus dem ersten Demokratieversuch der deutschen Geschichte hervorgegangene Parlament, der unter französischer Besatzung im Februar 1793 in Rheinhessen und in der Pfalz gewählte »Rheinisch-Deutsche Nationalkonvent«, den Anschluss der von ihm proklamierten Mainzer Republik an Frankreich. Schon einen Monat später wurde das linksrheinische Gebiet der Republik allerdings wieder von preußisch-österreichischen Truppen zurückerobert. Als die Offensive auf französisches Territorium vordrängte und sich der französische Nationalkonvent gezwungen sah, einen allgemeinen Kriegsdienst einzuführen, die »Levée en masse«, wendete sich die revolutionäre Stimmung. Cloots und andere Ausländer wurden auf Betreiben von Maximilien Robespierre als Saboteure der Revolution verhaftet, verurteilt und am 24. März 1794 mit der Guillotine hingerichtet. In den 1970er Jahren nannte sich der berühmte deutsche Aktionskünstler Joseph Beuys (1921 bis 1986) zeitweise »Josephanacharsis Clootsbeuys«, um an Cloots, seine Ideen und sein Schicksal zu erinnern.[17] Thomas Paine entkam der Guillotine nur durch Zufall.

Der Republikanismus verband sich mit Fremdenfeindlichkeit und französischem Nationalismus.[18] Schiller beklagte schon im Juli 1793 mit drastischen Worten, dass die Aufklärung gescheitert sei. »Der Versuch des Französischen Volks, sich in seine heiligen Menschenrechte einzusetzen, und seine politische Freiheit zu erringen, hat ... nicht nur dieses Volk, sondern mit ihm auch einen beträchtlichen Teil Europens, und ein ganzes Jahrhundert, in Barbarei und Knechtschaft zurückgeschleudert ... Es waren also nicht freye Menschen, die der Staat unterdrückt hatte, nein, es waren bloß wilde Thiere, die er an heilsame Ketten legte.«[19]

3.
Vom Wiener Kongress bis zu den Haager Konferenzen: Integrationslogik und der Beginn des Interparlamentarismus

In den entstehenden Nationalstaaten Europas war der Übergang von den monarchischen Regimen zu parlamentarischen Regierungsformen eine sehr langwierige Entwicklung, die in einem Wechsel aus Revolution und Restauration stattfand. In Frankreich beispielsweise wurden mit der Verfassung von 1799 allgemeine Wahlen praktisch wieder abgeschafft und der Militärdiktatur von Napoleon Bonaparte der Boden bereitet. Nach Napoleons militärischer Niederlage bei der Völkerschlacht in Leipzig 1813 etablierte der Wiener Kongress von 1814/15 ein neues europäisches Gleichgewichtssystem und setzte sich zum Ziel, die monarchische Autorität wieder herzustellen. Nichtsdestotrotz wurden parlamentarische Gremien in der intellektuellen Debatte über Friedenskonzepte für Europa und die Welt nun regelmäßig erwogen.

Die Völkerrepublik bei Sartorius

Der in Lothringen geborene Staatswissenschaftler Johann Baptist Sartorius (1774 bis 1844) beispielsweise stellte in einem 1837 veröffentlichten Beitrag zur Friedensdiskussion den Entwurf einer repräsentativen Völkerrepublik der Menschheit vor, deren Gesetzgebung von einem Senat besorgt wird, der, um »die Wahl leicht übersehbar, bündig, und schnell zu machen«, von der Weltbevölkerung indirekt über Wahlkollegien gewählt werden solle.[1] Alle sechs Jahre sei jeweils das dienstälteste Drittel des Senates neu zu wählen. Dadurch werde Kontinuität geschaffen. Das Initiativrecht solle bei einem ebenfalls vom Volk zu wählenden Regenten liegen. Eine Vertretung der Einzelstaaten in den Institutionen dieses durch einen freiwilligen zwischenstaatlichen Vertrag zu stiftenden Weltstaats ist nicht vorgesehen. Wie Cloots argumentiert auch Sartorius, dass es nur eine Souveränität geben könne und diese müsse in der Gesamtheit, also beim Weltstaat, liegen. Innerhalb ihrer »Rechtsphären« sollen die Völker jedoch »freien Spielraum« haben. Durch »positive grundgesetzliche Normen« seien der Gewalt des Völkerstaates Schranken zu setzen.

Das Programm weltweiter Integration bei Pecqueur

Einer der wichtigsten Beiträge zur Idee eines Weltparlaments in der Vormärzzeit, wenn nicht gar im gesamten 19. Jahrhundert, stammt von dem französischen Sozialökonom Constantin Pecqueur (1801 bis 1887). Im Jahr 1842 stellte er in seinem Werk »De la Paix« detaillierte Überlegungen darüber an, wie ein demokratischer Weltbundesstaat erreicht werden könne. Die Aufteilung der Menschheit in Nationen sei ein »Überbleibsel der Barbarei« und bedeute – ganz in der Tradition des Vertragsdenkens – dass sich die Staaten in einem Naturzustand befänden, der regelmäßig kriegerische Auseinandersetzungen mit sich bringe. Die Frage des Friedens verbindet sich bei Pecqueur stark mit der sozialen Frage. Dies ist auch vor dem Hintergrund zu verstehen, dass die Industrialisierung und Verstädterung zusammen mit der beginnenden Bevölkerungsexplosion eine zunehmende Verelendung der abhängigen Lohnarbeiter mit sich führte. Der Wohlstand der Völker, so Pecqueur, stehe im direkten Verhältnis zur Dauer und Kontinuität von Frieden. Immer engerer wirtschaftlicher Austausch zwischen den Nationen fördere nicht nur friedlichere Beziehungen, sondern mehre auch den Wohlstand. Pecqueur entwirft das Programm einer schrittweisen Integration, die mit Handels- und Zollzusammenschlüssen beginnen solle. Er bezog sich auf das Vorbild des 1834 etablierten deutschen Zollvereins, der seinerseits aus einem Zusammenschluss des Preußisch-Hessischen Zollvereins, des Mitteldeutschen Handelsvereins und der Süddeutschen Zollvereinigung hervorging. »Die partiellen Zusammenschlüsse«, so Pecqueur, »sind zu verstehen als Vorbereitungen einer umfassenden Union, zunächst europäisch, dann kosmopolitisch.«[2] Durch graduellen Abbau von Handelsschranken solle nach und nach vollständiger globaler Freihandel erreicht werden, wobei auf dem Weg dahin Ungleichgewichte in den Außenwirtschaftsbilanzen zu vermeiden und protektionistische Ausnahmen erlaubt sein müssten. Mit der Freihandelsidee stellte sich Pecqueur gegen die seit dem 16. Jahrhundert vorherrschende und praktizierte Lehre des Merkantilismus, nach der Regierungen danach strebten, durch staatliche Eingriffe Exporte zu fördern und Importe zu hemmen. Friedrich List, der sich ebenfalls für weltweiten Freihandel aussprach, bezeichnete das Merkantilsystem 1819 als einen »unglückseligen Wahn«, der einen »ewigen Wohlstandskrieg« nähre. »Ich bin überzeugt«, schrieb List, »daß die Menschheit den höchsten Gipfel des physischen Wohlbefindens, gleichwie der geistigen Vervollkommnung, nur dadurch zu erreichen vermag, wenn auf der ganzen Oberfläche der Erde zivilisierte Völker der Natur ihre Schätze abgewinnen und den Überfluß ihrer Erzeugnisse im freien Verkehr gegenseitig austauschen.«[3]

Bei der ökonomischen Annäherung sollte es nach Ansicht von Pecqueur allerdings nicht bleiben. Sie sollte auch die politische Integration der Staaten in Gang setzen. Der wirtschaftlichen Integration folge »unfehlbar das politische Zusammengehen«.[4] Diese Sichtweise, die wir Integrationslogik nennen möchten und die von Pecqueur erstmals einem Programm zur Realisierung eines Weltbundesstaates zugrunde gelegt wurde, war keine obskure Einzelmeinung. Das seit 1820 auf verschiedenen Ebenen verhandelte Projekt eines deutschen Zollvereins zum Beispiel hatte aus preußischer Sicht ebenfalls eine »eindeutig gesamtpolitische Perspektive«, wie Thomas Nipperdey formuliert.[5] So schrieb der preußische Finanzminister Friedrich von Motz 1829 in einer Denkschrift an König Friedrich Wilhelm III., dass wenn »es staatswissenschaftliche Wahrheit ist, daß Ein-, Aus- und Durchgangszölle nur die Folge politischer Trennung verschiedener Staaten sind (und das ist wahr), so muß es umgewandt auch Wahrheit sein, daß Einigung dieser Staaten zu einem Zoll- und Handelsverbande zugleich Einigung zu einem und demselben politischen System mit sich führt. Und je natürlicher jene Verbindung zu *einem* kommerziellen Zoll- und Handelssystem ist ... desto inniger und fester wird auch die Verbindung zu *einem* politischen System unter diesen Staaten sein.«[6]

Weltföderation und Weltparlament bei Pecqueur

Im Gegensatz zum preußischen Finanzminister, dem eine Einigung der deutschen Staaten unter Preußens Führung und unter Ausschluss Österreichs vorschwebte, hatte Pecqueur eine »vollständige Union« des gesamten Globus im Sinne. Alle Nationen und Völker sollten nach und nach, beginnend mit Europa, in einem Weltstaat mit Weltinstitutionen vereint werden, ohne allerdings deren eigene Staatlichkeit aufzuheben. Die föderale Verfassung der USA diente ihm als Vorbild. Die Souveränität solle zwischen den Einzelstaaten und dem anvisierten gemeinsamen Bundesstaat abgestuft werden. Pecqueur hebt insbesondere die Notwendigkeit hervor, dass neben Zoll- und Handelsfragen Verteidigung, Außenpolitik und Polizei beim Bundesstaat anzusiedeln seien. Dabei solle ein bundesstaatlicher Außendienst entstehen und die einzelstaatlichen Außenministerien abgeschafft werden. Sobald der Bundesstaat universellen Charakter erlangt, kann ganz auf den Dienst verzichtet werden. Gleiches gilt für nationale Armeen. Innerhalb des Bundesstaates solle eine gemeinsame »kosmopolitische Polizei« für Sicherheit und Rechtsdurchsetzung sorgen. Die supranationale Gewalt stütze sich auf das Prinzip der Gerechtigkeit, worunter Pecqueur

Gleichheit, Brüderlichkeit und Freiheit versteht. Streitigkeiten würden auf der Basis von Weltrecht vor Gericht ausgetragen. Die Organe des Weltbundesstaates müssten auf Direktwahlen zurückgehen. Wenn die repräsentative (also demokratische) Regierungsform für die einzelnen Völker die Beste sei, dann gelte dies auch für ihren Zusammenschluss. Als Legislativorgan sieht Pecqueur einen von den Völkern direkt gewählten Kongress als ideal an. »Die Mitglieder dieses europäischen oder kosmopolitischen Kongresses können weder von der legislativen, noch von der exekutiven Gewalt der Nationen gewählt werden, die sie repräsentieren sollen«, schreibt Pecqueur, um die Notwendigkeit von Direktwahlen zu unterstreichen. Wenn diese vorerst nicht möglich sind, dann müssen die Mitglieder nach ihrer Ernennung zumindest »absolut unabhängig sein«.[7] Es sei widersinnig zu glauben, dass der Kongress als übergeordnete Instanz fungieren könne, wenn seine Mitglieder von den Einzelstaaten abhängig seien.

Das größte Problem und Hindernis für das Integrationsprojekt sah Pecqueur in den monarchischen Regierungen. Im Jahr 1842, als Pecqueur sein Werk veröffentlichte, gab es aus heutiger Sicht überhaupt nur eine Demokratie in der Welt: die USA. Dynastische Herrschaft in den einzelnen Nationen sei aber mit der Etablierung einer supranationalen Gewalt inkompatibel. Solange ein bundesstaatlicher Kongress nicht von den Völkern frei gewählt werden könne, so sei zu befürchten, dass seine Beschlüsse den Völkern mehr schaden als nützen würden. Als Versammlung von Aristokraten würde der Kongress dann nämlich stets im Sinne der Regierungen und gegen die Interessen der Regierten entscheiden. Bei dem Vorhaben, den universellen Frieden durch einen universellen Kongress zu erreichen, drohe unter diesen Umständen »eine Erneuerung der Allianz der Könige gegen die Völker«.[8] Allerdings wären monarchische Regierungen sehr auf ihre Souveränität bedacht und gar nicht geneigt, sich einer supranationalen Gewalt zu unterwerfen.

Den Ausweg sah Pecqueur darin, dass das Projekt als Zusammenschluss einiger weniger Staaten mit demokratischer Regierungsform beginnen könne. Alle Staaten sollten zu einem Beitritt eingeladen werden, gleich welche Regierungsform sie hätten. Eine Voraussetzung für die Mitgliedschaft müsse allerdings sein, dass zumindest die einzelstaatlichen Vertreter im Staatenbund aus »mehr oder weniger« allgemeinen Wahlen hervorgingen. Ohne Zweifel werde dies anfangs eher kleine Länder ansprechen, da diese ein Interesse hätten, sich besser vor den Großmächten zu schützen. Nach und nach werde die wachsende Union dann auch für die größeren Länder interessant. Da sich die autokratischen Regierungen nicht isolieren wollten, so meinte Pecqueur, würden sie letztlich der Repräsentationsklausel für den gemeinsamen Kongress zustimmen, um beitreten zu können. Anfangs sei es ausreichend, wenn die Deputierten ihr Mandat von den nationalen legislativen Organen erhielten. Der Kongress selbst werde souverän eine regelmäßige Bewertung der Legitimation seiner Mitglieder vornehmen. »Dieser Kongress wäre eine Schule der Freiheit und der kosmopolitischen Repräsentation, ein hoher Kurs der Politik für die aufgeklärten Massen aller Länder«, schrieb Pecqueur.[9] Zunächst solle die schrittweise Vereinigung Europas angestrebt werden und zwar in der Form eines konföderativen Staatenbundes nach dem Vorbild der ersten US-Verfassung. So wie die Zivilisation voranschreite, könnten die Kompetenzen und Funktionen weiterentwickelt werden, bis die Kooperation schließlich in einem Bundesstaat münde, dessen Kongressabgeordnete alle direkt gewählt würden.

Je Land solle die gleiche Anzahl von Deputierten entsandt werden. Eine Anzahl im Verhältnis zur Bevölkerungsgröße würde dem Prinzip der Gleichheit der Staaten widersprechen und könne bei Ländern, die dann einen kleineren Sitzanteil hätten, Argwohn auslösen. Wenn die Großmächte einer gleichen Anzahl für alle nicht zustimmen sollten, könnte das allerdings trotzdem akzeptabel sein. Die Großmächte seien nämlich eher dazu geneigt, gegenläufige Interessen zu verfolgen, als sich gegen die kleinen Länder zusammenzutun. Folglich könnten auch wenige Sitze von großer Bedeutung sein, wenn sie unter solchen Umständen über die Mehrheitsverhältnisse entscheiden. Um sie auf ihre Seite zu bekommen, würden die Interessen der kleineren Länder berücksichtigt werden müssen.

Tennyson's »Parlament der Menschheit«

Im gleichen Jahr wie das Buch von Pecqueur wurde auch das 1837 entstandene Gedicht »Locksley Hall« des englischen Dichters Alfred Tennyson (1809 bis 1892) veröffentlicht. Es geht darin um einen Soldaten, der an einem Ort seiner Kindheit vorbeikommt und dabei allerlei Emotionen entwickelt. In einer utopischen Zukunftsvision erscheint ihm »im Geist das Weltenganze mit den künft'gen Wunderdingen«. Zwischen den Völkern und Nationen herrscht Krieg, bis ein Weltparlament und eine Weltföderation mit Weltrecht Frieden bringen:

Bis gefaltet die Standarten
Und der Kriegslärm eingestellt.
Und den ew'gen Frieden bringt ein
Parlament der ganzen Welt.

Und da soll der Mehrzahl Urteil
Friedensstörern Einhalt tun;
Einer Satzung unterworfen,
Kann die Mutter Erde ruhn.¹⁰

Die deutsche Übersetzung ist nicht ganz einfach. Im englischen Original ist von einem »Parlament der Menschheit«, »einer Föderation der Welt« und »universellem Recht« die Rede.¹¹ Das Gedicht hatte besonders im anglo-amerikanischen Raum einigen Einfluss und die angeführten Strophen werden bis heute gerne zitiert. Der britische Historiker und Politikwissenschaftler Paul Kennedy (geb. 1945) zum Beispiel benannte sein 2006 erschienenes Buch über die Vereinten Nationen, inspiriert von dem Gedicht, »Das Parlament der Menschheit«. US-Präsident Truman (1884 bis 1972), so schreibt Kennedy, habe die besagten Zeilen oft hervorgeholt und rezitiert.¹²

Der Kampf um eine Ausweitung des Wahlrechts

Die Zeit, in der Pecqueur und Tennyson die beiden Werke veröffentlichten, war turbulent. In vielen Staaten bildeten sich langsam, aber sicher, Volksvertretungen aus. Der mit der Industrialisierung einhergehende Zerfall der ständischen Ordnung und die soziale Frage setzten monarchische Herrschaftsstrukturen in Europa unter permanenten Veränderungsdruck. Eine zentrale Auseinandersetzung drehte sich um die Einbeziehung des aufstrebenden Bürgertums in die politischen Entscheidungsprozesse. Die Parole der amerikanischen Revolution, »no taxation without representation«, kam nun auch hier zur Geltung. In der Regel entstanden zunächst plutokratische Parlamente, die auf einem Zensuswahlrecht für Männer basierten. Das Machtverhältnis mit der Krone war unterschiedlich ausbalanciert und ebenfalls Gegenstand von Konflikten. Ziel der meisten Reformer und Revolutionäre war ein allgemeines Wahlrecht für Männer, wobei die Forderung, das Wahlrecht auch auf Frauen auszuweiten, allerdings schon 1791 während der französischen Revolution erhoben wurde. Die Aktivistin Olympe de Gouges (1748 bis 1793) protestierte dagegen, dass die Erklärung der Menschen- und Bürgerrechte der Nationalversammlung sich praktisch nur auf Männer bezog und verfasste eine »Erklärung der Rechte der Frau und Bürgerin«. 1793 wurde auch sie hingerichtet. Erst ab Ende des 19. Jahrhunderts wurde das Wahlrecht in den Staaten der Welt nach und nach von Voraussetzungen wie Besitz und Steuerleistung befreit und auf Frauen ausgeweitet.

Auch in den USA, wo die Frage des Wahlrechts Sache der Bundesstaaten war, gab es in einzelnen Staaten bis etwa 1860 Einschränkungen aufgrund von Steuerleistung oder Eigentum. Erste dauerhafte Erfolge bei der Einführung eines allgemeinen (Männer-) Wahlrechts gab es in Europa beispielsweise bei der Revolution von 1848 in Frankreich und in der Schweiz. Otto von Bismarck (1815 bis 1898) führte es 1867 im Norddeutschen Bund ein, 1871 wurde es im neuen Deutschen Reich übernommen. Bismarcks Kalkül zu der Zeit war wohl, dass die ärmere Landbevölkerung gegenüber dem städtischen Bürgertum eher geneigt wäre, zugunsten des königstreuen Lagers abzustimmen, weshalb die Abschaffung des Zensuswahlrechts diesem Lager zum Vorteil gereichen würde. Das Polity-Forschungsprogramm hat alle Länder der Welt mit über 500.000 Einwohnern von 1800 bis heute Jahr für Jahr einer Analyse unterzogen und ihre Regierungsform eingestuft. Von den 56 im Jahr 1871 analysierten Staaten waren diesen Daten zufolge sechs demokratisch: Belgien, Griechenland, Kolumbien, Neuseeland, die Schweiz und die USA. 34 wurden als inkohärente Mischformen zwischen Demokratie und Autokratie eingestuft, als sogenannte »Anokratien«, und 16 als autokratisch.[13]

Die Entstehung des Interparlamentarismus

Mit dem Voranschreiten des Parlamentarismus und des allgemeinen Wahlrechts entwickelte sich auch die Idee eines Weltparlaments weiter. »Internationale parlamentarische Ideen«, so Claudia Kissling, »nahmen sich ganz selbstverständlich im Laufe der Zeit des auf nationalstaatlicher Ebene verwirklichten demokratischen Prinzips an, um dieses auf die internationale Ebene zu transponieren.«[14] Bereits in der Staatsrechtslehre von Georg Jellinek (1851 bis 1911) beispielsweise ist das Konzept der parlamentarischen Repräsentation wie selbstverständlich auch in den institutionellen Rahmen eines Staatenbundes integriert. 1882 schrieb Jellinek, dass es für einen Staatenbund nicht ausgeschlossen sei, »dass zur Feststellung der gemeinsamen Normen den Vertretern der Regierungen Volksvertreter, etwa Abgeordnete der Parlamente der Vertragsstaaten, an die Seite gesetzt werden«.[15] Er differenzierte dabei zwischen einem Staatenbund und einem Bundesstaat. Die Natur des letzteren verlange nämlich »ein aus unmittelbaren Volkswahlen hervorgehendes Parlament, dessen Mitglieder sich nicht als Organe des Einzelstaates, in dem sie gewählt sind …, sondern direct als Organe des Gesamtstaates darstellen«.[16] Einer der intellektuellen Wegbereiter der argentinischen Verfassung von 1853, der Jurist und spätere Diplomat Juan Bautista Alberdi (1810 bis 1884), betonte 1870 in dem Buch »El Crimen de La Guerra«, dass der Mensch als Individuum letztlich die grundlegende Einheit jeder menschlichen Gemeinschaft sei. Eine Weltgemeinschaft baue daher nicht nur auf Staaten, sondern auch auf den Menschen selbst auf. Auf dem Weg zu einer politischen Weltunion müsse die Souveränität der einzelnen Staaten mehr und mehr zugunsten der Souveränität der Menschheit zurücktreten, argumentierte er.[17]

Seit den 1830er Jahren keimte langsam der Gedanke auf, dass die Abgeordneten der verschiedenen Volksvertretungen direkt zusammenarbeiten sollten, um die Völkerverständigung und die Etablierung einer ständigen Friedensordnung zu fördern. Die zentrale Frage der Außenpolitik, nämlich die über Krieg und Frieden, sollte der Idee des Interparlamentarismus zufolge nicht allein in den Händen der Kabinette und Regierungschefs bleiben. Der ehemalige spanische Abgeordnete Don Arturo de Marcoartu betonte 1876 in einem Essay die Notwendigkeit, die Beziehung zwischen den Staaten sowie ihre Rechte endlich mit allgemeinen Verträgen zu kodifizieren. Bei einem zukünftigen internationalen Kongress zu diesem Zweck dürften nicht, wie sonst immer bei diplomatischen Kongressen in der Vergangenheit, nur Vertreter der Regierungsexekutiven dabei sein. Um dem repräsentativen System gerecht zu werden, müssten auch andere politischen Kräfte aus den Staaten berücksichtigt werden. Marcoartu schlug eine »konstituierende Versammlung« vor, die eine »Magna Charta der fundamentalen Rechte der Nationen in Friedens- und Kriegszeiten« ausarbeiten solle.[18] Dieser Versammlung, die er als Beginn eines internationalen Parlaments ansah, sollten Vertreter jeder einzelstaatlichen Exekutive, Legislative und Judikative gleichrangig angehören: Jeweils ein von der Regierung ernannter Delegierter, jeweils zwei von der Volksvertretung gewählte Abgeordnete, von denen einer zur parlamentarischen Mehrheit und einer zur parlamentarischen Minderheit gehören solle, sowie jeweils ein vom höchsten Gericht und den Universitäten gewählter Magistrat. Zur Umsetzung und Durchsetzung des von dieser Versammlung zu setzenden Rechts müsse ein internationales Schiedsgericht geschaffen werden – eine alte Idee, deren Wurzeln Marcoartu bis auf die vom attischen König Amphiktyon um 1497 v. Chr. geschaffene Versammlung der griechischen Stadtstaaten zurückführte. Wenn sich bei keiner Regierung in absehbarer Zeit der Wunsch manifestiere, so einen Kongress einzuberufen, so sollten die Abgeordneten der nationalen Volksvertretungen mit eigenen parlamentarischen Konferenzen den Boden bereiten. »Parlamentarier als Volks-, nicht als Regierungsvertreter zu gemeinsamer Arbeit an einer internationalen Verständigung aufzufordern, lag in der Logik einer bürgerlichen Emanzipationsbewegung, die im Laufe des 19. Jahrhunderts auch in die Randbereiche politischer Machtzentren vordrang«, schreibt Ralph Uhlig in seiner Frühgeschichte der interparlamentarischen Friedensbewegung.[19]

Die Gründung der IPU

Unter dem Credo »Friede durch Schiedsgerichtsbarkeit« wurde 1889 in Paris von rund 100 Abgeordneten aus neun Ländern die »Interparlamentarische Union« gegründet, anfangs mit dem Namen »Interparlamentarische Schiedsgerichtskonferenz«. Es war die erste internationale Vereinigung nationaler Abgeordneter. Schon bald wurde an Entwürfen für ein ständiges internationales Schiedsgericht gearbeitet. Einen vorläufigen Höhepunkt bildete die Jahreskonferenz in Budapest 1896, an der rund 250 Parlamentarier teilnahmen und die konkrete Vorschläge verabschiedete, die das Büro der Organisation den europäischen Regierungen vorlegen sollte. Ziel war es, die Regierungen zur Durchführung einer diplomatischen Konferenz zur Etablierung eines Schiedsgerichts anzuhalten. Flankiert wurden diese Bemühungen durch die Mitglieder der IPU in den nationalen Parlamenten. Die Idee war, in den einzelnen Volksvertretungen parlamentarische Mehrheiten für Friedenspolitik, insbesondere eine internationale Schiedsgerichtsbarkeit, zu schaffen und so Einfluss auf die Regierungen auszuüben. An der Konferenz in Budapest nahmen auch russische Diplomaten teil. »Es hat den Anschein, als seien die russischen Beobachter in Budapest von den Argumenten der Friedensfreunde beindruckt gewesen«, so Uhlig.[20] Um Ausgaben für eine Modernisierung der russischen Artillerie zu vermeiden, entstand in Moskau der Gedanke, mit Österreich-Ungarn ein Abkommen zur gegenseitigen Begrenzung dieser Waffengattung zu schließen. Zar Nikolaus II. regte schließlich eine allgemeine Friedenskonferenz an, die 1899 in Den Haag mit Vertretern von rund 30 Staaten auch stattfand.

Die Haager Konferenzen als Impulsgeber

Bei der ersten Haager Friedenskonferenz wurde die Einrichtung eines Schiedshofes zur freiwilligen Beilegung internationaler Streitfragen sowie die Haager Landkriegsordnung »über die Gesetze und Gebräuche des Krieges« beschlossen. Letztere legt unter anderem fest, dass Zivilisten und zivile Einrichtungen im Kriegsfall möglichst zu schonen seien und beinhaltet in einer der Zusatzdeklarationen auch das Verbot des Einsatzes von Chemiewaffen. Bei dem Schiedshof wiederum handelte es sich nicht um ein ständiges Gericht, das selbst Fälle entscheiden würde, sondern um eine Verwaltung, auf die von Fall zu Fall nach Bedarf zurückgegriffen werden konnte, um die einfache und schnelle Einrichtung von temporären Schiedsgerichten oder Untersuchungskommissionen zu ermöglichen. Die Haager Friedenskonferenz und ihre Ergebnisse wurden von Interparlamentariern insgesamt als Erfolg gewertet. In einem nächsten Schritt strebten sie den Ausbau des Schiedshofes zu einem echten Gerichtshof an. Auch auf dem Gebiet der Rüstungsbegrenzung, wo es keine Fortschritte gegeben hatte, und bei der weiteren Festschreibung völkerrechtlicher Normen sahen die IPU und auch die Friedensbewegung im Allgemeinen weiteren Handlungsbedarf. Um dies zu erreichen, wurden ab 1903 eine zweite Haager Konferenz und überhaupt ein regelmäßig tagender Weltkongress gefordert. Besonders in den USA wurde damit nun erneut die Idee eines Weltparlaments verknüpft.

Internationalismus in den USA

Wie Warren F. Kuehl in einer Geschichte des Internationalismus in den USA ausführt, markierte das Jahr 1903 in den Vereinigten Staaten »den Beginn der modernen Bewegung« für eine internationale Organisation«.[21] Aufgrund einer vom Journalisten Raymond L. Bridgman (1849 bis 1925) initiierten Bürgerpetition beispielsweise verabschiedeten die beiden Kammern des Parlaments von Massachusetts eine an den Kongress der USA gerichtete Resolution, mit der eine Initiative des US-Präsidenten zur Schaffung »eines regelmäßigen internationalen Kongresses der Regierungen der Welt« angeregt wurde. Die Idee wurde in der Presse viel beachtet und unter anderem auch vom Eisen- und Stahlmagnaten Andrew Carnegie (1835 bis 1919) unterstützt. In seinem Buch »World Organization« von 1905 führte Bridgman den Vorschlag weiter aus. Er setzte sich mit dem Konzept der Souveränität auseinander und folgerte, dass das Konzept nur auf Weltebene und nicht für Nationalstaaten Sinn mache. Die Zeit sei gekommen, dies anzuerkennen und die Menschheit innerhalb eines politischen Gemeinwesens zu organisieren. Dieses müsse über eine Legislative, Exekutive und Judikative verfügen. Die Realitäten der Wirtschaft und nicht etwa die politische Theorie erforderten schnelles Tätigwerden. »Die Notwendigkeit für Weltgesetzgebung ist bereits gegeben, weil geschäftliche Transaktionen jetzt die gesamte Welt umfassen und keine nationale Gesetzgebung wird ausreichen, um die Menschen vor weltweiten Monopolen zu schützen«, führte Bridgman ein Beispiel an.[22] Die USA, deren Verfassung selbst ein Modell für die vorgeschlagene Weltorganisation sei, solle die politische Führung zu ihrer Entwicklung übernehmen. Mit dieser Vorstellung war Bridgman nicht allein. Auch der New Yorker Anwalt Hayne Davis (1868 bis 1942) sah die Verfassung der USA als ein Modell für die globale Ebene an. Unabhängig von Bridgman propagierte er ab 1903 in zahlreichen Artikeln die Idee einer internationalen Organisation, die sich tatsächlich bereits in Entstehung befinde. Durch das Haager Tribunal seien der Menschheit »die Vereinten Nationen« gegeben worden (womit Davis wohl als Erster diesen Begriff benutzte).[23] Nach dem in Den Haag geschaffenen Schiedshof brauche es nun auch eine Exekutive und eine Legislative. Zu letzterer führe er aus, dass alle Gesetze des Weltkongresses für alle mit bindender Wirkung beschlossen seien sollten, wenn sie von vier Fünfteln aller Länder, die vier Fünftel der Weltbevölkerung repräsentieren, ratifiziert worden seien.[24]

Schließlich taten sich Davis und der Kongressabgeordnete Richard Bartholdt (1855 bis 1932) aus Missouri zusammen, um an dem internationalistischen Projekt zu arbeiten. Der aus Deutschland stammende und 1872 in die USA emigrierte Bartholdt gründete 1904 im US-Kongress eine IPU-Gruppe und organisierte in St. Louis mit Unterstützung des Kongresses im gleichen Jahr das erste Jahrestreffen der IPU außerhalb Europas. Auf sein Betreiben wurde dort eine Resolution verabschiedet, die US-Präsident Theodore Roosevelt (1858 bis 1919) dazu aufrief, eine zweite Haager Konferenz einzuberufen. Bei einem Empfang im Weißen Haus wurde Roosevelt das Anliegen persönlich unterbreitet. Auf Veranlassung des Präsidenten wurde Außenminister John Hay bereits einen Monat danach in der Sache tätig. Erst im September 1905, nach Beendigung des russisch-japanischen Krieges, bei dem Roosevelt zwischen den Parteien vermittelt hatte, schien der Zeitpunkt allerdings günstig. Die USA überließen dem Zaren die offizielle Initiative zur Einberufung der zweiten Haager Friedenskonferenz.

Eine Initiative bei der IPU

Derweil strebte Bartholdt an, die Einrichtung eines Weltparlaments zu einem zentralen Anliegen der IPU zu machen. »Um den Friedensmechanismus zu perfektionieren fehlte nur, erstens, ein internationales Parlament oder ein Weltkongress und zweitens, ein Vertrag mit allgemeinen Schiedsregeln als Richtschnur für das Gericht und die Machthaber«, erinnerte sich Bartholdt.[25] Die US-amerikanische Delegation bei der IPU legte bei der Jahrestagung in Brüssel 1905 in diesem Sinne einen Antrag vor. Das zur Unterstützung vorgeschlagene Programm beinhaltete, dass sich die IPU für die Etablierung eines ständigen »internationalen Kongresses« bestehend aus einem Senat und einer Deputiertenkammer einsetzen solle. Der Antrag führte konkret aus, dass jede Nation im Senat zwei Sitze erhalten solle und in der Abgeordnetenkammer solle die Sitzverteilung im Verhältnis zum Anteil am Welthandel erfolgen, ohne dass dies näher ausgeführt wurde. Jedes Mitglied erhielte eine Stimme. Eine Entscheidung, die beide Kammern per Mehrheitsbeschluss passiere, solle rechtlich bindenden Charakter haben, es sei denn, eine noch festzulegende Zahl nationaler Parlamente beschließe, sie abzulehnen. Die Kompetenz des Kongresses solle auf zwischenstaatliche Angelegenheiten beschränkt sein und Beschlüsse müssten die »territoriale und politische Integrität« jeder im Kongress vertretenen Nation respektieren. Der Vorschlag enthielt außerdem einen Gleichbehandlungsgrundsatz bei Handelsfragen. Schließlich sollten die im Kongress vertretenen Staaten verpflichtet sein, dem Kongress ihre Armeen zur Umsetzung von Urteilen des Haager Gerichtshofes zur Disposition zu stellen.[26]

Der Antrag wurde nicht abgestimmt, sondern an eine Studienkommission verwiesen. Dort stieß der amerikanische Vorschlag bei den konservativeren Europäern auf »einige überraschende Gegenargumente«, wie Uhlig berichtet.[27] In der angespannten internationalen Atmosphäre, so wurde eingewandt, seien die Erfolgsaussichten gering. Man solle die Kräfte der IPU auf die Frage konzentrieren, wie die Haager Konferenz zu einer periodischen Veranstaltung gemacht werden könne. Eine »akademische Diskussion über die im luftleeren Raum schwebende Organisationsstruktur eines Weltparlaments« sei dabei müßig. Zum Kern kam allerdings der italienische Abgeordnete Beniamino Pandolfi. Dieser plädierte unverblümt dafür, dass in dem vorgeschlagenen Kongress gar keine Parlamentarier vertreten sein sollten. Diese für einen IPU-Parlamentarier »untypische Meinung«, schreibt Uhlig, habe auf einer Abwägung des »ureigenen interparlamentarischen Interesses« beruht, denn Pandolfi sah durch den amerikanischen Plan die Existenz der IPU selbst in Gefahr: »Mit der Aufnahme eines parlamentarischen Elements in den Kongress, gewählt durch die lokalen Parlamente, bliebe unserer Interparlamentarischen Union nur noch, sich aufzulösen. Wir stimmen also nicht nur über eine gefährliche und anarchische Institution ab, sondern zugleich auch über unseren eigenen Selbstmord«, so Pandolfi wörtlich in seiner Stellungnahme.[28] Bei der nächsten IPU-Konferenz in London 1906 blieb vom ursprünglichen Vorschlag der US-amerikanischen Gruppe am Ende nichts übrig. Die Forderung nach einem internationalen Parlament war im Programm der IPU für die zweite Haager Friedenskonferenz nicht enthalten. Die Konferenz fand im Oktober 1907 statt und erzielte keine großen Fortschritte. Die Einführung einer obligatorischer Schiedsgerichtsbarkeit scheiterte insbesondere an der Ablehnung durch das Deutsche Kaiserreich.

Nachdem das Vorhaben eines Weltparlaments bei der IPU erst einmal auf das Abstellgleis kam, ebbte bei den Aktivisten der ersten Stunde in den USA der Enthusiasmus im Laufe der nächsten Jahre langsam etwas ab. In Frankreich unternahm der sozialistische Abgeordnete François Fournier (1866 bis 1941) im Juli 1913 einen parlamentarischen Vorstoß, um die französische Regierung zu einer diplomatischen Initiative für ein Weltparlament zu veranlassen. Die Regierung stellte sich dagegen und ein entsprechender Antrag von Fournier wurde in der Nationalversammlung mit großer Mehrheit abgelehnt.

Argumente aus der deutschen Friedensbewegung

In Deutschland taten sich mit dem Historiker und späteren Friedensnobelpreisträger Ludwig Quidde (1858 bis 1941) sowie dem Völkerrechtler Walther Schücking (1875 bis 1935) führende Mitglieder der 1892 von Bertha von Suttner (1843 bis 1914) gegründeten Friedensgesellschaft als starke Befürworter hervor. Suttner selbst propagierte die »Vision eines vereinten Kongresses aller Staaten, der an einer neuen internationalen Föderation« nach dem Vorbild der USA arbeiten solle.[29] Schücking plädierte 1908 in einem Buch für einen Weltstaaten bund mit einem Weltparlament und kritisierte, sehr zum Missfallen der kaiserlichen Regierung, die »reaktionäre Haltung Deutschlands« in Den Haag. Mit Blick auf bereits bestehende völkerrechtliche Verwaltungsgemeinschaften, etwa dem 1874 gegründeten Weltpostverein, schrieb Schücking, dass es eine »unnütze Verschwendung von Zeit, Kraft und Geld« bedeute, wenn, »wie es heute geschieht, von denselben Staaten für jeden neuen internationalen Zweck ein neuer Staatenverein begründet wird, weil es bis dahin an einer allgemeinen internationalen Organisation gefehlt hat«.[30] Diese Zweckverbände sollten auf den allgemeinen Staatenbund übergehen. In einer Untersuchung der Haager Konferenzen, bei denen »wenn auch nicht expressis verbis, so doch implicite und ipso facto ein Weltstaatenbund abgeschlossen worden« sei,[31] führte Schücking aus, dass das Weltparlament neben dem Staatenkongress in einem ersten Schritt nur beratende Funktion und aus den Delegierten der einzelnen Verbandsstaaten zusammengesetzt sein solle. Die Vorteile der Mitwirkung eines solchen Weltparlaments an internationalen Verhandlungen und bei der Setzung von Völkerrecht illustrierte er durch zwei Fallkonstellationen, die »im Kampf zwischen dem nationalen und dem internationalen Recht« (Jellinek) auftreten könnten. Erstens sei der Fall möglich, dass das Weltparlament den Widerstand einer Regierung bei einer bestimmten Verhandlungsfrage überwinden hilft, sofern sich die Mehrheit des Weltparlaments – und als Teil davon auch eine Mehrheit der entsprechenden nationalen parlamentarischen Delegation – anders als die Regierung positioniert. Die obligatorische Schiedsgerichtsbarkeit zum Beispiel hätte nach Ansicht von Schücking demzufolge bei der zweiten Haager Konferenz zumindest bei bestimmten Materien durchgesetzt werden können. »Denn wenn dadurch zutage getreten wäre, daß die deutsche Regierung bei ihrem unerschütterlichen Widerstand nicht einmal das eigene Parlament hinter sich gehabt hätte, hätte sie wahrscheinlich nachgeben müssen«, so Schücking.[32] Zweitens könne es aber auch von Seiten eines nationalen Parlaments Widerstand gegen die Zustimmung zu einer von der Regierung ausgehandelten internationalen Norm geben. In diesem Fall könne das Weltparlament einen Dissens zwischen Exekutive und Legislative bei der Ratifizierung von Verträgen vermeiden helfen, da es gewährleiste, dass von Anfang an eine Delegation des heimischen Parlaments an den »gesetzgeberischen Aufgaben des Weltstaatenbundes« mitwirke. Diese Mitwirkung würde es besonders bei Staaten mit strenger Gewaltenteilung wie in den USA erleichtern, ein zögerliches nationales Parlament von einer Zustimmung zu überzeugen.

Die Frage eines Weltparlaments wurde in den Folgejahren immer wieder aufgegriffen. Der ehemalige deutsche Reichstagsabgeordnete und Jurist Ernst Harmening (1854 bis 1913) hob beispielsweise in einem aus dem Jahr 1910 erhaltenen Vortrag hervor, dass »die Interessen der nationalen Volkswirtschaft und Verwaltung« international geworden seien und »ohne Beihilfe anderer Nationen nicht ausreichend gewahrt werden« könnten. Der Begriff der Souveränität müsse einer Revision unterzogen werden. Sie sei »keine Garantie mehr für die schrankenlose Selbstbestimmung eines staatlichen Gemeinwesens« und noch weniger für die Wohlfahrt der Bevölkerung. Statt dessen komme man »zu dem neuen Glauben von der Solidarität aller Interessen der gesamten Kulturwelt, schließlich der Menschheit«. Die daraus folgende »Selbstregierung der Völker« im Rahmen einer »föderativen Völkergemeinschaft« würde seinen Überlegungen nach von einem Weltparlament ausgeübt. Mit der IPU sei der Anfang für diese Entwicklung bereits gemacht, argumentierte er mit Blick auf ihren Einfluss auf die Haager Konferenzen.[33]

In der Weihnachtsausgabe des Berliner Tagblatts von 1912 kritisierte der berühmte gesellschaftskritische Schriftsteller und Dramatiker Frank Wedekind (1864 bis 1918), dass das »Gesandtschafts- und Botschaftswesen« der Diplomatie ein »vollkommen mittelalterlicher Apparat« sei, der »weder mit der Rotationsmaschine noch mit der drahtlosen Telegraphie in irgendwelchem Einklang« stehe. Das schönste denkbare Weihnachtsgeschenk sei die Gründung eines Weltparlaments. »Das Weltparlament wäre seiner Natur nach ein in Permanenz erklärter Friedenskongress, der, im Gegensatz zu den bisherigen aus Dilettanten und notorischen Händelsuchern zusammengesetzten Friedenskongressen, über alle Machtmittel der Welt verfügte«, provozierte Wedekind das diplomatische Establishment.[34] Auf diesen Gedanken war er zusammen mit dem anarchistischen Schriftsteller und Antimilitaristen Erich Mühsam (1878 bis 1934) gekommen, der kurz darauf in der von ihm herausgegebenen »Zeitschrift für Menschlichkeit« ebenfalls von ihrem Austausch berichtete. Trotz unterschiedlicher Auffassungen über den Staat, so Mühsam, seien sie sogleich darüber einig geworden, dass »momentan die bedenklichste Gefahr für die Völker in der Unkontrollierbarkeit derjenigen Personen begründet ist, denen die effektiven Machtmittel der Menschen anvertraut sind«. Das Beängstigende liege vor allem in der »lichtscheuen Heimlichkeit« in der »diese Leute« verkehrten. Von heute auf morgen könnten die Auswärtigen Ämter der Mächte untereinander Streit bekommen und einen Krieg beginnen. »Das Weltparlament, zu dem wir aufrufen«, schrieb Mühsam, »bezweckt die dauernde, öffentliche Beaufsichtigung der Diplomatie.« Alle Faktoren, die das Verhältnis der Nationen zu einander bestimmen, seien von Natur aus öffentliche Angelegenheiten und wären auch öffentliche Angelegenheiten, gebe es nicht die Geheimniskrämerei der Vermittler. »Wissen wir, daß kein Diplomat und kein Staatsgezänk dem Frieden länger droht, dann haben wir unsere Aufgabe erfüllt«, so der Publizist.[35]

4.
Weltkrieg, Völkerbund und die Pariser Konferenz

Das Programm der »Round Table«-Gruppe

Besorgt um die Zukunft des britischen Weltreichs, das seine weltweite Vormachtstellung zunehmend einbüßte, formierte sich ab 1909 ein internationales Netzwerk, genannt »Round Table«, das auf den Einfluss des südafrikanischen Politikers und Mitgründers des Diamantenkonzerns De Beers, Cecil Rhodes (1853 bis 1902), zurückging. Der britische Imperialist träumte zeitlebens leidenschaftlich, allerdings ohne großes Interesse an Details, von einer angloamerikanischen Föderation, die »den Frieden auf der Welt auf alle Zeiten« sichern solle.[1] Nach Rhodes Tod floss sein Vermögen in die Rhodes-Stiftung, die nicht nur eines der renommiertesten Stipendienprogramme der Welt aufbaute, sondern sich auch um diesen Zweck kümmern sollte.[2] Die »Round Table«-Gruppe entwickelte mit Unterstützung der Rhodes-Stiftung unter anderem den Plan für eine Umwandlung des britischen Weltreichs in einen Bundesstaat, einen »Commonwealth of Nations«. Die Vorherrschaft des Vereinigten Königreichs im Empire würde dabei beendet. Wie seine bisherigen Kolonialgebiete würde es ein einfacher Gliedstaat des neuen Bundesstaates werden. Im Mittelpunkt des Verbunds sollte »eine zentrale souveräne, imperiale Ordnungsinstanz« sein, »direkt gewählt von den Menschen des Empire, die sich um Außenpolitik, Kontrolle der bewaffneten Streitkräfte und die Steuererhebung durch ihre eigenen Beamte kümmern sollte«.[3] Dieses Programm entsprach den Vorschlägen eines der führenden Mitglieder der Gruppe, Lionel Curtis (1872 bis 1955), der sich der Sache internationaler Integration verschrieben und schon am Zustandekommen der Südafrikanischen Union von 1910 mitgewirkt hatte. Mit der Empire Parliamentary Association wurde 1911 nach der IPU das weltweit zweite internationale Netzwerk von Parlamentariern gegründet. Die Vereinigung diente dazu, die Kontakte und den Informationsfluss zwischen den Parlamentariern der Dominions, also der sich selbst verwaltenden kolonialen Herrschaftsgebiete des Vereinigten Königreichs, und des englischen Parlaments zu verbessern. Nach dem Ersten Weltkrieg wurde ins Spiel gebracht, sie im Rahmen eines institutionellen Umbaus des Empire in ein echtes, gemeinsames Parlament umzuwandeln.[4]

Die Theorie der soziokulturellen Evolution und eine Weltföderation

Der Ausbruch des Ersten Weltkrieges 1914 machte alle Hoffnungen auf eine dritte Haager Konferenz zunichte. Der Krieg wurde durch seine bislang unvorstellbaren, monströsen Dimensionen nicht nur von Pazifisten und Internationalisten als apokalyptischer Einschnitt erlebt. Das »großartige Bauwerk der Zivilisation des 19. Jahrhunderts«, so Eric Hobsbawm, »brach in den Flammen des Weltkriegs zusammen«.[5] Die Mitglieder der »Round Table«-Gruppe waren alarmiert. Teile der Gruppe dachten nun über den ursprünglichen Plan hinaus. Wie der Historiker Carroll Quigley, der die Gruppe studiert hat, berichtet, befürchteten sie, »dass jede Kultur und Zivilisation aufgrund unserer Unfähigkeit, eine Art von politischer Einheit zu konstruieren, die größer als der Nationalstaat ist, zugrunde gehen wird, geradewegs so, wie die griechische Kultur und Zivilisation im 4. Jahrhundert v. Chr. untergehen musste, weil sie unfähig war, eine Art von politischer Einheit zu schaffen, die über den Stadtstaat hinausging«.[6] Der angestrebte »Commonwealth of Nations« und die britisch-amerikanische Union wurden von jetzt an als Teil eines universalen Völkerbundprojekts angesehen.

Die Gründung einer weltweiten Friedensorganisation erfuhr massenhaften Zuspruch. In aller Welt bildeten sich Vereinigungen und Friedensgesellschaften, die sich für einen Völkerbund einsetzten. Die vom Schriftsteller Herbert George Wells (1866 bis 1946) in England mit gegründete »League of Nations Union« wurde zur größten Gruppierung der britischen Friedensbewegung und zählte 1931 über 400.000 Mitglieder.[7] H.G. Wells, Curtis und andere taten sich zusammen, um aus einer Darstellung der Weltgeschichte und vor dem Hintergrund des totalen Krieges die Notwendigkeit einer Weltföderation zu begründen, wenn die Zivilisation eine Zukunft haben solle. Die Weltgeschichte zeige eine »zwischen trennenden und vereinigenden Kräften pendelnde Bewegung« sozialer Organisation und nun stehe die Vereinigung der gesamten Welt an.[8] Zugrunde lag die sich schon seit längerem entwickelnde Theorie der soziokulturellen Evolution, die spätestens 1912 durch einen einflussreichen Aufsatz des Anthropologen Franz Boas (1858 bis 1942) mit der Friedensfrage verbunden und nun zu einem festen Ausgangspunkt des weltföderalistischen Weltbilds wurde. »Die Geschichte der Menschheit«, schrieb Boas, »zeigt uns das große Spektakel, wie sich die Menschen in Einheiten mit stets zunehmender Größe gruppieren, innerhalb derer sie in Frieden zusammenleben und die nur bereit sind, gegen andere Gruppen außerhalb ihrer eigenen Grenzen Krieg zu führen.«[9] Ungeachtet aller vorübergehender Revolutionen und dem vorläufigen Zerfall größerer Einheiten sei das Voranschreiten in die Richtung von Vereinigung so regelmäßig und so deutlich, dass daraus gefolgert werden müsse, dass diese in der Vergangenheit beobachtbare Tendenz auch in Zukunft bestimmend sein würde. So große Einheiten wie die modernen Nationalstaaten seien früher gänzlich unvorstellbar gewesen, ganz so wie nun die Vereinigung der ganzen Welt die Vorstellungskraft übersteige. Die Annahme, dass die Entwicklung nun bei den Nationalstaaten stehenbleibe, sei jedoch nicht gerechtfertigt. Boas stimmte mit dieser Beobachtung mit anderen frühen Theoretikern der soziokulturellen Evolution wie Herbert Spencer (1820 bis 1903) oder Lewis Henry Morgan (1818 bis 1881) überein, die er ansonsten insbesondere wegen einer von ihnen unterstellten Zielgerichtetheit in der Entwicklung menschlicher Zivilisationen ablehnte und stark kritisierte. Im Rahmen eines sogenannten »Neoevolutionismus«, der auf eine deterministische Komponente verzichtet, wurde der Ansatz von Sozialwissenschaftlern wie Norbert Elias (1897 bis 1990) oder Gerhard Lenski (1924 bis 2015) fortgeführt und vertieft.

Ein Weltparlament auf der Tagesordnung von Versailles

Nach 17 Millionen Toten wurde das bis dahin größte Massaker der Weltgeschichte mit einem Waffenstillstand im November 1918 beendet. Im Februar 1919 billigte die Pariser Friedenskonferenz unter der Führung Großbritanniens, Frankreichs, Italiens und der USA die Gründung eines Völkerbundes, wie ihn US-Präsident Woodrow Wilson (1856 bis 1924) bereits ein Jahr zuvor im letzten der 14 Punkte seines »Friedensprogramms« vorgeschlagen hatte. Bei den Verhandlungen über die Satzungsbestimmungen des geplanten Völkerbundes in Paris wurde aus verschiedenen Richtungen auch ein parlamentarisches Gremium angeregt. Mit Lord Robert Cecil (1864 bis 1958), später Präsident des Völkerbundes und Friedensnobelpreisträger, wurde ein wichtiges Mitglied der »Round Table«-Gruppe einer der britischen Unterhändler. Im Rahmen seiner Vorschläge für den Aufbau des Völkerbunds sprach er »einen periodischen Kongress« an, zusammengesetzt aus »Delegierten der Parlamente der Staaten, die der Liga angehören, als Entwicklung aus der existierenden Inter-Parlamentarischen Union heraus«. Dieser interparlamentarische Kongress könne die Berichte der Staatenkonferenz und anderer internationaler Gremien diskutieren und so »den Bereich abdecken, der gegenwärtig von den periodischen Haager Konferenz besetzt« werde.[10] Der einzige entschlossene Fürsprecher des Vorhabens war allerdings das zweite führende Mitglied der britischen Delegation, der südafrikanische Politiker Jan Christiaan Smuts (1870 bis 1950) (der, nebenbei erwähnt, 1895 bei De Beers kurzzeitig Rechtsberater von Rhodes gewesen war). Am 12. Februar 1919 reichte die britische Delegation auf sein Drängen bei der Satzungskommission einen Antrag ein, demzufolge die Organisationsstruktur des Völkerbundes um eine »repräsentative Versammlung, gewählt von den gesetzgebenden Körperschaften aller Mitgliedsstaaten« ergänzt werden solle.[11] Die im Entwurf vorgesehene und von Regierungsvertretern besetzte Delegiertenversammlung sowie der Exekutivrat sollten von der Parlamentarierversammlung beratend begleitet werden. Genaueres sollte der Exekutivrat entscheiden. Bei der neunten Sitzung der Satzungskommission am Tag darauf formulierte Smuts seinen Antrag neu und nun weitaus zurückhaltender. Jetzt sollte die Satzung lediglich mit der Bestimmung versehen werden, dass »wenigstens alle vier Jahre ein außerordentliches Treffen der Delegiertenversammlung stattfinden« solle, »das Repräsentanten der nationalen Parlamente und anderer Gremien, die die öffentliche Meinung widerspiegeln, umfasst«. In der Aussprache erhielt Cecil als Erster das Wort. Es überrascht, dass er den Vorschlag ablehnte. Die Zeit sei noch nicht reif, so seine Begründung. Smuts Vorstoß traf auf keinerlei Zustimmung bei den anderen 18 Teilnehmern der Sitzung. Dem Antrag wurde entgegengehalten, dass die Regelung unnötig sei, da es Staaten freigestellt sei, Parlamentarier als Delegierte zu entsenden. Die von einer Regierung gewählten Delegierten seien nach Ansicht des französischen Unterhändlers Léon Bourgeois repräsentativ für die mehrheitliche Auffassung der Bürger und, wie Wilson sagte, ohne Zweifel »die richtigen Vertreter der Bevölkerung in ihrer Gesamtheit«. Der belgische Delegationsleiter Paul Hymans machte grundsätzliche Bedenken geltend. Finge man erst einmal damit an, »sozialen Gruppen« eine Vertretung in der Versammlung zuzugestehen, würde das in einem internationalen Parlament mit jährlichen Treffen enden. Dieses würde dem Völkerbund alle möglichen Themen unterbreiten und dessen Aktionsfeld zu stark ausweiten. Letzten Endes würde es Direktwahlen geben und »das internationale Parlament würde zur gegenwärtigen Konzeption der Delegiertenversammlung in garkeiner Beziehung mehr stehen«.[12] Der Antrag war damit vom Tisch.

In der Friedensbewegung traf die Gestaltung des Völkerbundes als exklusive Veranstaltung der Regierungen nicht auf Zustimmung. Im März 1919 versammelten sich in Bern bei der internationalen Konferenz der »League of Nations Societies« über sechzig Organisationen aus 22 Ländern, darunter die englische Gruppe von H.G. Wells, um über den inzwischen vorliegenden Pariser

Satzungsentwurf zu beraten. Der erste von 26 Änderungsvorschlägen forderte die Verankerung eines Weltparlaments als Hauptgremium des Völkerbunds: »Ein von den Völkern gewähltes internationales Parlament sollte die im Pariser Text vorgeschlagene Delegiertenversammlung ersetzen. Dieses Parlament soll volle Vorrechte und legislative Kompetenzen haben, wobei jedes Land je eine Million Einwohner ein Mitglied wählt.«[13] Auch der deutsche Arzt und Sexualforscher Magnus Hirschfeld (1868 bis 1935), der als weltweiter Pionier für die Rechte Homosexueller und die Emanzipation sexueller Minderheiten gilt, sprach sich für ein Weltparlament aus. In einer Ansprache am 10. November 1918 vor dem Reichstagsgebäude in Berlin erklärte er, dass es in Zukunft nicht mehr heißen solle Proletarier, »sondern Menschen aller Länder vereinigt Euch«. »Wir wollen Völkerschiedsgerichte und ein Weltparlament«, rief Hirschfeld vor mehreren tausend Zuhörern aus.[14]

Der »deutsche Entwurf« für eine Völkerbundssatzung

Als Mitverursacher und Verlierer des Krieges konnte das Deutsche Reich nicht direkt an den Pariser Verhandlungen teilnehmen und auch keine Änderungen am Vertragswerk der Alliierten erwirken. Nach der Novemberrevolution von 1918 und der erzwungenen Abdankung von Wilhelm II. (1859 bis 1941), der ins niederländische Exil flüchtete, war Deutschland allerdings auf dem Weg zu einer Republik und eine neue Regierung im Amt. Aus den Wahlen im Januar 1919, die erstmals im Reich auf einem allgemeinen, gleichen, geheimen und direkten Wahlrecht – und zwar auch für Frauen – basierten, ging Philipp Scheidemann (1865 bis 1939) als Ministerpräsident hervor. Um die eigenen Vorstellungen zu einem Völkerbund zu verdeutlichen, verabschiedete das Kabinett Scheidemann am 23. April 1919 einen »deutschen Entwurf« für eine Völkerbundsatzung, der vom Auswärtigen Amt unter Mitwirkung von Schücking erarbeitet worden war. Als eines der Kennzeichen des Entwurfs war neben anderen Organen wie einem Staatenkongress als Versammlung der Vertreter der Mitgliedsstaaten oder einem ständigen internationalen Gerichtshof auch ein »erstes Weltparlament« vorgesehen, das sich aus Vertretern der einzelnen Parlamente der Mitgliedsstaaten zusammensetzen sollte. Das Kabinett von Scheidemann war damit die erste und unseres Wissens nach bis heute auch die einzige Regierung, die die Einrichtung eines Weltparlaments unterstützt und gefordert hat. Nach ihrem Entwurf sollte die Zustimmung des Weltparlaments erforderlich sein für »a) die Änderung der Bundesverfassung; b) die Aufstellung allgemein gültiger internationaler Rechtsnormen; c) die Einsetzung neuer Bundesbehörden; d) die Feststellung des Bundeshaushalts«.[15] Die einzelnen Parlamente sollten je eine Million Einwohner des Landes einen Vertreter, jedoch höchstens zehn, entsenden. Die Regelung war als ein Provisorium für ein erstes Weltparlament gedacht, das dann mit Zustimmung des Staatenkongresses selbst über die spätere Zusammensetzung befinden sollte. Es wurden im Auswärtigen Amt auch andere Bestimmungen erörtert, etwa Direktwahlen oder gleitende Skalen für die Sitzverteilung. Ziel war es aber, so Gottfried Knoll in einer Analyse von 1931, die Regelung pragmatisch, einfach und übersichtlich zu halten, damit sie für das Volk verständlich bliebe und dem ersten Schritt keine unnötigen Hindernisse bereitet würden. Nach Auffassung von Knoll war der deutsche Vorschlag eines Weltparlaments durchaus ernst gemeint. Die Regierung habe in dem Weltparlament ein mögliches »Gegengewicht gegen den Machtwahn der alliierten Regierungen gesehen« und hätte sich davon eine mäßigende Wirkung und »einen Hauch weltbürgerlichen Geistes« im Völkerbund versprochen.[16] Wenn der Völkerbund nur auf Staaten basiere, so sei zu befürchten, dass innerhalb seiner Organe »die alte Machtpolitik« weiter vertreten würde. Zum Teil sei auch an eine vom Weltparlament ausgehende positive Rückwirkung auf das demokratisch-parlamentarische System der neuen deutschen Republik gedacht worden. So sagte Außenminister Ulrich Graf Brockdorff-Rantzau (1869 bis 1928), dass die deutsche Demokratie nicht sicher sein könne, »sofern und solange es kein gewisses Maß an Demokratie im Völkerbund gibt«.[17]

Enttäuschung über den Völkerbund

Für das Geschehen in Paris spielte die deutsche Position keine Rolle. Die ausgehandelte Satzung wurde am 28. Juni 1919 als Teil des Versailler Vertrags von den Verhandlungspartnern unterzeichnet. Obwohl das Projekt des Völkerbundes vor allem von US-Präsident Wilson vorangetrieben worden war, lehnte der US-Senat im März 1920 die Ratifizierung ab. Dies war nicht nur, wie es meistens heißt, einem amerikanischen Isolationismus geschuldet. Im Gegenteil, Kuehl zum Beispiel berichtet in seiner Studie über eine durchaus bemerkenswerte Unterstützung der Völkerbundidee innerhalb der US-Bevölkerung. Die konkrete Form, die sie dann im Versailler Vertrag erhielt, konnte aber keine Begeisterung wecken. »Der Gerichtshof ist fast weggefallen, internationales Recht findet kaum Erwähnung und das Ding hat sich in eine schlichte politische Allianz verwandelt«, beklagte sich der Mehrheitsführer im Senat, Henry Cabot

Lodge, in einem Brief.[18] Vor allem fühlte sich der Senat von Wilson übergangen, denn dieser hatte das Parlament erst spät und nur widerwillig konsultiert.

Nicht nur in den USA waren die meisten Internationalisten und Pazifisten aus verschiedenen Gründen vom Völkerbund enttäuscht. Hatten nicht die demokratischen Länder über die autokratischen Regime obsiegt? Die Dynastien der Romanovs, der Habsburger und Hohenzoller ebenso wie die Osmanen waren von der politischen Bildfläche verschwunden. In seinem Geschichtswerk »The Outline of History«, in dessen letzten Teil er zugunsten eines demokratischen Weltstaates argumentierte, empörte sich H.G. Wells darüber, dass die Demokratie im Völkerbund keine Rolle spiele. »Dieser Völkerbund«, schrieb er, »war nicht im Geringsten ein Bund der Völker. Es war eine Liga der Staaten, Herrschaftsgebiete und Kolonien. Eine Einschränkung des Wahlrechts wurde nicht unterbunden. Eine Autokratie wäre mit einem auf nur eine Person beschränkten Wahlrecht ohne Zweifel als voll selbstverwaltete Demokratie aufnahmefähig gewesen. Die Liga der Satzung von 1919 war in Wahrheit eine Liga der Vertreter der Außenministerien.«[19] Gerhart Hauptmann (1862 bis 1946), der Literaturnobelpreisträger von 1912, sah Amerika als »das große leuchtende Vorbild für Europa« und auch für die Welt. Der Völkerbund sei nicht der Rede wert. »Wir sehnen uns alle nach einem Welt-Parlament. Wir brauchen einen echten Bund der Völker«, beschrieb Hauptmann das Gefühl vieler Intellektueller inmitten der deutschen Hyperinflation und des zugespitzten Konflikts um Reparationsleistungen.[20] Die Debatte um ein Weltparlament ging nach Gründung des Völkerbunds zunächst unvermindert weiter. Quidde forderte, dass die Völkerbundsatzung geändert werden müsse, unter anderem, um ein Weltparlament einzurichten. Die Zusammensetzung des Parlaments dürfe jedoch nicht 1:1 auf der Bevölkerungszahl basieren, »denn dann würden die ostasiatischen Riesenreiche ganz Europa zur Einflusslosigkeit verdammen«.[21] Die im deutschen Regierungsentwurf enthaltene Methode lehnte er als zu undifferenziert ab. Es müsse eine gleitende Abstufung zwischen kleinen und großen Staaten geben, um zum einen der Bevölkerungszahl und zum anderen die Gleichbewertung jedes Staates Rechnung zu tragen. Der in Österreich geborene Soziologe Rudolf Broda (1880 bis 1932), der sich detailliert mit dem Thema befasste, rückte 1920 ein wichtiges Argument für ein Weltparlament in den Mittelpunkt. Die Abgeordneten eines Völkerparlaments würden sich »in höherem Grade als Vertreter der Menschheitsgesamtheit oder auch als Mitglied einer über Landesgrenzen sich erstreckenden internationalen Partei«, denn als Vertreter ihres Landes empfinden.[22] Die parlamentarische Geschichte des deutschen Reiches habe gezeigt, wie die Abgeordneten des

Reichstages sich als Vertreter des Gesamtvolkes verstanden und die Gegensätze zwischen den Ländern entschärft hätten. Im Weltparlament stünde nicht mehr Land gegen Land, sondern Idee gegen Idee. Die Gefahr zwischenstaatlicher Konflikte werde durch das Parlament reduziert. Dass es für eine Umgestaltung des Völkerbundes nur trübe Aussichten gab, war klar. Doch früher oder später, so meinte zum Beispiel Quidde, werde sich die Idee durchsetzen, weil die Menschen begreifen würden, »dass eine Sicherung ihrer Lebensinteressen nur möglich ist, wenn man über den Nationen etwas errichtet, was diese Nationen daran verhindert, in brutaler Selbstsucht andere zu vergewaltigen, wenn es gelingt, über den einzelnen Staaten die Souveränität der Menschheit, die Souveränität des Völkerbundes aufzubauen«.[23]

5.
Der Zweite Weltkrieg und die Atombombe: Der Weltföderalismus in der Anfangszeit der UNO

Der Föderationsgedanke unter dem Druck des Faschismus

Die Zeit zwischen dem Beginn des Ersten und dem Ende des Zweiten Weltkrieges wird von Historikern wie Hobsbawm oder Arnold J. Mayer als ein andauernder, einunddreißig Jahre währender Weltkonflikt angesehen. Der Soziologe und Politikwissenschaftler Sigmund Neumann sprach schon 1946 von einem »Zweiten Dreißigjährigen Krieg«.[1] Demokratie und Parlamente kamen vielerorts unter Druck. Faschistische Regime entstanden. In den Jahren von 1911 bis 1929 gab es nach den Daten des Polity-Programms stets mehr Demokratien als Autokratien in der Staatenwelt (der Rest waren Mischformen). Ab 1930 kehrte sich das Verhältnis um. Die Interparlamentarische Union versank trotz ihrer unablässigen Beschäftigung mit internationalen Fragen wie der Abrüstung oder der Stärkung des Völkerrechts zunehmend in der politischen Bedeutungslosigkeit. Spätestens nach dem Zweiten Weltkrieg war die IPU »aus dem Rennen«, wie Kissling schreibt.[2] Das Ziel der »Round Table«-Gruppe, das Britische Empire in eine staatliche Föderation zu bringen, scheiterte am Unabhängigkeitsstreben der Dominions. Im Statut von Westminster von 1931 wurde ihre Souveränität endgültig abgesegnet. Der britische Commonwealth wurde eine lose Vereinigung unabhängiger Staaten. Als Reaktion auf den Aufstieg des Nationalsozialismus und des Faschismus kam der Föderationsgedanke nun allerdings in neuer Form auf. In dem 1939 erschienen Buch »Union Now« beklagte der aus der Pfalz stammende und 1911 in die USA ausgewanderte Clarence Streit (1896 bis 1986) die mangelnde Zusammenarbeit der demokratischen Länder, die sich in der internationalen Politik wie Autokratien gerierten, und schlug als Gegengewicht zu den faschistischen Diktaturen eine politische Union der Demokratien vor. Diese sollte mit den USA, Großbritannien, Kanada, Australien, Neuseeland, Südafrika, Irland, Frankreich, Belgien, Niederlanden, Schweiz, Dänemark, Norwegen, Schweden und Finnland beginnen und durch die Aufnahme neuer Mitglieder schließlich zu einer universalen Weltorganisation heranwachsen. Als Auslandskorrespondent der *New York Times* in Genf hatte Streit, der mit Curtis in Kontakt war und diesen sehr bewunderte, die Agonie des Völkerbundes aus nächster Nähe beobachtet. »Die existierende und potentielle Stärke der Union wäre von Anfang an so gigantisch, ihre Größe so riesig, ihre wichtigen Zentren so zerstreut, dass Deutschland, Italien und Japan selbst zusammengenommen genauso wenig davon träumen könnten, sie anzugreifen, wie Mexiko davon träumt, in die USA einzumarschieren«, schrieb Streit, der während seines Studiums in Oxford Stipendiat der Rhodes-Stiftung gewesen war.[3] Im Zentrum seines Entwurfes für die Union stand ein von den Völkern der Gliedstaaten direkt gewählter Kongress, bestehend aus einem Repräsentantenhaus und einem Senat. Die auf Menschenrechtsgarantien und einer Unionsbürgerschaft basierende Föderation sollte unter anderem allein zuständig sein für Außen- und Verteidigungspolitik sowie Währungs- und Handelsfragen und eine demokratische Regierungsform in den Mitgliedsstaaten garantieren.

Die Etablierung des Weltföderalismus

Das Buch von Streit wurde zu einem vielfach übersetzten Bestseller, der dem Gedanken einer supranationalen föderalen Union einen neuen Impuls gab. In vielen freien Ländern wurden neue Gruppierungen gegründet, die sich für die Idee supranationaler Integration einsetzten. Schon 1939 entstand in den USA mit Streit als Vorsitzenden die Organisation »Federal Union«, die sich als ersten Schritt für einen Zusammenschluss der westlichen Demokratien einsetzte und noch heute unter dem Namen »Streit Council for a Union of Democracies« aktiv ist. Dem Weltföderalismus und der facettenreichen weltföderalistischen Bewegung, die sich in dieser Zeit ebenfalls etablierte, ist neben Brauer insbesondere der Historiker Joseph Preston Baratta in einem 2004 veröffentlichten zweibändigen Werk nachgegangen (wir können die Geschichte des Weltföderalismus hier nur am Rande streifen). Als eine der ersten weltföderalistischen Organisationen gilt die 1937 von den Feministinnen und Friedensaktivistinnen Rosika Schwimmer (1877 bis 1948) und Lola Maverick Lloyd (1875 bis 1944) gegründete »Kampagne für eine Weltregierung«. In einem Pamphlet forderten sie die Einberufung eines weltweiten Verfassungskonvents und skizzierten ihre Vorstellungen von einem direkt gewählten Weltparlament, das die Grundlage der zukünftigen demokratischen Weltföderation sein sollte.[4] Die Frage eines Weltparlaments war nun untrennbar mit dem Diskurs der Föderalisten verbunden. Weltföderalismus ohne demokratisches Weltparlament ist logisch nicht möglich, auch wenn dieser institutionelle Aspekt oft nicht im Vordergrund stand oder gar nicht ausdrücklich formuliert wurde. In Widerstandsbewegungen spielte die föderalistische Frage zum Teil schon länger eine bedeutende Rolle. In Italien gab es seit dem

Ersten Weltkrieg eine Tradition föderalistischen Denkens. Im »Manifest von Ventotene«, das sich als überaus einflussreich herausstellen sollte, formulierten die italienischen Antifaschisten Altiero Spinelli (1907 bis 1986) und Ernesto Rossi (1897 bis 1967) im Jahr 1941 das Ziel und Ideal eines europäischen Bundesstaates. Sie brandmarkten darin die »Ideologie der nationalen Unabhängigkeit« als den ursächlichen Grund, warum sich totalitäre Staaten bilden und die Weltkriege ausbrechen konnten. Als absurd habe sich das Nichteinmischungsprinzip des Völkerbunds erwiesen, »wonach es jedem Volk freigestellt sein soll, sich nach Belieben eine despotische Regierung zu geben«. Sie schauten auch bereits über Europa hinaus. »Blickt man über den alten Erdteil auf alle Völker der Menschheit hinweg«, so heißt es in dem in Gefangenschaft geschriebenen Manifest, »muß man zugeben, daß die Europäische Föderation die einzige Garantie bietet, die Beziehungen mit den asiatischen und amerikanischen Völkern auf eine Basis friedlicher Zusammenarbeit zu stellen, bis es soweit sein wird, daß die politische Einheit aller Völker der Welt erreicht werden kann.«[5]

Die Idee einer Weltföderation war auch in anderen Erdteilen präsent, so etwa bei den Gegnern der britischen Herrschaft in Indien. »Obgleich [wir] in dieser Stunde der Gefahr primär auf die Unabhängigkeit und die Verteidigung Indiens bedacht sein müssen, ist das Komitee der Auffassung, dass Friede, Sicherheit und geordneter Fortschritt der Welt künftig eine Weltföderation freier Nationen erfordert und dass die Probleme der modernen Welt auf keine andere Weise gelöst werden können«, hieß es zum Beispiel in der berühmten »Quit India«-Resolution der indischen Kongresspartei von 1942, die unter anderem vom späteren indischen Ministerpräsidenten Jawaharlal Nehru (1889 bis 1964) und Mohandas Gandhi (1869 bis 1948) unterstützt wurde.[6] Wie der Historiker Manu Bhagavan schreibt, war die von Nehru und anderen führenden Politikern propagierte Idee der »Einen Welt« als Synonym für ein globales Parlament zu verstehen. »Ein globales Parlament ist ganz genau, was Nehru im Sinn hatte«, so der Historiker.[7] Der indische Politiker und UN-Botschafter Krishna Menon (1896 bis 1974), der von 1957 bis 1962 auch Verteidigungsminister war, bezeichnete eine Weltregierung und ein Weltparlament in einer Rede vor einem Ausschuss der UN-Generalversammlung 1954 als »sehr wünschenswert«.[8] Nach Ansicht von Bhagavan kam darin die offizielle Position Nehrus und der indischen Regierung zum Ausdruck.

Von der Notwendigkeit eines Weltstaates mit einem Weltparlament, dessen Mitglieder durch das Volk aller Länder gewählt werden, sprach 1938 auch der aus der Nähe von Haifa stammende Sachwalter der Bahai-Religion, Shoghi Effendi (1897 bis 1957), Urenkel des Religionsstifters Bahá'u'lláh (1817 bis 1892).

Die weltföderalistische Debatte der Zeit war von drei Hauptachsen bestimmt. Sollte die Weltföderation nach und nach über einen partiellen Zusammenschluss von Staaten oder gleich universell für alle angestrebt werden? Sollte sie dabei auf bestimmte eng begrenzte politische Kernbereiche beschränkt werden, also minimalistisch sein, oder eher umfassende Kompetenzen erhalten? Nach Gründung der UNO trat dann später die Frage hinzu, ob die Weltföderation als neue Organisation oder als Ergebnis einer Reform der UNO angestrebt werden sollte. Eine starke Strömung der Föderalisten setzte sich für die Durchführung eines internationalen Konvents ein, der die Verfassung einer Weltföderation ausarbeiten und den einzelnen Ländern zur Ratifikation vorlegen sollte. Als Frucht dieser Bemühungen wurde zum Beispiel schon 1941 vom Repräsentantenhaus und dem Senat von North Carolina eine »Erklärung zur Föderierung der Welt« verabschiedet, die sich für dieses Ziel einsetzte und in der Folgezeit bis 1950 in neunzehn weiteren US-Bundesstaaten angenommen wurde.

Überlegungen über die Nachkriegsordnung

Die Etablierung eines Weltparlaments und einer föderalen Weltordnung wurde von den Alliierten während des Krieges und auch danach allerdings nicht ernsthaft in Betracht gezogen. Im Dezember 1941 veranlasste US-Präsident Franklin D. Roosevelt (1882 bis 1945) die Etablierung eines Stabes im US-Außenministerium, dem State Department, um Pläne für die Nachkriegspolitik zu erarbeiten. Ein föderaler Ansatz für eine künftige Weltorganisation wurde im Planungsstab anfangs zwar diskutiert, aber als politisch nicht machbar eingestuft und daher verworfen. »Es wird nicht angenommen, dass die verschiedenen Regierungen und Völker für eine internationale föderale Regierung bereit sind, selbst wenn diese theoretisch möglich wäre«, hieß es in einem Protokoll.[9] Es müsse eine Lösung gefunden werden, mit der alle Regierungen, insbesondere die Sowjetunion, zufrieden sein könnten.

Ende 1942 kam die Sowjetunion bei der Schlacht von Stalingrad in die Offensive und in Nordafrika leitete die Schlacht von El Alamein das Ende der deutsch-italienischen Präsenz ein. Die Alliierten erklärten die bedingungslose Kapitulation der Achsenmächte zum Kriegsziel. Mit Blick auf die Nachkriegsordnung forderte der Gründer der Ford Motor Company, Henry Ford (1863 bis 1947), die Schaffung eines durch weltweite Wahlen direkt gewählten Weltparlaments, »um die Welt auf eine friedliche Basis zu stellen«.[10] Der Gouverneur von Minnesota, Harold Edward Stassen (1907 bis 2001) nahm sich ebenfalls des Themas an. Planungen der Alliierten für eine Weltorganisation müssten jetzt beginnen, forderte er im Januar 1943. Das wichtigste Gremium der Organisation sollte nach Stassen ein aus nur einer Kammer bestehendes Parlament sein, das den Vorsitzenden der Exekutive in Form eines Weltrates wähle. Die Vertreter im Parlament sollten je Land so bestimmt werden, wie es für die nationale Legislative üblich sei. Angesichts solcher Stimmen befasste sich der Stab im US-Außenministerium im September 1943 mit der Möglichkeit, eine Weltlegislative, die verbindliches Recht schaffen könnte, zur Grundlage einer neuen Weltorganisation zu machen. »Sofern nicht ein weitgehend föderales Konzept internationaler Organisation eingeführt wird, was sehr unwahrscheinlich ist, wäre es schwierig Unterstützung für diesen Vorschlag zu sichern, insbesondere in den Vereinigten Staaten. Dieser Vorschlag würde in der Mehrzahl der Länder ein ernsthaftes konstitutionelles Problem schaffen«, meinte das State Department.[11]

Grundsatzkritik an der UNO und der Schock der Atombombe

Bei der Konferenz der Vereinten Nationen in San Francisco schließlich kamen vom 25. April bis zum 26. Juni 1945 Vertreter von fünfzig Staaten zusammen, um die Charta der künftigen Weltorganisation zu beraten und zu verabschieden. Ab August 1944 war mit der nach und nach erfolgenden Befreiung der deutschen Konzentrationslager der millionenfache industrielle Massenmord des Holocaust endlich in all seinem Schrecken in den Blick der Weltöffentlichkeit gekommen. Am 8. Mai kapitulierte Nazideutschland. Im Pazifik ging der Krieg noch länger weiter. Am 6. und 9. August 1945 warfen die USA auf Befehl von Präsident Truman Atombomben auf Hiroshima und Nagasaki ab. Über 90.000 Menschen wurden dabei sofort getötet. Im Zweiten Weltkrieg sind Schätzungen zufolge bis zu 70 Millionen Menschen zu Tode gekommen.

Die wichtigsten Eckpfeiler der am 24. Oktober 1945 in Kraft getretenen Satzung der UNO wurden die Prinzipien der nationalen Souveränität und der Nichteinmischung in innere Angelegenheiten. Die Organisation wurde ein Bund souveräner Staaten. Der Sicherheitsrat kann nach den Vorschriften des VII. Kapitels der Satzung allerdings völkerrechtlich verbindliche Zwangsmaßnahmen beschließen, »um den Weltfrieden und die internationale Sicherheit zu wahren oder wiederherzustellen«. Die fünf Siegermächte des Weltkriegs sicherten sich in diesem wichtigsten Gremium jeweils einen permanenten Sitz mit Vetorecht. Bei militärischen Maßnahmen sollte ein Generalstabsausschuss der Organisation den Befehl über von den Mitgliedern zur Verfügung gestellte

Streitkräfte übernehmen. Diese Bestimmung wurde jedoch nie umgesetzt. In der Generalversammlung, die keine allgemeinverbindlichen Beschlüsse fassen kann, sind alle Staaten gleichermaßen mit einer Stimme vertreten.

Internationalisten übten Grundsatzkritik an der neuen Weltorganisation und erinnerten an das Scheitern der amerikanischen Konföderation und des Völkerbundes. Aus den Lehren der Vergangenheit seien keine Konsequenzen gezogen worden. »Der Völkerbund, der an seiner Aufgabe gescheitert war«, schrieb etwa Curtis, »wurde in der Gestalt der Vereinten Nationen wiedererweckt. Beide waren auf dem gleichen Grundsatz aufgebaut wie die Bundesartikel der amerikanischen Staaten, d. h. auf dem Grundsatz eines Vertrages zwischen souveränen Staaten, die ihre Souveränität bewahren wollen.«[12] In den Vereinigten Staaten wurde diese Haltung von breiten Bevölkerungskreisen geteilt. Das Meinungsforschungsinstitut Roper etwa führte 1946 eine Umfrage unter anderem mit folgender Frage durch: »Wenn jedes andere Land in der Welt Vertreter zu einem Weltkongress wählt und alle zwischenstaatlichen Probleme von diesem Kongress entschieden werden mit der strikten Vorgabe, dass alle Länder sich den Entscheidungen beugen müssen, ob sie diese mögen oder nicht, würden Sie befürworten, dass die Vereinigten Staaten da mitmachen?« Von den Befragten stimmten 62,8 Prozent zu und nur 19,8 Prozent antworteten mit einem klaren nein.[13]

Prominente Unterstützung für eine föderale Weltordnung

Der Einsatz der Atombombe löste einen Schock aus und führte zu einer noch dringlicheren Bewertung des Problems der »internationalen Anarchie«. Führende Atomwissenschaftler wie Robert Oppenheimer oder Philip Morrison, die selbst am Manhattan-Projekt zur Entwicklung der Bombe mitgewirkt hatten, verurteilten den Einsatz und warnten eindringlich vor einem atomaren Wettrüsten und einem Atomkrieg, welcher die Zerstörung der menschlichen Zivilisation bedeuten würde. In dem Sammelband »One World Or None« – eine Welt oder keine – schrieb Leó Szilárd 1946, dass das Problem nur durch eine Weltregierung unter Kontrolle gehalten werden könne. Zwanzig Persönlichkeiten, darunter die Nobelpreisträger Albert Einstein (1879 bis 1955) und Thomas Mann (1875 bis 1955), der Philosoph und Schriftsteller Mortimer J. Adler (1902 bis 2001), der ehemalige US-Verfassungsrichter Owen J. Roberts (1875 bis 1955) und US-Senator William Fulbright (1905 bis 1995), veröffentlichten am 10. Oktober 1945 ein gemeinsames Statement, das dies ebenfalls zum Ausdruck brachte.

»Die erste atomare Bombe«, schrieben sie darin, »zerstörte mehr als die Stadt von Hiroshima. Sie hat auch unsere überlieferten und veralteten politischen Ideen zur Explosion gebracht.« Indem sie die »absolute Souveränität der rivalisierenden Nationalstaaten« erhalte, gleiche die Charta von San Francisco den Konföderationsartikeln der dreizehn ursprünglichen amerikanischen Republiken. »Wie lange wird die Charta der Vereinten Nationen Bestand haben? Mit Glück eine Generation? Ein Jahrhundert?«, fragten sie. Auf Glück dürfe man sich nicht verlassen. »Wir müssen eine föderale Verfassung der Welt anstreben, eine funktionierende, weltweite Rechtsordnung, wenn wir hoffen wollen, einen Atomkrieg zu verhindern.«[14]

Demokratie, Nationalstaat und Souveränität in der Kritik von Reves

Mit dem Statement unterstützten die prominenten Unterzeichner zugleich das zuvor erschienene Buch »Anatomie des Friedens« des in Ungarn geborenen, amerikanischen Journalisten Emery Reves (1904 bis 1981), in dem dieser wortgewaltig gegen das Konzept der nationalstaatlichen Souveränität anschrieb und für eine Weltdemokratie plädierte. Das Buch wurde zehntausendfach in verschiedenen Übersetzungen verkauft und kann als moderne Aktualisierung des kosmopolitischen Denkens angesehen werden. Ganz wie beim Übergang vom ptolemäischen zum kopernikanischen Weltbild sei eine Revolution des Denkens erforderlich. Der einzige Bezugs- und Ausgangspunkt der politischen Weltsicht sei der eigene »souveräne« Nationalstaat. Das nationalstaatliche System gleiche dem Zustand während des Feudalismus, da nach wie vor keine höhere Rechtsordnung akzeptiert werde. In der stark integrierten Welt des Industriezeitalters sei diese Sichtweise »bankrott«. Das von Präsident Wilson propagierte Prinzip der nationalen Selbstbestimmung sei schon zu seiner Zeit anachronistisch gewesen und habe den Boden für den Zweiten Weltkrieg bereitet. Frieden sei keine Frage eines statischen internationalen Mechanismus, der den Status quo bewahre und zwischenstaatliche Aggression unterdrücke, sondern müsse als dynamische soziale Ordnung verstanden werden, die es ermögliche, auf die Veränderungen und Entwicklungen im menschlichen Gemeinwesen einzugehen und diese zu regulieren. Dies könne nur durch eine universale Rechtsordnung erreicht werden, die auf Basis des ptolemäisch-nationalstaatlichen Denkens nicht einmal vorstellbar sei. »Die moderne Bastille«, schrieb Reves, »ist der Nationalstaat, ganz gleich ob die Gefängniswärter konservativ, liberal oder sozialistisch sind. Dieses

Symbol unserer Versklavung muss zerstört werden, wenn wir jemals wieder frei sein möchten.« Reves meinte damit nicht die Abschaffung der Nationalstaaten, sondern eben eine radikale Neuorientierung im Verständnis von Demokratie, eine Orientierung die nicht von nationalstaatlichen Bezugspunkten ausgeht: »In einer Welt von interdependenten, souveränen Nationalstaaten kann es keine Demokratie geben, weil Demokratie die Souveränität des Volkes bedeutet. Das nationalstaatliche System stranguliert und zersetzt die Souveränität des Volkes. Anstatt an Institutionen der Gemeinschaft übertragen zu sein, ist die Souveränität in ... separate Zusammenstellungen souveräner nationalstaatlicher Institutionen aufgeteilt.«[15] Er argumentierte folglich, wie schon Cloots und andere vor ihm, dass Volkssouveränität und Demokratie nur noch im Rahmen einer universalen globalen Rechtsordnung realisiert werden könne.

Albert Einstein und Albert Camus als Fürsprecher

Einer der international bekanntesten Fürsprecher einer Weltföderation und eines Weltparlaments nach dem Weltkrieg war Albert Einstein. Seit 1933 lebte er im Exil und hatte US-Präsident Roosevelt 1939 vor einem möglichen deutschen Atombombenprogramm gewarnt. Schon lange hatte er die Friedensfrage zu seinem Anliegen gemacht. Er unterstützte neben vielen weiteren Persönlichkeiten wie dem schottischen Nobelpreisträger und Gründungsdirektor der Ernährungs- und Landwirtschaftsorganisation der UN, John Boyd Orr (1880 bis 1971), oder dem ersten Generaldirektor der Weltgesundheitsorganisation, Brock Chisholm (1896 bis 1971) aus Kanada, den internationalen Dachverband der Weltföderalisten, das heutige World Federalist Movement, WFM, das im August 1947 im schweizerischen Montreux gegründet wurde. Einstein meldete sich in der öffentlichen Debatte immer wieder zu Wort. Im Oktober 1947 veröffentlichte er zum Beispiel einen viel beachteten offenen Brief an die UN-Generalversammlung. Darin beklagte er, dass die UN-Mitgliedsstaaten den Vereinten Nationen keine supranationalen Kompetenzen übertragen hätten und machte drei Vorschläge für die Weiterentwicklung der Organisation. Erstens müsse die UN-Generalversammlung gestärkt und der Sicherheitsrat der Versammlung untergeordnet werden. Zweitens müsse die Repräsentationsmethode erheblich geändert werden. »Das gegenwärtige Auswahlverfahren der Ernennung durch die Regierung«, schrieb Einstein, »lässt den Ernannten keine echte Freiheit. Zudem kann die Auswahl durch die Regierungen den Menschen der Welt nicht das Gefühl geben, fair und proportional vertreten zu sein. Die moralische Autorität der Vereinten Nationen würde erheblich gestärkt, wenn die Delegierten von den Menschen direkt gewählt würden. Wären sie einer Wählerschaft verantwortlich, hätten sie viel mehr Freiheit, ihrem Gewissen zu folgen.«[16] Drittens solle die Generalversammlung permanent tagen und die Initiative zum Aufbau einer »supranationalen Ordnung« übernehmen. Notfalls solle ohne Russland vorangeschritten werden, solange immer klar sei, dass die Tür offen sei und dass die »partielle Weltregierung« nie als eine Allianz gegen andere missbraucht werde.

Für ein Weltparlament setzte sich auch der Philosoph Albert Camus (1913 bis 1960), der sich während des Krieges der Résistance angeschlossen hatte und 1957 den Literaturnobelpreis erhielt, ein. Im November 1946 schrieb er, dass Demokratie ein Gemeinwesen sei, in dem das Recht als Ausdruck des Willens aller, die durch ein gesetzgebendes Organ vertreten sind, über den Regierenden stehe. Internationales Recht aber, so Camus, »wird von Regierungen, also von der Exekutive, gemacht und aufgehoben. Wir befinden uns also im Regime einer internationalen Diktatur. Der einzige Ausweg ist es, internationales Recht über die Regierungen zu stellen, was bedeutet, dass das Recht gesetzt werden muss, dass es ein Parlament dafür geben muss und dass dieses Parlament aus weltweiten Wahlen hervorgehen muss, an denen alle Nationen teilnehmen«. Solange es ein solches Weltparlament nicht gebe, sei Widerstand gegen die »internationale Diktatur« die einzige Option.[17] Camus war später Mitglied im internationalen Rat des WFM und gehörte neben Abbé Grouès-Pierre (der ebenfalls im WFM aktiv war), André Breton, Georges Altman, Robert Sarrazac-Soulage und anderen französischen Intellektuellen dem Solidaritätskomitee an, das den ehemaligen Bomberpiloten der US-Air Force, Garry Davis (1921 bis 2013) unterstützte. Davis hatte 1948 seinen US-amerikanischen Pass öffentlichkeitswirksam bei der US-Botschaft in Paris abgegeben, um gegen den Nationalismus zu protestieren und erklärte sich selbst zum »ersten Weltbürger«. Er zeltete daraufhin widerrechtlich auf dem »internationalen Gelände« der in der Stadt tagenden dritten UN-Generalversammlung, machte damit weltweit erhebliche Furore und löste eine Massenbewegung für Weltbürgertum aus.

Die Position der katholischen Kirche

Als sich das WFM 1951 zu seinem vierten Weltkongress in Rom traf, wurde eine Delegation der Bewegung von Papst Pius XII. im Vatikan empfangen. In einer Ansprache erklärte der Papst, dass das Ziel einer föderalen politischen Weltorganisation ausgestattet mit »wirksamer Autorität« mit der »überlieferten

Lehre der Kirche« übereinstimme. »Nichts entspricht mehr ihrer Verkündung über den gerechten oder ungerechten Krieg, zumal unter den heutigen Verhältnissen«, so der Papst. Wer anstrebe, eine »umfassende politische Organisation« etwa im Rahmen eines Weltparlaments zu verwirklichen, solle darüber »gerade vom föderalistischen Standpunkt« aus nachdenken.[18] Die Forderung nach einer »echten politischen Weltautorität« ist in der Nachfolge von Pius XII. zu einem festen Bestandteil der päpstlichen Lehre geworden. 1963 wurde sie beispielsweise von Johannes XXIII. formuliert, 1967 von Paul VI., 2009 von Benedikt XVI. und 2015 von Papst Franziskus in der Enzyklika »Laudato Si'«. »Die Schaffung einer parlamentarischen Weltlegislative, die sowohl die globale Exekutive kontrolliert, als auch die Partizipation der Erdenbürger an weltpolitischen Gestaltungsaufgaben ermöglicht«, so eine Untersuchung von Maja Brauer und Andreas Bummel aus dem Jahr 2016, sei in der katholischen Doktrin angelegt und stehe »in vollem Einklang mit der päpstlichen Lehre«.[19]

Der britische Vorstoß von November 1945

Ein bedeutender Regierungspolitiker der Nachkriegszeit, der sich ausdrücklich für ein Weltparlament aussprach, war der Labour-Politiker und britische Außenminister Ernest Bevin (1881 bis 1951). Curtis, der 1920 das Royal Institute of International Affairs mitgegründet hatte und eine feste Größe in der außenpolitischen Szene Londons war, hatte Bevin, den er seit längerem kannte, im Oktober 1945 getroffen und ihm die Idee einer internationalen Versammlung vorgestellt.[20] Bei einer Aussprache im Parlament einen Monat später sagte Bevin, dass eine neue Studie erforderlich sei »für den Zweck, eine Weltversammlung zu kreieren, die direkt von den Menschen der Welt als Ganzes gewählt wird, der die Regierungen, die die Vereinten Nationen bilden, verantwortlich sind und die tatsächlich Weltrecht setzt, das von den Menschen dann akzeptiert wird, sie moralisch bindet und das sie auszuführen bereit sind«. Er sei bereit, sich mit jedem zusammenzusetzen, gleich aus welchem Land oder welcher Partei, um die Verfassung einer solchen Weltversammlung auszuarbeiten. Internationales Recht, das Konflikt zwischen Nationen voraussetze, würde durch Weltrecht ersetzt, das von einer Weltjudikative ausgelegt, von einer Weltpolizei durchgesetzt und von einer von den Menschen selbst gewählten souveränen Weltautorität geschaffen würde.[21] Diese Einlassungen blieben nicht unbeachtet. Das kanadische Außenministerium beispielsweise erwog, den Vorstoß Bevins zu unterstützen, sofern er von der britischen Regierung offiziell vorgebracht würde. In seiner

Rede vor der ersten UN-Generalversammlung sprach der kanadische Außenminister Louis St. Laurent (1882 bis 1973) von einer Umwandlung der UNO in eine Weltregierung. In einer internen Vorlage für die kanadische Delegation zur dritten Sitzung des Wirtschafts- und Sozialrates der UN regte das kanadische Außenministerium an, dass »die Richtung, in die Kanada die Entwicklung der Vereinten Nationen zu gehen wünscht«, sei die »hin zu einer Weltregierung, wobei sich die Generalversammlung voraussichtlich in ein demokratisches Weltparlament entwickelt, das auf geografischer Basis direkt repräsentativ für die Völker ist und unmittelbare Gewalt ausübt«.[22] Alle demokratischen Länder hätten das Repräsentationsprinzip in ihrer Verfassung verankert.

Schon sechs Monate nach seiner Einlassung im House of Commons, so berichtet Baratta, wollte Bevin allerdings nichts mehr davon wissen. Eine Rede des für millionenfachen Massenmord verantwortlichen sowjetischen Diktators Josef Stalin (1878 bis 1953) im Bolschoi-Theater in Moskau war als versteckte Kriegsdrohung gegen den Westen verstanden worden. Im März 1946 hatte der ehemalige britische Premierminister Winston Churchill (1874 bis 1965) in Fulton, Missouri, den Begriff des »Eisernen Vorhangs« für die Abschottung des sowjetisch kontrollierten Teils Osteuropas geprägt. Als Premierminister hatte er aus Angst vor der sowjetischen Ausbreitung bereits im Juni 1945 die »hypothetische Möglichkeit« eines präventiven Angriffs anglo-amerikanischer Streitkräfte auf die sowjetische Zone prüfen lassen, um Stalin wieder aus Osteuropa zu vertreiben.[23] Der sich bereits abzeichnende Kalte Krieg begann die politische Agenda zu bestimmen.

Die Frage der Charta-Revisionskonferenz

Nach der Konferenz in San Francisco wurde an der Charta insbesondere das Vetorecht im Sicherheitsrat, das Prinzip der souveränen Gleichheit aller Staaten sowie die Schwäche der Generalversammlung bemängelt. Gerade mit dem Vetorecht im Sicherheitsrat waren von Anfang an auch viele Regierungen unzufrieden. Von Weltföderalisten wurde kritisiert, dass vom Volk gewählte Abgeordnete in den Gremien der UNO nicht vorgesehen waren, obgleich die Charta mit den Worten »Wir, die Völker« beginnt – ein Umstand, auf den seitdem immer wieder hingewiesen wurde. Nichtsdestotrotz wurde vermerkt, dass im Gegensatz zum Völkerbund immerhin alle Großmächte Mitglieder der Weltorganisation geworden waren. Als Mitglied der US-Delegation hatte sich Stassen in San Francisco dafür eingesetzt, dass die Charta zumindest regelmäßig überprüft werden sollte. In Artikel 109 der Satzung wurde dann festgeschrieben, dass spätestens nach zehn Jahren die Durchführung einer UN-Konferenz zur Revision der Charta auf die Tagesordnung müsse. Für Weltföderalisten und andere Fürsprecher einer Reform der Vereinten Nationen wurde das Jahr 1955 somit zu einem »magischen Datum« (Brauer).

Auf Betreiben des US-amerikanischen Rechtsanwalts und Weltföderalisten Grenville Clark (1882 bis 1967) brachte Kuba, das zu der Zeit von Präsident Ramón Grau regiert wurde, schon bei der zweiten UN-Generalversammlung 1946 einen Antrag zur Durchführung einer Revisionskonferenz im Jahr 1947 ein. Der Antrag wurde im Ergebnis bei vielen Enthaltungen und vielen abwesenden Stimmen mehrheitlich abgelehnt. In der Debatte kam ein Thema auf, das noch bis 1955 und darüber hinaus immer wieder eine Rolle spielen würde, nämlich eine Stimmengewichtung in der Generalversammlung. Der UN-Botschafter der Philippinen, Carlos P. Rómulo (1899 bis 1985), ein Pulitzer-Preisträger von 1942, der im Pazifik als Oberst der US-Armee gedient hatte und später fast zwei Jahrzehnte lang Außenminister seines Landes sein würde, sprach sich nicht nur gegen das Vetorecht und für eine Revisionskonferenz in 1947 aus, sondern erläuterte auch, warum er die Einführung einer Stimmengewichtung in der Generalversammlung unterstützen würde. Das Prinzip »ein Land, eine Stimme« würde die Großmächte nämlich davon abhalten, die Generalversammlung mit »irgendwelchen Kompetenzen zur Setzung von verbindlichem Weltrecht« auszustatten. »Mein Land wäre sehr erfreut«, so Rómulo, »die Fiktion der Gleichheit im Rahmen einer machtlosen Versammlung gegen ein der Wirklichkeit entsprechendes Stimmrecht ... im Rahmen einer mit echten Kompetenzen ausgestatteten Versammlung einzutauschen.« Was benötigt werde, sei »eine limitierte föderale Weltregierung«.[24] Großbritanniens UN-Vertreter, der britische Chefankläger bei den Nürnberger Prozessen, Hartley Shawcross (1902 bis 2003), stimmte zu, dass es »eines Tages« notwendig sein könne, »eine gewichtete Form der Abstimmung« zu entwickeln, die jedem Mitgliedsstaat in der Versammlung ein Stimmengewicht geben würde, das mit seinem echten Einfluss in internationalen Angelegenheiten entspreche.[25] Wie dem auch sei, auch Großbritannien votierte gegen eine Überprüfungskonferenz. Die Frage wurde von Generalversammlung zu Generalversammlung immer weiter vertagt.

Die Gründung des Europarates

Als Teil der antisowjetischen Blockbildung wurde vom American Committee for a United Europe, dessen Gründungspräsident Senator Fulbright war und das wiederum unter anderem von der 1936 von Ford ins Leben gerufenen Ford Foundation finanziert wurde, das Ziel einer politischen Integration in Westeuropa unterstützt. Bei der European Conference on Federation wurde über Wege zu den Vereinigten Staaten von Europa nachgedacht. 1949 wurde der Europarat gegründet, der zunächst zehn Mitgliedsstaaten hatte und nach Satzung die Aufgabe bekam, »einen engeren Zusammenschluss unter seinen Mitgliedern« zu verwirklichen. Die Idee einer internationalen parlamentarischen Versammlung wurde nun im Rahmen dieser neuen zwischenstaatlichen Organisation erstmals in der Geschichte tatsächlich umgesetzt. Als Organ des Europarates ist neben dem Ministerkomitee, in dem die Regierungen der Mitgliedsstaaten vertreten sind, auch eine beratende parlamentarische Versammlung vorgesehen, deren Mitglieder eben keine Regierungsdiplomaten sind, sondern von den Parlamenten der Mitgliedsstaaten entsandt werden. Die Sitzverteilung in der »beratenden Versammlung« wird nach Bevölkerungsgröße gestaffelt. Der im Dezember 1946 gebildete Dachverband föderalistischer Bewegungen in Europa, die Union Europäischer Föderalisten, setzte sich dafür ein, dass die beratende Versammlung des Europarates einen europäischen Verfassungsentwurf erarbeiten und den Mitgliedsstaaten zur Ratifikation vorlegen sollte.

Der Vorschlag einer Parlamentarischen Versammlung der UNO von Sohn

Die Schaffung dieser neuartigen Versammlung wurde als ein Präzedenzfall für das Gebiet der internationalen Organisation im Allgemeinen herangezogen. »Es gibt keinen Grund, diese interessante Entwicklung auf die Länder Westeuropas zu begrenzen«, schrieb der Weltföderalist und Jurist Louis B. Sohn (1914 bis 2006), der 1939 aus Lemberg in der heutigen Ukraine in die USA geflüchtet war, als US-Delegierter an der Konferenz in San Francisco teilgenommen hatte und später Professor an der Harvard University wurde. Mit Verweis auf das Beispiel der beratenden Versammlung des Europarates schlug Sohn noch 1949 die Einrichtung einer parlamentarischen Versammlung auch im Rahmen der Vereinten Nationen vor. Sohn argumentierte, dass eine solche Versammlung, die die verschiedenen »Zwischentöne der Weltmeinung« widerspiegeln würde, zur Unterstützung der UNO durch die Weltöffentlichkeit und damit zur Stärkung der Weltorganisation beitrüge. Wenn in der Versammlung echte Staatsmänner zum Vorschein kämen, die jenseits nationaler Ambitionen eine globale Sichtweise verträten, könnten ihre Entscheidungen, obwohl nur beratender Natur möglicherweise »mehr Wirkung haben, als die Empfehlungen der Generalversammlung oder des Sicherheitsrates«, meinte Sohn. Als völkerrechtliches Instrument, um die parlamentarische Versammlung ins Leben zu rufen, schlug er eine Resolution der UN-Generalversammlung nach Artikel 22 der UN-Charta vor, nach dem diese Nebenorgane einrichten kann, »soweit sie dies zur Wahrnehmung ihrer Aufgaben für erforderlich hält«. Alternativ käme ein zwischenstaatlicher Vertrag in Betracht, sofern dieser klar innerhalb des Rahmens der UN gehalten werde. Dies sind bis heute die beiden meist diskutierten Optionen, auf die wir an anderer Stelle noch genauer zu sprechen kommen werden. Die Sitzverteilung, so Sohn, solle sich am Anteil eines Landes an der Weltbevölkerung orientieren. Als Beispiel könne je fünf Millionen Einwohner ein Sitz vergeben werden, jedoch je Land nicht weniger als drei und nicht mehr als dreißig. Insgesamt kam sein Modell damals auf weniger als 500 Sitze.[26] Die Bemühungen der Weltföderalisten waren zu dieser Zeit in der Regel auf radikale Änderungen ausgerichtet, so dass der Vorschlag, eine schlichte beratende Versammlung bei der UNO einzurichten, demgegenüber nicht viel Aufmerksamkeit bekam. Das WFM zum Beispiel unterstützte vor allem die Idee, eine »Weltkonstituante«, also eine verfassungsgebende Weltversammlung, zu organisieren.

Entwürfe für eine Weltverfassung

Um die insbesondere nach dem Atombombeneinsatz sehr populär gewordene Forderung nach einer Weltregierung zu untermauern, formierte sich an der Universität von Chicago auf Initiative des italienischen Literaturwissenschaftlers und Historikers Giuseppe Antonio Borgese (1882 bis 1952), der 1931 als Antifaschist in das Exil in die USA ging und dort später eingebürgert wurde, eine Studiengruppe für den Entwurf einer Weltverfassung. Den Vorsitz führte der Kanzler der Universität, der Pädagoge Robert M. Hutchins, der 1951 als Direktor zur Ford Foundation wechselte. Es war eine der ersten Initiativen dieser Art. An dem 1948 vorgelegten »Vorentwurf einer Weltverfassung« hatte mit Elisabeth Mann Borgese (1918 bis 2002) die jüngste Tochter von Thomas Mann mitgewirkt, die mit Borgese verheiratet und bis 1950 zwei Jahre lang auch Vorsitzende des Exekutivkomitees des WFM war. Später setzte sie sich für das Konzept des »gemeinsamen Erbes der Menschheit« ein und war maßgeblich am Zustandekommen der Seerechtskonvention von 1982 beteiligt. G.A. Borgese war mit Mann, der 1933 ins Exil gegangen und 1938 nach Princeton in die USA übergesiedelt war, befreundet. Zusammen mit dem Theologen Reinhold Niebuhr (1892 bis 1971), dem Technikphilosophen Lewis Mumford (1895 bis 1990) und vierzehn anderen Persönlichkeiten hatten sie bereits 1940 in dem gemeinsamen Essay »City of Man« festgestellt, dass die Grundvoraussetzung einer zeitgemäßen weltweiten Struktur eine »konstitutionelle Ordnung« sei.[27] In dem Entwurf von 1948 war nun eine für Friedenserhaltung, Durchsetzung von Menschenrechten, Rüstungsbegrenzung, weltweite Steuern, Währungs- und Kreditfragen und andere Bereiche zuständige föderale Weltregierung konkret ausgestaltet. Die Gesetzesinitiative und Gesetzgebung liegt bei einem 99-köpfigen Rat, der von einer Bundesversammlung ernannt wird, die sich aus Abgeordneten zusammensetzt, »die in direkter Wahl von der Bevölkerung aller Staaten und Nationen gewählt werden, und zwar kommt auf je eine Million der Bevölkerung oder jede Bevölkerungsgruppe, die eine halbe Million überschreitet, je ein Abgeordneter«.[28]

Von vielen anderen Gruppierungen und Einzelpersonen wurden weitere Verfassungsentwürfe erarbeitet und vorgelegt, die natürlich ebenfalls die Frage behandelten, wie ein Weltparlament und weltweite Gesetzgebung gestaltet werden könnten. Für die Jahre von 1939 bis 1971 zählte der Schweizer Völkerrechtler Max Habicht (1899 bis 1986), der die Gründungskonferenz des WFM in Montreux geleitet hatte, beginnend mit Streit's »Union Now« dreizehn solcher Entwürfe auf.[29]

Das Konzept von Clark und Sohn

Am meisten Beachtung fanden die von Clark und Sohn in dem Buch »World Peace Through World Law« vorgelegten und mit einer Kommentierung versehenen Vorschläge für eine umfassende Revision der UN-Charta. Von Streit inspiriert, hatte sich Clark seit 1939 mit der Thematik befasst und tat sich dann mit Sohn zusammen. Ihr Buch erschien in verschiedenen Bearbeitungen in den Jahren 1958, 1960 und 1966.[30] »Von allen Vorschlägen für einen weltweiten Konstitutionalismus im zwanzigsten Jahrhundert«, meinte der Politikwissenschaftler Samuel S. Kim, würden die von Clark und Sohn »das umfassendste, detaillierteste und schlüssigste Modell« darstellen.[31]

Wie sah das Konzept von Clark und Sohn für die Entscheidungsorgane einer erneuerten UNO in den Grundzügen aus? In dem Charta-Entwurf ist für die Staatsbürger der UN-Mitgliedsstaaten zunächst einmal eine zusätzliche unmittelbare Bürgerschaft in den Vereinten Nationen vorgesehen, mit der eine direkte Beziehung der UNO mit den Individuen hergestellt wird. Nach einem sich über 24 Jahre erstreckenden Dreistufenplan sollen die Mitglieder der Generalversammlung nach und nach direkt gewählt werden: Im ersten Schritt durch die nationalen Parlamente, im zweiten Schritt jeweils zur Hälfte durch die Parlamente und direkt sowie ab dem dritten Schritt vollständig durch Direktwahlen. Die Sitzverteilung soll sich, abgestuft nach sechs Kategorien, ungefähr am Anteil eines Landes an der Bevölkerungsgröße orientieren, wobei keines der damals 99 Länder mehr als 30 Sitze und jedes wenigstens einen Sitz haben sollte. Clark und Sohn schrieben, dass sie auch Vorschläge für ein Zweikammern- und Dreikammern-System geprüft, jedoch verworfen hätten. Eine aus nur einer Kammer bestehende Weltlegislative sei am einfachsten und effektivsten. Für Fragen der Friedenserhaltung, der Friedensdurchsetzung, der Abrüstung und der Kontrolle der Kernenergie erhält die reformierte Generalversammlung in dem Entwurf die Kompetenz, verbindliche Entscheidungen treffen und bindende Weltgesetze verabschieden zu können. In anderen Politikbereichen bliebe es dabei, dass ihre Resolutionen nur empfehlenden Charakter hätten. Der in einen Exekutivrat umgewandelte Sicherheitsrat, in dem es keine permanente Mitgliedschaft und auch kein Vetorecht mehr gäbe – auf die Einzelheiten der vorgeschlagenen Zusammensetzung und Entscheidungsprozeduren wollen wir hier nicht eingehen – wäre der Generalversammlung untergeordnet und würde ihre Vorgaben umsetzen. Clark und Sohn setzen sich in ihrem Entwurf unter anderem auch im Einzelnen mit einem Abrüstungsplan und der Einrichtung einer permanenten UN-Friedenstruppe und einer dazugehörigen Reservetruppe, die zur Friedenserhaltung und bei Zwangsmaßnahmen eingesetzt werden können, auseinander. Allgemeine und weitreichende Abrüstung, so die hinter dem Konzept stehende Logik, kann nur durch die Schaffung eines unter gemeinsamer Kontrolle stehenden, supranationalen militärischen Gewaltmonopols erreicht werden. Darauf konzentriert sich der Plan von Clark und Sohn. Die Chicagoer Gruppe hatte demgegenüber »maximalistisch« argumentiert, dass eine Beschränkung auf polizeiliche Funktionen nicht sinnvoll sei, da die wirtschaftlichen und sozialen Ungerechtigkeiten, die vielen Konflikten zugrunde lägen, so nicht effektiv von der Weltorganisation behandelt und gelöst werden könnten und dass sie unter solchen Umständen eher noch zu ihrer Festigung beitrüge.[32]

Parlamentarische Zusammenarbeit für eine Weltföderation

In zahlreichen Ländern entstanden in den Jahren nach dem Zweiten Weltkrieg weltföderalistische Parlamentariergruppen. In einigen Parlamenten fanden Anhörungen zur Frage einer Weltregierung statt, so zum Beispiel im US-Kongress, in dem bis 1950 auch mehrere weltföderalistische Resolutionsanträge anhängig waren. Einer dieser Anträge mit dem Aktenzeichen HCR-64 wurde immerhin von 111 Abgeordneten unterstützt, darunter die späteren US-Präsidenten John F. Kennedy und Gerald Ford. Mit Hilfe der vom Labour-Abgeordneten Henry Usborne (1909 bis 1996) gegründeten britischen Parlamentariergruppe wurde 1951 in London ein internationaler Dachverband gebildet, die World Association of Parliamentarians for World Government. Der ehemalige britische Premierminister Clemens Attlee (1883 bis 1967) amtierte als Ehrenpräsident. Der nationalen Gruppe in Japan gehörte unter anderen Premierminister Shigeru Yoshida (1878 bis 1967) an. Die in über zehn Ländern und – wie in Japan – zum Teil noch heute existierenden Gruppen sollten zur Unterstützung des Weltföderalismus durch die nationalen Parlamente beitragen. Die Aktivitäten waren mit dem WFM eng abgestimmt, das zu der Zeit in über 50 Ländern präsent war. Nach einer vom WFM befürworteten Strategie könnte zu gegebener Zeit ein internationales Gremium von Abgeordneten an einem Entwurf für eine Weltverfassung arbeiten.[33] Einen Höhepunkt der internationalen parlamentarischen Aktivitäten der Bewegung bildete 1953 die dritte Weltkonferenz der World Association of Parliamentarians for World Government, die in Kopenhagen im Parlament von Dänemark stattfand und an der über 400 Delegierte teilnahmen. Im Jahr zuvor war innerhalb der IPU die Frage, ob sie sich in ein Weltparlament umwandeln oder sich überhaupt für ein Weltparlament einsetzen sollte, wieder einmal im Sand verlaufen.[34] Mit Blick auf die für das Jahr 1955 erhoffte UN-Konferenz zur Charta-Revision wurden von der Konferenz in Kopenhagen vierzehn Änderungsvorschläge verabschiedet, darunter auch der, die UN-Generalversammlung in eine aus einem Senat und einer Deputiertenkammer bestehende Weltlegislative umzuwandeln. Im Hinblick auf die Kompetenzen dieser Weltlegislative war der Ansatz »minimalistisch« wie später bei Clark und Sohn. Nur im Bereich der Friedenserhaltung sollten von beiden Kammern angenommene Beschlüsse verbindlichen Charakter haben. Auch das Konzept einer UN-Weltbürgerschaft findet sich schon in den Kopenhagener Vorschlägen. »Um sicherzustellen, dass Weltrecht mit den Mitteln der Vereinten Nationen gegen Individuen, die das Recht verletzen, durchgesetzt werden kann«, so hieß es, »soll jeder Bürger eines Mitgliedsstaates zugleich Bürger der UN sein. Die Charta und das nach ihr verabschiedete Recht sollen jeden Bürger der UN individuell verpflichten.«[35] Die Konferenz schlug darüber hinaus vor, dass die Weltlegislative die Kompetenz haben solle, »für UN-Zwecke Steuern zu erheben«, wobei der maximale Betrag in der Charta festgelegt und entsprechend des nationalen Einkommens auf die Mitgliedsstaaten umgelegt werden sollte. Im Entwurf von Clark und Sohn sollten die Mitgliedsstaaten nach einem ähnlichen Muster selbst bestimmte Steuern erheben und sie direkt an ein Fiskalbüro der UN im Land überweisen.

6.
Die Blockkonfrontation und der Aufstieg der »Nichtregierungsorganisationen«

Der Weltföderalismus zwischen den Fronten des Kalten Krieges

Die Autoren des Chicagoer Verfassungsentwurfs von 1948 wie auch viele andere waren zwar von ihrer Sache überzeugt, machten sich aber keine Illusionen darüber, dass die Voraussetzungen für die Schaffung einer Weltrepublik tatsächlich schon gegeben seien. »Indes, die Weltregierung wird kommen«, schrieben Hutchins und G.A. Borgese, »ob in fünf oder fünfzig Jahren, ob ohne Weltbrand oder nach ihm«. Ihr Entwurf sei als »ein Vorschlag an die Geschichte« zu sehen.[1] Nicht nur die Sowjetunion stand einer Aufgabe von Souveränität ablehnend gegenüber. Zudem wurde der Internationalismus und mit ihm erst recht der Weltföderalismus langsam aber sicher zwischen den Fronten des Ost-West-Konflikts zermahlen. In den USA begann eine von Senator Joseph McCarthy (1908 bis 1957) personifizierte antikommunistische Hysterie. Weltföderalisten machten sich aus dieser Sicht als verkappte Kommunisten verdächtig. Umgekehrt wurden sie im Ostblock als Agenten des Kapitalismus angesehen. In Reaktion auf Einstein hieß es zum Beispiel von sowjetischer Seite, dass die von ihm propagierte Idee eines »Weltsuperstaats« nichts als ein »prächtiges Aushängeschild für die Weltsuprematie der kapitalistischen Monopole« sei.[2] Nachdem die IPU die Frage eines Weltparlaments 1949 auf die Tagesordnung gesetzt hatte, blieben viele »Volksdemokratien Osteuropas« ihren Konferenzen erst einmal fern.[3]

Die föderalistische Bewegung und die Gründung der NATO

Mit der sowjetischen Blockade West-Berlins von Juni 1948 bis Mai 1949 erreichte der Kalte Krieg einen ersten dramatischen Höhepunkt. Nicht zuletzt als Reaktion auf diese Zuspitzung wurde die NATO im April 1949 als Militärallianz der westeuropäischen Länder, der USA und Kanadas gegründet. Wie der Historiker und Politikwissenschaftler Ira Strauss hervorhebt, ist wenig bekannt, wie entscheidend der Einfluss des föderalistischen Denkens auf die Architekten des atlantischen Bündnisses ursprünglich war.[4] »Wenn ›Union Now‹ nicht gewesen wäre«, so der damalige Direktor der westeuropäischen Abteilung des State Department, Theodore Achilles, »glaube ich nicht, dass es den NATO-Vertrag gegeben hätte«.[5] Aus der föderalistischen Bewegung kam auch der entscheidende Impuls zur Bildung der seit 1955 zusammenkommenden Konferenz von Parlamentariern aus den NATO-Ländern (die zwar kein Vertragsorgan der NATO, aber von der Organisation seit 1967 informell anerkannt ist). Mit Hilfe von Federal Union wurde 1949 in New York das Atlantic Union Committee unter Vorsitz des ehemaligen US-Verfassungsrichters Roberts gegründet, um sich für eine »Föderale Union der Demokratien« einzusetzen. Zahlreiche bedeutende Persönlichkeiten der USA schlossen sich dem Komitee an, so zum Beispiel der ehemalige US-Präsident Truman und George C. Marshall (1880 bis 1959), der in der Kriegszeit von 1939 bis 1945 Generalstabschef der US-Armee gewesen war und 1953 für den von ihm konzipierten Marshallplan zum Wiederaufbau Europas den Friedensnobelpreis erhielt. Die NATO sollte nach Ansicht der transatlantischen Föderalisten mehr als nur ein Militärbündnis sein. Der Vorschlag einer atlantischen Parlamentarierversammlung, schrieb John A. Matthews, ein Mitglied von Federal Union, »basierte auf dem grundsätzlicheren Vorschlag, eine übergreifende Regierung der demokratischen Länder zu schaffen, von denen die meisten nach und nach als Teil der Atlantischen Gemeinschaft angesehen wurden«.[6] Aus dieser Sicht sollte die NATO-Parlamentarierversammlung Kern und Motor eines transatlantischen Integrationsprojekts sein. Der berühmte britische Geschichtsphilosoph Arnold Toynbee (1889 bis 1975) argumentierte 1952 in einem Artikel, dass die Versammlung schlussendlich zu einer direkt gewählten gemeinsamen Legislative der westlichen Gemeinschaft werden müsse.[7]

Das Abklingen des Weltföderalismus und der Weltparlamentsidee

Ab 1950 und 1951 wurde das politische Klima vor dem Hintergrund des Korea-Krieges, der nach Schätzungen drei Millionen Opfer forderte, immer schwieriger. Es handelte sich um den ersten von zahlreichen sogenannten Stellvertreterkriegen, wie später unter anderem in Vietnam und Afghanistan, bei denen sich faktisch, wenn auch nicht offiziell, die beiden Supermächte und ihre Blöcke als geopolitische Gegner gegenüberstanden. Die bereits erwähnte »Erklärung zur Föderierung der Welt« beispielsweise wurde zwischen 1950 und 1952 in dreizehn der US-Bundesstaaten, die sie verabschiedet hatten, wieder ausdrücklich zurückgenommen. Die in Artikel 109 der UN-Charta vorgesehene UN-Konferenz zur Überarbeitung der Charta fand auch im Schlüsseljahr 1955 nicht statt. Die Generalversammlung verabschiedete statt dessen eine Resolution, dass dies »zu gegebener Zeit« geschehen solle und setzte einen Ausschuss ein, der einen Vorschlag dazu vorlegen sollte und dies aber nie tat. Ab 1967 verschwand die Angelegenheit für immer ganz von der Tagesordnung.

Die Frage eines Weltparlaments kam bis Anfang der 1980er Jahre nur noch selten auf. Als die IPU 1965 ihre Beziehungen zu der sich desinteressiert zeigenden UNO unter die Lupe nahm, schlug die britische IPU-Gruppe, so Kissling, eine »Umwandlung der IPU in eine beratende parlamentarische Versammlung der UNO mittels einfachen Resolutionsbeschlusses beider Organisationen« vor, fand damit aber keinen Widerhall.[8] Anlässlich des 25. Gründungsjubiläums der UNO im Jahr 1970 legte die 1939 etablierte und in der Kriegszeit einflussreiche US-amerikanische Commission to Study the Organization of Peace einen ausführlichen Bericht zur Zukunft der Weltorganisation vor. Vorsitzender der Kommission war inzwischen Sohn geworden. So empfahl der Bericht als Bestandteil eines Programms zur Stärkung der Generalversammlung auch die Gründung einer UN-Parlamentarierversammlung. Dies sei der nächste Schritt in der Evolution internationaler parlamentarischer Institutionen. Der Bericht verwies unter anderem auf das Beispiel der IPU und der NATO-Parlamentarierversammlung. Die Kommission hatte ihren Zenit allerdings überschritten, fand wenig Beachtung und wurde 1972 sang- und klanglos aufgelöst.

Während der Weltföderalismus in Ost und West kein Thema mehr war, blieb er insbesondere in Indien, das führend an der Etablierung der Bewegung der Blockfreien Staaten mitgewirkt hatte, weiter lebendig. Der indische Aktivist Vijay Pratap berichtet davon, dass die Frage eines Weltparlaments 1955 auf der Agenda der ersten Afro-Asiatischen Konferenz blockfreier Staaten im indonesischen Bandung gewesen sei.[9] Jedenfalls ist es kein Zufall, dass der sechzehnte Weltkongress des WFM 1975 mit Unterstützung der indischen Premierministerin Indira Gandhi und des indischen Staatspräsidenten Fakhruddin Ali Ahmed in Neu Delhi stattfand und dabei »praktisch die gesamte politische Führung Indiens« teilnahm, wie ein Beobachter bemerkte.[10]

Das World Order Models Project

Einen neuen Kristallisationspunkt für Weltordnungsstudien bildete ab 1968 das akademisch orientierte World Order Models Project, das vom Rechtswissenschaftler Saul Mendlovitz (geb. 1925) von der Rutgers University geleitet wurde. WOMP diente dem Aufbau eines transnationalen Rahmens zur Beschäftigung mit Weltordnungsfragen und »bevorzugten Zukunftsmodellen«, die sich an vier globalen Zielvorgaben orientierten: Der Minimierung ausgedehnter kollektiver Gewalt, der Maximierung sozialen und ökonomischen Wohlergehens, der Realisierung grundlegender Menschenrechte und politischer Gerechtigkeit sowie die Wiederherstellung und Aufrechterhaltung ökologischer Stabilität. Die Mitwirkenden waren keineswegs auf das Programm eines globalen Konstitutionalismus eingeschworen, wie es zum Beispiel Mendlovitz oder sein Kollege Richard Falk (geb. 1930) von der Princeton-Universität vertraten. In der 1975 veröffentlichten Untersuchung »A Study of Future Worlds« stellte Falk ein umfangreiches Modell für ein präferiertes Weltsystem vor, in dessen institutionellen Mittelpunkt eine »Weltversammlung« steht, die insbesondere für die Setzung von Standards auf den Gebieten der vier WOMP-Ziele zuständig sein sollte. Die Versammlung solle aus drei Kammern mit je 200 Stimmen bestehen, die jeweils die Regierungen, die Völker und zivilgesellschaftliche Organisationen repräsentieren. Auf die Verteilung der Stimmen und auf die Frage, wie und von wem die Vertreter bestimmt würden, geht das Modell nicht ein. Dies sei »eine komplizierte Aufgabe des institutionellen Designs«.[11] Wie dem auch sei, es wird vorgeschlagen, dass Entscheidungen, die von allen drei Kammern mit 4/5-Mehrheit angenommen werden, verbindlichen und solche mit 2/3-Mehrheit empfehlenden Charakter hätten. Ein Weltgericht solle die Entscheidungen rechtlich überprüfen können. Jede Kammer wählt sieben Repräsentanten in einen Exekutivrat, der die Entscheidungen der Versammlung umsetzt und sich dabei eines Koordinierungsrates bedienen solle, dessen Mitglieder ebenfalls von den drei Kammern gewählt werden. Auch im Rahmen von WOMP wurde also die Schaffung einer breit aufgestellten Weltlegislative als unerlässlich angesehen.

Die wachsende Bedeutung der »Nichtregierungsorganisationen«

An dem von Falk entworfenen Modell ist die dritte »Kammer der Organisationen« besonders bemerkenswert. Der Ansatz beschäftigte auch andere bei WOMP mitwirkende Wissenschaftler. Der Friedensforscher Johan Galtung (geb. 1930) zum Beispiel empfahl nicht nur die Umwandlung der Generalversammlung in ein direkt gewähltes Weltparlament, sondern auch die Einrichtung einer UN-Kammer für »nichtterritoriale Akteure«.[12] In solchen Vorschlägen spiegelte sich die wachsende Bedeutung von regierungsunabhängigen, also zivilgesellschaftlichen Organisationen, auf der internationalen Bühne. Mit Anti-Slavery

International wurde schon 1839 einer der ersten international agierenden Verbände dieser Art gegründet. Sie befassten sich mit der Abschaffung der Sklaverei, setzten sich für das Frauenwahlrecht, für Arbeitnehmerrechte und den Frieden ein. Als Präzedenzfall für ihre Einbeziehung in internationale Organisationen kann die 1919 gegründete und 1945 unter Ägide der UN fortgesetzte Internationale Arbeitsorganisation herangezogen werden. In den Organen der ILO sind neben den Regierungen der Mitgliedsstaaten auch die Arbeitnehmer- und Arbeitgeberverbände durch gleichberechtigte Delegierte vertreten. An der jährlich tagenden Internationalen Arbeitskonferenz zum Beispiel nehmen je Land zwei Regierungsvertreter und jeweils ein Vertreter der Arbeitnehmer und einer der Arbeitgeber teil.

Nach den Weltkriegen wuchs die Zahl der internationalen zivilgesellschaftlichen Organisationen rapide an. In Artikel 71 der UN-Charta wurde festgelegt, dass der Wirtschafts- und Sozialrat der Vereinten Nationen, ECOSOC, »geeignete Abmachungen zwecks Konsultation mit nichtstaatlichen Organisationen treffen« könne. Seither ist deshalb von »Nichtregierungsorganisationen« die Rede. Bis 1975 waren rund 650 NGOs beim ECOSOC mit Konsultativstatus registriert (heute sind es über 3.500) und ihre genaue Kategorisierung ist eine Wissenschaft für sich. Nicht nur ihre Zahl wuchs an, auch das von ihnen behandelte Themenspektrum wurde immer breiter. Zu nennen ist insbesondere der Umweltschutz. Mit ihrem 1962 veröffentlichten Buch »Der Stumme Frühling« hatte die Biologin Rachel Carson (1907 bis 1964) das Umweltbewusstsein geschärft und zum allgemeinen Durchbruch gebracht, indem sie auf die katastrophale Wirkung chemischer Umweltgifte wie DDT aufmerksam machte. »Neben der Möglichkeit, die Menschheit in einem Atomkrieg auszurotten, ist das Kernproblem unseres Zeitalters die Verunreinigung der gesamten Umwelt des Menschen«, erklärte sie.[13]

Im Jahr 1972 fand in Stockholm unter Leitung des Kanadiers Maurice Strong (1929 bis 2015) die erste Umweltkonferenz der Vereinten Nationen statt, die von einer parallel tagenden Versammlung von Nichtregierungsorganisationen begleitet wurde – eine Praxis, die sich bei vielen UN-Konferenzen wiederholte. Parlamentarische Vereinigungen wie die IPU oder die 1978 von dem Neuseeländer Nicholas Dunlop (geb. 1956) zunächst unter dem Dach des WFM gegründeten Parliamentarians for Global Action waren aus Sicht der UN schlicht NGOs wie alle anderen auch. Die Stockholmer Konferenz führte zur Gründung des UN-Umweltprogramms UNEP, dessen erster Exekutivdirektor bis 1975 Strong wurde. In einer Rede in New York sprach sich Strong 1984 für ein bikamerales System bei der UNO aus, »in dem direkt gewählte Vertreter der Völker in einer Kammer und Vertreter der Regierungen in der anderen sitzen«.[14]

Die Idee einer »Zweiten Kammer«

Für eine stärkere Einbeziehung von Nichtregierungsorganisationen in die Arbeit der UNO setzte sich die 1951 von dem Genforscher Lionel Penrose (1898 bis 1972) und anderen gegründete Medical Association for the Prevention of War ein (heute unter dem Namen Medact der britische Zweig der Internationalen Ärzte für die Verhütung des Atomkrieges, IPPNW). Anlässlich der zweiten Sondertagung der UN-Generalversammlung zur Abrüstung im Jahr 1982 schlug die Vereinigung die Etablierung einer »Zweiten Kammer« neben der Generalversammlung vor. Wie einer der Initiatoren, der britische Arzt Jeffrey Segall (1924 bis 2010) ausführte, sollte sich dieses Gremium mit grundsätzlichen globalen Problemen befassen, aus regierungsunabhängigen und parteipolitisch ungebundenen Delegierten bestehen und dabei helfen, die »Ansichten der Weltöffentlichkeit« bei der UN zum Ausdruck zu bringen.[15] Die Medical Association formierte im Jahr darauf ein internationales Netzwerk von NGOs, das sich für eine solche Kammer einsetzten sollte, das International Network for a UN Second Assembly, INFUSA. Zum 40. Jubiläum der UNO im Jahr 1985 appellierte das Netzwerk an die UN-Generalversammlung, eine Expertengruppe ins Leben zu rufen, um den Vorschlag zu prüfen. INFUSA hatte zwar eine Versammlung von NGO-Vertretern im Sinn, schlug jedoch vor, dass jeder UN-Mitgliedsstaat selbst darüber befinden solle, wie seine Vertreter ausgewählt würden. Einige Möglichkeiten zählte die Initiative konkret auf, so die Direktwahl durch die Wahlbevölkerung, eine Wahl durch solche Wahlberechtigte, die sich für diesen speziellen Zweck haben registrieren lassen sowie die indirekte Wahl durch ein Wahlkollegium, das aus Vertretern von bestimmten NGOs, Gewerkschaften, akademischen Institutionen oder aus Mitgliedern nationaler UN-Gesellschaften zusammengesetzt sein könnte. Ausgeschlossen war dem Sinn des Vorschlages nach jedenfalls die Ernennung durch die Regierung. Als Methode zur Berechnung der Sitzanzahl je Land wurde eine von Penrose 1946 entwickelte Formel vorschlagen, nämlich die Quadratwurzel der Bevölkerungszahl eines Landes in Millionen. Aus dieser Formel ergibt sich automatisch eine abgestufte Verteilung.[16]

Die Frage der Stimmengewichtung in der UN-Generalversammlung

Die Frage einer Stimmengewichtung in der UN-Generalversammlung war weiterhin ein Thema. Wie die kanadische Friedensforscherin Hanna Newcombe (1922 bis 2011) 1971 berichtete, hatte das US-Außenministerium eine vertrauliche Studie durchgeführt, um den Effekt verschiedener Formeln für eine Stimmengewichtung auf die Ergebnisse früherer Abstimmungen in der Generalversammlung zu messen. Die Frage war, welche Formel für die Interessen der Vereinigten Staaten am besten gewesen wäre. Die Untersuchung kam zu dem Schluss, dass »die USA unter dem gegenwärtigen System von ›ein Land, eine Stimme‹ am besten wegkommt, weil so viele kleine Nationen für gewöhnlich mit dem von den USA geführten westlichen Block« abstimmten.[17] Das State Department entschied sich daher dagegen, irgendeine Art von Stimmengewichtung zu unterstützen. Für Organisationen wie dem 1977 von dem Journalisten Richard Hudson (1925 bis 2006) in New York reorganisierten Center for War/Peace Studies blieb es aber dabei, dass die Einführung einer Stimmengewichtung für eine Stärkung der Generalversammlung unabdingbar sei. Hudson schrieb später, dass die Generalversammlung »mit ihrem absurden Entscheidungssystem ›ein Land, eine Stimme‹ keine Chance hat, globale Gesetze zu machen«.[18] Das Center entwickelte einen eigenen Vorschlag, die sogenannte »Binding Triad«. Das Stimmengewicht eines Landes würde sich demnach aus drei Faktoren zusammensetzen: ›Ein Land, eine Stimme‹ (wie bisher), die Bevölkerungsgröße sowie der Anteil zum regulären UN-Budget (für den eine Höchstgrenze festgesetzt werden solle). Um verbindliche Wirkung zu bekommen, müssten Beschlüsse der Versammlung in allen diesen drei Bereichen bestimmte qualifizierte Mehrheiten erreichen.

Im August 1985 forderte der US-Kongress dann tatsächlich die Einführung einer Stimmengewichtung in der Generalversammlung. Um seiner Forderung Nachdruck zu verleihen, hielt der Kongress einen Teil der US-Beiträge zum UN-Budget zurück und kürzte sie außerdem um 20 Prozent, womit die Finanzierungskrise der UN drastisch verschärft wurde. Kritisiert wurde neben Missmanagement in der UN-Verwaltung auch eine unzulässige antiwestliche Politisierung der Weltorganisation durch die in der Mehrheit befindlichen Entwicklungsländer. Offenbar hatte sich die Stimmenarithmetik in den UN-Gremien inzwischen geändert. Eingebracht wurde die Regelung von der Senatorin Nancy Kassebaum und dem Mitglied des Repräsentantenhauses Gerald Solomon. Bei den UN und ihren Sonderorganisationen, so hieß es, sollten die

Stimmrechte der Mitgliedsstaaten in haushaltsrelevanten Angelegenheiten »proportional zum Beitrag jedes Mitgliedsstaates zum Budget der UN und ihrer Sonderorganisationen« sein.[19] Man einigte sich dann mit den anderen UN-Mitgliedsregierungen darauf, dass bei Budgetfragen per Konsens abgestimmt werden solle, um die Zustimmung der großen Beitragszahler sicherzustellen, ohne jedoch die Verfahren formal zu ändern.

Der Reformbericht von Bertrand

Finanzierungskrise, Managementreform und Haushaltsfragen waren im 40. Jubiläumsjahr der UNO ganz oben auf der Agenda. Die schon 1966 etablierte »Gemeinsame Inspektionsgruppe der Vereinten Nationen«, ein unabhängiges Unterorgan der Generalversammlung, das die Arbeitseffizienz der UN und ihrer Sonderorganisationen untersuchen sollte, nahm dies zum Anlass, ihren aus Frankreich stammenden und bald aus dem Amt scheidenden Inspektor Maurice Bertrand (1922 bis 2015) zur Vorlage eines Berichts mit Reformvorschlägen zu beauftragen. Der im Dezember 1985 vorliegende Report wurde zu einer Generalabrechnung. Bertrand beklagte die »extreme Fragmentierung« der UN-Aktivitäten und deren »außerordentliche und unnötige institutionelle Komplexität«. Die meisten Probleme hätten strukturelle Ursachen. Der Widerstand gegen jedwede Verbesserung sei stark. Die Mitgliedsstaaten seien nicht primär an Effizienz, sondern an politischer Kontrolle der Verwaltung interessiert. Bei der Vergabe von Posten beispielsweise ginge es nicht darum, die am besten qualifizierte Person zu finden, sondern möglichst eigene Staatsangehörige zu platzieren. Überlegungen zur Reform der UNO müssten sich »nach den beiden unvollendet gebliebenen Experimenten des Völkerbundes und der Vereinten Nationen auf eine Weltorganisation der dritten Generation« konzentrieren. Am Ende des Berichts empfahl Bertrand unter anderem, Vorschläge zur stärkeren Öffnung der Vereinten Nationen gegenüber nichtstaatlichen Akteuren zu prüfen. Die Zeit sei allerdings »noch nicht reif, im Sinne eines Weltparlaments« zu denken. In den nächsten Jahrzehnten solle die Weltorganisation *noch* »eine intergouvernementale Organisation bleiben«.[20] Die Inspektionsbehörde beeilte sich, sich von dem verheerenden Bericht zu distanzieren. Bertrand habe sein Mandat und seine Kompetenzen überschritten. Der Koordinierungsrat des UN-Systems, in dem die Leiter aller UN-Sonderorganisationen zusammenkommen, verweigerte mit der gleichen Begründung jede Kommentierung.

Perestroika und der Vorstoß Gorbatschows

Mit der von Michail Gorbatschow (geb. 1931) ab 1986 betriebenen Politik der Perestroika, der schrittweisen Demokratisierung und der marktwirtschaftlichen Reformen in der Sowjetunion, wurde auch das Ende der Blockkonfrontation eingeläutet. Spätestens seit der Kubakrise 1962 war den Regierungen der Atomwaffenstaaten bewusst, dass jede Auseinandersetzung außer Kontrolle geraten könnte und dann sehr wahrscheinlich zu einem nuklearen Schlagabtausch und gegenseitiger Vernichtung führen würde. Krieg, nach dem preußischen General Carl von Clausewitz (1780 bis 1831) schlicht verstanden als ein politisches Instrument zur Durchsetzung des eigenen Willens mit physischer Gewalt (die »Fortsetzung der Politik mit anderen Mitteln«), war keine sinnvolle Option mehr. In seinem Buch zur Perestroika, mit dem er »direkt und ohne Vermittler zu den Bürgern der ganzen Welt sprechen« wollte, beschrieb Gorbatschow die Bedeutung des »neuen Denkens« für die sowjetische Außenpolitik. Kern der neuen Denkweise sei die Erkenntnis, dass angesichts der Gefahren eines Nuklearkrieges »das Überleben der Menschheit schlechthin« gegenüber nationalen Interessen Priorität habe. Die ganze Menschheit sitze in demselben Boot und könne nur zusammen untergehen oder schwimmen. Offenheit, Dialog und Kooperationsbereitschaft seien notwendige außenpolitische Maximen.

In diesem Zusammenhang nun wies Gorbatschow darauf hin, dass »der neue Stil in internationalen Beziehungen es erforderlich macht, den Rahmen ihrer Abwicklung weit über die Grenzen des diplomatischen Verkehrs im engeren Sinn hinaus auszudehnen«. Neben Regierungen würden, so Gorbatschow, »in zunehmenden Maße Parlamente zu aktiven Mitgestaltern internationaler Kontakte. Das ist eine ermutigende Entwicklung, die auf eine Tendenz zu verstärkter Demokratie in internationalen Beziehungen hindeutet«. Das Eindringen der öffentlichen Meinung und nichtstaatlicher Organisationen in die Domäne der internationalen Politik sei ein Zeichen der Zeit und zu begrüßen.[21] In einem wegweisenden Zeitungsartikel in der *Prawda*, unter anderem zur Abrüstung und zu der Frage der kollektiven Sicherheit, schrieb Gorbatschow im September 1987, dass bei der UNO ein »konsultativer Weltrat« eingerichtet werden solle, um die intellektuelle Elite der Welt zusammenzubringen. Wissenschaftler, Politiker, Personen des öffentlichen Lebens, Vertreter von gesellschaftlichen Organisationen und der Kirchen, Literaten, Künstler und andere könnten »das spirituelle und ethische Potential der gegenwärtigen Weltpolitik sehr bereichern«.[22] Ein derartiges Gremium erinnert an die schon vom Philosophen und Pädagogen Johann Amos Comenius (1592 bis 1670) im 17. Jahrhundert vorgeschlagene »universelle

Versammlung« von aufgeklärten »Philosophen, Kirchenleuten und Politikern mit herausragender Weisheit, Frömmigkeit und Besonnenheit, die sich darauf verpflichten, dauerhafte Pläne vorzustellen, um die Sicherheit der Menschheit zu etablieren, zu garantieren und zu vergrößern«.[23]

Als Vorbilder und Anregung werden Gorbatschow aber vielmehr die vier wichtigen unabhängigen internationalen Sachverständigenkommissionen der 1980er Jahre gedient haben. Die 1977 gegründete Nord-Süd-Kommission unter Vorsitz des ehemaligen westdeutschen Bundeskanzlers und Friedensnobelpreisträgers Willy Brandt (1913 bis 1992) hatte sich zur Aufgabe gesetzt, »die ernsten Probleme von globalen Ausmaßen zu untersuchen, wie sie sich aus den wirtschaftlichen und sozialen Ungleichgewichten der Weltgemeinschaft ergeben«[24] und 1980 sowie 1982 Berichte zur »Weltkrise« vorgelegt. Im Jahr 1982 gab es auch einen Bericht der unabhängigen Kommission zu Abrüstungs- und Sicherheitsfragen unter Vorsitz des ehemaligen schwedischen Ministerpräsidenten Olof Palme (1927 bis 1986). Die UN-Generalversammlung setzte dann außerdem im Folgejahr eine unabhängige Weltkommission für Umwelt und Entwicklung unter Vorsitz der norwegischen Politikerin Gro Harlem Brundtland (geb. 1939) ein. Diese legte Ende 1987 nach jahrelangen Beratungen ihren Abschlussbericht »Unsere gemeinsame Zukunft« vor, in dem das Konzept nachhaltiger Entwicklung und der Generationengerechtigkeit entwickelt wurde. Im Juli 1987 wurde schließlich die Süd-Kommission unter Vorsitz des ehemaligen Präsidenten von Tansania, Julius K. Nyerere (1922 bis 1999), etabliert (deren Abschlussbericht 1990 vorlag und aus der später das South Centre hervorging, ein gemeinsamer Think-Tank von heute rund fünfzig Regierungen des globalen Südens).

Gorbatschow führte den Vorschlag eines »konsultativen Weltrates« nicht im Detail aus. Doch die Tatsache allein, dass die Idee eines permanenten beratenden Gremiums bei der UNO nun erstmals auf allerhöchster politischer Ebene unterstützt wurde, wurde von Befürwortern eines Weltparlaments als eine wichtige Entwicklung angesehen, insbesondere auch vor dem Hintergrund, dass Gorbatschow eine Rolle der Parlamente in den internationalen Beziehungen begrüßte. Der Vorschlag eines Konsultativgremiums traf aber nicht nur auf Zustimmung. Bei einer von rund einhundert Teilnehmern besuchten Tagung des Ausbildungs- und Forschungsinstituts der Vereinten Nationen im September 1988 in Moskau beispielsweise wurde die Frage »mit großem Interesse« diskutiert, jedoch sei »keine Übereinstimmung zu ihren Gunsten« erzielt worden.[25] In einer Rede vor der UN-Generalversammlung am 7. Dezember 1988 bekräftigte Gorbatschow nunmehr, in einer neuen Variante, »dass die Idee, auf regelmäßiger Basis und unter der Schirmherrschaft der Vereinten Nationen eine Versammlung gesellschaftlicher Organisationen einzuberufen, Beachtung verdient«.[26] Soweit wir es überblicken können, gab es in der Folge jedoch keine konkreten diplomatischen Initiativen für die Einrichtung einer solchen Versammlung oder eines Konsultativrates. Viele andere drängende Probleme und Aufgaben standen höher auf der politischen Agenda.

7.
Das Ende des Kalten Krieges: Demokratisierungswelle und Wiederbelebung der Debatte

Die Demokratisierungswelle

Der politische Umschwung in der Sowjetunion und das damit einhergehende Ende der Blockkonfrontation führten zu einer weltweiten Demokratisierungswelle. Anfang 1989 fanden in der Sowjetunion erstmals freie Wahlen zum Volksdeputiertenkongress statt. In Osteuropa und anderswo wurde das Joch autokratischer Eliten und ihrer gefürchteten Sicherheitsapparate nach Jahrzehnten der Unterdrückung abgeworfen. Das unmenschliche Apartheidregime in Südafrika wurde durch Verhandlungen friedlich überwunden und Nelson Mandela (1918 bis 2013) nach 27 Jahren Haft freigelassen. Zum ersten Mal seit 1930 gab es ab 1991 nach den Erhebungen des Polity-Forschungsprogramms wieder mehr Demokratien als Autokratien in der Welt. Im Zuge der Entkolonialisierung war zwar die Anzahl der als unabhängig anerkannten Staaten allein zwischen 1955 und 1965 von 60 auf 120 gestiegen (bis 1991 waren es 158 geworden). Fremdbestimmung in Form kolonialer Herrschaft wurde dabei beendet. Doch Selbstbestimmung im Sinne demokratischer Volksherrschaft konnte sich in den meisten dieser Länder zunächst nicht oder jedenfalls nicht dauerhaft etablieren. Von 1987 bis 1992 hatte sich der Anteil der autokratischen Regierungssysteme in der Welt dann allerdings halbiert. Demokratie und das Recht der Völker auf Selbstbestimmung schienen sich endlich durchzusetzen. Der amerikanische Philosoph Francis Fukuyama verkündete 1989 in einem viel beachteten Aufsatz, dem dann das gleichnamige Buch »Das Ende der Geschichte« folgte, dass der »Endpunkt der ideologischen Evolution der Menschheit und die Universalität der westlichen, liberalen Demokratie als endgültige menschliche Regierungsform« gekommen sei.[1] Der Sondergipfel der seit 1973 blockübergreifend tagenden Konferenz für Sicherheit und Zusammenarbeit in Europa, KSZE, erklärte in der »Charta von Paris« vom 21. November 1990 die Teilung Europas für beendet. Die 32 unterzeichnenden Länder bekannten sich unter anderem dazu, »die Demokratie als die einzige Regierungsform unserer Nationen aufzubauen, zu festigen und zu stärken«. Anlässlich des Beginns der Operation Wüstensturm zur Befreiung des fünf Monate zuvor von irakischen Truppen besetzten Kuwait beschwor US-Präsident George Bush am 16. Januar 1991 »die Gelegenheit, für uns und kommende Generationen eine neue Weltordnung zu formen, eine Weltordnung, in der die Herrschaft des Rechts und nicht das Gesetz des Dschungels das Verhalten der Nationen lenkt«.

Die Wiederbelebung der Debatte

Auf Initiative von Brandt, der die Teilnehmer seiner Nord-Süd-Kommission sowie der Kommission zu Abrüstungs- und Sicherheitsfragen, der Weltkommission für Umwelt und Entwicklung und der Süd-Kommission zu einer gemeinsamen Sitzung eingeladen hatte, bildete sich 1990 mit Unterstützung des schwedischen Premierministers Ingvar Carlsson (geb. 1934) die Stockholmer Initiative zu globaler Sicherheit und Weltordnung, die im Jahr darauf ein Memorandum vorstellte. »Wir wollen eine neue Weltordnung auf der Grundlage von Gerechtigkeit und Frieden, Demokratie und Entwicklung, Menschenrechten und Völkerrecht«, hieß es darin. Die optimistische Stimmung der Zeit spiegelte sich in der ambitionierten Empfehlung, dass ein »Weltgipfel über institutionelle Reformen der Weltordnung« einberufen werden solle, »ähnlich den Tagungen in San Francisco und Bretton Woods in den 40er Jahren«, bei denen die Vereinten Nationen und die internationalen Finanzinstitutionen gegründet worden waren.[2] Brandt, Brundtland und Nyerere baten daraufhin Carlsson und den aus Guayana stammenden Shridath Ramphal (geb. 1928), der von 1975 bis 1990 Generalsekretär des Commonwealth gewesen war, eine »Kommission für Weltordnungspolitik« zu bilden, die eigene Vorschläge entwickeln sollte.

Motiviert insbesondere durch die Äußerungen Gorbatschows zu einer NGO-Versammlung und einem »konsultativen Weltrat« organisierten Teilnehmer des INFUSA-Netzwerkes in den Jahren 1990 bis 1992 derweil drei Konferenzen über die Demokratisierung der UNO, die sogenannten Conferences on a More Democratic United Nations, CAMDUN. Die erste Konferenz in New York war die wichtigste. Der Nuklearphysiker Frank Barnaby (geb. 1927), von 1971 bis 1981 Direktor des Stockholm International Peace Research Institute SIPRI, hat sie mit einem von ihm herausgegebenen Sammelband gut dokumentiert.[3] Rund einhundert fachkundige Teilnehmer, darunter zum Beispiel Stassen, Hudson und Newcombe, debattierten die Vorschläge einer »Zweiten Kammer« und einer Parlamentarischen Versammlung bei der UNO im Detail, behandelten aber auch zahlreiche andere Themen wie die Reform und Stärkung der Generalversammlung, die Möglichkeit weltweiter Referenden oder die Rolle von NGOs im System der UN im allgemeinen.

Eine Parlamentarische Versammlung bei der UNO als strategisches Konzept

Die verschiedenen Vorschläge für eine »Zweite Kammer«, eine Bürgerkammer, ein Weltparlament und sonstige Modelle, wie sie auch bei CAMDUN thematisiert wurden, »schwirrten wie Fliegen um das World Federalist Movement herum«, schreibt der Kanadier Dieter Heinrich (geb. 1954), der seinerzeit den Politischen Ausschuss des WFM leitete.[4] Das WFM, als dessen Präsident ab 1991 der Schauspieler Peter Ustinov (1921 bis 2004) amtierte, entwickelte schließlich eine Strategie, die von Heinrich 1992 in der Broschüre »Ein Plädoyer für eine Parlamentarische Versammlung bei der UNO« dargelegt wurde. Die Erfolgschancen, aus dem Stand die Gründung eines direkt gewählten Weltparlaments zu erreichen, wurden als sehr gering angesehen. Das Ziel eines solchen Weltparlaments, das Weltrecht schaffen könnte, blieb zwar bestehen, sollte aber jetzt in Stufen, durch eine langfristige evolutionäre Entwicklung, realisiert werden. Als Anregung diente das Europäische Parlament, das sich im Zuge der europäischen Einigung in einem jahrzehntelangen Prozess von einer rein beratenden Versammlung nationaler Parlamentarier zu einem direkt gewählten Legislativorgan gewandelt hatte. Der erste Schritt im Rahmen der UNO wäre demnach eine aus nationalen Abgeordneten zusammengesetzte beratende Versammlung, eine »United Nations Parliamentary Assembly«, UNPA. Ein solches Gremium hatte Sohn bereits 1949 angeregt, aber er konnte damit nicht viel Begeisterung wecken. Nun jedoch wurde es nicht mehr als das eigentliche Ziel angesehen, sondern vielmehr als der Startpunkt auf dem Weg dorthin. »Was sich für mich änderte war«, so Heinrich, »dass ich eine mögliche parlamentarische Versammlung nicht mehr anhand ihrer endgültigen Idealform beurteilte, sondern anfing, sie als etwas zu sehen, das klein und recht bescheiden anfangen könnte. Wenn sie einmal etabliert war, könnte sie ihr eigener, bester Fürsprecher werden, von innen kreative Kräfte generieren und dabei selbst den Prozess der UN-Reform vorantreiben.«[5]

Die Aussichten, dass die Idee einer UNPA nun auf fruchtbaren Boden fallen könnte, schienen gut zu sein. Der Vorschlag war im Vergleich zu einem Weltparlament nicht übermäßig ambitioniert. Das frühe Europaparlament und die Parlamentarische Versammlung des Europarates dienten als Referenzen. Die Staats- und Regierungschefs Europas, Kanadas, der USA und der Sowjetunion hatten sich in der »Charta von Paris« außerdem für die Schaffung einer parlamentarischen Versammlung der KSZE ausgesprochen. Dies war sicherlich der Tatsache geschuldet, dass der KSZE-Prozess auf Initiative der IPU von Anfang an interparlamentarisch begleitet wurde. Von 1973 bis 1991 fanden unabhängig von den Regierungskonferenzen sieben KSZE-Parlamentarierkonferenzen statt, die zur Ost-West-Annäherung beitrugen. Bereits nach der ersten dieser Tagungen im Januar 1973 nahm das Interesse der Regierungen und der UN auch an der IPU als Ganzes »schlagartig zu«, so Kissling.[6] Der aus einer langen Nichtbeachtung folgende Dornröschenschlaf der IPU als einer schlichten NGO unter Vielen fand nun langsam ein Ende. Im Juli 1992 fand dann in Budapest die erste Sitzung der neuen KSZE-Parlamentarierversammlung statt, deren Abgeordnete aus Ländern der gesamten nördlichen Hemisphäre von Vancouver bis Wladiwostok stammten, darunter vier der fünf ständigen Mitglieder des UN-Sicherheitsrates (alle außer China). Die Parlamentarierversammlung wurde ein formales Organ der ab 1995 in Organisation für Sicherheit und Zusammenarbeit umbenannten KSZE. Wenn eine Parlamentarierversammlung im Rahmen der KSZE bzw. der OSZE als sinnvoll erschien, so fragte Heinrich, warum dann nicht auch bei den Vereinten Nationen? Der Kalte Krieg war vorbei. Die Demokratie war auf dem Vormarsch. In der Vergangenheit, so Heinrich, sei die Idee eines Weltparlaments an der Existenz so vieler undemokratischer Regierungen gescheitert. Wie wir gesehen haben, hatte sich schon Pecqueur 1842 mit der Problematik auseinandergesetzt. Länder mit glaubwürdigen Parlamenten würden nun jedoch zunehmend die Mehrheit stellen, argumentierte Heinrich. Es sei daher ein »schreckliches und nicht zu rechtfertigendes Zugeständnis« an die Diktaturen, wenn man es zuließe, dass sie sich der Idee weiterhin in den Weg stellen könnten.[7]

Unterstützung für ein Weltparlament und eine UNPA

Ein vom damaligen finnischen Außenminister Paavo Vayrynen (geb. 1946) geleitetes Komitee der Liberalen Internationale, dem weltweiten Dachverband der liberalen Parteien, schien genauso zu denken und sprach sich in einem Report über die Vorstellungen des Verbands zur Stärkung der UNO für das langfristige Ziel eines direkt gewählten Weltparlamentes aus. Dies würde eine »demokratische Komponente« in die UNO bringen. Im Dezember 1992 wurde dieser Bericht vom LI-Präsidenten und FDP-Vorsitzenden Otto Graf Lambsdorff (1926 bis 2009) an den seit einem Jahr im Amt befindlichen neuen UN-Generalsekretär Boutros Boutros-Ghali (1922 bis 2016) übergeben.[8]

Mit Heinrichs Analyse hatte das WFM erstmals eine ausführliche Darstellung des Konzepts einer UNPA vorgelegt. Der darin enthaltene Ansatz sowie viele der Argumente sind heute noch aktuell. Wir gehen deswegen nicht hier im historischen Teil, sondern an anderer Stelle ausführlicher darauf ein. Die Bemühungen von Heinrich und des WFM hatten jedenfalls Wirkung. Ein Bericht des Ausschusses für Auswärtige Angelegenheiten und Internationalen Handel des kanadischen Unterhauses unter Vorsitz von John Bosley (geb. 1947) empfahl im Frühjahr 1993 mit Verweis auf Heinrichs Dokument, dass »Kanada die Entwicklung einer Parlamentarischen Versammlung bei den Vereinten Nationen« unterstützen und konkret anbieten solle, »die Vorbereitungssitzung der Versammlung in den Räumlichkeiten des Parlaments zu einem Herzstück unserer Feierlichkeiten zum fünfzigsten Bestehen der Vereinten Nationen im Jahr 1995 machen«.[9] Der Ausschuss beauftragte außerdem PGA in New York, dem inzwischen 900 Abgeordnete aus aller Welt angehörten, eine Untersuchung zur Realisierung einer UNPA anzufertigen. Geleitet wurde die Studie von dem aus Neuseeland stammenden PGA-Generalsekretär Kennedy Graham (geb. 1946). Der im September vorliegende Bericht kam zu dem Schluss, dass bestehende internationale parlamentarische Institutionen und insbesondere die IPU »für den Zweck einer parlamentarischen Beratung von UN-Fragen nicht ausreichen«.[10] Fast alle PGA-Mitglieder, die an einer für den Bericht durchgeführten Umfrage teilnahmen, sprachen sich für die Einrichtung einer UNPA aus. Im Oktober 1993 kam es in Kanada allerdings zu einem Regierungswechsel und die Angelegenheit wurde danach weder im kanadischen Parlament, noch bei PGA, unmittelbar weiterverfolgt.

Im Februar 1994 erklärte das Europäische Parlament in einer Resolution über die Reform der UNO, dass die Möglichkeit zur Einrichtung einer parlamentarischen beratenden Versammlung innerhalb der UN in Betracht gezogen werden solle. Damit hatte sich zum ersten Mal überhaupt ein Parlament für die Idee ausgesprochen. Im Mai führte der InterAction Council, eine 1983 gegründete Vereinigung ehemaliger Staats- und Regierungschefs, eine Konsultation über die Zukunft »globaler multilateraler Organisationen« durch. In dem unter Vorsitz von Andries van Agt (geb. 1931) aus den Niederlanden, Olusegun Obasanjo (geb. 1937) aus Nigeria und Ola Ullsten (geb. 1931) aus Schweden entstandenen Bericht heißt es, dass »die Realisierbarkeit einer parlamentarischen Kammer oder Versammlung zur Komplementierung der gegenwärtigen intergouvernementalen Struktur« ernsthaft untersucht werden solle, »da diese die politische Legitimität der Organisationen sowie die Rechenschaftspflicht von Organisationen und Regierungen verbessern könnte«.[11] In einer vom Club of Rome als Bericht angenommenen umfangreichen Studie mit dem Titel »Ist die Erde noch regierbar?« schlug der israelische Politikwissenschaftler Yehezkel Dror (geb. 1928) vor, dass eine »globale beratende Versammlung, bestehend aus einem bis sechs Vertretern jedes Landes, die entweder direkt oder von den Parlamenten gewählt werden«, gebildet werden solle. Damit könnten nicht nur »die direkten Beziehungen zwischen den Bürgern und der künftigen Weltregierung«, sondern auch »der Sinn für die Identität jedes einzelnen mit der ganzen Menschheit wesentlich gefördert werden«.[12] Letzteres war auch für Heinrich ein wesentlicher Gesichtspunkt.

Die Einrichtung einer UNPA wurde dann in Erskine Childers (1929 bis 1996) und Brian Urquharts (geb. 1919) prominenter Studie »Renewing the United Nations System« behandelt und dringend empfohlen. Sie verwiesen unter anderem auf Heinrichs Arbeit sowie die aktuellen Empfehlungen aus Kanada und dem Europaparlament. Sie sprachen sich für eine direkt gewählte UNPA aus und betonten, dass der Vorschlag keine »supranationale Regierung« bedeute. Beide waren ausgewiesene, intime Kenner des UN-Systems, weshalb ihr Vorstoß nicht einfach abgetan werden konnte. Urquhart hatte schon seit 1945 am Aufbau der UN mitgewirkt und war später einer der Berater von UN-Generalsekretär Dag Hammarskjöld (1905 bis 1961) gewesen. Von 1971 bis 1985 war er Untergeneralsekretär für besondere politische Angelegenheiten. Childers hatte 22 Jahre lang ebenfalls in verschiedenen Funktionen bei der UN gearbeitet. Von Heinrichs Darlegung des UNPA-Projekts wurde auch der in Belgien geborene Robert Muller (1923 bis 2010) überzeugt. Ab Juli 1994 sprach er sich des Öfteren dafür aus. Muller hatte 38 Jahre lang im Dienst der UN gestanden und sich 1986 in Costa Rica niedergelassen, wo er nach seiner Pensionierung fortan ehrenhalber als Kanzler der UN-Friedensuniversität wirkte. In einem als Taschenbuch veröffentlichten Gespräch zwischen Muller und dem Kanadier Douglas Roche (geb. 1929), der unter anderem ein langjähriger Abgeordneter, Gründungspräsident von PGA und Vorsitzender der UN-Abrüstungskommission war, wurde die Einrichtung einer UNPA als einer von zahlreichen Reformvorschlägen aufgeführt.[13]

Bei einer vom Hochschulinstitut für internationale Studien und Entwicklung in Genf organisierten Expertenrunde im Frühjahr 1995 wurde über eine radikale Neugestaltung der Weltorganisation gesprochen. Ausgangspunkt war ein von Bertrand vorgelegter Satzungsentwurf einer »Weltsicherheitsorganisation«, die die UN ersetzen sollte. Debattiert wurde dabei auch über die Frage eines parlamentarischen Gremiums. Im Entwurf von Bertrand selbst war nun als eines von acht vorgeschlagenen Hauptorganen auch ein aus maximal 800 Abgeordneten bestehendes, direkt gewähltes Weltparlament vorgesehen, dessen Sitzverteilung auf Bevölkerungsanteil und Bruttosozialprodukt der Mitgliedsstaaten basieren sollte. Im Rahmen des existierenden Systems sei eine demokratische Repräsentation der Völker, etwa durch eine beratende UNPA, etabliert nach Artikel 22, kaum von Belang. Die zentrale Frage sei die nach den Kompetenzen. Diese könne nur im Zuge einer fundamentalen Umgestaltung der Funktionsweise und Strukturen der UN befriedigend beantwortet werden. Erst wenn dies auf der Agenda stehe, sei die Zeit reif für die Idee.[14]

Der Bericht der Commission on Global Governance

Zum fünfzigsten Gründungsjahr der UNO 1995 legte die unter Vorsitz von Carlsson und Ramphal stehende Kommission für Weltordnungspolitik nach dreijähriger Arbeit schließlich einen mehrere hundert Seiten umfassenden Bericht mit dem Titel »Nachbarn in Einer Welt« vor. Der Optimismus von 1990 war verflogen. Die Vereinten Nationen und die Mitglieder des Sicherheitsrates hatten sich als unfähig erwiesen, gegen schwerste Menschenrechtsverletzungen und Völkermord vorzugehen, die ab 1992 in Bosnien und zwischen April und Juli 1994 in Ruanda verübt wurden. Die von den UN mandatierte US-Operation »Wiederherstellung der Hoffnung« in Somalia wurde zu einem Desaster. Die UNO und das Völkerrecht waren den Herausforderungen nicht gewachsen. Es herrsche »wachsende Unruhe über die Tätigkeit – und in manchen Fällen die Untätigkeit – von Regierungen und den Vereinten Nationen«, schrieb die Kommission in ihrem Bericht.[15] Die Proklamation einer »neuen Weltordnung« durch US-Präsident Bush hatte sich als eine leere Formel herausgestellt, hinter der sich im Wesentlichen eine Fortsetzung US-amerikanischer Großmachtpolitik unter den neuen weltpolitischen Rahmenbedingungen verbarg. »Es ist bemerkenswert, wie rasch die idealistischen Formulierungen der ›Übergangszeit‹ 1989–1991, nachdem sich die Position Amerikas als einziger Supermacht immer klarer abgezeichnet und sodann konsolidiert hatte, durch die klassische machtpolitische Terminologie abgelöst wurden«, analysierte der Innsbrucker Philosoph Hans Köchler, der die zweite CAMDUN-Konferenz mit organisiert hatte.[16] Anders als nach den beiden Weltkriegen, als die Vereinigten Staaten die Führung zur Gründung des Völkerbundes und der UNO übernommen hatten, gab es keine Bemühungen der USA, die internationalen Beziehungen durch eine Reform und Stärkung der Weltorganisation grundsätzlich neu zu gestalten. Eine neue Weltordnung als Alternativkonzept zur bloßen Verschiebung der relativen Machtbeziehungen zwischen den Staaten, so argumentierte Köchler, müsse bedeuten, dass Demokratie auch auf die transnationalen Beziehungen selbst angewandt würde. »Wer eine neue Weltordnung propagiert«, so Köchler weiter, »müßte also zunächst eine Änderung der UNO-Charta zwecks Beseitigung des Abstimmungsprivilegs der Ständigen Mitglieder und der Einsetzung einer zweiten Abgeordnetenkammer« in Angriff nehmen.[17]

Die Kommission für Weltordnungsfragen empfahl neben zahlreichen anderen Dingen, auf die wir nicht eingehen können, genau das. Die Reformbemühungen sollten in einer Überprüfungskonferenz nach Artikel 109 der UN-Charta münden. »Unsere Empfehlung lautet«, so die Kommission, »daß die Generalversammlung 1998 eine Weltkonferenz zur Weltordnungspolitik einberufen sollte, deren Beschlüsse dann bis zum Jahre 2000 zu ratifizieren und in Kraft zu setzen wären.« Das Vetorecht im Sicherheitsrat, so schrieb die Kommission, solle schrittweise vollständig abgeschafft werden. Die Vorschläge für ein parlamentarisches UN-Gremium sollten außerdem weiter diskutiert werden. »Wenn die Zeit kommt«, so der Kommissionsbericht, »wird der richtige Ansatz darin bestehen, mit einer Parlamentarierversammlung als Konstituante für ein volksnäheres Gremium zu beginnen«. Zu achten sei dabei darauf, »daß die Parlamentarierversammlung nur der Ausgangspunkt einer Reise und nicht deren Endstation« werde. Sie dürfe kein Ersatz für eine Neubelebung der Generalversammlung sein und derweil könne mit einem »alljährlichen Forum der Zivilgesellschaft« ein Anfang gemacht werden.[18] An dieser Herangehensweise zeigt sich ein Grundproblem der Kommission. »Ihre Vorschläge und Vorstellungen sind zu reformistisch, humanistisch und populistisch«, kommentierte Falk, »um für die führenden Staaten oder die neuen Eliten der Globalisierung akzeptabel zu sein«. Zugleich jedoch seien die Vorschläge zu wenig radikal, um die Zivilgesellschaft zu begeistern, oder auch nur zufrieden zu stellen.[19] Für Weltföderalisten jedenfalls war der Report eine Enttäuschung. Die apodiktische Ablehnung des Gedankens einer Weltregierung, ohne die umfangreiche Literatur dazu auch nur zur Kenntnis zu nehmen, sei schlichtweg beleidigend, schrieb beispielsweise der Wirtschaftswissenschaftler James A. Yunker im Vorwort zu einem Sammelband zum Thema.[20] Die Kommission tat die Frage in ihrem Bericht nämlich mit der einfachen und knappen Formel ab, dass Weltordnungspolitik »nicht Weltregierung oder Weltföderalismus« bedeute.[21]

Der Bericht der Weltkommission für Kultur und Entwicklung

Auch die Weltkommission für Kultur und Entwicklung legte 1995 ihren Abschlussbericht vor. Etwa drei Jahre zuvor hatte sie aufgrund von Resolutionen der Generalkonferenz der UNESCO und der UN-Generalversammlung ihre Arbeit aufgenommen. Den Vorsitz hatte der Peruaner Javier Pérez de Cuéllar (geb. 1920), der von 1982 bis 1991 Generalsekretär der UNO gewesen war. Internationale Demokratie nahm in dem Bericht eine wichtige Stellung ein. Demokratie sei ein »unverzichtbares Prinzip einer globalen Ethik« und müsse universell umgesetzt werden – auch in der Global Governance und in den Vereinten Nationen.[22] Ein internationales System, das allein auf zwischenstaatlichen Beziehungen beruhe, sei für das 21. Jahrhundert nicht mehr angemessen. »Die globale Gemeinschaft sollte mit einer frischen Vision, die viele neue Generationen inspiriert, in das 21. Jahrhundert aufbrechen. Ein kühner Schritt könnte eine von den Menschen aller Nationen direkt gewählte Generalversammlung sein, einige Lehren aus der Erfahrung des Europäischen Parlaments ziehend«, hieß es. Die Vereinten Nationen und alle Institutionen der Global Governance müssten bürgerzentriert werden. Die ganze Vielfalt der Kulturen und insbesondere marginalisierte Gruppen, Minderheiten und indigene Völker müssten sich in internationalen Foren ausdrücken können. Da eine direkt gewählte Völkerversammlung derzeit eine Zukunftsvision sei, biete sich als erster Schritt in diese Richtung die Gründung eines UN-Weltforums der bei der UNO akkreditierten Nichtregierungsorganisationen an.[23] Die Positionen der Kommission für Kultur und Entwicklung und der Kommission für Weltordnungsfragen waren insoweit sehr ähnlich. Im Bericht der Kommission für Kultur und Entwicklung wurde der Frage jedoch viel höhere Priorität eingeräumt. Zwei der zehn abschließenden Empfehlungen drehten sich darum.

8.
Kosmopolitismus und Demokratie im Zeitalter der Globalisierung und der »Weltrisikogesellschaft«

Globalisierung und Nationalstaat

Die Frage, ob und inwieweit die zunehmende internationale Verflechtung die politische Steuerungsfähigkeit des traditionellen Nationalstaates überfordere, wurde spätestens ab Mitte der 1990er Jahre zu einer wichtigen öffentlichen Debatte. Dass die vorhandenen Regierungsformen unfähig seien, sich den Herausforderungen der globalen Veränderungen zu stellen und daher umgestaltet werden müssten, war zum Beispiel der Ausgangspunkt des bereits erwähnten Berichts von Dror an den Club of Rome. Die Globalisierung untergrabe »die Wirksamkeit territorial organisierter demokratischer Kontrollmechanismen«, konstatierte der Politikwissenschaftler und Forschungsdirektor der Deutschen Gesellschaft für Auswärtige Politik, Karl Kaiser.[1] In dem 1996 erschienenen und hunderttausendfach verkauften Bestseller »Die Globalisierungsfalle« der Spiegel-Journalisten Harald Schumann und Hans-Peter Martin kam die populäre Wahrnehmung wohl am besten zum Ausdruck. Regierungen würden immer stärker von international bedingten Sachzwängen getrieben und der demokratische Staat verliere seine Legitimation. Beim Historikertag in München erklärte Bundespräsident Roman Herzog, dass sich der Nationalstaat »mit den dazugehörigen Souveränitätsvorstellungen« überlebt habe.[2] Die Zukunft liege in der europäischen Einigung – eine Folgerung, die auch Schumann und Martin zogen. Aus einer globalen Perspektive schrieb der einflussreiche ägyptische Intellektuelle Samir Amin 1992, dass es für die Problematik der vom Nationalstaat entkoppelten Weltwirtschaft »keine Lösung« gebe, da kein »supranationaler Staat« am Horizont sichtbar sei.[3] Das »gegenwärtige Chaos«, so Amin, sei unter anderem ein Resultat davon, dass »keine über den Nationalstaat hinausgehenden Formen politischer und sozialer Organisation« entwickelt worden seien. Wenn auch nur schlagwortartig taucht in seinen Schriften seither gelegentlich der Vorschlag eines Weltparlaments auf. Mit einem Weltparlament könne »das gegenwärtige Konzept zwischenstaatlicher Institutionen« in vielfältiger Weise überwunden werden.[4]

Als UN-Generalsekretär wagte sich Boutros-Ghali weit aus dem Fenster. In einem Statement vom Januar 1996 sagte er beispielsweise, dass die Demokratisierung der internationalen Beziehungen ein fundamentales Erfordernis der heutigen Welt sei. Er verstand darunter eine Öffnung der UN gegenüber neuen globalen Akteuren wie NGOs, nationalen Parlamenten oder Unternehmen, aber auch »jeder Frau und jedem Mann, der oder die sich als volles Mitglied der großen menschlichen Familie« fühle. Dies betreffe nicht nur die UN, sondern bedeute auch »die Demokratisierung aller Stellen, an denen auf Weltebene Macht ausgeübt wird«.[5] Boutros-Ghali wurde der erste UN-Generalsekretär, dem eine zweite Amtszeit verwehrt wurde. Die USA waren als einzige Regierung gegen eine Verlängerung und legten ein Veto dagegen ein. Im Dezember 1996, in der letzten Woche vor Ablauf seiner Amtszeit, ließ Boutros-Ghali, ohne ausdrücklich dazu mandatiert worden zu sein, einen von ihm verfassten Bericht über nationale und internationale Demokratisierung an die Mitglieder der UN-Generalversammlung verteilen. Er hob darin hervor, dass aufgrund der Globalisierung immer mehr Entscheidungen notwendig auf der internationalen Ebene getroffen werden müssten und dass dadurch die nationale Demokratie ausgehöhlt werde. »Demokratie innerhalb des Nationalstaates wird an Bedeutung verlieren, wenn der Prozess der Demokratisierung nicht auf internationaler Ebene fortgeführt wird«, erklärte Boutros-Ghali.[6] Der französische Journalist Ignacio Ramonet schrieb im Jahr darauf in einem emblematischen Artikel in der Zeitschrift *Le Monde Diplomatique,* dass die Globalisierung des Finanzkapitals die Nationalstaaten als Garanten von Demokratie und Allgemeinwohl »umgeht und demütigt«. Die Finanzmärkte hätten sich »längst einen eigenen Staat geschaffen, einen supranationalen Staat, der über eigene Apparate, eigene Beziehungsgeflechte und eigene Handlungsmöglichkeiten« verfüge. Dieser Weltstaat sei ein Machtzentrum ohne Gesellschaft. »An deren Stelle«, so Ramonet, »treten immer mehr die Finanzmärkte und die Riesenkonzerne, die der Weltstaat repräsentiert. Die Folge ist, daß die real existierenden Gesellschaften keinerlei Macht mehr besitzen«. Die Besteuerung der Finanzeinkünfte durch eine Tobin-Steuer sei eine »demokratische Minimalforderung«.[7] Ramonets Aufruf, eine NGO namens Attac ins Leben zu rufen (als Abkürzung von »Action pour une taxe Tobin d'aide aux citoyens«) und sich so gemeinsam für eine internationale Devisentransaktionssteuer einzusetzen, wurde in zahlreichen Ländern in die Tat umgesetzt.

Die Theorie einer »kosmopolitischen Demokratie«

Um eine grundsätzliche Antwort auf die Problematik zu finden, wurde bereits seit längerem an einer Theorie der »kosmopolitischen Demokratie« gearbeitet, die erklärtermaßen auch einen Mittelweg zwischen einem konföderativen und einem föderalen Modell internationaler Ordnung ausloten sollte. »Die Verwirklichung von Demokratie auf der internationalen Ebene macht es erforderlich, zwischen der Skylla einer Masse von unabhängigen autonomen Staaten und der Charybdis eines planetaren Leviathan hindurchzusteuern. Um dieses Ziel zu erreichen, muss ein neues Konzept von Weltbürgerschaft formuliert werden«, schrieb der italienische Wissenschaftler Daniele Archibugi 1993 (geb. 1958). Ein weltweites Gremium, das die Individuen als Weltbürger repräsentiere, sei ein wichtiger Schritt, um die konföderative Beschaffenheit des globalen Systems zu überwinden, argumentierte Archibugi, der mit Blick auf eine solche Versammlung an Segall und die Debatten bei den CAMDUN-Konferenzen anknüpfte.[8] Traditionell sei die Demokratietheorie davon ausgegangen, dass es insbesondere über Wahlen eine unmittelbare Beziehung zwischen politischen Entscheidungsträgern und den von ihren Entscheidungen betroffenen Menschen gebe. »Das Problem liegt aber darin«, wie der britische Politikwissenschaftler David Held (geb. 1951) den Ansatz 1992 beschrieb, »dass regionale und globale Vernetzung die traditionell im nationalen Rahmen verorteten Lösungen der Schlüsselfragen demokratischer Theorie und Praxis in Frage« stelle.[9] Politische Entscheidungen hätten zunehmend grenzüberschreitende Auswirkungen auf Menschen, die keinen Einfluss auf ihr Zustandekommen hätten. Die Festlegung von Zinssätzen durch eine Zentralbank mit ihren ökonomischen Effekten auf andere Länder führte er als eines der Beispiele an, ebenso etwa den Entschluss zum Bau eines Atomkraftwerks in einem Grenzgebiet.

In einem Aufsatz von 1992 argumentierte der Philosoph Thomas Pogge (geb. 1953), der sich ebenfalls mit Kosmopolitismus beschäftigt, ähnlich. Die beim Nationalstaat verankerte Souveränität müsse mittels Dezentralisierung und Zentralisierung vertikal auf verschiedene politische Entscheidungsebenen aufgeteilt werden. Dies habe unter anderem einen demokratischen Grund. »Alle Menschen«, so Pogge, »haben das Recht auf eine institutionelle Ordnung, in der diejenigen, die durch eine politische Entscheidung betroffen sind, ungefähr gleiche Chancen haben, den Entscheidungsprozess zu beeinflussen – entweder direkt oder durch ihre gewählten Repräsentanten«.[10] Die zunehmende globale Interdependenz erfordere dabei auch eine »demokratische Zentralisierung von Entscheidungsfindung«.[11]

Der Soziologe Ulrich Beck (1944 bis 2015) hatte bereits 1986 in seinem viel beachteten Buch über die Entstehung der »Risikogesellschaft« auf den grenzüberschreitenden Charakter der Modernisierungsrisiken hingewiesen, die mit der Industrieproduktion einhergingen und ebenso wie die internationalen Markt- und Kapitalverflechtungen den Nationalstaat in seinem Kompetenzradius überforderten. Die Risiken besäßen eine »immanente Tendenz zur Globalisierung«.[12] Eine Zäsur, die diesen Befund katastrophal zu bestätigen schien, war die Kernschmelze und Explosion im Kernkraftwerk von Tschernobyl kurz nach Erscheinen des Buches, bei der es zur massiven Freisetzung radioaktiver Stoffe in die Atmosphäre kam. Der kontaminierte Niederschlag erstreckte sich über Europa und schließlich die ganze nördliche Hemisphäre. Mit der Einführung des Begriffs der »Zweiten Moderne« versuchte Beck später, die Kennzeichen einer epochalen Veränderung festzumachen, die unter anderem durch Globalisierungsprozesse angeschoben werde. Die im Modernisierungsprozess etablierten Institutionen, allen voran die nationalstaatliche Industriegesellschaft, würden durch eine zweite Moderne auf- und abgelöst.[13] Eine zentrale Herausforderung im Denken und Handeln sei dabei der Perspektivenwechsel vom »Nationalstaatszentrismus« hin zum Kosmopolitismus. Bei den Feierlichkeiten zum 150. Jubiläum der Revolution von 1848 sagte Beck, dass es damals »in der Frankfurter Paulskirche um die Transformation der religiös begründeten Feudalordnung in die nationalstaatliche Demokratie« gegangen sei. »Heute«, so Beck, »geht es um den Übergang von der nationalstaatlichen in die transnationale, ja kosmopolitische Demokratie. Dies schließt grundlegende institutionelle Neuerungen, ja ein Ausbuchstabieren der demokratischen Frage für die sich selbst gefährdende Welt ein.«[14]

In seinem 1995 veröffentlichten und zum Standardwerk avancierten Buch »Democracy and the Global Order« führte Held aus, dass demokratische Normsetzung internationalisiert werden müsse, um effektiv zu bleiben. »Die Implementierung eines kosmopolitischen demokratischen Rechts und die Etablierung einer kosmopolitischen Gemeinschaft« müsse für Demokraten eine Verpflichtung werden. Es sei angezeigt, »eine gemeinsame transnationale Struktur globalen Handelns zu schaffen, die letztlich allein eine Politik der Selbstbestimmung ermöglichen kann«.[15] Das kosmopolitische Modell strebe nach »der Schaffung einer effektiven transnationalen Legislative und Exekutive, auf der regionalen und globalen Ebene, gebunden an und tätig im Rahmen der Bestimmungen des grundlegenden demokratischen Rechts«. Grenzüberschreitende Referenden sollten ermöglicht werden. Regionale Parlamente, etwa für Afrika und Lateinamerika, sollten geschaffen werden und an Normsetzung teilhaben. Die funktionalen Organisationen des internationalen Systems sollten demokratisiert werden, was »vielleicht« durch »gewählte Aufsichtsorgane« erreicht werden könne. »Aber die vollständige Verwirklichung von kosmopolitischer Demokratie würde auch die Formierung einer verbindlich entscheidenden Versammlung aller demokratischen Staaten und Organe erfordern – eine reformierte Generalversammlung der Vereinten Nationen oder eine Ergänzung zu dieser«, wie Held schrieb. Als langfristiges Ziel machte er unter anderem ein globales Parlament mit begrenzter Steuerhoheit aus.[16]

Die Frage eines Weltparlaments wurde dann auch von Jürgen Habermas (geb. 1929) aufgegriffen. Die Pointe des von Kant skizzierten Weltbürgerrechts bestehe darin, dass es über die Nationalstaaten als Völkerrechtssubjekte hinweggehe und den individuellen Rechtssubjekten unmittelbar eine »nicht-mediatisierte Mitgliedschaft in der Assoziation freier und gleicher Weltbürger« einräume. Eine zeitgemäße Reformulierung der Kant'schen Idee einer weltbürgerlichen Befriedung des Naturzustandes zwischen den Staaten, so meinte Habermas in einem 1995 veröffentlichten Aufsatz, »inspiriert auf der einen Seite energische Bestrebungen zur Reform der Vereinten Nationen, allgemein zum Ausbau supranationaler Handlungskapazitäten in den verschiedenen Regionen der Erde«.[17] Mit Bezugnahme auf Archibugi schrieb Habermas, dass sich die Vorschläge zur Reform der UNO auf drei Punkte konzentrierten: Die Etablierung eines Weltparlaments, den Ausbau der Weltjustiz und die Reorganisation des Sicherheitsrates. Wenn die UNO den Charakter eines »permanenten Staatenkongresses« verlieren solle, dann müsse die Generalversammlung in eine Art Bundesrat umgewandelt werden und ihre Kompetenzen mit einer Zweiten Kammer teilen. »In diesem Parlament«, so Habermas, »wären die Völker nicht über ihre Regierung, sondern über gewählte Repräsentanten als die Gesamtheit der Weltbürger repräsentiert«. Staaten, die keine demokratischen Wahlen zuließen, sollten durch »nichtstaatliche Organisationen vertreten werden, die das Weltparlament selbst als Repräsentanten der unterdrückten Bevölkerung« bestimme.[18]

Die Beiträge von Falk und Strauss

Im September 1997 kündigte der US-amerikanische Medienunternehmer und Gründer des Nachrichtenkanals CNN, Ted Turner (geb. 1938), an, in den nächsten zehn Jahren je 100 Millionen US-Dollar zur Unterstützung von UN-Aktivitäten zu spenden. Dies war der Anlass für den ersten einer bis heute fortgesetzten Reihe von gemeinsamen Artikeln von Falk und dem an der privaten Widener University im US-Bundesstaat Philadelphia wirkenden Völkerrechtler Andrew Strauss (geb. 1958), in denen sie sich für die Etablierung eines globalen Parlaments aussprachen.[19] Im ersten dieser Beiträge, der in der *International Herald Tribune* erschien, schrieben sie, dass die Globalisierung es Philanthropen wie Turner oder George Soros (geb. 1930) überhaupt erst ermöglicht hätte, so außerordentlichen Reichtum anzuhäufen. Soros, wir erinnern uns, ist ein US-amerikanischer Investor ungarischer Abstammung, der 1992 Berühmtheit erlangte, als er massiv gegen die britische Währung spekulierte und dabei in wenigen Monaten angeblich eine Milliarde Pfund verdiente (den britischen Steuerzahler kostete die Pfundkrise 3,3 Milliarden).[20] Bereits seit 1984 engagierte sich Soros über eigene Stiftungen für eine offene Gesellschaft im Sinne der Philosophie Karl Poppers (1902 bis 1994). Sein Open Society Institute ist inzwischen in über 50 Ländern aktiv. Falk und Strauss jedenfalls regten an, dass Milliardäre wie Turner und Soros sich für eine Demokratisierung der globalen Ordnung einsetzen und konkret Gelder für die Schaffung einer allgemein gewählten globalen Volksversammlung bereitstellen sollten, da die Regierungen zögerlich seien, dies selbst in die Hand zu nehmen. Zum ersten Mal hätten die Bürger der Welt dann ein Forum, um ihre »planetaren Erwartungen und Beschwerden« außerhalb des traditionellen nationalstaatlichen Kontextes ausdrücken zu können.[21]

Falk und Strauss schlugen eine neue Variante vor, wie eine solche Versammlung zustande kommen könnte. Die Wahlen zum globalen Bürgerparlament sollten von der weltweiten Zivilgesellschaft mit Hilfe eines von ihr gebildeten internationalen Bürgerkomitees in Eigenregie organisiert werden. Anfangs hätte die Versammlung dann zwar nur den Rechtsstatus einer NGO, aufgrund der Wahlen könne sie allerdings beanspruchen, im Namen der Weltbevölkerung zu sprechen und hätte damit hohe moralische Legitimität. Eine formelle Anerkennung durch die Regierungen und die Vereinten Nationen würde früher oder später folgen. Es entstünde eine sozio-politische Eigendynamik, aus der sich eine immer stärkere Rolle der Versammlung in der Weltpolitik ergeben würde. Es ist nicht bekannt, ob Turner oder Soros den Vorschlag je zur Kenntnis genommen haben. Letzterer befasste sich jedoch eingehend mit der Globalisierungsproblematik und diagnostizierte in einem Buch zur »Krise des globalen Kapitalismus«, dass das »kapitalistische Weltsystem unmittelbar vor seiner Auflösung« stehe. Die Herausbildung der Weltwirtschaft sei nicht mit der Herausbildung einer Weltgesellschaft einhergegangen. Die notwendigen regulatorischen und politischen Rahmenbedingungen würden fehlen. Obwohl man in Wirtschafts- und

Finanzangelegenheiten von einem Weltregime sprechen könne, gebe es kein Weltregime in Angelegenheiten der Politik. Geld und Kredit seien aufs Engste mit Fragen der Souveränität verbunden und kein Land sei bereit, auf diese zu verzichten.[22] Internationales Recht setze jedoch eine freiwillige Selbstbegrenzung staatlicher Souveränität voraus. Für eine dauerhafte Lösung, schrieb er später, sei eigentlich eine weltweite Einheitswährung und eine Weltzentralbank erforderlich. Das zu fordern sei aber unrealistisch.[23]

Eine Gemeinschaft der Demokratien?

Soros plädierte dafür, dass sich die demokratischen Länder in den Vereinten Nationen in einem Bündnis zusammentun und, da sie hoffentlich in der Mehrheit seien, die Steuerung der Weltorganisation übernehmen. »Damit«, so meinte Soros, »könnte die UNO reformiert werden und ihre Geschäfte nach dem Mehrheitsprinzip führen«. Die Generalversammlung solle »so etwas wie ein Parlament werden, das die Gesetze für unsere Weltgesellschaft erläßt«. Zur Zeit sei sie nur eine »Schwatzbude«. Die Gesetze sollten nur in solchen Ländern Geltung haben, die sie ratifizieren, hätten also keine direkt verbindliche Wirkung. Die Mitglieder der »Koalition für eine offene Gesellschaft«, wie Soros sie nannte, könnten sich allerdings dazu verpflichten, sie automatisch zu übernehmen, sofern sie nach bestimmten Mehrheitskriterien verabschiedet worden seien. Als denkbares Modell verwies Soros auf Hudsons »Binding Triad«, die, wie bereits erwähnt, drei Anforderungen enthält: Zwei Drittel der Länder, zwei Drittel der Bevölkerung und zwei Drittel des UN-Haushalts. Staaten der Koalition, die eine so qualifizierte Entscheidung nicht akzeptierten, müssten das Bündnis verlassen. »Auf diese Weise«, so Soros, »ließe sich ein internationales Rechtsorgan ins Leben rufen, ohne das Prinzip der nationalen Souveränität zu verletzen. Die Generalversammlung könnte entscheiden, welche Gesetze gebraucht werden und wie sie durchzusetzen sind.«[24] Eine offene Weltgesellschaft könne nicht von einzelnen Menschen oder unabhängigen Bürgerorganisationen geschaffen werden. Es bedürfe der Zusammenarbeit der Staaten.

Mit der Idee, dass die demokratischen Länder innerhalb der UN besser kooperieren sollten, stand Soros keineswegs allein. Beachtung fand zum Beispiel das 1998 veröffentlichte und in der Tradition von Clarence Streit stehende Buch »Pax Democratica« des ehemaligen US-Diplomaten James R. Huntley. Er argumentierte darin ausführlich für die schrittweise Etablierung einer »Interkontinentalen Gemeinschaft der Demokratien«, in der die NATO, die OECD, die

EU, der Europarat und die G-7 nach und nach aufgehen könnten. Die Organisation solle nicht gegen die UN gerichtet sein. Vielmehr könne sie als Formierung der UN-Delegationen ihrer Mitgliedsstaaten innerhalb der UN-Gremien selbst wirksam werden. Dies sei vielleicht der einfachste und erste Schritt des ganzen Vorhabens.[25] Ein wichtiges Organ der Gemeinschaft müsse eine Parlamentarische Versammlung der Demokratien sein. Diese könne zu gegebener Zeit andere Parlamentarierversammlungen wie die der NATO oder des Europarates ersetzen. Auf Initiative der damaligen Außenminister von den USA, Madeleine Albright (geb. 1937), und Polens, Bronisław Geremek (1932 bis 2008), wurde im Juni 2000 in Warschau tatsächlich eine Gemeinschaft der Demokratien als zwischenstaatliche Organisation gegründet und 2010 formierte sich ein dazugehöriges Parlamentarierforum. Die Gemeinschaft dient allerdings allein der Demokratieförderung und hat keinen Integrationsauftrag. Dieter Heinrich argumentierte, dass sich Weltföderalisten für eine Stärkung der Gemeinschaft mit dem Ziel supranationaler Integration einsetzen sollten. »Statt eine universelle Organisation, die UN, zu nehmen, und zu versuchen, diese zu demokratisieren, können wir nun auch eine demokratische Organisation vorschlagen, die universalisiert werden könnte.«[26] Zu einem Höhepunkt kam die Debatte um eine »Liga der Demokratien«, als der republikanische US-Präsidentschaftskandidat John McCain den Vorschlag unterstützte und ankündigte, dass er innerhalb seines ersten Amtsjahres ein Gipfeltreffen aller Demokratien einberufen würde, um über praktische Schritte in diese Richtung zu beraten. Die Liga solle die UN nicht ersetzen, sondern »dort handeln, wo die UN versagt«.[27]

Die föderale Weltrepublik bei Höffe

Einen wichtigen Beitrag zur Frage eines Weltstaates lieferte der Tübinger Philosophieprofessor Otfried Höffe (geb. 1943) dann mit dem 1999 erschienen Buch »Demokratie im Zeitalter der Globalisierung«. Wie auch in zahlreichen Zeitungsartikeln sprach er sich darin für eine schrittweise Entwicklung hin zu dem Ideal einer föderalen und subsidiären Weltrepublik mit einem »abgestuften Kosmopolitismus« aus. Höffe folgte grundsätzlich der Theorie des Naturzustandes und argumentierte, dass dem Individuum ein grundlegender rechtsmoralischer Rang zukomme, dem gegenüber jede Staatlichkeit subsidiär sei. Diese Relativierung betreffe jedoch nicht nur die Einzelstaaten, sondern eben auch den Weltstaat selbst, weshalb dieser nicht absolut gesetzt werden und die Einzelstaaten aufheben dürfe. Insofern die Einzelstaaten dem Individuum dienten und sich dem universalen Rechtsgebot der komplementären Weltrepublik unterwürfen, käme auch ihnen eine rechtsmoralische Bedeutung zu. Als Grundlage einer Weltrepublik folgt daraus nach Höffe die Notwendigkeit eines »zweifachen Weltgesellschaftsvertrages«, der zugleich den Willen der Einzelstaaten, als auch den Willen der Weltbevölkerung umfasst. »Die Weltrepublik«, so Höffe, »gewinnt ihre demokratische Legitimation durch eine Verbindung von Bürgerlegitimation und Staatenlegitimation.« Um diese beiden Elemente institutionell widerzuspiegeln müsse das oberste Organ des Weltbundesstaates, die globale Legislative, demzufolge aus zwei Kammern bestehen, aus einem »Weltrat« als Vertretung der Staaten und einem »Welttag« als Vertretung der Bürger. Während erstere ihrer Natur nach eher für völkerrechtliche, also zwischenstaatliche Aufgaben zuständig sein sollte, sei die Bürgerkammer bei »weltgesellschaftlichen« Fragen prioritär. Höffe streifte das Thema einer Weltlegislative nicht nur am Rande, sondern setzte sich als Erster seit langem etwas gründlicher mit dem möglichen Aufbau und der Funktionsweise auseinander. Eine zentrale Problematik sah auch er darin, die Zwergstaaten und die Großstaaten unter einen Hut zu bekommen und sah eine gestaffelte Stimmengewichtung nach Bevölkerungsanteil als unbedingt erforderlich an. Er brachte ins Gespräch, dass zwischen die Weltrepublik und den bestehenden Einzelstaaten weitere, großregionale, kontinentale oder sub-kontinentale staatliche Zwischeneinheiten treten könnten, meinte aber im Ergebnis, dass die »Primärstaaten« trotzdem in der Weltlegislative unmittelbar vertreten sein sollten. Als konkreten Reformvorschlag für die UN befürwortete auch er die Entwicklung einer Bürgerkammer nach dem Muster des Europäischen Parlaments.[28]

Die Forderung nach einem WTO-Parlament und die Rolle der IPU

Unterdessen wurden die Proteste gegen die dritte Ministerkonferenz der 1995 gegründeten Welthandelsorganisation WTO gegen Ende des Jahres 1999 in Seattle zur medialen Geburtsstunde der weltweiten globalisierungskritischen Bewegung. »No Globalization without representation« war einer der benutzten Slogans. Nicht nur die auf der Straße protestierenden Gewerkschaften und andere Gruppen fühlten sich ausgeschlossen und marginalisiert. Rund 150 in Seattle anwesende Parlamentarier verabschiedeten auf Initiative des US-amerikanischen Senators William V. Roth (1921 bis 2003) eine Resolution in der bis spätestens Februar 2001 die Etablierung eines permanenten Gremiums von

Parlamentariern innerhalb der WTO gefordert wurde, um deren Transparenz und demokratische Legitimität zu verbessern. »Wir spielen nicht nur eine entscheidende Rolle bei der Interaktion mit den Bürgern und repräsentativen Organisationen aus unseren jeweiligen Ländern, um ihre Belange aufzugreifen«, so hieß es in dem Statement der Parlamentarier, »sondern auch bei der Zustimmung oder Umsetzung der Vereinbarungen, die unter dem Dach der WTO verhandelt werden.« Die Forderung nach einer Parlamentarischen Versammlung bei der WTO wurde daraufhin besonders vom Europaparlament forciert. Vor allem wegen des bei der WTO geltenden Einstimmigkeitsprinzips, das jeder Regierung ein Vetorecht bei allen Entscheidungen einräumt, geriet der Vorschlag schnell in eine Sackgasse, obwohl er im Prinzip zum Beispiel auch vom damaligen WTO-Direktor Mike Moore, einem Politiker der neuseeländischen Arbeiterpartei, unterstützt wurde.

Der Einsatz des Europaparlaments und anderer für eine WTO-Parlamentarierversammlung wurde außerdem von der IPU konterkariert. Neue Strukturen seien weder gewünscht noch erforderlich, erläuterte der aus Schweden stammende und von 1998 bis 2014 amtierende IPU-Generalsekretär Anders Johnsson (geb. 1948) die Position. »Die legislative Funktion bei der WTO«, argumentierte Johnsson, »wird von den Regierungsunterhändlern wahrgenommen, die ihren nationalen Regierungen und Parlamenten rechenschaftspflichtig sind. Der WTO eine parlamentarische Dimension zu geben, mit der die konstitutionelle Rolle, die Parlamente auf der nationalen Ebene spielen, widergespiegelt werden soll, macht keinen Sinn«, schrieb er.[29] Schließlich einigten sich die IPU und das Europäische Parlament auf die gemeinsame Veranstaltung einer regelmäßigen Konferenz zu Welthandelsfragen, die erstmals 2003 stattfand. Innerhalb des Europaparlaments wird dieser Kompromiss bis heute bedauert. 2008 beispielsweise betonte das Parlament in einer Resolution weiterhin, »dass es notwendig ist, in Anbetracht der mangelnden demokratischen Verantwortlichkeit und Legitimität der WTO eine Parlamentarische Versammlung der WTO mit beratenden Befugnissen zu schaffen«.[30]

Der IPU jedenfalls war 1996 der Abschluss eines symbolischen Kooperationsabkommens mit der UN gelungen (2002 erhielt sie dann Beobachterstatus bei der UN und darf seither ihre Dokumente in der UN-Generalversammlung verteilen). Ihrem Selbstverständnis nach soll sie, die IPU, das zentrale Forum für jedwede interparlamentarische Arbeit sein. Im Abschlussdokument der ersten Konferenz der Parlamentspräsidenten der Welt im September 2000 hieß es, dass die sogenannte »parlamentarische Dimension internationaler Kooperation« von der IPU wahrgenommen werden müsse, allerdings in erster Linie von den nationalen Parlamenten auf der nationalen Ebene. Dies entsprach der 1990 in der Satzung verankerten Definition der IPU als »der internationalen Organisation der Parlamente souveräner Staaten«. Der französische Parlamentspräsident Raymond Forni (1941 bis 2008) ging beim Weltgipfel jedoch weiter. Die Vereinbarung von 1996 könne nur ein erster Schritt gewesen sein. »Die Interparlamentarische Union könnte schließlich«, so Forni, »eine echte Parlamentarische Versammlung der Vereinten Nationen werden, die von der Generalversammlung, dem Sicherheitsrat und dem Wirtschafts- und Sozialrat konsultiert wird und diesen Vorschläge unterbreiten kann.«[31] Der Sprecher des kanadischen Senats, Gildas Molgat (1927 bis 2001) sagte, dass die IPU es verdiene, als Weltparlament anerkannt zu werden und dass ihr Status bei der UNO entsprechend geändert werden müsse.[32] Mit diesen Vorstellungen vertraten Forni und Molgat offenbar aber nur eine Minderheit in der IPU.

Weitere Vorstöße in Richtung Weltparlament und UNPA

In einer Entschließung zur Weltordnungspolitik erklärte das Europäische Parlament im Frühjahr 1999, dass sich die »transnationale Wirtschaftsmacht« jeglicher demokratischer Kontrolle entziehe und dass daher »dringend eine in sich geschlossenere institutionelle Struktur auf Weltebene geschaffen werden muß, die den Problemen der Globalisierung gewachsen« sei. Die Institutionen müssten zugleich repräsentativer und demokratischer werden. Eine parlamentarische Dimension zur Demokratisierung des UN-Systems könne eingeführt werden, »indem parlamentarische Gremien geschaffen werden, die sich aus den Vorsitzenden der parlamentarischen Ausschüsse der nationalen und regionalen Parlamente, zunächst etwa der für Umweltfragen und auswärtige Angelegenheiten zuständigen Ausschüsse, zusammensetzen«.[33] Mit der Globalisierung und ihren Auswirkungen befasste sich im Schwerpunkt auch der zehnte vom UN-Entwicklungsprogramm UNDP herausgegebene Bericht über die menschliche Entwicklung, das publizistische Flaggschiff des Programms. Ähnlich wie das Europäische Parlament mahnte der Bericht den Aufbau einer »kohärenteren und demokratischeren Architektur der Global Governance« an. Als eine von sieben notwendigen »Schlüsselinstitutionen« für das 21. Jahrhundert wurde eine »Zweikammern-Generalversammlung zur Vertretung der Zivilgesellschaft« empfohlen. Was genau damit gemeint sein sollte, wurde jedoch nicht weiter ausgeführt.[34] Wie wir gesehen haben, ist der Begriff einer »Zweiten Kammer« nicht sehr scharf und kann viele Variationen umfassen, von einer NGO-Versammlung bis hin zu einem direkt gewählten Gremium.

Auf Initiative des französischen Politikers und Unternehmers Olivier Giscard d'Estaing (geb. 1927) formierte sich im Jahr 2000 in Paris ein Komitee für ein Weltparlament, das »Comité pour un parlement mondial«, abgekürzt COPAM. Dem Komitee gelang es in kurzer Zeit, hochgestellte Persönlichkeiten als Ehrenmitglieder zu gewinnen. Darunter waren zum Beispiel die ehemaligen Staats- oder Regierungschefs Andreas van Agt von den Niederlanden, Felipe Gonzales von Spanien, Prinz Hassan von Jordanien, die Friedensnobelpreisträger Nelson Mandela von Südafrika und Shimon Peres von Israel, Mario Soares von Portugal, Gaston Thorn von Luxemburg sowie aus Frankreich Raymond Barre, Michel Rocard und Valéry Giscard d'Estaing, der Bruder von Olivier Giscard d'Estaing. Weitere Unterstützer waren beispielsweise die beiden ehemaligen UN-Generalsekretäre Pérez de Cuéllar und Boutros-Ghali sowie Jacques Delors, ehemaliger Präsident der Europäischen Kommission, Sonia Gandhi, die Vorsitzende der indischen Kongresspartei und der Wirtschaftsnobelpreisträger Amartya Sen. Vorgeschlagen wurde die Etablierung eines beratenden Organs, das auf einem eigenen zwischenstaatlichen Vertrag basieren und dessen Mitglieder zunächst von den nationalen Parlamenten gewählt werden sollten. Die Delegierten sollten jedoch nicht selbst Abgeordnete sein müssen. Ursprünglich hatte COPAM, ähnlich wie Forni, die Vorstellung, dass die IPU der Ausgangspunkt für eine globale parlamentarische Versammlung sein könnte. COPAM versuchte daher, mit der IPU darüber ins Gespräch zu kommen. Dies war jedoch erfolglos. »Nach mehreren Treffen«, so berichtete uns d'Estaing, »trafen wir mit der Idee, diese Institution zu ändern, auf kategorische Ablehnung«.

Außerhalb der IPU gab es weitere wichtige Vorstöße in die Richtung einer UNPA bzw. eines Weltparlaments. So erklärte die Parlamentarische Versammlung des Europarates Ende September 2000 in einer Resolution, dass die UN in Zusammenarbeit mit der IPU eine »parlamentarische Dimension« entwickeln solle, »mit Kompetenzen ähnlich derer, über die die Parlamentarische Versammlung des Europarates verfügt«.[35] Solch ein Gremium könne dazu beitragen dort neue Lösungen zu finden, wo Regierungspolitik einen Stillstand erreicht habe. Im Mai 2000 hatte sich bereits das Millennium-Forum, bestehend aus Vertretern von über tausend Organisationen der internationalen Zivilgesellschaft, die auf Einladung von UN-Generalsekretär Kofi Annan am UN-Hauptsitz in New York zusammengekommen waren, in seiner Abschlussdeklaration neben zahlreichen anderen Vorschlägen dafür ausgesprochen, dass die UN »die Schaffung eines mit der UN-Generalversammlung verbundenen parlamentarischen UN-Gremiums« in Betracht ziehen solle.[36]

Beim Millennium-Gipfel der Vereinten Nationen in New York, der mit über 150 teilnehmenden Staats- und Regierungschefs das bis dahin größte Gipfeltreffen der Geschichte war, wurden dann einige Weichenstellungen vorgenommen, vor allem die Verabschiedung der acht sogenannten Millennium-Entwicklungsziele für das Jahr 2015. In Fragen der UN-Reform gab es jedoch keine besonderen Fortschritte. Bei dem kurz vorher durchgeführten Treffen der Parlamentspräsidenten hatte Annan betont, wie wichtig die Einbeziehung der Parlamente in die Arbeit der UNO sei. »Im Zeitalter der Globalisierung«, so Annan, »kann den historischen Herausforderungen von Armut und Konflikt nicht länger nur durch die Zusammenarbeit der Regierungen begegnet werden. Ganze Gesellschaften sind durch internationale Beziehungen betroffen und spielen darin ihre Rolle. Sie müssen auf viele unterschiedliche Weisen repräsentiert werden.« Die Parlamente hätten die einzigartige Aufgabe, globale Institutionen wie die UN »näher an die Menschen zu bringen, denen sie dienen«. In Seattle habe man gesehen, wie gefährlich eine Entfremdung zwischen den Menschen vor Ort und internationalen Organisationen sei.[37] Im Hinblick auf diese Frage hieß es in der Abschlusserklärung des Millennium-Gipfels dann nur formelhaft, dass die Kooperation der UN mit den nationalen Parlamenten, vermittelt durch die IPU, gestärkt werden solle.

Die Frage eines Weltparlaments wurde während des Weltgipfels aber angesprochen. Der tschechische Präsident Václav Havel (1936 bis 2011), eine zentrale Figur der Samtenen Revolution von 1989, widmete seine Ansprache diesem Thema, das ihm schon länger ein Anliegen war. Von einer Gemeinschaft von Regierungen und Diplomaten solle die UN zu einer gemeinsamen Institution aller Bewohner des Planeten werden, die nicht nur individuelle Sicherheit, sondern das beständige Wohlergehen der Menschheit und echte Lebensqualität gewährleiste. »Solch eine UNO«, sagte Havel, »müsste wahrscheinlich auf zwei Säulen ruhen: Eine bestehend aus einer Versammlung von gleichwertigen Vertretern der einzelnen Länder, ähnlich der gegenwärtigen Generalversammlung, und die andere bestehend aus einer Gruppe, die von der Weltbevölkerung direkt gewählt wird und in der die Anzahl der Delegierten, die einzelne Nationen vertreten, ungefähr mit der Größe dieser Nationen korrespondiert.« Diese beiden Gremien, erklärte Havel, würden globale Gesetze schaffen und ein reformierter Sicherheitsrat wäre ihnen rechenschaftspflichtig. Die zukünftige UN hätte eine eigene Militär- und Polizeitruppe, um ihre Gesetze und Entscheidungen durchzusetzen.

Der ehemalige polnische Staatspräsident und Friedensnobelpreisträger Lech Wałęsa (geb. 1943), von 1980 bis 1990 Vorsitzender der Gewerkschaft Solidarność, äußerte sich später ähnlich. »Unsere Urgroßväter haben das Fahrrad erfunden, und schon waren die Dörfer zu klein für sie«, sagte Wałęsa beispielsweise in einem Interview. »Jetzt haben wir Flugzeuge, und schon sind uns die Staaten zu klein geworden, ein Jet braucht nur Minuten, um sie zu überfliegen. Deswegen müssen wir heute global denken. Wir brauchen ein globales Parlament, eine globale Regierung, vielleicht ein globales Ministerium für Sicherheit.«[38]

In der Tradition der beiden humanistischen Manifeste von 1933 und 1973 (ein weiteres folgte 2003), die sich um die Prinzipien einer säkularen und philosophischen Weltsicht drehten, veröffentlichte schließlich der US-amerikanische Humanist und Philosoph Paul Kurtz (1925 bis 2012) das »Humanistische Manifest 2000«. Das Manifest 2000 ging auf die Notwendigkeit und Inhalte eines sogenannten »*post*-postmodernen planetaren Humanismus« ein. Die Frage eines Weltparlaments hatte darin zentrale Bedeutung. Es hieß unter anderem, dass mehr als jemals zuvor eine Weltorganisation erforderlich sei, die die Menschen und nicht nur die Nationalstaaten vertrete. Es müsse ein effektives und direkt gewähltes Weltparlament etabliert werden, das der globalen Gesetzgebung diene, eventuell zusammen mit der bestehenden Generalversammlung als ein bikamerales System. Die Einzelheiten sollten von einer Konferenz zur Charta-Revision ausgearbeitet werden, deren Einberufung das Manifest empfahl. Das Dokument wurde von rund 140 Persönlichkeiten aus über 30 Ländern unterstützt. Zu den Unterzeichnern gehörten beispielsweise der britische Schriftsteller Arthur C. Clarke (1917 bis 2008), bekannt unter anderem durch seinen verfilmten Science-Fiction Roman »2001: Odyssee im Weltraum«, der Biologe Edward O. Wilson und der britische Evolutionsbiologe Richard Dawkins (geb. 1941), der unter anderem Autor der populärwissenschaftlichen Bücher »Der Gotteswahn« und »Die Schöpfungslüge« ist. Die meisten Unterzeichner waren Wissenschaftler, darunter zehn Nobelpreisträger.[39]

9.
Der »Krieg gegen den Terror«, die Rolle der IPU und die Kampagne für ein Parlament bei der UNO

Landminenverbot, Strafgerichtshof und Weltsozialforum

Zu Beginn des neuen Jahrhunderts gab es zunächst vielversprechende Entwicklungen zu verzeichnen. Mit der Kooperation zwischen internationalen Nichtregierungsorganisationen und gleichgesinnten Regierungen schien sich eine neue, erfolgreiche Methode zur Weiterentwicklung des internationalen Rechts abzuzeichnen. Im März 1999 war die Ottawa-Konvention zum Verbot von Antipersonenminen in Kraft getreten. Am Zustandekommen des Vertrags hatte wesentlich die 1997 mit dem Friedensnobelpreis ausgezeichnete internationale Kampagne für das Verbot von Landminen, die 1992 von einigen NGOs gegründet worden war, beigetragen. Außerdem war bei einer historischen Konferenz der Vereinten Nationen in Rom im Juli 1998 das Statut eines Internationalen Strafgerichtshofes ausgehandelt und bei 120 Ja-Stimmen gegen sieben Nein-Stimmen und 21 Enthaltungen angenommen worden. Zwar war das Statut noch nicht in Kraft getreten, doch die Zahl der Ratifizierungen wuchs rasch an (das Inkrafttreten erfolgte nach Hinterlegung der 60. Ratifikationsurkunde am 1. Juli 2002). Einen entscheidenden Beitrag zum Erfolg in Rom und zur schnellen Ratifizierung des Vertrags hatte die 1995 von Amnesty International, Human Rights Watch und anderen großen Menschenrechtsorganisationen gegründete und vom WFM geleitete Koalition für den Internationalen Strafgerichtshof geleistet. Lange war das Vorhaben als »unrealistisch« abgetan worden. Außerdem war die Globalisierungskritik seit Seattle allgegenwärtig. Unter dem Motto »Eine andere Welt ist möglich« trafen sich im Januar 2001 im brasilianischen Porto Alegre tausende Gruppierungen, Gewerkschafter, Aktivisten und NGOs aus aller Welt zum ersten Weltsozialforum, das seither jährlich zusammenkommt. Das öffentliche Interesse an dieser bunten Gegenveranstaltung zum elitären Weltwirtschaftsforum in Davos war (jedenfalls zu Beginn) außerordentlich groß. Von Anfang an findet auch immer ein Treffen der am Weltsozialforum teilnehmenden Parlamentarier statt. Das »World Parliamentary Forum«, so hieß es in der ersten Erklärung der meist dem linken und grünen Spektrum angehörigen Abgeordneten, wolle die beim Sozialforum zusammenkommenden Bewegungen in ihrem Widerstand gegen die »inhumane neo-liberale Ordnung«

unterstützen und dafür sorgen, dass ihre Anliegen in die verschiedenen Parlamente einfließen. Für den französischen Europaabgeordneten Harlem Désir, einer der Initiatoren des Parlamentarierforums und ab 2012 zwei Jahre lang Parteichef der französischen Sozialisten, ist dieses laut *Zeit*, eine »Vorstufe für sein fernes Ziel, ein Weltparlament«.[1]

Neue Beiträge zur Idee eines globalen Parlaments

Falk und Strauss fühlten sich von diesen Entwicklungen bestärkt. Globalisierung und Demokratisierung seien die beiden dominanten Themen der Welt nach dem Kalten Krieg. Mit Hilfe einer Koalition von NGOs und aufgeschlossenen Regierungen könnte ein globales Parlament etabliert werden, durch das diese beiden Phänomene zusammengeführt und zum Ausgleich gebracht würden. Neben der Option, dass so ein Parlament von der Zivilgesellschaft selbst organisiert werden könnte, brachten sie inzwischen auch einen neuen zwischenstaatlichen Vertrag ins Gespräch. Ein Beitrag von ihnen mit dieser Argumentation, der Anfang 2001 in der Zeitschrift *Foreign Affairs* erschien, zog viel Aufmerksamkeit auf sich und ist wahrscheinlich die bis heute am häufigsten zitierte Veröffentlichung zu unserem Thema.[2] Angeregt von Schumann und Martins Globalisierungskritik argumentierte dann der australische Abgeordnete Duncan Kerr, der von 1993 bis 1996 Justizminister Australiens gewesen war, in seinem ebenfalls 2001 publizierten Buch »Elect the Ambassador«, dass der Globalisierungsprozess und die globalen Märkte durchaus unter politische Kontrolle gebracht werden könnten und zwar indem das internationale System demokratisiert und dann auch gestärkt werde. Unter den zehn Vorschlägen, die er dazu vorlegte, gehörte die Etablierung einer UNPA. Kerr hob dabei hervor, dass die Art und Weise, wie die Abgeordneten zu wählen seien, nicht einheitlich vorgeschrieben werden solle. Ohne Zweifel würden allerdings die direkt gewählten Abgeordneten die Evolution der »Zweiten Kammer« dominieren.[3]

Der britische Umweltschützer und Journalist George Monbiot meinte dagegen in seiner wöchentlichen Kolumne im *Guardian*, dass globale Demokratie bedeutungslos sei, »solange die Entscheidungshoheit nicht bei einer direkt gewählten Versammlung« liege.[4] Vor allem mit seinem Buch »The Age of Consent«, das 2003 erschien, trug Monbiot wesentlich zur Popularisierung der Idee eines globalen Parlaments in der globalisierungskritischen Bewegung bei. »Da nun alles globalisiert wurde außer der Demokratie«, so schrieb er, »können die Herrschenden dieser Welt ihren Geschäften nachgehen, ohne auch nur die geringste Rücksicht auf uns nehmen zu müssen«. »Wenn wir repräsentiert sein wollen«, so Monbiot, »dann lasst uns nach Repräsentation streben, statt nach Ausflüchten, Halblösungen, Hindernissen, Zwischengliedern und Herrschergestalten zu suchen, die in der Maske der globalen Demokratie daherkommen.« Das »einzige wirklich repräsentative globale Forum« sei ein direkt gewähltes Weltparlament.[5] Wer sich für eine gerechtere Welt einsetze, müsse sich konsequent für gleiche Rechte für alle Menschen aussprechen. Es sei daher unerlässlich, dass bei der Wahl eines Weltparlaments jeder eine gleiche Stimme habe. Dies könne erreicht werden, indem für den Zweck solcher Wahlen unabhängig von nationalen Grenzen weltweit 600 in etwa gleich große Wahlkreise eingerichtet würden. Anfangs bestehe die Hauptfunktion des Parlaments darin, die Aktivitäten anderer internationaler Organisationen zu überwachen und diese zur Rechenschaft zu ziehen. Seine Macht würde das Parlament aus seiner moralischen Autorität ziehen. Verliere es den Rückhalt im Volk, so ginge zugleich auch seine Autorität zurück. Insofern entstehe ein sich selbst regulierendes System legitimer Machtausübung.

Die Möglichkeit einer globalen Versammlung, die sich kostengünstig elektronisch vernetzt, kann Monbiot zufolge »nur ein unvollkommener Ersatz für eine wirkliche Abgeordnetenkammer« sein.[6] Das vom ehemaligen PGA-Generalsekretär Nicholas Dunlop, dem Mitgründer des Harvard-Verhandlungskonzeptes William Ury, dem damaligen Europaabgeordneten Anders Wijkman und anderen im Jahr 2004 gegründete »e-Parliament« dient auch nur dem Zweck, Parlamentsmitglieder aus aller Welt über das Internet zu vernetzen und ihren politischen Austausch zu verbessern. Seit 2012 konzentriert sich die Initiative auf Klimapolitik. Der deutsche Politikwissenschaftler und Verhandlungsexperte Rasmus Tenbergen wiederum verfolgt die Idee eines von der Zivilgesellschaft organisierten globalen Internetparlaments, an dessen Entscheidungen und Wahlen jeder direktdemokratisch teilnehmen kann und das nach Erreichen einer kritischen Masse an individuellen Unterstützern mehr als nur moralische Autorität haben soll. Im Rahmen des Online-Projekts »World Parliament Experiment«, das auch mit realen Konferenzen und repräsentativen Elementen kombiniert wird, will Tenbergen diesen Ansatz vorstellbar machen.

Die Konferenzen in Lucknow

Im Frühjahr 2001 wurde in Lucknow, der Hauptstadt des indischen Bundesstaates Uttar Pradesh, die erste »Internationale Konferenz der Obersten

Richter der Welt« abgehalten. Gastgeber und Veranstalter der seither jährlich durchgeführten Konferenz ist die in der Stadt beheimatete City Montessori School, die mit rund 47.000 Schülern als größte Schule der Welt gilt. Die private Institution sieht sich selbst als »selbsternannten Wächter der weltweit zwei Milliarden Kinder und zukünftiger Generationen«. Gegenstand der Konferenz ist die Stärkung des internationalen Rechts und der Global Governance. Die Gründung eines Weltparlaments, das verbindliches Weltrecht setzen kann, ist eine Forderung, die in den Abschlussdeklarationen stets bekräftigt wird. Nach Angaben der Schule haben an den ersten vierzehn Konferenzen bis zum Jahr 2013 rund 700 Richter von nationalen obersten Gerichtshöfen und Verfassungsgerichten sowie andere Richter aus über 100 Ländern teilgenommen. Auffällig abwesend waren bisher Vertreter aus Westeuropa, den USA und Kanada.

Der 11. September und globale Demokratie

Nach den Anschlägen des 11. September 2001 wurde der »Krieg gegen den Terrorismus« (»Wer nicht für uns ist, ist gegen uns«, so US-Präsident George W. Bush) zur obersten Priorität der USA. Mit dem Terrorismus kehrte ein neues Feindbild zurück. Die Erfolgsaussichten für internationale Demokratisierung sanken rapide. Demgegenüber wurde geltend gemacht, dass der Aufbau einer globalen Rechtsgemeinschaft gerade wichtig sei, um Fundamentalismus und Terrorismus langfristig den Nährboden zu entziehen. In einer Grundsatzrede sagte zum Beispiel der Vorsitzende der CDU/CSU-Bundestagsfraktion, Friedrich Merz, im Oktober 2001 mit Bezug auf Höffe, dass ein »subsidiär verfasster und föderal gestufter Weltbundesstaat« eine Voraussetzung für Frieden und Sicherheit, Menschenrechte und eine soziale Weltwirtschaftsordnung sei. Dazu gehöre, so Merz, »die Entwicklung von Weltbürgersinn, Weltöffentlichkeit und demokratischer Institutionen wie ein Weltparlament oder Weltgerichte«.[7] Zu diesem Befund passte es, dass sich die CDU/CSU-Gruppe im Europäischen Parlament bereits 1999 bereit erklärte hatte, »in positiver Weise« am Projekt einer UNPA mitzuwirken, wie der Europaabgeordnete Elmar Brok im Auftrag der Gruppe mitgeteilt hatte (und die dieser Position bis heute treu geblieben ist). Für das Problem, wie dabei mit Diktaturen umzugehen sei, so schrieb Brok, müsse allerdings noch eine Lösung gefunden werden.[8]

In dem Buch »Macht und Gegenmacht im globalen Zeitalter« warnte Beck angesichts der hegemonialen Züge des sogenannten Krieges gegen den Terror und dem damit einhergehenden Aufbau von Überwachungsstaaten vor einem

»globalen, antidemokratischen Populismus der Gefahrenabwehr« und einem daraus hervorgehenden »kosmopolitischen Despotismus« – eine vorgebliche weltweite Verteidigung von Menschenrechten, Demokratie und Frieden, die aber selbst von diesen Werten abgekoppelt ist und dadurch tatsächlich ihren Abbau betreibt. Der 11. September, meinte Beck, habe zum ersten Mal in den letzten 50 Jahren sichtbar gemacht, dass »Frieden und Sicherheit des Westens nicht länger vereinbar sind mit der Existenz von Konfliktherden in anderen Gebieten der Welt und ihren Ursachen«. Insofern sei Kosmopolitismus die angemessene Antwort auf die terroristische Bedrohung. Allerdings müsse das »kosmopolitische Regime« konzeptionell und institutionell mit Menschenrechten und Demokratie verschmolzen werden und dies weltpolitisch als Reformvorhaben vorantreiben. Zu den Punkten, die Beck aufzählt, um die Legitimität eines solchen Regimes zu beurteilen, zählt die »Begründung und Gründung eines Weltparlaments«, »und zwar selbst dann«, so Beck, »wenn eine entsprechende Initiative kosmopolitisch gesinnter Regierungen realistischerweise zunächst nur einen Bruchteil der existierenden Staaten einschlösse und dieses kosmopolitische Parlament zunächst nur über die Machthebel symbolischer Politik verfügte«.[9]

Der Bericht der Enquete-Kommission des Deutschen Bundestages

Weniger fortschrittlich zeigte sich der mehr als sechshundert Seiten umfassende Bericht der Enquete-Kommission »Globalisierung der Weltwirtschaft« des Deutschen Bundestages, der Mitte 2002 vorgestellt wurde. Zwar wurde darin die Demokratisierung internationaler Institutionen als eine wichtige Herausforderung identifiziert, die Einrichtung einer UNPA jedoch nicht unterstützt. Der Vorschlag wurde vielmehr als umstritten bezeichnet. Der Ansatz stoße auf Skepsis, so hieß es in dem Bericht, »da die Festlegung der Zusammensetzung eines solchen Parlaments kaum überwindbare Probleme – etwa demographischer Art –« bereite.[10] Die Handlungsempfehlungen in diesem Bereich beschränkten sich vor allem darauf, dass auf eine »stärkere Repräsentanz der Weltregionen« im UN-Sicherheitsrat hingearbeitet werden solle. Außerdem solle das Vetorecht an eine Begründungspflicht in der Generalversammlung gebunden werden. Der Bericht meinte allerdings auch, dass die Abgeordneten im Hinblick auf den Globalisierungsprozess Kontroll- und Gestaltungsfunktionen bekommen sollten, insbesondere bei Verhandlungen über völkerrechtliche Verträge. Durch den »Auf- und Ausbau interparlamentarischer Netzwerke« sollen internationale Willensbildungsprozesse besser begleitet werden. Zu diesem Zweck könne die IPU weiterentwickelt werden. Damit solle sich das Parlament weiter befassen. Thilo Bode, der bis 2001 sechs Jahre lang Geschäftsführer von Greenpeace International gewesen war, bemängelte, dass es selbst innerhalb des Parlaments kein großes Interesse an dem Bericht gegeben habe. Deutsche Globalisierungspolitik gebe es gar nicht. Es sei aber ein Märchen, dass die Nationalstaaten durch die Globalisierung entmachtet worden seien. »Nur zu oft«, so Bode, »ist die beklagte Machtlosigkeit nationaler Regierungen eine Ausrede, um von verdeckten Interessen oder von eigenem Versagen abzulenken.« Eins sei jedoch zutreffend: Die Nationalstaaten hätten »in verantwortungsloser Weise Herrschaft an internationale Gremien delegiert, ohne für die notwendige demokratische Kontrolle dieser Herrschaft zu sorgen«. Europa solle zur Behebung des Demokratiedefizits eine Konvention zur Schaffung eines Weltparlaments auf den Weg bringen, damit dieses dann eine Kontrollfunktion übernehmen könne.[11]

Der Bericht der Weltkommission für die soziale Dimension der Globalisierung

In einer im Januar 2004 verabschiedeten Resolution über die Beziehungen zwischen der EU und der UNO drängte das Europäische Parlament erneut in diese Richtung und forderte die Bildung einer konsultativen parlamentarischen Versammlung bei der UNO. Im Monat darauf legte die von der ILO zwei Jahre zuvor eingerichtete »Weltkommission für die soziale Dimension der Globalisierung«, die unter dem gemeinsamen Vorsitz der finnischen Präsidentin Tarja Halonen und des tansanischen Präsidenten Benjamin William Mkapa stand, einen ausführlichen Abschlussbericht vor. Die aus über zwanzig Persönlichkeiten international zusammengesetzte Kommission schrieb unter anderem, dass die »parlamentarische Überwachung des multilateralen Systems auf globaler Ebene« schrittweise ausgeweitet werden solle. »Wir schlagen die Einsetzung einer Parlamentarischen Gruppe vor, die sich mit dem Zusammenhang und der Stringenz globaler Wirtschafts-, Sozial- und Umweltpolitiken befassen und einen integrierten Mechanismus zur Aufsicht über die wichtigsten internationalen Organisationen entwickeln soll«, hieß es in dem Bericht.[12] Die Regierungen Finnlands und Tansanias zeigten sich besonders engagiert und machten den Kommissionsbericht bei der UN-Generalversammlung zum Thema. Schon Anfang 2003 hatten die beiden Regierungen gemeinsam den sogenannten »Helsinki-Prozess zu Globalisierung und Demokratie« gestartet. Die Initiative sollte Regierungsvertreter sowie Experten und Persönlichkeiten aus Politik, Wissenschaft und NGOs zu einem Dialog über globale Probleme und Lösungsansätze zusammenbringen und in einer zweiten Phase (die bis 2008 lief) unter anderem die Implementierung ausgewählter Vorschläge vorantreiben.

Die Kampagne des Ubuntu-Forums

Innerhalb der Zivilgesellschaft gab es ebenfalls weiteren Schwung. Als Reaktion auf einen entsprechenden Aufruf des Spaniers Federico Mayor, der von 1987 bis 1999 Generaldirektor der UNESCO gewesen war, hatte sich im April 2001 ein Weltforum zivilgesellschaftlicher Netzwerke formiert, um sich als übergreifendes »Netzwerk von Netzwerken« für eine menschlichere, gerechtere und solidarischere Welt einzusetzen. Unter anderem, so eines der Ziele, müssten Entscheidungen und Institutionen auf allen Ebenen, auch weltweit, demokratischer gemacht werden. Der Name des Forums, Ubuntu, bezeichnet eine afrikanische Lebensphilosophie, die für Miteinander, Nächstenliebe und Gemeinschaft steht. An der in Barcelona beheimateten Initiative, die von Beginn an auch am Helsinki-Prozess beteiligt wurde, wirken zum Beispiel Organisationen wie Oxfam, WFM, das South Centre, die Weltallianz für Bürgerbeteiligung CIVICUS, die Grameen Bank, IPPNW, das Internationale Friedensbüro IPB, das Third World Network oder die London School of Economics mit. Die internationalen Verbände von Caritas, Greenpeace, dem Roten Kreuz und Ärzte ohne Grenzen gehören zu den Beobachtern. Unter der Ägide des Ubuntu-Forums wurde dann 2002 eine »Weltkampagne für eine tiefgreifende Reform des Systems internationaler Institutionen« gestartet. In der Londoner Deklaration der Kampagne vom April 2004 wurde unter anderem eine umfassende Demokratisierung gefordert. »Es ist notwendig«, so die Erklärung, »dass die Bürger der Welt in internationalen Institutionen direkt vertreten sind«. Zu diesem Zweck könne auf die Schaffung einer parlamentarischen Versammlung hingearbeitet werden, »die bei der Setzung internationalen Rechts, mit Empfehlungen und durch die Ausübung von Kontrolle über die anderen Institutionen des Systems eine Rolle spielen« könne.[13] Diese Erklärung der Kampagne wurde von über fünfzig bedeutenden Persönlichkeiten unterschrieben, darunter Mayor, Soares, Boutros-Ghali, Pérez de Cuéllar, die Friedensnobelpreisträger Rigoberta Menchú, Adolfo Pérez Esquivel und Joseph Rotblat, die Literaturnobelpreisträger Gabriel García Márquez und José Saramago sowie der spätere Friedensnobelpreisträger Muhammad Yunus und Danielle Mitterand, die Ehefrau von François Mitterrand, der von 1981 bis 1995 französischer Präsident gewesen war.

Der Bericht des Cardoso-Panels

Im Juni 2004 stand der Bericht des unabhängigen Expertengremiums über die Beziehung der UNO zur Zivilgesellschaft an. Das Panel hatte unter dem Vorsitz des ehemaligen brasilianischen Präsidenten Fernando Henrique Cardoso gearbeitet und war von UN-Generalsekretär Annan im Zuge seiner Reformbemühungen eingerichtet worden. Neben der Frage, wie NGOs und andere Akteure besser in die Arbeit der UN einbezogen werden könnten, sollte das Panel auch die Interaktion der UN mit Parlamentariern beleuchten und Empfehlungen dazu abgeben. Dazu wurde auch die IPU konsultiert. Die war aber mit den Folgerungen des Panels ganz und gar nicht einverstanden. Anfang Mai intervenierte IPU-Generalsekretär Johnsson sogar direkt bei Annan, um die »schweren Bedenken« der IPU gegenüber dem Bericht vorzutragen und »dringend um erneute Konsultation zwischen den betroffenen Parteien« zu bitten, »bevor der Bericht des Cardoso-Panels öffentlich gemacht« werde.[14] Es half jedoch nichts. Die federführend von der ehemaligen schwedischen Parlamentspräsidentin Birgitta Dahl als Panelmitglied erarbeiteten Empfehlungen in diesem Bereich wurden zwar um einen weiteren Hinweis auf die IPU ergänzt, aber sonst nicht abgeändert. Worum ging es?

Der Cardoso-Bericht befand, dass die Demokratie in eine schwierige Situation gerate, da die Substanz der Politik sich schnell globalisiere, die wichtigsten politischen Institutionen wie Wahlen, Parteien und Parlamente jedoch auf der nationalen Ebene verwurzelt blieben. Ein wesentlicher Faktor der Politikverdrossenheit sei »die Wahrnehmung, dass traditionelle Formen der Repräsentation in diesem Zeitalter der Globalisierung weniger relevant sind«. Gewählte Abgeordnete und Parlamente, so der Bericht, »scheinen kaum Einfluss auf intergouvernemental getroffene Entscheidungen oder bei der Überwachung und Regulierung internationaler Märkte zu haben«. Angesichts der Tatsache, dass »die Parlamente formelle und mächtige Institutionen der Demokratie sind«, so der Bericht, »sieht es das Panel als wichtig an, sie strukturell besser mit dem intergouvernementalen internationalen Prozess zu verbinden und internationale parlamentarische Mechanismen zu erkunden, die dies tun«.[15] Im Umkehrschluss konnte das so interpretiert werden, dass der IPU kein gutes Zeugnis ausgestellt wurde. Nach Ansicht des Panels erfüllte sie diese Aufgabe offensichtlich nicht, denn sonst müssten ja keine neuen Mechanismen etabliert werden.

Der Cardoso-Report empfahl konkret die zunächst experimentelle Einrichtung globaler parlamentarischer Ausschüsse, sogenannter »Global Public Policy Committees«. Diese sollten unter der Ägide des UN-Sekretariats organisiert werden (»in Konsultation« mit nationalen Parlamenten, der IPU und anderen spezialisierten Organisationen, wie es hieß) und aus zwei bis vier Mitgliedern verschiedener politischer Parteien aus jeweils bis zu 30 Parlamenten aller Regionen bestehen. Ähnlich wie schon 1999 vom Europaparlament vorgeschlagen, wurde dabei an Mitglieder der entsprechenden Fachausschüsse der nationalen Parlamente gedacht. Die globalen Ausschüsse sollten öffentlich debattieren und Anhörungen organisieren, bei denen Fachleute etwa aus Wissenschaft, Zivilgesellschaft, Unternehmen und Regierungsbehörden einbezogen werden sollten. Das Cardoso-Panel hatte allgemein den Aufbau übergreifender partizipativer Politiknetzwerke im Sinn und diese Ausschüsse sollten ein wichtiger Bestandteil davon sein. Nach und nach, so der Bericht, könnte aus den Ausschüssen ein formalisierter Prozess entstehen. Die Ausschüsse könnten beispielsweise das Recht bekommen, der UNO Empfehlungen vorzulegen. Das Panel betonte, dass dieser Vorschlag von der IPU als Chance für eine verstärkte Zusammenarbeit mit der UN verstanden werden solle und zweifelte den Alleinvertretungsanspruch der IPU an. Nicht alle Parlamente, so der Bericht, wollten ausschließlich durch die IPU vertreten werden und manche seien gar nicht Mitglied der Organisation. Letzteres spielte vor allem auf den US-Kongress an. Schon seit Anfang der 1990er Jahre hatten praktisch keine US-Delegierten mehr an den IPU-Konferenzen teilgenommen und der US-Kongress hob seine Mitgliedschaft in der IPU 1999 schließlich sogar formal auf. Die IPU werde zunehmend als »Quatschbude« wahrgenommen und sei noch dazu den USA gegenüber feindselig eingestellt, hieß es inoffiziell.[16]

Bei einer Debatte der UN-Generalversammlung im Oktober machte Johnsson deutlich, dass die IPU nichts von den Cardoso-Vorschlägen halte. Der Bericht des Panels stimme vor allem deshalb bedenklich, »weil er vorschlägt, dass die UNO, eine intergouvernementale Organisation, ihre eigenen interparlamentarischen Strukturen schaffen sollte«. Die Arbeit der IPU werde so dupliziert und außerdem, so meinte Johnsson, widerspreche dies »dem Prinzip der Gewaltenteilung zwischen dem legislativen und dem exekutiven Zweig der Regierung«.[17] Das Cardoso-Panel hatte demgegenüber bemängelt, dass das Prinzip der Gewaltenteilung bei internationalen zwischenstaatlichen Institutionen gerade nicht klar gegeben sei, da es kein legislatives Organ gewählter Repräsentanten gebe, »um die exekutive Tätigkeit zu begleiten und zu überwachen«.[18]

Der Zweig des Helsinki-Prozesses, der sich mit »neuen Ansätzen zu globalen Problemlösungen« befasste, schloss sich den Vorschlägen des Cardoso-Berichts und der von der ILO eingesetzten Weltkommission an. Der Helsinki-Prozess solle sich »für die Etablierung von Global Public Policy Committees (vorgeschlagen vom Cardoso-Panel) und für die Entwicklung einer Globalen Parlamentarischen Gruppe (vorgeschlagen von der ILO-Kommission)« einsetzen. »Um diese Fragen zu besprechen«, so die Helsinki-Gruppe weiter, »sollte ein Treffen von Vertretern der IPU, anderen Verbänden von Parlamenten und Parlamentariern sowie regionalen Parlamenten« organisiert werden.[19] An solchen Beratungen hatte die IPU allerdings kein Interesse. Die Angelegenheit verlief im Sand.

Wachsende Unterstützung für eine UNPA

Die Stimmen, die über solche moderaten Vorschläge hinausgingen und sich für die Einrichtung einer UNPA aussprachen, wurden währenddessen immer zahlreicher. Beim 22. Kongress der Sozialistischen Internationale in São Paulo im Oktober 2003 beispielsweise erklärte der weltweite Zusammenschluss von über 150 sozialdemokratischen Parteien und Organisationen, darunter auch die SPD, dass die Zeit für den Aufbau »effizienter demokratischer Strukturen der Global Governance« gekommen sei. Eingebracht hatte den Text eine vom langjährigen SPD-Abgeordneten und ehemaligen Staatsminister im Auswärtigen Amt, Christoph Zöpel, geleitete Kommission. Die SI trete für eine »Parlamentarisierung des globalen politischen Systems« ein. Ab einem gewissen Punkt, so hieß es, müsse die Einrichtung einer UN-Parlamentarierversammlung erwogen werden.[20]

Ab 2003 wurde in Deutschland mit unserer Mitwirkung das überparteiliche Komitee für eine demokratische UNO gebildet, ein Verein, der sich gezielt für eine UNPA einsetzen sollte. Das KDUN schloss sich in einem Strategiepapier von Andreas Bummel im Wesentlichen der Argumentation von Heinrich an. UN-Generalsekretär Annan ließ ausrichten, dass das Papier des Komitees in einer Zeit, in der die UN über ihre Reform nachdenke, »sehr willkommen« sei.[21] Zu den Mitgliedern des Komitees gehörte auch der Schweizer Nationalrat Remo Gysin, der die erfolgreiche Volksabstimmung zum Beitritt der Schweiz zur UNO vom 3. März 2002 mit initiiert hatte. Mit Hilfe des Komitees und der Gesellschaft für bedrohte Völker organisierte Gysin im Februar 2005 einen überparteilichen offenen Brief von 108 Mitgliedern der eidgenössischen Räte, darunter eine Mehrheit des Nationalrates, an UN-Generalsekretär Annan. Die Schweiz, so hieß es in dem Brief, habe sich »stets aktiv für die Förderung des Völkerrechts, der Demokratie und die Respektierung der Menschenrechte eingesetzt. Auf Grundlage dieser Tradition«, so das Schreiben weiter, wurde Annan gebeten, die Einrichtung einer UNPA »bei der UNO in die aktuelle Reformdebatte einzubringen und den Vorschlag den Regierungen der UNO-Mitgliedsländer zur weiteren Prüfung zu unterbreiten«.[22] In den Schweizer Medien fand der Brief ein starkes Echo. Die Vorsteherin des Schweizer Außenministeriums, Micheline Calmy-Rey, stimmte zu, dass »die Schaffung eines parlamentarischen Organs im Rahmen der UNO den demokratischen Charakter und ihre Bürgernähe verstärken würde«. Dieses zu realisieren sei aber problematisch, da eine Änderung der UN-Charta einer Zweidrittelmehrheit aller Mitgliedstaaten sowie der Zustimmung der fünf ständigen Mitglieder des Sicherheitsrates bedürfe. Daher würden andere Modelle, wie eine stärkere Rolle der IPU in der UN, ebenfalls geprüft.[23]

Im Mai 2005 hatte sich der in Sofia tagende Weltkongress der Liberalen Internationale in einer Resolution für eine UNPA ausgesprochen und knüpfte damit an den LI-Bericht von 1992 an. Eine UNPA könne ohne Charta-Änderung entweder nach Artikel 22 der UN-Charta als ein neues Gremium oder, sofern diese dazu bereit sei, durch eine Transformation der IPU verwirklicht werden.[24] Auf den Vorschlag einer UNPA wies im Juni auch das South Centre, dessen Vorsitzender von 2003 bis 2006 Boutros-Ghali war, hin. Der Hinweis war enthalten in einem jetzt veröffentlichten Papier, das das South Centre im Jahr zuvor als seinen Beitrag an die »Hochrangige Gruppe für Bedrohungen, Herausforderungen und Wandel« geschickt hatte (ein weiteres von Annan eingerichtetes Panel). Letztlich, so die Denkfabrik der Entwicklungsländer des Südens, könne ein direkt gewähltes Weltparlament im Stil des Europaparlaments errichtet werden.[25]

Zum vierten Mal und nun deutlicher als je zuvor, wurde die Frage auch wieder vom Europaparlament selbst aufgegriffen. In einer Entschließung zur UN-Reform, die von dem CDU-Europaabgeordneten und späteren Integrationsminister von Nordrhein-Westfalen, Armin Laschet, eingebracht wurde, rief das Europäische Parlament im Juni 2005 »zur Einrichtung einer Parlamentarischen Versammlung der Vereinten Nationen (UNPA) innerhalb der Strukturen der UNO auf, die das demokratische Profil und den internen demokratischen Prozess dieser Organisation stärken und es der ›Welt-Zivilgesellschaft‹ gestatten würde, unmittelbar an den Entscheidungsprozessen teilzuhaben«. Die Versammlung solle »über das uneingeschränkte Recht auf Information, Teilhabe und Kontrolle verfügen« und in der Lage sein, der UN-Generalversammlung Empfehlungen vorzulegen.[26]

Mit den Stimmen von SPD und den Grünen verabschiedete der Deutsche Bundestag in der Woche darauf einen Beschluss zur »parlamentarischen Mitwirkung im System der Vereinten Nationen«. Als eines der ersten nationalen Parlamente hatte sich der Bundestag anlässlich des Cardoso-Berichts in den vergangenen sechs Monaten ausführlich mit dem Thema befasst. Die Position wurde durch den von Zöpel geleiteten »Unterausschuss Vereinte Nationen« im Auswärtigen Ausschuss unter Mitwirkung der IPU-Delegation erarbeitet. Im Unterausschuss war man sich einig, dass die Schaffung einer »parlamentarischen Dimension« im System der UN erforderlich sei, deren institutionelle Form (so hieß es dann auch im Bundestagsbeschluss) »vielleicht ›Parlamentarische Versammlung‹ genannt werden könnte«. In jedem Fall, so die Abgeordneten, sei der IPU der Vorzug zu geben »gegenüber der – alternativ denkbaren – Bildung einer neuen parlamentarischen Instanz innerhalb oder außerhalb der Vereinten Nationen bei Fortbestehen der IPU«.[27] Das KDUN hatte demgegenüber empfohlen, nicht alles auf eine Karte zu setzen und für den Fall, dass die Weiterentwicklung der IPU nicht funktioniere, alternative Optionen zu erwägen. Ein Hinweis auf Artikel 22 der UN-Charta als Möglichkeit, eine parlamentarische Versammlung einzurichten, wurde auf Verlangen des Auswärtigen Amtes aus dem Text entfernt. Die Grünen hatten ihre Zustimmung davon abhängig gemacht, dass mit dem Außenministerium, das zu der Zeit von Joschka Fischer geführt wurde, »Einvernehmen« hergestellt werde. »Eine echte gewaltenteilige globale Parlamentarisierung«, bedauerte Zöpel, sei gegenüber dem Auswärtigen Amt nicht durchsetzbar gewesen. Gestrichen wurden auf Verlangen des Amtes auch zentrale Aufgaben und Kompetenzen, die der Unterausschuss für eine parlamentarische UN-Versammlung vorschlug, etwa die Mitwirkung an der Beratung und Ratifizierung multilateraler Verträge, die Mitwirkung an Aufstellung und Kontrolle des Haushalts, ein sogenanntes »Transparenzdurchsetzungsrecht« sowie die Einbeziehung von NGOs. »Es wird noch ein längerer Weg sein«, so resümierte Zöpel, »bis sich der Bundestag als deutscher Teil einer globalen demokratischen Gewaltenteilung versteht, zu dem ein global funktionsfähiger Parlamentarismus gehört«.[28] Im Bundestagswahlprogramm der Grünen vom Juli 2005 fand sich dann der Satz: »Wir befürworten unter anderem die Einrichtung einer Parlamentarischen Versammlung als beratendes Gremium für die UNO.«[29] Dass der Ansatz über die IPU nicht weiterführte, bestätigte sich nicht lange später. Beim UN-Gipfel Millennium+5 im September 2005, der Anlass für ein zweites weltweites Treffen der Parlamentspräsidenten war, bekräftigte Johnsson, dem die wachsende Unterstützung für eine UNPA nicht entgangen war, dass die IPU »die Schaffung irgendeiner parlamentarischen Versammlung bei der UNO oder anderswo« nicht unterstütze.[30] Eine Reform der IPU in diese Richtung wurde ebenfalls nicht signalisiert.

In der Parlamentarischen Versammlung des Europarates überzeugte diese paradigmatische Haltung der IPU nicht. Die italienische Abgeordnete Tana de Zulueta begründete dies unter anderem damit, dass die IPU »gar keine strukturierte oder systematische Beteiligung von Parlamentariern in die Arbeit der UN« ins Auge fasse und auch nicht vorhabe, Parlamentarier mit dem Wirken der UN-Institutionen und -Gremien in Beziehung zu setzen. Nur ein Podium zu bieten sei nicht ausreichend.[31] Ihr Vorschlag für eine Resolution wurde im zuständigen Ausschuss einstimmig angenommen und dann von der Versammlung verabschiedet. Die UN-Generalversammlung wurde darin aufgefordert, in Zusammenarbeit mit der IPU eine schrittweise Strategie zur Entwicklung einer parlamentarischen Dimension bei der UN auszuarbeiten. Dies könne die experimentelle Einrichtung parlamentarischer Ausschüsse beinhalten, die letztlich zur Bildung einer UNPA führen könnten. Die Generalversammlung solle ein Panel einrichten, um Vorschläge über die genaue Größe, Zusammensetzung und Arbeitsweise einer UN-Parlamentarierversammlung auszuarbeiten.[32] Im Oktober 2006 sprach sich der Schweizer Nationalrat und Europaratsabgeordnete Andreas Gross, der ebenfalls an der Volksinitiative zum UNO-Beitritt der Schweiz beteiligt gewesen war, in einer Rede vor der UN-Generalversammlung für eine UNO-Parlamentskammer aus. Bei einem Treffen mit der Außenpolitischen Kommission des Schweizer Nationalrates begrüßte Annan die Idee. Allerdings meldete er zugleich Zweifel darüber an, ob die Regierungen der UN-Mitgliedsstaaten daran interessiert seien.[33] Wohl aus diesem Grund, zusammen mit der ablehnenden Haltung der IPU, hatte Annan den Vorschlag in seinen offiziellen Berichten nie aufgegriffen.

Die internationale Kampagne für eine UNPA

Der offene Brief aus der Schweiz wurde von vielen Weltföderalisten und Befürwortern einer UNPA als ein Meilenstein angesehen. Zusammen mit der Gesellschaft für bedrohte Völker, Ubuntu, WFM und anderen Partnern begann das Komitee für eine demokratische UNO bald darauf, eine internationale Kampagne zu planen. Es schien der richtige Zeitpunkt dafür gekommen zu sein, die Bemühungen für eine UNPA international zu bündeln und so effektiver zu machen. Schon 1996 hatte Childers in einer seiner ersten Reden als neuer Generalsekretär des weltweiten Dachverbands aller nationalen UN-Gesellschaften, WFUNA, eine koordinierte Kampagne angeregt.[34] Zehn Jahre nach seinem plötzlichen Tod im August 1996 verabschiedete der in Buenos Aires tagende WFUNA-Weltkongress eine Resolution und unterstützte damit die Einrichtung einer UNPA nun offiziell. Der Dachverband forderte »die Regierungen der UN-Mitgliedsstaaten, Parlamentarier und Vertreter der Zivilgesellschaft« dazu auf, »gemeinsam mögliche Schritte und Optionen« zur Schaffung einer UNPA zu prüfen.[35]

Mit der Veröffentlichung eines an die UNO und die Regierungen ihrer Mitgliedsstaaten gerichteten »Aufrufs für die Einrichtung einer Parlamentarischen Versammlung bei den Vereinten Nationen« wurde im April 2007 die internationale Kampagne für eine UNPA gleichzeitig in verschiedenen Hauptstädten der Welt, darunter Berlin, Brüssel, Bern, Buenos Aires, Dar Es Salaam, London, Madrid, Ottawa und Rom, gestartet. Nach dem Vorbild der Kampagne für den Internationalen Strafgerichtshof handelte es sich um ein informelles Netzwerk. Mit dem Aufruf wurde ein gemeinsamer politischer Nenner geschaffen, der es ermöglichte, die meisten Befürworter einer UNPA im Rahmen der Kampagne zusammenzubringen und mit einer Stimme sprechen zu lassen. »Um die Akzeptanz und Legitimität der Vereinten Nationen und der internationalen Zusammenarbeit zu sichern und ihre Handlungsfähigkeit zu stärken«, so der Aufruf, »müssen die Bevölkerungen in die Tätigkeit der UN und ihrer internationalen Organisationen besser und unmittelbarer eingebunden und an ihr beteiligt werden. Wir fordern daher, demokratische Mitwirkung und Repräsentation schrittweise auch auf der globalen Ebene umzusetzen«. Als einen »ersten entscheidenden Schritt« dazu, so das Statement, werde die Etablierung einer UNPA angesehen. Die Versammlung könne »zunächst aus nationalen Parlamentariern zusammengesetzt sein«. Nach und nach solle sie »mit umfassenden Informations-, Beteiligungs- und Kontrollrechten gegenüber den UN und den Organisationen des UN-Systems ausgestattet« und könne in einem späteren Schritt direkt gewählt werden.[36]

In einer Botschaft an alle Unterstützer schrieb Boutros-Ghali, der das KDUN schon früh zur Durchführung der Kampagne ermutigt hatte, dass die Demokratisierung der Globalisierung vorangebracht werden müsse, »bevor die Globalisierung die Grundlagen nationaler und internationaler Demokratie zerstört«. Eine UNPA sei ein »unverzichtbarer Schritt geworden, um eine demokratische

Kontrolle der Globalisierung zu erreichen«.[37] Unter Boutros-Ghalis Schirmherrschaft fand im Oktober 2007 in Genf ein internationales Treffen statt. Unter anderem wurde dort festgestellt, dass einer UNPA nach Ansicht der Kampagne auch Vertreter regionaler Parlamente wie des Europaparlaments angehören könnten und dass die Parlamentarisierung auch die Bretton-Woods-Institutionen, also die Weltbankgruppe und den Internationalen Währungsfonds, umfassen müsse. Außerdem setze man sich für Regelungen ein, die den an einer UNPA teilnehmenden Staaten von Anfang an erlauben würden, »für eine Direktwahl ihrer Delegierten zu optieren, wenn sie dies denn wünschen«. Die Direktwahl der UNPA-Delegierten werde als Voraussetzung dafür angesehen, um die Institution mit legislativen Rechten auszustatten.[38] Es wurde beschlossen, das Netzwerk weiter auszubauen und die Kampagne mit dem Aufruf fortzuführen. Die Schweiz, die als Beobachter bei dem Treffen dabei gewesen war, gab »ihrer Sympathie« für das Vorhaben einer UNPA Ausdruck, betonte jedoch, dass die UNO eine zwischenstaatliche Organisation sei, wie es in einem offiziellen Bericht des Bundesrates hieß.[39] Im Europaparlament in Brüssel, in New York und im Senat von Argentinien in Buenos Aires gab es in den Folgejahren bis 2015 vier weitere internationale Treffen. In Brüssel wurde 2008 insbesondere über die Beziehung der vorgeschlagenen UNPA zur IPU beraten – ein Thema, das immer wieder aufkam und daher eine gemeinsame Stellungnahme zu erfordern schien. »Eine UNPA würde die Funktionen der IPU weder ersetzen, noch duplizieren«, so das Fazit. »Im Gegenteil«, so hieß es, »eine UNPA würde eine Antwort auf das demokratische Defizit in der Global Governance darstellen, wie sie von der IPU in ihrer gegenwärtigen Struktur nicht angeboten werden kann.«[40]

Die Kampagne wird über alle ideologischen und parteipolitischen Grenzen hinweg international unterstützt. Der Aufruf der Kampagne ist inzwischen von rund 1.500 Abgeordneten und mehreren tausend anderen Personen aus rund 150 Ländern unterzeichnet worden, darunter viele hunderte Persönlichkeiten aus Politik, Wissenschaft und Zivilgesellschaft. Nur wenige können wir hier namentlich nennen, auch wenn es alle verdient hätten. Es sind zum Beispiel amtierende und ehemalige Staats- und Regierungschefs und Minister dabei, einige Parlamentspräsidenten, rund zwanzig Träger des Nobelpreises und des Alternativen Nobelpreises – darunter die Friedensnobelpreisträger John Hume und der Dalai Lama – sowie über 300 Professoren. Die Liste ist im Internet veröffentlicht.[41] Zu den Unterstützern, die in diesem Teil des Buches bereits genannt wurden, zählen beispielsweise Daniele Archibugi, Boutros Boutros-Ghali, Elmar Brok, Arthur C. Clarke, Harlem Désir, Richard Falk, Johan Galtung, Bronisław

Geremek, Olivier Giscard d'Estaing, Andreas Gross, Remo Gysin, Václav Havel, Dieter Heinrich, David Held, Otfried Höffe, Karl Kaiser, Hans Köchler, Armin Laschet, Federico Mayor, Saul Mendlovitz, Mike Moore, Thomas Pogge, Michel Rocard, Douglas Roche, Harald Schumann, Andrew Strauss, Brian Urquhart, Anders Wijkman, Christoph Zöpel und Tana de Zulueta.

Forderungen nach einer UNPA ab 2007

Die Kampagne trug dazu bei, dass die Forderung nach einer UNPA weiter im Gespräch blieb. In Kanada empfahl der Auswärtige Ausschuss des kanadischen Unterhauses im Juni 2007 in einem Bericht zur Entwicklung der Demokratie in der Welt, dass die Einrichtung einer UNPA wohlwollend geprüft werden solle. Auf Initiative des aus Mauritius stammenden Abgeordneten Mokshanand Sunil Dowarkasing verabschiedete das Pan-Afrikanische Parlament am 24. Oktober 2007 eine Resolution, die sich ausführlich mit einer UNPA befasste. Die aus Tansania stammende erste Präsidentin des PAP, Gertrude Mongella, die über umfangreiche UN-Erfahrung verfügte (zum Beispiel als Leiterin der UN-Weltfrauenkonferenz in Peking 1995), hatte sich schon länger für eine UNPA ausgesprochen. Die Afrikanische Union, so die Forderung des PAP, solle eine gemeinsame Position dazu erarbeiten. Das PAP war im März 2004 als beratendes Organ der Afrikanischen Union eingerichtet worden und ist aus 235 nationalen Parlamentariern der Mitgliedsstaaten zusammengesetzt. Laut Gründungsprotokoll soll das Parlament zu einem direkt gewählten Legislativorgan für den ganzen afrikanischen Kontinent werden. Eine UNPA, so hieß es in der Resolution, könne sich auf ähnliche Weise Schritt für Schritt entwickeln. Letzten Endes müsse sie, so das PAP, über Mitwirkungs- und Aufsichtsrechte verfügen, »insbesondere über das Recht, vollumfänglich beteiligte Parlamentsdelegationen oder -vertreter zu internationalen Regierungsforen und -verhandlungen entsenden zu können«. In »keinster Weise« laufe eine UNPA »der wertvollen und hoch geschätzten Arbeit der IPU« zuwider.[42] Fast zehn Jahre später, im Mai 2016, bekräftige das PAP die Forderung nach einer UNPA mit einer von Ivone Soares aus Mozambique eingebrachten Resolution.

Als sich im Mai 2008 Vertreter des Europaparlaments und des PAP in Südafrika trafen, wurde ein gemeinsames Statement zur Unterstützung einer UNPA auf Drängen des spanischen Europaabgeordneten und IPU-Ehrenpräsidenten Miguel Angel Martínez von der Tagesordnung gestrichen. Im Jahr zuvor hatte eine kleine Beratergruppe des IPU-Komitees über UN-Fragen einmal mehr festgestellt, dass die IPU die Schaffung »einer Art von Weltparlament« nicht unterstützen sollte. Ein Weltparlament, so wurde zu Protokoll gegeben, würde »ohnehin nur dann Sinn machen, wenn es eine Weltregierung« gebe.[43]

Im Mai 2008, verabschiedete der zweite Weltkongress aller grünen Parteien im brasilianischen São Paulo ein sogenanntes 21-Punkte-Programm für das 21. Jahrhundert, das im Abschnitt über die Stärkung der Demokratie auch die Einrichtung einer UNPA als Ziel festschrieb. Der dritte grüne Weltkongress im senegalesischen Dakar forderte dann im April 2012 in einer Resolution »die Grünen in aller Welt« dazu auf, sich an der UNPA-Kampagne zu beteiligen. Der Bundesvorstand von Bündnis90/Die Grünen hatte dies schon zwei Jahre zuvor beschlossen. »Ein globales Parlament«, so kommentierte die Bundesvorsitzende Claudia Roth seinerzeit, »wäre bestens dazu geeignet, um die Vereinten Nationen demokratischer und transparenter zu machen«[44].

In Lateinamerika wurde die Forderung nach einer UNPA anfangs maßgeblich von zwei Argentiniern, dem Abgeordneten Fernando Iglesias von der Coalición Cívica und der Senatorin Sonia Escudero von der Peronistischen Partei, vorangetrieben. In dem 2006 auf spanisch veröffentlichten Buch »Globalizar la democracia: por un Parlamento Mundial« hatte sich Iglesias ausführlich mit der Frage eines Weltparlaments befasst.[45] Argentinien hatte eine heftige Wirtschafts- und Finanzkrise mit schwerer Rezession hinter sich, bei der das Land zeitweise im Chaos versunken war und im Dezember 2001 den Staatsbankrott erklären musste. Die Vorgaben des Internationalen Währungsfonds, der die Fiskalpolitik Argentiniens schon seit Anfang der 1990er Jahre als Kreditgeber mitgestaltete und dem daher eine Mitverantwortung an der Krise von 1999 bis 2002 zugeschrieben wurde, waren äußerst umstritten. Der IWF erschien vielen als intransparente und undemokratische Bürokratie, die keiner effektiven Kontrolle unterlag und für ihre fehlgeleitete Politik kaum zur Verantwortung gezogen werden konnte. Eine Demokratisierung internationaler Institutionen erschien daher als wichtiges Anliegen und eine UNPA wurde als möglicher Ausgangspunkt angesehen. Einen ersten Schritt unternahmen Iglesias und Escudero im Lateinamerikanischen Parlament, wo Escudero von 2006 bis 2010 als Generalsekretärin amtierte. Das Parlatino ist eine 1964 gegründete deliberative Versammlung mit Delegierten aus 23 nationalen Parlamenten. Die Versammlung strebt gegenwärtig an, ein gesetzgebendes Organ der seit 2010 in Gründung befindlichen Gemeinschaft der Lateinamerikanischen und Karibischen Staaten CELAC zu werden. Im Dezember 2008 erklärte das Parlatino seine »Unterstützung aller Bemühungen zur Schaffung und Einrichtung einer parlamentarischen Versammlung bei der UNO«.[46] Es folgten ähnliche Resolutionen im Senat und in der Deputiertenkammer von Argentinien sowie im Dezember 2011 im Parlament von Mercosur, das aus Abgeordneten der Mercosur-Mitglieder Argentinien, Brasilien, Paraguay und Uruguay besteht. Wenn es irgendeines Beweises bedurft hätte, dass die Forderung nach einer UNPA kein westliches, sondern ein globales Projekt ist, so wurde dieser spätestens mit den Erklärungen aus Afrika und Lateinamerika erbracht.

Im Zuge der globalen Finanzkrise, rund ein halbes Jahr nach dem Zusammenbruch der US-amerikanischen Investmentbank Lehman Brothers, trafen sich die Spitzenvertreter der G20 im April 2009 in London, um über Maßnahmen zu beraten. Die Kampagne veröffentlichte aus diesem Anlass einen »Aufruf für eine globale demokratische Beaufsichtigung der internationalen Wirtschafts- und Finanzinstitutionen«, dem sich neben vielen anderen Unterstützern auch der ehemalige deutsche Bundesfinanzminister Hans Eichel anschloss. »An diesem kritischen Zeitpunkt«, sagte Boutros-Ghali, »fordern wir die Vereinten Nationen und die Regierungen ihrer Mitgliedsstaaten dazu auf, die Einrichtung einer Parlamentarischen Versammlung bei den UN in die Beratungen über die Reform der internationalen Währungs-, Wirtschafts- und Finanzinstitutionen einfließen zu lassen.«[47] Die Versammlung solle gegenüber den Bretton-Woods-Institutionen eine Aufsichtsfunktion übernehmen, den Bürgerinnen und Bürgern Gehör verschaffen und könne außerdem bei der Wahl der Exekutivdirektoren der Institutionen Mitspracherechte erhalten.

In einer von Gross vorbereiteten Resolution betonte die Parlamentarische Versammlung des Europarates im Oktober 2009, dass »die Hinzufügung eines demokratischen Elements in das UN-System als Antwort auf den Prozess der Globalisierung« inzwischen noch notwendiger geworden sei. Die Europarats-Parlamentarier bedauerten, dass keiner der zahlreichen Reformvorschläge, die innerhalb der UNO in den letzten Jahren offiziell vorgebracht wurde, die »Verbesserung des demokratischen Charakters der Vereinten Nationen« zum Ziel gehabt hätte. Vorgeschlagen wurde nun, dass eine Parlamentarische Versammlung bei der UNO »entweder aus Vertretern internationaler regionaler parlamentarischer Versammlungen oder direkt gewählten Vertretern« bestehen könne.[48] Es wurde aber auch ein Antrag angenommen, mit dem festgestellt wurde, dass neben der Einrichtung einer neuen Versammlung die IPU »eine der potentiellen Optionen für die Schaffung eines parlamentarischen Flügels der UNO« sei.[49]

Die dritte Weltkonferenz der Parlamentssprecher

Bei der IPU selbst liefen bereits die Vorbereitungen zur dritten Weltkonferenz der Parlamentssprecher, die im Juli 2010 in Genf stattfinden sollte. Als Schlüsselfrage zur weiteren Ausgestaltung ihrer Rolle bei der UN wurde der Rechtsstatus diskutiert. Vor allem drei Optionen waren im Gespräch: Den Status quo zu bewahren, eine Charta-Änderung anzustreben, um die IPU zu einem UN-Organ zu machen sowie die IPU auf die Grundlage eines neuen zwischenstaatlichen Vertrages zu stellen. Letzteres wurde angeblich vom IPU-Sekretariat favorisiert. Einig schien man sich darin zu sein, dass es keine zusätzliche von der IPU unabhängige Institution geben dürfe. Der Vorbereitungsausschuss stellte wohl in diesem Sinne fest, dass er die Etablierung einer UNPA ablehne, da diese, so die Begründung, »mit der Strategie für parlamentarische Interaktion mit den Vereinten Nationen inkompatibel« sei.[50] Bei der Weltkonferenz traten die unterschiedlichen Auffassungen innerhalb der IPU-Mitgliedschaft offen zutage. Der aus Kenia stammende Sprecher der Ostafrikanischen Legislativversammlung EALA, Abdirahin Abdi, zum Beispiel schlug vor, dass die Parlamente formal in die Entscheidungsmechanismen der UN einbezogen werden sollten (der kenianische Parlamentspräsident Kenneth Marende, der nicht in Genf war, unterstützte eine UNPA). »Es könnte etwa zu einem Erfordernis gemacht werden«, so Abdi, »dass jede Entscheidung der UN-Generalversammlung oder des UN-Sicherheitsrates einer Form von parlamentarischer Mitwirkung unterworfen werden muss, damit sie verabschiedet werden können. Wir könnten durch eine Stärkung existierender parlamentarischer Foren wie der Inter-Parlamentarischen Union erreichen, dass wir gemeinsam mit der UN-Generalversammlung und dem UN-Sicherheitsrat über die Gestaltung von weltpolitischen Fragen entscheiden«, meinte er.[51] Der Präsident des Deutschen Bundestages, Norbert Lammert, vertrat eine entgegengesetzte Position, die den Status quo verteidigte. In seiner Rede erklärte er, dass die IPU »weder ein Weltparlament noch eine Unterorganisation der VN« sei und dies auch nicht werden solle.[52] Im Widerspruch zur Beschlussfassung des Bundestages selbst sprach er sich auch gegen eine Strukturreform aus. Unter Lammerts Ägide setzte eine Allianz aus arabischen und europäischen Parlamentspräsidenten diese Position durch (das war noch vor den arabischen Revolutionen). »Die Weltkonferenz der Parlamentsvorsitzenden«, schrieb die *Neue Zürcher Zeitung*, hat »eine nüchterne Entschliessung verabschiedet, welche auf westlichen Druck hin die Ambitionen zur Schaffung eines Weltparlaments auf realistische Dimensionen reduziert.«[53] Der Sprecher des lediglich beratenden Föderalen Nationalrats der Vereinigten Arabischen

Emirate, der Milliardär Abdul Aziz Al Ghurair, sprach sich gleichzeitig allerdings dafür aus, dass die IPU die Etablierung einer neuen Institution unterstützen solle, eines, wie er sagte, »unabhängigen internationalen Gremiums, das die Weltbevölkerung vertritt und als parlamentarischer Arm der UN fungiert und jedes Land, ob groß oder klein, demokratisch zur Rechenschaft ziehen kann, wenn es seinen internationalen Verpflichtungen nach den Prinzipien des Völkerrechts« nicht nachkomme. Die IPU solle dadurch nicht ersetzt, sondern ergänzt werden.[54] Im Januar 2013 verabschiedete die Ostafrikanische Legislativversammlung eine offizielle Resolution, in der die »unzureichende formale Einbeziehung gewählter Repräsentanten in der Arbeit der Vereinten Nationen« beklagt und die Einrichtung einer UNPA unterstützt wurde.[55] In der Übersicht zum Bericht der Global Redesign Initiative des Weltwirtschaftsforums erläuterten Richard Samans, Klaus Schwab und Mark Malloch Brown, dass eine beratende UN-Parlamentarierversammlung ein »notwendiges Mittel« sei, um die demokratische Partizipation im UN-System zu fördern.[56]

Die Resolution des Europaparlaments von 2011

Im Europäischen Parlament war unterdessen der FDP-Abgeordnete Alexander Graf Lambsdorff für UN-Fragen zuständig. Vor seiner Wahl als Europaabgeordneter im Jahr 2004 war er im Auswärtigen Amt tätig gewesen. Lambsdorff war der Meinung, dass eine UNPA keine gute Idee sei. Als wichtigstes Argument führte er an, dass die Einbeziehung undemokratischer Länder in solch einer Versammlung ein unüberwindbares Problem sei. So kam es, dass die von Lambsdorff erstellten Entwürfe für die UN-politischen Empfehlungen des Europaparlaments an den Rat der EU die Frage einer UNPA stets ausklammerten. Die Befürworter im Parlament mussten Änderungsanträge stellen. 2011 setzte sich ein von Jo Leinen, Elmar Brok und den beiden liberalen Abgeordneten Alexander Alvaro aus Deutschland und Andrew Duff aus Großbritannien eingebrachter Antrag durch. In der am 8. Juni 2011 vom Europaparlament verabschiedeten Resolution wurde dann dem Rat der EU unter anderem empfohlen, »die Einrichtung einer Parlamentarischen Versammlung der Vereinten Nationen innerhalb des Systems der Vereinten Nationen zu befürworten, um den demokratischen Charakter, die demokratische Rechenschaftspflicht und die Transparenz der Weltordnungspolitik zu erhöhen und eine bessere Beteiligung der Öffentlichkeit an den Tätigkeiten der Vereinten Nationen zu ermöglichen«. Dabei sei anzuerkennen, dass die UNPA »ein ergänzendes Gremium zu den bestehenden Gremien, einschließlich der Interparlamentarischen Union, wäre«.[57] In Deutschland wandten sich daraufhin rund 40 Vereine und Verbände sowie über 150 Persönlichkeiten in einem offenen Brief an Bundeskanzlerin Merkel und Bundesaußenminister Westerwelle und baten diese darum, der Empfehlung des Europaparlaments zu folgen und die Einrichtung einer UNPA bei der UN-Generalversammlung zu forcieren. Zu den Unterzeichnern gehörten beispielsweise Attac, der Bund für Umwelt und Naturschutz, die Deutsche Gesellschaft für die Vereinten Nationen, die Gesellschaft für bedrohte Völker, Mehr Demokratie e.V., der Senat der Wirtschaft oder World Vision Deutschland. Zu den unterzeichnenden Personen zählten rund 40 Professoren, etwa 70 Abgeordnete aller Parteien aus dem Bundestag und dem Europäischen Parlament, der SPD-Vorsitzende Sigmar Gabriel, die ehemaligen Ministerpräsidenten Hans Eichel und Erwin Teufel, zahlreiche ehemalige Bundesminister, die ehemalige Bundestagspräsidentin Rita Süssmuth und der ehemalige CDU-Generalsekretär Heiner Geißler. Eine Antwort auf den Brief erhielten sie nicht.

Der Rat der EU ließ im November 2011 als Reaktion auf eine parlamentarische Anfrage im Europaparlament knapp mitteilen, dass er zum Vorschlag einer UNPA »keinen Standpunkt« habe.[58] In einem Schreiben an die Kampagne etwas mehr als zwei Jahre später brachte der belgische Außenminister Didier Reynders einige typische Argumente vor. Nach »umfangreichen Diskussionen auf der Ebene der UN-Arbeitsgruppe des Rates der EU im Verlauf des Jahres 2012«, schrieb der Außenminister, sei man zu dem Ergebnis gekommen, dass die Etablierung einer UNPA »bis auf weiteres« »keine Priorität« für die EU sein könne. Reynders verwies dabei unter anderem auf die Kooperation der UN mit der IPU. Bei der UN handele es sich außerdem um eine intergouvernementale Organisation, deren Mitglieder ihren nationalen Parlamenten gegenüber rechenschaftspflichtig seien. Zudem behauptete er, dass eine Änderung der UN-Charta erforderlich sei und diese sei »im Moment« unrealistisch. Zuletzt könnten die hohen Kosten, die mit der Etablierung einer UNPA verbunden wären, nicht getragen werden.[59]

Unter der Federführung von Fernando Iglesias, der einen Monat später in Winnipeg zum Vorsitzenden des internationalen Rates des WFM gewählt wurde, veröffentlichten Intellektuelle aus über zehn Ländern im Juni 2012 ein gemeinsames Manifest »für eine globale Demokratie«. Wenige Tage nach der UN-Konferenz über Nachhaltige Entwicklung in Rio de Janeiro und dem G20-Treffen in Los Cabos, Mexiko, hoben die rund 25 Erstunterzeichner und Erstunterzeichnerinnen hervor, dass die Herausforderungen der Globalisierung »die zügige Implementierung von Formen einer demokratischen Weltordnungspolitik zu allen Fragen erfordern, zu deren Lösung gegenwärtige zwischenstaatliche Gipfel offensichtlich nicht in der Lage sind«. Die Nationalstaaten sollten Teil »einer breiteren und besser koordinierten Struktur« werden, »die demokratische regionale Institutionen auf allen Kontinenten, die Reform des Internationalen Gerichtshofs, einen gerechteren und ausgewogeneren Internationalen Strafgerichtshof und eine Parlamentarische Versammlung bei den Vereinten Nationen als Keimzelle für ein zukünftiges Weltparlament umfasst«. Zu den Unterzeichnern gehörten unter anderem Jacques Attali, Zygmunt Bauman, Ulrich Beck, Noam Chomsky, Susan George, Saskia Sassen und Vandana Shiva.[60] Ein im November 2013 in der Abgeordnetenkammer des italienischen Parlaments eingebrachter Antrag zur Unterstützung einer Parlamentarischen Versammlung bei der UN verwies in der Begründung auf dieses Manifest. Initiiert wurde der Antrag von der Abgeordneten Federica Mogherini von der Demokratischen Partei. Drei Monate später wurde sie zur Außenministerin Italiens ernannt und verließ das Parlament. Im November 2014 übernahm sie das Amt der Hohen Vertreterin der EU für Außen- und Sicherheitspolitik.

Die Empfehlungen von de Zayas

Der Vorschlag einer parlamentarischen Versammlung wurde nun erstmals auch im offiziellen Rahmen bei der UN aufgeworfen. Auf Initiative von Kuba hatte der UN-Menschenrechtsrat 2011 eine Resolution zur »Förderung einer demokratischen und gerechten internationalen Ordnung« verabschiedet und die Mandatierung eines UN-Sonderberichterstatters zu dieser Frage beschlossen. In der von 29 Ja-Stimmen bei 12 Nein-Stimmen und 5 Enthaltungen angenommenen Resolution wurde unter anderem auf die Voraussetzungen einer »demokratischen und gerechten internationalen Ordnung« eingegangen. Dazu gezählt wurde etwa das Recht auf »gerechte Partizipation aller, ohne jede Diskriminierung, in innerstaatlicher und globaler Entscheidungsfindung«.[61] Die gleiche Formulierung findet sich seit 2004 in verschiedenen Resolutionen der UN-Generalversammlung zu diesem Themenbereich, die regelmäßig mit einer Zweidrittelmehrheit angenommen wurden.[62] Die Gegenstimmen kamen bislang vor allem aus Europa sowie von den USA und ihren engeren Verbündeten. Laut UN-Menschenrechtsrat sollte der neue unabhängige Experte »mögliche Hindernisse bei der Förderung und dem Schutz einer demokratischen und gerechten internationalen Ordnung identifizieren, und dem Menschenrechtsrat Vorschläge und/oder Empfehlungen zu möglichen Maßnahmen in dieser Hinsicht vorlegen«. Als Mandatsträger wurde der in Kuba geborene US-Amerikaner Alfred de Zayas gewählt, der mehr als zwanzig Jahre lang als ranghoher Beamter im Menschenrechtsbereich der UN tätig gewesen war. Der in Genf lehrende Völkerrechtler kündigte an, sich unter anderem mit dem Vorschlag einer Parlamentarischen Versammlung bei der UN befassen zu wollen. In einem dem UN-Menschenrechtsrat am 10. September 2013 vorgestellten Bericht bezeichnete er den Vorschlag als eine »vielversprechende Initiative« und empfahl dem Rat, eine Studie dazu in Auftrag zu geben. In der Debatte sagte ein Vertreter Ägyptens, dass sein Land »den Verweis auf die vorgeschlagene Parlamentarische Versammlung bei den Vereinten Nationen als Instrument zur Einbeziehung der globalen öffentlichen Meinung« positiv bewerte.[63] Einen Monat später, am 28. Oktober 2013, gab de Zayas in einem Bericht an die UN-Generalversammlung die Empfehlung ab, dass die UN eine Konferenz durchführen sollte, um Vorschläge wie eine weltweite Parlamentarierversammlung oder auch eines neuen Weltgerichtes der Menschenrechte zu erörtern. Bei einer Pressekonferenz am UN-Sitz in New York anlässlich der Vorstellung des Berichts sagte der Völkerrechtler, dass die Etablierung einer weltweiten Parlamentarierversammlung »unerlässlich« sei, um globale Entscheidungsfindung wirklich repräsentativ zu machen.

Neuere Entwicklungen

Nach der fünften internationalen Konferenz über eine UNPA, die am 16. und 17. Oktober 2013 im Europaparlament in Brüssel stattfand und bei der es eine Konsultation mit de Zayas gab, erklärte der UN-Berichterstatter in einer Pressemitteilung, dass die Zeit für eine weltweite Parlamentarierversammlung reif sei. Gastgeber der Konferenz in Brüssel waren die Europaabgeordneten Elmar Brok, Jo Leinen, Isabella Lövin und Graham Watson aus den vier größten Fraktionen des Parlaments: der Europäischen Volkspartei, der Progressiven Allianz der Sozialdemokraten, der Grünen und der liberalen Gruppe. Das Treffen der internationalen Kampagne war zugleich Auftakt der erstmals veranstalteten »Globalen Aktionswoche für ein Weltparlament«. In mehr als fünfzig Städten rund um die Welt hatten Aktivisten Veranstaltungen organisiert und die Einrichtung eines demokratisch gewählten Weltparlaments gefordert. Im Mobilisierungsaufruf der Aktionswoche wurde die Sorge zum Ausdruck gebracht, »dass unser derzeitiges politisches System nicht ausreicht, um damit die wachsenden globalen Herausforderungen in den Griff zu bekommen«. Das wichtigste Anliegen der Regierungen sei es, nationale Interessen zu verteidigen und nicht »das Gemeinwohl der Menschheit und der Umwelt«. Ein Weltparlament hingegen wäre »ein Instrument, um Lösungen zu finden und umzusetzen, die demokratisch sind, für die Rechenschaft abgelegt werden muss und die dem besten Interesse der Menschheit dienen«.[64] Es wurde beschlossen, die Aktionswoche jedes Jahr im Oktober zu veranstalten. 2014 beispielsweise fanden an rund 40 Orten weltweit erneut Aktionen für ein Weltparlament statt. Durch die globale Aktionswoche soll die Forderung popularisiert und stärker in die internationale Öffentlichkeit getragen werden.

Beim Gipfeltreffen des Commonwealth in Sri Lanka im November 2013 forderte dann der Außenminister von Malta, George Vella, die Regierungen der Commonwealth-Mitgliedsländer und die Parlamentarische Vereinigung des Commonwealth dazu auf, die internationale Kampagne für eine UNPA zu unterstützen. Mit Verweis auf die 54 Mitglieder des Commonwealth sagte Vella, dass die Commonwealth-Länder die Etablierung der Versammlung bei der UN durchsetzen könnten, »um Repräsentation und parlamentarische Diplomatie zu stärken«.[65] Unseres Wissens nach hatte sich seit Ernest Bevins Vorstoß von 1945 bis dahin kein amtierender Außenminister mehr für den Vorschlag ausgesprochen. Mit der Unterstützung des Konzepts des »gemeinsamen Erbes der Menschheit« im Zuge der Verhandlungen über das Seerechtsübereinkommen hat sich Malta in der Vergangenheit bereits für fortschrittliche Ideen eingesetzt.

Der Bericht der Albright-Gambari-Kommission

In der Tradition der Commission on Global Governance formierte sich 2014 unter dem Ko-Vorsitz der ehemaligen US-Außenministerin Madeleine Albright und dem ehemaligen nigerianischen Außenminister Ibrahim Gambari eine »Kommission für globale Sicherheit, Gerechtigkeit und Governance«. Zu den Mitgliedern der 16köpfigen Kommission, deren Arbeit vom Hague Institute for Global Justice und dem Stimson Center in Washington D.C. unterstützt wurde, zählte auch der ehemalige kanadische Außenminister und Präsident des WFM, Lloyd Axworthy. Im Vorfeld des 70. Gründungsjubiläums der UN stellte die Kommission im Juni 2015 einen Bericht mit rund 80 Empfehlungen vor, deren Umsetzung dazu dienen solle, »der gegenwärtigen Krise der Global Governance« entgegenzutreten. Unter den Empfehlungen der Kommission befindet sich die Etablierung eines »parlamentarischen Netzwerks der UN«. »Als pragmatischer Ansatz, um die Beziehungen zwischen der UN und den Bürgern zu stärken und das Demokratiedefizit der Weltorganisation zu überwinden, könnte ein nach Artikel 22 der UN-Charta etabliertes Parlamentarisches Netzwerk der UN bedeutendes Potential haben, um das Wissen der Öffentlichkeit über die Arbeit der wichtigsten globalen Institution sowie deren Beteiligung an dieser auszubauen«, heißt es in dem Bericht. Ein aus Abgeordneten der nationalen Parlamenten zusammengesetztes UN-Parlamentariernetzwerk könne die Arbeit der IPU ergänzen und die langfristigen Bemühungen der Zivilgesellschaft zur Entwicklung einer »transnationalen demokratischen Kultur« stärken.[66] In einer näheren Erläuterung wird in dem Bericht der unterschiedliche Zweck der IPU betont. Diese befasse sich hauptsächlich mit nationalen Fragen, während es im Netzwerk um die UN und die Entscheidungsfindung auf der globalen Ebene gehen würde. Als Vorbilder verweist der Bericht auf die WTO-Parlamentarierkonferenz und auf das im Jahr 2000 gegründete Parlamentarische Netzwerk zur Weltbank und den IWF. Im Gegensatz zu diesen solle das UN-Parlamentariernetzwerk allerdings formell mit den UN verbunden sein. Fachleute fragten sich, worin der genaue Unterschied zwischen dem im Kommissionsbericht empfohlenen parlamentarischen Netzwerk und der seit langem vorgeschlagenen parlamentarischen Versammlung liegen sollte.

Anders als bei vorangegangenen Panels dieser Art soll die Arbeit mit dem Bericht nicht beendet sein. Vor dem Hintergrund der erfolgreichen Beispiele der internationalen Kampagne für ein Verbot von Landminen und der Koalition für den Internationalen Strafgerichtshof will die Kommission für die Realisierung der von ihr vorgebrachten Empfehlungen die Bildung neuer Koalitionen fördern, in denen unterschiedliche Akteure wie Regierungen, NGOs oder Unternehmen zusammenwirken sollen. Die Kommission verfolgt dabei eine Doppelstrategie. Zum einen soll parallel an bestimmten Vorschlägen gearbeitet werden. Im Bericht heißt es, dass zum Beispiel am UN-Sitz in New York »spezielle UN-Arbeitsgruppen« von UN-Botschaftern aus allen wichtigen Weltregionen über die Reform der UN-Organe und dabei auch über die Einrichtung des UN-Parlamentariernetzwerkes beraten könnten. Zum anderen soll für das 75. Jubiläum der UN im Jahr 2020 eine »Weltkonferenz über Globale Institutionen« angestrebt werden, um über globale institutionelle Reformen zu beschließen. Wie der Bericht ausführt, könnten dabei auch Änderungen der UN-Charta ins Auge gefasst werden.[67]

Teil II
Regieren und Demokratie im Anthropozän

Die in der zweiten Hälfte des 18. Jahrhunderts in England begonnene Industrialisierung steht für eine rasante Periode wirtschaftlichen Wachstums, technologischer Neuerungen und gesellschaftlicher Umwälzungen, die bis zur Gegenwart fortdauert und den gesamten Erdball erfasst hat. Als die Forderung nach einem Weltparlament zur Zeit der französischen Revolution erstmals aufkam, waren diese Veränderungen nicht einmal vorstellbar. »Die Entstehung der westlichen Industriegesellschaften«, so der Soziologe Georg W. Oesterdiekhoff, »dürfte das größte welthistorische Ereignis der Kulturmenschheit seit Entstehung der Art oder seit dem Neolithikum darstellen.« Im Verhältnis zur industriellen Dynamik der letzten zweihundert Jahre, schreibt Oesterdiekhoff, sei die zehntausendjährige Geschichte der neolithischen Landwirtschaft »eine langweilige und langsame Angelegenheit« gewesen.[1] Die Moderne ist die Geschichte eines andauernden Dranges zur Beschleunigung von Produktion, Fortbewegung, Transport und Kommunikation. Die zu beobachtende Globalisierung von Moderne und Industrie habe dazu geführt, so Oesterdiekhoff, »dass zu keinem Zeitpunkt der Weltgeschichte die Lebensbedingungen von so vielen Menschen in einem so kurzen Zeitraum sich derart drastisch geändert« hätten.[2] »Ein regelmäßiger Besucher aus dem All«, meint der britische Diplomat und Wissenschaftler Crispin Tickell, »würde in den letzten 200 Jahren mehr Veränderungen vorfinden als in den vorangegangenen 2000 Jahren und in den letzten 20 Jahren mehr als in den 200 davor.«[3] Dieser Eindruck einer sich beschleunigenden Entwicklung ist nicht neu. Bereits 1902 machte H.G. Wells eine ähnliche Beobachtung. Im 19. Jahrhundert, schrieb Wells, »gab es mehr Veränderungen in den menschlichen Lebensumständen, als in den vorangegangenen tausend Jahren«.[4]

Die Entwicklung der menschlichen Zivilisation seit der Industrialisierung lässt sich anhand einiger globaler Kernzahlen festmachen. Der Anthropologe Leslie A. White (1900 bis 1975), ein Neoevolutionist in der Tradition von Lewis Henry Morgan, betonte, wie grundlegend die Verfügbarkeit von Energie für die Evolution eines Systems ist. »Kultur«, so formulierte White sein »Grundgesetz kultureller Evolution«, »entfaltet sich als Steigerung der Menge an Energie, die pro Kopf und Jahr nutzbar gemacht wird oder als Steigerung der Effizienz der Mittel, die zur Energienutzung eingesetzt werden«.[5] Durch die maschinelle Verwendung der in Kohle und später der in Öl und Gas gespeicherten Energie wurden die Umwälzungen der industriellen Revolution buchstäblich angefeuert. Von 1820 bis 2010 wuchs der *jährliche* weltweite Primärenergieverbrauch fast um das sechzigfache von rund 220 Millionen auf 12,8 Milliarden Tonnen Öleinheiten (eine Öleinheit steht für die Energie, die beim Verbrennen von einer Tonne Rohöl freigesetzt wird). Die Weltbevölkerung ist seit 1800 von etwa einer Milliarde auf heute sieben Milliarden Menschen angewachsen. Die *jährliche* weltweite Wirtschaftsleistung schließlich ist seit 1820 um mehr als das siebzigfache gestiegen. Gemessen an der *akkumulierten* Wirtschaftsleistung der gesamten menschlichen Geschichte wird das Ausmaß der Steigerung deutlicher. Auf Grundlage der von dem Ökonomen Angus Maddison zusammengetragenen Daten lässt sich zum Beispiel sagen, dass etwa ein Viertel der jemals in der gesamten Menschheitsgeschichte produzierten Güter und Dienstleistungen in diesem Jahrhundert, also seit dem Jahr 2000, erzeugt wurden. Der Anteil des 20. Jahrhunderts liegt bei etwa 55 Prozent und der des 19. Jahrhunderts schon bei nur noch rund fünf Prozent.[6]

Schon allein anhand des rasanten Anstiegs der Weltbevölkerung lässt sich die gleichzeitig wachsende Komplexität der menschlichen Lebenswelt und des Weltsystems erahnen. Wenn die Geschichte nämlich von Menschen gemacht wird und wenn gegenwärtig sieben Mal mehr Menschen existieren als vor zweihundert Jahren, so argumentierte der *Economist*, dann wird heute auch ein siebenfacher Faktor an Geschichte erzeugt.[7] Die revolutionäre technologische Weiterentwicklung und das Wissenswachstum potenzieren den Effekt um ein Vielfaches. Der Zukunftsforscher Alvin Toffler diagnostizierte 1965 einen »Zukunftsschock«, worunter er die »erdrückende Belastung und vollkommene Desorientierung von Menschen, die in zu kurzer Zeit zu viele Veränderungen durchmachen müssen«, verstand. Der Zukunftsschock sei »ein Ergebnis der Tatsache, daß sich Veränderungen in der Gesellschaft immer rascher vollziehen, einen immer größeren Umfang annehmen«.[8] Wie Norbert Elias bereits vor über siebzig Jahren ausgeführt hat, ist diese Beschleunigung auch ein Merkmal eines immer dichter werdenden und sich über die ganze Erde ausbreitenden Interdependenzgeflechtes. Das »Tempo unserer Zeit«, so der Soziologe, »ist in der Tat nichts anderes, als ein Ausdruck für die Menge der Verflechtungsketten, die sich in jeder einzelnen, gesellschaftlichen Funktion verknoten, und für den Konkurrenzdruck, der aus diesem weiten und dicht bevölkerten Netz heraus jede einzelne Handlung antreibt«.⁹

Ein großer Teil der Weltbevölkerung genießt heute einen historisch völlig einmaligen materiellen Wohlstand. Auch wenn es starke regionale Unterschiede gibt, ist die Lebenserwartung im weltweiten Durchschnitt so hoch wie noch nie. Nach Zahlen der UN ist sie von 47 Jahren um 1955 auf 70 Jahre um 2015 gestiegen. Der überzeugte Fortschrittsglaube früherer Zeiten ist jedoch für viele Menschen angesichts von fortdauerndem Krieg, Völkermord, Atomwaffen, Terrorismus, Umweltzerstörung, Klimawandel, zur Neige gehender Ressourcen, Industriekatastrophen, Hunger, Elend, Armut, Arbeitslosigkeit und sich auftürmender öffentlicher Schuldenberge mehr und mehr einer Zukunftsangst und Orientierungslosigkeit gewichen. Von einer Erschöpfung der utopischen Energien, einer »neuen Unübersichtlichkeit« und einer Ratlosigkeit der Intellektuellen sprach Jürgen Habermas.¹⁰ Der französische Philosoph Jean-François Lyotard rief in seinem Buch »Das postmoderne Wissen« von 1979 gleich ganz das Scheitern der Moderne und den Beginn der »Postmoderne« aus. In der Moderne, so könnte man seinen Gedankengang kurz zusammenfassen, gab es immer ein übergeordnetes Zukunftsbild, eine »noch zu verwirklichende Idee«, die zur Orientierung und Legitimierung diente. Darunter verstand Lyotard »große Erzählungen« wie Fortschritt, Aufklärung oder Sozialismus. Das Verbrechen des Holocaust, argumentierte er, habe am tragischsten deutlich gemacht, dass solche großen Legitimationserzählungen ihre Glaubwürdigkeit verloren hätten. Mit dem Niedergang der Metaerzählungen, wie Lyotard sie auch nannte, sei somit zugleich das Projekt der Moderne »zerstört« worden. Den Sieg habe die »kapitalistische Techno-Wissenschaft« davongetragen, die den Prozess der Delegitimierung im Gewand der Moderne fortsetze und diese dabei weiter zersetze.¹¹

Die Problematik der Moderne ist der übergeordnete Zusammenhang, in dem das Projekt eines Weltparlaments, einer Weltrechtsordnung und einer neuen globalen Aufklärung zu sehen ist. Obwohl die Idee eines Weltparlaments Jahrhunderte zurückreicht, ist sie nicht veraltet, sondern im Gegenteil immer aktueller und drängender geworden. Um die Sicherstellung des Weltfriedens allein geht es nicht mehr. Es stellt sich vielmehr die umfassendere Frage des *Weltregierens,* die zugleich eine tiefgehende intellektuelle Krise sichtbar macht. Ausgangspunkt unserer Überlegungen ist zunächst der Einfluss der menschlichen Aktivitäten auf das ökologische Gleichgewichtssystem der Erde als Überlebensgrundlage unserer heutigen Weltzivilisation.

10.
Das Anthropozän, planetare Grenzen und die Tragödie der Gemeingüter

Das Zeitalter des Menschen
In der Geowissenschaft ist eine Diskussion darüber entbrannt, ob die menschlichen Aktivitäten erdgeschichtliche Dimensionen erreicht haben. Die Einführung einer neuen geologischen Epoche wird geprüft. Sie würde dem vor zwölftausend Jahren beginnenden Holozän nachfolgen. Ihr Zweck wäre es, den Menschen als Einflussfaktor in den Mittelpunkt zu stellen. Der niederländische Meteorologe Paul J. Crutzen, der für seinen Beitrag zur Erforschung des Ozonlochs den Nobelpreis für Chemie erhielt, argumentierte 2002 im Magazin *Nature,* dass die Auswirkungen des menschlichen Handelns auf die globale Umwelt in den letzten drei Jahrhunderten so prägend geworden seien, dass diese neue Epoche als »Anthropozän« bezeichnet werden müsse, was so viel wie »das Zeitalter des Menschen« heißt. Schon 1873 habe der italienische Geologe Antonio Stoppani die massive Umwelteinwirkung des Menschen erkannt und von einem »anthropozänen Zeitalter« gesprochen. »Den Beginn des Anthropozäns«, so meint Crutzen, »kann man auf das späte 18. Jahrhundert datieren, da Untersuchungen der in Eisbohrkernen eingeschlossenen Luftbläschen ergaben, daß die Konzentration von CO_2 und Methan in der Atmosphäre in dieser Zeit weltweit zuzunehmen begann«.[1] Der CO_2-Anteil in der Atmosphäre ist im Vergleich zur vorindustriellen Zeit um mehr als ein Drittel gestiegen und liegt damit höher als in den letzten 2,1 Millionen Jahren.[2] Ursache ist größtenteils die Nutzung der fossilen Energie, die im Verlauf von hunderten Millionen von Jahren gespeichert wurde und nun freigesetzt wird. Noch in Millionen von Jahren soll es möglich sein, die industrielle Zivilisation anhand von Sedimenten und Fossilien aufspüren zu können. Unter anderem könnte auffallen, dass viele Arten ab unserer Zeit gar nicht mehr oder kaum noch als Fossilien auftauchen. Der Harvard-Biologe Edward O. Wilson, der als einer der ersten den Begriff der »Biodiversität« geprägt hat, sprach bereits 1992 in seinem Buch »The Diversity of Life« vom sechsten großen Massenaussterben der Erdgeschichte, das durch den Menschen verursacht werde.[3] Forscher nehmen an, dass sich dafür Teile des über den ganzen Planeten verbreiteten Plastikmülls unter bestimmten Bedingungen ablagern und geologisch erhalten werden. Ein Kandidat ist beispielsweise die erst-

mals auf Hawaii nachgewiesene Mischsubstanz »Plastiglomerat«.[4] Laut Crutzen enthalten die Gesteinsschichten ab 1945 außerdem winzige, aber messbare Mengen künstlicher Radionuklide, die bei der Detonation von Atombomben entstanden. Bis 1996 wurden über zweitausend Atombomben gezündet, davon mehr als fünfhundert überirdisch in der Atmosphäre. Die künstlichen Radionuklide könnten Crutzen und anderen zufolge ebenfalls ein geologischer Marker für den Beginn des Anthropozäns sein.[5]

Die Grenzen des Erdsystems

Der Begriff des Anthropozäns wird in der Praxis bereits verwendet. Wie kaum ein anderer eignet er sich dazu, den epochal gewachsenen Einfluss menschlicher Aktivitäten im Gleichgewichtssystem der Natur hervorzuheben. Die Bedeutung des Begriffs liegt nicht in einem Anthropozentrismus, der nur auf die Belange des Menschen eingestellt wäre. Es geht ganz im Gegenteil darum, die Bedeutung der menschlichen Aktivitäten *für das gesamte Leben auf der Erde und das Erdsystem als Ganzes* zu erkennen und hervorzuheben. Der Mensch und seine Zivilisation sind untrennbar in die Natur und in das Erdsystem eingebettet. Die Vorstellung, dass das Leben auf der Erde auf einem sich selbst regulierenden, hoch komplexen Gesamtsystem basiert, hat der britische Wissenschaftler James Lovelock schon 1979 als »Gaia-Hypothese« formuliert und populär gemacht. In der griechischen Mythologie war Gaia der Name für die Urgöttin der Erde, die alles Leben hervorgebracht hat. Diese systemische Sichtweise hat sich im Großen und Ganzen durchgesetzt. So heißt es beispielsweise in der wegweisenden Amsterdamer Erklärung zu Globalem Wandel, die 2001 von vier führenden internationalen Forschungsnetzwerken verabschiedet wurde, dass sich das Erdsystem »wie ein einzelnes, selbstregulierendes System, das aus physikalischen, chemischen, biologischen und humanen Komponenten besteht«, verhalte. Die Wissenschaftler der beteiligten Programme verweisen in der Erklärung darauf, dass die Dynamik des Erdsystems nicht linear verlaufe und durch kritische Schwellen und abrupte Veränderungen charakterisiert sei. »Menschliche Aktivitäten«, so das Dokument, »haben das Potential, das Erdsystem in alternative Operationsmodi umzuschalten, die sich als irreversibel und weniger günstig für den Menschen und anderes Leben herausstellen könnten.«[6] Anders gesagt: Das selbstregulierende, lebensförderliche System »Gaias« könnte wegen der Eingriffe des Menschen kollabieren.

Mit der Erdsystemwissenschaft ist ein neues interdisziplinäres Forschungsgebiet entstanden, das sich gezielt mit dieser Problematik beschäftigt. Sie will ein Verständnis von der Erde als einem integrierten System schaffen und die anthropogenen Einflüsse bewerten. Ein wichtiger Forschungsgegenstand sind die sogenannten »planetaren Grenzen«. »Diese Grenzen«, schrieb der schwedische Forscher Johan Rockström 2009 zusammen mit 27 weiteren Wissenschaftlern, »definieren den sicheren Operationsraum der Menschheit im Hinblick auf das Erdsystem«. Wenn diese Grenzen überschritten würden, drohten »schädliche und potentiell sogar desaströse Konsequenzen für die Menschen«. Während des mehr als zehntausendjährigen Holozäns habe sich das Erdsystem in einem ungewöhnlich stabilen Zustand befunden, wodurch sich Landwirtschaft und komplexe Gesellschaften überhaupt erst hätten entwickeln können. Das Ziel müsse sein, diesen stabilen Status zu erhalten. Bislang wurden in neun Bereichen kritische Grenzen definiert. Sie beziehen sich auf den Klimawandel (bestehend aus der CO_2-Konzentration in der Atmosphäre und externe Störungen der Strahlungsbilanz des Klimasystems), die Verminderung der Biodiversität, die Einwirkungen auf den Stickstoff- und Phosphorkreislauf, den Abbau von stratosphärischen Ozon, die Versauerung der Meere, die globale Nutzung von Süßwasser, Veränderungen in der Landnutzung, chemische Schadstoffbelastungen und atmosphärische Aerosolbelastung. Nach Ansicht der Wissenschaftler um Rockström sind die Schwellen im Bereich des Klimawandels, der Biodiversität und im Hinblick auf den Stickstoffkreislauf bereits überschritten.[7]

Besonders besorgniserregend ist die CO_2-Konzentration in der Atmosphäre, deren kritische Schwelle vom Weltklimarat bisher bei 450 ppm (d.h. Teile pro Million) gesehen wurde, aber nach Ansicht von Rockström und anderen Wissenschaftlern wie dem ehemaligen leitenden Klimaforscher der NASA, James Hansen, eher bei 350 ppm liegt. Bei Messungen des Mauna Loa Observatory auf Hawaii am 9. Mai 2013 hat der Wert erstmals 400 ppm überschritten und wird ab 2016 wahrscheinlich für viele Generationen darüber bleiben. Von 2012 bis 2013 stieg die durchschnittliche CO_2-Konzentration nach Angaben der Weltorganisation für Meteorologie um 2,9 auf 396 ppm an.[8] Es handelt sich dabei um den größten jährlichen Anstieg seit 1984 und um den Höchstwert der letzten 650.000 Jahre. Möglicherweise verlieren die Wälder und Ozeane ihre Effektivität als Kohlenstoffsenken. Schon in seinem ersten Bericht von 1990 kam der Zwischenstaatliche Ausschuss zum Klimawandel IPCC zu dem sicheren Schluss, dass die Emission von Treibhausgasen wie CO_2 durch den Menschen den Treibhauseffekt verstärkt. Für den Zeitraum der letzten hundert Jahre wird ein Anstieg der weltweiten *durchschnittlichen* Luft- und Meerestemperatur um rund 0,74 °C beobachtet, wovon laut NASA rund zwei Drittel auf den Zeitraum seit 1975 fallen. Ein Anstieg des Meeresspiegels aufgrund abtauenden Eises ist eine der Folgen. Für die Zeit von 1870 bis 2004 wurde ein Zuwachs von 19,5 Zentimeter festgestellt.[9] Nach den neusten Szenarien des IPCC ist bis 2100 mit einem weiteren Anstieg zwischen 26 und 98 Zentimetern zu rechnen.[10] Die Konsequenzen des Temperaturanstiegs für das Gleichgewicht des Erdsystems, etwa aufgrund von Veränderungen der Meeresströme, sind ungewiss.

Das Problem des Freiwilligkeitsprinzips

Die Identifizierung und Einhaltung »planetarer Grenzen« ist eine zentrale und permanente Aufgabe des Menschen im Anthropozän. Die Stabilität des Erdsystems durch menschliche Einwirkung nicht zu gefährden, ist eine grundlegende Voraussetzung für das langfristige Florieren der menschlichen Zivilisation. Diese Aufgabe liegt im Interesse der Menschheit als Ganzes. Diejenigen Güter, deren Nutzung »planetare Grenzen« betreffen, sind daher als »gemeinsames Erbe der Menschheit« anzusehen. Die Handhabung und Nutzung dieser Güter liegt letztlich in der Gesamtverantwortung der Menschheit. Wie sie genutzt werden, geht alle etwas an. Die Menschheit muss zu Bewusstsein kommen, erwachsen werden und Verantwortung für sich und das Leben auf der Erde übernehmen. Das ist die tiefere Bedeutung des Anthropozäns. Die passenden Instrumente und Institutionen dafür existieren jedoch noch nicht. Im bestehenden völkerrechtlichen Rahmen werden sie auch kaum realisierbar sein. Das völkerrechtliche Prinzip der Staatensouveränität schließt eine über den Staaten stehende Instanz aus und sei es die Menschheit selbst. Verpflichtungen werden von den Staaten freiwillig eingegangen. Ein Staat kann sich schlicht der gemeinsamen Verantwortung entziehen, indem er einem Abkommen nicht beitritt oder dieses wieder verlässt. Im Völkerrecht wird zwar verschiedentlich auf gemeinsame Menschheitsinteressen Bezug genommen, doch der Widerspruch zur Staatensouveränität kann nicht aufgelöst werden.

Die bei der Rio-Konferenz 1992 verabschiedete und zwei Jahre später in Kraft getretene Klimarahmenkonvention der Vereinten Nationen zum Beispiel spricht in ihrem ersten Satz davon, dass »Änderungen des Erdklimas und ihre nachteiligen Auswirkungen die ganze Menschheit mit Sorge erfüllen«. Mit dieser Formulierung wurde auf eine Resolution der UN-Generalversammlung von 1988 zurückgegriffen, in der der Klimawandel bereits als »gemeinsame

Sorge der Menschheit« eingestuft wurde. Die »Menschheit« ist jedoch bisher ein abstrakter Begriff geblieben. Die Klimakonvention bekräftigt vielmehr den »Grundsatz der Souveränität der Staaten bei der internationalen Zusammenarbeit zur Bekämpfung von Klimaänderungen« und ist entsprechend ausgestaltet. Fünf Jahre dauerte es, bis 1997 das Kyoto-Protokoll zur Reduktion der Treibhausgasemissionen verabschiedet werden konnte. Nach acht weiteren Jahren konnte es endlich in Kraft treten. Von den USA wurde es nicht ratifiziert. Schon vor Kyoto hieß es in einer vom US-Senat einstimmig angenommenen Resolution, dass sich die USA keinem Protokoll anschließen werden, das nicht auch Reduktionsziele für die Entwicklungsländer vorsieht. Im Kyoto-Protokoll, dessen erste Verpflichtungsperiode 2012 ausgelaufen ist, wurden dann tatsächlich nur für 37 Länder Reduktionsziele festgelegt. China beispielsweise, mit rund ein Viertel aller Emissionen heute absolut gesehen der weltgrößte Emittent, war nicht dabei. Wer will, kann außerdem einfach aussteigen. Um Strafzahlungen wegen nicht eingehaltener Reduktionsziele zu entgehen, hat Kanada dies 2011 getan.

Bei der Klimakonferenz in Paris im Dezember 2015 wurde schließlich eine Übereinkunft erzielt, der nun alle Staaten der Welt beitreten wollen. Nach der Pariser Vereinbarung gilt als neues Ziel der internationalen Klimapolitik, den weltweiten Temperaturanstieg durch Emissionsreduktionen auf maximal 1,5 Grad gegenüber dem Niveau vor der Industrialisierung zu begrenzen. Bei der Klimakonferenz in Kopenhagen 2009 war zunächst ein Ziel von maximal zwei Grad vereinbart worden. Das Pariser Abkommen wurde als Durchbruch in der internationalen Klimapolitik gefeiert. Allerdings enthält die Vereinbarung keine verbindlichen Reduktionsziele für die einzelnen Staaten. Diese sind vielmehr angehalten, alle fünf Jahre sogenannte »national determinierte Beiträge« zur globalen Emissionsreduktion anzumelden. Es gilt dabei das Verständnis, dass die Ziele immer ambitionierter werden. Ob die nötigen Reduktionen durch dieses System der freiwilligen Selbstverpflichtung erreicht werden können, ist jedoch fraglich und das neue Abkommen wird erst ab 2020 umgesetzt. »Bis die Selbstverpflichtungen 2020 in Kraft treten«, kommentierte Steffen Kallbekken, Direktor des Zentrums für Internationale Klima- und Energiepolitik in Oslo, »werden wir wahrscheinlich das gesamte Carbonbudget aufgebraucht haben, das mit einer Erwärmung von 1,5 Grad vereinbar ist. Wenn wir bei den national determinierten Beiträgen bleiben, werden wir eine Erwärmung zwischen 2,7 und 3,7 °C haben.«[11]

Ohnehin können sich Staaten den Beschränkungen und Kosten einer internationalen Regulierung prinzipiell nach Belieben entziehen und sich gegebenenfalls als Trittbrettfahrer einen Vorteil verschaffen. Ökonomen sprechen von einer negativen Externalität, wenn bei einem Dritten Wirkungen eintreten, deren Kosten der Verursacher nicht übernehmen muss. Der 2006 im Auftrag der britischen Regierung angefertigte Bericht des Ökonomen Nicholas Stern über die wirtschaftlichen Folgen des Klimawandels analysiert Treibhausgase unter diesem Gesichtspunkt. »Diejenigen, die Treibhausgasemissionen produzieren«, so der Bericht, »verursachen Klimawandel, bürden dabei der Welt und zukünftigen Generationen Kosten auf, aber sie tragen weder direkt, noch über die Märkte oder andere Weise, die vollen Konsequenzen ihres Handelns selbst.«[12] Da der Emittent die Kosten nicht trage, habe er keinen wirtschaftlichen Anreiz, sie zu reduzieren. Die wirtschaftlichen Konsequenzen sind jedoch enorm. Der Stern-Bericht betont zwar die Schwierigkeit, eine wirtschaftliche Schätzung vorzunehmen, beziffert aber die Kosten zur Stabilisierung der Konzentration der Treibhausgase in der Atmosphäre bei 500 bis 550 ppm CO_2-Äquivalent bis 2050 unter bestimmten Voraussetzungen auf jährlich etwa ein Prozent der weltweiten Wirtschaftsleistung.[13] Die schädlichen Wirkungen des Klimawandels selbst kommen noch hinzu. Wirtschaftlich könnten sie nach Sterns Schätzung in einer Größenordnung von fünf bis zwanzig Prozent des jährlichen Weltbruttosozialprodukts liegen. Der Klimawandel, so der Bericht, »ist das größte Beispiel eines Marktversagens, das wir je gesehen haben«.[14]

Die »Tragödie der Gemeingüter«

Durch Steuern, Emissionsrechtehandel oder andere Regulierungen, die Emissionen angemessen einpreisen, kann der Staat den negativen Effekt aufheben und einen wirtschaftlichen Anreiz zur Minimierung von Emissionen schaffen. Die Problematik liegt allerdings darin, dass wir es bei der Atmosphäre mit einem *globalen* Gemeingut zu tun haben. Einzelstaatliche oder regionale Regulierungen im Rahmen der EU führen international zu Wettbewerbsverzerrungen. Fachleute sprechen von »Carbon Leakage«, wenn höhere Emissionskosten in einem Land zu einer Emissionsverlagerung in ein anderes Land mit niedrigeren Kosten führen. Eine Studie kam 2011 zu dem Schluss, dass zwar die Länder mit Kyoto-Verpflichtungen ihre Emissionen im Schnitt um sieben Prozent senkten, eine Verringerung ihres »Carbon Footprint« allerdings konnte nicht beobachtet werden. Mit dem »Carbon Footprint« werden die CO_2-Emissionen eines Landes auf Grundlage der dort konsumierten Güter erfasst, unabhängig davon, wo diese hergestellt wurden. »Da die Emissionen fallen, der Footprint jedoch nicht«, so die Studie, »impliziert dies einen Anstieg der Netto-CO_2-Importe.« Aus dem Phänomen des »Carbon Leakage« lasse sich folgern, dass »unilaterale Klimapolitik in einer globalisierten Welt nicht wirksam« sei. Eine effektive Klimapolitik setze vielmehr voraus, dass »alle Länder in ein globales Klimaabkommen eingebunden werden« müssten.[15] Gedacht ist hier freilich an ein Abkommen, das nicht nur universell ist, sondern das auch verbindliche Reduktionsvorgaben enthält.

Das beschriebene Problem ist eine Form der »Tragödie der Gemeingüter«, auch »Tragik der Allmende« genannt, die von dem Biologen Garrett Hardin (1915 bis 2003) 1968 in einem viel beachteten Artikel als ein allgemein anzutreffendes Phänomen postuliert wurde. Hardin formulierte das Modell, wie »rationale« Nutzer einer gemeinsamen begrenzten Ressource ihren individuellen Vorteil kurzfristig zu maximieren versuchen, die gemeinsame Ressource dadurch langfristig erschöpfen und im Ergebnis alle Nutznießer ruiniert sind. Obwohl alle die Ressource eigentlich bewahren möchten, sind sie in der Eigendynamik der Situation gefangen. Eines der Beispiele, das Hardin verwendet, ist gemeinsam genutztes Weideland, auf dem die einzelnen Herden immer weiter vergrößert werden. Um dem Dilemma zu entgehen könnte man die Gemeingüter nach Hardin entweder zu Privateigentum umwandeln oder die gemeinsame Nutzung beschränken, sie also verwalten.[16] »Sozialismus oder der Privatismus der freien Marktwirtschaft«, wie er sich später ausdrückte, wären demnach die möglichen Formen der Regulierung.[17] Im Bereich der Umweltverschmutzung ist allgemeine staatliche Regulierung nach Hardin der einzige Ausweg. Die »Luft und das Wasser um uns herum«, betonte er, »können nicht einfach eingezäunt werden und daher muss die Tragödie der Gemeingüter in der Form einer Jauchegrube durch andere Mittel verhindert werden, durch zwingende Gesetze oder Steuermaßnahmen, die es für den Verschmutzer billiger machen, seine Schadstoffe aufzubereiten, als sie unaufbereitet freizusetzen.«[18]

Das Management globaler Gemeingüter

Inzwischen sind viele Fälle von gemeinsamer Nutzung knapper Ressourcen auf der lokalen und regionalen Ebene nachgewiesen, die durch Selbstorganisation der Nutzer nicht in dem von Hardin beschriebenen Szenario enden und weitere Lösungswege aufzeigen. Staatliche Verwaltung und Privatisierung können außerdem ebenfalls scheitern. Hardins Modell und seine Lösungsansätze werden dadurch relativiert. Die US-amerikanische Politikwissenschaftlerin Elinor Ostrom (1933 bis 2012) hat für ihre wegweisende Forschung auf diesem

Gebiet 2009 den Wirtschaftsnobelpreis erhalten. »Tragödien der Gemeingüter sind real, aber nicht unausweichlich«, resümierte Ostrom zusammen mit vier Kollegen im Magazin *Science*.[19] Im Hinblick auf *globale* Gemeingüter äußerten sie sich allerdings zurückhaltender und sprechen von der Notwendigkeit globaler Institutionen. Die Lehren, die man aus den lokalen und regionalen Beispielen der Selbstorganisation ziehen könne, seien ermutigend, »doch die Menschheit«, so Ostrom und die anderen Wissenschaftler, stehe »nun bei der Etablierung globaler Institutionen zum Management von Biodiversität, Klimawandel und anderen Ökosystem-Prozessen vor neuen Herausforderungen«.[20] Die von Ostrom erforschten Kräfte der Selbstorganisation kommen im Hinblick auf globale Gemeingüter offenbar nicht richtig zur Entfaltung. Im *Science*-Artikel wurden sechs Gründe dafür aufgezählt, warum sich das Management hier als besonders problematisch darstelle:

1. Die Größenordnung: Die große Zahl derjenigen, die an den globalen Gemeingütern teilhaben – letztlich die gesamte Menschheit – erhöhe die Schwierigkeit, sich zu organisieren, sich auf gemeinsame Regeln zu einigen und diese durchsetzen zu können.
2. Kulturelle und wirtschaftliche Unterschiede: Zunehmende kulturelle Differenzierung sowie der Gegensatz zwischen industrialisierten und weniger industrialisierten Ländern mache es unwahrscheinlicher, gemeinsame Interessen und Standpunkte finden zu können.
3. Die Komplexität: Im Vergleich zum Management lokaler Weide- oder Waldflächen seien die Systeme der globalen Gemeingüter auch in ihrem Ineinandergreifen komplexer und das gemeinsame Interesse an ihrer Regulierung schwieriger greifbar.
4. Rapide Veränderung: Die Veränderungsraten beschleunigten sich immer weiter. Ökologische Schwellen würden überschritten, bevor wir es auch nur merkten. »Learning by doing« sei immer schwieriger und die Erkenntnisse der Vergangenheit eigneten sich immer weniger zur Lösung gegenwärtiger Probleme.
5. Das Freiwilligkeitsprinzip: Das grundlegende Prinzip im globalen Resourcenmanagement sei die freiwillige Zustimmung zu völkerrechtlichen Verträgen. Nationale Regierungen könnten auf speziellen Privilegien beharren, bevor sie sich auf eine Regulierung einlassen, »was die Qualität der Politik, die auf dieser Ebene im Bereich des Resourcenmanagements verabschiedet werden kann, stark beeinträchtigt«.

6. Kein Spielraum für Experimente: Früher in der Geschichte hätten Völker nach schweren Fehlern im Management lokaler Resourcen durch Migration neue Resourcen erschließen können. Beim Management der globalen Gemeingüter gebe es keinen Spielraum für fehlerhafte Experimente.[21]

Das Generationenproblem

Der US-amerikanische Philosophieprofessor Stephen M. Gardiner hat außerdem auf eine weitere Problematik hingewiesen. Sie hängt damit zusammen, dass sich die *kumulative* Wirkung von emittierten Treibhausgasen über sehr lange Zeiträume entfaltet. Seiner Ansicht nach entsteht hier aufgrund der verzögerten Wirkung sogar eine verschärfte Form der Tragödie der Gemeingüter. »Die Kontrolle der Situation«, so Gardiner, »liegt völlig bei der gegenwärtigen Generation.« Ob diese quasi als Trittbrettfahrer agiert oder nicht, darauf haben zukünftige Generationen keinerlei Einfluss. Normalerweise hätten alle Parteien grundsätzlich ein Interesse an Kooperation. Doch wenn die Wirkungen einer Übernutzung gar nicht mehr selbst erlebt werden, so fragt sich Gardiner, warum sollte die gegenwärtige Generation dann auf die daraus zu ziehenden Vorteile verzichten? Das vielleicht Schlimmste daran sei, dass sich die Situation von Generation zu Generation fortpflanze. Jede neue Generation finde im Verhältnis zu kommenden Generationen im Prinzip immer die gleichen Umstände vor.[22]

In einem auf demokratischen Mehrheitsentscheidungen basierenden weltrechtlichen System liegt eine Lösung für das Generationenproblem. Ein Forscherteam an der Harvard-Universität hat die Nutzung gemeinsamer Ressourcen über mehrere Generationen hinweg in einem spieltheoretischen Modell simuliert. Die Ressource wird fast immer übernutzt und zerstört, wenn die Entscheidungen über ihre Nutzung individuell getroffen werden. Eine Minderheit von Nutzern entscheidet sich nämlich ohne Rücksicht auf kommende Generationen regelmäßig für eine Übernutzung. Wenn jedoch durch demokratische Mehrheitsabstimmungen über die Nutzung entschieden wird, ist die Nutzung stets nachhaltig und die Ressource bleibt erhalten. Entscheidend ist dabei, dass alle Nutzer an das Abstimmungsergebnis gebunden sind. »Abstimmungen, die nur teilweise bindend sind, wie zum Beispiel das internationale Kyoto-Protokoll, haben wenig Einfluss«, schreiben die Wissenschaftler in der Zeitschrift *Nature*.[23]

Globale Mehrheitsentscheidungen

Im Bereich der globalen Gemeingüter gibt Hardins Modell unserer Meinung nach weiterhin die beste Vorstellung davon, was sich international abspielt. Neben dem zentralen Problem der Treibhausgasemissionen lassen sich viele weitere ungelöste Fälle der Tragödie der Gemeingüter anführen. In einem preisgekrönten Buch über die dramatische Überfischung der Meere etwa schrieb die schwedische Politikerin Isabella Lövin, dass der Zustand der meisten Fischgründe in der Welt »ein herausragendes Exempel« dafür sei, »wie diese Theorie in der Praxis funktioniert«.[24] Hervorzuheben ist dabei, dass eine Regulierung sich nur dann dazu eignet, das Dilemma einer Übernutzung zu durchbrechen, wenn sie alle Nutzer gleichermaßen verpflichtet und es keine Trittbrettfahrer gibt, die sie unterminieren können. Das völkerrechtliche Freiwilligkeitsprinzip zählt deshalb für uns zu den wichtigsten Problemen, die Elinor Ostrom für das globale Ressourcenmanagement benannt hat. Ein effektives Management *globaler* Gemeingüter wie der Atmosphäre, der Ozeane oder so komplexer Ressourcen wie der Biodiversität ist auf der Basis eines »Völkerrechtes à la carte« kaum zu realisieren. Die Antwort liegt in einem *weltrechtlichen* Rahmen. »Die Logik, die die Regulierung der Allmende bedingt«, schrieb der Weltföderalist Dieter Heinrich, »gehört zu den treibenden Kräften zur Förderung internationaler politischer Integration in einer Zeit zunehmender gegenseitiger Abhängigkeiten.«[25] Wie der türkische Völkerrechtler Kemal Beslar 1998 in einer Studie über das Konzept des »gemeinsamen Erbes der Menschheit« feststellte, kann dieses nur effektiv implementiert werden »durch die Einrichtung einer supranationalen Instanz, deren Kompetenzen diejenigen der Nationalstaaten übersteigt« und die »die Menschheit als Ganzes« repräsentiert.[26]

In der Erdsystemforschung gibt es ein internationales Forschungsprojekt, das sich speziell mit Erdsystem-Governance, also mit Fragen der institutionellen und regulativen Steuerung des Erdsystems, beschäftigt. Im März 2012 stellte eine Gruppe von rund 30 Wissenschaftlern um den an der Freien Universität Amsterdam lehrenden Projektleiter Frank Biermann die aus ihrer Sicht wichtigsten Bausteine für effektivere institutionelle Rahmenbedingungen vor. In einem *Science*-Artikel schrieben sie, dass in der Global Governance und der Weltpolitik »strukturelle Änderungen«, ein »bedeutender transformativer Wechsel« und ein »konstitutioneller Moment«, ähnlich wie 1945 bei der Gründung der UN, notwendig seien. Unter anderem betonten sie, dass die vorherrschenden konsensbasierten Entscheidungsmechanismen auf der internationalen Ebene »Entscheidungen auf die Präferenzen des am Wenigsten ambitionierten

Landes« limitieren. Internationale Normgebung müsse viel stärker auf qualifizierten Mehrheitsentscheidungen und damit einhergehenden Mechanismen der Stimmengewichtung basieren. Steuerungssysteme, die auf Mehrheitsentscheidungen basierten, kämen schneller zu weitreichenderen Beschlüssen.[27] Die Verhandlungen im Rahmen der UN-Klimarahmenkonvention zum Beispiel sind konsensbasiert, da sich die Regierungen seit der ersten Vertragsstaatenkonferenz von 1995 nicht auf ein anderes System einigen können. So kam es auch, dass etwa das Abschlussdokument der UN-Klimakonferenz von Kopenhagen 2009 nur »zur Kenntnis genommen« und nicht verbindlich verabschiedet werden konnte. Nach einem Bericht des *Observer* hatten Bolivien, Venezuela, Nicaragua, Sudan und Saudi-Arabien bis zuletzt damit gedroht, eine formale Abstimmung durch ihr Veto platzen zu lassen.[28] Am Konsensprinzip in den Klimaverhandlungen hat sich auch mit der Pariser Vereinbarung nichts geändert. »Während Konsens die Staateninteressen schützt und Ideen souveräner Gleichheit unterstützt, funktioniert er auch als Barriere für effektive Kooperation in einer Welt voller enorm divergierender Prioritäten und Anliegen«, schreibt der US-amerikanische Völkerrechtler Andrew T. Guzman über das »Konsensproblem«. »Wir leben in einer Welt mit Nuklearwaffen, einem sich erwärmenden Klima, verschwindenden Fischgründen, zermürbender Armut und unzähligen anderen Problemen, deren Lösung ein hohes Niveau an Kooperation zwischen den Staaten erfordert. Solange wir nicht unsere Sichtweise über die Rolle des Konsenses ändern, wird es so gut wie unmöglich sein, diese Probleme anzugehen«, beschreibt er eine immer stärker werdende Meinung.[29] »Das Konsensprinzip«, urteilt Anne Peters, Direktorin am Max-Planck-Institut für ausländisches öffentliches Recht und Völkerrecht, »ist undemokratisch. Es ist undemokratisch, weil es die Tyrannei eines Mitgliedes einer politischen Gemeinschaft über die anderen erlaubt und es einer kleinen Minderheit ermöglicht, kollektives Handeln zu blockieren.«[30] Ein Weltparlament dient dem zentralen Zweck, die Grundlage für legitime, demokratische und verbindliche Mehrheitsentscheidungen auf der globalen Ebene zu schaffen und das Konsensprinzip zu überwinden.

Die Tragödie des Völkerrechts

Das Problem, das hier deutlich wird, ist grundsätzlicher Natur und betrifft jede Regelung, bei der es um genuin globale Fragen geht. »Da Verträge ohne die Beteiligung bestimmter oder oft auch aller Länder ineffektiv sind«, so argumentiert zum Beispiel Andrew Strauss, »kann eine dagegenhaltende

Minderheit die Einführung von Verträgen, die im vitalen Interesse der Weltgemeinschaft sind, faktisch mit einem Veto unterbinden«.[31] Das völkerrechtliche System wird dadurch dysfunktional. Damit ein Vertrag nämlich von der *Reichweite* her effektiv ist, braucht er meist eine möglichst große Anzahl von Staaten, die sich ihm anschließen. Doch um das zu erreichen, müssen in den umso langwierigeren Vertragsverhandlungen umso mehr Kompromisse im Hinblick auf die *Substanz* eines Abkommens eingegangen werden. Heinrich hat darauf hingewiesen, dass internationale Verträge unter diesen Umständen nur den kleinsten gemeinsamen Nenner der Vertragspartner darstellen.[32] Schon bei den Resolutionen der UN-Generalversammlung, die gar keine allgemein völkerrechtliche Bindungswirkung haben, ist das der Fall. In seinem Bericht »In größerer Freiheit« von 2005 klagte zum Beispiel der damalige UN-Generalsekretär Kofi Annan, dass die Generalversammlung immer mehr Entscheidungen im Konsens verabschiede. Konsens werde jedoch als »Einstimmigkeitszwang« interpretiert und sei zu einem Selbstzweck geworden, der keineswegs die Geschlossenheit der Mitgliedsstaaten zum Ausdruck bringe. »Vielmehr«, so Annan, »wird die Versammlung dadurch veranlasst, sich auf Gemeinplätze zurückzuziehen und jeden ernsthaften Versuch, zu handeln, aufzugeben.«[33] Als Regel des Völkerrechts lässt sich festhalten, dass ein Vertrag mit effektiver Reichweite eine umso geringere Substanz und ein Vertrag mit effektiver Substanz eine umso geringere Reichweite aufweist. Diese Zwickmühle könnte man als die Tragödie des Völkerrechts bezeichnen. Der Verlierer ist in jedem Fall die Effektivität der Regelung und die Menschheit als Ganzes.

11.
Die Wachstumsproblematik, die »Große Transformation« und eine globale ökosoziale Marktwirtschaft

Overshoot und der ökologische Fußabdruck

Mit der Ausbreitung der Industrialisierung ist die auf ein immer größeres und immer rascheres Wachstum ausgerichtete moderne Wirtschaftsform und die damit einhergehende Konsumorientierung zu einem globalen Phänomen geworden. Das Wirtschaftssystem ist auf die unaufhörliche Steigerung und Modernisierung des materiellen Wohlstandes ausgerichtet. Wenn die Wirtschaftsleistung nicht weiter zunimmt oder gar sinkt, drohen Einkommensverlust, Arbeitslosigkeit, Firmenpleiten und politische, soziale und wirtschaftliche Instabilität. Die Ressourcen des Planeten werden im Zuge des weltweiten Wirtschafts- und Bevölkerungswachstums stärker belastet und schneller erschöpft, als sie sich regenerieren können. Seit dem Bericht des Club of Rome über die »Grenzen des Wachstums« von 1972 gibt es darüber eine intensive Diskussion. Die Überschreitung der natürlichen ökologischen Regenerationsfähigkeit nennen Fachleute »Overshoot«. Das von den Wissenschaftlern Mathis Wackernagel und William Rees seit 1990 entwickelte Konzept des »ökologischen Fußabdrucks« dient dazu, den Overshoot zu messen und anschaulich zu machen. Nach Schätzung des 2003 von Wackernagel gegründeten Global Footprint Network nutzt die Menschheit heute rechnerisch das Eineinhalbfache der Biokapazität der Land- und Wasserflächen der Erde. Der ökologische Fußabdruck der Menschheit liegt demnach bei 1,5, mit stark steigender Tendenz. Um jedem Menschen auf der Erde den Lebensstil eines heutigen durchschnittlichen US-Amerikaners zu ermöglichen, müsste dem Footprint Network zufolge das Fünffache der Biokapazität der Erde zur Verfügung stehen – ein Ding der Unmöglichkeit. »Wenn die gegenwärtige Zunahme der Weltbevölkerung, der Industrialisierung, der Umweltverschmutzung, der Nahrungsmittelproduktion und der Ausbeutung von natürlichen Rohstoffen unverändert anhält, werden die absoluten Wachstumsgrenzen auf der Erde im Laufe der nächsten hundert Jahre erreicht«, so die nach wie vor gültige Kernaussage der Studie über die »Grenzen des Wachstums«.[1]

Es steht fest, dass die nutzbaren Reserven an Erdöl, Erdgas, Kohle und Kernbrennstoffen zur Neige gehen und schließlich erschöpft sein werden. Die Frage ist lediglich wie schnell. Die verfügbaren Daten und ihre Interpretation sind umstritten. Bei konventionellem Erdöl könnte das globale Fördermaximum, bekannt als »Peak Oil«, bereits erreicht worden sein. Die Förderung unkonventioneller Ölvorkommen wird nach Untersuchungen an der Universität Uppsala den erwarteten Produktionsrückgang bei den bereits erschlossenen konventionellen Feldern rechnerisch nur für wenige Jahre ausgleichen können.[2] Es gibt Studien, die das Fördermaximum für Kohle und Erdgas schon für das Jahr 2020 prognostizieren.[3] Die meisten verbliebenen Reserven müssten ohnehin zunächst bleiben, wo sie sind. Denn sofern »Technologien für die CO_2-Abtrennung und -Speicherung (CCS) nicht in großem Maßstab eingeführt werden«, stellte der Jahresbericht der Internationalen Energieagentur 2012 fest, »darf bis 2050 nicht mehr als ein Drittel der nachgewiesenen Vorkommen fossiler Brennstoffe verbraucht werden, um das 2 °C-Ziel zu erreichen«.[4] »Es ist eine traurige Tatsache, dass die Menschheit die letzten 30 Jahre im Großen und Ganzen mit nutzlosen Debatten und gutgemeinten, aber halbherzigen Reaktionen auf die globale ökologische Herausforderung vertan hat«, schrieben Donella und Dennis Meadows sowie Jørgen Randers in einer 2004 veröffentlichten Aktualisierung ihrer Studie. »Viel wird sich ändern müssen«, so die drei Autoren, »wenn dem anhaltenden Overshoot im 21. Jahrhundert kein Kollaps folgen soll«.[5]

Das Ende der Wachstumsutopie

Vom »Ende eines Traumes« sprach Michael Winter. Die heutigen hochindustrialisierten Gesellschaften, so Winter, hätten »alle utopischen Träume seit der Renaissance«, nämlich Gesundheit, Sicherheit, Wohlstand, Gerechtigkeit und Geselligkeit, weitgehend erfüllt.[6] Aber um welchen Preis? Der Preis, kommentierte Richard Saage, sei gleichbedeutend mit dem Scheitern des »Projektes der Moderne«. »Der utopische Traum vom dauernden Glück, garantiert durch den idealen Staat und die totale Naturbeherrschung«, so Utopieforscher Saage, »ist in dem Augenblick gescheitert, in dem er in den westlichen Ländern verwirklicht zu sein schien«.[7] Der Traum wurde zu einem großen Teil auf Kosten der restlichen Welt, des Ökosystems und zukünftiger Generationen verwirklicht. »Die Europäer«, sagt Winter mit Blick auf die modernen Wohlstandsgesellschaften, seien »für die Welt heute das, was im Ancien régime die Aristokratie für Frankreich war«. Lange könne diese Utopie nicht mehr halten. Es sei ein Punkt erreicht, wo sich Zweifel an dem utopischen Programm selbst einstellten.[8] Das auf maximalen Profit, materiellen Konsum und stetes Wachstum ausgerichtete Wirtschaftssystem und die damit verbundenen Werte und Lebensstile werden, je offensichtlicher die Sackgasse des Overshoot wird, immer stärker hinterfragt. Neben der ökologischen Frage spielt dabei angesichts der zunehmenden Kluft zwischen arm und reich auch eine Rolle, dass die wirtschaftlichen Vorteile des Wachstums überproportional bestimmten Bevölkerungskreisen zugutekommen. Darüber hinaus ist mit Blick auf Zivilisationskrankheiten wie der epidemischen Fettleibigkeit vom »Fluch der Überentwicklung« und von »Überentwicklungsländern« die Rede.[9] Manche fragen sich, ob die Fixierung des Wirtschaftssystems auf Wachstum, selbst wenn es sich um sogenanntes »grünes Wachstum« handelt, überhaupt sinnvoll ist. Dass wirtschaftliches Wachstum jedenfalls gar nicht immer voranschreiten kann und dass die Entwicklung irgendwann auch stagnieren muss, hat niemand Geringeres als der liberale Vordenker und Ökonom John Stuart Mill schon vor über 150 Jahren wie selbstverständlich in seinen »Grundsätzen der politischen Ökonomie« angenommen. »Auf welchen Endpunkt«, fragte Mill, »steuert die Gesellschaft mit ihrem industriellen Fortschritt zu? Wenn der Fortschritt endet, in welchem Zustand können wir erwarten, dass sich die Menschheit dann wiederfinden wird?«[10] Tatsächlich äußerte bereits Mill große Sympathien für eine Welt, die sich vom Zwang eines ewigen Bevölkerungs- und Wirtschaftswachstums verabschiedet hat, einen Gleichgewichtszustand erhält und sich auf geistigen, sozialen und kulturellen Fortschritt konzentriert. Die Devise ist qualitatives und nicht quantitatives Wachstum.

Die Herausforderung globaler ökosozialer Entwicklung

Die für die Zukunft der Menschheit so wichtige Debatte über eine nachhaltige Wirtschafts- und Gesellschaftsordnung und den Weg dorthin sollte international in einem demokratischen Weltparlament zusammengeführt werden. Die große Herausforderung besteht darin, *weltweit* möglichst schnell zu einer Wirtschaftsform zu gelangen, die sich innerhalb der Grenzen des Erdsystems und im Rahmen der natürlichen ökologischen Regenerationsfähigkeit der Erde bewegt und die gleichzeitig bestmögliche Entwicklung und Wohlstand für alle Menschen ermöglicht. Mit den Worten des von der finnischen Präsidentin Tarja Halonen und dem südafrikanischen Staatschef Jacob Zuma geleiteten UN-Beirats zur Globalen Nachhaltigkeit besteht die »langfristige Vision« darin, »die Armut zu beseitigen, Ungleichheit zu reduzieren, Wachstum inklusiver sowie Produktion und Konsum nachhaltiger zu machen und zugleich den Klimawandel zu bekämpfen und eine Reihe von anderen planetaren Grenzen zu beachten«.[11]

»Politikblockaden« als Hauptproblem der Transformation

Der Übergang zu einer nachhaltigen Weltgesellschaft birgt so tiefgreifende Veränderungen in sich, dass er welthistorisch oft mit der Entwicklung der Landwirtschaft, also der neolithischen Revolution, und der Industrialisierung in eine Reihe gestellt wird. Die Autoren der »Grenzen des Wachstums« sprechen in diesem Sinne von einer »Dritten Revolution« in der Menschheitsgeschichte, die zu bewältigen sei.[12] Ein fundamentales Merkmal, das diese Einordnung für sich genommen schon nahelegen würde, ist die Umstellung der Energiegewinnung auf erneuerbare Energien mit einer gleichzeitigen beträchtlichen Steigerung der Energieeffizienz. Die menschliche Zivilisation würde mit einer solchen globalen Energiewende ihre Existenzgrundlage transformieren und langfristig sichern. Wissenschaftler wie Ernst Ulrich von Weizsäcker sehen schon heute das Potential für eine fünffache Erhöhung der Ressourcenproduktivität.[13] Der 1992 anlässlich der UN-Umweltkonferenz in Rio gegründete, neunköpfige wissenschaftliche Beirat der deutschen Bundesregierung zu »Globalen Umweltveränderungen«, kurz WBGU, sieht die größten Hürden des Übergangs interessanterweise auch nicht im Bereich der Technologie. In einem 2011 vorgelegten, äußerst bemerkenswerten Gutachten des von Hans Joachim Schellnhuber, dem Direktor des Potsdam-Instituts für Klimafolgenforschung und Dirk Messner, dem Direktor des Deutschen Instituts für Entwicklungspolitik, geleiteten unabhängigen Gremiums heißt es vielmehr, dass eine »globale Kooperationsrevolution« und die »Überwindung von Politikblockaden« zu den schwierigsten Veränderungen zählten.[14] Die Menschheit müsse »die Epoche der Nationalstaaten hinter sich lassen« und »eine unerreichte globale Kooperationskultur« entwickeln.[15] Für den Wandel zu einer post-fossilen Weltgesellschaft müsse durch einen »neuartigen Diskurs zwischen Regierungen und Bürgern innerhalb und außerhalb der Grenzen des Nationalstaats« ein neuer Gesellschaftsvertrag formuliert werden – ein »Gesellschaftsvertrag für eine Große Transformation«, wie es im Titel des Gutachtens heißt.[16]

Schon in den Abschlusserklärungen der federführend vom Potsdam-Institut organisierten Symposien von Nobelpreisträgern und anderen Persönlichkeiten, die in Potsdam, London und Stockholm in den Jahren 2007, 2009 und 2011 stattfanden, war von der Notwendigkeit einer »Großen Transformation« die Rede. Im Memorandum der Potsdamer Konferenz hieß es beispielsweise, dass die Menschheit »an einem geschichtlichen Wendepunkt« stehe, an dem »der Bedrohung unseres Planeten nur mit einer Großen Transformation begegnet werden« könne.[17] Ein in der Global Scenario Group zusammengeschlossenes

Team von Wissenschaftlern um das Tellus-Institut in Boston und das Stockholmer Umweltinstitut hatte außerdem bereits 2002 das Szenario einer »Great Transition« vorgelegt und versucht, den Weg zu einer nachhaltigen und solidarischen Weltgesellschaft zu beschreiben.[18] Dieser Ansatz einer »Great Transition« wird vom Tellus-Institut unter der Leitung des US-amerikanischen Physikers und Zukunftsforschers Paul Raskin weiterhin verfolgt.

Staatsbildungsprozess und Entstehung der Marktwirtschaft

Die »Große Transformation« ist nicht einfach nur ein programmatisches Schlagwort für die Schaffung einer nachhaltigen Weltgesellschaft. Der Begriff wurde erstmals von dem Wirtschafts- und Sozialwissenschaftler Karl Polanyi (1886 bis 1964) in dem 1944 veröffentlichten Werk »The Great Transformation« eingeführt. Dahinter verbirgt sich eine komplexe und bis heute viel diskutierte Darstellung der Entstehungsgeschichte der auf der Marktwirtschaft basierenden, modernen Industriegesellschaft und der ihr innewohnenden gesellschaftlichen, politischen und wirtschaftlichen Spannungen. Nach Ansicht des US-amerikanischen Wirtschaftsnobelpreisträgers Joseph Stiglitz ist »die Gültigkeit von Polanyis Schlüsselargumenten« jedenfalls in den Wirtschaftswissenschaften weithin anerkannt.[19] Für ein Verständnis der heutigen Lage und daraus folgende Handlungswege liefert Polanyis Analyse überaus wertvolle Ausgangspunkte.

Für den in Wien geborenen Polanyi, der sich aufgrund seines jüdischen Glaubens und seiner sozialistischen Einstellung 1933 gezwungen sah, ins Exil zu gehen, stellte die Errichtung der Marktwirtschaft, also der Wechsel von geregelten zu selbstregulierenden Märkten am Ende des 18. Jahrhunderts, die entscheidende Veränderung der industriellen Revolution dar. Die Entwicklung maschineller Produktion sei aufgrund der erforderlichen, langfristigen Investitionen nur unter der Voraussetzung, dass alle beteiligten Faktoren als Ware käuflich sind, um so die Produktion am Laufen halten zu können, wirtschaftlich möglich gewesen.[20] »Die Ausdehnung des Marktmechanismus auf die Produktionsfaktoren Arbeitskraft, Boden und Geld«, so Polanyi, »war die unvermeidliche Folge der Einführung des Fabriksystems in eine kommerzielle Gesellschaft«. Erst als in England 1834 das mit der Gewährung eines Existenzminimums verbundene Armenrecht abgeschafft und ein wettbewerbsbestimmter Arbeitsmarkt eingeführt wurde, kann nach Polanyi von der Existenz des Industriekapitalismus als einem gesellschaftlichen System gesprochen werden.[21] Polanyi zeigt in seiner Untersuchung, wie dieses System durch staatliche Maßnahmen nach und nach eingerichtet wurde. Die »unsichtbare Hand des Marktes«, wie der schottische Nationalökonom Adam Smith die von individuellen Eigennutz der Marktteilnehmer getriebene Selbstregulierung zwischen Angebot und Nachfrage 1776 beschrieb, entstand nicht etwa auf magische Weise wie von selbst. Ganz im Gegenteil, »freie Märkte«, so Polanyi, »wären niemals bloß dadurch entstanden, daß man den Dingen ihren Lauf ließ. So wie die Baumwollfabriken – die führende Freihandelsindustrie – mit Hilfe von Schutzzöllen, Exportprämien und indirekten Lohnsubventionen geschaffen wurden, wurde sogar der Grundsatz des *Laissez-faire* selbst vom Staat durchgesetzt«. Paradoxerweise erforderte die Einrichtung freier Märkte nach Polanyi eine enorme Ausweitung der Verwaltungstätigkeit und den Aufbau einer staatlichen Zentralbürokratie, die ständig dafür sorgte, dass das System überhaupt funktionierte.[22] Schon die Schaffung regulierter nationaler Binnenmärkte noch vor Aufkommen der Marktwirtschaft war ebenfalls das Ergebnis solcher zielgerichteter Maßnahmen. Wie Polanyi schreibt, seien die nationalen Binnenmärkte in Westeuropa »durch einen *deus ex machina* in Form staatlichen Eingreifens« gegen den Widerstand der protektionistisch orientierten Städte und Fürstentümer durchgesetzt worden. Diese »kommerzielle Revolution« war Teil der Entwicklung von miteinander konkurrierenden, zentralisierten Nationalstaaten. Das Gebot der Stunde sei »die Etablierung der souveränen Macht« gewesen. Die »merkantilistische Staatskunst«, so Polanyi, bemühte sich »um die Erfassung aller Mittel des gesamten nationalen Territoriums zum Zweck der außenpolitischen Machtentfaltung«.[23] Die Durchsetzung nationaler Binnenmärkte und die kapitalistische Deregulierung im Zuge der industriellen Revolution können so als wichtige Stationen im Staatsbildungsprozess gesehen werden. Dies ging einher mit einer sich verändernden individuellen Wertehaltung, nämlich mit dem Aufkommen des rational auf seinen ökonomischen Nutzen bedachten sogenannten »Homo oeconomicus«.[24]

Die Doppelbewegung zwischen Marktfundamentalismus und Dirigismus

Im 19. Jahrhundert entwickelte sich dann ein gesellschaftliches Ringen um die politische Kontrolle der entstandenen staatlichen Gestaltungsmacht zur Regulierung oder Deregulierung der Märkte. Polanyi beschreibt in seinem Werk das Konzept einer »Doppelbewegung« zwischen den Kräften des Marktliberalismus und ihnen entgegengesetzten gesellschaftlichen Kräften, die den Marktmechanismus einzuschränken suchten. Die Auseinandersetzung zwischen diesen Polen sei »das bedeutsamste Merkmal der Geschichte dieses Zeitalters«, so Polanyi.[25] Nach Ansicht von Polanyi waren der Erste Weltkrieg, die Weltwirtschaftskrise der 1930er Jahre, der Aufstieg des Faschismus und der Zweite Weltkrieg schließlich alles Symptome ein und desselben Problems: Der Durchsetzung und des Scheiterns des marktfundamentalistischen Kapitalismus. »Der Zerfall des weltwirtschaftlichen Systems, der seit 1900 vor sich gegangen war«, schrieb Polanyi mit Blick auf das Versagen des Goldstandards und des erstarkenden Protektionismus, »war schuld an den politischen Spannungen, die sich 1914 explosiv entluden.«[26] Der Marktfundamentalismus, so die Argumentation, trägt durch die von ihm ausgelösten sozialen Verwerfungen seinen eigenen Untergang in sich und begünstigt im Moment seines Zusammenbruchs extreme Gegenkräfte. »Der Faschismus«, so Polanyi, »war ebenso wie der Sozialismus in einer Marktgesellschaft verwurzelt, die nicht funktionieren wollte.«[27] Faschismus und Sozialismus, die beide Formen einer staatlichen Zentralverwaltungswirtschaft errichteten, waren nach Polanyis Lesart unterschiedliche Typen einer gleichartigen Gegenbewegung.

Eine globale ökosoziale Marktwirtschaft

An den Extrempolen der von Polanyi beschriebenen Doppelbewegung kann eine prosperierende und demokratische Gesellschaft nicht bestehen. Die Kunst der Politik muss es sein, eine Balance zwischen freien Marktkräften und Staatsdirigismus zu halten. Dieser Ausgleich kann durch eine soziale Marktwirtschaft geschaffen werden, wie sie zum Beispiel nach dem Zweiten Weltkrieg in Westeuropa aufgebaut wurde. In den USA, die von der Weltwirtschaftskrise heftig betroffen war, kam es mit den im Rahmen des »New Deal« von Präsident Franklin D. Roosevelt ab 1933 durchgeführten Wirtschafts- und Sozialreformen zu einer sozialstaatlichen und regulativen Wende. Die um den Ausgleich zwischen den Kräften des Laissez-faire und des staatlichen Dirigismus bemühte soziale Marktwirtschaft reicht als solche heute freilich nicht mehr aus. Das Erfordernis des nachhaltigen Wirtschaftens kommt hinzu. Die »Große Transformation« des 21. Jahrhunderts besteht also darin, die Marktwirtschaft auf eine Weise zu regulieren, dass sie nicht nur sozial, sondern auch ökologisch verträglich abläuft. Das sich daraus ergebende gesellschaftliche Konzept ist die »ökosoziale Marktwirtschaft«. Der Ökonom und Mathematiker Franz Josef Radermacher und die Beraterin Estelle Herlyn fassen zusammen: »Wir brauchen als Menschheit ein anderes Modell, wenn wir einen zukunftsfähigen Globus wollen, auf dem die

Menschen in Frieden mit der Natur und untereinander auf einem Niveau hoher Prosperität leben können. Erforderlich ist es dazu, die Dynamik und Innovationskraft der Märkte im Schumpeterschen Sinne mit einem konsequenten Umweltschutz und sozialem Ausgleich, vor allem im Sinne der Förderung der Partizipation aller Menschen, zu verbinden« und das, wie sie betonen, »nicht nur in nationaler, sondern in weltweiter Perspektive«. Das Wirtschaftsmodell dafür liege, so Radermacher und Herlyn, »in der Extension eines ordoliberalen Ansatzes auf den Globus in Form einer weltweiten ökologisch-sozial regulierten Marktwirtschaft, in einem ökosozialen Marktmodell«.[28] Nicht zuletzt mit Bezug auf den 1990 vom amerikanischen Politiker, Umweltschützer und späteren Friedensnobelpreisträger Al Gore in dem Bestseller »Wege zum Gleichgewicht« formulierten Vorschlag eines »Marshall Plans für die Erde«, setzen sich Franz Josef Radermacher, der Unternehmer Frithjof Finkbeiner und viele andere seit 2003 als konkreten Schritt zum Aufbau einer weltweiten ökosozialen Marktwirtschaft für einen »globalen Marshallplan« ein.

Aufgrund der internationalen Wettbewerbsbedingungen und der involvierten globalen Gemeingüter muss der Ansatz einer »ökosozialen Marktwirtschaft« notwendig global sein. Eine Verwirklichung über nationalstaatliche Regulierungen, die außerhalb eines internationalen Regelwerks getroffen werden, ist nicht erfolgversprechend. Ein ökosoziales Wirtschaftssystem, in dessen Rahmen zum Beispiel möglichst alle ökologischen Folgekosten in die Preiskalkulation einbezogen werden müssen, erfordert eine funktionierende globale Steuerung. Genau diese wird durch die »Tragödie des Völkerrechts« unmöglich gemacht. Ein Evolutionsschritt nach vorne ist dafür unausweichlich. Schon der Brundtland-Bericht hatte betont, dass die »traditionellen Formen nationaler Souveränität« besonders im Bereich des Ökosystems und der globalen Gemeingüter »herausgefordert« würden.[29] Wie Stiglitz in seinem Buch »Die Schatten der Globalisierung« schreibt, haben wir es heutzutage angesichts stetig sinkender Transport- und Kommunikationskosten und des Abbaus von Schranken für den freien Austausch von Gütern, Dienstleistungen und Kapital, »mit einem Prozess der ›Globalisierung‹ zu tun, der den früheren Prozessen gleicht, die zur Herausbildung nationaler Volkswirtschaften führten«. »Leider«, wie der ehemalige Chefökonom der Weltbank weiter ausführt, »haben wir keine Weltregierung, die den Menschen aller Länder rechenschaftspflichtig wäre und die den Globalisierungsprozess in ähnlicher Weise gestalten könnte, wie die US-amerikanische und andere nationale Regierungen die Entstehung nationaler Volkswirtschaften steuerten.«[30] Das ist allerdings genau das, was sich notwendigerweise entwickeln muss, wenn es eine nachhaltig wirtschaftende Zivilisation auf unserem Planeten geben soll. Das *entscheidende Merkmal* der bevorstehenden neuen »Großen Transformation« muss darin bestehen, dass sich der von Polanyi beschriebene Staatsbildungsprozess *auf der globalen Ebene* fortsetzt. In der Situation nach dem Ersten Weltkrieg, merkte Polanyi knapp an, wäre die einzige sinnvolle Option »die Errichtung einer internationalen Ordnung« gewesen, »ausgestattet mit einem bevollmächtigten Organ, das über der nationalen Souveränität gestanden hätte«.[31]

12.
Turbokapitalismus, Finanzkrise und der entfesselte globale Wettbewerb

Die Aktualität der Doppelbewegung und die Frage der Emanzipation

Das neu erwachte Interesse an Polanyi hat nicht allein mit der Frage des nachhaltigen Wirtschaftens zu tun, der nun in der beschriebenen »Doppelbewegung« eine zentrale Bedeutung zukommt. Die Aktualität von Polanyi ergibt sich nach Ansicht von Wissenschaftlern wie dem in Dublin lehrenden Soziologen Ronaldo Munck oder der in New York lehrenden Philosophin und Feministin Nancy Fraser vielmehr daraus, dass die Marktkräfte heute erneut zu einem hohen Grad entfesselt sind. Die unter der britischen Premierministern Margaret Thatcher und dem US-Präsidenten Ronald Reagan in den 1980er Jahren eingeleiteten Reformen waren der Beginn einer Deregulierungswelle, die nach dem Ende des Kalten Krieges und dem Zusammenbruch des Realsozialismus in dem sogenannten globalisierten »Turbokapitalismus« gemündet ist. Ein emblematischer Höhepunkt war 1999 in den USA die Abschaffung des 1933 im Rahmen des »New Deal« eingeführten Trennbankensystems, das eine institutionelle Teilung zwischen dem klassischen Kundengeschäft und dem Eigenhandel der Banken erzwang. Laut dem US-amerikanischen Regierungsberater Edward Luttwak, der den Begriff des »Turbokapitalismus« mit einem gleichnamigen Buch seinerzeit populär gemacht hat, waren die Proteste gegen die Tagung der WTO in Seattle als ein Auflehnen gegen die »entfesselte Marktwirtschaft« zu deuten. »Der Kapitalismus der neunziger Jahre«, fasst Luttwak zusammen, »unterscheidet sich vollkommen von dem der vorangegangenen Dekaden. Deshalb habe ich das Wort Turbokapitalismus erfunden. Es bezeichnet den vollkommen deregulierten, völlig entfesselten Markt, ohne alle schützenden Barrieren.«[1] Das ist ohne Zweifel übertrieben. Mit Polanyi könnte man aber sagen, dass die Doppelbewegung zumindest wieder in die Richtung des Laissez-faire ausgeschlagen ist. »Was wir heute ›*Neo*liberalismus‹ nennen«, so Nancy Fraser, »ist nichts anderes als die Wiederkehr ein und desselben, schon im 19. Jahrhundert verbreiteten Glaubens an den ›selbstregulierten Markt‹, der die von Polanyi beschriebene kapitalistische Krise entfesselt hat.«[2] Die Situation sei so ähnlich, dass von einer Neuauflage der in der »Großen Transformation« beschriebenen Problematik gesprochen werden könne. Fraser betont, dass die bei Polanyi zu findende Kontrastierung zwischen »guten eingebetteten Märkten« und »schlechten entfesselten Märkten« zu einfach sei. Worum es eigentlich gehen müsse, sei es, *jede Form der Unterdrückung* zu erkennen und in Frage zu stellen, gleich ob sie ökonomischer oder gesellschaftlicher Art, marktliberalen oder dirigistischen Ursprungs, sei. Der Kampf um Emanzipation und eine möglichst gerechte Gesellschaft lasse sich daher nicht ohne weiteres in Polanyis Schema der Doppelbewegung zwängen. Die kapitalistische Krise müsse eigentlich als ein dreiseitiger Konflikt zwischen Marktkräften, sozialer Regulation und Emanzipation verstanden werden. Ein Abdriften in Autoritarismus und Totalitarismus ist eine Möglichkeit, die nach den historischen Erfahrungen immer bedacht und verhindert werden muss.

Die Finanzkrise und das fortbestehende Systemrisiko

Die von Polanyi postulierte Tendenz »entfesselter Märkte« zur Selbstzerstörung und eine damit verbundene soziale Zerrüttung von Gesellschaften scheint sich im Zuge der globalen Finanzkrise seit 2007 zu bestätigen. Mit der Möglichkeit eines Zusammenbruchs des internationalen Finanzsystems konfrontiert, dessen Ablauf und Folgen unvorhersehbar waren, sahen sich Regierungen und Zentralbanken genötigt, massiv zugunsten sogenannter »systemrelevanter« Finanzinstitute und anderer Unternehmen zu intervenieren. Privatwirtschaftliche Risiken der Institute und ihrer Eigentümer wurden abgefangen und auf die Gesellschaft abgewälzt. Unter strikt marktwirtschaftlichen Gesichtspunkten hätten die betroffenen Institute ebenso wie Lehman Brothers in die Insolvenz gehen müssen. Nach Angaben des Internationalen Währungsfonds wurden von den G20-Ländern allein bis August 2009 Kapitalspritzen in Höhe von 1160 Milliarden US-Dollar und Bürgschaften im Umfang von 4638 Milliarden Dollar in Aussicht gestellt, das sind 2,2 beziehungsweise 8,8 Prozent des Bruttosozialprodukts aller G20-Länder des Jahres 2008 zusammen genommen. Für Kapitalspritzen sind den IWF-Zahlen zufolge bis dahin tatsächlich Mittel in Höhe von 446 Milliarden Dollar geflossen, für Kredite und den Erwerb von Kapitalanteilen 366 Milliarden.[3] Während die Finanzinstitute und ihre Eigentümer gerettet wurden, löste die von ihnen mitverursachte Finanzkrise unter anderem den schlimmsten Börsencrash seit 1929, eine weltweite Rezession, einen jahrelangen heftigen Einbruch des Welthandelsvolumens, sowie bis heute andauernde Arbeitslosigkeit von vielen Millionen Menschen aus. Die Angst vor einer neuen großen Weltwirtschaftskrise ging um. Ob und wie sich eine regulative Gegenbewegung durchsetzen wird, das ist die entscheidende Frage.

Der deutsche Bundespräsident Horst Köhler, der vor seinem Amtsantritt vier Jahre lang als Direktor des Internationalen Währungsfonds tätig war, kritisierte Mitte 2008 in einem Interview, dass sich die internationalen Finanzmärkte »zu einem Monster« entwickelt hätten, das »in die Schranken gewiesen« werden müsse.[4] Auch viele Jahre später kann man sich des Eindrucks nicht erwehren, dass dieses »Monster« keineswegs gebändigt worden ist. Angesichts der staatlichen Interventionen war vorschnell von einer »Renaissance des Staates« die Rede. Doch bei den realisierten Maßnahmen handelte es sich hauptsächlich um Notfallaktionismus zur Erhaltung des Status quo und gerade nicht um eine systematische Beseitigung der Krisenursachen. Trotz aller möglichen Versprechungen haben sich die Regierungen letztlich im Wesentlichen darauf verlegt, an einer Verbesserung der behördlichen Finanzmarktaufsicht zu arbeiten. Das allerdings greift zu kurz. Im Juli 2012 kritisierte Neil M. Barofsky, der bis Anfang 2011 als unabhängiger Kontrolleur des TARP-Programms der US-Regierung zum Aufkauf von Kapitalanteilen instabiler Finanzinstitute eingesetzt war, dass eines der angeblichen Hauptziele der neuen Regulierungen in Folge der Finanzkrise, nämlich die Dominanz einiger weniger »systemrelevanter« Banken zu beenden, überhaupt nicht erreicht worden sei. Ganz im Gegenteil, die Top-Banken in den USA seien inzwischen sogar um 23 Prozent größer geworden. Ihr Anteil am Bruttosozialprodukt, beklagt Barofsky, sei von 2007 bis 2012 von 43 auf 56 Prozent gestiegen. »Das Risiko unseres Bankensystems ist bemerkenswerterweise in diesen Banken konzentriert, die jetzt 52 Prozent allen Industrievermögens kontrollieren«, so der ehemalige Aufseher.[5] Falls sie ins Strudeln geraten, sind diese Banken für ein Scheiternlassen, aber zugleich vielleicht auch für eine Rettung zu groß.

Im Rahmen des Basler Ausschusses der Bank für Internationalen Zahlungsausgleich wurden die 1000 Seiten umfassenden Basel III-Regeln ausgearbeitet, die 2014 in Kraft getreten sind und unter anderem neue Mindestvorgaben für die Eigenkapitalabdeckung der Banken enthalten. Unabhängig davon, für wie effektiv man diese Regeln hält, erweist sich die einheitliche Umsetzung solcher internationaler Standards als schwierig. Eine Umsetzung der Empfehlungen wird in den internationalen Verhandlungen der rund 30 dem Baseler Ausschuss angehörenden Regierungen zwar zugesagt, ist aber nicht völkerrechtlich verbindlich. Im Hinblick auf eine Regulierung des sogenannten Schattenbankwesens, das zum Beispiel Hedgefonds umfasst, machte der zuständige EU-Kommissar

Michel Barnier ein erstaunliches Statement. Mehr als drei Jahre nach der Pleite der US-Investmentbank Lehman Brothers, einem Höhepunkt der Krise, sagte Barnier, dass man erst einmal »besser verstehen« müsse, »was Schattenbanken eigentlich sind und welche Regulierung und Aufsicht für sie angebracht« seien. Die Branche sei nämlich »innovativ« und »dauernd in Bewegung«.[6] Dabei haben die Schattenbanken schon allein aufgrund ihres Volumens entscheidenden Einfluss auf das Finanzsystem. Nach Angaben des Finanzstabilitätsrates der G20-Länder wuchs ihr Umfang 2014 auf Grundlage der vorhandenen Daten auf 36 Billionen US-Dollar an.[7] Dies entspricht etwa der Hälfte des globalen Bruttoinlandsprodukts. Bei der Regulierung gibt es kaum Fortschritte. Schon bei der Definition dessen, was eine Schattenbank überhaupt sein soll, gibt es Uneinigkeit. Die Charakterzüge, die zur Krise geführt haben, sind immer noch vorhanden. Es scheint nur eine Frage der Zeit zu sein, bis die Finanzsysteme wieder außer Kontrolle geraten.

Staatliche Interventionen zur Stabilisierung des Finanzsystems

Von einer »Renaissance des Staates« sprechen zu wollen ist auch aus einem anderen Grund falsch. Denn selbst wenn es erst langsam in das Bewusstsein der Öffentlichkeit zu dringen scheint, sind staatliche Interventionen zur Stabilisierung des Finanzsektors keine Ausnahmeerscheinung der globalen Finanzkrise, sondern jahrzehntelange Praxis. Der Rückzug des Staates und der freie Markt sind so gesehen nur ein Mythos. Der Staat hat ständig zugunsten von Investoren in das Marktgeschehen eingegriffen. Studien zufolge soll es zwischen den späten 1970er und den frühen 2000er Jahren 117 systematische Bankenkrisen in 93 Ländern gegeben haben, für die der Steuerzahler für staatliche Interventionen zum Erhalt der Finanzstabilität im Schnitt die unglaubliche Summe von 12,8 Prozent des nationalen Bruttosozialprodukts aufgewendet haben soll.[8] Wie Jeff Faux vom Economic Policy Institute in Washington D.C. betont, liefen die großen Finanzkrisen der 1990er Jahre in Mexiko, Thailand, Brasilien, Bolivien, Südkorea, Indonesien, Russland und Argentinien alle darauf hinaus, dass Großinvestoren durch staatliche Rettungsschirme geschützt und »der Rest der Gesellschaft der Gnade der brutalen Gesetze von Angebot und Nachfrage« ausgeliefert wurde. Dieses verzerrte Modell der freien Marktwirtschaft sei nichts anderes als »Sozialismus für die Reichen«, urteilt der Wirtschaftswissenschaftler.[9] Die Besonderheit der globalen Finanzkrise war nun aber nicht nur, dass sie mit den

USA von einem Zentrum des Systems ausging, sondern auch dass ein *internationaler* Systemzusammenbruch drohte, zu dessen Verhinderung in aller Welt gleichzeitig massiv interveniert werden musste. Aufgrund der engen globalen Verflechtung der weltweiten Finanzsysteme ist es immer unwahrscheinlicher, dass sich Krisen lokal eindämmen lassen. »In Ermangelung entsprechender politischer Maßnahmen«, schreibt der IWF, »sind hoch integrierte Ökonomien weiterhin empfänglich für gefährliche grenzüberschreitende Ansteckungseffekte.«[10] Das ganze Weltfinanzsystem ist instabil geworden.

Das Finanzsystem als »prioritäres globales öffentliches Gut«

Die von Schweden und Frankreich initiierte »internationale Arbeitsgruppe zu globalen öffentlichen Gütern« unter der Leitung des ehemaligen mexikanischen Präsidenten Ernesto Zedillo und Tidjane Thiam von der Elfenbeinküste zählte »die Erhaltung der internationalen Finanzstabilität« schon vor der globalen Finanzkrise neben fünf anderen Bereichen wie der Bekämpfung des Klimawandels und ansteckender Krankheiten, der Stärkung des Welthandels sowie von Frieden und Sicherheit zu den *prioritären globalen öffentlichen Gütern*. Im Gegensatz zu globalen Gemeingütern wie der Atmosphäre, die schlicht existieren, handelt es sich bei den »globalen öffentlichen Gütern«, wie sie von dieser Arbeitsgruppe definiert werden, um wichtige politische Zielsetzungen, die im gemeinsamen internationalen Interesse liegen, von deren Verwirklichung alle Staaten und Menschen profitieren und deren Verwirklichung effektive internationale Kooperation erfordert. Sie können von einzelnen Ländern per Definition nicht alleine erreicht und erhalten werden. Bei dem Versuch, globale öffentliche Güter wie ein stabiles Finanzsystem bereitzustellen, treten die gleichen Hindernisse auf wie beim Management der globalen Gemeingüter. Aufgrund unterschiedlicher Interessen können sich Regierungen nur schwer auf weitgehende Regulierungen und Maßnahmen einigen. Die Bereitschaft von Regierungen, sich verbindlichen Regeln zu unterwerfen, ist beschränkt. Da jeder vom öffentlichen Gut profitiert, besteht insofern ein Anreiz des Trittbrettfahrens, als dass die zur Bereitstellung des Gutes notwendigen Investitionen und Mühen möglichst anderen überlassen und hinausgezögert werden. Die Einhaltung der vereinbarten Regeln sicherzustellen, ist problematisch. Die Bereitstellung des Gutes kann unter Umständen schon scheitern, wenn nur eine Partei, quasi als schwächstes Glied, die Regeln nicht beachtet. Wie die internationale

Arbeitsgruppe feststellt, ist das Festhalten an der nationalen Souveränität »das Hauptproblem, das allen anderen zugrunde liegt«. »Die Haupthindernisse«, so die Task Force in ihrem Bericht, »rühren von der Tatsache her, dass der internationale Bereich grundsätzlich durch freiwillige Interaktion zwischen souveränen Staaten charakterisiert ist.«[11] Es läuft auch hier wieder darauf hinaus, dass es keinen weltrechtlichen Rahmen gibt, der globale Regulierung erlaubt.

Das anarchische Völkerrechtssystem

Es ist an dieser Stelle bemerkenswert, dass sich das ganze völkerrechtliche System in Analogie zu Merkmalen beschreiben lässt, die einen entfesselten Markt charakterisieren. Dem nach Nutzenmaximierung strebenden Homo oeconomicus in der Doktrin des Laissez-faire entspricht im Völkerrecht der auf seine Vorteile bedachte souveräne Staat. Im Endeffekt geht es dem souveränen Staat im weitesten Sinne um geopolitische Interessen, also darum, relativ zu anderen rivalisierenden Staaten eine bessere Machtposition zu erlangen. Das schließt militärisch durchgesetzte Kontrolle über Territorium und Ressourcen als klassisches Mittel der Geopolitik ein, geht aber darüber hinaus. Zwischen den Industrieländern spielt sich die Rivalität nicht mehr militärisch, sondern auf wirtschaftlichem Gebiet ab. In der »Geo-Ökonomie«, wie Luttwak es nennt, intervenieren die Staaten zugunsten bestimmter Industrien und Unternehmen, etwa um ihre Marktführerschaft auszubauen, sie vor unerwünschter Konkurrenz zu schützen oder um die Eroberung neuer Märkte durchzusetzen. Selbst wenn die Industrieländer, so Luttwak, »keine Kriegsgedanken mehr hegen und tagtäglich in schönster Eintracht auf den verschiedensten Ebenen zusammenarbeiten, so beruht ihr eigentliches Wesen doch auf Gegnerschaft«.[12] Nach dem Ende des Kalten Krieges schrieb der einflussreiche Politikwissenschaftler Kenneth Waltz, der im Studium der internationalen Beziehungen als prägender Theoretiker des Neorealismus bekannt ist, dass die »Grundstruktur der internationalen Politik« trotz aller Veränderungen »anarchisch« bleibe. »Jeder Staat«, so Waltz, »schlägt sich alleine durch, mit oder ohne Zusammenarbeit mit anderen. Die Staatschefs und ihre Gefolgsleute beschäftigen sich mit ihrer Stellung, das heißt, mit ihrer relativen Position zueinander«.[13] George Soros hat die erwähnte Analogie weiter ausgeführt. Die Doktrin der Geopolitik, schreibt er, »hat insofern gewisse Ähnlichkeiten mit der Doktrin des ›laissez faire‹, als beide den Eigennutz als einzig realistische Basis betrachten, um das Verhalten eines Subjekts zu erklären. Das Subjekt des ›laissez faire‹ ist der individuelle Marktteilnehmer, das der Geopolitik der einzelne Staat. Mit beiden eng verbunden ist die Vulgärversion des Darwinismus, die das Überleben des Stärkeren für ein Naturgesetz hält«. Die Idee, dass der Staat die Interessen *seiner Bürger* zu vertreten habe und kein Selbstzweck sei, gebe es im geopolitischen Verständnis gar nicht. »Der geopolitische Realismus«, so Soros, »läßt sich als Übertragung der Doktrin des ›laissez faire‹ auf die internationalen Beziehungen begreifen.«[14] Wir wollen den Gedankengang noch einen Schritt weiterführen. Denn wenn bei Polanyi der Staat eingreifen muss, um den entfesselten Markt zu bändigen, ist es analog gesehen genau die Option des *weltstaatlichen* Eingreifens, die es im Völkerrecht nicht gibt.

Liberalismus, Laisser-faire und die Frage eines Weltstaates

Aus der Sicht klassischer Vertreter des Laissez-faire müsste man jetzt allerdings geltend machen, dass die soeben gezogene Parallele zur Geopolitik und zum Völkerrecht ihre Vorstellungen in wichtigen Punkten verzerrt und unvollständig wiedergibt. Der Staat soll sich ihrer Doktrin zufolge ja *gerade nicht* in wirtschaftliche Belange einmischen, also zum Beispiel schon gar nicht zugunsten bestimmter Industrien oder Unternehmen intervenieren. Laissez-faire bedeutete für sie außerdem *nicht* die *Nichtexistenz* einer übergeordneten Staatsmacht, wie es in der anarchisch-völkerrechtlichen Ordnung der Fall ist, sondern eben ihre *Begrenzung* auf bestimmte Aufgaben. Zwar solle sich der Staat möglichst nicht in Marktmechanismen einmischen, doch sein Einsatz zur Sicherung von Frieden, Freiheit und Eigentum wird vorausgesetzt. Die friedliche menschliche Kooperation, das Einhalten der gemeinsamen Regeln, müsse notfalls durch staatlichen Zwang durchgesetzt werden können. »Liberalismus hat mit Anarchismus nicht das Geringste zu tun«, betonte der einflussreiche Nationalökonom Ludwig von Mises (1881 bis 1973) dementsprechend in seinem Werk »Liberalismus« aus dem Jahr 1927. Im Hinblick auf die internationale Ordnung gilt das ihnen ganz genauso. Das völkerrechtliche Dogma, dass »jeder einzelne Staat souverän« sei und »die oberste und letzte Instanz« darstelle, war den Befürwortern von weltweitem Freihandel und weltweiter Freizügigkeit (»laissez-faire et laissez-passer«) ein Gräuel. Der Liberalismus, machte Mises klar, »umspannt in seinem politischen Konzept von vornherein die ganze Welt, und dieselben Ideen, die er im kleinsten Kreis zu verwirklichen sucht, hält er auch für die große Weltpolitik für richtig. Wenn der Liberale zwischen Außenpolitik und Innenpolitik unterscheidet, so tut er es nur, um den großen Aufgabenkreis der Politik zweckmäßig zu unterteilen und zu gliedern, keineswegs aber etwa darum, weil er der Meinung wäre, daß in der auswärtigen Politik andere Grundsätze zu gelten hätten als in der Inneren«. In dem Wissen, dass es nicht genüge, den Frieden im Innern des Staates herzustellen, fordere der Liberalismus, dass »die staatliche Organisation ihre Fortsetzung und ihren Abschluß finde in·einer *staatsgleichen Verbindung aller Staaten zu einem Weltstaat*« (unsere Hervorhebung).[15] Der Wirtschaftsnobelpreisträger Friedrich von Hayek (1899 bis 1992), der neben Mises einer der wichtigsten Vertreter der österreichischen Schule der Nationalökonomie war und einigen als Wegbereiter des Neoliberalismus gilt, plädierte in seinem 1944 veröffentlichten Buch »Der Weg zur Knechtschaft« klipp und klar für eine *weltföderalistische* Ordnung mit einer »übernationalen Instanz.« Diese internationale politische Instanz solle genau festgelegte, aber dafür voll durchsetzungsfähige Befugnisse erhalten, unter anderem um »Wirtschaftsinteressen in Schach halten und im Falle eines Konflikts ausgleichend wirken« zu können. Gegenüber den Staaten müsse sie die Macht haben, einen »Kodex von Normen« durchzusetzen, um sie »von Handlungen zurückzuhalten, die anderen schaden.« Der Föderalismus, so Hayek, sei »nichts anderes als die Anwendung des demokratischen Prinzips auf die internationalen Beziehungen«, aber »eine Demokratie mit genau begrenzten Machtbefugnissen«. »Bei kluger Verwirklichung«, schrieb der Ökonom, »kann das föderative Organisationsprinzip sich tatsächlich als die beste Lösung für einige der schwierigsten Probleme der Welt erweisen«.[16] Der Dissens selbst mit Vertretern eines richtig verstandenen Laissez-faire dreht sich also weniger darum, *ob* es einen Weltstaat geben sollte, sondern vielmehr darum, wie er gestaltet sein sollte und was genau seine Aufgaben wären.

Der globale Deregulierungswettlauf

Dass die Staaten in einem permanenten »entfesselten Wettbewerb« zueinander stehen, verschafft den marktradikalen Kräften eine sehr vorteilhafte Position. Wird in einigen Staaten eine Deregulierung erst einmal durchgesetzt, entsteht internationaler Wettbewerb, der in einem eigendynamischen Deregulierungswettlauf mündet. Bei diesem »Race to the Bottom« geht es darum, wo Unternehmen und Kapital die für sie besten Bedingungen vorfinden. Das setzt Löhne, Sozialsysteme, Umweltstandards, Arbeitnehmerrechte und Steuerpolitik unter Druck. Die Deregulierung des Finanzwesens in den USA wurde genau mit diesem Argument vorangetrieben. Bei der Lesung des Gesetzes zur »Modernisierung der Finanzdienstleistungen« im US-Senat im November 1999, mit dem unter anderem das Trennbankenprinzip abgeschafft wurde, sagte beispielsweise der aus New York stammende demokratische Senator Chuck Schumer, dass es zu allererst darum gehe, sicherzustellen, »dass US-Finanzunternehmen wettbewerbsfähig« blieben. »Wenn wir dieses Gesetz nicht verabschieden«, so Schumer, »könnte sich herausstellen, dass London oder Frankfurt oder nach Jahren später einmal Shanghai die Finanzhauptstadt der Welt wird«. Wichtige US-Firmen könnten die Vereinigten Staaten verlassen und sich in Ländern ansiedeln, in denen »diese Sachen« erlaubt seien. Der Finanzdrehplatz New York und »Millionen« hochbezahlter Jobs seien in Gefahr.[17] Der *New York Times*-Kolumnist und Globalisierungsapostel Thomas L. Friedman spricht in seinem Bestseller »Globalisierung verstehen« von einer »Goldenen Zwangsjacke«, die Thatcher und Reagan geschneidert hätten. Die Metapher der Zwangsjacke beschreibt nach Friedman die Prinzipien, die ein Land unter den Bedingungen der globalisierten Weltwirtschaft anstreben muss, um als Standort kredit- und kapitalwürdig zu sein: »Es muss den privaten Sektor zum hauptsächlichen Motor des Wirtschaftswachstums machen; eine möglichst geringe Inflationsrate und möglichst hohe Preisstabilität anstreben; den Umfang der staatlichen Bürokratie beschränken; einen möglichst ausgeglichenen Staatshaushalt, möglichst sogar einen Überschuss erreichen; Zölle auf Einfuhren senken, beziehungsweise ganz streichen; Beschränkungen für Auslandsinvestitionen beseitigen; Importquoten aufheben und nationale Monopole zerschlagen; den Exportanteil steigern; staatliche Unternehmen und Versorgungsgesellschaften privatisieren; den Kapitalmarkt deregulieren und die eigene Währung frei konvertibel machen; seine Industrie sowie seine Aktien- und Anleihenmärkte für ausländischen Besitz und ausländische Investitionen öffnen; durch die Deregulierung der Wirtschaft die Binnenkonkurrenz stimulieren; staatliche Korruption bekämpfen und Subventionen streichen; das Bankwesen und die Telekommunikationsindustrie für Privatbesitz und Wettbewerb öffnen; seinen Bürgern erlauben, aus einer Vielzahl konkurrierender Altersversorgungsmodelle und Pensions- und Investmentfonds (auch ausländischen) zu wählen.«[18] Golden nennt Friedmann die Zwangsjacke deshalb, weil nur dieses Programm noch Wachstum hätte generieren können. Aus der Politik wurde eine bloße »Ingenieurskunst«, die die Umsetzung dieses von Ratingagenturen, Investmentfonds, Spekulanten und anderen Marktkräften geforderten Programms zum Ziel hatte. Unterstützt wurden sie dabei vom Internationalen Währungsfonds und der Weltbank, die Kredite von der Umsetzung entsprechender Konditionen abhängig machten.

Die zentrale Rolle der Steueroasen und anonymer Strohfirmen

Wie der britische Journalist Nicholas Shaxson in seinem 2011 veröffentlichten Buch »Schatzinseln« überzeugend darlegt, sind Steueroasen ein zentraler Dreh- und Angelpunkt des entfesselten globalen Wirtschafts- und Finanzsystems. Steueroasen, das sind völkerrechtlich souveräne Staaten oder andere Gebietskörperschaften, die Geschäfte anlocken, indem sie Personen oder Firmen dabei helfen, »sich den Regeln, Gesetzen und Regulierungen anderer Gebietskörperschaften zu entziehen«.[19] Im Angebot sind hohe Diskretion und Geheimhaltung, niedrige bis gar keine Steuern und Nichteinmischung durch die Behörden vor Ort. Etwa zwei Drittel des Welthandels spielt sich innerhalb international operierender Konzerne ab. Präsenz in Offshore-Gebieten ermöglicht solchen international tätigen Unternehmen das Kunststück, den Ort, wo Gewinne und Verluste steuerlich anfallen, mittels innerbetrieblicher Verrechnungspreise auf dem Papier fast beliebig manipulieren zu können – und zwar ganz legal. Kombiniert mit Holdinggesellschaften, die in Steueroasen ansässig sind und denen zum Beispiel wichtige Markenrechte oder anderes geistiges Eigentum gehören, wird das Ziel der niedrigstmöglichen Besteuerung dabei nicht selten erreicht. Die in vielen Steueroasen angebotenen Rahmenbedingungen und Finanzdienstleistungen spielen etwa in Form von Geldwäsche auch für die globale organisierte Kriminalität eine wichtige Rolle. Während der Finanzkrise könnten solche Geldflüsse sogar das Finanzsystem gerettet haben. Der Chef des UN-Büros für Drogen- und Verbrechensbekämpfung UNODC, der italienische Wirtschaftsexperte Antonio Maria Costa, behauptete gegenüber dem *Observer*, dass zum Höhepunkt der Krise Gelder aus Drogengeschäften und anderen illegalen Aktivitäten in Höhe von fast 350 Milliarden US-Dollar in das Finanzsystem gepumpt und dabei gewaschen worden seien. Für einige kurz vor dem Zusammenbruch stehende Banken sei das zu dem Zeitpunkt das einzige verfügbare liquide Kapital gewesen.[20]

Es sind nicht nur vereinzelte Gebilde wie die rund 50.000 Einwohner zählenden karibischen Kaimaninseln, eines von vierzehn britischen Überseegebieten und zugleich eines der weltgrößten Finanzzentren, die der restlichen Welt auf der Nase herumtanzen. »Anders als viele Leute vermuten«, schreibt Shaxson, »sind die weltweit bedeutendsten Steueroasen nicht irgendwelche exotischen Palmeninseln, sondern die mächtigsten Staaten der Welt«. Bei dem weltweiten Offshore-System handele es sich um rund sechzig Schattenfinanzzentren, die netzartig in Einflusszonen angeordnet seien, die von Großbritannien und den

USA kontrolliert würden. Die wichtigen Rollen, die Reagan und Thatcher im Globalisierungsprojekt gespielt hätten, seien bestens bekannt. Weit weniger Aufmerksamkeit sei eben den Schattenfinanzzentren geschenkt worden, »den stillen Kriegern der Globalisierung, die reiche und arme Staaten dazu zwingen, sich einen Abwärts-Wettlauf zu liefern, während sie tiefe Schneisen in deren Steuer- und Regulierungssysteme reißen, egal, ob die Länder dies nun wollen oder nicht«.[21]

Die entscheidende Rolle von Steueroasen im »schädlichen Steuerwettbewerb« hatte die OECD schon 1998 in einem bahnbrechenden Bericht klar identifiziert. Eines der Probleme ist die Steuerhinterziehung. Um Steuerhinterziehern besser auf die Schliche kommen zu können und die Transparenz zu erhöhen, wurde ein Standard für bilateralen Informationsaustausch »auf Anfrage« ausgearbeitet, der gegenüber Steueroasen durchgesetzt werden sollte. An diesen Bemühungen, die ab 2009 vom G20-Gipfel aufgegriffen wurden, lassen viele Beobachter kein gutes Haar. Wenn eine Steuerbehörde Informationen anfordere, müsse sie in jedem Einzelfall schon ziemlich genau wissen, was für eine Information es sei, so Shaxson. Es handele sich um Augenwischerei. Wenn außerdem der Fuchs behaupte, er habe die Sicherheit des Hühnerhauses aufgemöbelt, müsse man das mit Vorsicht genießen.[22] Mehrere Studien sind übereinstimmend zu dem Schluss gekommen, dass ein Flickwerk von bilateralen Verträgen über Informationsaustausch im Endeffekt ohnehin gar nichts bringe. Erforderlich sei vielmehr ein »großer Knall«: Ein *lückenloses globales Übereinkommen*.[23]

Um das Offshore-System und mit ihm internationale Geldwäsche, Korruption und Steuerhinterziehung wirksam stillzulegen, muss auch das Problem anonymer Strohfirmen angegangen werden. Große Wellen schlug im April 2016 die internationale Berichterstattung über die Praktiken der in Panama ansässigen Firma Mossack Fonseca, die einer der Marktführer im Bereich von Offshore-Dienstleistungen und Briefkastenfirmen ist. Eine 2014 veröffentlichte Untersuchung hebt hervor, dass Strohfirmen, die nicht auf ihre wahren Eigentümer zurückgeführt werden können, zu einem der wichtigsten Mittel zur Verschleierung und Beiseiteschaffen von Vermögen geworden sind. »Strohfirmen zu regulieren«, so die Studie, »stellt für viele Facetten der Global Governance somit eine wesentliche Herausforderung dar.« Zwar gibt es internationale Standards, die im Rahmen des bei der OECD angesiedelten internationalen Arbeitskreises für Maßnahmen zur Geldwäschebekämpfung FATF gesetzt wurden. Wie sich herausstellt, sind diese jedoch sehr ineffektiv. Am meisten überrascht waren die Forscher davon, dass die Standards gegen anonyme Mantelfirmen gerade von

Dienstleistern in den OECD-Ländern am wenigsten befolgt wurden. »Dienstleister zur Unternehmenseintragung in den USA, insbesondere in Delaware, Indiana, Wyoming und Nevada, zählen zu den schlechtesten in der Welt«, so die Studie.[24] Nach den Veröffentlichungen über die sogenannten Panama-Papers forderte Ecuador internationale Bemühungen zur vollständigen Abschaffung von Steueroasen und startete eine Initiative zur Etablierung eines UN-Gremiums, das sich der Problematik ein für allemal annehmen sollte. Eine UN-Organisation zu Steuerfragen stößt allerdings schon lange auf den Widerstand der OECD. Das Europäische Parlament hat umgehend einen Untersuchungsausschuss zum Panama-Skandal eingerichtet. Eine UN-Parlamentarierversammlung wäre der richtige Ort, um eine schonungslose globale Untersuchung in Gang zu bringen.

Die versteckten Billionen

Der Schaden, der durch das Offshore-System angerichtet wird, lässt sich kaum beziffern. In einer aufsehenerregenden Studie des früheren Chefvolkswirts der Unternehmensberatung McKinsey, James Henry, angefertigt im Auftrag des Tax Justice Network, wurde es als »schwarzes Loch der Weltwirtschaft« bezeichnet. Allein das von Privatpersonen in Steueroasen gebunkerte *reine Finanzvermögen* wurde konservativ auf 21 bis 32 Billionen US-Dollar geschätzt, das ist mehr als das jährliche Bruttosozialprodukt der USA. Ungefähr die Hälfte davon gehört rund einhunderttausend Superreichen aus aller Welt. Da dieses Geld in der Regel statistisch nicht erfasst werden kann, sind Erhebungen über die Vermögensverteilung verzerrt. Die Ungleichheit ist noch größer, als statistisch überhaupt sichtbar gemacht werden kann. Mit Blick auf die Gelder, die von den Eliten der Entwicklungsländer in die Steueroasen geschoben und vorwiegend in Anlagen aus den Industrieländern investiert werden, kommt die Studie zu dem Schluss, dass die Entwicklungsländer rein rechnerisch gesehen eigentlich Geberländer sind. Das außer Landes geschaffte Privatvermögen übertrifft die öffentlichen Auslandsschulden nämlich bei weitem. »Das Problem hier ist«, so Henry, »dass das Vermögen dieser Länder einer kleinen Anzahl von reichen Individuen gehört, während die Schulden über die Regierung von den gewöhnlichen Leuten geschultert werden.« Bei den Superreichen, schreibt Henry, hätte man es allerdings mit der »am besten verschanzten Interessengruppe der Gesellschaft« zu tun.[25]

Globale Staatsbildung als Ziel der Gegenbewegung

In seinem Buch über »das befremdliche Überleben des Neoliberalismus« schreibt der britische Politikwissenschaftler Colin Crouch, dass die Aufgabe nicht darin bestehe, »den Untergang des Neoliberalismus infolge der von ihm selbst herbeigeführten Krise zu erklären, sondern vielmehr die Tatsache, daß er nach dem Zusammenbruch der Finanzmärkte politisch einflußreicher dasteht denn je«.[26] Das allerdings ist jetzt nicht mehr besonders überraschend. Die Gegenbewegung steht nämlich vor dem Problem, dass ihr kein weltstaatliches Instrumentarium zur Verfügung steht, das den Marktkräften und der globalen Elite etwas entgegensetzen könnte. Sie ist neutralisiert, weil sie keinen staatlichen Rahmen hat, dessen sie sich bemächtigen könnte, um global wirksame Regulierung zu schaffen. Zwischen wenigen Ländern abgestimmte Initiativen und erst recht nationale Alleingänge mögen zwar Symbolkraft besitzen, können aber am System insgesamt nicht viel ausrichten. »Daß eine Renaissance des Staates keine Perspektive für Reformen« bietet, liege auch daran, so Crouch, »daß politische Macht ganz überwiegend nationalstaatlich organisiert« sei. Das bedeute nicht nur, »daß die Politik die Interessen des Volkes auf globaler Ebene schwerlich vertreten kann, sondern auch, daß Parteien und Regierungen stets nationalen Sichtweisen verhaftet bleiben«. In einer globalisierten Wirtschaft sei das unrealistisch.[27]

Es läuft letztlich wie schon auf dem Gebiet des nachhaltigen Wirtschaftens darauf hinaus, dass sich die Gegenbewegung für einen globalen Staatsbildungsprozess, der in einem Weltrechtssystem mündet, wird einsetzen müssen. Die Grundfeste des Offshore-Systems zum Beispiel ist die Souveränität der entsprechenden Staaten und Gebietskörperschaften. Die völkerrechtliche Freiheit dieser Länder, das globale Steuer-, Wirtschafts- und Finanzsystem nach Gutdünken untergraben zu können, muss in Frage gestellt werden. Der Kampf gegen das Offshore-System, so Shaxson, brauche »eine internationale Perspektive, um neue Formen der internationalen Zusammenarbeit zu schaffen«.[28] »Eine konstruktive Gegenbewegung«, meint der kanadische Ökonom Myron Frankman in einem lesenswerten Buch über Weltföderalismus, »muss ernsthafte Überlegungen zum Aufbau demokratischer Institutionen auf der Weltebene frühzeitig auf ihrer Agenda haben.«[29] Für manche Globalisierungskritiker mag diese Erkenntnis ein schwieriger Schritt sein, da die Mobilisierung zu einem hohen Grad gerade im grundsätzlichen Widerstand gegen internationale Organisationen erfolgt und oft eine tiefe Staatsskepsis vorherrscht. Ohne sich dessen bewusst zu sein, haben sie sich damit aber gerade ein vulgäres neoliberales Verständnis des internationalen Systems zur Grundlage gemacht. Es gibt jedoch Zeichen dafür, dass der Meinungstrend langsam in eine andere Richtung geht. So plädiert zum Beispiel Harald Schumann mit seiner Koautorin Christiane Grefe in dem Buch »Der Globale Countdown« inzwischen für den »Ausbau und die Demokratisierung globaler Regelwerke und Institutionen«. Mehr noch, die Herausforderung liege darin, »eine Art Weltföderalismus zu erfinden und klare Regeln für die richtige politische Arbeitsteilung zwischen globalen, regionalen oder nationalen Institutionen aufzustellen, um den Interessen aller gerecht zu werden«.[30] In Schumanns Bestseller »Die Globalisierungsfalle«, der zwölf Jahre zuvor veröffentlicht wurde, war das noch kein Thema. In einer Festrede zum fünfzigsten Jubiläum der renommierten internationalen Vereinigung von Wissenschaftlern auf dem Gebiet der internationalen Beziehungen 2009 in New York fragte der Politologe und damalige Vorsitzende Thomas G. Weiss, was eigentlich mit der einst so prominenten Idee einer föderalen Weltregierung passiert sei. Er plädierte leidenschaftlich dafür, dass sich die Wissenschaft endlich wieder ernsthaft damit auseinandersetzt. »Der Markt«, merkte Weiss treffend an, »wird nicht gnädigerweise für globale Institutionen sorgen, die ein würdevolles Überleben der Menschheit sicherstellen. Adam Smiths ›unsichtbare Hand‹ trägt zwischen den Staaten ebenso wenig wie innerhalb von Staaten zu einer Problemlösung bei.«[31]

13.
Die Frage einer Weltwährung, globale Steuern und weltweiter Fiskalföderalismus

Innerhalb der Staatengemeinschaft wurden weitreichende globale Lösungsansätze auf dem Gebiet des Steuer-, Währungs- und Finanzsystems bereits immer wieder vorgebracht. Dazu gehören beispielsweise eine global koordinierte Steuerpolitik, insbesondere im Bereich der Unternehmensbesteuerung, oder eine Weltwährung. Bei der Entwicklung dieser wichtigen Projekte sollte ein demokratisches Weltparlament eine treibende Kraft sein und konzeptionell eine zentrale Rolle spielen.

Weltwährung und Weltzentralbank

Schon in den 1860er Jahren hatte es eine ernstzunehmende französische Initiative zur Einrichtung einer internationalen Währung gegeben, die seinerzeit allerdings von Großbritannien abgelehnt wurde. Als Teil der Nachkriegsplanung wurde während des Zweiten Weltkrieges dann auf US-amerikanischer und britischer Seite an Plänen für eine Weltwährung gearbeitet. In den USA trug sie den Arbeitsnahmen »Unitas« und in Großbritannien arbeitete John Maynard Keynes am Konzept eines »Bancor«. Wie der Wirtschaftsnobelpreisträger Robert Mundell berichtet, wurde das Vorhaben, eine Weltwährung einzurichten, kurz vor der entscheidenden Konferenz der Alliierten zu Währungs- und Finanzfragen im Jahr 1944 in Bretton Woods allerdings wieder fallen gelassen. In den USA waren Bedenken wegen eines damit verbundenen Souveränitätsverzichts aufgekommen. Der damalige »Widerwillen der USA, in Sachen einer globalen Währung voranzuschreiten«, so Mundell, »passt in das historische Muster, dass sich die führende Finanzmacht Reformen entgegenstellt, die die internationale Rolle ihrer eigenen Währung beeinträchtigen könnten«.[1] Die Frage wird jedoch immer wieder prominent aufgeworfen. Zehn Wochen nach dem größten Börsencrash der Nachkriegsgeschichte am 19. Oktober 1987 schrieb zum Beispiel der *Economist* in einer Titelgeschichte, dass eine Weltwährung zumindest zwischen den wichtigsten Industrieländern anzustreben sei. Die Vorteile würde allen »unwiderstehlich« scheinen, »nur den Devisenhändlern und den Regierungen nicht«.[2] Während der globalen Finanzkrise zwanzig Jahre später fragte sich der leitende Wirtschaftsredakteur der *Business Week*, Michael Mandel, was eigentlich in dem nicht ganz unwahrscheinlichen Fall geschehen würde, wenn eine Dollarkrise ausbricht, die auch die US-amerikanische Zentralbank Federal Reserve nicht mehr in den Griff bekommen würde. Theoretisch sei klar, was die Antwort sein müsste, so Mandel, nämlich »eine globale Zentralbank mit der obersten Kompetenz, Geld zu drucken und das weltweite Finanzsystem zu regulieren«.[3]

Externe Effekte nationaler Währungspolitik und Währungskriege

Unter dem Eindruck der Finanzkrise haben Russland und China Vorschläge zur Schaffung einer Weltreservewährung unterbreitet. Die Volksrepublik China hat riesige Devisenreserven in Höhe von inzwischen über drei Billionen US-Dollar angehäuft und fürchtete aufgrund der massiven Geldmengenvergrößerung durch die Federal Reserve im Rahmen des »Quantitative Easing« einen großen inflationären Wertverlust und sogar einen Dollarcrash. Der Gouverneur der chinesischen Zentralbank, Zhou Xiaochuan, erklärte im März 2009 kurz vor dem Londoner G20-Gipfel, dass das sogenannte »Triffin-Dilemma« nach wie vor existiere. Länder, die Reservewährungen herausgeben, so fasste Xiaochuan das Dilemma zusammen, »schaffen es entweder nicht, die Liquiditätsnachfrage einer wachsenden globalen Wirtschaft zu befriedigen, wenn sie gleichzeitig Inflationsdruck daheim abbauen wollen, oder aber sie erzeugen überschüssige Liquidität auf den globalen Märkten, wenn sie ihre Binnennachfrage übermäßig stimulieren«.[4] Mit Blick auf die weltweit führenden Reservewährungen werden an diesem Beispiel die starken externen Effekte der Währungspolitik deutlich. Eine Reform des internationalen Währungssystems, so Xiaochuan, müsse daher eine internationale Reservewährung zum Ziel haben, die von einzelnen Ländern abgekoppelt sei.

Die US-Regierung verlegte sich demgegenüber auf die Kritik, dass die chinesische Regierung den Kurs des Renminbi auf Kosten der chinesischen Handelspartner unter fairem Wert halte. Währungspolitik ist ein wichtiges Schwert in der geo-ökonomischen Auseinandersetzung. Der US-amerikanische Anwalt und Investmentbanker James Rickards, der im Pentagon Planspiele zur ökonomischen Kriegsführung mit konzipiert hat, schreibt in dem 2011 veröffentlichten *New York Times*-Bestseller »Currency Wars«, dass die Federal Reserve der Welt mit dem Quantitative Easing »effektiv den Währungskrieg erklärt« habe. Mit der Dollarflut würden zum Beispiel eine höhere Inflation in China, höhere Lebensmittelpreise in Ägypten, Spekulationsblasen in Brasilien und vor allem eine Abwertung der US-Auslandsschulden sowie andere gewollte und ungewollte Effekte ausgelöst. Hochrangige Militärs und Geheimdienstleute hätten erkannt, dass Amerikas militärische Vormachtstellung mit der beherrschenden Rolle des Dollars als Weltreservewährung zusammenhänge. Die internationale Dollarnachfrage trägt zum Beispiel dazu bei, das große Außenhandelsdefizit der USA auszugleichen und den US-Haushalt (und damit die Militärausgaben) zu finanzieren. Die Währungsfrage, so Rickards, werde daher nun als eine der »nationalen Sicherheit« behandelt.[5]

Neuere Vorschläge einer Weltreservewährung

Spätestens nach den russischen und chinesischen Initiativen war diese brisante Debatte jedoch nicht mehr zu stoppen. Ein Bericht der Wirtschaftsabteilung des UN-Sekretariats zum Beispiel sprach jetzt davon, dass »ein neues globales Reservesystem kreiert werden könnte, eines das nicht länger auf dem US-Dollar als einziger wichtiger Reservewährung beruht. Der Dollar«, so der Bericht, »hat sich nicht als stabile Wertanlage herausgestellt, was aber die Voraussetzung für eine stabile Reservewährung« sei.[6] Auch der IWF geht inzwischen offensiv mit der Frage um. IWF-Chefstratege Reza Moghadam sprach die »ambitionierte Reformoption« einer Weltwährung in einem im April 2010 veröffentlichten Papier an.[7] Ein seit langem diskutierter Ansatz ist es, die auf einem Währungskorb basierende Verrechnungseinheit der sogenannten Sonderziehungsrechte des IWF nach und nach zu einer Weltreservewährung auszubauen. In diesem Zusammenhang könnte der IWF nach Ansicht von Moghadam auch autorisiert werden, eigene in Sonderziehungsrechten denominierte Anleihen auf den Markt zu bringen. Solche Wertpapiere, schreibt der IWF-Stratege, könnten langfristig »das Embryo einer globalen Währung« darstellen.[8] Der aus Nicaragua stammende Präsident der 63. UN-Generalversammlung, Miguel d'Escoto Brockmann, hatte eine Expertenkommission zur Reform des internationalen Währungs- und Finanzsystems unter dem Vorsitz von Joseph Stiglitz eingesetzt. Die Kommission sprach sich für eine »echte globale Reservewährung« aus. Die gegenwärtige Krise, so der Kommissionsbericht, sei »eine ideale Gelegenheit, um die politischen Widerstände gegen ein neues globales Währungssystem zu überwinden«.[9]

Eine einheitliche Weltwährung würde geopolitischen Währungskonflikten den Boden entziehen und in der zunächst wahrscheinlicheren Form einer globalen Reserve- oder Parallelwährung zumindest stark abschwächen. Unterschiedliche geldpolitische Interessen müssten dann in den entsprechenden internationalen Gremien diskutiert und auf eine Linie gebracht werden. Eine der Lehren aus der Eurokrise sollte allerdings sein, dass Schritte zu einer internationalen Währung in einem größeren politischen Kontext gesehen und angegangen werden müssen. Darauf hat schon der US-amerikanische Ökonom James Tobin hingewiesen. Die 1972 von ihm vorgeschlagene Einführung einer weltweit einheitlichen Steuer auf internationale Devisentransaktionen, um kurzfristige Spekulation unwirtschaftlich zu machen, ist eine der zentralen Forderungen der globalisierungskritischen Bewegung. Es ist weniger bekannt, dass diese Transaktionssteuer für Tobin gegenüber einer Weltwährung nur die »realistische, zweitbeste Option« war. »Die Mobilität von Finanzkapital zwischen Währungen ist ein Problem, bei frei auf dem Markt fluktuierenden Währungskursen genauso wie wenn sie durch Regierungsvereinbarungen festgelegt sind«, schrieb er 1994 im UNDP-Bericht über menschliche Entwicklung. Kein System, bei dem die Kursrelationen gelegentlich angepasst werden könnten, eliminiere Gelegenheiten für Spekulation oder unterbinde nationale Währungspolitik. Nur eine »permanente einheitliche Währung« könne das gewährleisten. Eine solche Währung könne allerdings nicht für sich allein stehen, wie der Ökonom betonte. »Das Beispiel der Vereinigten Staaten zeigt«, so Tobin, »dass eine Währungsunion sehr vorteilhaft funktioniert, wenn sie nicht nur durch zentralisierte Währungsbehörden, sondern *auch durch andere gemeinsame Institutionen* gestützt wird« (unsere Hervorhebung). In Ermangelung solcher Institutionen sei eine einheitliche Weltwährung viele Jahrzehnte weit weg.[10] Ein Weltparlament sollte zu den unabdingbaren Voraussetzungen für eine Weltwährung gehören. Es ist bedenklich, dass die Etablierung einer Weltwährung in der laufenden Debatte im Wesentlichen als eine rein technische Angelegenheit dargestellt wird. Das ist sie nicht.

Der steuerpolitische Abwärtswettlauf

Neben einer Währung und Streitkräften zählt die Erhebung von Steuern traditionell zum Kernbereich nationaler Souveränität. Die internationale Zusammenarbeit in der Steuerpolitik hat sich lange im Wesentlichen darauf beschränkt, die Besteuerung von länderübergreifend tätigen Privatleuten und Unternehmen durch bilaterale Verträge zu koordinieren und so eine Doppelbesteuerung in den betroffenen Ländern zu vermeiden. Deregulierung und

Globalisierung haben unterdessen zu einer immer größeren internationalen Verflechtung und Mobilität von Unternehmen und Kapital geführt. Der damit zusammenhängende steuerpolitische Abwärtswettlauf wird zum Beispiel im Rückgang der Steuersätze auf Unternehmensgewinne in den OECD-Ländern sichtbar. Im OECD-Durchschnitt sind die Sätze von 48 Prozent in 1982 auf 22,9 Prozent in 2015 gesunken.[11] Wichtiger noch ist die bereits erwähnte Möglichkeit, eine Besteuerung ganz zu umgehen. Die US-amerikanische Denkfabrik Citizens for Tax Justice etwa hat berechnet, dass 285 der 500 weltgrößten Unternehmen auf der *Forbes*-Liste, für die verwertbare Daten vorlagen, bis Ende 2011 Gewinne in Höhe von rund 1,5 Billionen US-Dollar angehäuft hatten, die zum größten Teil in Steueroasen verschoben und nie versteuert wurden.[12] Microsoft beispielsweise, dessen Mitgründer und Hauptaktionär Bill Gates sich inzwischen hauptsächlich um seine aus Privatvermögen mit rund 35 Milliarden US-Dollar ausgestattete philanthropische Stiftung kümmert, hat demnach allein zwischen 2009 und 2011 rund die Hälfte seines in den USA generierten Einzelhandelsgewinns, nämlich 21 Milliarden US-Dollar, durch den Verkauf von Immaterialgüterrechten an Tochtergesellschaften in Steueroasen ganz legal am US-Fiskus vorbeigeschleust und damit bis zu 4,5 Milliarden US-Dollar an Steuerzahlungen vermieden. Im US-Senat wurde beklagt, dass der Anteil der Steuern auf Unternehmensgewinne am Gesamtsteueraufkommen in den USA von 32,1 Prozent in 1952 auf 8,9 Prozent in 2009 gefallen und der Anteil der Arbeitnehmerabgaben dagegen von 9,7 auf 40 Prozent hochgeschnellt sei.[13] Der Abwärtswettlauf wird allerdings erst einmal weitergehen. Die neuen nationalistischen Regierungen in den USA und Großbritannien unter Donald Trump und Theresa May haben massive Steuersenkungen für Unternehmen angekündigt.

Es besteht mittlerweile weitgehend Einigkeit darüber, dass eine neue Qualität internationaler steuerrechtlicher Kooperation erforderlich wäre, um eine weitere Erosion der Unternehmenssteuersätze aufzuhalten und Steuervermeidungsstrategien internationaler Unternehmen zu unterbinden. Die Frage ist allerdings, wie das realisiert werden soll. In Gipfelerklärungen haben die Staats- und Regierungschefs der G20-Länder wiederholt ihre Sorge über diese Probleme zum Ausdruck gebracht. Beim G20-Finanzministertreffen in Mexiko Anfang November 2012 forderten der deutsche und britische Finanzminister in einer gemeinsamen Erklärung, dass einer »Aushöhlung der von großen global agierenden Unternehmen gezahlten Unternehmensteuer« durch eine »konzertierte internationale Zusammenarbeit zur Stärkung internationaler Standards für Unternehmenssteuersysteme« begegnet werden müsse. Die Bemühungen der

OECD »zur Ermittlung möglicher Lücken in den Standards« sollten unterstützt werden, hieß es.[14]

Eine einheitliche Besteuerung multinationaler Unternehmen

Wie die Problematik entschieden angepackt werden könnte, hatte eine von UN-Generalsekretär Kofi Annan einberufene hochrangige Expertengruppe zur Entwicklungsfinanzierung schon 2001 aufgezeigt. Die Mitglieder des vom ehemaligen mexikanischen Präsidenten Ernesto Zedillo geleiteten Gremiums wussten, wovon sie sprechen. Mit Robert Rubin aus den USA, Alexander Livshits aus Russland, Manmohan Singh aus Indien und Jacques Delors aus Frankreich waren einige gewichtige ehemalige Finanzminister involviert. Delors war außerdem als Präsident der EG-Kommission neun Jahre lang eine treibende Kraft der europäischen Integration gewesen. Die Empfehlung der Gruppe in dieser Sache war nun, dass eine internationale Organisation über Steuerfragen etabliert werden sollte, die eine führende Rolle bei der Eindämmung des internationalen Steuerwettbewerbs und zur Verhinderung von Steuervermeidung übernimmt. Neben statistischen und koordinativen Aufgaben sowie der Entwicklung multilateraler Mechanismen für den Informationsaustausch solle sich die Organisation »zu gegebener Zeit« darum kümmern, eine international akzeptierte Formel für die einheitliche Besteuerung multinationaler Unternehmen im Rahmen einer »Unitary Taxation« zu entwickeln.[15]

Nach der international gegenwärtig vorherrschenden Steuermethode werden Unternehmensgewinne für einzelne Länder und Gesellschaften getrennt ausgewiesen und dann entsprechend besteuert. Wo ein Gewinn buchhalterisch anfällt, ist entscheidend. Bei der Einheitsbesteuerung nach Formelzuweisung, der sogenannten »Unitary Taxation«, dagegen werden multinationale Unternehmen und Konzerne als wirtschaftliche Einheit behandelt. Alle verbundenen Gesellschaften müssen einen länder- und gesellschaftsübergreifenden Gesamtbericht der Gruppe vorlegen, der die jeweiligen Vermögenswerte, Umsätze und die Anzahl der Beschäftigten ausweist. Der Gesamtgewinn der Gruppe wird dann anhand dieser Faktoren nach einer bestimmten Formel zur Feststellung der jeweiligen Bemessungsgrundlage anteilig auf die entsprechenden Länder und ihre Finanzbehörden aufgeteilt und dort nach den entsprechenden Sätzen versteuert. Der Gewinn wird also dort besteuert, wo sich die reale wirtschaftliche Tätigkeit der Gruppe abspielt. Steuervermeidungsstrategien werden so erheblich erschwert.

In zahlreichen US-Bundesstaaten wird der Ansatz der Unitary Taxation seit langem in verschiedenen Variationen angewandt, um die Bemessungsgrundlage von staatenübergreifend tätigen Unternehmen gegebenenfalls aufzuteilen. Als Kalifornien eine *weltweit* veranschlagte Unitary Taxation für im Staat tätige multinationale Unternehmen obligatorisch machte, liefen Regierungen und Konzerne in aller Welt dagegen Sturm. Die US-Regierung erhielt über 30 offizielle diplomatische Protestnoten, Großbritannien drohte mit Gegenmaßnahmen und die britische Barclays-Bank klagte bis zum US-Verfassungsgericht.[16] Ein »Bataillon ausländischer Regierungen«, so der Supreme Court, sei während des Verfahrens zur Hilfe der Bank aufmarschiert.[17] Die Regierungen betonten unter anderem, dass die Unitary Taxation mit den international akzeptierten Prinzipien der Unternehmensbesteuerung unvereinbar sei. Kalifornien hatte dem politischen Druck zum dem Zeitpunkt bereits nachgegeben und die weltweite Veranschlagung optional gemacht.

Die Ablehnung durch die OECD

Die unkoordinierte, unilaterale Einführung einer weltweiten Einheitsbesteuerung kann in der Tat zu Doppelbesteuerung von Unternehmen und anderen Nachteilen führen. Eine globale Herangehensweise mit einem international abgestimmten Standard, wie es im Zedillo-Bericht empfohlen wurde, ist daher der ideale Weg. Dass das Expertengremium diese Aufgabe bei einer neuen »International Tax Organisation« aufgehoben wissen will und nicht etwa bei der OECD, ist nur konsequent. Zum einen ist die OECD nicht repräsentativ, da sie die Entwicklungsländer außen vor lässt. Zum anderen kann wegen des bei der OECD praktizierten Konsensprinzips jede Initiative von einem einzelnen Land blockiert werden. Auch der rechtlich unverbindliche Charakter der meisten Beschlüsse wird als ein Problem angesehen.[18] Nicht zuletzt hat sich die OECD mit ihrer strikten Ablehnung des Konzepts der Unitary Taxation für diese Aufgabe praktisch selbst disqualifiziert. »Der OECD-Ausschuss zu Steuerfragen«, berichtet etwa der Rechtswissenschaftler und Steuerexperte Sol Picciotto, »hat sich über 30 Jahre lang hartnäckig geweigert, die Realisierbarkeit dieses Ansatzes auch nur in Erwägung zu ziehen.«[19] Diese apodiktische Position ist doch etwas verwunderlich. Oder vielleicht nicht? Denn spätestens seit den Verhandlungen über ein »Multilaterales Investitionsabkommen«, kurz MAI, im Rahmen der OECD Mitte der 1990er Jahre wird der Organisation eine allzu große Nähe zu multinationalen Unternehmen und ihren Lobbygruppen nachgesagt. Auf den MAI-Vertragsentwurf soll ihnen erheblicher Einfluss eingeräumt worden sein, während Parlamente und Öffentlichkeit weitgehend ausgeschlossen waren. »Das MAI ist inakzeptabel, da es auf eine einseitige Privilegierung der Interessen von Investoren zielt, während soziale, ökologische und andere gemeinwohlorientierte Gesichtspunkte praktisch keine Rolle spielen«, kritisierten NGOs das auch vom Europäischen Parlament abgelehnte Verhandlungsergebnis.[20] Heftige öffentliche Proteste brachten das Abkommen schließlich zum Scheitern.

Im Abschlussdokument des 2002 im mexikanischen Monterrey durchgeführten UN-Gipfels zur Entwicklungsfinanzierung, dem sogenannten »Monterrey-Konsens«, war von den weitreichenden Vorschlägen der Zedillo-Kommission kaum eine Spur übrig geblieben. Es war nur allgemein davon die Rede, dass die internationale Kooperation in Steuerfragen durch »verbesserten Dialog« und »größere Koordination« zwischen den nationalen Steuerbehörden und den entsprechenden multilateralen und regionalen Institutionen gestärkt werden solle. Es handelte sich wieder um einen kleinsten gemeinsamen Nenner. Auf EU-Ebene hat die Europäische Kommission unterdessen nach jahrelangen Konsultationen einen wichtigen Schritt nach vorn gemacht. Im März 2011 stellte sie einen Richtlinienvorschlag für eine »Gemeinsame Konsolidierte Körperschaftssteuer-Bemessungsgrundlage« vor, mit der die Unternehmensbesteuerung in der EU harmonisiert werden soll. Die Methode soll nach dem Entwurf zwar zunächst nur optional und auf Europa beschränkt sein, aber trotzdem repräsentiert sie, wie Picciotto betont, »den ersten formalen internationalen Vorschlag für ein System der Einheitsbesteuerung«.[21] Die Unitary Taxation sollte nun auch international nicht mehr so einfach ignoriert werden können.

Globaler Fiskalföderalismus und die Wiederherstellung fiskaler Souveränität

Bedenken nationaler Regierungen aufgrund eines mit vertiefter Steuerkooperation einhergehenden Souveränitätsverlustes sind paradox. Ihre Souveränität würde im Gegenteil gestärkt. Zwar ist es richtig, dass es nicht mehr möglich wäre, die von der internationalen Kooperation erfassten steuerrechtlichen Gebiete, wie etwa die Unternehmensbesteuerung, im Alleingang zu regulieren. Dafür jedoch würde der Durchgriff der gemeinsamen Regeln sichergestellt. In einer 2008 veröffentlichten Untersuchung der politischen Ökonomie des internationalen Steuersystems bringt es der in Bamberg lehrende Politik- und

Wirtschaftswissenschaftler Thomas Rixen auf den Punkt. »Nur wenn die Regierungen ihre legislative Steuerhoheit, die immer fiktiver wird, teilen«, so Rixen, »werden sie ihre faktische Souveränität über ihr Steuersystem wiedergewinnen. Nur kollektiv können sie zurückerobern, was sie individuell verloren haben«.[22]

Globale föderale Institutionen sind die entscheidende Perspektive in der weiteren Entwicklung der internationalen Steuerkooperation. Nach Ansicht von Rixen unterminiert die mit dem nicht regulierten Steuerwettbewerb verbundene Steuervermeidung durch die Verlagerung von Gewinnen ins Ausland den Zusammenhalt der nationalen Solidargemeinschaften. Eine gerechte Lösung laufe auf einen »weltweiten Gesellschaftsvertrag« hinaus, der einem »föderalen System mit einer vertikalen Kompetenzverteilung über verschiedene Ebenen« ähnelt. Die Ausgestaltung dieses Systems könne sich an den etablierten Prinzipien des Fiskalföderalismus orientieren, wie sie zum Beispiel von dem US-amerikanischen Ökonomen Wallace E. Oates 1972 in einem Grundlagenwerk entwickelt wurden. In einem solchen System wäre zu erwarten, so Rixen, »dass bestimmte Besteuerungsrechte auf der zentralen (globalen) Ebene und andere auf dezentralen (regionalen, nationalen und subnationalen) Ebenen« angesiedelt seien.[23] Die Etablierung einer »International Tax Organisation« würde einen sinnvollen Schritt darstellen. Gegenwärtig gibt es noch immer »kein starkes politisches multilaterales Forum oder eine Organisation, wo die Entwicklungsländer einen echten Platz haben, um internationale Steuerfragen zu diskutieren und zu entscheiden«, wie der Politikwissenschaftler Dries Lesage ein wichtiges Argument zusammenfasste.[24]

Vorschläge für globale Steuern

Wie bei den Ideen eines Weltparlaments und einer Weltwährung gibt es auch im Hinblick auf globale Besteuerung eine lange Historie. Bereits im Bericht der Nord-Süd-Kommission von 1980 wurde auf eine ganze Reihe von »Vorschlägen zur Erhebung internationaler Abgaben« hingewiesen, die schon damals debattiert wurden. Im Einzelnen waren das Steuern auf »internationalen Handel, Waffenhandel, internationale Investitionen, Kohlenwasserstoffe und erschöpfbare Bodenschätze, dauerhafte Luxusgüter, Verteidigungsausgaben, Energieverbrauch, international gehandeltes Rohöl, internationale Luftfahrt und Frachttransporte« sowie auf »die Nutzung ›internationaler Gemeinschaftsgüter‹ – Hochseefischerei, Öl- und Gasförderung aus dem Meer, Förderung von Mineralien vom Meeresgrund, die Benutzung der Weltmeere und Erdumlaufbahnen sowie der Radio- und Telekommunikationsfrequenzen«.[25] Der Philosoph Thomas Pogge, der sich mit Fragen der globalen Gerechtigkeit beschäftigt, fordert seit 1994 die Einführung einer »globalen Rohstoffdividende«. Der Vorschlag sieht vor, »dass Staaten und ihre Regierungen nicht die vollen libertären Eigentumsrechte an den natürlichen Rohstoffen ihres Territoriums besitzen und einen kleinen Teil des Gewinns abgeben müssen, den sie durch die Nutzung oder den Verkauf dieser Rohstoffe erzielen«. Mit den Einnahmen solle sichergestellt werden, dass alle Menschen ihre Grundbedürfnisse »auf würdevolle Weise« erfüllen können.[26] Großes internationales Aufsehen erregte 2014 der französische Ökonom Thomas Piketty mit dem Buch »Capital in the Twenty-First Century«, in dem er als Schlussfolgerung eine »progressive globale Vermögenssteuer verbunden mit einem sehr hohen Niveau internationaler Finanztransparenz« empfiehlt. Anders könne die Demokratie die Kontrolle über den »globalisierten Finanzkapitalismus dieses Jahrhunderts« nicht wiedergewinnen.[27]

In der Staatengemeinschaft sind Vorschläge für internationale Steuern seit jeher umstritten. Zum einen gilt das Recht zur Steuererhebung an sich als Ausdruck nationaler Souveränität, zum anderen könnten die Einnahmen zur Finanzierung internationaler Organisationen und globaler Gemeingüter dienen. Die Bedenken bröckeln jedoch merklich. Bei der UN-Konferenz in Monterrey sprachen sich einige Regierungschefs, darunter Frankreichs Jacques Chirac, dafür aus, dass die Einführung globaler Steuern ernsthaft geprüft werden solle. Dies hatte die von Zedillo geleitete Expertengruppe mit Blick auf eine internationale Devisentransaktionssteuer und eine Steuer auf CO_2-Emissionen ebenfalls nahe gelegt. Die Frage einer internationalen Finanztransaktionssteuer, eine nicht nur auf Devisengeschäfte angelegte Variante des Tobin-Konzepts, steht inzwischen auf der höchsten politischen Ebene auf der Agenda. Im Dezember 2009 wurde die Einführung der Steuer unter der Voraussetzung, dass dies weltweit geschieht, vom Europäischen Rat befürwortet. Einige Länder wie Großbritannien stellten sich auf den Standpunkt, dass die Wettbewerbsneutralität nur bei weltweiter Geltung gewährleistet werden könne. Europäische Initiativen für eine Zustimmung durch den G20-Gipfel sind vor allem am Widerstand der USA vorerst gescheitert. Die Bemühungen werden jedoch fortgesetzt. Da eine Einführung im Rahmen der EU und der Eurozone ebenfalls nicht gelang, beschlossen zehn EU-Länder im Oktober 2012, eine gemeinsame FTS zunächst auf dem Wege der verstärkten Zusammenarbeit, die eine abgestufte Integration zwischen EU-Staaten erlaubt, zu realisieren. Wenn alles nach Plan läuft, könnte sie innerhalb dieser Staatengruppe womöglich ab 2018 erhoben werden.

Die Verwaltung, Kontrolle und Verwendung globaler Steuereinnahmen

Einer einschlägigen Untersuchung der Wirtschaftsabteilung des UN-Sekretariats lässt sich entnehmen, welche Ansätze aktuell sonst noch von Bedeutung sind. Neben einer internationalen Finanz- und Devisentransaktionssteuer werden dort Steuern auf Kohlenstoffemissionen, auf Privatvermögen von über einer Milliarde US-Dollar sowie eine Luftverkehrsabgabe genannt. Die UN-Planer stellen sich vor, dass mit diesen und anderen »innovativen Finanzierungsinstrumenten« wie speziellen IWF-Sonderziehungsrechten bis zu 400 Milliarden US-Dollar jährlich eingenommen werden könnten, um damit Entwicklungshilfe, die Bekämpfung des Klimawandels oder internationale Organisationen zu finanzieren.[28] Diese Summe ist mehr als zehn Mal so hoch wie die Budgets sämtlicher UN-Institutionen einschließlich der UN-Friedenseinsätze zusammengenommen und drei Mal so hoch wie alle 2011 von den OECD-Ländern bereitgestellten Mittel für die internationale Entwicklungszusammenarbeit.[29] Tatsächlich könnte der Betrag noch höher liegen. Allein in dem vom Harvard-Ökonomen Richard N. Cooper vorgeschlagenen Modell einer globalen CO_2-Steuer beispielsweise, das eine Besteuerung in Höhe von 15 US-Dollar pro Tonne CO_2–Äquivalent zugrunde legt, wird von jährlichen Einnahmen von mehr als 500 Milliarden US-Dollar ausgegangen.[30]

Wer globale Steuereinnahmen verwaltet, wer über ihre genaue Verwendung politisch entscheidet und welche Kontrollmechanismen es gibt, ist von größter Bedeutung, wird aber nicht ausreichend diskutiert. Die existierenden internationalen Institutionen und Gremien sind dazu nämlich nicht geeignet. Wie Myron Frankman betont, hat der britische Jurist James Lorimer schon 1884 klar formuliert, dass globale Steuern Teil einer weltstaatlichen Struktur sein müssten. »Das ist ein entscheidender Punkt«, sagt Frankman. Man könne alle möglichen Detailfragen etwa bezüglich globaler Steuern, einer globalen Währung oder globaler Wettbewerbspolitik diskutieren, doch realisieren könne man sie nur dann, wenn man bereit sei, »eine Weltregierung zu etablieren.«[31] Erst wenn dies erkannt und offen ausgesprochen wird, stellt sich die Frage nach der demokratischen Legitimation und Kontrolle in der notwendigen Schärfe. Wer von einer *echten* globalen Steuer und somit von einer Weltsteuerbehörde spricht, muss noch im selben Atemzug ein Weltparlament erwähnen, das demokratische Kontrolle ausübt und bei der Mittelverwendung mindestens mitentscheidet. Im Rahmen der öffentlichen parlamentarischen Meinungsbildung eines Weltparlaments, die über die üblichen Ansichten der Regierungen hinaus ein breiteres politisches Spektrum abbilden würde, könnten kritische Fragen gestellt und echte globale politische Debatten geführt werden. Bei einem Workshop zur Idee einer globalen Steuer auf Treibhausgase, der 2011 an der Universität von Helsinki stattfand, wurde richtig festgestellt, dass eine solche Steuer »ein fundamentaler Baustein zur Demokratisierung der Global Governance« sein könnte, da das Prinzip »no taxation without representation« dann eine *weltweite* Form der parlamentarischen Repräsentation bedinge.[32]

Eine Weiterentwicklung des internationalen Währungs- und Finanzsystems sowie der internationalen Steuerkooperation, wie sie unter anderem mit den angesprochenen Vorhaben verbunden wäre, muss im Rahmen einer übergreifenden institutionellen Reform und Demokratisierung der globalen Ordnungspolitik erfolgen und nicht schleichend durch die Hintertür, als ob die bestehenden Institutionen der Aufgabe ohne weiteres gewachsen wären. Es ist bemerkenswert, dass dieser Aspekt bisher weitestgehend ausgeblendet wird. Eine globale Bündelung makroökonomischer Steuerung, die prinzipiell wünschenswert wäre, ist nur vertretbar, wenn sie durch ein demokratisches Weltparlament vorbereitet, politisch begleitet, kontrolliert und legitimiert wird. Schon heute sollte eine globale parlamentarische Versammlung zum Beispiel bei der Wahl der Exekutivdirektoren des IWF, der Weltbank oder der WTO ein Mitentscheidungsrecht haben. Erst recht müsste das im Hinblick auf die Direktoriumsmitglieder einer möglichen Weltzentralbank der Fall sein. Wer sonst als ein Weltparlament sollte außerdem die Formel für eine weltweite Einheitsbesteuerung von Unternehmen und mögliche Mindeststeuersätze verhandeln?

Eine globale regulative Gegenbewegung mit dem Ziel, die entfesselten Finanz-, Währungs-, und Steuersysteme unter Kontrolle zu bekommen, ist dringend notwendig. Eine rein technokratische Herangehensweise hat *keinen emanzipatorischen Charakter*. Den emanzipatorischen Charakter der Gegenbewegung durch ein demokratisches Weltparlament sicherzustellen, muss eine vorrangige Aufgabe der zivilgesellschaftlichen und sozialen Bewegungen werden.

14.
Weltinnenpolitik, transsouveräne Probleme und komplexe Interdependenz

»Transsouveräne Probleme«

Die Weltzivilisation des Anthropozäns, die sich seit dem 19. Jahrhundert entfaltet, geht mit einer immer drängenderen Notwendigkeit einer Weltinnenpolitik einher. Das geht weit über die zuvor angesprochenen Fragen der Klimapolitik oder des globalen Wirtschafts- und Finanzsystems hinaus. Gegenstand der Weltinnenpolitik sind neben den globalen Gemeingütern und Angelegenheiten, die das Menschheitsinteresse berühren *alle kritischen Sachverhalte und Probleme mit globalem Charakter.* Vor dem Hintergrund des technologischen Fortschritts und der immer engeren globalen Verflechtung aller Lebensbereiche nehmen diese an Zahl und Bedeutung stark zu. Der Politikwissenschaftler Volker Rittberger (1941 bis 2011) und seine Ko-Autoren sprechen in einem 800-seitigen Lehrbuch über die »Theorie und Empirie des Weltregierens« von einem vermehrten Auftreten »transsouveräner Probleme«, die der gängigen Definition nach »die staatlichen Grenzen in einer Weise überschreiten, über die Staaten wenig Kontrolle haben, und die nicht allein durch einzelstaatliche Maßnahmen gelöst werden können«.[1] Beispiele für transsouveräne Probleme sind die Ausbreitung von Infektionskrankheiten und Seuchen, Drogenhandel, Klimawandel, Massenvernichtungswaffen und deren Verbreitung, Menschenhandel, Migrations- und Flüchtlingsströme, Produktpiraterie, Terrorismus oder »negative soziale und ökologische Externalitäten ökonomischer Globalisierung« wie »Wohlstandsdisparitäten und Umweltschäden«.[2] Eine Problemlage, die zunächst keinen unmittelbar grenzüberschreitenden Charakter hat, kann außerdem schnell eskalieren und global relevant werden. So heißt es beispielsweise in einer gemeinsamen Studie des US-amerikanischen National Intelligence Council, der strategischen Denkfabrik der US-Geheimdienste, und des Instituts der EU für Sicherheitsstudien IEUSS über die langfristigen Herausforderungen der Global Governance, dass durch die rapide Globalisierung die Risiken für das internationale System in einem Ausmaß zugenommen hätten, so dass ehemals lokal begrenzte Bedrohungen nicht mehr lokal eindämmbar seien, sondern »nun für die globale Sicherheit und Stabilität potentiell eine Bedrohung darstellen«.[3]

Der Begriff der Interdependenz

Zur Beschreibung der weltpolitischen Rahmenbedingungen ist seit dem Ende des Ersten Weltkriegs von »Interdependenz« die Rede. Das herausragendste Merkmal der Zeit zwischen 1870 und 1914 sei »das Entstehen einer permanenten und ständig wachsenden Interdependenz« aller Länder gewesen, schrieb zum Beispiel der Herausgeber des britischen *Observer* James Louis Garvin 1919 in einem Buch, das immer wieder auf den Begriff zurück kommt.[4] »Die Welt ist ökonomisch ein interdependentes Ganzes geworden«, argumentierte der britische Politiker Philip Kerr 1935 in einem zentralen historischen Text der föderalistischen Bewegung.[5] »Abhängigkeit voneinander, die das Wesen der Gesellschaft ausmacht, wird immer mehr auch zum Gesetz der Staatenwelt. Die Gesellschaft weitet sich zur Staatengesellschaft aus. Das aber bedeutet eine unauflösliche Abhängigkeit – die Interdependenz der Staaten«, fasste 1956 der Staatswissenschaftler und deutschlandpolitische Berater Wilhelm Wolfgang Schütz zusammen.[6] Mit den Krisenerscheinungen der 1970er Jahre wurde Interdependenz zu einem zentralen Thema. Erstmals in der Nachkriegszeit gab es in den Industrieländern Rezession, hohe Arbeitslosigkeit und Inflation. Die US-Regierung verzeichnete nicht zuletzt wegen der galoppierenden Kosten des Vietnam-Krieges große Haushaltsdefizite. Geldmenge und Neuverschuldung wurden erhöht. Das internationale System fester Wechselkurse und die Goldbindung des US-Dollar konnten nicht aufrechterhalten werden. Als acht OPEC-Länder im Zusammenhang mit dem arabisch-israelischen Jom-Kippur-Krieg im Oktober 1973 ihre Erdölexporte an den Westen als politisches Druckmittel drosselten, stiegen die Ölpreise mit gravierenden wirtschaftlichen Auswirkungen in aller Welt massiv an. Die US-amerikanische Ölproduktion hatte 1970 das Fördermaximum erreicht und eine Steigerung zum Ausgleich des OPEC-Boykotts war nicht möglich. Der Dow-Jones-Index an der Wall Street fiel innerhalb von knapp vier Jahren um fast die Hälfte. Schon damals sprach Alvin Toffler mit Blick auf die Währungs- und Finanzmärkte von einem außer Kontrolle geratenen »globalen Spielkasino«, das einer »supranationalen Kontrollinstanz« bedürfe.[7] Aufgrund von zu niedriger Eigenproduktion wurde die Sowjetunion dauerhaft von Getreideimporten abhängig, um eine ausreichende Nahrungsmittelversorgung zu gewährleisten. Dem Kalten Krieg zum Trotz durfte sie dazu regelmäßig große Mengen an Getreide und Futtermitteln auch aus den USA und anderen westlichen Ländern beschaffen. Die Umweltkrise rückte ins Bewusstsein. Vor diesem Hintergrund machte der westdeutsche Außenminister Hans-Dietrich Genscher Interdependenz 1975 zum Leitmotiv einer Rede vor der UN-Generalversammlung. »Die Probleme«, stellte er fest, »sind global gewordeon. Der unaufhaltsame Trend zu immer engerer wechselseitiger Abhängigkeit der Staaten ist das Kennzeichen des neuen Zeitalters, ist der Zug der Weltgeschichte. Zum ersten Mal geht die Menschheit insgesamt einer gemeinsamen Zukunft entgegen: gemeinsamen Überleben oder gemeinsamen Untergang, gemeinsamer Prosperität oder gemeinsamen Niedergang.«[8] Anlässlich des 200jährigen Jubiläums der amerikanischen Unabhängigkeitserklärung im Jahr darauf wurde in den USA eine »Declaration of Interdependence« veröffentlicht, die unter anderem von über 120 US-Kongressabgeordneten unterzeichnet wurde. In dem bemerkenswerten Dokument wurde unter anderem festgestellt, dass »die Wirtschaft aller Nationen ein nahtloses Netz« bilde und dass »keine einzige Nation ihre Produktionsprozesse und Geldsysteme effektiv unterhalten kann ohne die Notwendigkeit gemeinschaftlicher Regulierung durch internationale Behörden« anzuerkennen. Alle Menschen seien Teil einer globalen Gemeinschaft. Um das Überleben der Zivilisation sicherzustellen, müsse sich »die Menschheit vereinigen«.[9]

Transgouvernementale Netzwerke und die Verschmelzung von Innen- und Außenpolitik

Die beiden US-amerikanischen Politologen Robert Keohane und Joseph Nye haben schließlich in ihrem 1977 veröffentlichten Buch »Power and Interdependence« den Begriff der »komplexen Interdependenz« eingeführt. Sie wollten damit klar machen, dass Staaten und ihre Regierungen in der Weltpolitik nicht als kohärente Einheiten handeln und dass sie außerdem nicht die einzigen relevanten Akteure sind. Interdependenz als ein zwischenstaatliches Phänomen zu verstehen, greife daher zu kurz. Einzelne Regierungsbehörden, Individuen und andere Akteure wie Banken und Unternehmen bilden auf vielfältige Weise direkte, grenzüberschreitende Verknüpfungen und werden dabei selbst Akteure der Weltpolitik. In jüngerer Zeit hat sich die Politikwissenschaftlerin Anne-Marie Slaughter mit den transgouvernementalen Netzwerken und Institutionen beschäftigt, die aus der unmittelbaren internationalen Zusammenarbeit etwa zwischen Ministerialverwaltungen, Justizbehörden oder Parlamentariern resultieren. Praktisch jedes Ministerium betreibt in seinem Zuständigkeitsbereich inzwischen eine eigene »Weltinnenpolitik«, sei es innerhalb horizontaler Netzwerke oder im Rahmen formaler Verhandlungsprozesse und intergouvernementaler Organisationen. Der Staat und die Weltordnung, schreibt Slaughter, seien »disaggregiert«.[10]

Transsouveräne Probleme und komplexe Interdependenz führen dazu, dass immer mehr Angelegenheiten von Beratungen und Entscheidungen beeinflusst werden, die auf der internationalen Ebene stattfinden. Es ist ein Merkmal der komplexen Interdependenz, so schon Keohane und Nye, dass »die Unterscheidung zwischen innenpolitischen und außenpolitischen Fragen verwischt«.[11] Der Politikwissenschaftler Harlan Cleveland (1918 bis 2008), der am Aspen-Institute in Washington D.C. an der Entstehung der »Declaration of Interdependence« beteiligt war, sprach ebenfalls schon von einer »Verschmelzung« von Außen- und Innenpolitik.[12]

Mit seiner Rede anlässlich der Entgegennahme des Friedenspreises des Deutschen Buchhandels im Jahr 1963 hat der Physiker Carl Friedrich von Weizsäcker (1912 bis 2007) den Begriff der Weltinnenpolitik als einer der Ersten maßgeblich geprägt. Aufgrund der »Vereinheitlichung der Welt«, so Weizsäcker in der Rede, verwandele sich die bisherige Außenpolitik allmählich in »Welt-Innenpolitik«. Weltinnenpolitik beschreibe zwei Phänomene: »die Entstehung übernationaler Institutionen und die Beurteilung weltpolitischer Probleme mit innenpolitischen Kategorien«. Dass die »Außenpolitik kleinerer in Innenpolitik größerer politischer Einheiten« übergehe, argumentierte er evolutionistisch, sei ein »aus der Geschichte vertrauter Vorgang«.[13] Wie Ulrich Bartosch hervorhebt, ist Weltinnenpolitik dabei als ein fortlaufender Prozess zu verstehen. Zunächst bezeichnet der Begriff nach einer von ihm angefertigten Studie über Weizsäckers Friedenstheorie das noch »unvollständige« Bemühen, weltpolitische Grundprobleme unter den real existierenden Bedingungen einer Lösung zuzuführen. Partikulare Interessen konkurrieren dabei darum, diese Aufgabe in ihrem Sinne zu steuern und zwar, wie Bartosch betont, »ohne durch eine übergeordnete Instanz zur geregelten Konfliktaustragung gezwungen werden zu können«.[14] Hier nun setzt die kritische Perspektive einer »vollständigen« Weltinnenpolitik an. Denn statt partikulare Lösungswege weltweit durchsetzen zu wollen, müsse die *gemeinsame* Lösungssuche im Vordergrund stehen. Weltinnenpolitik muss einen *gerechten globalen Interessenausgleich* ermöglichen und die bestehenden Systeme auf das bestmögliche Wohlergehen aller Menschen und das Gesamtinteresse der Menschheit ausrichten. Dafür müssen, wie Weizsäcker sich im Hinblick auf eine Friedensordnung ausdrückte, »feste übernationale Institutionen« geschaffen werden, die »alle Länder umfassen und die Generationen überdauern«.[15] Weltinnenpolitik verweist somit auf das Ziel, globale politische Fragen durch globale politische Institutionen möglichst demokratisch zu bearbeiten. Dies bedeutet natürlich nicht das Ende von Konflikten oder die Beseitigung aller politischen

Differenzen, was ohnehin eine weltfremde Vorstellung wäre, sondern vielmehr deren Kanalisierung in eine »dynamische, institutionell und rechtlich gesicherte Struktur, die prinzipiell den friedlichen Konfliktaustrag erzwingt«.[16]

Entwicklungsphasen der internationalen Ordnung

Je nach Grad der Verflechtung lassen sich verschiedene Entwicklungsphasen der zwischenstaatlichen Beziehungen ausmachen. Barry Buzan, ein Experte für die Evolution des internationalen Systems, der unter anderem an der London School of Economics gelehrt hat, unterscheidet zum Beispiel sechs idealtypische Zustände.[17] Die ersten drei von ihm vorgeschlagenen Phasen sind von Krieg, Feindschaft und Machtpolitik geprägt, während in den anderen drei zunehmend gemeinsame Werte, vertrauensvolle Zusammenarbeit und Solidarität dominieren. Das Spektrum beginnt mit einem hypothetischen »asozialen Zustand«, bei dem ein genozidaler Verdrängungskampf herrscht. Es setzt sich mit einer anarchischen Phase reiner Machtpolitik und dann mit einem Zustand der Koexistenz fort. Letzterer entspricht dem Westfälischen System, das auf Großmachtpolitik, Mächtegleichgewicht, Souveränität, Territorialität, klassischem Völkerrecht und Kriegsführung basiert. Es folgen die Phasen der Kooperation, Konvergenz und Konföderation, die mit immer stärkeren gemeinsamen Institutionen und Regeln einhergehen. Als Beispiel für eine Institution des »konföderativen« Zustands nennt Buzan die EU. »In diesem Stadium«, so Buzan, »müsste Gewaltanwendung nahezu vollständig eingedämmt sein, Diplomatie transformiert sich weitgehend in etwas, das eher dem innenpolitischen Prozess entspricht und internationales Recht verwandelt sich mehr in etwas wie innerstaatliches Recht, mit vollziehenden Institutionen, die diesem Rückhalt verleihen.«[18] Das Spektrum muss schließlich um einen entscheidenden siebten Schritt ergänzt werden: Der Bereich der Zwischenstaatlichkeit wird verlassen und die beteiligten Partner gehen in einer neuen gemeinsamen föderalen Ordnung auf. Eine »vollständige« Weltinnenpolitik läuft zumindest auf kritischen Sachgebieten auf ein solches Integrationsprogramm hinaus. Ein Weltparlament ist die wichtigste institutionelle Voraussetzung für eine funktionierende Weltinnenpolitik, da es den bestmöglichen demokratischen supranationalen Rahmen bietet, um nationalstaatliche Partikularinteressen auszugleichen und zu überwinden, gemeinsame Regeln zu schaffen und das Menschheitsinteresse zur Geltung zu bringen.

Der frühere US-amerikanische Diplomat James R. Huntley spricht in seinem Buch »Pax Democratica« von vier Phasen in der Entwicklung der internationalen

Ordnung: Imperiale Unterwerfung, das staatenbasierte Gleichgewichtssystem, organisierte internationale Kooperation und supranationale Gemeinschaftsbildung. Die Institutionen der vierten Phase, schreibt Huntley eindrücklich, unterschieden sich dabei von Imperien, Nationalstaaten und intergouvernementalen Organisationen so stark »wie der moderne *Homo Sapiens* vom Neandertaler«.[19] Dass Weltinnenpolitik im Rahmen der klassischen Außenpolitik souveräner Staaten nicht oder jedenfalls nur bedingt möglich ist, hat der Philosoph Karl Jaspers (1883 bis 1969) schon 1949 in seinem Werk »Vom Ursprung und Ziel der Geschichte« angesprochen. Die Technik, so Jaspers, habe »die Vereinheitlichung des Erdballs« erbracht. Die Menschheit sei eine Schicksalsgemeinschaft geworden. »Die Geschichte der einen Menschheit hat begonnen«, proklamierte er und stellte den Übergang zu einer planetaren Weltordnung in Aussicht. Im bevorstehenden »Zeitalter der Welteinheit«, die er sich in Form eines »umfassenden Föderalismus« vorstellte, hätte *der Satz vom Primat der Außenpolitik vor der Innenpolitik seinen Sinn verloren*. Eine föderale Weltordnung, so Jaspers, »würde mit der Aufhebung der absoluten Souveränität die Aufhebung des früheren Staatsbegriffs zugunsten der Menschheit« bedeuten.[20]

Souveränität und das Zeitalter der »Implosion«

Der einflussreiche englische Politologe Harold Laski (1893 bis 1950), der sich intensiv mit der Frage der Souveränität beschäftigte, plädierte in den 1930er Jahren dafür, den Begriff aus dem politikwissenschaftlichen Vokabular zu streichen. »Es wäre von großem Nutzen für die Politikwissenschaft«, schrieb er, »wenn das ganze Konzept der Souveränität aufgegeben würde«. Es entstamme einer Zeit, in der damit eine absolute und letztgültige Autorität beschrieben werden sollte. Schaue man sich aber staatliche Gemeinwesen genauer an, dann sei es eigentlich unmöglich, ein solches »souveränes« Zentrum überhaupt zu finden. Souveränität sei immer eingeschränkt und geteilt. Umso bedenklicher und »moralisch gefährlich« sei es, in den internationalen Beziehungen von staatlicher Souveränität auszugehen. »Es gibt Probleme, deren Auswirkungen auf die Menschheit zu kritisch sind, als dass es irgendeinem Staat allein überlassen werden könnte, über eine Lösung zu entscheiden«, schrieb Laski. Die »Idee eines unabhängigen souveränen Staates« sei »fatal für das Wohlergehen der Menschheit«[21]

Das Dogma der Souveränität stammt aus dem Zeitalter der Reiterkuriere. Es wurde im Zusammenhang mit der Reformation und den Glaubenskriegen in der Auflehnung gegen die Oberherrschaft von Kaiser und Papst geboren. Entscheidende Auswirkungen hatte die Erfindung der mechanischen Druckerpresse. Der Medientheoretiker Marshall McLuhan hat das durch die Printmedien geprägte »Gutenberg-Zeitalter« als Periode der *Explosion* bezeichnet. Ab dem 16. Jahrhundert wurden dadurch die Voraussetzungen für Individualismus, Nationalismus und die völkerrechtliche Zersplitterung der Welt in souveräne Staaten geschaffen. Nun allerdings, »nach mehr als einem Jahrhundert der elektrischen Technologie«, stellte McLuhan bereits 1964 visionär fest, »haben wir unser zentrales Nervensystem in einem globalen Umfang erweitert und sowohl Raum als auch Zeit aufgehoben, soweit es unseren Planeten betrifft«. Die durch elektrische Technologien ausgelöste Beschleunigung und unmittelbare globale Vernetzung in Echtzeit habe den *Umschwung zu einer Implosion* eingeleitet. »Das Schnellerwerden heute ist keine langsame Explosion nach außen vom Zentrum zur Peripherie, sondern eine Implosion und Interfusion von Raum und Funktionen. Unsere spezialisierte und fragmentierte Zivilisation mit einer Zentrum-Peripherie-Struktur erfährt plötzlich eine augenblickliche Neukonfiguration all ihrer mechanisierten Teile innerhalb einer organischen Ganzheit. Das ist die neue Welt des globalen Dorfes«, erläuterte McLuhan.[22]

Die Verwandlung der Welt in ein »globales Dorf« aufgrund der »neuen elektronischen Interdependenz«, die McLuhan in seinem Buch »Die Gutenberg-Galaxis« ausrief, ist durch interkontinentale Glasfaserkabel, Satellitenkommunikation und das darauf aufbauende Internet allgegenwärtige Wirklichkeit geworden.[23] Im Zeitalter der Internet-Revolution implodiert Souveränität unter den Bedingungen des Anthropozäns zu einem Nullpunkt zusammen. Niemand hat das Recht oder die Fähigkeit zu unbeschränkter Selbstbestimmung und Machtausübung. Alle Staaten, Institutionen, Gremien und Akteure sind auf die eine oder andere Weise anderen gegenüber rechenschaftspflichtig und mit diesen verzahnt. Keiner überragt den anderen im Sinne eines klassischen Souveräns oder kann als solcher handeln.

Tatsächlich ist nationalstaatliche Souveränität verfassungsrechtlich oftmals nicht so undurchdringlich gestaltet, wie es das völkerrechtliche Dogma vermuten lassen will. Viele Verfassungen limitieren die staatliche Souveränität und erlauben außerdem *den Transfer souveräner Rechte an internationale Organisationen.* Joseph Baratta zum Beispiel führt rund 40 Verfassungen aus Europa, Lateinamerika, Afrika und aus dem asiatischen Raum an, bei denen das der Fall ist.[24] Die Möglichkeit supranationaler Gemeinschaftsbildung war ihren Verfassern offenbar nicht fremd.

15.
Die Fragilität der Weltzivilisation, existentielle Risiken und die Evolution des Menschen

Das Potential eines weltweiten Zusammenbruchs

Wahrscheinlich hat noch jede Generation der Moderne, ja überhaupt jede Generation mit einem Geschichtsbewusstsein, ihre Zeit als Zeit einer entscheidenden Umwälzung erlebt. Wir sind heute jedoch tatsächlich an einem einmaligen historischen Punkt. Erstmals in der Menschheitsgeschichte existiert eine einzige, integrierte Weltzivilisation, die sich über die gesamte Erde erstreckt. Die menschlichen Aktivitäten haben inzwischen nicht nur eine bedeutende Auswirkung auf zentrale Parameter des Erdsystems, sondern es besteht darüber hinaus auch das Potential eines *weltweiten* Zusammenbruchs der Zivilisation. Das folgt aus der Kombination der Risikopotentiale, der engen Verflechtung und der Fragilität der technologischen, sozialen und ökonomischen Systeme, innerhalb derer eine Störung eine Kettenreaktion mit immer weiteren unvorhersehbaren Folgeproblemen verursachen kann. An der Universität Oxford fand 2008 ein internationaler Fachkongress über »globale katastrophale Risiken« statt. Im Tagungsband weist der Ökonom und Physiker Robin Hanson darauf hin, dass die Menschheit von vielen verschiedenartigen Katastrophen heimgesucht werden könnte, »doch der Großteil des Schadens, der erheblichen Störungen folgt, dürfte eher von dem resultierenden sozialen Kollaps ausgehen, als von den unmittelbaren Folgen einer Störung«.[1] Grundsätzlich wird die Erde noch sehr lange als Lebensraum existieren. Erst in etwa einer Milliarde Jahren wird sich die Leuchtkraft und der Radius der Sonne so stark erhöht haben, dass Leben auf der Erde wegen der gestiegenen Oberflächentemperatur kaum noch möglich sein wird. Selbst aus dieser kosmologischen Perspektive könnte das 21. Jahrhundert »ein bestimmender Moment sein«, gibt sich der britische Astrophysiker Martin Rees überzeugt. Zum ersten Mal in der Geschichte des Planeten halte eine Spezies, nämlich der Mensch, die Zukunft der Erde in ihren Händen und könnte nicht nur sich selbst, sondern das gesamte Leben aufs Spiel setzen.[2] In seinem 2003 veröffentlichten Buch »Unsere letzte Stunde« setzte sich Rees, der unter anderem Präsident der Royal Society war, mit einer Vielzahl globaler Risiken auseinander, die sich vor allem aus dem modernen technologischen Potential ergeben. »Ich denke«, so sein dramatisches Fazit, »dass die Chancen nicht besser als fünfzig zu fünfzig liegen, dass unsere gegenwärtige Zivilisation auf der Erde ohne ernsthaften Rückschlag bis zum Ende dieses Jahrhunderts überleben wird«.[3] Zwar hat die Menschheit natürliche existentielle Risiken seit Hunderttausenden von Jahren überstanden, wie Nick Bostrom von der Universität von Oxford feststellt. Aber eine »Betrachtung spezifischer Szenarien von existentiellen Risiken unterstützt die Vermutung«, so der Experte, »dass die große Mehrheit existentieller Risiken in absehbarer Zukunft aus *anthropogenen existentiellen Risiken* besteht – das heißt solche, die von menschlichen Aktivitäten ausgehen«. Die aus einer solchen existentiellen Katastrophe zu erwartenden Konsequenzen seien so enorm, dass das Ziel, diese Risiken einzudämmen, aus menschheitlicher Perspektive ein »dominanter Gesichtspunkt« sein müsse.[4]

Im Rahmen einer Weltinnenpolitik des Anthropozäns müssen ganz besonders solche Probleme dauerhaft gelöst werden, die potentiell die Funktionsfähigkeit oder gar den Weiterbestand der Weltzivilisation als Ganzes bedrohen, die massive Einwirkung auf das Wohlergehen großer Teile der Weltbevölkerung haben oder die für die Menschheit irreversible negative Auswirkungen mit sich bringen könnten. Die Stabilität des Erdsystems sowie des Wirtschafts- und Finanzsystems zählen ebenso zu diesen Kategorien wie die Gefahr eines Atomkrieges, die Ausbreitung von Superviren und anderen Seuchen, die Sicherstellung der Nahrungsmittel- und Trinkwasserversorgung oder mögliche Konsequenzen aus der Bio- und Nanotechnologie, der Robotik und künstlicher Intelligenz.

Das Genom als Erbe der Menschheit

Dass die Wissenschaft mit der Gen- und Nanotechnologie im Begriff ist, die technische Herrschaft über die Grundbausteine des Lebens und der Materie zu ermöglichen, ist eines der Kennzeichen des historischen Bruchs unserer Zeit. Durch die großen Fortschritte in der Biotechnologie, wie sie sich etwa in der 2003 abgeschlossenen Entschlüsselung des menschlichen Genoms und der Klontechnik widerspiegeln, sind fundamentale Eingriffe in das Wesen des Menschen möglich geworden. Der Mensch ist in seiner Essenz in der Sequenz seiner DNA verkörpert. Das Genom ist die Konstruktionsanleitung für sein ganzes biologisches Wesen. Im ersten Artikel der »Allgemeinen Erklärung über das menschliche Genom und Menschenrechte« erklärte die UNESCO-Generalkonferenz 1997, dass das menschliche Genom »der grundlegenden Einheit aller Mitglieder der menschlichen Gesellschaft sowie der Anerkennung der ihnen innewohnenden Würde und Vielfalt« zugrunde liege und »in einem symbolischen Sinne« das »Erbe der Menschheit« sei.[5] Dem Text dieses uralten Buches, von der Evolution selbst geschrieben, steht eine umfassende Interpretation und Manipulation bevor, deren Konsequenzen nicht absehbar sind. Jeremy Rifkin von der Foundation of Economic Trends in Washington spricht von einer technologischen Revolution, die »in der gesamten Geschichte ihresgleichen sucht«. »Nie zuvor in ihrer Geschichte«, stellt er fest, »ist die Menschheit derart unvorbereitet gewesen auf die neuen technologischen und ökonomischen Möglichkeiten, Herausforderungen und Risiken, die sich an ihrem Horizont abzeichnen. Unsere Lebensweise wird sich in den nächsten Jahrzehnten vermutlich tiefgreifender verändern, als in den vergangenen tausend Jahren.«[6]

Reprogenetik

Es ist zum Beispiel damit zu rechnen, dass »Reprogenetik« es erlauben wird, die Weitergabe bestimmter Gene sicherzustellen oder zu verhindern und so über die genetischen Eigenschaften von Kindern zu bestimmen. Nach Ansicht des Molekularbiologen Lee Silver, der den Begriff der Reprogenetik geprägt hat, birgt das zunächst einmal riesige Chancen. So könnten Eltern ihr Kind etwa mit einem Gen ausstatten, das bei einem Prozent der Bevölkerung natürlich auftritt und gegen eine Infektion mit dem HI-Virus resistent macht. »Die Reprogenetik wird genutzt werden, um den Kindern bessere Voraussetzungen für ihre körperliche und geistige Entwicklung und ein längeres Leben zu geben«, stellt Silver fest. Das Problem liege nicht in einem Missbrauch der Technologie, sondern vielmehr in den weitreichenden gesellschaftlichen Konsequenzen ihrer Anwendung. »Das Potential der Reprogenetik ist so groß«, so der an der Princeton University lehrende Wissenschaftler, »dass jene Familien und Gruppen, die sie sich nicht leisten können, Gefahr laufen, ernsthaft benachteiligt zu werden.«[7] Die soziale Kluft zwischen arm und reich würde sich auch genetisch niederschlagen. Eine »Genetokratie« könnte entstehen. In seinem Buch »Das geklonte Paradies« zeichnet Silver das Zukunftsszenario einer unwiderruflichen biologischen Teilung der Menschheit in unterprivilegierte »Naturbelassene« und über Generationen reprogenetisch perfektionierte Menschen. »Eine getrennte Humanität wäre das äußerste Vermächtnis eines ungebremsten globalen Kapitalismus«, schreibt er.[8] Denn allein der Markt und die technologischen Möglichkeiten werden die Entwicklung unter den gegebenen Umständen steuern. Selbst wenn sich eine Gesellschaft zu einer wie auch immer gearteten Regulierung von Reprogenetik entschließt, wird das wohlhabende Eltern nicht davon abhalten können, ihren Wunsch nach reprogenetischen Eingriffen gegebenenfalls anderswo zu decken. Nur ein lückenloser weltrechtlicher Ansatz wäre erfolgversprechend. »Solange es noch souveräne Staaten gibt«, so Silver, »wird keine Grenze den freien Verkehr von Zellen und Genen verhindern können, die sich tief im Körper einer Frau befinden. Nur ein Weltstaat könnte die Reprogenetik so kontrollieren, dass seine Bürger lediglich das bekommen, was der Staat erlaubt.«[9]

Transhumanismus und künstliche Intelligenz

Die Reprogenetik ist nicht die einzige Herausforderung für die weitere Entwicklung des Menschen. Für »Transhumanisten« wie den Computerpionier Ray Kurzweil besteht der nächste logische »Evolutionssprung« in der Verschmelzung des Menschen mit Maschinen- und Computertechnologie.[10] Durch die entstehenden Cyborgs, Mischwesen aus Bioorganismus und Maschine, sollen die Einschränkungen und Gebrechen des menschlichen Körpers vollständig überwunden werden. Doch auch hier wäre es wohl eine unvermeidliche Konsequenz, dass sich die Menschheit in zwei Spezies aufteilen würde: die Naturbelassenen und die Cyborgs. Und wieder, so schreibt David Rotter in einem interessanten Artikel, würde es »vor allem die Elite sein, die über den Zugang zu den neuen Technologien verfügt und durch diese technischen Erweiterungen den gewöhnlichen Menschen in Intelligenz, Sinnesorganen, Körperkraft, Lebensdauer und Macht um ein Vielfaches überlegen sein« wird. Die »Arbeiter-Rasse« würde demgegenüber »in der Gesellschaft keine signifikante Rolle mehr spielen«.[11] Rotter warnt davor, den Transhumanismus als Science-Fiction abzutun. Die transhumanistische Agenda diktiere weltweit den wissenschaftlichen Betrieb und werde von Angehörigen der internationalen Eliten massiv forciert. Als Beispiel nennt er das mit einer Milliarde Euro von der EU geförderte »Human Brain Project«, das eine vollständige computertechnische Simulation des menschlichen Gehirns zum Ziel hat. In dem Buch »The Artilect War« prophezeite der australische KI-Forscher Hugo de Garis 2005, dass es gelingen werde, künstliche Intelligenz zu erzeugen, die dem Menschen »trillionenfach« überlegen sei. Die Auseinandersetzung darüber, in welche Richtung die menschliche Evolution gehen soll und ob die Kreation von Maschinen mit solch unglaublicher künstlicher Intelligenz akzeptabel sei, werde die globale Politik im späten 21. Jahrhundert beherrschen und trage erhebliches Gewaltpotential in sich. Wenn die technische Entwicklung soweit sei, dass die KI den Menschen zu überholen drohe, schreibt Garis, »dann sollte die Menschheit dazu imstande sein, eine Entscheidung darüber zu treffen, ob es damit weitergehen soll oder nicht«.[12]

Autonome Waffensysteme

Insbesondere in der militärischen Anwendung stellt KI ein Problem dar. Die militärischen Konflikte der Zukunft, so stellen es sich führende Militärplaner vor, werden von unbemannten Kampfsystemen beherrscht, die Soldaten mehr und mehr ersetzen. Wie einstmals Panzerfahrzeuge sollen Drohnen und Roboter die Kriegsführung revolutionieren. Die Militärrobotik ist bereits eine exponentiell wachsende Industrie. Ein wichtiges Ziel, an dem mit Hochdruck gearbeitet wird, sind *autonom handelnde* Killerroboter und Kampfdrohnen. »Wir schlafwandeln in eine schöne neue Welt, in der Roboter darüber entscheiden, wer, wann und wo getötet wird«, warnte der KI-Forscher Noel Sharkey, der 2009 das Internationale Komitee für die Kontrolle von Roboterwaffen, ICRAC, mit gegründet hat. Kein Computersystem könne zuverlässig zwischen Kombattanten und Unschuldigen unterscheiden.[13] Dem Wissenschaftsmagazin *Science* zufolge halten Computerwissenschaftler dem entgegen, dass fortgeschrittene KI das menschliche Entscheidungsvermögen in dieser Hinsicht eines Tages sogar übertreffen könne. Doch nach Mark Gubrud vom Programm für Wissenschaft und Globale Sicherheit an der Princeton-Universität, der ebenfalls beim ICRAC engagiert ist, würde man dabei riskieren, dass die Menschen »die Kontrolle verlieren«. »Dumme Roboter sind gefährlich, aber schlaue Roboter sind sogar noch gefährlicher«, sagte Gubrud dem Magazin.[14] Ein Jahr vor dem Start einer globalen Kampagne gegen autonome Killerroboter forderte die Menschenrechtsorganisation Human Rights Watch in einem 2012 veröffentlichten Bericht ein präventives internationales Verbot solcher Waffen, die an die Schreckensvision aus James Camerons Film »Terminator« aus dem Jahr 1984 erinnern.[15] In dem Hollywoodstreifen haben sich intelligente Kampfroboter und Informationssysteme verselbstständigt und führen einen Krieg gegen die Menschheit. Die Kampagne strebt an, autonome Waffensysteme über eine Aufnahme in die UN-Waffenkonvention von 1980 verbieten zu lassen. Die bevorstehenden technischen Möglichkeiten erfordern langfristig aber eine weltrechtliche Regulierung. Sobald ein Land aus der Konvention ausschert und autonome Systeme entwickelt, könnten andere sich gezwungen sehen, ihm nachzuziehen. Der weltbekannte Science-Fiction-Schriftsteller Isaac Asimov (1919 bis 1992) hat sich mit den in seinem 1950 erschienenen Roman »Ich, der Robot« enthaltenen Erzählungen als einer der Ersten mit den vielen Fragestellungen befasst, die mit immer menschenähnlicheren und intelligenteren Robotern einhergehen, und darin außerdem die berühmten drei Robotergesetze formuliert. Das erste Gesetz postuliert, dass ein Roboter keinen Menschen verletzen dürfe. Ein später formuliertes nulltes Gesetz besagt, dass Roboter der Menschheit nicht schaden dürften. Es wird sehr schwierig sein, derartige Robotergesetze tatsächlich zu realisieren. Im Hinblick auf Gefahren, die der Menschheit drohen, hatte Asimov eine klare Meinung. »Es ist wichtig, dass die Welt sich zusammenschließt und ausreichend zu einer Einheit wird, um sich den Problemen zu stellen, die sie als Einheit betreffen. Was wir brauchen ist eine Art föderaler Weltregierung«, sagte er.[16]

Bioterrorismus, Nanobots und neue Viren

In der kombinierten Anwendung von Genetik, Nanotechnologie und Robotik wiederum sieht Bill Joy, ein Kritiker des Transhumanismus und Mitgründer der Firma Sun Microsystems, größere Gefahren heraufziehen, als sie von den »klassischen Massenvernichtungswaffen« ausgehen. In einem dramatischen Appell hat er darauf hingewiesen, dass in den nächsten dreißig Jahren mit der technischen Verwirklichung selbstreplizierender Roboterorganismen auf Molekularebene zu rechnen ist, die außer Kontrolle geraten oder von vornherein als »Zerstörungsmaschinen« konzipiert werden könnten. Im extremsten Fall, so seine durchaus umstrittene These, könnten solche Killer-Nanobots zur Ausrottung des Menschen führen. Seinen weltweit viel beachteten Essay aus der Zeitschrift *Wired* vom April 2000 hat die *Frankfurter Allgemeine Zeitung* mit dem Brief von Albert Einstein an US-Präsident Roosevelt vom 2. August 1939 verglichen, in dem Einstein den Präsidenten dazu aufforderte, die Entwicklung der Atombombe in staatliche Hand zu nehmen und schnell voranzutreiben, da anzunehmen sei, dass auch in Nazideutschland daran geforscht werde. »Wir stehen«, schrieb Joy, »an der Schwelle zu einer weiteren Perfektion des Bösen in seinen extremsten Ausprägungen; und diesmal werden die so geschaffenen schrecklichen Möglichkeiten nicht nur Nationalstaaten zur Verfügung stehen, sondern auch einzelnen Extremisten.«[17] Es werde nicht mehr lange dauern, fügte er später hinzu, dass jeder Nutzer, der es darauf anlegt, mit allgemein verfügbaren Mitteln eigene Superviren am Computer herstellen könne.[18] Die einzig realistische Alternative sei es, auf die Entwicklung allzu gefährlicher Technologien zu verzichten und der Suche nach bestimmten Formen des Wissens Grenzen zu setzen.[19] Doch selbst *wenn* man sich zu einem solchen Schritt entscheiden wollte, existiert das dazu nötige Instrumentarium im völkerrechtlichen Rahmen nicht. Letztlich, so argumentierte Joy, müssten die Weltbürger unmittelbar in die Pflicht genommen werden.

Der Ausbruch einer globalen Pandemie wurde bei dem Kongress in Oxford zweifelsfrei als eines der größten weltweiten Risiken angesehen.[20] An der Spanischen Grippe, die zwischen 1918 und 1919 grassierte und eine Letalität von zwei bis drei Prozent hatte, sollen nach unsicheren Schätzungen zwischen zwanzig bis hundert Millionen Menschen gestorben sein. Der H5N1-Vogelgrippevirus dagegen hat eine Letalität von zum Teil weit über 50 Prozent. Der US-amerikanische Soziologe und Buchautor Mike Davis weist darauf hin, dass bei einem mit der Spanischen Grippe vergleichbaren pandemischen Ausbruch von H5N1 bis zu *einer Milliarde* Menschen an der Krankheit sterben könnten.[21] An dieser Zahl wird das Gefährdungspotential durch neue Mutationen, »Designerviren« oder Killer-Nanobots deutlich. Ob und wenn ja, wann eine derart gefährliche natürliche Mutation des H5N1-Virus oder eines anderen Erregers jemals wirklich auftreten wird, kann niemand wissen. In höchst umstrittenen Laborversuchen in den USA und den Niederlanden wurden über die Luft übertragbare modifizierte Vogelgrippeviren allerdings schon *künstlich hergestellt*. Die Experimente wurden mit Rückendeckung der Weltgesundheitsorganisation Mitte 2012 in allen Einzelheiten veröffentlicht. Nach einem einjährigen »freiwilligen Moratorium« wurde die Forschung im Januar 2013 wieder aufgenommen. Eine unabhängige Überprüfung der Sicherheitsvorkehrungen oder des Risiko-Nutzen-Verhältnisses habe es nicht gegeben, kritisierte der US-amerikanische Mikrobiologe Richard Ebright.[22] Internationale Regulierungen, die bei dieser Art von Forschung eingreifen, sind nicht vorhanden.

Die Notwendigkeit weltrechtlicher Regulierung

In der am Anfang des vorherigen Kapitels erwähnten Studie des NIC und des IEUSS wird der Gefahr durch Bioterrorismus und den Herausforderung der Biotechnologie im Allgemeinen höchste Bedeutung zugemessen. »Rapide fallende Kosten«, heißt es da, »werden Biotechnologie in die Reichweite der Hacker-Community bringen, während eine wachsende Zahl angesehener Laboratorien zugleich Expertise und potentiell Material durchsickern lassen werden.« Die existierenden Governance-Mechanismen und Regularien im Bereich der Biotechnologie seien unzureichend. Außerdem, so die Studie, »existiert gegenwärtig kein Forum, das Wissenschaft, Industrie und Regierungen zusammenbringt, um sich mit den Maßnahmen zu befassen, die erforderlich sind, um die von der biotechnologischen Revolution ausgehenden Risiken zu verringern«.[23] Selbst wenn es dieses »Forum« gäbe, würde es nicht ausreichen. In dem Buch »Das Ende des Menschen« kam Francis Fukuyama, der dem Bioethik-Rat von US-Präsident George Bush angehörte, zu dem Schluss, dass die Entwicklung und der Gebrauch der Biotechnologie und der Humanmedizin von den Staaten politisch reguliert werden müsse durch neu einzusetzende Institutionen, »die zwischen jenen technologischen Fortschritten unterscheiden, die dem Menschen nützen, und jenen, die eine Bedrohung für die Würde und das Wohlergehen des Menschen bedeuten«. Diese Institutionen müssten »wirkliche Durchsetzungskompetenzen« und »internationale Reichweite« haben. Über die inhaltliche Debatte hinaus muss man sich die Frage stellen, wie effektive globale Regulierungen auf diesem Gebiet überhaupt zustande kommen können. Die Entscheidung über den legitimen oder illegitimen Einsatz der Biotechnologie sei prinzipiell eine politische und keine technokratische Frage. Daher, und hier folgen wir Fukuyama zunächst weiter, ist »die demokratisch konstituierte politische Gemeinschaft, die hauptsächlich durch ihre gewählten Repräsentanten handelt«, zuständig.[24] Fukuyama denkt dabei allerdings nur an Bemühungen auf der nationalstaatlichen Ebene. Diese sollten dann im Rahmen eines völkerrechtlichen Regimes zusammengeführt und harmonisiert werden. Genau damit aber wären in letzter Instanz doch wieder Technokraten und gerade nicht gewählte Abgeordnete am Zug.

Ein Weltparlament sollte sich als politische Vertretung der Weltbevölkerung aller global relevanter Fragen annehmen, die sich auf dem Gebiet der Bio- und Nanotechnologie und des Transhumanismus stellen und eine globale öffentliche Diskussion anstoßen, die in entsprechende weltrechtliche Regelungen mündet. Nach Ansicht von Mario Capanna, Präsident der in Rom ansässigen Genetic Rights Foundation, muss das Humangenom als globales Gemeingut angesehen werden. Die Zeit sei reif für ein Weltparlament, das alle Menschen der Erde effektiv repräsentiere und das sich um »die großen Fragen mit globaler Tragweite« kümmere.[25] Der Umgang mit den Möglichkeiten der Genmanipulation ist zweifellos eine dieser großen Fragen. Von größter Wichtigkeit ist auch das lange vernachlässigte Problem der wachsenden Antibiotikaresistenz. Der in Princeton lehrende australische Bioethiker Peter Singer meinte mit Blick auf globale Probleme, dass auf dem Weg zu einer globalen ethischen Gemeinschaft »eine passende Form der Regierung für die Eine Welt« gefunden werden müsse. Institutionen für globale Entscheidungsfindung müssten gestärkt und den von ihnen betroffenen Menschen gegenüber rechenschaftspflichtiger gemacht werden. »Dieser Gedankengang«, so Singer, »führt in die Richtung einer Weltgemeinschaft mit einer eigenen direkt gewählten Legislative, die sich eventuell nach dem Vorbild der Europäischen Union langsam herausbildet.«[26]

16.
Die Bedrohung durch Nuklearwaffen, »allgemeine und vollständige Abrüstung« und kollektive Sicherheit

Der Atomkrieg als Ende aller Dinge

Mit dem Aufbau riesiger Nuklearwaffenarsenale ist das Potential geschaffen worden, die Weltzivilisation und ihre Lebensgrundlagen auszulöschen. Die apokalyptischen Konsequenzen eines Atomkrieges sind bekannt. Über die unmittelbare Detonationswirkung der nuklearen Sprengkörper hinaus ist mit Feuerstürmen und radioaktivem Niederschlag zu rechnen. Erhebliche Mengen von radioaktivem Staub würden in die Atmosphäre gelangen. Je nach Ausmaß würde eine anhaltende Abdunkelung der Sonneneinstrahlung mit damit einhergehenden Temperaturstürzen sowie anderen Wetter- und Klimaeffekten folgen. Ein »nuklearer Winter« würde die globale Nahrungsmittelproduktion erheblich beeinträchtigen und zu weltweiter Hungersnot führen. »Obwohl ein großer Atomkrieg zwischen den Großmächten wahrscheinlich nicht das Ende der Menschheit bedeutete«, schreibt der niederländische Sozialwissenschaftler Godfried van Bentham van den Bergh, »würde er alle wichtigen Zentren der Zivilisation zerstören. Die Überlebenden wären im Stand ihrer sozialen und politischen Organisation wohl um Jahrtausende zurückgeworfen; wahrscheinlich würde eine Vielzahl bewaffneter Banden entstehen, die zu einem wilden Kampf jeder gegen jeden gezwungen wären«.[1] Auch dieses Zerstörungspotential unterscheidet unsere Zeit von allen geschichtlichen Epochen der Vergangenheit. Der Krieg ist der »Vater aller Dinge«, meinte der griechische Philosoph Heraklit. Im Anthropozän ist der Krieg potentiell zum *Ende aller Dinge* geworden.

Während der Kubakrise im Oktober 1962 stand die Welt bereits um Haaresbreite »vor dem Abgrund nuklearer Vernichtung und dem Ende der Menschheit«, wie Robert Kennedy in einer Rekapitulation der dreizehn bislang wohl gefährlichsten Tage der Geschichte schreibt.[2] Nur wenige Fehlentscheidungen hätten den Konflikt zu einem Krieg zwischen den USA und der Sowjetunion eskalieren lassen können. Mit einem umfassenden nuklearen Schlagabtausch hätte gerechnet werden müssen. Die Sprengkraft der auf verschiedene Trägersysteme verteilten und einsatzbereiten Nuklearwaffen war unvorstellbar. Allein die rund zweihundert Interkontinentalraketen auf amerikanischer Seite sollen mit 635 Megatonnen und die rund vierzig Raketen auf sowjetischer Seite mit 108 bis 204 Megatonnen bestückt gewesen sein – eine Sprengkraft, mehr als fünfzigtausendmal so groß wie die der über Hiroshima abgeworfenen Atombombe. Die anderen einsatzbereiten Gefechtsköpfe, besonders die der strategischen Bomberflotte der USA, verfügten noch über ein Vielfaches an zusätzlicher Zerstörungskraft. Zu dem Zeitpunkt sollen auf Seiten der USA 3.500 Sprengköpfe und bei den Sowjets vielleicht 500 einsatzbereit gewesen sein.[3] Mit insgesamt rund 65.000 Nuklearwaffen mit einer Sprengkraft von über 20.000 Megatonnen hatte das nukleare Wettrüsten 1986 einen Höhepunkt erreicht. Im Zuge von Abrüstungsverhandlungen ist das Arsenal seitdem um mehr als zwei Drittel reduziert worden. Wenn man alle Gefechtsköpfe zählt, verfügen die USA und Russland heute zusammengenommen jedoch immer noch über etwa 18.000 Nuklearwaffen, auf Frankreich, China, Großbritannien, Indien, Pakistan und Israel fallen ungefähr tausend weitere. Ob Nordkorea bereits über eine operative Nuklearwaffe verfügt, ist nicht gesichert.[4] Ganz so, als sei der Kalte Krieg nicht vor mehr als zwanzig Jahren zu Ende gegangen, halten die USA und die Russische Föderation außerdem weiterhin rund 2.000 ihrer Nuklearwaffen in höchster Einsatzbereitschaft, um innerhalb nur weniger Minuten auf einen nuklearen Erstschlag der Gegenseite reagieren zu können. Dieser Zustand beruht auf der offenbar nur schwer zu durchbrechenden zirkulären Logik, wonach die Nuklearstreitkräfte der einen Seite in Bereitschaft gehalten werden müssen, weil die der anderen Seite es auch sind.[5] »Der Atomkrieg ist sieben Minuten entfernt und vielleicht in einem Nachmittag vorbei«, schrieb der englische Schriftsteller Martin Amis.[6] Daran hat sich bislang nichts geändert.

Die Gefahr einer Abdrift zum Atomkrieg

Das Verflechtungssystem zwischen den Staaten der Welt hat sich durch die Existenz von Nuklearwaffen fundamental gewandelt. Aufgrund des nuklearen Vernichtungspotentials ist eine direkte kriegerische Auseinandersetzung zwischen den nuklear bewaffneten Großmächten selbstmörderisch geworden. Sie befinden sich in einer »Interdependenz des Untergangs«, wie Wilhelm Wolfgang Schütz sich ausdrückte.[7] Es wäre jedoch ein fataler Irrtum, aufgrund des Wahnsinns eines Atomkrieges zu denken, dass dieser ausgeschlossen sei. Wie Norbert Elias betont hat, kann in Beziehungsgeflechten eine irrationale Eigendynamik entstehen, der sich die Beteiligten auch dann nicht entziehen können, wenn es ihnen selbst schadet. Gerade in einer Bedrohungssituation kann es zu einer eskalierenden Kreisbewegung kommen, die Elias einen »Doppelbinder« genannt hat. Angesichts einer Gefahr erhöht sich demnach die Affektivität des Denken und Handelns, was wiederum zu einer Vergrößerung der Gefahr führt und *vice versa*. Die »Abdrift zu einem Atomkrieg« hielt der Soziologe sogar für ein besonders gutes Beispiel eines solchen »ungeplanten sozialen Prozesses«.[8] Sicherlich wird man dem US-amerikanischen Sicherheits- und Nuklearwaffenexperten Joseph Cirincione in der Einschätzung zustimmen müssen, dass die Gefahr eines globalen thermonuklearen Krieges *gegenwärtig* nahezu bei null liegt. Doch *nahezu null* ist *nicht null*. »Selbst die geringe Wahrscheinlichkeit eines Krieges pro Jahr, aus welchem Grund auch immer, multipliziert über viele Jahre, addiert sich zu einer inakzeptablen Wahrscheinlichkeit einer Katastrophe«, stellt Cirincione fest.[9] Die sicherheitspolitische Lage könnte sich in Zukunft außerdem auch wieder verschlechtern. Es ist nur eine Frage der Zeit.

Das Risiko nuklearer Zwischenfälle

Die kurzen Reaktionszeiten erhöhen das Risiko eines Einsatzbefehls aufgrund von Fehleinschätzungen und menschlichem Versagen erheblich. In den Kommando- und Frühwarnsystemen können noch dazu Fehler auftreten. In einem Standardwerk über nukleare Sicherheit in den US-Streitkräften schreibt Scott Sagan, dass Nuklearwaffen »wohl *absichtlichen* Krieg weniger wahrscheinlich gemacht haben, aber gleichzeitig hat das komplexe und eng verbundene nukleare Arsenal, das wir geschaffen haben, *unbeabsichtigten* Krieg wahrscheinlicher gemacht«.[10]

Dutzende Zwischenfälle sind bekannt geworden. Zum Beispiel wurde 1979 im nordamerikanischen Luftüberwachungszentrum NORAD statt echter Radardaten aus Versehen der Anflug von über zweitausend sowjetischen Raketen aus einer zu Testzwecken eingespeisten Simulation angezeigt. Eine Minute bevor der US-Präsident benachrichtigt werden sollte, ist der Fehler aufgefallen. 1995 wurde eine in Norwegen gestartete Höhenforschungsrakete vom russischen Frühwarnsystem als möglicher US-amerikanischer Nuklearangriff auf Moskau mit einer von einem U-Boot aus abgefeuerten Rakete interpretiert. Geschätzte Flugzeit: fünf Minuten. Die russischen Nuklearstreitkräfte wurden von Präsident Boris Jelzin in Gefechtsbereitschaft versetzt. Es konnte glücklicherweise noch rechtzeitig berechnet werden, dass die Rakete außerhalb russischer Grenzen auftreffen würde. Nebenbei gesagt sollen die russischen Frühwarnsysteme Experten zufolge überhaupt in einem gefährlich maroden Zustand sein. Ein anderer bemerkenswerter Zwischenfall spielte sich im November 2008 ab. Während der tagelangen Terroranschläge und Geiselnahmen im indischen Mumbai erhielt der pakistanische Präsident einen Anruf des indischen Außenministers, in dem dieser mit einem Angriff auf Pakistan drohte, wenn das Land nicht umgehend gegen die angeblichen pakistanischen Hintermänner der Terroristen vorgehe. Die pakistanischen Streitkräfte wurden in höchste Alarmbereitschaft versetzt und Flugzeuge mit scharfen Nuklearwaffen gingen auf Patrouille. Wie sich herausstellte, hatte es sich allerdings um einen »Scherzanruf« eines Unbekannten gehandelt. Wissenschaftler sind überzeugt, dass auch ein umfassender Atomkrieg zwischen Indien und Pakistan unter Einsatz ihrer rund einhundert Nuklearwaffen über die geschätzten zwanzig Millionen Tote in den beiden Ländern hinaus schwerwiegende weltweite Effekte hätte und »genug Rauch produzieren würde, um die globale Landwirtschaft lahmzulegen«.[11] Nach Ansicht von Tad Daley, der sich mit nuklearer Abrüstung beschäftigt, sind diese und andere Fälle wohl nur die »Spitze des Eisbergs«. In dem empfehlenswerten Buch »Apocalypse Never«, dem wir viele Hinweise verdanken, stellt er daher die rhetorische Frage, ob man bei einem weiteren Festhalten an Nuklearwaffen wirklich erwarten könne, »dass keine einzige nukleare Krise jemals in einem nuklearen Krieg übergehen wird«.[12]

Schon die Detonation eines einzigen nuklearen Gefechtskopfs, vor allem in einer Großstadt, hätte verheerende Konsequenzen und könnte die Welt politisch und ökonomisch erheblich destabilisieren. In seinem 2013 veröffentlichten Buch »Command and Control« geht der Journalist Eric Schlosser auf zahlreiche, teils sehr dramatische Unfälle im Umgang mit Nuklearwaffen ein. In einem Fall lösten sich 1961 über Nordkarolina zwei W39-Wasserstoffbomben von einem auf dreitausend Meter Höhe zerbrechenden B52-Bomber. Wie eine von Schlosser ans Tageslicht gebrachte Untersuchung des Vorfalls feststellte, war es nur ein einfacher fehleranfälliger Niederspannungsschalter, der die Detonation eines der Sprengköpfe noch verhinderte. Mit vier Megatonnen war die Sprengkraft dieser Bombe mehr als dreihundertmal so groß wie die der über Hiroshima abgeworfenen Atomwaffe.[13] Zwar ist es bisher glücklicherweise noch nicht zu einem solchen größten anzunehmenden Unfall gekommen, doch dass das in Zukunft so bleibt, kann niemand hundertprozentig garantieren. Dass eine intakte Nuklearwaffe unter Kontrolle gebracht und absichtlich detoniert wird, ist außerdem eines der Szenarien für nuklearen Terrorismus. Es ist bekannt, dass alQaida versucht hat, eine Nuklearwaffe oder hochangereichertes Uran zur Herstellung einer Atombombe zu beschaffen. Cyberterrorismus gegen nukleare

Anlagen und Systeme stellt ebenfalls eine ernsthafte Bedrohung dar. Der US-amerikanische Nuklearwaffenexperte und Abrüstungsbefürworter Bruce Blair hat darauf hingewiesen, dass Hacker versuchen könnten, Frühwarnsysteme gezielt zu manipulieren, um einen Atomkrieg zu provozieren. Womöglich könnte sogar ein fingierter Abschussbefehl in die Kommandoketten eingespeist werden. Bei einer Sicherheitsüberprüfung im Jahr 1998 soll das Pentagon laut Blair festgestellt haben, dass Hackern genau das theoretisch möglich gewesen sein soll. Über eine »Hintertür« hätten sie angeblich die Kontrolle über Funktürme der US-Marine übernehmen und den mit jeweils über zweihundert Trident-Raketen bewaffneten US-amerikanischen U-Booten für echt gehaltene Abschussbefehle übermitteln können.[14] Ein Dritter Weltkrieg wurde, so Michail Gorbatschow schon in seinem berühmten *Pravda*-Artikel von 1987, nicht *wegen*, sondern *trotz* der Existenz von Nuklearwaffen verhindert.[15]

Die unerfüllte Verpflichtung zur allgemeinen und vollständigen Abrüstung

Wie die UN-Generalversammlung immer wieder zutreffend betont hat, besteht »der einzige Schutz gegen eine nukleare Katastrophe« aus einer »vollständigen Eliminierung nuklearer Waffen und der Gewissheit, dass sie nie wieder produziert werden«, wie es in einer Resolution vom 10. Dezember 1996 hieß. Diese Auffassung vertreten inzwischen auch »Realisten« wie die ehemaligen US-Außenminister Henry Kissinger und George Shultz, der ehemalige US-Verteidigungsminister William Perry oder der ehemalige Vorsitzende des Verteidigungsausschusses des US-Senats, Sam Nunn. In einem ihrer seit 2007 im *Wall Street Journal* veröffentlichten gemeinsamen Beiträge schrieben sie, dass seit dem Ende des Kalten Krieges das Risiko, dass nukleare Abschreckung fehlgeht und Nuklearwaffen eingesetzt werden, »dramatisch ansteigt«. Die internationalen Bemühungen zur nuklearen Abrüstung gingen viel zu langsam voran.[16] Tatsächlich befasst sich die Staatengemeinschaft schon seit mehr als sechzig Jahren unablässig mit diesem Anliegen. Bereits mit ihrer ersten Resolution vom 24. Januar 1946 hatte die UN-Generalversammlung eine Kommission eingerichtet, die Vorschläge zur »Eliminierung von Nuklearwaffen aus nationalen Streitkräften« vorlegen sollte. Im sogenannten Atomwaffensperrvertrag, der 1970 in Kraft getreten ist und dem sich fast alle Staaten der Welt angeschlossen haben, verzichten die nicht über Nuklearwaffen verfügenden Staaten darauf, nukleare Streitkräfte aufzubauen und erlauben Inspektionen der Internationalen Atomenergie-Organisation, um dies sicherzustellen. Diesem Verzicht steht nach Artikel VI die Verpflichtung der fünf offiziellen Kernwaffenstaaten USA, Russland, Frankreich, Großbritannien und China gegenüber, gemeinsam mit allen anderen Vertragsparteien Verhandlungen zu führen »über einen Vertrag zur allgemeinen und vollständigen Abrüstung unter strenger und wirksamer internationaler Kontrolle«. Als US-Präsident Barack Obama im April 2009 in Prag das Ziel einer »Welt ohne nukleare Waffen« formulierte, wurde das als großer Durchbruch gefeiert und sogar mit dem Friedensnobelpreis belohnt. Man muss sich aber bewusst machen, dass die *völkerrechtliche Verpflichtung* zur Umsetzung eben dieses Zieles schon *seit rund vier Jahrzehnten* gegeben ist. »Die Verpflichtung, um die es hier geht«, unterstrich der Internationale Gerichtshof in einem 1996 verkündeten Gutachten, »ist die Verpflichtung, ein konkretes Ergebnis zu erzielen«, also einen multilateralen Vertrag über »nukleare Abrüstung in all ihren Aspekten« tatsächlich zu verhandeln und *abzuschließen*.[17] Dessen ungeachtet betonte der 1961 geborene Obama in Prag, dass eine nuklearwaffenfreie Welt »nicht schnell« und »vielleicht nicht zu meinen Lebzeiten« erreicht werden könne. Tatsächlich scheinen die fünf offiziellen Nuklearwaffenstaaten entschlossen zu sein, auf unbestimmte Zeit Atommächte bleiben zu wollen. Sowohl in den USA als auch in Russland laufen umfangreiche Modernisierungsprogramme. Als sich 128 UN-Mitgliedsstaaten bei einer Abstimmung im Oktober 2016 für den umgehenden Beginn von Verhandlungen über ein neues Abkommen zum kompletten Verbot von Atomwaffen aussprachen, wurde dieser Schritt von allen bekannten Nuklearmächten und vielen ihrer Verbündeten, darunter Deutschland, abgelehnt. Aus der Sicht Indiens, das neben Pakistan, Israel und Nordkorea keine Vertragspartei ist, wurde durch den Atomwaffensperrvertrag faktisch ein permanentes System »nuklearer Apartheid« etabliert. Dass die fünf offiziellen Kernwaffenstaaten der Verpflichtung nach Artikel VI des Atomwaffensperrvertrags nicht nachkommen, führt Indien als einen der Gründe dafür an, sich dem Abkommen nicht anschließen zu wollen. Zu einer besonderen Groteske kam es bei einer von Obama geleiteten Sitzung des UN-Sicherheitsrates am 24. September 2009. In einer als historisch gefeierten und einstimmig verabschiedeten Resolution forderten sich die fünf offiziellen Kernwaffenstaaten, die im Sicherheitsrat einen ständigen Sitz haben, quasi selbst dazu auf, ihre Verpflichtung nach Artikel VI zu erfüllen.

Die Architektur nuklearer Abrüstung

Aufgrund der Formulierung in Artikel VI des Atomwaffensperrvertrages, wo von »allgemeiner und vollständiger Abrüstung unter strenger und wirksamer internationaler Kontrolle« die Rede ist, wird nach Tad Daley schon deutlich, dass die dort vorgesehenen multilateralen Verhandlungen in einer »Architektur nuklearer Abrüstung« münden müssten, die über »nationale Souveränität und exklusive nationale Kontrolle über Nuklearwaffen« hinausgeht. »Die Staaten«, so Daley, »müssen einen Weg finden, das Management, die Verifikation und die Durchsetzung nuklearer Abrüstung an eine Art internationale Institution, globale Struktur oder an einen Mechanismus transnationalen Regierens zu übertragen.«[18] Auf Initiative der Internationalen Ärzte für die Verhütung des Atomkrieges, der Juristen und Juristinnen gegen atomare, biologische und chemische Waffen und anderen NGOs haben sich Fachleute in die Rolle der verschiedenen Regierungen versetzt und aus dieser Perspektive den Entwurf einer möglichen Konvention zur Abschaffung von Nuklearwaffen, abgekürzt NWC, erarbeitet. Ein bedeutendes weltrechtliches Element des 1997 erstmals veröffentlichten Entwurfs ist es, dass eine unmittelbare strafrechtliche Verantwortung von Individuen bei einem Verstoß gegen die Verbotsvorschriften des Vertrages vorgesehen ist. Wenn eine Vertragspartei nicht fähig oder willens ist, selbst ein entsprechendes Verfahren durchzuführen, soll der Internationale Strafgerichtshof zuständig sein. Jedes Individuum soll durch das Abkommen außerdem dazu verpflichtet werden, Verstöße der internationalen Vertragsbehörde zu melden. Wie ausdrücklich festgestellt wird, soll diese Berichtspflicht gegenüber möglichen zuwiderlaufenden nationalen Vorschriften Vorrang haben. Für Informanten ist internationaler Zeugenschutz und gegebenenfalls ein Asylrecht vorgesehen. Dadurch wird deutlich, dass ein rein staatenbasierter Ansatz nicht als erfolgversprechend angesehen wird und die Weltbürger zur Schaffung einer nuklearwaffenfreien Welt auch *direkt* in die Pflicht genommen werden müssen. Für eine solche Herangehensweise hatte der einflussreiche Journalist Walter Lippmann bereits 1946 plädiert.[19]

In einer anderen Hinsicht ist der Entwurf weniger innovativ. Im Zuge der Start-Abrüstungsverträge haben die Vereinigten Staaten und Russland seit 1995 ein umfassendes bilaterales Inspektionssystem etabliert. Vollständige nukleare Abrüstung setzt voraus, dass sich alle Länder gleichermaßen einem rigiden *internationalen* Inspektionssystem unterwerfen. Eines der Probleme besteht darin, wie damit umzugehen ist, wenn Inspektionen mutmaßlich behindert werden oder andere Fälle der Nichteinhaltung auf Seiten eines Staates auftreten. In dem

NWC-Entwurf werden solche Fälle zur Überprüfung, weiteren Beratung und zur Entscheidung über mögliche Maßnahmen an den UN-Sicherheitsrat verwiesen. Mit den fünf Kernwaffenstaaten USA, Russland, Frankreich, Großbritannien und China verfügen dort aber ausgerechnet die Länder, auf deren nukleare Abrüstung es ankommt, nicht nur als einzige über einen permanenten Sitz, sondern auch über ein Vetorecht, mit dem sie jede Entscheidung verhindern können. Sie wären somit gleichzeitig Jury, Richter und Vollstrecker in eigener Sache. Es ist offensichtlich, dass nukleare Rüstungskontrolle durch diesen Interessenkonflikt langfristig gesehen wohl scheitern müsste. Schon aufgrund des Vetorechts der fünf ständigen Mitglieder kann der Sicherheitsrat in seiner heutigen Form keine glaubhafte Rolle in einer nuklearen Abrüstungsarchitektur spielen. Ein multilaterales Abkommen zur Abschaffung von Nuklearwaffen müsste entweder eine entsprechende Reform des Sicherheitsrates vorsehen oder ein anderes, geeigneteres Gremium schaffen. Der historisch bedingte Sonderstatus der heutigen fünf ständigen Mitglieder des UN-Sicherheitsrates stellt für den Übergang zu einer nuklearwaffenfreien Welt ein Hindernis dar und wird sich immer weniger rechtfertigen lassen. Es sei daran erinnert, dass die US-Regierung nach dem Zweiten Weltkrieg vorgeschlagen hatte, auf Nuklearwaffen zu verzichten, wenn dies alle anderen Länder im Gegenzug auch täten und wenn zugleich ein internationales Inspektionssystem unter Kontrolle der UN errichtet würde, um dies zu überprüfen. Zu diesem Zeitpunkt hatten die USA noch ein nukleares Monopol inne. Ein zentrales Element des US-Vorschlages war es, dass das Vetorecht im Sicherheitsrat auf dem Gebiet der nuklearen Rüstungskontrolle aufgehoben wird. »Es darf kein Veto geben, um diejenigen zu schützen, die ihr feierliches Versprechen verletzen, Atomenergie nicht für zerstörerische Zwecke zu entwickeln oder zu nutzen«, erläuterte US-Vertreter Bernard Baruch bei einer Sitzung der Vereinten Nationen am 14. Juni 1946. Für Daley steht inzwischen allerdings in Frage, ob die Welt überhaupt von einer kleinen Gruppe von »Großmächten« regiert werden sollte oder ob nicht vielmehr »unsere soziopolitische Vorstellungskraft eines Tages bessere Mechanismen der Global Governance erfinden könnte und damit beginnt, sich auf Weltebene mit dem Aufbau von etwas zu befassen, das einem Parlament der Menschheit ähnelt«.[20] Solange es die Menschheit nicht schaffe, »so etwas wie eine Weltrepublik« zu etablieren, werde die »Logik der Anarchie« und die Gefahr der Selbstvernichtung bestehen bleiben.[21]

Der Zusammenhang zwischen nuklearer und konventioneller Abrüstung

Die für den Bestand der Weltzivilisation so wichtige endgültige Abschaffung von Nuklearwaffen erfordert einen Wandel der zwischenstaatlichen Ordnung hin zu einem Weltrechtssystem. Der machtpolitische Wettbewerb zwischen den Staaten, der in letzter Konsequenz auf der Institution des Krieges beruht, muss überwunden werden. Einerseits schließt zwar das nukleare »Gleichgewicht des Schreckens« einen militärischen Konflikt zwischen den Atommächten als rationale Option aus, andererseits ist die Gefahr einer »Abdrift« in einen Atomkrieg trotzdem erheblich. Die Abschaffung der Nuklearwaffen *alleine* ist allerdings keine Lösung, da konventionelle Bewaffnung dann wie vor dem Atomzeitalter wieder entsprechend an Bedeutung gewinnen würde. »Militärische Macht würde wieder relativ werden«, argumentierte van den Bergh. Ohne nukleare Abschreckung wäre es wahrscheinlicher, dass Konflikte auch zwischen Großmächten militärisch eskalieren könnten, was wiederum sofort ein Rennen um nukleare Wiederbewaffnung auslösen würde.[22] Erfolgreiche nukleare Entwaffnung hängt also mit konventioneller Abrüstung und Rüstungskontrolle unmittelbar zusammen. Bei der zehnten Sondertagung der UN-Generalversammlung, die 1978 zur Abrüstungsfrage durchgeführt wurde, ist das bereits deutlich geworden. »Parallel zu den Verhandlungen über Maßnahmen der nuklearen Abrüstung«, so der im Konsens angenommene Schlussbericht, sollten »Verhandlungen über die ausgewogene Reduzierung der Streitkräfte und konventionellen Rüstungen geführt werden«, wobei »der Schwerpunkt besonders auf die Streitkräfte und konventionellen Waffen der Kernwaffenstaaten und anderer militärisch bedeutender Länder« gelegt werden solle.[23] Mit Blick auf das US-amerikanische Militärbudget, das zeitweise so hoch war wie das aller anderen Staaten der Welt zusammen, hob Michail Gorbatschow den Zusammenhang 2009 bei einer Konferenz in Rom hervor. Eine militärische Vormachtstellung wie die der USA sei für die Befreiung der Welt von Nuklearwaffen ein »unüberwindbares Hindernis«. »Solange wir nicht über eine Demilitarisierung der internationalen Politik, eine Reduzierung der Militärbudgets und über eine Verhinderung einer Militarisierung des Weltraums diskutieren, werden die Gespräche über eine nuklearwaffenfreie Welt nur rhetorischer Natur sein«, stellte der ehemalige sowjetische Präsident fest.[24]

Das Problem ist eng mit den Wurzeln der modernen Staatlichkeit verbunden. Wie der US-amerikanische Soziologe Charles Tilly (1929 bis 2008) betont hat, war der Staatsbildungsprozess von Krieg und Kriegsvorbereitungen geprägt und der moderne Staat mit seinem Verwaltungs- und Zwangsapparat entwickelte sich im Wesentlichen als »ein Nebenprodukt der Bemühungen der Machthaber, sich Mittel zur Kriegsführung zu beschaffen«.[25] »Der Krieg machte den Staat und der Staat machte den Krieg«, lautet seine griffige und viel zitierte Formel.[26] Die Möglichkeit kriegerischer Auseinandersetzungen ist historisch der wesentliche Faktor im Konkurrenzverhältnis der Staaten zueinander. Die Verfügung über eigene Streitkräfte, die Fähigkeit zur Kriegsführung und die Beanspruchung eines territorialen Gewaltmonopols sind historisch ein Kernbestandteil der nationalen Souveränität. Nirgendwo sonst als an der Existenz nationaler Streitkräfte in aller Welt wird deutlicher, dass der anarchische Zustand der zwischenstaatlichen Beziehungen keineswegs überwunden, sondern bestenfalls überlagert wurde. Selbst in der Europäischen Union, dem bisher am weitesten fortgeschrittenen Integrationsraum, geht es trotz aller Bekenntnisse zu einer »gemeinsamen Verteidigungspolitik« und Ansätzen wie dem Eurokorps oder der EU-Battlegroups nur quälend langsam in die Richtung integrierter Streitkräfte voran. Nichtsdestotrotz setzt sich die Multinationalität von Streitkräfteeinsätzen im Zuge der Neuausrichtung der Verteidigungspolitik von der klassischen Landes- und Bündnisverteidigung hin zu globaler Krisenintervention und Konfliktverhütung etwa unter dem Dach von UN, NATO, EU und AU zunehmend als militärpolitisches Grundkonzept durch. Voll integrierte supranationale Streitkräfte sind der nächste logische Schritt. Eine über Generationen angelegte, dauerhafte Friedensordnung muss aus mehr bestehen, als Krieg zwischen Staaten »unvorstellbar« zu machen und völkerrechtlich zu ächten, während gleichzeitig die *tatsächlichen Mittel* zur Kriegsführung in Form von nationaler Kriegsbewaffnung und nationaler Entscheidungshoheit prinzipiell *bestehen bleiben*. Erforderlich ist ein kollektives Sicherheitssystem der Menschheit, das es erlaubt, nationale Militärstreitkräfte nach und nach abzurüsten und endlich *ganz abzuschaffen*. Es muss einen globalen Vertrag über nukleare *und* konventionelle Abrüstung geben. Nichts anderes als das verbirgt sich hinter der Formel von »allgemeiner und vollständiger Abrüstung«, die sich in Artikel VI des Atomwaffensperrvertrages findet und immer wieder beschworen wird.

Das McCloy-Zorin-Übereinkommen

Es lohnt sich, den Ursprung dieser Formel als Leitbild für den Weg zu einer Weltfriedensordnung in Erinnerung zu rufen. Am 20. September 1961 einigten sich die USA unter Präsident John F. Kennedy und die Sowjetunion unter

Regierungschef Nikita Chruschtschow auf eine »Gemeinsame Erklärung über die Grundsätze der Abrüstung«, die nach den Unterhändlern der beiden Seiten auch als McCloy-Zorin-Übereinkommen bekannt ist. Ein internationales Programm zur »allgemeinen und vollständigen Abrüstung« sollte demnach Schritt für Schritt eine weltweite Auflösung sämtlicher bewaffneter Streitkräfte und militärischer Einrichtungen, die vollständige Beendigung der Kriegswaffenproduktion, die Zerstörung aller Kriegswaffen oder ihre zivile Umwandlung, die Eliminierung sämtlicher nuklearer, biologischer und chemischer Waffen und ihrer Trägersysteme, die Beendigung militärischer Ausbildung sowie das Auslaufen aller Militärausgaben beinhalten. Existieren dürften nur solche konventionelle nationale Streitkräfte und Einrichtungen, wie sie zur Aufrechterhaltung der inneren Ordnung und zum Schutz der Bevölkerung unerlässlich seien. Für die Sicherstellung des internationalen Friedens, insbesondere in der Übergangszeit, ist in dem Dokument eine UN-Friedenstruppe vorgesehen. Die Verifizierung der Abrüstung solle in den Händen einer internationalen Behörde liegen, deren Aktivität keinem Veto unterliegt. Streitfälle würden vor internationalen Gerichten ausgetragen. Am 20. Dezember 1961 wurde dieses Programm von der UN-Generalversammlung einstimmig übernommen. Es sollte sicherstellen, dass »Krieg nicht länger ein Instrument zur Lösung internationaler Probleme« sein kann.[27] Nach der Kubakrise war Kennedy mehr denn je entschlossen, es voranzutreiben.[28] Ein erster Schritt war das in kürzester Zeit abgeschlossene Moskauer Atomteststoppabkommen. Am 22. November 1963 wurde Kennedy in Dallas ermordet und das Programm geriet in der Folge in Vergessenheit.

Die unerfüllte Friedenskonzeption der UN-Charta und UN-Streitkräfte

Das erstaunlich radikale und inspirierende Friedensprogramm der McCloy-Zorin-Übereinkunft war nicht aus der Luft gegriffen, sondern letztlich nichts anderes als ein Ausdruck der von der UN-Charta intendierten Friedenskonzeption. Nach Artikel 26 soll der Sicherheitsrat »Pläne zwecks Errichtung eines Systems der Rüstungsregelung« vorlegen. Nach Artikel 43 sind verbindliche Abkommen vorgesehen, mit denen nationale Streitkräfte der Mitgliedsländer bei Bedarf dem Kommando des UN-Sicherheitsrates unterstellt werden können. Nach Artikel 47 übernimmt ein UN-Generalstabsausschuss die »strategische Leitung« aller zur Verfügung gestellten Streitkräfte und berät den Sicherheitsrat in Fragen der Rüstungsregelung und der Abrüstung. »Es muss umgehend damit begonnen werden, die Organisation der Vereinten Nationen mit bewaffneten Streitkräften auszustatten«, forderte der ehemalige britische Premierminister Winston Churchill im Frühjahr 1946 in seiner berühmten Rede in Fulton, Missouri. Bereits nach dem Ersten Weltkrieg sei ihm eine internationale Truppe ein Anliegen gewesen.[29] Im Oktober 1946 drängte US-Präsident Truman in einer Rede vor der UNO auf den Abschluss der Sonderabkommen. Die fünf ständigen Mitglieder des Sicherheitsrates konnten sich jedoch nicht auf die Grundprinzipien solcher Abkommen einigen. Der erste UN-Generalsekretär Trygve Lie aus Norwegen startete bis 1952 weitere »Versuchsballons«, wie der Oxford-Professor Adam Roberts in einem kurzen geschichtlichen Überblick berichtet.[30] Bis heute wurde die Friedenskonzeption der UN-Charta jedoch nicht umgesetzt.

Da der UNO keine Streitkräfte unterstellt wurden, ist sie prinzipiell nicht dazu in der Lage, verlässlich und eigenständig mit militärischen Maßnahmen auf Friedensverletzungen oder akute Konfliktsituationen reagieren zu können. Wie UN-Generalsekretär Boutros-Ghali in der »Agenda für Frieden« 1992 betonte, wäre diese Fähigkeit und die Bereitstellung von Streitkräften nach Artikel 43 der Charta allerdings »essentiell für die Glaubwürdigkeit der Vereinten Nationen als Garant für internationale Sicherheit«. Schon das Wissen um die schnelle Verfügbarkeit militärischer Kräfte auf Seiten der UN könne auf potentielle Aggressoren abschreckende Wirkung haben.[31] Stattdessen muss jeder UN-Einsatz mühsam und langwierig ad hoc zusammengewürfelt werden. Dabei kommt es darauf an, ob und wann die Mitgliedsländer dazu bereit sind, die notwendigen Ressourcen und Kontingente bereitzustellen. Ob der politische Wille dafür überhaupt existiert, ist eine unsichere Voraussetzung. Als zwischen April und Juli 1994 in Ruanda über 800.000 Menschen von extremistischen Hutu ermordet und weitere vier Millionen in die Flucht getrieben wurden, unternahm der Sicherheitsrat nichts, um gegen den Völkermord einzuschreiten. Es gibt zwar seit 1994 ein Verzeichnis, in dem Mitgliedsstaaten registrieren lassen können, welche Truppen und Ausrüstungen für UN-Friedensoperationen zur Verfügung stehen, doch verbindlich ist es nicht und ein »Nein« zu einer konkreten Anfrage ist immer vorbehalten. »Unter diesen Umständen«, schrieb Boutros-Ghali 1995 in einem weiteren Bericht, »bin ich zu dem Schluss gekommen, dass die Vereinten Nationen die Idee einer schnellen Eingreiftruppe ernsthaft in Erwägung ziehen müssen.«[32]

Die begrenzten Kapazitäten der UN führen auch zu einem anderen Problem: Jede UN-geführte multilaterale Friedensoperation seit 1990 musste auf private Sicherheitsdienstleister zurückgreifen und zwar mit immer stärkerer Tendenz.[33] Eine der größten dieser Firmen, das Sicherheits- und Militärunternehmen Blackwater, das heute als Academi firmiert, strebt sogar an, »eine unabhängige Armee zu sein, die als Alternative zur NATO oder zur UN in Konfliktzonen eingesetzt wird«, wie der Journalist Jeremy Scahill in einem *New York Times*-Bestseller über die Firma feststellt. Diese Armee allerdings, fügt er hinzu, wäre letztlich nur ihren privaten Eigentümern verantwortlich und nicht den Regierungen.[34] Angesichts der Tatsache, dass der UN keine eigene Eingreiftruppe zur Verfügung steht, meinte sogar der langgediente ehemalige UN-Untergeneralsekretär Brian Urquhart, dass private Unternehmen eine »extrem nützliche Rolle« spielen könnten. Für viele Aufgaben seien sie besser ausgebildet und vorbereitet als »eine in der letzten Minute zusammengestellte UN-Truppe«.[35] Einer solchen privatisierten Weltsicherheit muss mit größter Skepsis begegnet werden. Fachleute vom Global Policy Forum in New York legen den radikalen Schluss nahe, dass die UN die Zusammenarbeit mit privaten Militärdienstleistern im Gegenteil ganz einstellen sollte.[36] In diesem Fall jedoch muss man sich über einen massiven Ausbau der UN-Kapazitäten selbst unterhalten.

Militärische Zwangsmaßnahmen werden vom UN-Sicherheitsrat außerdem oft lediglich völkerrechtlich autorisiert und noch nicht einmal unter UN-Banner durchgeführt. Diese Praxis, nach der Mitgliedsstaaten von Fall zu Fall zur Anwendung von Waffengewalt ermächtigt werden, läuft ebenfalls darauf hinaus, dass Regierungen vorwiegend nur dann mit Streitkräften bereitstehen oder tätig werden, wenn es den ureigenen Interessen dient. Sollte dies nicht der Fall sein, würde ein Beschluss des Sicherheitsrates schlicht ins Leere laufen. Das Vetorecht erlaubt zudem jedem einzelnen der fünf ständigen Mitglieder des Sicherheitsrates, die Durchführung von Maßnahmen zu unterbinden. Es muss eingeschränkt und schließlich ganz abgeschafft werden. Wenn der Sicherheitsrat aufgrund der Ausübung eines Vetos nicht in der Lage ist, der Schutzverantwortung der Staatengemeinschaft gerecht zu werden, könnte die Generalversammlung in solchen Situationen bis dahin das Heft in die Hand nehmen. Stellt man ihr dabei eine parlamentarische Versammlung zur Seite, würde ihr Gewicht gegenüber dem Sicherheitsrat beträchtlich gestärkt. Eine parlamentarische Versammlung könnte dazu beitragen, bei Menschenrechtsverbrechen wie in jüngerer Zeit in Darfur oder Syrien die Weltöffentlichkeit für Schutzmaßnahmen zu mobilisieren.

Bei Lagebeurteilungen ist die UN darüber hinaus wesentlich von den Informationen abhängig, die ihr von den Regierungen zur Verfügung gestellt werden. Alle Bemühungen zum Aufbau einer selbständigen UN-Einheit zur Sammlung und Auswertung von Informationen über Konfliktsituationen und zur strategischen

Planung sind bisher gescheitert.[37] Die UN-Mitgliedsregierungen und allen voran die ständigen Mitglieder des Sicherheitsrates wachen darüber, dass sich die UNO nicht zu stark von ihren nationalen Partikularinteressen emanzipieren kann.

Die vier Säulen einer Weltfriedensordnung

Das in der UN-Charta vorgesehene System kollektiver Sicherheit wurde bisher nicht verwirklicht und wäre *selbst dann* nur ein erster, wenn auch wichtiger Schritt. Die Welt müsse realisieren, schrieb Albert Einstein 1947, dass »es lediglich ein Übergangssystem zum letztendlichen Ziel ist, nämlich die Etablierung einer supranationalen Ordnungsinstanz, der ausreichende legislative und exekutive Befugnisse zur Friedenserhaltung übertragen sind«.[38] Was er damit meinte, war insbesondere der Aufbau »einer supranationalen Polizeitruppe, die auf Weltrecht basiert«.[39] Ein einflussreicher Fürsprecher dieses Vorschlages, auf den sich auch Einstein bezog, war der liberale britische Politiker David Davies. Die Eliminierung der Staatenrivalität sei »die Krux des Abrüstungsproblems« argumentierte er richtig in dem 1930 veröffentlichten Buch »The Problem of the Twentieth Century«. Dies könne nur gelingen, wenn die Durchsetzung gemeinsamer Sicherheit nicht vom Gutdünken einer oder mehrerer Großmächte abhänge, sondern einer supranationalen Truppe anvertraut sei.[40] Zudem ist die Zuständigkeit des Internationalen Gerichtshofes für zwischenstaatliche Streitigkeiten nicht obligatorisch, sondern optional. Eine dauerhafte Weltfriedensordnung müsste auf vier zentralen Säulen aufbauen: Weltweite Rüstungskontrolle, demokratische globale Institutionen, die einen gerechten Interessenausgleich ermöglichen und verbindliches Recht setzen können, obligatorische internationale Gerichte zur friedlichen Konfliktlösung und supranationale Gewalt über polizeiliche und militärische Durchsetzungsmittel.

Die Rolle eines Weltparlaments

Als einer der Ersten hatte der berühmte US-amerikanische Astrophysiker Carl Sagan (1934 bis 1996) das Phänomen des »nuklearen Winters« untersucht. Angesichts der Gefahr eines Atomkrieges zwischen den USA und der Sowjetunion betonte er 1982 in dem millionenfachen Weltbestseller »Unser Kosmos«, dass »das Wohlergehen unserer Zivilisation und der Spezies in unserer Hand« liege. Dem Befürworter einer Weltregierung war dabei allerdings schmerzlich bewusst, dass es das Kollektiv »Menschheit« in der politischen Ordnung überhaupt nicht gibt. Es sei bekannt, so Sagan, wer für die Nationen spreche. »Aber wer spricht für die Menschheit? Wer tritt für die Erde ein?«, fragte er, ohne eine Antwort geben zu können.[41] Diese Lücke zu füllen wäre die Aufgabe eines Weltparlaments. Das weltweite Programm einer »allgemeinen und vollständigen Abrüstung« muss durch politische Gemeinschaftsbildung begleitet werden. Sechzig Jahre nach Gründung der Vereinten Nationen und der Zerstörung Hiroshimas durch eine Atombombe verabschiedete das japanische Repräsentantenhaus am 2. August 2005 eine Resolution, in der »auf lange Sicht die Realisierung einer Weltföderation der ganzen Erde« zu einem Ziel erklärt wurde. Im Mai 2016 folgte eine ähnliche Resolution des japanischen Oberhauses.

Durch kosmopolitische Institutionen wie einer globalen parlamentarischen Versammlung kann nach und nach gegenseitiges Verständnis und Gemeinschaftsempfinden über nationale und kulturelle Grenzen hinweg stärker gefördert und ein wachsendes Niveau an Kooperation und Vertrauen erreicht werden, das für fortschreitende Entmilitarisierung und Abrüstung erforderlich ist. Die Versammlung sollte selbst eine führende Rolle in der Entwicklung eines »Gesamtprogramms für die Abrüstung«, wie es zum Beispiel schon von der zehnten Sondertagung der UN-Generalversammlung gefordert wurde, übernehmen und dabei helfen, den nötigen politischen Willen zu mobilisieren. Regierungsgremien wie die Genfer Abrüstungskonferenz, die ebenfalls nach dem Konsensprinzip arbeitet, stecken in einer Sackgasse. Nicht zuletzt wäre ein Weltparlament selbst eine unverzichtbare Kerninstitution des entstehenden Weltrechtssystems. Im Hinblick auf kollektive Sicherheit sollte es bei Entscheidungen über Zwangsmaßnahmen oder Friedenseinsätze mitentscheiden und parlamentarische Kontrolle über internationale Streitkräfte und ihre Operationen ausüben. Supranationale globale Streitkräfte müssen Parlamentsstreitkräfte sein.

Ein umfassendes Abrüstungs- und Friedensprogramm, das durch ein Weltparlament politisch und institutionell abgesichert ist, hätte nicht nur sicherheitspolitisch, sondern auch ökonomisch einen positiven Effekt. Es würde schon dadurch zu mehr Wohlstand und größerer sozialer Gerechtigkeit führen, indem es durch eine sukzessive Senkung der Militärausgaben produktive Mittel für andere Zwecke freimacht, etwa für eine Verbesserung und Modernisierung der zivilen Infrastruktur, zivile Forschungsförderung oder für soziale Fragen. Langfristig führt kein Weg daran vorbei, dass Kriegswaffenproduktion und Waffenhandel im Zuge eines Abrüstungsprogramms unter supranationale Kontrolle gestellt werden. Die Landminenkonvention von 1997 und das Waffenhandelsabkommen von 2013 sind erste kleine Schritte, die in diese Richtung weisen.

17.
Terrorismusbekämpfung, Rückstoß und Datenschutz

Der »Krieg gegen den Terror« als Selbstzweck

Das vom anarchischen Staatensystem immer weiter reproduzierte Sicherheitsdilemma ist eine wichtige Basis für den Bedarf an Rüstungsgütern und es erhält die Bedeutung der Sicherheits- und Verteidigungsapparate in aller Welt. Ein ewiger latenter Kriegszustand, wie er in George Orwells Roman »1984« beschrieben wurde, ist für den militärisch-industriellen Komplex keine negative Utopie, sondern eine ideale Geschäftsgrundlage. Tatsächlich befinden sich die USA offiziell in einem permanenten Kriegszustand. Drei Tage nach den Anschlägen des 11. September 2001 erteilte der US-Kongress dem US-Präsidenten mit nur einer Gegenstimme im Repräsentantenhaus die gesetzliche Vollmacht, jedwede ihm notwendig und angemessen erscheinende Gewalt einzusetzen, um an jedem beliebigen Ort auf der Welt gegen die Täter vorzugehen und zukünftig weiteren Akten des internationalen Terrorismus gegen die USA vorzubeugen. Der auf dieser Grundlage geführte sogenannte »Krieg gegen den Terror« hat einen dauerhaften Charakter angenommen und das Kriegsgebiet ist der gesamte Globus. Bei einer im Mai 2013 im US-Senat durchgeführten Anhörung hieß es, dass dieser Krieg noch *mindestens* zehn bis zwanzig weitere Jahre dauern werde. Im *Guardian* kommentierte Glenn Greenwald, dass der Krieg gegen den Terror offensichtlich keinen anderen Zweck mehr habe, »als sich selbst auf ewig zu perpetuieren«. Er sei ein Selbstzweck und treibe sich noch dazu selber an. »Es ist genau dieser Krieg, gerechtfertigt als Maßnahme zur Beendigung der terroristischen Bedrohung, der selbst die allergrößte Ursache eben dieser Bedrohung darstellt«, schrieb der einflussreiche Kolumnist zutreffend.[1]

Die verdeckte Kriegsführung der USA

Weltweit durchgeführte verdeckte Operationen im Rahmen des Konzepts einer »Kriegsführung niederer Intensität« gehören spätestens seit Gründung der CIA 1947 zum Standardprogramm US-amerikanischer Außenpolitik. Während des Kalten Krieges umfasste das etwa Desinformationskampagnen, psychologische Kriegsführung, den Aufbau und die Finanzierung von Guerillaeinheiten und politischer Opposition, Mord und Attentate, Aufstandsbekämpfung, die Manipulation von Wahlen bis hin zu Staatsstreichen. Unter den vielen bekannt gewordenen Aktivitäten dieser Art waren beispielsweise die Beteiligung des CIA am Sturz der iranischen Regierung unter Premierminister Mohammad Mossadegh 1953 und an der Ermordung des demokratisch gewählten Premierminister des Kongo, Patrice Lumumba, 1961, die Unterstützung des Putsches gegen Präsident Salvador Allende in Chile 1973, die Förderung der militanten islamischen Mudschaheddin in Afghanistan von Mitte 1979 bis 1989[2] oder die Unterstützung der Contra-Rebellen in Nicaragua in den 1980er Jahren. Den Operationen des Geheimdienstes wurden alle anderen Ziele und Werte untergeordnet. Die Aktivitäten der Contras beispielsweise wurden nicht nur durch illegale Waffenlieferungen an den Iran finanziert, was 1986 Gegenstand der sogenannten »Iran-Contra«-Affäre war, sondern, wie der Journalist Gary Webb 1996 aufdeckte, mit Wissen der CIA auch durch den Schmuggel von Kokain vor allem in das Gebiet von Los Angeles. Tatsächlich war die CIA im Zuge ihrer Geheimkriege trotz des von den USA verkündeten »Krieges gegen die Drogen« in entscheidender Weise selbst in den globalen Drogenhandel verstrickt, indem sie mit wichtigen Drogenhändlern paktierte und diese protegierte. Der US-amerikanische Südostasienexperte Alfred McCoy hat diesen Sachverhalt seit 1972 in seinem mehrfach aktualisierten Werk »Die CIA und das Heroin« im Detail aufgezeigt. Die Zusammenarbeit mit kriminellen Netzwerken und Personen, die sich gesetzlichen Beschränkungen und parlamentarischer Kontrolle entzieht, sei bis heute, so McCoy, »ein integraler Bestandteil der verdeckten Operationsfähigkeit der CIA«. Als Sieger des Kalten Krieges habe sich die USA jede kritische Selbstprüfung ihrer Methoden ersparen können. Während die berüchtigten kommunistischen Geheimdienste wie der KGB hinweggefegt worden seien, ihre Akten geöffnet und die Leiter zum Teil gerichtlich verurteilt, habe die CIA im »Krieg gegen den Terror« nun auch noch an Einfluss gewonnen.[3]

Folgen der US-Außenpolitik und des »Krieges gegen den Terror«

Als »Rückstoß« bezeichnete Chalmers Johnson die unbeabsichtigten und unvorhersehbaren negativen Folgen der US-Außenpolitik und insbesondere der militärischen und geheimdienstlichen Operationen der USA in aller Welt. In dem mit dem Pulitzerpreis ausgezeichneten Buch »Ghost Wars« von 2004 zeichnet der US-amerikanische Journalist Steve Coll zum Beispiel nach, wie die

US-amerikanischen Aktivitäten in Afghanistan überhaupt erst die Grundlage für den Aufstieg der Taliban und für das Entstehen des Terrornetzwerks alQaida geschaffen haben. Die Anschläge des 11. September 2001 können vor diesem Hintergrund als der bisher verheerendste Rückstoß verstanden werden. Nichts kann terroristische Angriffe rechtfertigen. Selbstverständlich muss vor ihnen geschützt werden. In letzter Konsequenz war es daher wichtig und im Interesse der Weltgemeinschaft, dass ab Oktober 2001 militärisch gegen das Regime der Taliban vorgegangen wurde, das alQaida unter Verstoß gegen zahlreiche Resolutionen des UN-Sicherheitsrates jahrelang auf seinem Territorium gewähren ließ. Für die Stabilität der interdependenten Weltzivilisation sind rechtsfreie Regionen dieser Art, die transnational organisierte Kriminalität und Terrorgruppen anziehen und die dabei praktisch mit der lokalen Regierung verschmelzen, sehr gefährlich. Der aus Venezuela stammende ehemalige Redakteur der Zeitschrift *Foreign Policy*, Moisés Naím, hat sie in seinem »Schwarzbuch des globalisierten Verbrechens« treffend »geopolitische schwarze Löcher« genannt.[4] Doch darf man nicht die Augen davor verschließen, dass Terrorakte nicht aus dem Nichts kommen und über politische oder religiöse Antriebe hinaus vor allem durch den Wunsch nach Vergeltung für zuvor vermeintlich oder tatsächlich erlittenes Unrecht motiviert oder zumindest gerechtfertigt werden.

Der sogenannte »Krieg gegen den Terror« wird auf eine Weise geführt, durch die weitere Rückstöße garantiert sind. Die multinationale Koalitionstruppe beispielsweise, die den Irak 2003 aufgrund von Fehlinformationen des CIA über die Existenz versteckter Massenvernichtungswaffen völkerrechtswidrig besetzte, war weder darauf vorbereitet, noch dazu in der Lage, Ordnung und Sicherheit im Land herzustellen. So unglaublich es klingen mag, es gab dafür buchstäblich keine Pläne für die Zeit nach dem Einmarsch. Das Land wurde ins Chaos gestürzt. »Der US-Einsatz ähnelte eher einem Putsch in einer Bananenrepublik als einem ausgearbeiteten Kriegsplan einer Großmacht«, fasst der US-amerikanische Journalist Thomas Ricks von der *Washington Post* den vollkommen verantwortungslosen Dilettantismus der Operation in dem Buch »Fiasco« zusammen.[5] Anfangs von der Bevölkerung als Befreier von der Despotie Saddam Husseins begrüßt, stellten sich die ausländischen Truppen und ihre privaten Sicherheitsdienstleister schnell als rücksichtslose Besatzungsmächte heraus, was dem dann folgenden Aufstand entscheidenden Auftrieb gab. Die im Mai 2004 bekannt gewordenen Menschenrechtsverletzungen im Gefängnis von Abu Ghraib wurden zu einem Symbol für die willkürliche und unkontrollierte Gewalt durch die US-Truppen. Der Besatzung und dem Konflikt mit Aufständischen sind in den zehn Jahren bis 2013 schätzungsweise rund 122.000 Zivilisten zum Opfer gefallen und etwa eine Viertelmillion wurden verletzt.[6] Korruption, Verschwendung, verschwundene Gelder sowie überteuerte, sinnlose und gescheiterte Projekte sind beim zähen Wiederaufbau an der Tagesordnung. 2014 gelang es der aus der Widerstandsbewegung hervorgegangenen extremistischen Terrororganisation »Islamischer Staat« weite Teile im Norden des Landes sowie mit Mossul die zweitgrößte irakische Stadt unter Kontrolle zu bekommen. Inzwischen erstreckt sich ihre Herrschaft auch auf große Gebiete Syriens und ihr Einfluss reicht bis nach Libyen.

Menschenrechtsverletzungen und der Drohnenkrieg der USA

Die USA haben ihre Glaubwürdigkeit als politische Kraft für Demokratie, Freiheit und Menschenrechte inzwischen eingebüßt. Von 2001 bis 2006 unterhielt der CIA ein weltweites Netzwerk geheimer Gefängnisse, in denen entführte Terrorverdächtige ohne Prozess festgehalten und gefoltert wurden. Die Insassen des Gefangenenlagers Guantanamo wurden ganz offiziell zu sogenannten »ungesetzlichen Kombattanten« erklärt, denen jedwede Rechte abgesprochen wurden. Andere angebliche Kombattanten und Terroristen werden von der US-Administration auf Basis höchst fragwürdiger und intransparenter Entscheidungsverfahren gezielt »extralegal« jenseits jeder parlamentarischen oder gerichtlichen Kontrolle getötet. Die US-Streitkräfte setzen dabei immer stärker auf Angriffe durch ferngesteuerte Drohnen. Das Bureau of Investigative Journalism hat rund 625 Angriffe in Pakistan, Jemen und Somalia gezählt. In Afghanistan sollen es allein in den letzten zwei Jahren über 1.300 gewesen sein. Unter den Opfern waren viele hundert Zivilisten. Zuverlässige Zahlen gibt es nicht.[7]

Die Drohnenkriegsführung ist ein eklatantes Beispiel für die kontraproduktive Wirkung des sogenannten »Krieges gegen den Terror«. »Vierundzwanzig Stunden am Tag schweben Drohnen über Gemeinden in Nordwestpakistan und greifen Häuser, Fahrzeuge und öffentliche Plätze ohne Warnung an. Ihre Gegenwart terrorisiert Männer, Frauen und Kinder und verursacht Angst und psychologisches Trauma in der Gemeinschaft«, heißt es in dem an der Standford-Universität und der New York University verfassten Bericht »Leben unter Drohnen«.[8] Unter diesen Umständen ist es wenig überraschend, dass die Drohneneinsätze zu einer antiamerikanischen Radikalisierung beitragen, die wiederum Nährboden für Terrorismus schafft. In seinem 2013 erschienenen Buch »Schmutzige Kriege« über die geheime weltweite »Mordmaschinerie« der

USA lässt der Journalist Jeremy Scahill einen jemenitischen Stammesführer zu Wort kommen, in dessen Region viele Zivilisten Opfer von Drohnenangriffen geworden sein sollen. »Die Drohnen fliegen Tag und Nacht, ängstigen Frauen und Kinder, stören schlafende Menschen. Das ist Terrorismus«, zitiert ihn Scahill wörtlich. Für die zivilen Opfer müsse es eine Kompensation geben. »Die Welt ist ein Dorf. Die USA sind von Libyen für das Lockerbie-Attentat kompensiert worden, aber Jemen bekommt nichts«, beklagte er sich.[9] Der Rückhalt für Gruppen wie alQaida und die Bereitschaft zu terroristischer Gewalt wird durch die Drohnenkriegsführung weit über die unmittelbar betroffene Bevölkerung hinaus verstärkt.

Ursachen des transnationalen Terrorismus und die Bedeutung eines Weltparlaments

Militärische und geheimdienstliche Maßnahmen gehen an den eigentlichen politischen und gesellschaftlichen Ursachen des transnationalen Terrorismus vorbei und stellen insofern nur Symptombekämpfung dar. In seinem viel beachteten Buch »Coca Cola und Heiliger Krieg« aus dem Jahr 1996 sprach der US-amerikanische Politikwissenschaftler Benjamin Barber von einem »Zusammenprall zwischen Dschihad und McWorld«. Der »Kommerzimperialismus« der auf einer Laissez-faire-Ideologie basierenden Globalisierung, von Barber zusammengefasst im Begriff der »McWorld«, leiste den Kräften des Dschihad als einer »dialektischen Reaktion auf die Moderne« Vorschub. Die demokratischen Institutionen des Nationalstaats würden von beiden Kräften gleichermaßen unterminiert. Unter Dschihad verstand Barber dabei nicht nur islamischen Extremismus, wie der Begriff vermuten lässt, sondern jede Form von religiösem oder politischem Fanatismus, die einen dogmatischen und gewalttätigen Ausschließlichkeitsanspruch erhebt.[10] Richard Falk und Andrew Strauss sehen einen wichtigen Aspekt des transnationalen Terrorismus auf ähnliche Weise darin, dass dieser auch eine Gegenreaktion zur Globalisierung darstelle. Durch die Globalisierung würden soziale Ungleichheiten innerhalb und zwischen Gesellschaften verstärkt und viele Menschen fühlten sich in ihren kulturellen Traditionen bedroht. Zugleich – und das ist der springende Punkt in ihrer Argumentation – bestehe für diese Menschen keine Möglichkeit, ihren Frustrationen über globale Einflüsse und Ungerechtigkeiten innerhalb des bestehenden internationalen Systems Geltung zu verschaffen. »Von geringfügigen Ausnahmen abgesehen«, schrieben die Völkerrechtler in einem gemeinsamen Beitrag, »wird Individuen,

Gruppen und ihren Vereinigungen in globalen politischen Institutionen eine offizielle Rolle verwehrt. [...] Entscheidungen werden dort von Eliten dominiert, die von den Staaten bestimmt werden. Da die Möglichkeit einer direkten und formalisierten Partizipation im internationalen System ausgeschlossen ist, wenden sich frustrierte Individuen und Gruppen, insbesondere wenn sie ihre eigenen Regierungen als illegitim und feindlich ansehen, verschiedenen Formen des friedlichen oder gewaltsamen Widerstands zu.« Der globale Terrorismus sei am gewaltsamen Ende des Spektrums transnationalen Protests. Selbst wenn er hauptsächlich religiöse, ideologische oder regionale Zielsetzungen verfolge, sei der zugrundeliegende politische Extremismus mindestens zum Teil »ein indirektes Resultat globalisierender Einflüsse«.[11] Mit Blick auf die Gefahr nuklearer Terroranschläge betont auch Tad Daley, dass wir mittelfristig, »nicht nur die Verfügbarkeit von nuklearen Waffen und Materialien, sondern auch die Motivation zu nuklearem Terrorismus reduzieren müssen«. Die Globalisierung wirtschaftlicher Ungleichheit und kulturelle Demütigungen müssten dazu als Ursachen ernsthaft angegangen werden. Den Menschen müsse Gelegenheit und Hoffnung gegeben werden, an einer friedlichen und gedeihenden globalen Zivilisation tatsächlich partizipieren zu können.[12] Der Ausschluss aus den relevanten internationalen Entscheidungsprozessen ist dabei auch als eine Form der Demütigung anzusehen.

In einem globalen Parlament könnte politische Frustration besser zum Ausdruck gebracht und in einen demokratischen und friedlichen Prozess kanalisiert werden, der auf die Globalisierung steuernden Einfluss nimmt. Als beispielsweise das höchste Gericht der nordpakistanischen Provinz Khyber Pakhtunkhwa die US-amerikanischen Drohnenangriffe in der Region im Mai 2013 als völkerrechtswidrige Verletzung der Souveränität Pakistans einstufte, forderte es zugleich die pakistanische Regierung dazu auf, die Angelegenheit zwecks politischer Verurteilung und weiterer Maßnahmen dem UN-Sicherheitsrat und zur Umgehung eines US-Vetos gegebenenfalls auch der UN-Generalversammlung vorzulegen. Zwar machte die pakistanische Regierung zwei Monate zuvor gegenüber dem UN-Sonderberichterstatter über den Schutz der Menschenrechte bei der Terrorismusbekämpfung, Ben Emmerson, deutlich, dass sie den Drohnenangriffen nicht zustimme und sie als Eingriff in die Souveränität des Landes ansehe, doch die Kooperation mit den USA gestaltet sich hinter den Kulissen tatsächlich wohl etwas komplizierter als das und die Regierung muss bei Vorstößen innerhalb der UN außerdem die möglichen Auswirkungen auf ihre zwischenstaatlichen Beziehungen insgesamt berücksichtigen. In einem Weltparlament dagegen könnte das Problem von pakistanischen Abgeordneten direkt angesprochen werden, ohne dass dabei der Umweg über die Regierung oder besondere diplomatische Rücksichtnahmen erforderlich wären. Die Abgeordneten würden schließlich als unabhängige Parlamentarier für sich selbst und ihre Wählerinnen und Wähler sprechen und nicht im Namen und im Auftrag der Regierung, die daher auch nicht dafür verantwortlich gemacht werden könnte.

Nach Ansicht von Falk und Strauss sollte ein globales Parlament und Bemühungen zu einer gerechteren und demokratischeren Weltordnung Teil der politischen Antwort auf die Herausforderungen des »Megaterrorismus« vom Typ des 11. September 2001 sein. Sie geben sich zwar zu Recht nicht der Illusion hin, dass sich Extremisten wie »die Osama bin Ladens dieses Planeten« auf einen globalen parlamentarischen Prozess einlassen würden, meinen aber doch, dass deren Fähigkeit, ein größeres Gefolge anzuziehen, durch die Existenz eines globalen Parlaments wesentlich geschwächt würde, »insofern dieses den am meisten benachteiligten und betroffenen Menschen der Welt das Gefühl vermittelt, dass ihre Anliegen ernsthaft behandelt werden«.[13] Dass die Kräfte des Dschihad zutiefst undemokratisch sind und sich kaum domestizieren lassen, darauf hat auch Benjamin Barber hingewiesen. Die bestmögliche Perspektive, um den Kräften des Dschihad und der »McWorld« zu begegnen, sah er aber ebenfalls in der Stärkung der bürgerlichen Gesellschaft und der Demokratie auf allen Ebenen. Barber betonte dabei die Wichtigkeit eines demokratischen Bürgersinns, der sich im Rahmen einer demokratischen Weltgesellschaft entfalten müsse. »Wenn die bürgerliche Gesellschaft der Schlüssel zur Demokratie ist«, schrieb er, »bedarf es zu einer starken Weltdemokratie einer systematischen Internationalisierung dieser bürgerlichen Gesellschaft.« Eine globale demokratische Gesellschaft sei »Grundlage einer demokratischen Weltregierung«. Diese sei zwar »allenfalls Traumtänzerei« und eine »ferne Hoffnung«, doch da »internationale Institutionen ständig an die Grenzen nationaler Souveränität« stießen, plädierte Barber für »eine auf Freiwilligkeit und Vertrauensbildung fußende Strategie von Einzelschritten zur Supranationalität«.[14] Was Barber in seinem Buch nicht ansprach ist die Frage, wie die Entwicklung einer globalen bürgerlichen Gesellschaft und einer demokratischen Weltöffentlichkeit als Voraussetzung für einen solchen Integrationsprozess institutionell unterfüttert werden müsste, also »systematisiert« werden könnte. Hier genau sehen wir eine entscheidende Rolle für ein Weltparlament. Wie keine andere Institution zuvor würde ein Weltparlament als direkte Vertretung der Weltbevölkerung demokratische Weltöffentlichkeit schaffen und einen globalen Bürgersinn widerspiegeln. Letztlich soll ein Weltparlament als Teil einer Weltlegislative über die Funktion eines politischen Forums hinaus in der Position sein, tatsächlich Entscheidungen zu treffen und an der Setzung von Weltrecht mitzuwirken.

Der globale Überwachungsapparat und die Entrechtung aller Menschen

Statt bürgerliche Freiheiten, Grundrechte und Rechtsstaatlichkeit zu stärken und zu schützen, werden diese unter dem angeblichen Vorzeichen der Terrorismusbekämpfung allerdings noch unterhöhlt. Das betrifft nicht etwa nur die unmittelbaren Opfer von Entführungen oder Drohnenangriffen durch die Vereinigten Staaten, sondern praktisch jeden. Durch verschiedene geheime Überwachungsprogramme greifen beispielsweise die Partnerländer des auf die Zeit nach dem Zweiten Weltkrieg zurückgehenden Geheimdienstabkommens UKUSA, nämlich die USA, Großbritannien, Kanada, Australien und Neuseeland, vollkommen ungehindert in das Fernmeldegeheimnis, den Datenschutz und die Privatsphäre potentiell aller telekommunizierenden Menschen weltweit ein. Schon im Juli 2001 stellte das Europäische Parlament nach einer Untersuchung des sogenannten Echelon-Programms fest, »dass an der Existenz eines weltweit arbeitenden Kommunikationsabhörsystems« im Rahmen des UKUSA-Abkommens »nicht mehr gezweifelt werden kann«.[15] Ziel des Echelon-Programms ist unter anderem die globale Überwachung der satellitengestützten Kommunikation. Zu diesem Zeitpunkt schrieb der Journalist James Bamford in einer Geschichte des US-Geheimdienstes NSA bereits, dass die UKUSA-Partner »zu einer die restliche Welt belauschenden Supermacht mit eigenen Gesetzen und Gebräuchen und eigener Sprache geworden« waren.[16]

Die Enthüllungen über Überwachungsprogramme wie Prism, X-Keyscore und Fairview der NSA sowie über Tempora des britischen Geheimdienstes GCHQ ab Juni 2013 legen nahe, dass der Zugriff auf globale Internet- und Telekommunikationsdaten durch gezielten Rückgriff auf Unternehmensnetze und das Anzapfen von Kommunikationskabeln noch weitaus lückenloser und umfassender ist, als ohnehin schon angenommen wurde. Die Terrorismusbekämpfung ist inzwischen der wichtigste Vorwand für diese Maßnahmen. Im Unterschied zur traditionellen nachrichtendienstlichen Aufklärung, die sich gezielt gegen andere Staaten und ihre Einrichtungen richtet, werden nun sämtliche Kommunikationsteilnehmer millionenfach unterschiedslos automatisch ausgeforscht. Der Fortschritt der Computertechnologie macht den Umgang mit »Big Data«

möglich. Bedrohungen, so die dahinter stehende Prämisse, gehen nicht mehr nur von Staaten oder konkret verdächtigten Personen, sondern potentiell *von jedem* aus. Nach Ansicht von Alfred McCoy, der an der Universität von Wisconsin-Madison Geschichte lehrt und auch über die Historie der US-Spionage geforscht hat, dient der globale Überwachungsapparat der NSA in erster Linie allerdings dem Ziel »globaler Machtausübung« und »globaler Hegemonie«. So erklärt sich auch, warum die NSA beispielsweise EU-Einrichtungen sowie die Staats- und Regierungschefs von mindestens rund 35 Ländern oder Delegationsmitglieder bei den UN, den G20-Gipfeln und internationalen Vertragsverhandlungen gezielt ausgeforscht hat. Die Überwachung, so McCoy, fördere nicht nur geheimes Hintergrundwissen zutage, das Washington signifikante Vorteile verschaffe, sondern mitunter auch intime persönliche Details, die als Druckmittel eingesetzt werden könnten.[17] Der NSA-Apparat sei Teil eines »mächtigen globalen Panoptikums, das inländische Dissidenten überwachen, Terroristen verfolgen, alliierte Nationen manipulieren, rivalisierende Mächte beobachten, feindlichen Cyberangriffen begegnen, präventive Cyberattacken ausführen und inländische Kommunikation schützen« könne.[18] Nach Aussage des nach Russland geflohenen Whistleblowers Edward Snowden betreibt die NSA auch Wirtschaftsspionage. Bei einer Anhörung des 2014 eingerichteten NSA-Untersuchungsausschusses des Deutschen Bundestages erklärte der ehemalige technische Leiter der NSA, William Binney, dass der US-Geheimdienst einen »totalitären Ansatz« verfolge, der »ansonsten nur von Diktaturen« bekannt sei und die Demokratie weltweit gefährde.[19]

Dass sie im »Krieg gegen den Terror« durch die Verletzung ihrer Privatsphäre unmittelbar betroffen sind, ist vielen Menschen erst nach der Enthüllung des Prism-Programms der NSA bewusst geworden. Es wurde nun deutlich, kommentierte *Spiegel*-Kolumnist Jakob Augstein, dass die Drohnenangriffe in Pakistan oder das Camp in Guantanamo, anders als sich viele vormachten, nicht einfach »bedauerliche Vorgänge am Ende der Welt« seien. »Diejenigen«, so Augstein, »die immer noch glaubten, dass die Folter in Abu Ghraib oder das Waterboarding in CIA-Gefängnissen nichts mit ihnen zu tun hat, ändern jetzt ihre Meinung.«[20] Der *Spiegel*-Journalist Thomas Darnstädt sprach von einer »völkerrechtlichen Epochenwende«. Indem die Menschen der Welt als solche zu Objekten US-amerikanischer Überwachung würden, drohe sich die »Erosion des Völkerrechts, wie sie den Krieg der USA gegen als Terroristen verdächtigte Menschen begleitet«, nun auf den Bereich der Spionage auszudehnen.[21] Die Bürgerinnen und Bürger anderer Staaten werden von den verantwortlichen Regierungen schlicht rechtlos gestellt. Wie genau welche Daten für welchen Zweck erfasst und gespeichert werden, bleibt außerdem im Nebel der Geheimhaltung verborgen. »Dass die US-Regierung unter totaler Geheimhaltung einen omnipräsenten Spionageapparat aufbaut, der nicht nur auf ihre eigenen Bürger abzielt, sondern auf alle Bürger der Welt, hat profunde Konsequenzen«, schreibt *Guardian*-Journalist Glenn Greenwald, dem sich Snowden mit seinem Material anvertraut hatte. Dieser Apparat, so Greenwald, »verleiht der US-Regierung schrankenlose Macht über Menschen, denen gegenüber sie keine Rechenschaft ablegen muss. [...] Er verändert die Machtbalance zwischen den USA und den gewöhnlichen Bürgern der Welt. Und es sendet das unmissverständliche Signal an die Welt aus, dass während die USA den Schutz der Privatsphäre von Amerikanern minimal bewertet, sie der Privatsphäre von allen anderen auf dem Planeten genau null Bedeutung zuweist«.[22]

Dass der Datenschutz, die Privatsphäre und das Fernmeldegeheimnis von Bürgerinnen und Bürgern in aller Welt millionenfach systematisch von ausländischen Regierungen verletzt werden, auf die sie keinerlei politischen Einfluss haben, verweist auf den Widerspruch zwischen der Realität der kommunikativen globalen Vernetzung und der nationalstaatlich eingehegten Demokratie. Während des US-Präsidentschaftswahlkampfs richtete sich Barack Obama am 24. Juli 2008 in seiner Rede in Berlin als »Mitbürger der Welt« an die »Völker der Welt« und sprach von gemeinsamen Verpflichtungen »als Bürger der Erde«. Dieser Verweis auf die »Bürger der Erde« erweist sich als hohle rhetorische Figur, denn die Weltbürger sind als solche nach Stand der Dinge unmündig und rechtlos gestellt. Sie können weder den US-Präsidenten noch irgendeine andere ausländische Regierung für gegen sie gerichtete Rechtsverletzungen politisch verantwortlich machen. Datenschutz, Fernmeldegeheimnis und das Recht auf informationelle Selbstbestimmung müssen global verankert werden, da die Datenströme des Internets selbst bei inländischer Kommunikation in der Regel über internationale Infrastrukturen laufen. Sie sind ein gutes Beispiel für die Notwendigkeit eines Weltrechts, das in diesem Fall nicht nur Staaten, sondern auch Unternehmen und andere Institutionen, die mit Daten umgehen, unmittelbar verpflichten muss.

Ein globales Datenschutzrecht

Der deutsche Bundesbeauftragte für den Datenschutz und die Informationsfreiheit, Peter Schaar, gehörte zu den ersten, die nach Bekanntwerden des

Prism-Skandals dafür plädierten, dass »staatliche Datensammlung und Überwachung durch internationales Recht« begrenzt werden müssten.[23] Die UN-Hochkommissarin für Menschenrechte, Navi Pillay, wies darauf hin, dass nach Artikel 17 des Internationalen Paktes über bürgerliche und politische Rechte theoretisch schon jetzt niemand »willkürlichen oder rechtswidrigen Eingriffen in sein Privatleben, seine Familie, seine Wohnung und seinen Schriftverkehr« ausgesetzt werden dürfe und dass jedermann einen »Anspruch auf rechtlichen Schutz gegen solche Eingriffe oder Beeinträchtigungen« habe.[24] Als ersten sinnvollen Schritt schlug Schaar die Verwirklichung eines Zusatzprotokolls zu Artikel 17 vor. Klare rechtliche Regeln seien unverzichtbar, damit unabhängige Gerichte und Kontrollgremien prüfen können, ob die Sicherheitsbehörden sich an Recht und Gesetz halten. Ein globales Datenschutzrecht wird dabei letztlich nur dann effektiv sein, wenn ein Staatsangehöriger des Landes X in die Lage versetzt würde, sich gegen eine mögliche Rechtsverletzung durch die Regierung des Landes Y wehren zu können.

Die US-Regierung lehnt internationale Einschränkungen und Verpflichtungen ab. Der internationale Pakt über bürgerliche und politische Rechte verpflichte Staaten nur gegenüber ihren eigenen Staatsangehörigen und darüber hinaus seien die Überwachungsmaßnahmen ohnehin nicht »willkürlich« oder »rechtswidrig«, wie es im Pakt heißt, sondern bewegten sich im Rahmen der US-Gesetze. Eine im November 2013 von Deutschland und Brasilien in die UN-Generalversammlung eingebrachte Resolution über »das Recht auf Privatsphäre im digitalen Zeitalter« konnte sich über diese Position nicht hinwegsetzen und äußerte letztlich nur »große Sorge« über die »negativen Auswirkungen«, die extraterritoriale Überwachungsmaßnahmen auf die Menschenrechte haben könnten. Damit es zu einem effektiven globalen Datenschutzabkommen kommt, müsste erheblicher Druck von der Weltöffentlichkeit ausgehen. Dabei geht es nicht nur darum, politischen Druck auf Regierungen auszuüben, die selbst für globale Überwachungsprogramme verantwortlich sind, sondern auch auf solche, deren Sicherheitsbehörden wie im Falle Deutschlands mit den verantwortlichen Geheimdiensten eng zusammenarbeiten. Ein Weltparlament wäre ein Ort, wo sich gewählte Vertreter aus den USA, Europa und anderswo über nationale Grenzen hinweg zusammentun können, um gemeinsam gegen die Überwachungsapparate der Regierungen zu protestieren. Den zwischenstaatlichen Charakter des Disputs auf der internationalen Ebene aufzubrechen würde die kritischen Kräfte weltweit stärken. Die US-Regierung müsste sich beispielsweise darauf gefasst machen, dass sich in einer globalen parlamentarischen Versammlung auch kritische Stimmen aus den USA selbst zu Wort melden. Ein Gesetzentwurf zur Einschränkung der massenhaften Sammlung von Telefondaten durch die NSA in den Vereinigten Staaten etwa wurde am 24. Juli 2013 vom US-Repräsentantenhaus nur mit einer knappen Mehrheit von zwölf Stimmen abgelehnt, 205 Abgeordnete waren dafür. Es wäre viel gewonnen, wenn solche Parlamentarier an der Erarbeitung eines globalen Datenschutzrechts beteiligt wären.

18.
Ein Weltpolizeirecht, internationale Strafverfolgung und das postamerikanische Zeitalter

Die Notwendigkeit eines Weltpolizeirechts und eine supranationale Polizei

Das Phänomen des transnationalen Terrorismus verwischt die Grenzen zwischen innerer und äußerer Sicherheit. Während terroristische Aktivitäten im Inland Gegenstand der polizeilichen Gefahrenabwehr und der Strafverfolgung sind, bei denen zumindest in Rechtsstaaten entsprechende Gesetze und juristische Regeln wie das Verhältnismäßigkeitsprinzip zum Tragen kommen, stellt sich der Umgang mit terroristischen Gefahren aus dem Ausland problematischer dar. Eine Totalüberwachung der Telekommunikation etwa verstößt ohne Zweifel gegen den Verhältnismäßigkeitsgrundsatz, aber dieser wird von Regierungen gegenüber ausländischen Staatsbürgern nicht beachtet. Die gezielte Tötung sogenannter »feindlicher Kombattanten« durch die Vereinigten Staaten ist der krasseste Ausdruck einer von jeder Rechtsstaatlichkeit entkleideten Terrorbekämpfung. »Die bedingungslose Gewaltanwendung der Militärs und die rechtsgeleitete Rechtsdurchsetzung der Polizei verschwimmen in den weltweiten Auseinandersetzungen mit dem Terrorismus«, schreibt Thomas Darnstädt in dem Buch »Der globale Polizeistaat«. Die Instrumentarien der Vereinten Nationen und des Völkerrechts erweisen sich als ungeeignet, der Herausforderung zu begegnen. »Die weltweit sich manifestierende Gewaltdrohung der nicht staatlichen Art«, so Darnstädt, »schreit nach einer Weltinnenpolitik über die Grenzen aller Staaten hinweg«. Der *Spiegel*-Journalist argumentiert, dass das »Niemandsland zwischen innerer Rechtsordnung und Kriegsrecht« durch ein Recht der Gefahrenabwehr, ein Weltpolizeirecht, befriedet werden müsse. Ein solches »Antigewaltrecht«, das »die ganze Erde als Regelungsbereich einer inneren Weltsicherheit« ansehe, würde es erlauben, die Ursachen jeder Bedrohung ohne Rücksicht auf Staatsgrenzen anzugehen und von rechtsstaatlichen Regeln beherrscht werden.[1]

Der zugrunde liegende Gedanke ist der, dass Terrorismus als Ausdruck von Schwerstkriminalität auch bei grenzüberschreitenden oder ganz im Ausland liegenden Sachverhalten vorrangig als Problem der polizeilichen Gefahrenabwehr und der Strafverfolgung fassbar werden muss. Da dieses Problem transnationaler Natur ist, wird die Lösung auch transnational sein müssen. Die Umsetzung und Durchsetzung eines Weltpolizeirechts, das sich mit schwerstkriminellen Bedrohungen nichtstaatlicher Art befasst, ist genau eine der Aufgaben, die einer supranationalen Polizeitruppe zukommen muss. Als »Vollstrecker des Weltrechts« solle eine supranationale Polizeimacht nach Darnstädt dort eingreifen, wo die Staaten zu schwach oder zu korrupt seien, um Sicherheit zu gewährleisten. »Nur eine überstaatliche Macht«, so der Jurist, »kann in den verwickelten Verhältnissen schwacher, halb starker und gefährlich starker Staaten, in den umstrittenen Niemandsländern der zerstrittenen Völkerfamilie regelnd eingreifen, ohne in den Ruch zu kommen, einen Krieg zu führen oder auch nur Politik zu machen.«[2] Wie wir schon gesehen haben, gehören eine UN-Eingreiftruppe und eine supranationale Polizei zu den Elementen einer funktionierenden, entmilitarisierten Weltfriedensordnung. Die UN-Friedensoperationen enthalten bereits immer stärkere polizeiliche Komponenten, die mit unterschiedlichen Aufgaben betraut sind. Dazu gehören etwa der Schutz von UN-Einrichtungen, Unterstützung beim Aufbau lokaler Polizeibehörden oder wie im Kosovo und Ost-Timor während einer Übergangszeit die Übernahme voller polizeilicher Funktionen.

Das Versagen klassischer Zwangsmaßnahmen

In einem weltrechtlichen Rahmen orientiert sich die Rechtsdurchsetzung an anderen Prinzipien als im Völkerrecht. Es geht nicht um die Durchführung von Sanktionen oder um die Anwendung militärischer Gewalt gegen rechtsbrechende Staaten, sondern um die gezielte Durchsetzung von Weltrecht *gegenüber Individuen mit polizeilichen und juristischen Mitteln*. Weiterreichende Maßnahmen aus dem Instrumentarium der kollektiven Sicherheit sind subsidiär und erst zu erwägen, wenn dieser Ansatz versagt. Das vom UN-Sicherheitsrat als Reaktion auf den irakischen Einmarsch in Kuwait ab 1990 beschlossene umfassende Wirtschaftsembargo hat die allgemeine Infrastruktur des Landes zerstört, die einfache Bevölkerung in eine humanitäre Katastrophe gestürzt, zu einer drastischen Erhöhung der Kindersterblichkeit geführt und das Regime von Saddam Hussein kaum getroffen. Seitdem gibt es einen Paradigmenwechsel hin zu sogenannten »Smart Sanctions«, die nur ausgewählte Güter betreffen und sich gezielt gegen Personen und Organisationen richten. Zur Bekämpfung des transnationalen Terrorismus führt der UN-Sicherheitsrat die 1267er-Liste (benannt nach der Nummer der ursprünglichen Resolution aus dem Jahr 1999), auf der er, wie es der Journalist Victor Kocher umschreibt, stellvertretend für die ganze

Staatengemeinschaft »die Feinde der Menschheit« bezeichnet. Alle Staaten sind verpflichtet, sämtliches Vermögen und Eigentum der zurzeit rund 500 gelisteten Personen und Organisationen einzufrieren und ihnen die Einreise sowie den Transit zu verweigern. »Das hat seine Richtigkeit«, stimmen wir Kocher zu, »solange es sich um echte Terroristen handelt.« Das Problem liegt darin, dass der Mechanismus intransparent, willkürlich und jeder Rechtsstaatlichkeit enthoben ist. Wer womöglich zu Unrecht auf die Liste gelangt, hat keine Möglichkeit, sich bei der UN gerichtlich dagegen zu wehren. Inzwischen wurde immerhin eine Ombudsstelle eingerichtet, an die sich Betroffene wenden können. Über deren Empfehlung befindet aber wiederum der Sicherheitsrat selbst. »Der Sicherheitsrat ist eine politische Instanz, die politische Entscheide fällt. Dagegen gibt es keinen Rechtsweg. So ist das UNO-System eben aufgebaut«, erklärte Richard Barrett, ein ranghoher Berater des UN-Sanktionskomitees, lapidar.[3] Genau aus diesem Grund hielt der Europäische Gerichtshof in einem Urteil vom 18. Juli 2013 daran fest, dass »die auf der Ebene der UNO eingeführten Verfahren« trotz der daran vorgenommenen Verbesserungen immer noch »nicht die Gewähr eines effektiven gerichtlichen Rechtsschutzes« bieten und bestätigte daher die Aufhebung der EU-Verordnung zur Umsetzung der UN-Sanktionen aufgrund einer Verletzung europäischer Grundrechte.[4] Hier kann man sehen, wie der Mechanismus der klassischen Zwangsmaßnahmen darin versagt, sich auf die neuen Herausforderungen einzustellen und zugleich die Werte, die er schützen soll, selbst zu würdigen. Rechtsstaatlichkeit, Gewaltenteilung und unabhängige Kontrolle müssen zentrale Prinzipien weltrechtlicher Rechtsdurchsetzung sein.

Eine supranationale Polizei zur Unterstützung des ICC

Ein Meilenstein in der Entwicklung eines solchen Weltrechts ist der Internationale Strafgerichtshof, kurz ICC, der 2002 seine Arbeit aufgenommen hat. Die Zuständigkeit des Gerichtshofes ist leider nicht universell, wie es von vielen Regierungen und NGOs gefordert wurde, sondern komplementär zu nationaler Strafverfolgung, sofern solche stattfindet, und richtet sich außerdem danach, ob Täter oder Tatort einem Staat zugeordnet werden können, der sich dem Gerichtshof als Vertragspartei angeschlossen hat. Die Anzahl der Vertragsparteien wächst beständig und erreichte im März 2016 zuletzt 124. Wichtige Länder wie die USA, Russland und China sind bis jetzt aber noch nicht dabei und afrikanische Länder wie Burundi und Südafrika wollen sich wieder zurückziehen. Dessen ungeachtet kann der UN-Sicherheitsrat eine »Situation« an den Gerichtshof verweisen, wie es 2005 im Falle des Sudan und 2011 im Falle Libyens auch schon geschehen ist. Unter diesen Prämissen ist der ICC dafür zuständig, Einzelpersonen ungeachtet irgendwelcher amtlicher Eigenschaften oder völkerrechtlicher Immunitäten wegen Kriegsverbrechen, Verbrechen gegen die Menschlichkeit und Völkermord zur Verantwortung zu ziehen. Bei bestimmten afrikanischen Regierungen war es aus naheliegenden Gründen zuletzt auf Widerstand gestoßen, dass auch Staatschefs angeklagt werden können.

Eine wichtige Aufgabe einer supranationalen Polizei ist es, den ICC in seiner Arbeit zu unterstützen. Sie sollte eine Einheit umfassen, die der Anklagebehörde des Gerichts als Vollzugsorgan zur Aufspürung, Verhaftung und Überführung von flüchtigen Angeklagten dient. Eine solche Einheit einzurichten wurde im Hinblick auf den Internationalen Strafgerichtshof für das ehemalige Jugoslawien bereits vorgeschlagen. Als sieben Jahre nach Etablierung des Tribunals durch den UN-Sicherheitsrat immer noch Dutzende Angeklagte nicht gefasst waren, darunter die Hauptangeklagten Radovan Karadžić und Ratko Mladić, war die Chefanklägerin Carla del Ponte am Ende ihrer Geduld. Ihrer Auffassung nach hatten sich die NATO-Truppe für Bosnien-Herzegowina SFOR und die lokalen Behörden trotz zahlreicher Gelegenheiten als permanent unwillig oder unfähig erwiesen, viele der Haftbefehle auszuführen.[5] Im Jahr 2000 regte sie schließlich die Etablierung einer gerichtseigenen polizeilichen Spezialeinheit an. »Eine solche Polizei wäre auf die Unterstützung anderer Staaten nicht angewiesen und müsste auf politische Entscheidungen keine Rücksichten nehmen. Heute stellen wir einen Haftbefehl aus und warten auf die Ausführung durch die SFOR«, beklagte sie sich.[6] Nach Stand der Dinge ist auch der ICC vollständig von der Kooperation durch die Vertragsstaaten oder von Maßnahmen des UN-Sicherheitsrates abhängig. Das Statut erlaubt der Anklagebehörde nicht, selbst Verhaftungen durchzuführen. In einer Stellungnahme, neun Jahre nachdem die Situation in der westsudanesischen Region Darfur durch den Sicherheitsrat an den ICC verwiesen wurde, kritisierte die 2012 gewählte Chefanklägerin Fatou Bensouda aus Gambia wortstark, dass der Sicherheitsrat »keine nennenswerten Schritte« unternommen hätte, um die Haftbefehle des Strafgerichtshofes gegen die wegen der Verbrechen in Darfur Angeklagten durchzusetzen, darunter Sudans Präsident Omar Hassan al-Bashir. »Das wirft nicht nur ein schlechtes Licht auf das internationale Justizsystem, von dem der ICC nur ein Teil ist, sondern es unterminiert auch die Glaubwürdigkeit des Rates als Instrument von internationalem Frieden und Sicherheit massiv«, stellte Bensouda fest. »Die Realität ist die, dass das justizielle Verfahren des ICC ohne Verhaftungen nicht stattfinden kann«, betonte die Chefanklägerin.⁷ Aufgrund der Inaktivität des Sicherheitsrates in dieser Frage entschloss sie sich im Dezember 2014, die Ermittlungen in Sachen Darfur »bis auf weiteres« auszusetzen.

Die Strafverfolgung des ICC ausweiten

Polizeiliche Aufgaben können nach föderalen Gesichtspunkten ohne weiteres auf verschiedenen staatlichen oder funktionalen Ebenen angesiedelt werden, so wie es bei Bundesstaaten auch der Fall ist. Zur Bekämpfung transnationaler Schwerstkriminalität sollte eine globale Kriminalpolizei mit eigenen Ermittlungskompetenzen und Exekutivbefugnissen ausgestattet werden, um nationale Behörden zu unterstützen oder um eigenständig zu agieren, wenn es sachgerecht ist und nationale Behörden dazu nicht willens oder in der Lage sind. Die Zuständigkeit des ICC sollte dementsprechend auf weitere Delikte von globaler Bedeutung ausgeweitet werden. Tatsächlich wurde anlässlich der Annahme des ICC-Statuts bei der Staatenkonferenz in Rom 1998 bereits eine zusätzliche Resolution verabschiedet, in der festgehalten wurde, dass die Jurisdiktion des Gerichts in Zukunft auch Terrorismus und Drogendelikte umfassen sollte.⁸ Zwar ist es auch denkbar, für bestimmte Delikte weitere internationale Tribunale zu schaffen, doch wäre es effektiver und der Einheitlichkeit der globalen Rechtsentwicklung zuträglicher, statt dessen den Internationalen Strafgerichtshof zu stärken. Änderungen der ICC-Statuten bedürfen allerdings einer Zustimmung von sieben Achtel der Vertragsstaaten, was eine hohe Hürde für diesen Ansatz bedeutet.

Juristen weisen darauf hin, dass die Finanzierung des internationalen Terrorismus eines »der drängendsten Probleme der internationalen Finanzkriminalität« sei. Viele Staaten hätten nicht die Ressourcen oder seien nicht dazu gewillt, gegen Geldwäscheaktivitäten vorzugehen.⁹ Nach Ansicht von Moisés Naím sind richtiggehende »Mafiastaaten« entstanden, welche »die Schnelligkeit und Flexibilität transnationaler krimineller Netzwerke mit dem rechtlichen Schutz und mit den diplomatischen Privilegien kombinieren, wie sie nur Staaten genießen«. Nationale Strafverfolgungsbehörden seien gegen diese neue »hybride Form internationaler Akteure« weitgehend machtlos, ja zum Teil sogar selbst kriminell unterwandert.¹⁰ Eine internationale Strafverfolgung von Geldwäsche ist daher geboten. Auf der Basis einer Geldwäschekonvention, die Einzelheiten des Straftatbestands regelt, könnte die Zuständigkeit des ICC auf Geldwäschedelikte ausgeweitet werden.¹¹ Mit Blick auf die globale Finanzkrise und das Finanzsystem als einem globalen öffentlichen Gut ist darüber hinaus eine Ausweitung der Zuständigkeit des Strafgerichtshofes auf *systemrelevante Wirtschafts- und Finanzstraftaten* zu empfehlen. Der französische Wirtschaftswissenschaftler Jacques Attali, der von der Zeitschrift *Foreign Policy* wiederholt zu den hundert führenden Intellektuellen der Welt gezählt wurde, hat sich dafür ausgesprochen, »schwere Verletzungen sozialer und ökonomischer Rechte von globaler Reichweite« sowie entsprechende Finanzdelikte als »Verbrechen gegen die Menschheit« anzusehen und in die Zuständigkeit des ICC aufzunehmen.[12] Angesichts der tragenden Rolle, die Unternehmen und speziell Finanzinstitutionen in diesen Delikten spielen, sollte dabei Attali zufolge nicht nur gegen Individuen, sondern zusätzlich auch gegen juristische Personen vorgegangen werden können. Ein interessantes Vorbild, das man sich in diesem Zusammenhang anschauen könnte, ist das US-amerikanische Bundesgesetz RICO, das zur Bekämpfung krimineller Vereinigungen und ihrer Führungspersonen dient.

Weitere Delikte, für die eine internationale Strafverfolgung in Betracht kommt, sind beispielsweise der seit 1970 diskutierte Straftatbestand des Ökozids sowie global relevante Formen der Cyberkriminalität. Bei Ökozid handelt es sich nach einer von der britischen Aktivistin Polly Higgins vorgeschlagenen Definition um »eine schwerwiegende Zerstörung, Beeinträchtigung oder den Verlust von Ökosystemen in einem bestimmten Gebiet« in einem Umfang, »der die friedliche Nutzung durch die Einwohner dieses Gebietes stark einschränkt oder einschränken wird«.[13] Im Hinblick auf Cyberkriminalität wird insbesondere auf die kritische Bedeutung von Computer-, Kommunikations- und Informationssystemen als Ziel krimineller, terroristischer oder auch zwischenstaatlicher Angriffe hingewiesen. Wie bereits erwähnt wurde außerdem vorgeschlagen, den Strafgerichtshof bei Verstößen gegen Verbotsvorschriften einer zukünftigen Konvention zur Abschaffung von Nuklearwaffen zuständig zu machen.

Souveränität und die Zusammenarbeit der Strafverfolgungsbehörden

Als 1908 die US-amerikanische Bundespolizei FBI gegründet wurde, ging es darum, für bestimmte Straftaten eine Polizeibehörde zu schaffen, die den gleichen geographischen Horizont hat, wie die Kriminellen, die sie verfolgen sollte, nämlich das gesamte US-amerikanische Bundesgebiet. Nach Ansicht eines Experten von der Defence Academy der britischen Streitkräfte, der sich für eine Art »globales FBI« ausspricht, ist dies »eine direkte Parallele zu der Situation, in der sich die Welt heute befindet«. Das heutige System der internationalen Strafverfolgung sei »zersplittert, schwerfällig, ineffektiv und zunehmend untauglich, um den ernsten, neu entstehenden Bedrohungen der transnationalen organisierten Kriminalität und des Terrorismus zu begegnen«.[14] Als dunkle Seite der Globalisierung habe sich »die organisierte Kriminalität diversifiziert, ist global geworden und hat makroökonomische Ausmaße angenommen«, warnte der erste internationale Gefahrenbericht zur transnationalen organisierten Kriminalität, der 2010 vom UN-Büro für Drogen- und Verbrechensbekämpfung UNODC vorgelegt wurde.[15] Bei der Vorstellung des Berichts betonte der damalige Direktor des Büros, Antonio Maria Costa, dass transnationale Kriminalität zu einer Gefahr für Frieden und Entwicklung und »sogar für die Souveränität ganzer Länder geworden« sei. Kriminelle Aktivitäten hätten sich schneller internationalisiert als »Strafverfolgung und Weltregieren«.[16]

Ein Hemmschuh ist dabei, dass Polizeiwesen und die Strafgerichtsbarkeit traditionell ein herausragendes Merkmal der staatlichen Souveränität sind. Innere Sicherheit, so der in Kiel tätige Politikwissenschaftler Wilhelm Knelangen, sei ein »souveränitätsbeladenes Politikfeld«, in dem die Regierungen »eifersüchtig auf ihren formalen Kompetenzen« beharrten.[17] Doch wie der UNODC-Bericht treffend argumentiert, müssen »Staaten über ihre Grenzen hinausschauen, um ihre Souveränität zu schützen«. »In der Vergangenheit«, so der Bericht, haben die Staaten »ihr Territorium eifersüchtig behütet. In der globalisierten Welt der Gegenwart werden die Staaten durch diesen Ansatz mehr und nicht weniger angreifbar. Wenn die Polizei an nationalen Grenzen halt macht, während Kriminelle sie frei überschreiten, wird Souveränität schon verletzt – eigentlich wird sie an diejenigen abgetreten, die das Recht verletzen«.[18] Eine supranationale Polizeibehörde würde aus dieser Sicht eine *Stärkung* staatlicher Souveränität bedeuten, wenn auch unter gemeinsamer Verantwortung. »Wir müssen die Möglichkeit in Betracht ziehen, dass das Festhalten an alten Ideen über die Souveränität die Evolution des Nationalstaats hemmt und so die Sicherheit seiner Bürger schwächt«, schreibt Moisés Naím.[19]

Die Stärkung der internationalen Strafverfolgung und ein Weltparlament

Fachleute weisen darauf hin, dass die internationale Zusammenarbeit der Polizei- und Justizbehörden stetig voranschreitet. »Transgouvernementale Netzwerke von Vollzugsbehörden sind intensiver und expansiver als je zuvor und fördern eine Verstärkung der grenzüberschreitenden polizeilichen Beziehungen«, stellen der US-amerikanische Politikwissenschaftler Peter Andreas und der Direktor der in New York ansässigen Drug Policy Alliance, Ethan Nadelmann, in dem Buch »Policing the Globe« fest. Ihrer Meinung nach sollte man sich von dem »populären Mythos« verabschieden, dass es in der Vergangenheit jemals ein »goldenes Zeitalter staatlicher Kontrolle« gegeben habe. Die Kriminalitätsbekämpfung werde im Gegenteil immer effektiver und zwar auch auf der transnationalen Ebene. Viele der Transformationen, die die Globalisierung der Kriminalität vorantrieben, etwa die Revolutionen im Transportwesen und in der Kommunikation, förderten genauso auch die Globalisierung der Kriminalitätsbekämpfung.[20] Beispiele dafür sind die immer effektiver werdenden Möglichkeiten der Fahndung, Überwachung und des Informationsaustauschs. Ein Weltpolizeirecht mit einer supranationalen Polizei und ein gestärkter Internationaler Strafgerichtshof mit erweiterter Zuständigkeit sind die nächsten entscheidenden Schritte. Sie sind eine folgerichtige Antwort auf die von den »geopolitischen schwarzen Löchern« ausgehenden globalen Sicherheitsgefahren und auf die Globalisierung der organisierten Kriminalität.

Die internationale Strafverfolgung und die globale Gefahrenabwehr effektiver zu machen ist jedoch nur eine Seite der Medaille. Die Entwicklung muss mit einem adäquaten Ausbau demokratischer Legitimation und politischer Kontrolle einhergehen. Schon jetzt werden erhebliche demokratische Defizite beklagt. Zwar könne keine Rede davon sein, schreibt Wilhelm Knelangen, dass ein »globaler Leviathan die nationalen Systeme von Gefahrenabwehr und Strafverfolgung ablösen würde«, doch könne nicht übersehen werden, »dass die rechtlichen und institutionellen Grundlagen für die Tätigkeit der Strafverfolgungsbehörden zusehends außerhalb des Nationalstaats gesetzt werden«. Die Verlagerung von Entscheidungen auf »europäische oder gar globale Ebenen« schränke die Möglichkeiten der demokratischen Kontrolle ein. »Dass in den politischen Debatten über die internationale polizeiliche Zusammenarbeit die Belange der Sicherheit dominieren, während der Schutz der Freiheit im Schatten steht«, so der Politologe, »ist nicht zuletzt darauf zurückzuführen, dass die Vernetzung der Regierungen der parlamentarischen und zivilgesellschaftlichen Begleitung einstweilen vorauseilt ist.«[21] Andreas und Nadelmann sprechen von einer »beträchtlichen Schattenseite« der internationalen Kriminalitätsbekämpfung. Diese beinhalte »wachsende Probleme der Verantwortlichkeit und Transparenz«, »ein zunehmendes ›demokratisches Defizit‹ im Zuge der Internationalisierung und Privatisierung von Polizeifunktionen« und die »Entstehung eines internationalen industriellen Komplexes der Kriminalitätsbekämpfung«. Die einseitige Ausrichtung von Polizeiarbeit auf sicherheitspolitische Ziele, der Einsatz von Militär und Geheimdiensten zur Kriminalitätsbekämpfung sowie die Zunahme von in die Privatsphäre eingreifenden Gesetzen und Überwachungstechnologien nach dem 11. September hätten besorgniserregende Auswirkungen auf die Bürger- und Menschenrechte.[22]

Indem sie eine globale Plattform für andere politische Perspektiven und kritische Sichtweisen schafft, würde eine weltweite parlamentarische Versammlung ein Gegengewicht zur einseitigen Fixierung auf Sicherheitsaspekte und zur Unterhöhlung von Freiheits- und Bürgerrechten durch die Regierungen schaffen. Die Parlamentarische Versammlung des Europarates liefert ein wichtiges Beispiel dafür, dass das sogar ohne besondere Kompetenzen möglich sein kann. Mit einer aufgrund von Medienberichten im November 2005 begonnenen europaweiten Untersuchung zu Geheimgefängnissen des CIA in den Mitgliedsländern des Europarates hat die Versammlung erheblichen politischen Druck auf die mitwirkenden Regierungen aufgebaut. Die Untersuchung hat dazu beigetragen, dass US-Präsident George W. Bush die Existenz von CIA-Geheimgefängnissen im Ausland am 6. September 2006 schließlich offiziell einräumen musste. Ein Weltparlament hätte die wichtige Aufgabe, die weltweite Tätigkeit und Zusammenarbeit der Polizei- und Sicherheitsbehörden kritisch zu begleiten und sollte zu diesem Zweck einen Ausschuss einrichten, der insbesondere die Einhaltung der Menschenrechte überwacht. Gegenüber der gegenwärtig führenden Einrichtung der internationalen polizeilichen Zusammenarbeit, der 1923 gegründeten internationalen Polizeiorganisation Interpol oder einer neuen supranationalen Kriminalpolizeibehörde sollte ein Weltparlament mit formalen Kontrollrechten ausgestattet werden. Dazu gehört zum Beispiel eine Beteiligung an der Auswahl und Ernennung der Behördenleiter (wie dem Interpol-Generalsekretär) oder das Recht, Führungskräfte zur Befragung vor das Parlament zu laden.

Die mangelhafte Kontrolle von Interpol

Die in Lyon ansässige Interpol, die über zwei weitere Zentren in Buenos Aires und Singapur verfügt, ist von einer supranationalen Polizei weit entfernt. Sie hat keine Ermittlungs- oder Exekutivbefugnisse. Die Organisation dient der Ausbildung, Koordination, Datensammlung und dem Informationsaustausch zwischen den nationalen Strafverfolgungsbehörden und unterstützt diese auch operativ. Ob sich Interpol dazu eignet, zu einer supranationalen Kriminalpolizei ausgebaut zu werden oder ob es besser wäre, eine neue Behörde zu bilden, mag hier dahingestellt bleiben. Dass die Organisation keiner unabhängigen Instanz gegenüber Rechenschaft über ihr Gebaren ablegen muss, weder rechtlich, noch politisch, ist ein Problem, das auf jeden Fall behoben werden muss. Die »roten Mitteilungen« von Interpol beispielsweise sind ein zentrales Instrument der internationalen Strafverfolgung. Sie werden auf Veranlassung nationaler Polizeibehörden oder der Internationalen Strafgerichtshöfe verbreitet und fordern alle Interpol-Mitglieder dazu auf, diese bei der Festnahme und Auslieferung gesuchter Personen international zu unterstützen. Zwar bleibt es den nationalen Behörden überlassen, wie sie im Einzelfall auf solche Mitteilungen reagieren, doch haben gesuchte Personen in aller Regel mit einer Verhaftung und einem Auslieferungsverfahren zu rechnen. Zur internationalen Kriminalitätsbekämpfung ist das gerechtfertigt und genau Sinn der Sache. Das Problem liegt darin, dass das Verfahren zur Verfolgung von Dissidenten, politischen Gegnern, geschäftlichen Konkurrenten, Umweltschützern oder unliebsamen Journalisten im Ausland missbraucht wird. Menschenrechtler haben in den letzten Jahren etliche solcher Fälle dokumentiert. Die Parlamentarische Versammlung der OSZE hat wiederholt ihre Besorgnis über den Missbrauch der roten Mitteilungen von Interpol durch mafiöse und autokratische Staaten ausgedrückt, »deren Justizsysteme internationalen Standards nicht gerecht werden«.[23] Interpol leiste den brutalsten Regimen der Welt Beihilfe, klagte der britische *Daily Telegraph* an.[24] In einem 2013 veröffentlichten Bericht hat die in London ansässige Nichtregierungsorganisation Fair Trials International unter anderem gefordert, dass die Fähigkeit und Kompetenz von Interpol, Anfragen nach roten Notizen eigenständig zu überprüfen, gestärkt werden müsse.[25] Dieser Vorschlag verdient volle Unterstützung. Doch zugleich muss der Mangel an externer Kontrolle beseitigt werden, der die Vertrauenswürdigkeit der Polizeibehörde untergräbt.

Ein Weltparlament als Instanz des Weltpolizeirechts

Eine Stärkung der demokratischen Legitimation wiederum wird erreicht, indem ein Weltparlament inhaltlich und prozedural an der Entwicklung eines Weltpolizeirechts entscheidend beteiligt wird. Unter anderem geht es um die Frage, welche Delikte weltrechtlich kriminalisiert und wie genau sie definiert werden sollen. Das betrifft zum Beispiel terroristische Delikte, wie sie in diversen speziellen UN-Konventionen bereits konkretisiert sind, aber auch die Definition des Terrorismus überhaupt, über die bei den Vereinten Nationen noch keine

Einigung erzielt wurde. Ein Weltparlament sollte sich besonders mit solchen Ansätzen beschäftigen, die von den Regierungen vernachlässigt werden, etwa mit einer Definition und Kriminalisierung systemrelevanter Wirtschafts- und Finanzstraftaten. Darüber hinaus würde ein Weltparlament aber auch als eine Plattform dazu dienen, um etablierte völkerrechtliche Regime in Frage zu stellen. Die internationale Drogenpolitik beispielsweise befindet sich fest im Griff der UN-Suchtstoffkonventionen, die der Logik eines »Krieges gegen die Drogen« folgend eine umfassende globale Drogenprohibition vorsehen. Wegen der Notwendigkeit, einen Konsens erzielen zu müssen, scheiterte ein historischer Reformvorstoß einiger lateinamerikanischer Staaten bei einer UN-Sondertagung im April 2016. Die Kriminalisierung von Rauschmitteln hat sich jedoch als wirkungslos, kontraproduktiv und widersprüchlich erwiesen. Millionen von Konsumenten und Abhängigen werden strafrechtlich verfolgt, während der illegale Drogenmarkt schwerstkriminellen transnationalen Netzwerken allen Repressionsmaßnahmen zum Trotz Jahr für Jahr Milliardengewinne ermöglicht. Nach den letzten Schätzungen von UNODC lag der Umfang des illegalen Drogenmarktes 2003 bei rund einem Prozent des Weltbruttosozialprodukts oder nach heutigem Wert bei etwa 300 Milliarden Euro.[26] Als die britische Großbank HSBC 2012 aufgrund eines Verfahrens in den USA einräumen musste, jahrelang unter anderem Drogengelder von mexikanischen und kolumbianischen Kartellen in Milliardenhöhe gewaschen zu haben, gab sich die US-Staatsanwaltschaft mit einer Geldbuße zufrieden und leitete darüber hinaus keinerlei strafrechtliche Konsequenzen ein. Von einem Strafverfahren habe man abgesehen, so die erstaunliche Begründung, da HSBC dann fast sicher die Bankenlizenz in den USA verloren hätte und dadurch das gesamte Bankensystem destabilisiert worden wäre.[27] Eine neue global abgestimmte Herangehensweise an das Problem des Drogenhandels und der Geldwäsche ist dringend erforderlich.

Ein Weltpolizeirecht muss schließlich die Aufgaben, Befugnisse und Grenzen einer supranationalen Polizei regeln. Abzugrenzen ist dabei zwischen Maßnahmen, die in das Ermessen der zuständigen Behörden gestellt werden, und außerordentlichen Einsätzen, die von politischen Entscheidungsgremien beschlossen und legitimiert werden müssen. Während sich ein Weltparlament im ersteren Fall über seine Kontrollfunktion hinaus möglichst wenig einmischen sollte, muss es im letzteren Fall, und zwar insbesondere bei militärischen Zwangsmaßnahmen, ein Mitentscheidungsrecht erhalten. In seinem Buch weist *Spiegel*-Journalist Thomas Darnstädt darauf hin, dass sich selbst ein Hardliner wie George W. Bushs Heimatschutzminister Michael Chertoff bereits für ein internationales Rechtsregime ausgesprochen hat, das es der Weltgemeinschaft erlaubt, gegen transnationale Gefährdungen auf dem Gebiet eines Staates vorzugehen, der dazu selbst nicht willens oder in der Lage ist. Dies ergebe sich aus den »modernen Verpflichtungen der wechselseitigen Souveränität«, erläuterte Chertoff in der Zeitschrift *Foreign Affairs*. Zwar komme jedem Staat die Autonomie zu, sich innerhalb seiner Grenzen selbst um die Belange seiner inneren Sicherheit zu kümmern. Allerdings bestehe dabei die Pflicht, vom Staatsgebiet ausgehende »potentiell destruktive Konsequenzen« von Sicherheitsgefahren unter Kontrolle zu halten und »angemessene Maßnahmen« zu treffen, damit diese nicht über die Landesgrenzen hinaus um sich greifen und die Souveränität anderer Länder beeinträchtigen.[28] Den Haken sah Darnstädt darin, dass es offen bleibe, welche Instanz die Entscheidungen über »Friedenseinsätze gegen Terroristen« treffen solle.[29] Genau diese Instanz wäre das Weltparlament.

Mit Blick auf die US-amerikanische Position in der Welt nach dem Untergang der Sowjetunion diagnostizierte der neokonservative Kolumnist Charles Krauthammer 1990 einen »unipolaren Moment« und meinte zwölf Jahre später, nach den Terroranschlägen des 11. September 2001, dass dieser Moment zu einer »unipolaren Ära« geworden sei. Er argumentierte, dass sich die USA im Rahmen eines »neuen Unilateralismus« ganz »ausdrücklich und ungeniert« zu dem Ziel bekennen sollten, die Unipolarität und ihre »konkurrenzlose Dominanz« aufrecht zu erhalten. Massenvernichtungswaffen in der Hand von Schurkenstaaten seien die größte Gefahr, der mit »aggressivem und selbstbewusstem Einsatz unilateraler Macht« zu begegnen sei, anstatt »wie in den 1990er Jahren« in »paralysierenden Multilateralismus« zurückzufallen. Multilateralisten wollten eine internationale Ordnung, die nicht auf Souveränität, sondern auf Interdependenz basiere. Ziel der »liberalen Internationalisten« sei es, die USA zu »domestizieren«. Ihr Projekt bestehe daraus, »Amerika in einem Netz der Interdependenz zu verwickeln, das Gulliver mit unzähligen Fäden am Boden festbindet und seine übermäßige Macht einschränkt«.[30] Höhepunkt des US-amerikanischen Unilateralismus war 2003 die völkerrechtswidrige Invasion des Irak durch US-amerikanische und britische Streitkräfte, die von einer sogenannten »Koalition der Willigen« unterstützt wurde. Die Einsätze im Irak und in Afghanistan haben sich jedoch als Desaster herausgestellt und keineswegs als »dramatische Demonstration US-amerikanischer Übermacht«, wie Krauthammer ein Jahr nach dem Einmarsch in Afghanistan meinte. Trotz der enormen Summen und militärischen Mittel, die aufgewandt wurden, sind sie im Gegenteil ein Ausweis US-amerikanischen Versagens in asymmetrischen Konflikten, ein Versagen wie es auch schon in Vietnam zu begutachten war. Sicherlich hat der 11. September 2001 Solidarisierung und Kooperation mit den USA ausgelöst und antihegemoniale Tendenzen in der Staatenwelt unterdrückt. Doch das war nur vorübergehend. Schon beim Irak-Krieg 2003 ist es den USA nicht gelungen, einen Sicherheitsratsbeschluss zu erzwingen. Die bei der Invasion des Irak ganz fehlende oder im Falle Afghanistans zunächst nur dünn vorhandene völkerrechtliche Legitimation des US-amerikanischen Vorgehens war ein Faktor, der zum Scheitern beigetragen hat. Selbst Entscheidungen des UN-Sicherheitsrates über Zwangsmaßnahmen mögen zwar ein einwandfreies völkerrechtliches Mandat darstellen, doch legitim im Sinne von demokratisch repräsentativ sind sie aufgrund der gegenwärtigen Zusammensetzung des Rates ebenfalls nicht. Ein Weltpolizeirecht und ein Weltparlament würden diese Probleme lösen, wenn auch freilich nicht im Sinne US-amerikanischer Neokonservativer. Dass ein demokratisches Weltparlament groß angelegten militärischen Einsätzen ohne weiteres zustimmen würde, muss stark bezweifelt werden. Es ist vielmehr anzunehmen, dass die Schwelle aufgrund der offeneren und breiter angelegten parlamentarischen Arbeitsweise höher liegen würde als beim UN-Sicherheitsrat, selbst wenn es sinnvollerweise einen speziellen Parlamentsausschuss gäbe, der sich mit solchen Entscheidungen vorbereitend befassen würde. Wenn es aber zu einem Mandat käme, wäre die Legitimität eines solchen Einsatzes kaum angreifbar.

Die Rolle und Bedeutung der USA

Eine Weltrechtsordnung aufzubauen liegt letztlich auch im Interesse der Vereinigten Staaten. Sie wäre ein Mittel, um in einem legitimen Rahmen weltweite Stabilität und Sicherheit zu schaffen, während die dazu erforderlichen Ausgaben global aufgeteilt würden. Der polnisch-amerikanische Politikwissenschaftler Zbigniew Brzeziński, der unter anderem Sicherheitsberater von US-Präsident Jimmy Carter war, erklärte schon 1997 in seinem Buch »Die einzige Weltmacht«, dass »die Konzentration hegemonialer Macht in den Händen eines einzigen Staates« auf Dauer gesehen »immer weniger in die weltpolitische Landschaft« passe. »Daher«, so Brzeziński, sei »Amerika nicht nur die erste und einzige echte Supermacht, sondern wahrscheinlich auch die letzte«.[31] Anders als es sich die Neokonservativen erhofften, ist der »unipolare Moment« nicht zu einer Ära geworden, sondern ganz vorbei. Aus langfristiger Sicht zeichnet sich ein relativer Bedeutungsverlust der USA ab, der schließlich zu einem postamerikanischen Zeitalter in der Weltpolitik führen wird. In der Verschiebung der wirtschaftlichen Kräfteverhältnisse wird die Entwicklung am deutlichsten. In den 1960er Jahren lag der Anteil der USA am Weltsozialprodukt nach den Zahlen der Weltbank im Schnitt bei rund 37 Prozent, in den 1970er Jahren waren es rund 30 Prozent und ab den 1990er Jahren lag der Anteil bei etwa 28 Prozent. Seit 2008 wird der Wert von einem Viertel unterschritten. Es bestätigt diesen Befund, dass die Vereinigten Staaten 2013 von China erstmals als weltgrößte Handelsnation überholt wurden. Zwar gelten die USA immer noch als eine der innovativsten, produktivsten und wettbewerbsfähigsten Volkswirtschaften der Welt, die auch technologisch an der Spitze steht, doch das von dem Historiker Paul Kennedy in seinem bekannten Bestseller über den »Aufstieg und Fall der großen Mächte« beschriebene Phänomen der imperialen Überdehnung, die zur Implosion von Hegemonialmächten geführt hat, wird auch für die USA immer mehr zur Belastungsprobe. Die Prüfung bestehe darin, schrieb Kennedy, ob die Vereinigten Staaten im militärisch-strategischen Bereich zwischen ihren Verteidigungspflichten und den verfügbaren Mitteln ein vernünftiges Gleichgewicht finden könnten und ob es das Land schaffen würde, »das technologische und ökonomische Fundament seiner Macht angesichts der sich ständig wandelnden Strukturen der Weltwirtschaft vor dem relativen Verfall« zu bewahren. Bereits 1987, als das Buch erschien, kam der britische Wissenschaftler zu dem Fazit, dass die Entscheidungsträger in Washington der unangenehmen Tatsache ins Auge sehen müssten, dass »die Gesamtsumme der globalen Interessen und Verpflichtungen der Vereinigten Staaten heutzutage weit größer ist als die Kraft des Landes, sie alle gleichzeitig zu erfüllen«.[32] Die enorme Staatsverschuldung der USA passt in das Bild einer »imperialen Überdehnung«. Zu Beginn des Jahres 2017 lag sie mit rund zwanzig Billionen US-Dollar bei mehr als hundert Prozent der jährlichen Wirtschaftsleistung des Landes. Ironischerweise schulden die Vereinigten Staaten rund die Hälfte dieses Geldes ausländischen Investoren. Die US-Außenhandelsbilanz ist seit 1976 negativ und lag nach Angaben des statistischen Bundesamtes der USA 2015 bei minus 400 Milliarden US-Dollar. Der vorläufig höchste Minuswert wurde mit 761 Milliarden US-Dollar im Jahr 2006 erzielt. Finanziert wird das Defizit durch ausländischen Kapitalzufluss. Anders als Krauthammer schrieb, wird der Gulliver USA vom Rest der Welt nicht am Boden gefesselt, sondern im Gegenteil vielmehr am Leben erhalten. Es ist gerade die Interdependenz, die den USA ihre imperiale Politik finanziell erst ermöglicht hat.

Paul Kennedy betont, dass die »einzig ernsthafte Bedrohung der wirklichen Interessen« der USA trotz ihres relativen Machtverfalls aus dem Versagen entstehen würde, »sich vernünftig der neueren Weltordnung anzupassen«. Die Vereinigten Staaten müssten die Grenzen und Möglichkeiten ihrer Macht abwägen und anerkennen.[33] Ihr rücksichtsloser Anspruch auf globale Suprematie wird langfristig nicht finanzierbar bleiben, führt zur sozialen und wirtschaftlichen Erosion des Landes, provoziert antihegemoniale Reaktionen und Antiamerikanismus, unterminiert die multilaterale Zusammenarbeit und macht die Welt insgesamt unsicherer. Anders als beim Übergang der globalen Vormachtstellung vom Britischen Weltreich auf die USA, der sich mit dem Zweiten Weltkrieg vollendete, wird der Abstieg der Vereinigten Staaten nicht mit dem Aufstieg einer neuen globalen Hegemonialmacht einhergehen. »Wenn seine Führungsrolle verblaßt«, schreibt Geostratege Brzeziński, werde Amerika »wohl kaum Nachahmer finden.« Die von Brzeziński treffend formulierte »Schlüsselfrage für die Zukunft« lautet somit, was Amerika »als bleibendes Vermächtnis seiner Vorrangstellung der Welt hinterlassen« werde.[34] Nach dem Ersten Weltkrieg setzten sich die Vereinigten Staaten für einen Völkerbund ein und im Zuge des Zweiten Weltkrieges für die Gründung der Vereinten Nationen. Für die Zeit nach dem Ende des Kalten Krieges sieht der Beitrag der USA zur Gestaltung der Weltordnung dagegen bisher sehr düster aus. Projekte wie der Internationale Strafgerichtshof wurden von den USA zunächst vehement bekämpft. Einen »dritten Anlauf zur Weltordnung«, wie er beispielsweise schon 1977 vom ehemaligen US-Diplomaten Harlan Cleveland im Sinne der seinerzeit veröffentlichten »Declaration of Interdependence« gefordert wurde, hat es nicht gegeben. Selbst der zum außenpolitischen Establishment gehörende Brzeziński meint, dass das Ziel der USA zwar sein müsse, ihre »beherrschende Stellung« so lange wie möglich zu bewahren, dass aber zugleich ein »geopolitischer Rahmen« geschaffen werden solle, der sich zu einem »Zentrum gemeinsamer Verantwortung für eine friedliche Weltherrschaft entwickeln« könne. Die Voraussetzungen für eine »Aufwertung der bestehenden und zunehmend veralteten UN-Strukturen« seien zu verbessern und schließlich solle eine »Struktur weltweiter Zusammenarbeit« entstehen, die »allmählich die Insignien des derzeitigen Herrschers der Welt« annehmen solle.[35] Kurzum: Die Zukunft liegt im Aufbau eines neuen *globalen* Machtzentrums.

Nach den Anschlägen des 11. September meinte Paul Kennedy, der an der Yale-Universität lehrt, dass »selbst diejenigen Amerikaner, die dem bloßen Gedanken an eine Teilung der globalen Macht und an eine Transformation der USA zu einem ›normalen‹ Land feindselig gegenüberstehen« früher oder später akzeptieren müssten, »dass dieser Prozess unvermeidlich ist und in Wirklichkeit bereits eingesetzt hat«. Tatsächlich aber demonstriert der »Krieg gegen den Terror« eine Haltung, die von einer solchen Einsicht nicht weiter entfernt sein könnte. Eine jüngere Generation von Amerikanern könnte in den zwanziger oder dreißiger Jahren dieses Jahrhunderts nach Auffassung von Kennedy jedoch zu der Sichtweise gelangen, dass es sinnvoller sei, dass die USA »die Macht, die Verantwortung und die Belastung mit anderen« teilen und »nicht mehr der allein zuständige Polizist« sind, »sondern der Seniorpartner in einer Welt demokratischer Staaten, die globale Probleme durch internationale Organisationen und eine gemeinsame Politik lösen«. Mehr noch, vielleicht könnten sie sich »für diese Erde eine Zukunft vorstellen«, so der Historiker, »in der es *eine echte demokratische Vertretung,* von lokalen Regierungen *bis zu globalen Institutionen* gibt, in der Menschenrechte allgemein geachtet werden, der Reichtum gerechter verteilt ist und das Wort Weltgemeinschaft eine Realität bezeichnet« (unsere Hervorhebung).[36]

19.
Ernährungssicherheit und die politische Ökonomie des Hungers

Eine ausreichende Nahrungsmittelversorgung ist die Grundlage jeder menschlichen Existenz, ob individuell oder als Gemeinschaft. Von Anfang an ist die Geschichte des Menschen »die Geschichte seines Kampfes um das tägliche Brot gewesen«, schrieb der brasilianische Arzt und Diplomat Josué de Castro (1908 bis 1973) in einem einflussreichen Buch über die »Weltgeißel Hunger« im Jahr 1952.[1] Wie Charles Tilly analysierte, spielten Auseinandersetzungen über die Kontrolle der Nahrungsmittelversorgung im Staatsbildungsprozess eine entscheidende Rolle. Es handelte sich dabei, so der Historiker, um »die fundamentalen Prozesse des Staatsaufbaus, wie sie das alltägliche Leben der gewöhnlichen Menschen berühren«. Die Nationalstaaten bildeten sich »als die Organisation heraus, die schließlich die Verantwortung dafür übernahm, ihre Bevölkerung vor dem Verhungern zu bewahren«. Hungeraufstände markierten dabei historisch »die häufigste Form kollektiver Gewalt, bei der sich gewöhnliche Menschen gegen Regierungsinstitutionen auflehnen«. Dahinter lag das Ringen der entstehenden Staaten um die Sicherstellung einer Nahrungsmittelversorgung vor allem der Menschen, die »am meisten dazu geneigt waren, ihren Zwecken zu dienen«, etwa in der Verwaltung, in den Streitkräften oder die Bewohner der Hauptstädte.[2] Hungersnöte haben sich als eine der schlimmsten Erfahrungen tief in das kollektive Gedächtnis der betroffenen Gemeinschaften eingebrannt.

Das Ausmaß des Welthungers und das Recht auf angemessene Ernährung

Der Soziologe Jean Ziegler, der von 2000 bis 2008 als erster UN-Sonderberichterstatter für das Recht auf Nahrung bestellt war und zu den Unterstützern einer Parlamentarischen Versammlung bei den UN zählt, hat darauf hingewiesen, dass Hunger »mit Abstand der Hauptgrund für Tod und Verlust auf unserem Planeten« ist. Laut Ziegler gehen rund ein Viertel *aller Todesfälle* weltweit auf Hunger und Unterernährung zurück. Das sind Jahr für Jahr über 15 Millionen Menschen.[3] Der 2015 veröffentlichte UN-Bericht über den Stand der Ernährungsunsicherheit in der Welt bezifferte die Anzahl der chronisch hungrigen Menschen auf 795 Millionen.[4] Zugleich ist angemessene Ernährung schon lange als eines der fundamentalsten Menschenrechte völkerrechtlich anerkannt. In der 1948 von der UN-Generalversammlung verabschiedeten Allgemeinen Erklärung der Menschenrechte etwa heißt es in Artikel 25, dass »jedermann« das Recht habe »auf einen für die Gesundheit und das Wohlergehen von sich und seiner Familie angemessenen Lebensstandard, einschließlich ausreichender Ernährung«. Der 1976 in Kraft getretene internationale Pakt über wirtschaftliche, soziale und kulturelle Rechte enthält in Artikel 11 unter anderem »das Recht eines jeden auf einen angemessenen Lebensstandard« einschließlich »ausreichender Ernährung« sowie das Recht »vor Hunger geschützt zu sein«. Nach Auffassung von Jean Ziegler ist das Recht auf Nahrung von allen Menschenrechten dasjenige, »welches auf unserem Planeten sicherlich am häufigsten, am zynischsten und am brutalsten verletzt wird«. Hunger, so Ziegler, sei ein »organisiertes Verbrechen«.[5]

Die regierungsamtliche Rhetorik der Hungerbekämpfung deklariert seit über sechzig Jahren, dass die Frage höchste Priorität habe und dass eine Lösung kurz bevorstehe. In einer historischen Übersicht schreibt der Agrarökonom und ehemalige UN-Beamte John Shaw, dass Ernährungssicherheit Gegenstand »zahlloser internationaler Konventionen, Deklarationen, Verträge und Resolutionen« gewesen sei. Seit Gründung des Völkerbundes könne man mehr als 120 davon zählen.[6] Bei der Welternährungskonferenz von Rom im Jahr 1974 erklärte der damalige US-Außenminister Henry Kissinger, dass Hunger und Unterernährung »innerhalb einer Dekade« überwunden werden sollten und könnten.[7] Nach dem vom Welternährungsgipfel von 1996 verabschiedeten Aktionsplan ist Ernährungssicherheit dann gegeben, »wenn alle Menschen jederzeit physischen und wirtschaftlichen Zugang zu ausreichenden, sicheren und nahrhaften Nahrungsmitteln haben, um ihre Ernährungsbedürfnisse und -präferenzen für eine aktive und gesunde Lebensführung erfüllen zu können«.[8] Der Gipfel setzte das konkrete Ziel, die *Anzahl* der weltweit hungernden Menschen bis 2015 gegenüber dem Referenzzeitraum von 1990 bis 1992 um die Hälfte auf rund 400 Millionen zu reduzieren.[9] Beim UN-Millenniumsgipfel im Jahr 2000 wurde dann allerdings klargestellt, dass das Ziel eigentlich darin bestehe, den *Anteil* der hungernden Menschen um die Hälfte zu senken. Da dieser von 23,3 auf 12,9 Prozent gesunken sein soll, konnte der Millennium-Fortschrittsbericht für 2015 schließlich verkünden, dass das Ziel beinahe erreicht worden sei – obwohl in *absoluten* Zahlen immer noch rund 800 Millionen Menschen Hunger litten.[10] Der anteilige Rückgang ist natürlich sehr zu begrüßen. Es bleibt aber dabei, dass es intolerabel ist, wenn hunderte Millionen von Menschen hungern müssen. Im zweiten Ziel für nachhaltige Entwicklung wurde jetzt unmissverständlich festgelegt, dass Hunger im Rahmen der »Agenda 2030« weltweit vollständig verschwinden soll.

Der minimale Energiebedarf eines erwachsenen Menschen liegt nach der Landwirtschafts- und Ernährungsorganisation der Vereinten Nationen FAO im groben Schnitt bei rund 1.800 Kilokalorien täglich. Die Weltgesundheitsorganisation geht von einem durchschnittlichen Bedarf von wenigstens 2.100 Kilokalorien pro Tag aus. Nach den Berechnungen der FAO sind die verfügbaren Nahrungsmittel pro Kopf in Kilokalorien gemessen im weltweiten Durchschnitt von den frühen 1960er Jahren bis 2009 rechnerisch von 2.200 auf mehr als 2.800 gestiegen.[11] Statistisch gesehen könnte Hunger trotz des rapiden Bevölkerungswachstums von etwa drei Milliarden Menschen im Jahr 1960 auf nun mehr als sieben Milliarden tatsächlich schon seit Jahrzehnten der Vergangenheit angehören. Diese Zahlen dürfen allerdings nicht darüber hinwegtäuschen, dass es um mehr als bloße Energieversorgung geht. Zwei Milliarden Menschen fehlt es auch an den Vitaminen und Mineralien, die für eine gute Gesundheit wesentlich sind.[12]

Bevölkerungswachstum und Nahrungsmittelproduktion

Als Ursache von Hunger wurde lange einfach ein Missverhältnis zwischen der Größe einer zu ernährenden Bevölkerung und der verfügbaren Nahrungsmittelmenge angesehen. In der erstmals 1798 veröffentlichten »Abhandlung über das Bevölkerungsgesetz« stellte der englische Nationalökonom und anglikanische Geistliche Thomas Malthus (1766 bis 1834) die These auf, dass das Bevölkerungswachstum der Steigerung der Nahrungsmittelproduktion stets davoneile, weshalb es immer Unterversorgung und damit auch Hunger geben müsse. »Zu viele Menschen, zu wenig Essen«, könnte man die malthusianische Formel zusammenfassen. Eine Reduzierung der angeblichen »Überbevölkerung« durch Hunger, Krankheit und Krieg erschien Malthus als ein »Gesetz der Notwendigkeit«. Das Problem der »Überbevölkerung« ist ein immer wiederkehrendes Thema. Bereits zur Zeit des Römischen Reiches beklagte der christliche Schriftsteller Tertullian (150 bis 220 n. Chr.), dass »die große Zahl der Menschen« der Welt »zur Last geworden« sei. »Man muß wahrhaftig Pest, Hungersnot, Kriege und das Sinken von Städten in den Abgrund als Heilmittel, als eine Art Beschneidung des überwuchernden Menschengeschlechts betrachten«, meinte er.[13] Viel Aufmerksamkeit und Einfluss bekam diese Sichtweise, als der Biologe

Paul Ehrlich 1968 in seinem gleichnamigen Weltbestseller vor einer »Bevölkerungsbombe« warnte. Angesichts einer rapide wachsenden Weltbevölkerung, die sich seit Mitte des 19. Jahrhunderts fast verdreifacht hatte und inzwischen 3,5 Milliarden zählte, erklärte er, dass »die Schlacht um die Ernährung der Menschheit bereits verloren« sei. Gewaltige Hungersnöte mit hunderten Millionen von Toten seien in unmittelbarer Zukunft unausweichlich und könnten, wie der Malthusianer erbarmungslos schrieb, »durch steigende Sterblichkeitsziffern zur Lösung des Bevölkerungsproblems beitragen«. »Zu viele Menschen«, schrieb Ehrlich, seien »der Grund, warum wir am Rande einer Ernährungskatastrophe stehen.« Rasche Verbesserungen des Gesundheitswesens, Fortschritte in der Landwirtschaft und verbesserte Beförderungssysteme hätten »die Wirksamkeit von Hunger und Seuchen als Bevölkerungsregulatoren vorübergehend verringert«.[14] Die menschenfeindliche Haltung, die damit zum Ausdruck kommt, ist erschreckend. Wie der britische Historiker David Arnold, der unter anderem an der Universität von Warwick Globalgeschichte lehrte und sich mit Hungersnöten beschäftigt hat, richtig feststellt, drückt sie »tiefe Abneigung und Unverständnis« aus, »ein Versagen, das Existenzrecht von Menschen einer anderen Rasse oder Kultur zu akzeptieren oder auch nur zu erfassen«.[15] Das Recht auf Nahrung basiert auf der Anerkennung der Gleichheit aller Menschen. »Das Bewusstsein von der Identität aller Menschen«, stellt Jean Ziegler klar, »ist die Grundlage für das Recht auf Nahrung. Nur der Zufall der Geburt trennt uns von den Opfern. Niemand kann die Vernichtung seinesgleichen durch den Hunger dulden, ohne seine eigene Menschlichkeit, seine Identität aufs Spiel zu setzen.«[16]

Die unvorhergesehenen Fortschritte in der landwirtschaftlichen Produktivität etwa aufgrund der Nutzbarmachung fossiler Brennstoffe ab dem 19. Jahrhundert und später durch die Verwendung von Kunstdünger und die »Grüne Revolution« haben mit dem steigenden Bedarf an Nahrungsmitteln durch das weltweite Bevölkerungswachstum immer Schritt gehalten und das Auftreten einer globalen malthusianischen Krise stets verhindert. Das darf jedoch nicht davon ablenken, dass dieser Wettlauf weiter im Gange ist. Bei der Entgegennahme des Friedensnobelpreises für seinen Beitrag zur Bekämpfung des Welthungers durch die Entwicklung von Hochertragssorten, die zur »Grünen Revolution« geführt haben, warnte der Agrarwissenschaftler Norman Borlaug (1914 bis 2009) davor, in den Bemühungen auf der Produktionsseite nachzulassen. »Wir haben es mit zwei entgegengesetzten Kräften zu tun«, sagte er, »der wissenschaftlichen Macht der Nahrungsmittelproduktion und der biologischen Macht der menschlichen Reproduktion.«[17] Das weltweite Bevölkerungswachstum ist inzwischen dabei, sich zu verlangsamen und wird bis zum Ende des Jahrhunderts aller Voraussicht nach ein Plateau erreichen. Nach der mittleren Variante der jüngsten Bevölkerungsprognose der Vereinten Nationen wird die Weltbevölkerung bis 2025 auf 8,1 Milliarden, bis 2050 auf 9,6 Milliarden und bis 2100 auf 10,9 Milliarden Menschen ansteigen. Bis zur Mitte dieses Jahrhunderts wird die Nahrungsmittelproduktion nach Einschätzung der FAO gegenüber dem Stand von 2005/2007 um sechzig Prozent gesteigert werden müssen, um dem wachsenden Bedarf gerecht werden zu können. Die FAO-Experten geben sich optimistisch, »dass es auf der globalen Ebene keine wesentlichen Beschränkungen geben sollte, um landwirtschaftliche Erzeugnisse um die Mengen zu steigern, die zur Befriedigung der zusätzlichen Nachfrage erforderlich sind, die durch das Bevölkerungs- und Einkommenswachstum bis 2050 generiert wird«. Ihrer Auffassung nach werden 2050 pro Person und Tag im globalen Durchschnitt 3070 Kilokalorien zur Verfügung stehen können.[18] In dem Buch »Feeding the World« kommt der einflussreiche Umweltwissenschaftler Vaclav Smil aus Kanada ebenfalls zu dem Schluss, dass es »keine unüberwindbaren biophysikalischen Gründe dafür zu geben scheint, weshalb wir die Menschheit in den kommenden Jahrzehnten nicht ernähren können sollten und dabei gleichzeitig die Belastung der Biosphäre durch die moderne Landwirtschaft reduzieren«.[19]

Die Fragilität der globalen Nahrungsmittelversorgung

Malthusianer wie Paul Ehrlich werden demgegenüber nicht müde, vor einer globalen Hungerkrise zu warnen. In einem 2013 veröffentlichten Beitrag beispielsweise verweist Ehrlich auf die Fragilität der globalen Nahrungsmittelversorgung und in diesem Zusammenhang auf einen möglichen »Kollaps der globalen Zivilisation«. Das globale Nahrungssystem, schreibt Ehrlich, habe »Wunder in der Nahrungsmittelproduktion« vollbracht. »Aber es hat auch ernste langfristige Vulnerabilitäten geschaffen, insbesondere im Hinblick auf seine Abhängigkeit von stabilen Klimaverhältnissen, Getreidemonokulturen, industriellen Düngemitteln und Pestiziden, Erdöl, antibiotischen Futtermittelzugaben und schnellem, effizienten Transport«, so der Biologe. Insbesondere aufgrund der Auswirkungen des Klimawandels und der Umweltzerstörung seien die Grundlagen des Agrarsystems und mit ihnen die Weltzivilisation bedroht. Der globale Kollaps, meint Ehrlich, könnte aus einem »graduellen Zusammenbruch« bestehen, bei dem »Hungersnöte, Epidemien und Ressourcenknappheit eine Desintegration zentraler Kontrolle von Staaten verursachen«, die mit einer

Zerrüttung der internationalen Handelsbeziehungen und Ressourcenkonflikten einhergeht.[20] Der bekannte Umweltexperte Lester Brown, der 1974 das Worldwatch Institute gegründet hat, ist ebenfalls der Meinung, dass die Nahrungsmittelversorgung »für unsere Zivilisation zur Achillesferse« werde. Wenn es so weitergehe wie bisher sei ein Kollaps der Zivilisation infolge mangelnder Nahrungsmittelversorgung »nicht nur möglich, sondern sogar sehr wahrscheinlich«. Den Ausgangspunkt sieht auch er bei scheiternden Staaten, deren Regierungen die Kontrolle verlieren und die Sicherheit der Bevölkerung und vor allem die Nahrungsmittelversorgung nicht mehr garantieren können. »Wenn die Zahl der im Scheitern begriffenen Staaten weiter steigt«, so Brown in der nunmehr vierten Fassung seines »Plan B« zur »Rettung der Zivilisation«, »wird sich dieser Trend ab einem gewissen Punkt unweigerlich verselbstständigen und zu einem Scheitern unserer gesamten Zivilisation führen«.[21] Steigende Nahrungsmittelpreise führten nicht nur zu Protesten und Revolten, sondern trügen auch zum Risiko von Staatsbankrotten und somit zum Staatsversagen bei.

Fest steht, dass die ökologischen Herausforderungen der globalen Nahrungsmittelproduktion zahlreich und komplex sind, darunter erodierende, degradierte und vergiftete Böden, Wassermangel und sinkende Grundwasserspiegel, Temperaturanstieg und zunehmende Wetterextreme, Wüstenbildung, zusammenbrechende Fischbestände oder Luft- und Wasserverschmutzung. Auf der Produktionsseite scheint der größte Unsicherheitsfaktor vor allem in den möglichen Folgen des Klimawandels zu liegen. Die FAO etwa räumt ein, dass der Klimawandel ihre Projektionen »nachteilig beeinflussen« könnte und für Vaclav Smil stellen »anthropogene Treibhausgase bei weitem die größte potentielle Bedrohung für die zukünftige landwirtschaftliche Produktion« dar.[22,23] Die Problematik wird anhand des möglichen Anstiegs der Durchschnittstemperatur deutlich. Nach den vom Weltklimarat in seinem fünften Bericht untersuchten Modellen wird sich die durchschnittliche Oberflächentemperatur der Erde von 2005 bis 2035 wahrscheinlich innerhalb der Bandbreite von 0,3 bis 0,7 °C und bis 2100 um bis zu 4,8 °C erhöhen.[24] Trotz regionaler Unterschiede zeigen Untersuchungen, dass höhere Temperaturen auf Ernteerträge in der Regel eine negative Wirkung haben.[25] Nach einer Studie auf den Philippinen beispielsweise führt ein Anstieg der unteren Temperaturgrenze je ein Grad Celsius zu einem zehnprozentigen Ertragsverlust.[26] Bei Forschungen in Kansas wurde festgestellt, dass ein Anstieg der Durchschnittstemperatur um ein Grad Celsius die Weizenerträge um jeweils etwa 21 Prozent reduziert.[27] Ein höherer CO_2-Gehalt in der Atmosphäre, wie er in den kommenden Jahrzehnten erwartet wird, soll außerdem einen negativen Effekt auf den Nährstoffgehalt von Getreide und Hülsenfrüchten haben.[28]

Die Abhängigkeit von Öl und Phosphat

Langfristig gesehen muss auch die Abhängigkeit der globalen Landwirtschaft von fossilen Brennstoffen und von Phosphatdüngung stärkere Beachtung finden. In einem bemerkenswerten Buch über das globale Ölfördermaximum weist der Journalist David Strahan darauf hin, dass mit der bevorstehenden sinkenden Ölversorgung bedeutende Auswirkungen auf die weltweiten Versorgungsketten im Nahrungsmittelsektor einhergehen könnten. Bewässerung, Düngemittelherstellung, landwirtschaftliche Maschinen und Transport sind von fossilen Brennstoffen abhängig. All das werfe die Frage auf, so Strahan, »ob das Einsetzen des letzten Ölschocks die weltweite landwirtschaftliche Produktion mit potentiell desaströsen Konsequenzen zu unterminieren droht«.[29] In jedem Fall ist die globale Agrarwirtschaft in ihrer heutigen Form ohne fossile Brennstoffe nicht funktionsfähig und muss auf eine neue Grundlage gestellt werden. Darüber hinaus hängen Ernteerträge wesentlich von optimaler Düngung ab. Experten weisen in diesem Zusammenhang auf die zur Neige gehenden weltweiten Phosphatreserven hin. Zusammen mit Stickstoff und Kalium ist Phosphat ein unabkömmliches Kernnährelement bei der Pflanzendüngung, das künstlich nicht ersetzt werden kann. Das globale Fördermaximum, auch »Peak Phosphorus« genannt, könnte Studien zufolge bereits 2033 erreicht werden. Es wird geschätzt, dass der Weizenertrag per Hektar ohne Phosphatdüngung um mehr als die Hälfte sinken könnte. Mit einer Verknappung würde zunächst eine Verteuerung von Düngemitteln einsetzen. »Wir sind vollkommen unvorbereitet auf die Verknappung der Phosphatversorgung, den Rückgang der Produktion und die Teuerung der Nahrungsmittelpreise, die darauf folgen wird«, warnt die 1946 gegründete britische Soil Association in einem Bericht.[30]

Trotz aller Herausforderungen und Unabwägbarkeiten, mit denen umgegangen werden muss, wird die Überwindung des weltweiten Hungers auch in absehbarer Zukunft kein Problem von zu geringer Nahrungsmittelproduktion sein. Zu diesem Schluss führt nicht zuletzt die Tatsache, dass bei der Bewässerung, der Düngung, der Lagerhaltung und bei der Vermeidung von Lebensmittelverschwendung ganz erhebliche Optimierungen und Effizienzsteigerungen möglich sind. Gegenwärtig gehen weltweit zum Beispiel rund ein Drittel aller für den menschlichen Konsum produzierten Nahrungsmittel schlicht verloren.[31]

Hunger als Problem der politischen Ökonomie

Hunger als Naturkatastrophe oder als ein Problem von zu geringer Nahrungsmittelproduktion anzusehen ist in den allermeisten Fällen falsch. Josué de Castro war es, der diese Einsicht bereits nach dem Zweiten Weltkrieg popularisierte. Genauso wie Krieg, schrieb er, sei Hunger eine »Schöpfung des Menschen«, die das »Ergebnis schwerer Irrtümer und Fehler in der sozialen Organisation« darstelle und »immer auf dem Verschulden der Gesellschaft« beruhe.[32] Joseph Collins und Frances Moore Lappé, die 1975 in den USA eine Denkfabrik zu Ernährungs- und Entwicklungsfragen gründeten, machten in ihrem Bestseller »Vom Mythos des Hungers« ebenfalls darauf aufmerksam, dass »die Armen nichts zu essen« haben und zwar »gleichgültig wieviel Nahrungsmittel vorhanden sind«. »Knappheit«, schrieben sie in dem Buch, »ist nicht die Ursache des Hungers« und daher könne eine »Steigerung der Produktion, wie groß sie auch sein mag«, »niemals in sich selbst das Problem lösen«.[33] In der einflussreichen Studie »Poverty and Famines« von 1983 hat der spätere Wirtschaftsnobelpreisträger Amartya Sen gezeigt, dass Hungersnöte auch auftreten, wenn genug Nahrung vorhanden ist. »Hungersnot ist eine Ausprägung davon, dass manche Menschen nicht genug Nahrung zum Essen *haben*. Sie ist kein Merkmal dafür, dass es nicht genug Nahrung zum Essen *gibt*«, schrieb der heute an der Harvard-Universität lehrende Ökonom. Worauf es ankomme, argumentierte er, sei der *Zugang* zu Nahrungsmitteln und nicht ihre Verfügbarkeit als solche.[34] Wie Mike Davis in seinem Buch über »Hungerkatastrophen und Massenvernichtung im imperialistischen Zeitalter« unterstreicht, gab es beispielsweise während der schlimmsten Hungersnöte des 19. Jahrhunderts, bei denen allein während der drei globalen Dürrewellen zwischen 1876 und 1902 bis zu fünfzig Millionen Menschen starben, »fast immer Getreideüberschüsse« mit denen man die Opfer »im Grunde hätte retten können«.[35] Doch die an Profitmaximierung orientierten Märkte hatten nichts zu verschenken. Die Nahrungsmittel wurden gehortet, zum Spekulationsobjekt gemacht und vielfach in großen Mengen exportiert. Die FAO folgert, dass die Frage, ob Hunger bis »zum Ende des Jahrhunderts« beseitigt werden wird, »von Unsicherheit getrübt« ist und zwar »unabhängig davon, dass es von der Seite des globalen Produktionspotentials her keine unüberwindbaren Hindernisse geben sollte«.[36] Hunger ist ein Problem der globalen politischen Ökonomie.

Die Bedeutung von Demokratie und des internationalen Systems

Armut und Unterentwicklung sind die entscheidenden Ursachen für Hunger. Endemischer Hunger und Unterernährung sind oft das Resultat von Bürgerkrieg, gescheiterten Staaten sowie schlechter und autokratischer Regierungsführung. Amartya Sen hat die These aufgestellt, dass es »in der schrecklichen Geschichte der Hungersnöte in der Welt niemals eine bedeutende Hungersnot in einem unabhängigen und demokratischen Land mit einer relativ freien Presse gegeben« habe. Politische und bürgerliche Rechte gäben der Bevölkerung Mittel an die Hand, um die Regierung zum Handeln zu veranlassen.[37] Während es beispielsweise unter britischer Herrschaft in Indien zu zahlreichen Hungersnöten mit Millionen von Toten kam, Hungersnöte die Mike Davis als Völkermord einstuft, intervenierte die demokratische Regierung nach der Unabhängigkeit in ähnlichen Notlagen dagegen mit großem Erfolg. Seit Jahrzehnten gibt es in Indien breit angelegte Nahrungsmittelunterstützung für die Ärmsten und 2013 wurde ein Recht auf fünf Kilo Getreide pro Person und Monat gesetzlich verankert, für das sich etwa siebzig Prozent der Bevölkerung qualifizieren. Wenn es einen Zusammenhang zwischen Demokratie und erfolgreicher Hungerbekämpfung gibt, liegt der Schlüssel zur weltweiten Überwindung von Hunger dann im Aufbau einer *globalen* Demokratie?

Wie Thomas Pogge darlegt, werden Armut und Unterdrückung gerne als Probleme dargestellt, »deren Hauptursachen und mögliche Lösungen in den Staaten zu suchen sind, in denen sie auftreten«. Tatsächlich sind nationale Politik und Institutionen häufig schlecht. »Dass sie es aber sind«, unterstreicht Pogge den wesentlichen Punkt, ist »auf die globale Politik und globale Institutionen« zurückzuführen.[38] Auf der globalen Ebene haben wir es nämlich ebenfalls mit schlechter oder – was vielleicht noch schlimmer ist – mit *nicht existenter* Regierungsführung zu tun. Ein Faktor, auf den wir bereits hingewiesen haben, ist etwa der durch die Steueroasen begünstigte illegale Kapitalabfluss aus den Entwicklungsländern. Darüber hinaus verweist Pogge unter anderem darauf, dass der Import von natürlichen Rohstoffen aus autokratisch regierten Ländern die Machthaber vor Ort stütze und dass solche Transaktionen daher eine Mitverantwortung bedeuteten. Zwei »zentrale Eigenschaften der gegenwärtigen Weltordnung« seien als Ursache für das Fortbestehen schwerer Armut besonders bemerkenswert: das »internationale Rohstoffprivileg« und das »internationale Kreditprivileg«. »Wer es mit beliebigen Mitteln schafft, an die Macht zu gelangen, wird rechtlich als befugt anerkannt, im Namen des betreffenden Landes

Kredite aufzunehmen und international gültige Eigentumsrechte an den Rohstoffen dieses Landes zu übertragen«, fasst Pogge das Problem zusammen. Dies begünstige Korruption, Autokratie, Staatsstreiche und Bürgerkrieg. Mit einem internationalen Abkommen solle es Machthabern, die »gegen die Verfassung ihres Landes verstoßen und ohne demokratische Legitimation regieren« daher untersagt werden, Rohstoffe ins Ausland zu verkaufen und im Namen des Landes Kredite aufzunehmen. Im Falle eines verfassungswidrigen Putsches beispielsweise könnte eine demokratische Nachfolgeregierung die Rückzahlung der von den Putschisten aufgenommenen Kredite verweigern und entsprechende Rohstoffverkäufe oder Förderlizenzen anfechten. Kontroversen könnten durch einen »ständigen Ausschuss für Demokratie unter dem Dach der UN« behandelt werden.[39] Noch näher liegt es, ein *Weltverfassungsgericht* mit dieser Aufgabe zu betrauen. Tatsächlich hat der nach der Revolution gewählte tunesische Präsident Moncef Marzouki im September 2012 vor der UN-Generalversammlung die Etablierung eines »internationalen Verfassungsgerichtshofes« vorgeschlagen, der im Zweifel etwa darüber befinden solle, ob Wahlen demokratisch und verfassungsgemäß abgelaufen seien.[40] Die Afrikanische Union hat den Vorschlag bereits unterstützt.

Ernährungssicherheit als globales öffentliches Gut und das Versagen der G20

Im Nahrungsmittelsektor ist die globale Interdependenz und Verflechtung sehr stark. Der internationale Handel mit Nahrungsmitteln ist seit 1960 um mehr als das fünffache gewachsen und hat sich allein zwischen 2000 und 2010 verdoppelt. Der Welthandel ist entscheidend, um lokale Engpässe ausgleichen zu können. Produktions- und Lieferketten sind eng verzahnt und werden in hohem Maße durch weltweit operierende, vertikal integrierte Unternehmen abgedeckt, die Skaleneffekte ausnutzen können. Ernährungssicherheit herzustellen und zu gewährleisten ist wegen der globalen Verflechtung des Nahrungsmittelsektors sowie aufgrund der fundamentalen Bedeutung für den Menschen und das Funktionieren der Weltzivilisation zu den prioritären globalen öffentlichen Gütern zu zählen, wie sie 2006 im Bericht der bereits erwähnten internationalen Task Force charakterisiert wurden.[41] Ernährungssicherheit ist eine globale Verantwortung. Auch hier mangelt es jedoch an Institutionen, die wirkungsvolle globale Regulierungen und Maßnahmen treffen könnten. Ein Beispiel ist die Stabilität der Agrarmärkte. Als Teil der Ernährungssicherheit handelt es sich ebenfalls um ein globales öffentliches Gut, wie die 2005 in Frankreich gegründete Denkfabrik Momagri überzeugend argumentiert.[42] Die Volatilität der Märkte störe landwirtschaftliche Aktivitäten und die Ernährungssicherheit von Staaten weltweit, die Landwirtschaft sei mit anderen globalen öffentlichen Gütern wie der Umwelt verknüpft, wichtige Ziele der internationalen Gemeinschaft wie das Recht auf Nahrung sowie die Bekämpfung von Armut seien betroffen und außerdem hätte die Stabilität der Agrarrohstoffpreise einen »wichtigen strategischen und geopolitischen Charakter«.[43] Im Hinblick auf eine Begrenzung des spekulativen Handels sind einheitliche globale Regeln wichtig, um Schlupflöcher und die Abwanderung von Handelsaktivitäten zu weniger regulierten Märkten zu vermeiden. Als Frankreich 2011 die Präsidentschaft der G20-Gruppe übernahm, war es das erklärte Ziel von Präsident Nicolas Sarkozy, gemeinsame Regeln gegen Preismanipulationen und Volatilität an den Rohstoffmärkten zu erreichen. »Wie können wir begründen, dass es normal ist, die Finanzmärkte zu regulieren, aber dass es keine Regeln für derivative Finanzgeschäfte im Agrarsektor geben soll?«, erläuterte der französische Präsident.[44] Dass sein Vorhaben an der Uneinigkeit der G20-Regierungen scheiterte, kritisierte Harald Schumann in einer Untersuchung für Foodwatch als »Global Governance auf niedrigstem Niveau«. Die G20-Gruppe sei »lediglich eine Art Diskussionsforum und Beschlüsse können ausschließlich im Konsens aller Mitglieder gefällt werden«. Die »globale Regierungsführung, die das Gremium eigentlich leisten soll«, so Schumann, »kann darum nur auf dem niedrigsten Niveau und dem kleinsten gemeinsamen Nenner stattfinden«.[45] Die informelle G20-Gruppe, die nicht einmal über ein permanentes Sekretariat verfügt, kann ohnehin keine rechtsverbindlichen Regeln setzen, weder für die eigenen Mitgliedsstaaten und erst recht nicht für andere Länder. Bestenfalls wird Einvernehmen über gemeinsame politische Ziele hergestellt, die dann in miteinander abgestimmte nationale Maßnahmen münden. Für die Regierungschefs ist dabei entscheidend, was sie als vorrangiges nationales Interesse ansehen. Als beispielsweise im Zuge der Finanzkrise dem Bankensektor staatliche Bürgschaften und Eigenkapitalspritzen in Milliardenhöhe gewährt wurden, sind zugleich die Hilfsgelder aus der Eurozone für das Welthungerprogramm massiv gekürzt worden. Jean Ziegler hat richtig darauf hingewiesen, dass man Staatschefs wie Angela Merkel daraus kaum einen Vorwurf machen könne, denn »sie wurden nicht gewählt, um den Hunger in der Welt zu bekämpfen«.[46] Weltparlamentarier dagegen hätten in der Tat ein globales Mandat und müssten zur Frage des Welthungers politisch Rechenschaft ablegen.

Die FAO, ein World Food Board und globale Nahrungsmittelreserven

Die im Oktober 1945 als erste UN-Sonderorganisation gegründete FAO wiederum, die für Fragen der Ernährung und Landwirtschaft zuständig ist, hat ebenfalls keine globalen Kompetenzen und auf die Agrarpolitik haben die WTO, die Weltbank und der IWF mehr Einfluss. Fachleute kritisieren seit langem, dass die FAO zu einem »beobachtenden, informierenden, Vorschläge entwickelnden und zyklisch mahnenden Organ« degradiert worden sei. Augenfälliger könne durch die Staatengemeinschaft »das Defizit an Weltordnungspolitik nicht auf den Punkt gebracht werden«.[47] Schon Josué de Castro, der unter anderem Vorsitzender des FAO-Exekutivrates war, beklagte, dass die Organisation »auf eine Art konsultative Funktion« beschränkt wurde.[48] Mit seinen Bemühungen, das zu ändern, ist der erste FAO-Generaldirektor John Boyd Orr (1880 bis 1971), der überzeugter Weltföderalist war, am Widerstand der USA und Großbritanniens gescheitert. Im April 1948 hatte er daher sein Amt niedergelegt und im Jahr darauf wurde ihm als Anerkennung für seinen Einsatz der Friedensnobelpreis verliehen. Dass das Anliegen von Boyd Orr weiterhin nicht aktueller sein könnte unterstreicht den jahrzehntelangen Stillstand der internationalen Politik. Bei der zweiten FAO-Konferenz 1946 in Kopenhagen hatte der FAO-Generaldirektor die Etablierung eines »World Food Boards« vorgeschlagen. Bis heute, so John Shaw, sei dies »einer der kühnsten und einfallsreichsten Pläne für internationale Maßnahmen zur Erreichung von Welternährungssicherheit« geblieben.[49] Das World Food Board sollte die Preise für die wichtigsten Agrarrohstoffe auf den internationalen Märkten regulieren und stabilisieren, indem er bei Erreichen festgesetzter Höchst- und Mindestpreise durch entsprechende An- oder Verkaufsmaßnahmen interveniert. Bei Zeiten hohen Angebots würde also gekauft und bei Knappheit verkauft werden. Der Ausschuss sollte dabei zudem weltweite Nahrungsmittelreserven aufbauen und verwalten, um mögliche produktionsbedingte Engpässe ausgleichen und langfristige Versorgungssicherheit gewährleisten zu können. Auf dem Markt nicht absetzbare Überschüsse an Grundnahrungsmitteln sollten zu subventionierten Preisen abgegeben werden, um besonders bedürftige Menschen zu versorgen. Schließlich sollte das World Food Board langfristige Kredite zum Nahrungsmittelkauf und zur Modernisierung der Landwirtschaft vergeben sowie Maßnahmen zur Produktionssteigerung unterstützen.[50]

Neben Maßnahmen gegen rein spekulative Handelsteilnehmer sind strategische weltweite Nahrungsmittelreserven für die Marktstabilität, als Vorsorge für den Fall von schwachen Ernten und humanitären Krisen sowie zur Aufrechterhaltung des internationalen Handels besonders wichtig. Der britische Ökonom John McClintock, der in Brüssel für die Europäische Kommission tätig ist, sieht unter anderem im Management weltweiter Nahrungsmittelreserven die Chance für einen ersten Schritt in die Richtung weltweiter Integration. In dem Buch »The Uniting of Nations« argumentiert er, dass die Handhabung solcher Reservevorräte nicht nur eine technische Angelegenheit sei, sondern einen Übergang nationaler Souveränität auf die internationale Ebene mit sich bringe. Wenn es beispielsweise in einem Land zu Versorgungsengpässen und inakzeptablen Preissteigerungen komme, bestehe eines der Mittel darin, dass dort zu niedrigen Preisen internationale Reserven auf den Markt gebracht würden, um die Situation zu entspannen. Damit diese Nahrungsmittel nun jedoch nicht von Händlern billig aufgekauft und ins Ausland exportiert werden könnten, müssten in diesem Fall entsprechende Ausfuhrverbote greifen. Die international durchsetzbare Verpflichtung, solche Exportbeschränkungen zu erlassen, habe supranationalen Charakter.[51] In einem solchen System, erläutert McClintock, müsse es auch ein parlamentarisches Gremium geben, »um die Bürger demokratisch zu repräsentieren«.

Offener Handel, Ernährungssicherheit und eine Weltfriedensordnung

Ein offener, aber zugleich fairer Handel ist für die globale Ernährungssicherheit von großer Bedeutung. Eine Studie des International Food Policy Research Institute in Washington D.C. aus dem Jahr 2003 etwa stellt als eine der wesentlichen Herausforderungen der Ernährungssicherheit fest, dass »vermeintliches nationales Interesse Regierungen zu oft dazu bringt, Nahrungsmittelvorräte zu horten, die Produktion künstlich anzukurbeln und Importe zu begrenzen – anscheinend, um die Verbraucher vor Verknappung und Schwankungen in den Marktpreisen abzupuffern und ländliche Traditionen zu bewahren«. Selbst wenn die internationalen Märkte die Versorgung sogar mit niedrigeren Kosten sicherstellen könnten, so die Studie, stelle »die Idee, von externen Quellen abhängig zu sein, für viele Politiker und ihre Wähler im Norden und Süden ein Gräuel dar« und sei eine »extrem populäre Form des Nationalismus«. Für die Märkte und die globale Ernährungssicherheit als Ganzes allerdings sind die Folgen kontraproduktiv. Zwar sichere offener Handel für sich noch nicht die Ernährungssicherheit, da gegebenenfalls auch die erforderliche

Kaufkraft vorhanden sein müsse, doch die »kollektive Konsequenz des Hortens und des Protektionismus besteht tatsächlich darin, den internationalen Markt zu destabilisieren«, heißt es. Eigentlich würden alle Länder von einem offenen Handel profitieren, doch eine tiefliegende »psychologische Aversion gegen die Abhängigkeit von der Versorgung durch ausländische Güter« stehe dem entgegen. Ernährungssicherheit beruhe somit auf einem psychologischen Moment, nämlich ob man bereit sei, sich auf das Vorhandensein eines offenen Marktes und auf eine Versorgung durch externe Produzenten zu verlassen.[52] Das Welthandelssystem und das institutionelle und rechtliche Arrangement globaler Ernährungssicherheit sollte beides sicherstellen können. Dies läuft auf die Überwindung der Zwischenstaatlichkeit im Rahmen einer supranationalen Ordnung hinaus. Der Aufbau gegenseitigen Vertrauens hängt eng mit der Etablierung einer Weltfriedensordnung zusammen, wie wir sie zuvor bereits skizziert haben. Der an der australischen Universität von Neu South Wales lehrende Wirtschafts- und Finanzexperte Fariborz Moshirian beispielsweise schreibt ganz richtig, dass »wenn die UN nicht in der Lage ist, ein globales System und ein globales Umfeld zu etablieren, in dem alle Nationen der Welt universellen Frieden und globale Sicherheit genießen können, dann werden die USA, die EU und Japan landwirtschaftliche Produkte weiterhin als Frage der nationalen Sicherheit behandeln und sie werden damit fortfahren, ihre Landwirte zu subventionieren, damit sie nicht auf Nahrungsmittel aus Afrika oder Asien angewiesen sind, selbst wenn diese beiden Kontinente natürliche komparative Vorteile im Hinblick auf landwirtschaftliche Produkte haben«.[53]

Befürchtungen, sich nicht auf einen offenen Markt verlassen zu können, wurden während der Nahrungsmittelpreiskrise noch bestärkt. Lester Brown diagnostizierte eine neue »Geopolitik der Nahrungsknappheit«, die nun sichtbar geworden sei. Exportländer wie Argentinien, Russland und Vietnam hätten Ausfuhren begrenzt oder ausgesetzt. Als Reaktion hätten Einfuhrländer verstärkt versucht, im Rahmen bilateraler Verträge Anbauflächen im Ausland zu kaufen oder zu pachten, um dort für sich eine Nahrungsmittelproduktion gewährleisten zu können.[54] Im Zuge der Preiskrise ist das Interesse an Ackerland auch als globales Investitions- und Spekulationsobjekt stark gestiegen. Unternehmen und Investoren bemühen sich ebenfalls um Zugang. Da der Abschluss entsprechender Verträge nicht immer öffentlich wird, ist der Umfang des sogenannten »Land Grabbing« schwer zu beziffern. Oft umfassen die Verträge auch Wasserrechte und betreffen Land, das bereits von lokalen Bauern bewirtschaftet wird.

Die Demokratisierung der globalen Ernährungspolitik und ein Weltparlament

Die globale Ernährungspolitik muss nicht nur institutionell gestärkt, sondern auch demokratisiert werden. Die Interessen der von Hunger und Unterernährung betroffenen Menschen sowie die der Kleinbauern müssen besser zur Geltung kommen können. Bei der Vorstellung seines Abschlussberichts im März 2014 erläuterte UN-Sonderberichterstatter Olivier De Schutter entsprechend, dass das »größte Defizit in der Nahrungsmittelökonomie« im Bereich der *Demokratie* liege. Effizient sei das Nahrungsmittelsystem nur im Hinblick auf die Profitmaximierung der Agribusiness-Unternehmen. Auf der lokalen, nationalen und internationalen Ebene müssten dringend »alternative und demokratisch mandatierte Visionen« zum Tragen kommen. Im Bereich der Global Governance seien die Bemühungen des Ausschusses für Welternährungssicherung CFS »vielversprechend«.[55] Der CFS wurde bei der Welternährungskonferenz von 1974 initiiert und ist ein beratendes und koordinierendes Gremium. Seit einer Reform im Jahr 2009 verfolgt der Ausschuss einen Multistakeholder-Ansatz, indem neben den Regierungen auch UN-Institutionen, NGOs, Forschungseinrichtungen, Unternehmensverbände oder Stiftungen einbezogen werden. Laut De Schutter besteht der »unmittelbarste Erfolg des CFS« darin, »dass er eine so breite Vielfalt an Stakeholdern zusammenbringt«, was einen Prozess des kollektiven Lernens stimuliere.[56] Der Ausschuss arbeitet an einem »Globalen Strategischen Rahmen für Ernährungssicherheit«, in dem alle seine Empfehlungen gebündelt sind. De Schutter fordert, dass andere Institutionen der Global Governance wie etwa die WTO diesen strategischen Rahmen beachten sollten. 2012 hat der CFS bei spielsweise »freiwillige Leitlinien für die verantwortungsvolle Verwaltung von Boden- und Landnutzungsrechten, Fischgründen und Wäldern« verabschiedet, die in Reaktion auf das Land Grabbing vor allem auf die Beachtung und den Schutz »legitimer« Pacht-, Eigentums- und Nutzungsrechte abzielen. Zwar stellt die Formulierung dieser Richtlinien einen wichtigen Schritt dar, doch von einer effektiven Bekämpfung des Land Grabbing kann keine Rede sein. Eine Verpflichtung zur Umsetzung dieser und anderer »freiwilliger Leitlinien« der FAO besteht nicht. Was statt dessen erforderlich ist, sind hinreichend konkrete und vor allem *verbindliche* globale Regelungen. Der Multistakeholder-Ansatz des CFS stellt die globale Ernährungspolitik auf eine breite Basis und ist im Vergleich zu anderen abgeschotteten zwischenstaatlichen Gremien geradezu vorbildhaft. Trotzdem geht die Demokratisierung der globalen Ernährungspolitik damit nicht weit genug. Das Modell des CFS muss durch die Einbindung gewählter Parlamentarier erweitert werden und seine Arbeit letztlich in einen globalen parlamentarischen Prozess einfließen. Nach Ansicht von Hilal Elver, die nach De Schutter die neue UN-Expertin für das Recht auf Nahrung wurde, könnte eine »gewählte UN-Parlamentarierversammlung« ein Mittel sein, um den hungernden Menschen der Welt als den verletztlichsten Mitgliedern der globalen Gemeinschaft »eine stärkere Stimme zu geben, damit die systemischen internationalen Ursachen ihres Elends besser zur Sprache gebracht werden können«.

Ein Weltparlament stellt auch im Bereich der globalen Ernährungssicherheit nicht nur eine wichtige Kontrollinstanz dar, etwa im Hinblick auf ein World Food Board im Sinne von Boyd Orr, sondern es wäre zugleich die Grundlage für weltrechtliche Regulierung. Durch Weltrecht könnte beispielsweise dafür Sorge getragen werden, dass auf sämtlichen Terminmärkten nur Produzenten, Händler oder Abnehmer eines Rohstoffs handeln dürfen und keine reinen Spekulanten. Ein Weltparlament sollte sich auch mit Welthandelsfragen befassen und in einem ersten Schritt, solange es selbst noch keine weltrechtlichen Kompetenzen auf diesem Gebiet hat, an den Verhandlungen im Rahmen der WTO beteiligt werden. Der Welthandelsausschuss des Weltparlaments sollte eine eigene Delegation mit vollen Beteiligungsrechten entsenden können. Grundsätzlich ist die Förderung eines möglichst freien Welthandels ein wichtiges Ziel. Doch das Welthandelsregime muss viel stärker mit anderen Zielsetzungen wie der globalen Ernährungssicherheit in Einklang gebracht werden, was zum Beispiel die Problematik von Agrarsubventionen und des Preisdumpings betrifft. Schon als 1999 gegen die WTO-Konferenz in Seattle demonstriert wurde, wunderte sich der damalige AP-Reporter und heute als Politikwissenschaftler lehrende Luis Cabrera darüber, dass die meisten Demonstranten ein Ende der Welthandelsgespräche, ja sogar eine Auflösung der WTO verlangten. »Warum gab es nicht mehr Gruppen«, fragt er sich in einem »kosmopolitischen Plädoyer für einen Weltstaat«, »die die Forderung erhoben, dass die supranationalen Kompetenzen der WTO dazu genutzt werden, um dabei zu helfen, das Leben der Menschen in weniger wohlhabenden Ländern zu verbessern, indem die Mitgliedschaftsvorteile an die Beachtung von Arbeits- und Umweltstandards sowie fundamentaler Menschenrechte gekoppelt werden?«[57] Weltparlamentarier könnten sich genau dafür einsetzen. Die von der IPU und dem Europäischen Parlament seit 2003 organisierte Konferenz zu Welthandelsfragen hat sich in dieser Hinsicht als einflusslos und ungeeignet erwiesen.

20.
Globale Wasserpolitik

Die Situation der Trinkwasserversorgung

Neben Nahrung ist Wasser die Grundlage für das menschliche Überleben und die Zivilisation. Das tägliche Trinkwasser ist das wichtigste Lebensmittel und Wasser ist für die landwirtschaftliche Produktion, in der Industrie sowie bei der Energieerzeugung unabdingbar. »Mehr noch als der Zugang zu anderen Ressourcen«, so der italienische Sozialwissenschaftler und Wasserrechtsaktivist Ricardo Petrella, »stellt der Basiszugang zum Wasser ein Menschenrecht dar, denn von diesem Recht hängt die biologische, wirtschaftliche und soziale Sicherheit jedes Menschen und jeder menschlichen Gemeinschaft ab.«[1] Die erste UN-Wasserkonferenz im argentinischen Mar del Plata erklärte 1977, dass alle Menschen »das Recht auf Zugang zu Trinkwasser in Mengen und von einer Qualität haben, die ihrem Grundbedürfnis entsprechen« und drängte in einem Aktionsplan darauf, dass sich die nationalen Regierungen zu dem Ziel verpflichten, dieses Recht bis 1990 voll umzusetzen.[2] Noch heute ist die Welt davon weit entfernt. In einer 2010 verabschiedeten Resolution hat auch die UN-Generalversammlung ein Menschenrecht »auf sicheres und sauberes Trinkwasser und sanitäre Einrichtungen« anerkannt und sich zugleich »tief besorgt« darüber gezeigt, dass »geschätzte 884 Millionen Menschen keinen Zugang zu sicherem Trinkwasser und mehr als 2,6 Milliarden keinen Zugang zu den elementarsten sanitären Einrichtungen« hätten. Jedes Jahr würden schätzungsweise 1,5 Millionen Kinder unter fünf Jahren an Krankheiten sterben, die auf verschmutztes Trinkwasser und unzureichende sanitäre Anlagen zurückzuführen seien.[3] Krankheiten durch kontaminiertes Wasser und mangelnde Hygiene sind das weltweit größte Gesundheitsproblem. Nach Lesart der UN soll 2010 das für 2015 angestrebte Millennium-Entwicklungsziel zur Halbierung des Anteils der Menschen in der Welt ohne dauerhaft gesicherten Zugang zu hygienisch einwandfreiem Trinkwasser bereits erreicht worden sein. Zu dem Zeitpunkt waren es nach Zahlen von WHO und Unicef schätzungsweise 783 Millionen Menschen. Den jüngsten Schätzungen zufolge, die sich auf 2015 beziehen, haben 663 Millionen Menschen diesen Zugang weiterhin nicht.[4] Ohne Zweifel sind seit 1990, dem Referenzjahr des Millennium-Entwicklungszieles, Fortschritte erzielt worden. Experten sehen die UN-Zahlen jedoch mit Skepsis. Eine realistische

Schätzung dürfe etwa nicht auf dem Zustand der Wasserquelle basieren, sondern müsse vom tatsächlich genutzten Wasser ausgehen, das oft erst auf dem Weg zum Verbraucher verschmutzt werde. Alles in allem kommt beispielsweise eine im Wasserentwicklungsbericht von 2014 auch von der UN selbst erwähnte Untersuchung zu dem Schluss, dass die Zahl der Menschen mit unsicherem Wasserzugang für das Stichjahr 2010 eher auf *drei Milliarden* zu schätzen gewesen sei, also fast vier Mal so viel wie nach UN-Methode.[5] Das ist eine desaströse Bilanz.

Wassersicherheit als globales Anliegen

Nach einer Untersuchung des World Resource Institute sind 68 Staaten hohem bis extrem hohem Wasserstress ausgesetzt. Das bedeutet, dass dort mehr als vierzig Prozent der jährlich verfügbaren Wasserreserven aus Flüssen, Seen und Grundwasser (sogenanntes »blaues Wasser«) verbraucht werden.[6] Etwa vierzig Prozent der Weltbevölkerung leben in diesen Ländern. Achtzig Prozent der Weltbevölkerung sind darüber hinaus im Hinblick auf Wassersicherheit einem hohen Gefährdungspotential ausgesetzt, hieß es in einer in der Zeitschrift *Nature* veröffentlichten Studie.[7] Nach einer Definition, die von einer Task Force von UN Water vorgeschlagen wurde, ist Wassersicherheit »die Fähigkeit einer Bevölkerung, nachhaltigen Zugang zu adäquaten Mengen von Wasser mit akzeptabler Qualität zu sichern, um die Lebensgrundlagen, menschliches Wohlergehen und sozio-ökonomische Entwicklung zu gewährleisten sowie Schutz vor wasserbasierter Verschmutzung und wasserbezogenen Katastrophen sicherzustellen und Ökosysteme in einem Klima des Friedens und der politischen Stabilität zu erhalten«.[8]

Die Realisierung des Rechts auf Wasser für alle und von Wassersicherheit ist ein globales Anliegen und macht Wasserpolitik ebenso wie Ernährungssicherheit zu einem wichtigen Gegenstand der Weltinnenpolitik im Anthropozän. Dies gilt umso mehr, als dass die zunehmende Wasserknappheit in vielen Regionen der Welt Befürchtungen vor eskalierenden Konflikten um Wasser und ihre destabilisierende Wirkung auf die internationalen Beziehungen nährt. »Wenn wir nicht vorsichtig sind«, erklärte UN-Generalsekretär Kofi Annan 2001 bei einem Besuch in Indien, dann »werden sich künftige Kriege um Wasser und nicht um Öl drehen.«[9] Wasserknappheit sei ein »potentieller Treiber für Kriege und Konflikte«, betonte auch sein Nachfolger Ban Ki-moon.[10] In dem Buch »Water, Peace and War« argumentiert der indische Geostratege Brahama Chellaney vom

Center for Policy Research in Neu Delhi, dass es sich um eine der wichtigsten sicherheitspolitischen Herausforderungen der Weltgemeinschaft handele. Die aus der sich verschärfenden zwischenstaatlichen Konkurrenz um schwindende Wasserressourcen resultierenden »Wasserkriege« könnten sich auf der politischen und ökonomischen Ebene abspielen und müssten nicht unbedingt in offener Kriegführung münden. Wahrscheinlicher sei in diesem Fall der Rückgriff auf »irreguläre bewaffnete Kräfte«. Außerdem sei es wohl kein Zufall, dass viele der scheiternden Staaten zugleich zu den wasserärmsten der Welt gehörten. »Das 21. Jahrhundert«, so Chellaney, »wird eine prägende Epoche dafür sein, wie die Menschheit ihre schwierigen Wasserprobleme angeht und handhabt. Eine adäquate Verfügbarkeit von Süßwasser sicherzustellen, um weiteren Fortschritt zu ermöglichen, hat für das künftige Wohlergehen der menschlichen Zivilisation kritische Bedeutung angenommen.«[11]

Die globale Interdependenz geht über sicherheitspolitische Aspekte hinaus. Deutlich wird das etwa in dem erstmals 1993 von dem britischen Geografen John Anthony Allan eingeführten Konzept des »virtuellen Wassers«, mit dem das bei der Produktion von Nahrungsmitteln und anderen Gütern verbrauchte Wasser erfasst werden kann. Da Wasser direkt oder indirekt in jedem produzierten Gut enthalten ist, führt der Handel mit diesen Gütern zu weltweiten »virtuellen Wasserströmen«. Als Ausgangspunkt für handelspolitische Instrumente zur Stärkung von Wassersicherheit darf das Konzept nicht überschätzt werden. Dennoch sind Welthandelsfragen somit auch Fragen der Wasserpolitik und das gilt besonders für die wasserintensiven Produkte der Landwirtschaft. »Studien zum internationalen virtuellen Wasserhandel zeigen, dass Wasser als globale Ressource betrachtet werden sollte«, meint Arjen Hoekstra, Professor für Wassermanagement an der Universität Twente im niederländischen Enschede, der darüber hinaus den Klimawandel und das Problem der Privatisierung als wichtigste Faktoren nennt, die Wasser-Governance eine »echte globale Dimension« geben.[12] Nach Ansicht der in Halle lehrenden Politikwissenschaftlerin Petra Dobner spricht es für die Globalisierung der Wasserpolitik, dass »ein nachhaltiger Umgang mit den globalen Wasserressourcen die legitimen und faktischen Gestaltungsmöglichkeiten einzelner Staaten« übersteige. »Dies betrifft nicht nur grenzüberschreitende Gewässer«, schreibt Dobner in einem Buch zur globalen Wasserpolitik, »sondern auch eine Vielzahl von sozialen, ökologischen und wirtschaftlichen Faktoren, die entweder den globalen Wasserhaushalt oder den globalen Umgang mit Wasser beeinflussen.«[13]

Das Demokratiedefizit der Wasser-Governance und ein Weltparlament

Da der Zugang zu Wasser keine Frage der Wahl, sondern eine absolute Notwendigkeit darstellt, fordert Ricardo Petrella in einem bereits 1999 veröffentlichen »Wassermanifest«, dass Wasser als »ein gemeinsames, globales Gut, ein Patrimonium der Menschheit«, anzusehen sei. »Das Wasser«, so Petrella, »muss wieder in die Obhut seiner wahren Besitzer gelangen, und das sind die Bewohner des Planeten Erde. Das Wasser gehört der Menschheit. Es gehört nicht den Staaten, den Nationalstaaten. Und noch weniger gehört es den Märkten, den Unternehmen und den Aktionären. Es gehört den menschlichen Gemeinschaften, von den kleinsten (den Dorfgemeinschaften) bis hin zur größten (der Weltgemeinschaft).« Das Wasserproblem sei vor allem eine Frage *der Demokratie und der Solidarität*. Eine Kernforderung des Manifests ist neben der Einrichtung eines internationalen Wassertribunals daher die »möglichst rasche« Einführung eines Weltwasserparlaments. In der Anfangsphase könne das Weltwasserparlament eine Art globales öffentliches Hearing sein, das eine umfassende Bestandsaufnahme der Rechte und Pflichten in Bezug auf das Wasser erstellt und Szenarien debattiert, um nachhaltige und solidarische Lösungen voranzutreiben. Zu Beginn könnten die Mitglieder von den nationalen Parlamenten bestimmt werden, so das Manifest.[14]

Die globale Wasserpolitik ist schwach ausgebildet und stark fragmentiert. Innerhalb der UN gibt es keine zuständige Fachorganisation, sondern nur das 2003 gebildete Netzwerk »UN Water«, dem rund dreißig UN-Institutionen sowie etwa zwei Dutzend NGOs angehören. Wie Experten in einer kritischen Bestandsaufnahme der globalen Wasser-Governance hervorheben, ist UN Water nicht dazu da, um verbindliche Entscheidungen zu treffen. »Existierende globale Institutionen, die sich mit Wasser beschäftigen, sind sehr schwach im Hinblick auf Regulierung, aber relativ gut im Agenda-Setting, im Informationsaustausch, bei der Mobilisierung von Menschen und zu einem gewissen Grad bei der Mobilisierung von Ressourcen«, heißt es. Das allerdings reiche nicht aus, um den Herausforderungen zu begegnen. Der gegenwärtige Unwille der nationalen Regierungen, sich auf jedwede globale Regulierung einzulassen, könnte zu einer Verschärfung der Wasserkrise beitragen und dazu führen, dass zu einem späteren Zeitpunkt viel schärfere regulative Maßnahmen als jetzt erforderlich sind.[15]

Wie Petra Dobner in ihrem Buch erläutert, ist die globale Wasserpolitik ein »paradigmatisches Lehrstück« dafür, wie Global Governance einen »Mangel an Formen, Institutionen und Ideen« aufweist, die eine »Auslagerung von Entscheidungen aus dem staatlichen Raum in transnationale Foren demokratisch legitimieren könnten«. Prägend für die Wasserpolitik sei eine Verlagerung der politischen Auseinandersetzung und des Referenzrahmens vom Staat in ein elitäres »globales Wassernetzwerk« bestehend aus sogenannten »multisektoralen und ebenenübergreifenden Akteurskonstellationen«. Politikfelder wie die Wasserfrage fallen dabei nach Ansicht der Politikwissenschaftlerin »in das institutionelle und legitimatorische Loch nicht ausgereifter Institutionen globaler Demokratie«. Das Wassernetzwerk verfügt nämlich, so ihr deutliches Fazit, »über keine demokratische Legitimität«. In die Lücke des von der UN mit verursachten Politikvakuums ist beispielsweise das seit 1997 in dreijährigem Turnus organisierte nichtstaatliche Weltwasserforum getreten, das einen breiten partizipativen Multistakeholder-Ansatz realisiert und unter anderem Vertreter der Wasserindustrie einschließt. Nach Einschätzung von Dobner spielen die Tausenden Konferenzbesucher des Forums allerdings hauptsächlich »eine Legitimität vorspiegelnde Statistenrolle«, da die Ergebnisse von vornherein von einem kleinen Kreis weitgehend gleichgesinnter Protagonisten des Wassernetzwerkes formuliert würden, die im Sinne der Industrie eine Privatisierungsagenda verfolgen. Massiver Widerstand dagegen würde schlicht »beiseitegewischt«. Die Behauptung, einen Konsens gefunden zu haben, könne »daher nur in Bezug auf die beteiligten Eliten als richtig gelten«. Die Multistakeholder-Beteiligung sei insofern eine Form von »Legitimitätsphishing«. »Demokratische Mitgestaltung und demokratische Legitimität kann sich nicht darin erschöpfen, mit 30 000 anderen Interessierten an Megakonferenzen teilzunehmen, aber vom Entscheidungsprozess ausgeschlossen zu bleiben«, bringt es Dobner auf den Punkt.[16] Tatsächlich ist etwa die Privatisierung der Wasserversorgung als Ansatz zur Lösung der Wasserkrise höchst umstritten, und wie wir gesehen haben, überzeugt die Bilanz der globalen Wassergovernance nicht. Das Manifest des ersten »alternativen Wasserforums«, das 2003 in Florenz abgehalten wurde, forderte demgegenüber, Wasser als globales Gemeingut anzusehen und Privatisierung zu verhindern. Zudem stellte es fest, dass die Bürger dazu in der Lage sein müssten, »sich am Management von Wasser und Ökosystemen direkt zu beteiligen, auf der lokalen und der globalen Ebene«. »Diese Beteiligung«, so das alternative Forum, »könnte durch die Schaffung eines Weltwasserparlaments gefördert werden.«[17] Zumindest bei der Forderung nach einem Weltwasserparlament scheint man sich einig zu sein. Beim fünften offiziellen Weltwasserforum in Istanbul 2009 beispielsweise haben sich die über zweihundert der dort versammelten Abgeordneten ebenfalls dafür ausgesprochen.[18] Von einem Weltwasserparlament zeigt sich

Dobner aber nicht überzeugt. Sie befürchtet, dass es sich vom Format des Weltwasserforums trotz einer womöglich anderen politischen Ausrichtung nicht allzu sehr unterscheiden würde. Eine sektorale Eingrenzung sieht sie für ein Gremium mit parlamentarischem Charakter grundsätzlich als problematisch an. Einer der Gründe ist die damit einhergehende politische und institutionelle Fragmentierung. Ein UN-Parlament dagegen sei eine »hervorragende« Idee.

Der Vorschlag zur Gründung eines fachspezifischen Weltwasserparlaments sollte mit dem allgemeineren Ziel eines Weltparlaments verknüpft werden. Ein Weltparlament könnte Ausgangspunkt für weltrechtliche Regulierung im Wassersektor sein und zu diesem Zweck einen federführenden Wasserausschuss bilden, der exakt den Aufgaben des vorgeschlagenen Weltwasserparlaments nachgehen würde. Schon als konsultatives Gremium könnte eine globale parlamentarische Versammlung politischen Handlungsdruck erzeugen und sich unter anderem mit der Frage einer UN-Wasserorganisation beschäftigen. »Wenn Sie die Demokratie ernsthaft globalisieren wollen«, stellt Dobner jedoch klar, »dann kann die Antwort nur sein, das Parlament auch mit tatsächlicher Macht auszustatten.«

21.
Die Abschaffung von Armut und eine soziale Grundsicherung für alle

Armut als Schlüsselproblem

Die Abschaffung von extremer Armut und Existenznot ist die Grundlage für eine humane, gerechte, friedliche und sichere Welt, in der alle Menschen die Möglichkeit haben, sich zu bilden, politisch zu partizipieren und ihr Potential zu nutzen. Armut ist eine Hauptursache für Hunger und ein wichtiger Grund für mangelhaften Zugang zu Trinkwasser, schlechte Gesundheitsversorgung, fehlende Bildung, nicht vorhandene Familienplanung und politische Instabilität. Mit einem höheren Lebensstandard geht in der Regel eine niedrigere Geburtenrate einher, so dass die Überwindung von Armut zur Verlangsamung des Bevölkerungswachstums beitragen kann. Der Politikwissenschaftler Franz Nuscheler meint, dass die »Korrelation von hohem Bevölkerungswachstum und verschiedenen interdependenten Armutsindikatoren« die Schlussfolgerung nahelegt, »dass Armut das bevölkerungs- und entwicklungspolitische Schlüsselproblem ist«.[1] Aus der Sicht des aus Bangladesch stammenden Wirtschaftswissenschaftlers Muhammad Yunus, der für seine Vorreiterrolle bei Mikrokrediten an die Ärmsten mit dem Friedensnobelpreis ausgezeichnet wurde, ist Armut »vielleicht die ernsthafteste Bedrohung des Weltfriedens, sogar gefährlicher als Terrorismus, religiöser Fundamentalismus, ethnischer Hass, politische Rivalität oder als jeder andere der Faktoren, auf die oft als Treiber von Krieg und Gewalt verwiesen wird«. »Armut«, so Yunus, »führt zu Hoffnungslosigkeit, die Menschen zu Verzweiflungstaten treibt.«[2]

Extreme Armut und das Recht auf angemessenen Lebensstandard

Die Überwindung von Armut ist seit langem auf der internationalen Agenda. Bei der Gründung der Internationalen Arbeitsorganisation ILO bei der Versailler Friedenskonferenz 1919 hieß es beispielsweise, dass der Weltfrieden »nur auf dem Boden der sozialen Gerechtigkeit aufgebaut werden kann«.[3] Die 1941 vom Interalliierten Rat angenommene Atlantik-Charta erklärte es zum Ziel, allen Menschen in allen Ländern ein Leben »frei von Furcht und von Not« zu ermöglichen. Die Charta der Vereinten Nationen spricht von internationaler Zusammenarbeit zur Lösung wirtschaftlicher und sozialer Probleme und führt in ihrem neunten Kapitel dazu aus, dass »Stabilität und Wohlfahrt« eine Voraussetzung für den Frieden seien. Die Vereinten Nationen sollten daher »die Verbesserung des Lebensstandards, die Vollbeschäftigung und die Voraussetzungen für wirtschaftlichen und sozialen Fortschritt und Aufstieg« fördern. Wie bereits erwähnt, ist in Artikel 25 der Allgemeinen Erklärung der Menschenrechte und in Artikel 11 des internationalen Paktes über wirtschaftliche, soziale und kulturelle Rechte schließlich das Recht auf einen »angemessenen Lebensstandard« enthalten. Jeder Mensch soll seine Grundbedürfnisse erfüllen können. Als Nachfolge der Millennium-Entwicklungsziele wurde im September 2015 bei einem UN-Gipfeltreffen für den Zeitraum bis 2030 eine »Agenda für Nachhaltige Entwicklung« verabschiedet. Das erste Ziel der neuen »Agenda 2030« besteht darin, extreme Armut »für alle Menschen überall« vollständig abzuschaffen.

Die internationale Armutsgrenze, wie sie auch von den Vereinten Nationen herangezogen wird, orientiert sich an der Definition der Weltbank. Sie kommt durch einen in US-Dollar umgerechneten Durchschnittswert der absoluten Armutsgrenzen von 15 der ärmsten Länder der Welt zustande. Wegen der sich verändernden lokalen Kaufkraft des US-Dollars und wegen Änderungen in dem zugrundegelegten einheitlichen Warenkorb wurde sie seit Einführung der Methode von einem US-Dollar in 1990 auf 1,25 US-Dollar in 2008 und schließlich auf 1,90 US-Dollar in 2015 angepasst. Die letzte Veränderung erfolgte nur zehn Tage nach dem UN-Gipfel, in dessen Abschlussdokument daher noch von 1,25 US-Dollar die Rede ist. Von einer vollständigen Abschaffung der extremen Armut ist die Menschheit noch weit entfernt. Im Rahmen des ersten Millennium-Entwicklungszieles wurde angestrebt, den Anteil der extrem armen Menschen in den Entwicklungsländern von 1990 bis 2015 zu halbieren. Das soll nach Schätzungen der Weltbank 2010 erreicht worden sein. Demnach ist der Anteil der betroffenen Menschen von 43,1 Prozent in 1990 auf 20,6 Prozent in 2010 gesunken (nach den Daten für 2011 waren es laut Weltbank nur noch 17 Prozent).[4] Diese hatten im Durchschnitt 0,87 US-Dollar täglich zur Verfügung. Mit Ausnahme von China und Indien hat sich an der wirtschaftlichen Situation der Ärmsten in den Entwicklungsländern mit niedrigem Einkommen in den letzten dreißig Jahren kaum etwas geändert.[5] Das Einkommen der Hälfte der Menschen in den Entwicklungsländern lag nach Zahlen der Weltbank für 2010 unter 2,50 US-Dollar pro Tag und rund 88 Prozent mussten mit weniger als 10 US-Dollar pro Tag auskommen.[6] Ein Einkommen zwischen zehn und fünfzig

US-Dollar pro Tag definiert nach der Weltbank die Mittelklasse. Die Anzahl der Menschen, die unter der Armutsgrenze von 1,25 US-Dollar pro Tag lebten, soll nach einem Bericht der Weltbank im Jahr 2011 bei etwa einer Milliarde gelegen haben.[7] Nach der Anpassung der Armutsschwelle auf 1,90 US-Dollar ist ihre Zahl ungefähr gleich geblieben. Bis 2013 soll sie dann auf nur noch 767 Millionen gesunken sein.[8] Wenn man das Einkommen jedes extrem armen Menschen auf magische Weise unmittelbar auf die Schwelle anheben könnte, dann würde es rund 250 Milliarden US-Dollar pro Jahr kosten, um extreme Armut in der Welt zu beseitigen.[9] Dies ist nur ein Bruchteil des Geldes, das während der Finanzkrise zur Bankenrettung mobilisiert wurde.

Dieses Gedankenspiel ist jedoch allzu einfach und führt in die Irre. Die Überwindung extremer Armut ist nicht nur eine Frage des täglichen Einkommens, sondern ist multidimensional und hängt natürlich mit vielen weiteren Entwicklungsparametern zusammen. Nach Schätzung von UN-Habitat leben beispielsweise mehr als ein Drittel der Stadtbewohner der Entwicklungsländer (rund 863 Millionen Menschen) in Slums mit unzureichender Infrastruktur.[10] Dazu gehört etwa die bereits behandelte Frage der mangelhaften Wasserinfrastruktur und Sanitärbedingungen. Rund 1,3 Milliarden Menschen haben nach Schätzung der Internationalen Energieagentur außerdem keinen Zugang zu Elektrizität.[11] Mehr als 2,5 Milliarden Erwachsene weltweit haben kein Bankkonto und können nur bedingt auf Bankdienstleistungen zurückgreifen.[12] Nach einem Bericht der OECD leben etwa 1,4 Milliarden Menschen und rund ein Drittel aller Ärmsten in 51 fragilen Staaten der Welt, in denen grundlegende staatliche Funktionen nur schwach entwickelt sind.[13] Rechtsstaatliche Strukturen stehen den Ärmsten nur rudimentär zur Verfügung, haben aber entscheidende Bedeutung. Die von UNDP unterstützte internationale Kommission über die rechtliche Stärkung der Armen unter dem Ko-Vorsitz des peruanischen Ökonomen Hernando de Soto etwa betonte 2008 in ihrem Abschlussbericht, dass »vier Milliarden Menschen in der Welt« der Chance beraubt seien, »ein besseres Leben zu führen und der Armut zu entkommen, weil sie vom Rechtswesen ausgeschlossen sind«. Ein besonderes Problem stellen unsichere und kaum durchsetzbare Eigentumsrechte an Land dar. Die Kommission empfahl unter anderem einen »Globalen Vertrag über die rechtliche Stärkung der Armen«, in dem fundamentale Rechte und ein Rahmen zu ihrer Realisierung international kodifiziert werden sollten.[14]

Darüber hinaus wird die von den Vereinten Nationen und der Weltbank festgesetzte international einheitliche monetäre Armutsgrenze als willkürlich kritisiert und die Aussagekraft der darauf basierenden Statistiken angezweifelt.

Der Wirtschaftswissenschaftler Sanjay Reddy und Thomas Pogge beispielsweise halten die von der Weltbank berechnete Schwelle für zu niedrig und sehen die von der Weltbank angewandte, auf Kaufkraftparität basierende Berechnungsmethode als ungenügend an, da in den Warenkörben Güter einberechnet würden, die für die Bedürfnisse der Armen irrelevant seien. Wenn Einkommensarmut auf einer pro-Kopf-Basis beurteilt werden soll, so argumentieren sie, dann durch eine Methode, die von den tatsächlichen lokalen Kosten zur Erfüllung der Grundbedürfnisse ausgeht.[15] Aussagen auf Grundlage der Weltbank-Statistiken und die monetäre Grenze zur Bemessung extremer Armut in der Welt sind daher mit Vorsicht zu genießen. Eine höhere Schwelle für extreme Armut, die sich tatsächlich an den Bedingungen eines »angemessenen Lebensstandards« orientiert, und eine bessere Bemessungsmethode müssen gefunden werden. Langfristig sollte man sich zudem vielleicht von einer globalen absoluten Armutsgrenze verabschieden und Armut relativ bemessen, so wie es in der EU und von der OECD bereits getan wird.

Die Notwendigkeit einer neuen Entwicklungspolitik

Um das Ziel einer vollständigen Abschaffung extremer Armut zu erreichen, ist ein Paradigmenwechsel in der Entwicklungspolitik und in der Armutsbekämpfung unumgänglich. Es ist zu überlegen, welche politischen Lehren man aus dem Grundsatzstreit über den Sinn und Unsinn der öffentlichen Entwicklungshilfe ziehen muss, der beispielsweise 2009 durch das millionenfach verkaufte Buch »Dead Aid« der aus Sambia stammenden Ökonomin Dambisa Moyo weiter angefeuert wurde. Wie die jahrzehntelange Erfahrung mit öffentlicher Entwicklungshilfe in Afrika hinreichend belege, schrieb Moyo, sei diese nicht Teil der Lösung, sondern vielmehr selbst das Problem. Im Ergebnis, so ihr schonungsloses Urteil, führe staatliche Entwicklungshilfe in Afrika zu Korruption und politischer Abhängigkeit, schüre Konflikte um die Kontrolle der Staatsmacht, untergrabe die Effizienz der öffentlichen Verwaltung, schade der Privatwirtschaft und würge wirtschaftliche Entwicklung und Wachstum ab. Der ehemalige deutsche Diplomat Volker Seitz weist darauf hin, dass zwischen 1960 und 2006 bis zu 2,3 Billionen US-Dollar nach Afrika südlich der Sahara geflossen seien, pro Kopf sechs Mal so viel wie nach Europa durch den Marshallplan, ohne eine erkennbare Verbesserung der Lebensumstände bewirkt zu haben.[16] Internationale Armutsbekämpfung und Entwicklungspolitik müssen näher an die betroffenen Menschen gebracht werden. Die Armen brauchen eine Stimme. Ihre

Interessenvertretung in einer parlamentarischen Versammlung auf Weltebene wäre ein Mittel, um ihre Lage zu verbessern und die Debatte auf eine neue Basis zu stellen. »Der beste Weg, um den Armen eine Stimme zu geben, ist durch ein Weltparlament«, argumentierte George Monbiot im *Guardian* und fügte hinzu: »In Afrika wird zunehmend erkannt, dass ein Weltparlament die beste – vielleicht die einzige – Chance bietet, dass die Anliegen der Armen die Ohren der Reichen unmittelbar erreichen.«[17]

Wirtschaftswachstum reicht nicht

Dass es nicht erfolgversprechend ist, auf allgemeines Wirtschaftswachstum und einen damit einhergehenden Anstieg des Durchschnittseinkommens zu setzen, um extreme Armut zu überwinden, ist inzwischen weitgehend anerkannt. Der Ökonom David Woodward hat auf Basis der Wachstumszahlen von 1993 bis 2008 extrapoliert, dass es in diesem Fall theoretisch über einhundert Jahre dauern würde, bis extreme Armut auch nur im Sinne der Einkommensschwelle von 1,25 US-Dollar verschwunden wäre.[18] Nicht zuletzt angesichts des geringen Effekts sowie der Notwendigkeit, den CO_2-Ausstoß zu verringern und auf nachhaltiges Wirtschaften umzustellen, sei die Idee, auf allgemeines Wachstum zu setzen, nicht nur unrealistisch, sondern auch »gefährlich und kontraproduktiv«.[19] In diesem Zusammenhang ist es bemerkenswert, dass 73 Prozent der weltweit ärmsten Menschen, die weniger als zwei US-Dollar am Tag zur Verfügung haben, inzwischen in Ländern mit mittlerem Einkommen leben. Dies sind nach Weltbank-Definition Länder mit einem jährlichen Bruttosozialprodukt pro Kopf, das zwischen 1.026 und 12.475 US-Dollar liegt. Wie der ehemalige Leiter der Forschungsabteilung der Weltbank, Paul Collier, in einem Buch über »die unterste Milliarde« hervorhebt, liegt das Problem darin, dass das Wachstum bei den Ärmsten überhaupt nicht ankommt.[20] »Es ist unwahrscheinlich, dass Wachstum alleine die Welt zum 3-Prozent-Ziel bringen wird, da im Zuge des Rückgangs extremer Armut Wachstum immer weniger Menschen aus der Armut hebt«, schreibt inzwischen auch die Weltbank selbst. Wachstumspolitik müsse inklusiver ausgerichtet und mehr Ressourcen müssten zur Unterstützung der extrem Armen eingesetzt werden.[21]

Soziale Grundsicherung als Basis eines planetaren Gesellschaftsvertrages

Der wesentliche Schritt zur Abschaffung extremer Armut in der Welt besteht darin, eine soziale Grundsicherung für alle Menschen zu gewährleisten. Parallel ist an die weltweite Einführung von Mindestlöhnen zu denken, deren Höhe länderspezifisch festgelegt wird, aber nirgends 1 Dollar pro Stunde unterschreiten darf.[22] Das ist es, was die Basis eines neuen planetaren Gesellschaftsvertrages und einer globalen ökosozialen Marktwirtschaft darstellen muss. Die von der ILO eingesetzte Weltkommission über die soziale Dimension der Globalisierung hat richtig darauf hingewiesen, dass »ein Mindestniveau sozialer Sicherheit« als »unbestrittener Teil des sozio-ökonomischen Fundaments der globalen Wirtschaft akzeptiert werden« muss. Globales Engagement zur Beseitigung sozialer Unsicherheit habe kritische Bedeutung, um die Globalisierung weiter legitimieren zu können.[23] Tatsächlich ist »soziale Sicherheit« in den Artikeln 22 und 25 der Allgemeinen Erklärung der Menschenrechte sowie in Artikel 9 des internationalen Paktes über wirtschaftliche, soziale und kulturelle Rechte als ein Menschenrecht verankert. Im Rahmen der ILO wurden zahlreiche Empfehlungen und Konventionen erarbeitet. Die von fünfzig Ländern aber meist nur in Teilen ratifizierte ILO-Konvention 102 von 1952 beispielsweise verpflichtet zur Einhaltung bestimmter Mindeststandards bei der Gewährleistung von Grundsicherungsleistungen. 1995 veranstaltete die UN in Kopenhagen einen Weltgipfel für soziale Entwicklung. In einer 2008 praktisch von der gesamten Staatengemeinschaft einstimmig angenommenen Grundsatzerklärung der ILO »über soziale Gerechtigkeit für eine faire Globalisierung« wird unter anderem das Ziel einer »Ausweitung der Sozialen Sicherheit auf alle, einschließlich Maßnahmen zur Bereitstellung eines Grundeinkommens für alle« bekräftigt. Das Ziel findet sich bereits in der ILO-Erklärung von Philadelphia aus dem Jahr 1944. Auch siebzig Jahre später muss die ILO in ihrem ersten Bericht über soziale Absicherung trotz beachtlicher Fortschritte in zahlreichen Ländern der Welt feststellen, dass 73 Prozent der Weltbevölkerung, oder 5,2 Milliarden Menschen, nur zum Teil oder überhaupt keinen Zugang zu sozialstaatlichen Sicherungssystemen haben. Soziale Absicherung ist nicht nur ein Menschenrecht, sondern spielt nach Auffassung der ILO eine Schlüsselrolle bei der Reduzierung von Armut, sozialer Ungleichheit und von Hunger sowie zur Förderung von Ernährungssicherheit, sozialem Zusammenhalt, gesellschaftlichem Frieden und politischer Stabilität. Sie habe positive Wirkung auf die Gesundheitsversorgung, die Bildungssituation, auf die Schaffung von Arbeitsplätzen, auf die

Konsumnachfrage sowie das Wirtschaftswachstum. »In soziale Absicherung zu investieren bedeutet in eine gesunde, produktive und gerechte Gesellschaft zu investieren«, heißt es in dem Bericht.[24]

Ein globales Grundeinkommen

Bei der Bekämpfung von Armut und in der Entwicklungshilfe haben sich bedingungslose Geldzuwendungen als besonders erfolgreich erwiesen, wie der Politikwissenschaftler Christopher Blattmann und der Ökonom Paul Niehaus in der Zeitschrift *Foreign Affairs* von neuen Studienergebnissen berichten. »Westliche Funktionäre und Organisationen sind nicht die Besten darin, um zu beurteilen, was arme Menschen in den Entwicklungsländern brauchen, um ihr Leben zu bestreiten; die armen Menschen selbst sind es«, fassen sie zusammen.[25] Unmittelbarer als durch direkte Zuwendungen kann Armutsbekämpfung nicht sein. Die Menschen werden in die Lage versetzt, selbstverantwortlich darüber zu entscheiden, was sie am nötigsten brauchen, beispielsweise von Dingen des täglichen Überlebens bis hin zu Aus- und Weiterbildung oder Investitionen in ein eigenes Kleinunternehmen. Die von Blattmann und Niehaus analysierten Studien bestätigen, dass sie dazu in aller Regel sehr gut in der Lage sind.

In der EU hat das Europäische Parlament in einer 2010 verabschiedeten Resolution zur Bedeutung von Mindesteinkommen festgestellt, dass ein »bedingungsloses Grundeinkommen für alle, gepaart mit zusätzlichen Maßnahmen zur sozialen Einbeziehung und zum sozialen Schutz« seiner Auffassung nach ein wirksames Mittel »zur Bekämpfung von Armut und sozialer Ausgrenzung und zur Gewährleistung eines Lebens in Würde für alle« darstellt.[26] In den USA hat die Diskussion um den Vorschlag bereits eine lange Geschichte. In der Form einer sogenannten negativen Einkommenssteuer wurde es zum Beispiel schon 1962 vom US-amerikanischen Ökonomen Milton Friedman in dem Buch »Capitalism and Freedom« vorgeschlagen. Wenn ein Verdienst unterhalb eines bestimmten Betrages liegt oder gar kein Verdienst vorhanden ist, würde es dabei eine finanzielle Zuwendung vom Staat bis zur Höhe eines Grundeinkommens geben. Eine Beraterkommission des US-Präsidenten empfahl 1969 die Einführung eines solchen Modells. Zu den Unterstützern eines Grundeinkommens zählten der Bürgerrechtler Martin Luther King oder die Ökonomen James Tobin und Kenneth Galbraith. »Ich bin jetzt davon überzeugt«, schrieb Martin Luther King, »dass sich der einfachste Ansatz als der effektivste herausstellen wird«. Die Lösung der Armut liege darin, sie direkt durch ein garantiertes Einkommen zu beseitigen.[27] Der bedeutende Vorkämpfer gegen soziale Unterdrückung und Friedensnobelpreisträger befürwortete, nebenbei bemerkt, auch die Einrichtung einer Weltpolizei und einer Weltregierung. »Das bedeutet nicht, dass jeder zu jeder Zeit sich immer einig sein muss. Es kann eine Weltregierung geben, in der Vielfalt existiert«, merkte er 1964 an.[28]

Die Frage eines bedingungslosen Grundeinkommens wird in der globalen Entwicklungs- und Sozialpolitik unausweichlich. Der Gründer von Europas größter Drogeriemarktkette dm, Götz Werner, und die ehemalige Präsidentin der Hochschule für bildende Künste in Hamburg, Adrienne Goehler, sind als Verfechter des Vorschlags bekannt. Mit Blick auf ein erfolgreiches Modellprojekt im namibischen Dorf Otjivero fragen sie sich, weshalb »die klassische Entwicklungspolitik, die weltweit Korruption stark und Machthaber, Despoten, Diktatoren, Clans und Warlords reich gemacht, aber Armut nicht wirklich bekämpft hat, nicht radikal auf das bedingungslose Grundeinkommen umgestellt« wird.[29] Zugleich wird hiermit die zuvor aufgeworfene Frage beantwortet, wozu Gelder aus globalen Steuern eingesetzt werden sollten. Ein *globales Grundeinkommen* ist vielleicht die sinnvollste Verwendung für den größten Teil globaler Steuereinnahmen. Thomas Pogge zum Beispiel meint, dass »so etwas wie ein globales Grundeinkommen sehr wohl Teil des besten Planes sein könnte, um die Mittel aus einer Tobin-Steuer oder einer globalen Rohstoffdividende zur Abschaffung der Armut zu benutzen«. Projekte zur Verbesserung der staatlichen Infrastruktur stellen freilich ebenfalls eine wichtige Komponente dar, fügt er richtigerweise hinzu.[30] Werner und Goehler wiederum verknüpfen das Grundeinkommen mit einer globalen CO_2-Emmissionssteuer. »Würde man heute die Emissionsrechte für CO_2 weltweit versteigern und die Einnahmen daraus als Grundeinkommen auszahlen«, schreiben sie, so »würde man damit zwei grundlegende Probleme des 21. Jahrhunderts gleichzeitig lösen: Zum einen würde man die CO_2-Emissionen wirksam begrenzen, also den befürchteten Klimawandel bremsen. Zum anderen würde – je nach Auktionspreis – jeder Mensch zwischen 13 und 14 Dollar pro Monat bekommen. Wir mögen in Europa solche ›Peanuts‹ verachten, aber im Weltmaßstab kann dieser Betrag ein minimales Auskommen sichern und damit etwa den Zugang zu sauberem Trinkwasser und Grundernährung.«[31]

Die Teilhabe aller Menschen an den Gemeingütern

Der Vorschlag eines Grundeinkommens ist mit der Idee von der Teilhabe *aller Menschen* an den Gemeingütern und den Früchten der Zivilisation verbunden. Wie Myron Frankman erläutert, ist der Gedankengang recht einfach: »Jedes Einkommen profitiert von zuvor existierenden Institutionen, Wissen, Kommunikation und Transportnetzen, die ein Teil davon sind, was man gemeinhin soziales Kapital nennt. So wie jeder von uns gleichermaßen ein Nutznießer des kumulativen globalen Prozesses der Zivilisation ist, sind wir zu einer vernünftigen finanziellen Dividende berechtigt.«[32] Thomas Paine, der zu den frühen Befürwortern dieses Ansatzes zählt, hatte 1797 im Zusammenhang mit Grundeigentum hervorgehoben, dass die Erde in ihrem ursprünglichen Zustand als »gemeinsamer Besitz der menschlichen Rasse« anzusehen sei und dass daher alle diejenigen, die von Eigentum ausgeschlossen sind, von den Eigentümern zu entschädigen seien.[33] Wenn globale Gemeingüter genutzt werden, dann sollte dies allen Erdenbürgern zugutekommen. Ein globales Grundeinkommen hat somit eine starke symbolische Dimension. Es fördert den Gedanken der Gleichheit aller Menschen und ihre globale Identität. Ein Weltparlament sollte den Rahmen zur Ausgestaltung setzen, Budgethoheit haben sowie demokratische Kontrolle ausüben. Bei der Umsetzung ist es denkbar, dass innerhalb globaler Richtlinien verschiedene Modelle offengestellt werden, damit den lokalen Bedingungen bestmöglich entsprochen werden kann. In entwickelten Ländern, die funktionierende Steuer- und Sozialsysteme haben, könnte es zum Beispiel Sinn machen, das Grundeinkommen als negative Einkommensteuer zu gestalten. In anderen Ländern mag es dagegen besser sein, es unbürokratisch in voller Höhe auszuzuzahlen. In fragilen und erst recht in scheiternden Staaten sind dabei große Herausforderungen zu meistern. Entscheidend ist jedenfalls, dass es jeder erhält und dass es bedingungslos ist, also mit keinem Arbeitszwang und keiner Bedürftigkeitsprüfung einhergeht. Letzteres ist nicht nur mit erheblichem bürokratischen Aufwand verbunden und stigmatisiert die Leitungsempfänger, es widerspricht der Logik eines Grundeinkommens auch grundsätzlich.

Der Traum vom Leben ohne wirtschaftlichen Zwang

Der Sozialpsychologe Erich Fromm hat darauf hingewiesen, dass der Mensch in der gesamten Geschichte durch zwei Faktoren in seiner Handlungsfreiheit eingeschränkt war, nämlich durch die Zwangsgewalt der Herrschenden und durch die Gefahr des Hungertodes für alle diejenigen, »die nicht bereit waren, die ihnen auferlegten Bedingungen in Bezug auf ihre Arbeit und ihre soziale Existenz zu akzeptieren«. Im Zeitalter des wirtschaftlichen Überflusses allerdings, in dem es eigentlich möglich ist, die Grundbedürfnisse aller zu befriedigen, könnte der Mensch durch ein garantiertes Einkommen erstmals von wirtschaftlicher Bedrohung frei und unabhängig gemacht werden. »Das garantierte Einkommen«, schrieb Fromm, »würde nicht nur aus dem Schlagwort ›Freiheit‹ eine Realität machen, es würde auch ein tief in der religiösen und humanistischen Tradition des Westens verwurzeltes Prinzip bestätigen, dass der Mensch unter allen Umständen das Recht hat zu leben. Dieses Recht auf Leben, Nahrung und Unterkunft, auf medizinische Versorgung, Bildung usw. ist ein dem Menschen angeborenes Recht, das unter keinen Umständen eingeschränkt werden darf, nicht einmal im Hinblick darauf, ob der Betreffende für die Gesellschaft ›von Nutzen ist‹.« Ein Übergang von einer Psychologie des Mangels zu einer des Überflusses bedeute »einen der wichtigsten Schritte in der menschlichen Entwicklung«.[34] In diesem Sinne ist ein Grundeinkommen für Götz Werner und Adrienne Goehler ein Schritt zur Verwirklichung des vielleicht wichtigsten Menschheitstraumes für alle: Ein Leben ohne Existenzangst und mit der Freiheit, tun zu können, was man will. Die humanistischen Ideale der Aufklärung und die Kernforderung der französischen Revolution nach »Freiheit, Gleichheit und Brüderlichkeit« würden damit endlich eine »reale Grundlage« erhalten.[35] Eine soziale Grundsicherung für alle Menschen weltweit zu gewährleisten, ist ein Menschenrecht und Ziel der globalen Sozialpolitik. Ein globales Grundeinkommen kann nationale Maßnahmen ergänzen und einen finanziellen Sockel schaffen, der extreme Armut auf dem Planeten beseitigen hilft.

22.
Globale Klassenformation, die »Superklasse« und globale Ungleichheit

Die Entstehung globaler Klassengegensätze und die Rolle der Mittelschicht

Die steigende Bedeutung der Entwicklungs- und Schwellenländer in der Weltwirtschaft, die mit einem Anwachsen ihrer Mittelschichten einhergeht, macht das Konzept einer sogenannten Dritten Welt trotz der weiterhin existierenden extremen Armut obsolet. Zugleich ist die in der Weltsystemtheorie lange vorherrschende Aufteilung der Welt in ein »Zentrum«, »Semiperipherie« und »Peripherie« weitgehend am Ende. Das zeigt sich beispielsweise anhand der zunehmenden direkten Handelsbeziehungen zwischen den Ländern des Südens oder an ihrem wachsenden Anteil an den weltweiten Konsumausgaben. In ihrem Versuch, die »Herrschaftslogik einer neuen globalen Form der Souveränität« zu beschreiben, haben Michael Hardt und Antonio Negri diesen Sachverhalt gut erfasst. »Wenn Erste Welt und Dritte Welt, Zentrum und Peripherie, Norden und Süden jemals wirklich entlang nationalstaatlicher Grenzen getrennt waren, so gehen sie heute ineinander über; Ungleichheiten wie Grenzziehungen verteilen sich und zeigen fragmentierte und multiple Konturen. ... In verschiedenen Nationalstaaten und Regionen finden sich Anteile von so genannter Erster Welt und Dritter Welt, Zentrum und Peripherie, Norden und Süden in unterschiedlichem Ausmaß. Stabile nationale und internationale Grenzziehungen werden nicht mehr die Geografie der ungleichen Entwicklung wie die internationale Arbeitsteilung und Hierarchie vorzeichnen, sondern fließende Grenzen unterhalb und oberhalb der nationalstaatlichen Ebene«, stellen sie in dem Buch »Empire« fest.[1] »Es gibt einen ›Süden‹ im Norden und einen ›Norden‹ im Süden«, heißt es im UNDP-Bericht über die menschliche Entwicklung 2013.[2] Aus dieser Perspektive ist eine zentrale Auseinandersetzung der Zukunft nicht im zwischenstaatlichen Bereich angelegt und zwar weder auf einer Nord-Süd- oder Ost-West-Achse oder in einer anderen Konfiguration, sondern *innerhalb der Weltgesellschaft* zwischen sozial benachteiligten Schichten und einer superreichen globalisierten Elite.

In einem Beitrag über das »globalisierte Sicherheitsumfeld« betonte der Verteidigungsexperte Tomas Ries, dass sich die »wichtigsten politischen Verwerfungslinien, die gewaltsamen Konflikt verursachen« verschieben werden von innerelitären horizontalen Auseinandersetzungen zu »vertikalen asymmetrischen Spannungen« zwischen »ungleichen globalen sozioökonomischen Klassen der Gesellschaft«. Technologie schrumpfe die Welt zu einem globalen Dorf, doch zu einem Dorf, das »am Rande einer Revolution« stehe. »Während es eine zunehmend integrierte globale Elite gibt«, so Ries, »haben wir es auch mit zunehmend explosiven Spannungen zu tun, die von den ärmeren unteren Schichten ausgehen.«[3] Eine 2007 veröffentlichte Studie des britischen Verteidigungsministeriums über das strategische Verteidigungsumfeld der nächsten dreißig Jahre identifizierte die Mittelschichten als potentielle »revolutionäre Klasse«. »Die Globalisierung der Arbeitsmärkte sowie das sinkende Niveau nationaler öffentlicher Fürsorge und der Beschäftigung könnte die Bindung der Menschen an einzelne Staaten reduzieren«, heißt es da. »Die wachsende Kluft zwischen ihnen und einer kleinen Anzahl stark exponierter superreicher Individuen könnte die Desillusionierung über die herrschende Elite nähren, während die wachsenden urbanen Unterschichten wahrscheinlich eine zunehmende Bedrohung für die soziale Ordnung und Stabilität darstellen. ... Mit diesen beiden Herausforderungen konfrontiert, könnten sich die *Mittelschichten der Welt vereinen* und den Zugang zu Wissen, Ressourcen und Fähigkeiten nutzen, *um transnationale Prozesse im Sinne ihrer eigenen Klasseninteressen* zu gestalten« (unsere Hervorhebung).[4] Die aufstrebenden Mittelklassen in den Entwicklungsländern, von denen viele Menschen weiterhin oft nur knapp oberhalb der Armutsgrenze leben, verlangen nach verbesserten sozialen, politischen und wirtschaftlichen Rechten, guter Regierungsführung und besserer staatlicher Infrastruktur, während die bedrängten Mittelklassen der Industrieländer sich durch wachsende Ungleichheit und den globalen ökonomischen Strukturwandel vom Abstieg bedroht sehen. »Die Hauptursache kommender Konflikte wird kein Kampf der Kulturen sein, sondern der durch unerfüllte Erwartungen genährte Zorn einer Mittelklasse, die in den reichen Ländern schrumpft und in den armen Ländern boomt«, diagnostizierte Moisés Naím.[5]

Der Ökonom Branko Milanović, der bei der Weltbank als einer der weltweit führenden Experten über Ungleichheit geforscht hat, gab sich in einem 2011 veröffentlichten Buch skeptisch, ob eine globale Klassensolidarität gegenwärtig überhaupt möglich ist, da die materiellen Verhältnisse der Menschen in der Welt »einfach zu unterschiedlich« seien. Das von Karl Marx 1867 als revolutionäre Klasse proklamierte weltweite Proletariat zum Beispiel habe es bereits zum Ende des 19. Jahrhunderts nicht mehr gegeben. Zu dem Zeitpunkt seien die Einkommensunterschiede zwischen den Arbeitern in Europa und Nordamerika sowie im Osten und in den Kolonien »explodiert« und die angebliche transnationale Solidarität der Arbeiterbewegung schließlich »verpufft«. Für den französischen Sozialphilosophen André Gorz handelte es sich beim Proletariat im Sinne von Marx ohnehin nur um einen philosophischen Mythos. »Mehr als ein Jahrhundert hat die Idee des Proletariats dessen Irrealität zu verbergen vermocht«, schrieb er 1980 in dem einflussreichen Buch »Abschied vom Proletariat«.[6] Milanović jedenfalls hebt hervor, dass heute selbst der ärmste Amerikaner immer noch besser dran sei als zwei Drittel der Weltbevölkerung. »Es gibt viele Länder«, so Milanović, »deren Topverdiener ärmer sind als die ärmsten Einkommensschichten in den reichen Ländern.«[7] Nichtsdestotrotz räumt auch er inzwischen ein, dass es zumindest eine fragile »neue globale Mittelklasse« gibt. Das globale mittlere Einkommen habe 2011 fünf US-Dollar pro Tag betragen, so dass man die globale Mittelklasse bei einem Einkommen zwischen vier und 6,50 US-Dollar pro Tag ansiedeln könne. Das wären dann dreizehn Prozent der Weltbevölkerung.[8] Nach einer anderen möglichen Sichtweise könnte man ein Einkommen von zwei bis 16 US-Dollar pro Tag für die Definition einer globalen Mittelschicht zugrunde legen. Der weltweite Anteil dieser Einkommensgruppe ist in den zwanzig Jahren von 1988 bis 2008 von 23 auf 40 Prozent gewachsen.[9]

Wie die erwähnte britische Studie andeutet, besteht die entscheidende Wende nun darin, dass zumindest Teile der globalen Mittelschicht die globale Dimension der Auseinandersetzung und ein gemeinsames globales Interesse erkennen. Von der Steuervermeidung der Superreichen und ihrer Konzerne etwa, mit der sich diese einer gesellschaftlichen Verantwortung entziehen, sind alle Mittelschichten gleichermaßen betroffen, ob in Brasilien, Deutschland, Indien oder in den USA. Damit würde eine machtvolle populäre Basis für eine globale regulative Gegenbewegung im Sinne von Karl Polanyis Konzept der Doppelbewegung entstehen. Um an die Perspektive der »Großen Transformation« anzuschließen, könnte dabei von einem globalen »transformativen Subjekt« die Rede sein.

Das globale Prekariat

Unter den Versuchen, ein potentielles »transformatives Subjekt« zu identifizieren, stellt die globale Mittelschicht nur einen Fall dar. Der britische Arbeitsökonom Guy Standing, der in leitenden Funktionen bei der ILO tätig war und heute an der Universität von London lehrt, spricht von der Notwendigkeit eines »neuen Vokabulars«, das »Klassenbeziehungen im globalen Marktsystem des 21. Jahrhunderts« beschreibt. Der Befürworter eines Grundeinkommens sieht als eine »neue gefährliche Klasse« ein »globales Prekariat« heraufziehen, das sich am unteren Ende der entstehenden globalen Klassenstruktur befinde. Die Konturen dieser Klasse »im Werden«, wie Standing sie auch nennt, sind noch recht vage. Sie ist weder Bestandteil der Mittelklasse noch eines traditionellen Proletariats, das auf Lohnarbeit basiert. Ihre Mitglieder leben vielmehr in prekären Verhältnissen und wurschteln sich mit mehr oder weniger temporären Jobs oder arbeitslos ohne berufliche Perspektive und soziale Aufstiegschancen durch. Die Beschreibung erinnert an das von André Gorz schon vor langem skizzierte »nachindustrielle Proletariat der Status- und Klassenlosen«, die »Gesamtheit der Überzähligen der gesellschaftlichen Produktion: gegenwärtig und virtuell, permanent und zeitweilig, total und partiell Arbeitslose.«[10] Sie sind laut Standing von der Flexibilisierung der Arbeitsmärkte und Einschnitten in die Sozialsysteme am stärksten betroffen (sofern letztere denn existieren und zugänglich sind), haben keine beschäftigungsabhängige soziale Absicherung, keine Kapitaleinkünfte, kaum Möglichkeit zu Sparen und leben in ständiger Unsicherheit darüber, was die Zukunft bringen mag. Von den traditionellen politischen Parteien und den Gewerkschaften fühlen sie sich nicht vertreten und sind den staatlichen Institutionen weitgehend entfremdet. Das so umrissene Prekariat ist sehr inhomogen. Die größte und facettenreichste Gruppe besteht nach Standing aus gut ausgebildeten Menschen, die keine geregelte Arbeit auf ihrem Qualifikationsniveau finden können, aber oft sehr gut vernetzt sind. Dies ist die Gruppe, aus der sich die jüngsten Jugend- und Studentenproteste nähren und die nach Ansicht von Standing beispielsweise eine führende Rolle in den Occupy-Protesten gespielt hat. Dann gibt es die relativ ungebildeten und für Populismus empfänglichen ehemaligen Lohnabhängigen, die aus der Arbeiterklasse herausgefallen sind, sowie die am stärksten benachteiligte Gruppe der Migranten mit oder ohne offiziellen Aufenthaltsstatus, Asylanten und Angehörige ethnischer Minderheiten, die sich kaum auf irgendwelche Rechte berufen können.[11]

Das Konzept der Multitude

Ein anderer Ansatz zeigt sich in dem Konzept einer »Multitude«, das durch das gleichnamige Buch von Michael Hardt und Antonio Negri einem breiteren Publikum bekannt wurde. Multitude, das ist ihrem Verständnis nach eine netzwerkartig verflochtene Menge »singulärer Lebensformen«, die vielfältige Unterschiede aufweisen und »niemals auf eine Einheit oder eine einzige Identität zurückzuführen sind«. Der Begriff bezeichne »all jene, die unter der Herrschaft des Kapitals arbeiten und produzieren« und zwar im weitesten Sinne in »all den verschiedenen Gestalten der gesellschaftlichen Arbeit«. Dies schließe Erwerbslose mit ein, da die »gesellschaftliche Produktion« heute »innerhalb und außerhalb des Lohnverhältnisses« stattfinde.[12] Während die »gemeinsamen Bedingungen« jener, »die zur Multitude werden können«, in den Überlegungen von Hardt und Negri relativ unspezifisch und weit gefasst bleiben, lässt sich ihnen gemäß sagen, dass diese »weltweit entstehende Klassenformation« eine »gemeinsame globale Existenz« teilt.[13] Der zugrunde gelegte Klassenbegriff, auf den es hier ankommt, ist kein empirisches Konzept, sondern politisch bestimmt. Klasse sei durch Klassenkampf definiert und der Klassentheorie komme die Aufgabe zu, »die existierenden *Bedingungen* eines potenziellen kollektiven Kampfes zu identifizieren und sie als politischen *Entwurf* zum Ausdruck zu bringen«. Das Projekt besteht in diesem Fall daraus, die Multitude ins Leben zu rufen. Als Klasse kann sie dabei »dann und nur dann ein kollektives Ganzes bilden, wenn sie gemeinsam kämpft«.[14] Wie der Kulturtheoretiker Sylvère Lotringer süffisant anmerkt, handelt es sich bei Hardt und Negris Entwurf um eine ganz »besondere Art von Klassenkampf«, nämlich »ein Kampf auf der Suche nach einer Klasse«.[15]

Worum es bei diesem Kampf geht ist nach Auffassung von Hardt und Negri kurz gesagt der Widerstand gegen einen als »Empire« bezeichneten imperialen globalen Herrschaftsapparat, der »eine Reihe nationaler und supranationaler Organisationen« umfasse, darunter die Vereinten Nationen, den IWF und die Weltbank, und den globalen Markt und die globalen Produktionsabläufe als »souveräne Macht« regiere. Ein interessanter Aspekt des Entwurfes besteht darin, dass die USA nicht als dessen Mittelpunkt angesehen werden. Es sei vielmehr ein grundlegendes Prinzip des »Empire«, dass dessen globale Macht kein wirkliches Zentrum habe. Die im nationalstaatlichen System so bedeutende Unterscheidung zwischen Innen und Außen löst sich im »Empire« immer weiter auf. Die »imperiale Souveränität« des »Empire« umspanne den gesamten Globus und seine Macht sei »zugleich überall und nirgends«, philosophieren Hardt und Negri.[16] Einen wichtigen Teil des »Empire« bilde eine »globale Aristokratie« aus multinationalen Unternehmen und Industriellen, supranationalen Institutionen, dominierenden Industriestaaten und einflussreichen nichtstaatlichen Akteuren. Die Multitude nun »ist und bleibt notwendigerweise Widerpart dieser Aristokratien«. In den Protesten gegen die WTO-Konferenz in Seattle 1999 sehen Hardt und Negri das »Coming Out« eines neuen »globalen Kampfzyklus«, der nun die Multitude organisiere und mobilisiere. Ziel der Auseinandersetzung sei es, »einen neuen Rahmen für die demokratische Verfassung« der Welt zu entwickeln und eine »Demokratie im Weltmaßstab« zu schaffen.[17]

Die Superreichen und globale Herrschaftsstrukturen

Während sich die klare Identifikation eines globalen »transformativen Subjekts« im Rahmen traditioneller Klassenvorstellungen etwas schwierig zu gestalten scheint, kann demgegenüber problemlos festgestellt werden, dass es eine globale Elite gibt, die in der globalen Klassenstruktur ökonomisch weit abgekoppelt ganz oben steht. Es handelt sich um die Gruppe der weltweit rund 128.000 Superreichen mit einem Vermögen von über 30 Millionen US-Dollar. Insgesamt beläuft sich das von diesen Superreichen gehaltene Vermögen auf geschätzte 18,2 Billionen US-Dollar, also im Schnitt 142 Millionen pro Person.[18] Die Summe ist in Wirklichkeit zweifellos höher, da, wie bereits erwähnt, fest davon auszugehen ist, dass weitere Billionenbeträge verschleiert angelegt und in Steueroasen versteckt sind. Das betrifft auch die Gelder der sogenannten »Schattenelite« der organisierten Kriminalität, die in den normalen Statistiken nicht erfasst sind. Jedenfalls sollen einer anderen konventionellen Schätzung zufolge rund 100.000 Menschen weltweit ein Vermögen von über 50 Millionen US-Dollar besitzen, 34.000 von diesen eines über 100 Millionen und 3.100 wiederum eines über 500 Millionen US-Dollar.[19] Hier nähern wir uns dem Kern dieser Klasse an der Spitze der globalen Vermögenspyramide. Diesen bildet die Gruppe der vom *Forbes*-Magazin 2014 auf eine Anzahl von 1.645 Personen geschätzten Milliardäre, die zusammen auf ein Vermögen von 6,4 Billionen US-Dollar kommen sollen. Wie hoch diese Vermögenskonzentration ist, lässt sich dadurch verdeutlichen, dass die Ärmsten 3,2 Milliarden Menschen der Welt, oder 68,7 Prozent der Weltbevölkerung, mit geschätzten 7,3 Billionen US-Dollar nur etwas mehr Vermögen als diese Gruppe besitzen.[20] Die 128.000 Superreichen zusammen kommen auf mehr als doppelt so viel. Die ärmste Hälfte der Weltbevölkerung besitzt weniger als ein Prozent des globalen Vermögens und die ärmsten zwei Drittel nur rund drei Prozent. Das Reichste oberste Prozent der Weltbevölkerung hält demgegenüber rund 46 Prozent allen Vermögens. »Es gibt einen Klassenkampf, richtig, aber es ist meine Klasse, die reiche Klasse, die diesen Kampf führt und wir gewinnen«, stellte der Milliardär Warren Buffett im Gespräch mit der *New York Times* vor einigen Jahren fest.[21]

Die Mitglieder der ökonomischen Klasse der Superreichen sind sicherlich häufig, aber nicht unbedingt zwangsläufig, Teil der von einer weltweiten Elite getragenen dominanten globalen Herrschaftsstruktur. Der deutsche Soziologe Hans Jürgen Krysmanski sieht die Superreichen als globalen »Machtkern im Sinne einer herrschenden Klasse« an und spricht von einem »Geldmachtkomplex«, der die Basis »für eine neue Form globaler Souveränität« geworden sei.[22] Die »neuen planetarischen Herrschaftsstrukturen« stellt sich Krysmanski als eine »Ringburg« vor. »Das Zentrum«, so der Soziologe, »bilden überall die 0,01 Prozent Superreichen, eine völlig losgelöste und zu allem fähige soziale Schicht, welcher die Wissens- und Informationsgesellschaft alle Mittel in die Hände legt, um sich als eine neue gesellschaftliche Mitte zu etablieren. Um sie herum und ihr am nächsten gruppieren sich als zweiter Ring die Konzern- und Finanzeliten als Spezialisten der Verwertung und Sicherung des Reichtums. Den nächsten Funktionsring bilden die politischen Eliten, die zumindest aus der Sicht des Imperiums der Milliardäre für die möglichst unauffällige Verteilung des Reichtums von unten nach oben zu sorgen haben. Die größte Gruppe bevölkert den Außenring der Festung: die Funktions- und Wissenseliten aller Art, von Wissenschaftlern über Techno- und Bürokraten bis zu den Wohlfühleliten in Medien, Kultur und Sport.«[23] Ein diffuseres Bild hat der ehemalige Geschäftsführer von Kissinger Associates und vormalige stellvertretende Staatssekretär im US-Handelsministerium, David Rothkopf, in einem populären Buch über die sogenannte »Super-Klasse« gezeichnet. Für ihn besteht die »internationale Machtelite« aus einem Kreis von 6000 über zahllose Fäden miteinander verbundene Personen, die sich nicht unbedingt durch ihren persönlichen Reichtum, sondern durch ihren »internationalen Einfluss« auszeichnen. Es handelt sich seiner Meinung nach um die ranghöchsten Beamten international einflussreicher Staaten, die Befehlshaber der mächtigsten Armeen, die wichtigsten Vorstandsmitglieder der weltgrößten Unternehmen, reichsten Kreditinstitute und der größten Investmentfirmen, die Vorsitzenden der größten nichtstaatlichen Organisationen und der wichtigsten internationalen Organisationen sowie Religionsführer, Wissenschaftler und sonstige Vordenker.[24]

Die transnationale kapitalistische Klasse

Die superreiche Elite und ihr Wirken ist akademisch lange zu wenig beachtet worden. Richtigerweise wird häufig darauf hingewiesen, dass diese Zurückhaltung in einem starken Kontrast zur intensiven Erforschung der Lebensverhältnisse der Armen und der Mittelschichten steht. Mit C. Wright Mills und William Domhoff gibt es in den USA ernstzunehmende Pioniere der Elitenforschung und inzwischen beginnt auch die globale Elite mehr Aufmerksamkeit zu bekommen. Meist geht es dabei jedoch nicht um die Superreichen als solche, sondern um die Frage einer globalen Klassenbildung, bei der sie eine zentrale Rolle spielen. In einer 2001 veröffentlichten Studie hat zum Beispiel der ehemals an der London School of Economics lehrende Soziologe Leslie Sklair argumentiert, dass mit der zunehmenden Bedeutung transnationaler Konzerne die Entstehung einer »transnationalen kapitalistischen Klasse«, kurz TCC, einhergegangen sei, die einen Großteil der weltweiten Produktionsmittel sowie den Prozess der Globalisierung »mehr oder weniger« kontrolliere. Die erste und dominante Gruppe innerhalb der TCC besteht seiner Analyse nach aus denjenigen, die die wichtigsten transnationalen Unternehmen kontrollieren, also deren Eigentümer (die Superreichen) sowie die oberen Führungskräfte. Unterstützt wird diese Gruppe von drei weiteren, in denen sich unter anderem führende Bürokraten, Politiker, Fachleute, Wissenschaftler oder Medienvertreter sammeln. Zwischen diesen Gruppen gibt es viele personelle Überschneidungen, Verschränkungen und Wechsel. »Sie sind eine *transnationale kapitalistische Klasse,* indem sie über Staatsgrenzen hinweg operieren, um die Interessen des globalen Kapitals zu fördern und nicht dasjenige irgendeines echten oder eingebildeten Nationalstaats«, betont Sklair. Zwar gebe es durchaus interne Interessenkonflikte, doch bei diesen handele es sich um »Probleme zweiter Ordnung«. Für das System als Ganzes sei es viel wichtiger, was die Mitglieder dieser Klasse global zusammenhalte, nämlich »ihr gemeinsames Interesse am Schutz des Privateigentums und am Recht privater Individuen, dieses mit so wenig Einmischung wie möglich zu akkumulieren«.[25]

Der Soziologe William Robinson von der Universität von Kalifornien in Santa Barbara hat an diese Studien angeknüpft. In einer wichtigen Untersuchung zu einer »Theorie des Globalen Kapitalismus« aus dem Jahr 2004 betont auch er, dass die Formation einer »transnationalen kapitalistischen Klasse« ein zentraler Aspekt des Globalisierungsprozesses darstellt. Sie sei nicht nur ein Ergebnis dieses Prozesses, sondern seit den 1970er Jahren auch seine treibende Kraft. Die Globalisierung des Kapitalismus repliziere die von Karl Polanyi dargestellte historische »Große Transformation« auf der globalen Ebene. Dem Kapital, verkörpert und kontrolliert durch die TCC, sei es gelungen, sich von nationalstaatlichen Beschränkungen zu lösen. »Diese Liberalisierung hat dabei geholfen, das aufstrebende transnationale Kapital von den Kompromissen und Verpflichtungen zu befreien, die ihm in der nationalstaatlichen Phase des Kapitalismus durch soziale Kräfte auferlegt wurden. Es hat das Kräftegleichgewicht zwischen Klassen und sozialen Gruppen in allen Nationen in der Welt und auf der globalen Ebene dramatisch zugunsten einer aufstrebenden transnationalen kapitalistischen Klasse verschoben«, analysiert Robinson. Der im nationalstaatlichen Rahmen von der Gegenbewegung historisch aufgezwungene Klassenkompromiss werde von der TCC ganz bewusst und gezielt transnational umgangen und aufgelöst. Als empirische Hinweise für den Aufstieg einer TCC zieht Robinson unter anderem die wachsende Anzahl und Größe von transnationalen Unternehmen, die zunehmenden grenzüberschreitenden Fusionen und Übernahmen, die steigenden ausländischen Direktinvestitionen, personelle Überlappungen in den Führungsgremien transnationaler Unternehmen sowie Entwicklungen im weltweiten Outsourcing und Subunternehmertum heran.[26]

Ein transnationaler Staatsapparat

Obwohl eine spätere Untersuchung des kanadischen Soziologen William Carroll zu dem Ergebnis kommt, dass die TCC geographisch gesehen im nordatlantischen Raum am stärksten entwickelt ist, handelt es sich keineswegs um ein auf den Westen oder den Globalen Norden beschränktes Phänomen.[27] Auch in den Entwicklungsländern sind die in der Zahl mehr werdenden Superreichen und andere Teile der nationalen Eliten zunehmend in die entstehende TCC integriert.[28] Wie Robinson argumentiert, kann der Staat als Ausdruck bestimmter historisch gewachsener Klassenbeziehungen verstanden werden, die sich in den politischen Institutionen widerspiegeln. Mit der Globalisierung und dem Entstehen der TCC gehe ein Wandel der Staatlichkeit einher. In die TCC integrierte nationale Eliten und Funktionsträger tendieren dazu, im Sinne ihres transnationalen Klasseninteresses zu wirken und staatliche Institutionen und ihre Entscheidungen entsprechend zu instrumentalisieren. Als wichtigstes Beispiel für einen von der TCC dominierten Staat zieht Robinson die USA heran. Ein Indiz dafür, wie sehr Regierungen dazu bereit sind, den Interessen transnationaler Wirtschaftskonzerne entgegenzukommen, zeigt sich beispielsweise an den weltweit mehreren tausend zwischenstaatlichen Investitionsschutzabkommen, die abgeschlossen wurden, um Direktinvestitionen zu fördern. Die Abkommen räumen Unternehmen das Recht ein, Regierungen unabhängig von nationalen Gerichten etwa beim Internationalen Zentrum zur Beilegung von Investitionsstreitigkeiten der Weltbankgruppe in Washington D.C. auf Schadensersatz zu verklagen. Nach Robinson kondensieren sich die Aktivitäten der TCC in der voranschreitenden Herausbildung eines »transnationalen Staates«. Es handele sich dabei um ein netzwerkartiges und sich über verschiedene Ebenen erstreckendes Gebilde der von der TCC integrierten nationalstaatlichen Institutionen sowie der führenden internationalen ökonomischen und politischen Foren und Organisationen, das kein globales institutionelles Zentrum besitze. Der Begriff »Staat« beziehe sich auf das Territorium und das soziale System, das Gegenstand einer bestimmten Herrschaft oder Dominanz sei. Dieser Definition nach könne man die von der TCC dominierte Weltordnung durchaus als transnationalen Staat bezeichnen. Der transnationale Staatsapparat umfasse »jene Institutionen und Praktiken in der globalen Gesellschaft, die die entstehende Hegemonie der globalen Bourgeoisie aufrechterhalten, verteidigen und vorantreiben«, so Robinson. Mit dem Niedergang der US-Suprematie gehe nun die »Schaffung einer transnationalen Hegemonie durch supranationale Strukturen« einher. Dass die Nationalstaaten als Teil dieser Struktur weiter existieren, diene zahlreichen Interessen der TCC. Die Auflösung des nationalstaatlich verankerten Klassenkompromisses etwa basiere auf der Macht, die das transnationale Kapital über die ihrem Charakter nach ebenfalls globalisierte, aber weiterhin im Nationalstaat gefangene Arbeitskraft ausübe. Kurz gesagt: »Das nationalstaatliche System dient dazu«, so Robinson, »Bevölkerungen innerhalb gesetzter physischer (territorialer) Grenzen einzusperren und zu kontrollieren, damit ihre Arbeitskraft effizienter ausgebeutet und ihr Widerstand eingedämmt werden kann.«[29] Eine horizontale transnationale politische Solidarisierung eines wie auch immer gearteten »transformativen Subjekts« wird durch das nationalstaatliche System so vereitelt oder jedenfalls erheblich erschwert.

Die Verflechtung transnationaler Konzerne

Eine außerordentliche Machtkonzentration zeigt sich in der Welt der transnationalen Konzerne, deren Eigentümer und Führungskräfte den Kern der TCC bilden. Drei Forscher von der ETH Zürich haben eine Auswahl von rund 43.000 führenden transnationalen Unternehmen und ihre Eigentümerbeziehungen untereinander untersucht. Sie kamen zu dem Ergebnis, dass fast vierzig Prozent des ökonomischen Wertes aller dieser Firmen über ein kompliziertes Netz von Eigentümerverhältnissen von einer eng untereinander verflochtenen Kerngruppe von 147 Unternehmen kontrolliert werden, die sie aufgrund der hohen Konzentration von Kontrollmacht als »Super-Entität« bezeichnen. Ein größerer Kern von 737 Unternehmen wiederum kontrolliert rund achtzig Prozent des ökonomischen Wertes der betrachteten transnationalen Firmen. Neben der Frage, was diese Konzentration für die globale Finanzstabilität bedeutet, wirft die Untersuchung auch das mögliche Problem der Wettbewerbsverzerrung und Kartellbildung auf. »Bemerkenswerterweise«, heißt es, »wurde die Existenz eines solchen Kerns im globalem Markt niemals zuvor dokumentiert und daher gibt es keine wissenschaftliche Studie, die bestätigen oder ausschließen kann, dass diese internationale ›Super-Entität‹ jemals als Block gehandelt hat.« Die nationalen Wettbewerbsbehörden hätten sich mit dem Problem noch nicht beschäftigt.[30] Nach Auffassung von James Glattfelder, einem Ko-Autor der Studie, könnten globale Regeln notwendig sein, um die konzentrierte Verflechtung transnationaler Unternehmen untereinander zu begrenzen. Anlässlich der Veröffentlichung der Studie brachte der Systemforscher Yaneer Bar-Yam ins Gespräch, dass transnationale Firmen, die »exzessiv verflochten« sind, mit einer Steuer belegt werden sollten, um das davon ausgehende systemische Risiko einzudämmen.[31]

Die Notwendigkeit einer globalen Antikartellbehörde

Trotz der starken globalen Verflechtung und Bedeutung transnationaler Konzerne gehen die Bemühungen um ein globales Kartellrecht nur sehr zögerlich voran. Es handelt sich hier nicht etwa um ein Randthema. Die Bekämpfung wettbewerbsfeindlichen Handelns hat eine zentrale Bedeutung für die Regulierung der globalen Märkte. Wie der in Chicago lehrende Jurist David J. Gerber in einem Buch über das globale Wettbewerbsrecht nachzeichnet, war das Problem internationaler Kartelle schon bei der Weltwirtschaftskonferenz des Völkerbundes 1927 in Genf ein beherrschendes Thema. Nach dem Zweiten Weltkrieg einigte sich die Staatengemeinschaft 1948 in Havanna auf die Gründung einer Internationalen Handelsorganisation ITO, deren Charta auch wettbewerbsrechtliche Bestimmungen zur Verhinderung »einschränkender Geschäftspraktiken« enthielt. Als die US-Regierung unter Präsident Harry Truman realisierte, dass das Vorhaben im US-Kongress keine Chance hatte, ließ sie es 1950 wieder von der Agenda des Gesetzgebers streichen. Die ITO war damit gescheitert. Gerber betont, dass die Ursache dafür in »zahlreichen geopolitischen und nationalen Entwicklungen« lag und nichts mit dem Konzept eines transnationalen Wettbewerbsrechts zu tun hatte.[32] Eine ablehnende Haltung der USA ereilte allerdings auch ein 1953 vom Wirtschafts- und Sozialrat der Vereinten

Nationen vorgelegter Entwurf für eine gesonderte internationale Organisation zur Überwachung »einschränkender Geschäftspraktiken«, der im Wesentlichen auf den entsprechenden Bestimmungen der Havanna-Charta beruhte. Eine internationale Festlegung wettbewerbsrechtlicher Mindeststandards und eines Streitschlichtungsverfahrens, wie sie dann nach dem Kalten Krieg als Teil der sogenannten Singapur-Themen 1996 auf die Agenda der WTO genommen wurden, schlug ebenfalls fehl, als bei der WTO-Konferenz von Cancún sieben Jahre später keine Einigkeit erzielt werden konnte. Die USA sahen keine Notwendigkeit dafür und befürchteten eine Einschränkung ihrer nationalen Souveränität und viele Entwicklungsländer wiederum, die in der Regel wenig Erfahrung mit Wettbewerbsrecht haben, argwöhnten, dass dieses im Rahmen der WTO so ausgestaltet werden könnte, dass es gerade den Interessen transnationaler Konzerne der Industrieländer dient, statt diese besser zu kontrollieren. Von einem effektiven Weltkartellamt waren all diese Vorschläge aber ohnehin weit entfernt. Internationale wettbewerbsrechtliche Kontrolle findet unilateral und mit exterritorialer Wirkung allein auf der nationalstaatlichen Ebene und im Falle der EU auch auf regionalem Niveau statt.

Angesichts der sich vertiefenden Globalisierung sieht Gerber diesen Zustand als »zunehmend prekär« und »besorgniserregend« an.[33] Die Aufgabe der nationalen Kartellregeln liegt »allein im Schutz der nationalen Interessen und nicht derjenigen anderer Staaten oder der Staatengemeinschaft«, spricht der deutsche Jurist Dietmar Baetge in einem Buch zum Thema eines der zentralen Probleme an. Rücksicht auf das Wohl anderer wird nicht genommen. Fast alle Länder nehmen beispielsweise Exportkartelle aus der Geltung ihrer Wettbewerbsvorschriften aus. Der heute an der Technischen Hochschule Wildau in der Nähe von Berlin lehrende Rechtswissenschaftler plädiert angesichts der global verflochtenen Märkte für ein »global ausgerichtetes Wohlfahrtsparadigma« im Kartellrecht, das den größtmöglichen Vorteil *aller* betroffenen Länder zum Maßstab macht und darauf abzielt, dass »ein breites Spektrum der Weltbevölkerung« und letztlich der einzelne Verbraucher profitiert. Industriepolitische Anliegen müssen dem untergeordnet und die besonderen Belange der Entwicklungsländer berücksichtigt werden. Zugleich soll die Belastung der Unternehmen durch den Flickenteppich nationaler Vorschriften reduziert werden. Bei dem kartellrechtlichen Ziel der weltweiten Verbraucherwohlfahrt, so Baetge, handele es sich um ein globales öffentliches Gut, dessen Bereitstellung nur durch eine »zentrale internationale Instanz« sichergestellt werden könne.[34] »Ein System, das den Vorrang des weltweiten Konsumentenwohls anerkennt, ist die natürliche Erweiterung einer nationalen Antikartellbehörde, die auf die Förderung des innerstaatlichen Wohls abzielt«, argumentierten die Antitrust-Experten Robert W. Hahn und Anne Layne-Farrar. Die internationale Situation sei mit der innerhalb der USA vergleichbar. In nationalen Kartellverfahren der US-Regierung würden beteiligte US-Bundesstaaten eher eigenstaatliche Partikularinteressen als die des Bundes verfolgen und Lösungen nicht nur hinauszögern und verkomplizieren, sondern auch verteuern. Die einzelnen Staaten seien zudem für Lobbyisten viel besser zugänglich als die Bundesbehörden. Die meisten der mit dem Problem befassten Experten sprächen sich daher dafür aus, die Rolle der US-Bundesstaaten in nationalen Kartellverfahren zu beschränken. Der entscheidende Unterschied auf der internationalen Ebene besteht nun natürlich darin, dass es überhaupt keine globalen Kartellverfahren gibt. »Die logische Lösung«, so die beiden Fachleute, »wäre eine globale Kartellbehörde mit Durchsetzungskompetenzen.«[35] Ob eine solche Behörde am besten als neue eigenständige Organisation oder beispielsweise als Teil der WTO eingerichtet werden sollte, können wir hier nicht diskutieren. Klarzustellen ist jedoch, dass die demokratische Legitimation in jedem Fall nur dann als ausreichend betrachtet werden kann, wenn ein globales parlamentarisches Gremium Kontrolle ausübt.

Globale Ungleichheit und Instabilität

Die Machtkonzentration an der Spitze, die sich abzeichnende weltweite Dominanz einer transnationalen elitären Klasse und die Ungleichverteilung von Einkommen und Vermögen in der Welt ist für die Auseinandersetzung der neuen »Großen Transformation« von zentraler Bedeutung. Die globale Ungleichheit zu verringern ist ein wichtiges Ziel der Weltinnenpolitik, das zu politischer, finanzieller und sozialer Stabilität und zur Schaffung einer gerechteren Weltordnung beitragen soll. Das am häufigsten herangezogene statistische Maß für Ungleichheit ist der Gini-Koeffizient, der einen Wert zwischen null für vollkommene Gleichverteilung (alle haben das gleiche Einkommen) und hundert für vollkommene Ungleichverteilung (einer hat alles Einkommen) angibt. In den auf Haushaltsumfragen basierenden statistischen Daten zur Einkommenslage sind hohe Einkommen nur unzureichend enthalten. Legt man nur diese Daten zugrunde, um die Ungleichheit zu messen, fällt das Resultat zu positiv aus. Um realistischere Ergebnisse zu erhalten, werden in neueren Studien die geschätzten Vermögen der Superreichen mit einberechnet.[36] Eine von Christoph Lakner und Branko Milanović verfasste Untersuchung für die Weltbank kommt so zu dem Ergebnis, dass sich die globale Ungleichheit unter Einbeziehung des Vermögens der Superreichen zwischen 1988 und 2008 entgegen vorheriger Annahmen *nicht zum Besseren verändert* hat. Gemessen am globalen Gini-Index bewegt sie sich mit einem Wert von rund 75 nach wie vor auf einem extrem hohen Niveau. Im selben Zeitraum sind der Untersuchung zufolge 44 Prozent des globalen Einkommenswachstums an die reichsten fünf Prozent der Weltbevölkerung gegangen.[37] Ein anderes Maß für Ungleichheit, das in jüngster Zeit diskutiert wird, ist die von dem Ökonomen Gabriel Palma konzipierte und nach diesem benannte »Palma-Ratio«. Die Palma-Ratio gibt das Verhältnis zwischen dem Einkommen der oberen zehn Prozent und den unteren vierzig Prozent einer Bevölkerung an. Ein Palma-Wert von 5,0 würde also bedeuten, dass die oberen zehn Prozent fünf Mal mehr verdienen als die unteren vierzig Prozent. Dass mit der Palma-Ratio solche konkreten Aussagen getroffen werden können, wird gegenüber dem abstrakten Gini-Koeffizienten als ein großer Vorteil angesehen. Laut Lars Engberg-Pedersen vom Dänischen Institut für Internationale Studien soll die globale Palma-Ratio bei 32 liegen. In den USA soll es, zum Vergleich, ein Wert von 1,852 sein.[38]

Die Verbindung zwischen Ungleichheit und gesellschaftlicher Instabilität beschäftigt Denker und Forscher bereits seit der Antike. Eine wegweisenden Studie zur Entwicklung in 71 Ländern von 1960 bis 1985 kam zu dem Schluss, dass Einkommensungleichheit mit soziopolitischer Instabilität kausal zusammenhängt. »Es ist wahrscheinlich«, hieß es, »dass eine große Gruppe von verarmten Bürgern, die sich einer kleinen und sehr reichen Gruppe wohl situierter Individuen gegenüber sieht, unzufrieden wird mit dem existierenden Status Quo und radikale Veränderungen fordert, so dass Massengewalt und illegale Machtergreifung wahrscheinlicher sind, als wenn die Einkommensverteilung gerechter wäre.«[39,40] Zwar stellt dieses Ergebnis bis heute keinen wissenschaftlichen Konsens dar, aber schon Aristoteles hielt den Zusammenhang für offensichtlich. »Überall entsteht die Revolution durch die Ungleichheit«, brachte es der griechische Philosoph vor mehr als zweitausend Jahren auf den Punkt.[41] Nach Auffassung von Branko Milanović ist »hohe Ungleichheit zwischen Gemeinschaften und Individuen auf der lokalen Ebene mit politischer Instabilität verbunden«. Nationale Instabilitäten wiederum, schreibt er, »tendieren dazu, sich auf Nachbarländer und sogar auf den Rest der Welt auszuweiten«. In anderen Worten: »Hohe Niveaus an globaler Ungleichheit machen globales Chaos wahrscheinlicher.«[42]

Ungleichheit als Ursache der Finanzkrise

In Kombination mit Faktoren wie der Deregulierung und mangelhaften Kontrolle der Finanzmärkte und systematischem Betrug durch zahlreiche führende Finanzinstitute wie die Bank of America, JPMorgan Chase oder Goldman Sachs hat Ungleichheit auch bei der globalen Finanzkrise eine Rolle gespielt. »In einem tieferen Sinn war Ungleichheit der Kern der Finanzkrise«, meint etwa der Ökonom James K. Galbraith.[43] Nach Ansicht von Forschern des IWF war die Krise letztlich ein Ergebnis des jahrzehntelangen Auseinanderdriftens der Einkommensanteile zwischen den Topverdienern und dem Rest der Bevölkerung. Der zentrale Hintergrund der Krise bestand demnach darin, dass das zunehmende Einkommen der Topverdiener nur zu einem geringen Teil für höheren Konsum verwendet und größtenteils akkumuliert wurde. Auf der Suche nach Investments ist dieses akkumulierte Vermögen über den Finanzsektor in Darlehen an die restliche Bevölkerung und insbesondere an Niedrigverdiener geflossen, die so trotz eines Einkommensrückgangs ihr Konsumniveau zumindest für eine gewisse Zeit aufrecht erhalten oder sogar steigern konnten. Doch wie die IWF-Ökonomen feststellen, führt eine große und anhaltende Steigerung des Missverhältnisses zwischen Einkommen und Schulden bei Niedrigverdienern zu »finanzieller Fragilität, die letztlich eine Finanzkrise sehr viel wahrscheinlicher macht«.[44] Das ist sehr zurückhaltend formuliert. Der zunehmende Ausfall von Subprime-Krediten zur Eigenheimfinanzierung in den USA bewirkte einen starken Rückgang der Immobilienpreise und gilt so als einer der zentralen Auslöser der Finanzkrise. Aus makroökonomischer Sicht trägt Ungleichheit zu einem Konsumrückgang und somit zu einem verlangsamten Wirtschaftswachstum bei. »Die echte Ursache der Krise«, so Branko Milanović, »liegt in den enormen Ungleichheiten in der Einkommensverteilung, die viel größere investierbare Gelder generiert haben, als profitabel angelegt werden könnten. Das politische Problem des unzureichenden wirtschaftlichen Wachstums der Mittelklasse wurde dann durch das Öffnen der Schleusen für billigen Kredit ›gelöst‹. Und das Öffnen der Kreditschleusen, um die Mittelklasse zu beschwichtigen, war notwendig, weil ein übermäßig ungleiches Entwicklungsmodell in einem demokratischen System nicht mit politischer Stabilität koexistieren kann.«[45]

Die Vermehrung von Kapitalanlagen und eine globale Kapitalsteuer

Folgt man der Analyse des Wirtschaftswissenschaftlers Thomas Piketty, dann ist die Entstehung von Ungleichheit ein Merkmal jedes kapitalistischen Wirtschaftssystems und der Staat muss eingreifen, um diese Tendenz abzufedern. Seinen weltweit viel beachteten Forschungsergebnissen zufolge übertrifft die Ertragsrate aus Kapitalanlagen die Wachstumsrate der allgemeinen Wertschöpfung eines Landes regelmäßig über lange Zeiträume hinweg signifikant. Das bedeutet, dass sich das Einkommen aus Kapitalanlagen schneller und stärker vermehrt, als etwa jenes aus Erwerbstätigkeit. Je größer das Vermögen, desto größer ist dabei tendenziell die Wachstumsrate. Nach den von Piketty zusammengetragenen Daten hat sich beispielsweise das Einkommen der oberen ein Prozent in den USA von 1980 bis 2010 mehr als verdoppelt, während sich das der oberen 0,1 Prozent mehr als verdreifacht und das der oberen 0,01 Prozent mehr als vervierfacht hat. Zugleich ist das Einkommen der unteren neunzig Prozent im gleichen Zeitraum um beinahe fünf Prozent gesunken.[46] Die Ungleichheit wächst somit nicht nur zwischen den vermögenden Kapitaleignern und dem Rest der Bevölkerung immer mehr, sondern auch innerhalb der vermögenden Schicht selbst. Die von Piketty vorgeschlagene globale Kapitalsteuer würde ihm zufolge weniger dazu dienen, den Sozialstaat zu finanzieren, sondern dazu, »den Kapitalismus zu regulieren«. Ohne eine solche globale Steuer oder eine ähnliche politische Maßnahme bestehe ein »beträchtliches Risiko«, dass der weltweite Vermögensanteil des obersten einen Prozentes unbegrenzt weiter wachsen werde. Das Ziel einer Kapitalsteuer sei erstens, das unbegrenzte Wachstum der Vermögensungleichheit zu stoppen und zweitens, das Finanz- und Bankensystem effektiv zu regulieren, um Krisen zu verhindern. Im Zuge der Kapitalsteuer müsse beispielsweise Klarheit darüber geschaffen werden, wem welche Vermögenswerte in der Welt gehören.[47] Wenn Kritiker des Vorschlages einwenden, dass sich das globale Kapital dem Zugriff einer Kapitalsteuer entziehen würde, dann haben sie den wesentlichen Punkt nicht verstanden, dass es hier ja gerade um die Einführung eines globalen und lückenlosen Steuersystems geht.[48]

Die Notwendigkeit weltstaatlicher Instrumente und ein Weltparlament

Indem es für eine Umverteilung zugunsten der Ärmsten sorgt, ist ein durch globale Steuern finanziertes globales Grundeinkommen ein weiteres mögliches Instrument, um die globale Ungleichheit zu reduzieren. Im Kampf gegen die globale Ungleichheit besteht eine zentrale Erkenntnis darin, dass es ohne weltstaatliche Strukturen überhaupt keine politischen Handlungsmöglichkeiten gibt, um das Problem anzugehen. »Die politischen Instrumente zur Reduzierung der Einkommensungleichheit zwischen den Reichsten zehn Prozent und den Ärmsten vierzig Prozent der Weltbevölkerung existieren nicht. Progressive Steuern, die Bereitstellung sozialer Sicherheit, etc. sind Instrumente auf der Länderebene und die offizielle Entwicklungshilfe kommt dem Problem der globalen Ungleichheit auf keine Weise nahe«, stellt etwa Lars Engberg-Pedersen fest.[49] »Solange es keine globale Regierung gibt«, schreibt wiederum Branko Milanović, »kann die Unzufriedenheit mit dem Ausmaß an Ungleichheit auf der globalen Ebene nicht sinnvoll ausgedrückt oder in politisches Handeln umgesetzt werden, es gibt niemanden, dem man diese Haltung mitteilen könnte und, wichtiger noch, es gibt niemanden, der daraufhin in der Lage wäre, Maßnahmen zu ergreifen.«[50]

Der Unmut über die obszöne Ungleichheit in der Welt sollte sich in einem demokratischen Weltparlament Ausdruck verschaffen können und so in konstruktive Bahnen gelenkt werden. Dies kann die globale sozioökonomische Auseinandersetzung aber nur dann entschärfen, wenn das Weltparlament auch mit der Kompetenz ausgestattet wird, ernsthafte Maßnahmen gegen die globale Ungleichheit treffen zu können oder jedenfalls an solchen mitzuwirken. Dies schließt insbesondere die Frage globaler Steuern und eines Grundeinkommens ein, betrifft aber auch *makroökonomische Regulierung* auf der globalen Ebene. In einem Plädoyer für einen »demokratischen globalen Keynesianismus« hebt beispielsweise der an der Universität von Helsinki lehrende Professor für Weltpolitik Heikki Patomäki hervor, dass ein wichtiges ökonomisches Ziel daraus bestehen müsse, die Kaufkraft der Normalbevölkerung und damit die globale gesamtwirtschaftliche Nachfrage zu erhöhen. Eine Steigerung der Reallöhne, vor allem im Globalen Süden, könne erreicht werden, indem die weltweite Stärkung von Arbeitnehmerrechten und Gewerkschaften ein zentrales Anliegen der »planetarischen ökonomischen Politik von Staaten und internationalen Organisationen« werde. Die Regulierung der Nachfrage auf einer »universellen Ebene« könne durch ein Weltparlament koordiniert werden: »Im Hinblick auf die Regulierung der globalen gesamtwirtschaftlichen Nachfrage besteht die Schlüsselfrage daraus«, so Patomäki, »wie man die Art von institutionellen Arrangements schaffen kann, die eine Koordination zwischen den politischen Entscheidungsträgern von Staaten und internationalen Organisationen erlaubt. Eine mögliche Lösung hierfür ist ein Weltparlament.«[51] Für Befürworter eines globalen Grundeinkommens wie Guy Standing stellt dieses auch ein makroökonomisches Instrument dar. Über eine fixe Grundsicherung hinaus könnte das Grundeinkommen demnach einen variablen Anteil enthalten, der antizyklisch zur gesamtwirtschaftlichen Entwicklung angepasst wird, also in Rezessionen erhöht und in Boomzeiten gesenkt wird.[52] Dass direkte finanzielle Zuwendungen an die Bevölkerung ein geeignetes Mittel der gesamtwirtschaftlichen Stimulierung sein können, betonten der Wirtschaftswissenschaftler Mark Blyth und der Hedgefonds-Manager Eric Lonergan in der Zeitschrift *Foreign Affairs*. »Kurzfristig können solche Bartransfers die Wirtschaft ankurbeln. Langfristig können sie die Abhängigkeit vom Bankensystem zur Generierung von Wachstum reduzieren und den Trend steigender Ungleichheit umkehren«, schreiben sie. Statt die gesamtwirtschaftliche Nachfrage über die Zinssätze beeinflussen zu wollen, könnten die Zentralbanken direkte Bargeldtransfers an die Bevölkerung als geldpolitisches Werkzeug einsetzen. Ein redistributiver Effekt zur Verringerung der Ungleichheit könne insbesondere erreicht werden, indem die Transfers etwa auf die im Hinblick auf das Einkommen unteren achtzig Prozent der Haushalte beschränkt würden. In seiner Zeit als Ökonomieprofessor in Princeton habe der spätere Direktor der US-amerikanischen Zentralbank Federal Reserve, Ben Bernanke, direkte Geldtransfers als Maßnahme zur Ankurbelung der japanischen Wirtschaft 1998 empfohlen. Nur wenige Ökonomen zweifeln laut Blyth und Lonergan an, dass solche Transfers wirtschaftspolitisch gesehen funktionieren würden. »Die einzige echte Frage besteht darin, warum sie noch keine Regierung ausprobiert hat«, stellen sie fest.[53] Geldtransfers im Rahmen eines bedingungslosen globalen Grundeinkommen könnten zu den makroökonomischen Werkzeugen einer Weltzentralbank gehören.

Ein neuer globaler Klassenkompromiss

Aus einer übergeordneten Perspektive geht es darum, einen *neuen globalen Klassenkompromiss* zu etablieren und zu institutionalisieren. Die Dominanz der globalen Elite einzuschränken ist auf dem Weg zu einer gerechteren und sozialen Weltordnung unumgänglich. Ein Weltparlament ist dabei die institutionelle Plattform für die andauernde Aufgabe, einen Ausgleich zwischen der globalen Elite und dem Rest der Weltbevölkerung zu organisieren. David Rothkopf weist richtig darauf hin, dass die Antwort nicht in einer Welt *ohne* globale Eliten liegen kann. Dies wäre in der Tat unrealistisch. Es muss jedoch ein Gleichgewicht geschaffen werden. »Ohne die Entstehung ausgleichender Machtzentren, die den Willen der breiten Masse repräsentieren und institutionalisieren«, stellt auch Rothkopf fest, »wird es auch weiterhin nur halbherzige Lösungen geben.« Rothkopf argumentiert, dass diese Entwicklung letztlich auch im ureigenen Interesse der Superklasse selbst liegen muss. Ansonsten sei »eine Krise praktisch unausweichlich« und nur so »könnten sie vielleicht dem Schicksal vergangener Eliten entgehen, die gestürzt wurden, weil sie den Bogen überspannt hatten, weil sie zu gierig, zu rücksichtslos und zu kurzsichtig waren«.[54]

23.
Die Weltordnungsdebatte, eine planetare Verwirklichungshierarchie und das Zeitalter der Entropie

Die globale Elite und die Frage einer Weltregierung

Nach einer vom Weltwirtschaftsforum in Davos durchgeführten Umfrage zählt die mit dem Forum verbundene Wirtschaftselite »schwere Einkommensungleichheit« oder ein »Versagen der Global Governance« zu den zehn größten globalen Risiken, gegen die unter Einsatz von »langfristigem Denken« etwas unternommen werden müsse.[1] Was David Rothkopf über die Haltung der globalen Elite berichtet, stimmt mit dem tatsächlichen Meinungsbild wohl eher überein. »Praktisch jeder«, berichtet Rothkopf, »den ich zum Thema Super-Klasse befragt habe, gebrauchte Formulierungen wie ›nicht zu meinen Lebzeiten‹ oder ›niemals‹, wenn es um die Entstehung echter, effektiver Institutionen einer internationalen Regierung ging«, meint er mit Blick auf »eine globale Autorität«, die das Recht hat, »Steuern zu erheben«.[2] Das hat damit zu tun, dass eine globale Regierungsstruktur von den Eliten offenbar überwiegend nicht nur als schwer realisierbar, sondern vor allem als *nicht wünschenswert* angesehen wird. Eine konstitutionelle, demokratische Weltrechtsordnung mit klaren Strukturen, Kompetenzverteilungen, Regeln und Entscheidungswegen muss weiten Teilen der transnationalen Elite als hinderlich erscheinen. Von einem Versagen der Global Governance sind die Mitglieder der Superklasse von allen Menschen auf dem Planeten wohl als letzte und am wenigsten nachteilig betroffen. Sie haben die Mittel, so zu leben, wie und wo sie es sich wünschen, völlig abgeschirmt von den existentiellen Problemen der Anderen.

Jeff Faux hat das Dilemma der »Partei von Davos«, wie er die beim Weltwirtschaftsforum versammelte globale Elite nennt, treffend beschrieben: »Nachdem sie einen Weg gefunden hat, sich dem Gesellschaftsvertrag der nationalen Gemeinschaft durch die Schaffung einer globalen Wirtschaft zu entziehen, ist die Partei von Davos nun mit der Zwickmühle konfrontiert, wie diese Wirtschaft ohne eine legitime globale Regierung gelenkt werden soll«, so der Ökonom. Das Problem liege darin, dass zur Förderung der »Freiheit des Kapitals« globale Regeln erforderlich seien, dass aber eine zu diesem Zweck etablierte demokratisch verfasste globale Regierung ebendiese »Freiheit des Kapitals« einschränken würde. »Das durch die Abwesenheit einer globalen Regierung erzeugte Vakuum wird somit durch transnationale bürokratische Netzwerke gefüllt, die darauf abzielen, den globalen Markt auf eine Weise zu steuern, die die Freiheit von Investoren und Unternehmen maximiert«, so Faux.[3]

Ein Weg sind die bereits erwähnten transgouvernementalen Netzwerke der »komplexen Interdependenz«, die unter anderem Anne-Marie Slaughter beschrieben hat. Die an der Princeton-Universität lehrende Professorin freut sich darüber, dass diese Netzwerke »viele Funktionen einer Weltregierung«, nämlich »Gesetzgebung, Administration und Adjudikation« ausüben könnten, ohne dabei allerdings *die Form* einer Weltregierung anzunehmen. Eine Weltregierung nämlich sei »sowohl unmöglich, als auch unerwünscht«, stellt sie fest. »Die Größe und Reichweite einer solchen Regierung stellt eine unausweichliche und gefährliche Bedrohung für die individuelle Freiheit dar«, wiederholt sie ein seit über zweihundert Jahren in verschiedenen Varianten vorgebrachtes Argument. »Weiterhin«, schreibt sie, mache »es die Vielfalt der zu regierenden Völker fast unmöglich, sich ein globales Demos vorzustellen. Keine Form der Demokratie innerhalb des gegenwärtigen globalen Repertoires scheint dazu fähig zu sein, diese Hindernisse zu überwinden.« Direkt gewählte parlamentarische Versammlungen, meint Slaughter, könnten wohl auf der regionalen Ebene eine »wertvolle Rolle« spielen. Ähnliche Gremien im globalen Maßstab haben ihrer Meinung nach »vielleicht« auch eine Zukunft, aber sich eines vorzustellen, das auch »ernst genommen« werden müsste, gelingt ihr nicht.[4]

Ein wichtiges Treffen der transnationalen Klasse ist zum Beispiel die seit 1954 in jährlichem Rhythmus tagende Bilderberg-Konferenz. Zu den Teilnehmern gehören stets mehr als einhundert prominente Spitzenvertreter hauptsächlich aus der Finanzwelt, der Wirtschaft, internationalen Regierungsorganisationen und der Politik, zumeist aus den USA, Kanada und Europa. Da die Konferenzen nicht öffentlich sind, es keine Tagungsberichte gibt und die Teilnehmer weitgehend Stillschweigen wahren, ist nicht viel über die Treffen bekannt. Spekuliert wird dafür umso mehr. In einem der ersten in Deutschland veröffentlichten Berichte über die Bilderberg-Konferenzen hieß es 1976, dass »die Bilderberger« über »Fragen der internationalen Finanzlage, des weltweiten Abbaus von Zöllen, der Freizügigkeit von Kapital und Arbeit« redeten und sich außerdem »eine Art Weltpolizei und dazu ein internationales Parlament« wünschten.[5] Was auch immer bei den Bilderberg-Konferenzen besprochen wird, der Aufbau einer Weltpolizei und eines demokratischen Weltparlaments gehört sicher *nicht* dazu. Was die transnationale Elite vom Projekt eines Weltparlaments hält, wurde bei einem Treffen der Trilateralen Kommission in London 2001 deutlich. Gegründet wurde das Gremium im Jahr 1973 auf Anregung von führenden Bilderberg-Teilnehmern wie dem Bankier und Milliardär David Rockefeller. Die Kommission versammelt führende Vertreter aus Wissenschaft, Wirtschaft und Politik aus Nordamerika, Westeuropa und Japan. Für William Robinson stellt die Etablierung der Kommission »einen Marker für die Politisierung der transnationalen Bourgeoisie« dar, die schließlich im Rahmen des »Washington Consensus« in ein Programm der globalen Marktliberalisierung mündete.[6] Einer der ersten Berichte der Kommission, der 1975 veröffentlicht wurde, drehte sich um Demokratiekritik. Die Autoren beschweren sich darüber, dass ein »Übermaß an Demokratie« und politischer Partizipation und eine damit einhergehende »Delegitimierung von Autorität« die Regierbarkeit der USA, der Länder Europas und Japans beeinträchtige.[7] Bei der Tagung in London war man sich darüber einig, dass ein globales Parlament »ganz offensichtlich Unsinn« sei, wie es einer der Teilnehmer formulierte. Insbesondere tauge das Europäische Parlament nicht als Vorbild für die globale Ebene. Die UN sei kein supranationales Projekt und die Regierungen würden ja bereits von den nationalen Parlamenten kontrolliert. Es müsse Raum geben für Institutionen, die »außerhalb des Bereichs direkter populärer Kontrolle« liegen, hieß es da ausdrücklich.[8] Einer der Ko-Vorsitzenden der Trilateralen Kommission, Joseph Nye, hat das Konzept der »komplexen Interdependenz« mit entwickelt und popularisiert. Kaum überraschend ist er der Meinung, dass eine »Bundesregierung auf globaler Ebene« und ein globales Parlament keine Antwort auf die Frage seien, wie die globalisierte Welt regiert werden solle. Statt eine »hierarchisch strukturierte Weltregierung« anzustreben, meint Nye, solle man an »Governance-Netzwerke« denken, »die mit einer formal in souveräne Staaten aufgeteilten Welt koexistieren und diese überkreuzen«.[9]

Das Schreckbild eines globalen Leviathans

In einer Auseinandersetzung mit den Überlegungen Karl Jaspers zur Frage eines Weltstaates schreibt die Totalitarismusforscherin Hannah Arendt (1906 bis 1975), dass ein souveräner Weltstaat das größte Schreckensszenario für die menschliche Freiheit darstelle. Im Sinn hatte sie dabei einen klassischen Souveränitätsbegriff, der die Verfügung über das absolute Gewaltmonopol voraussetzt: »Ganz egal«, so Arendt, »welche Form eine Weltregierung mit zentralisierter Macht über den ganzen Globus einnehmen würde, die Idee einer souveränen Macht, welche die ganze Erde regiert und das Monopol über alle Mittel der Gewalt hält, unkontrolliert und ungebremst von anderen souveränen Mächten, ist nicht nur ein furchteinflößender Albtraum der Tyrannei, es wäre das Ende des politischen Lebens, wie wir es kennen.«[10] Zugleich stellt sie jedoch fest, dass es keine Lösung darstellt, schlicht auf die Gefahren eines solchen Weltstaates hinzuweisen. Nach Arendt muss man sich vom klassischen Konzept der Souveränität verabschieden, denn dieses könne, wie sie in ihren Betrachtungen »Über die Revolution« ausführt, »schließlich und endlich immer nur auf Gewaltherrschaft durch einen Tyrannen hinauslaufen.«[11] Ähnlich wie Jaspers kommt sie letztlich zu dem Schluss, dass der richtige Ansatz in einer *föderalen Weltordnung* liegt. »Politisch kann die neue fragile Einheit [der Menschheit], die durch die technologische Beherrschung der Erde herbeigeführt wurde, nur durch einen Rahmen universeller wechselseitiger Vereinbarungen erreicht werden, die schließlich zu einer weltweiten föderativen Struktur führen würden«, so die Publizistin.[12]

Das Bild eines globalen Leviathans wird im Gegensatz dazu oft bemüht, um die Frage eines Weltstaates schnell und einfach abzutun. »Nichts ist weniger wünschenswert«, schrieb zum Beispiel UN-Generalsekretär Kofi Annan in seinem Bericht an die Millennium-Versammlung im Jahr 2000, als »Vorstellungen einer Weltregierung, von zentralisierten bürokratischen Ungeheuern, die auf den Rechten von Menschen und Staaten herumtrampeln«.[13] Es handelt sich allerdings um ein rhetorisches Schattengefecht, da es überhaupt niemanden gibt, der ernsthaft zugunsten eines globalen Zentralstaates argumentiert. Worum es hier eigentlich geht, ist die Ablehnung *jedweder übergreifenden hierarchischen Ordnung* auf der globalen Ebene. Politikwissenschaftler wie Volker Rittberger sprechen demgemäß von einem »heterarchischen Weltregieren«, das zwischen Anarchie und Hierarchie stehe. Der Begriff beschreibe »ein dichtes Netz von Institutionen des Weltregierens, die von öffentlichen und privaten Akteuren zur kollektiven regelgeleiteten Bearbeitung von transsouveränen Problemen durch *horizontale* Politikkoordination und -kooperation geschaffen und aufrecht erhalten« würden (unsere Hervorhebung).[14] »Die ganze Idee zentralisierender Hierarchien selbst«, führte Annan in dem Report weiter aus, »ist in unserer fluiden, hoch dynamischen und intensiv vernetzten Welt ein Anachronismus – ein überholtes Relikt aus dem Gedankengut des 19. Jahrhunderts.«[15] Dieser Gedankengang mag zwar mit der herrschenden Ideologie der »komplexen Interdependenz« und der Global Governance übereinstimmen, weniger befremdlich wird er dadurch aber nicht.

Hierarchische Ordnung und Komplexität

Eine zentrale Erkenntnis aus der Evolutionsgeschichte besteht darin, dass sich Hierarchien als natürliches Mittel zur *Beherrschung von Komplexität* entwickelt haben. »Die Natur liebt Hierarchien«, stellte beispielsweise der einflussreiche Sozialwissenschaftler und Wirtschaftsnobelpreisträger Herbert A. Simon (1916 bis 2001) fest.[16] Als Vorreiter hat sich Simon früh mit der Architektur komplexer Systeme biologischer, physischer und sozialer Art beschäftigt. »Empirisch gesehen«, schrieb er, »weist ein großer Anteil der in der Natur beobachteten komplexen Systeme eine hierarchische Struktur auf. In einer Welt, in der Komplexität aus Einfachheit evolvieren musste, können wir aus theoretischer Sicht erwarten, dass es sich bei komplexen Systemen um Hierarchien handeln sollte. In ihrer Dynamik weisen Hierarchien die Eigenschaft auf, fast dekomponierbar zu sein, was ihr Verhalten stark vereinfacht.«[17] Die von Simon beschriebene »Fast-Dekomponierbarkeit« verweist unter anderem darauf, dass Subsysteme nahezu unabhängig sein können und die Interaktion von Elementen innerhalb der Subsysteme intensiver ist als die zwischen ihnen. Der springende Punkt liegt nun aber darin, dass es trotzdem eine geordnete hierarchische Verschachtelung der Systeme und ihrer Interaktionen sowie eine übergreifende Steuerung gibt.[18]

Herrschafts- und Verwirklichungshierarchien

Der Philosoph und Schriftsteller Arthur Koestler hat in dem 1967 veröffentlichten Buch »Das Gespenst in der Maschine« vorgeschlagen, die Bestandteile der überall anzutreffenden verschachtelten Hierarchien als »Holons« zu bezeichnen. Mit dem Begriff soll verdeutlicht werden, dass die Elemente einer hierarchischen Ordnung eigentlich immer zugleich Teil und Ganzes sind. »Organismen und soziale Gemeinschaften«, so Koestler, »sind vielschichtige Hierarchien von halbautonomen Sub-Einheiten, die sich zu Sub-Einheiten einer niedrigeren Ordnung verzweigen. Der Begriff Holon wurde zur Bezeichnung dieser intermediären Entitäten eingeführt, die, bezogen auf die ihnen untergeordneten Einheiten der Hierarchie, als in sich geschlossene Ganze fungieren, bezogen auf die ihnen übergeordneten Einheiten der Hierarchie dagegen als abhängige Teile. Diese Dichotomie von Ganzheit und Teilheit, von Autonomie und Abhängigkeit ist ein inhärenter Faktor aller hierarchischen Ordnung.«[19] Statt von Hierarchien wird zur Betonung dieses Zusammenhangs auch von »Holarchien« gesprochen.

Die Skepsis gegenüber Hierarchien ist nun zum Teil aber der Erfahrung geschuldet, dass höhere Ebenen dazu neigen können, gegenüber niedrigeren Ebenen zu dominant oder gar unterdrückerisch zu werden. Totalitäre Systeme sind durch eine Machtmonopolisierung auf der höchsten Ebene charakterisiert, bei der alle unteren Ebenen im Prinzip zu bloßen Befehlsempfängern degradiert werden. »Das Vorhandensein pathologischer Hierarchien«, betont allerdings der US-amerikanische Autor Ken Wilber, »darf nicht zu dem Trugschluß verleiten, daß Hierarchien grundsätzlich böse sind.«[20] Er verweist dabei auf die von der Systemwissenschaftlerin und Anwältin Riane Eisler getroffene Unterscheidung zwischen Herrschafts- und Verwirklichungshierarchien. »Der Ausdruck ›Herrschaftshierarchien‹ bezeichnet Hierarchien, die sich auf Gewalt beziehungsweise offen oder verdeckt angedrohte Gewalt gründen. Solche Hierarchien unterscheiden sich grundsätzlich von denen, die man beim Fortschreiten von niederen zu höheren Funktionsniveaus antrifft, bei Lebewesen beispielsweise in der Entwicklung von Zellen zu Organen. Hierarchien dieses Typs könnte man als Verwirklichungshierarchien bezeichnen, weil sie die Funktion haben, das Potential des Organismus zu vergrößern«, so Eisler in dem Buch »Kelch und Schwert«.[21] Die Herausforderung liegt darin, eine *planetare Verwirklichungshierarchie* zu schaffen. Der Schlüssel dazu ist eine föderale und demokratische Struktur. Ein Prinzip zur Organisation des Funktionsverhältnisses zwischen soziopolitischen Holons auf verschiedenen Ebenen ist das der Subsidiarität. Demzufolge sind Aufgaben und Kompetenzen auf der *niedrigstmöglichen Ebene* anzusiedeln, auf der sie noch effektiv erfüllt werden können. Für zentrale Herausforderungen der Weltinnenpolitik kommt aufgrund ihres globalen Charakters aber nur die planetare Ebene in Frage.

Das Prinzip der Subsidiarität

Der an der Universität Bonn lehrende Philosoph Christoph Horn meint, dass »die Kompetenzstufung nach dem Prinzip der Subsidiarität« ein »zentrales Mittel« dafür sei, »dem Weltstaat seinen Schrecken zu nehmen«. »Zu denken wäre etwa an eine Dezentralisierung nach dem Stufungsprinzip Weltstaat – kontinentale Einheiten – nationale und regionale Einheiten und schließlich lokale Einheiten. Der größte Teil der gegenwärtigen Kompetenzen könnte somit national, regional und sogar lokal bleiben; es läßt sich somit an eine wesentlich stärkere Delegierung der Entscheidungskompetenz an kleine Einheiten denken, als dies in den gegenwärtigen Staaten der Fall ist. Gerade die Struktur eines Weltstaates könnte auf diese Weise – weit davon entfernt, eine gewaltige Bürokratie zu erfordern – zu einer partizipatorisch-demokratischen Umgestaltung der politischen Entscheidungen führen«, argumentierte Horn. Gerade ein Weltstaat könne »durch eine geeignete Gliederung in föderale Teilstaaten und durch Minderheitenschutz Gruppeninteressen und -identitäten rechtlich adäquat absichern«.[22]

Die Fragmentierung der Global Governance und des Völkerrechts

Das System der Global Governance und das Völkerrecht ist von einer Zerspaltung geprägt, die keine übergreifende Hierarchie, Harmonisierung, Steuerung oder Koordination kennt. Das gilt weitgehend auch für die Vereinten Nationen mit ihren Dutzenden Programmen, Sonderorganisationen, Kommissionen, Sekretariaten, Fonds und anderen »Entitäten«. Ihre Kohärenz und Steuerbarkeit gilt seit jeher als dürftig. In einer offiziellen Evaluation wurde daher etwa die UN-Entwicklungsarbeit schon 1969 als »prähistorisches Monster« bezeichnet, wie Thomas G. Weiss berichtet. Auch vierzig Jahre später sei dieser »schwerfällige Dinosaurier« den Bedingungen des 21. Jahrhunderts sicher nicht besser gewachsen. Ein besseres Design für »nutzlose Komplexität« sei kaum vorstellbar.[23] In jüngerer Zeit hat der UN-Beirat zur Globalen Nachhaltigkeit in einem Bericht festgestellt, dass die institutionelle Fragmentierung auf der internationalen Ebene »endemisch« sei. Um nachhaltige Entwicklung erreichen zu können, müsse »das Erbe von fragmentierten Institutionen, die um Ein-Themen-›Silos‹ herum etabliert wurden«, überwunden werden.[24] Der deutsche Jurist Dieter Grimm hat den Charakter des Weltregierens mit Blick auf eine mögliche Konstitutionalisierung international ausgeübter öffentlicher Gewalt treffend beschrieben. »Es gibt keine einheitliche öffentliche Gewalt der Weltgemeinschaft«, stellt der ehemalige Verfassungsrichter fest. »Es gibt vielmehr einzelne funktional spezialisierte öffentliche Gewalten, die untereinander unverbunden sind und lediglich punktuelle Befugnisse besitzen. Ebenso punktuell sind ihre rechtlichen Grundordnungen, ohne daß sie sich zu einer systematischen und kohärenten Weltrechtsordnung zusammenfügten. Die gegenwärtige Weltordnung«, so Grimm, »erinnert eher an die mittelalterliche Ordnung mit ihren verstreuten, auf unabhängige Träger verteilten und punktuellen Herrschaftsbefugnissen, die ebenfalls kein taugliches Objekt einer Konstitutionalisierung bildeten.«[25]

Die Fragmentierung des internationalen Systems spiegelt sich auch in der Völkerrechtsordnung wieder. In einem einflussreichen Bericht an die UN-Völkerrechtskommission, der den Anstoß für die Etablierung einer Studiengruppe zu diesem Thema gab, warnte etwa der österreichische Völkerrechtler Gerhard Hafner 2000 vor der zunehmenden Fragmentierung des internationalen Rechts. Das »existierende internationale Recht besteht nicht aus einer homogenen Rechtsordnung, sondern überwiegend aus unterschiedlichen Teilsystemen, die ein ›unorganisiertes System‹ produzieren«, schrieb er darin und sprach von einer »Desintegration der Rechtsordnung«. Als Ursachen nannte er die Spezialisierung in unterschiedliche autonome Rechtsregime, unterschiedliche Normstrukturen, parallele oder konkurrierende Regulierungen innerhalb der gleichen Rechtsbereiche, die Ausweitung der vom internationalen Recht erfassten Materien sowie überlappende und widersprüchliche Subsysteme sekundären Rechts. Als ersten und vielleicht wichtigsten Grund führte er allerdings *den Mangel zentralisierter Organe* an. »Fragmentierung«, so das damalige Mitglied der Völkerrechtskommission, »ist auf die Natur des internationalen Rechts als ein Recht der Koordination statt der Subordination ebenso zurückzuführen wie auf den Mangel zentralisierter Institutionen, die Homogenität und Konformität rechtlicher Regulierungen sicherstellen würden.«[26] Für den in Jerusalem lehrenden Völkerrechtler Tomer Broude hängt das Problem der Normfragmentierung direkt mit dem Problem der »Autoritätsfragmentierung« zusammen. »Sie sind zwei Seiten derselben Medaille«, schreibt er. Das Anliegen einer normativen Integration des Völkerrechts habe »politische Bedeutung für die gesamte Struktur von Autorität und Governance des internationalen Systems«, da es eine »größere Zentralisierung und/oder Harmonisierung von Autorität« bedinge.[27] Der in diesem Zusammenhang verwendete Begriff der Fragmentierung darf aber nicht so verstanden werden, dass ein einst einheitliches System nun auseinanderfalle. Das internationale Recht ist seiner Natur nach bisher schon immer fragmentarisch angelegt gewesen. Der Völkerrechtler und spätere ILO-Generaldirektor Wilfred Jenks hat 1953 bereits darauf hingewiesen, dass völkerrechtliche Abkommen »in Ermangelung einer Weltlegislative mit allgemeinem Mandat« dazu tendieren, sich innerhalb einer Reihe von historisch, funktional und regional separierten Gruppen zu entwickeln.[28]

Ein kohärentes Weltrecht und ein Weltparlament

Eben eine solche Weltlegislative muss Ausgangspunkt und Zentrum eines kohärenten und harmonisierten Weltrechtssystems darstellen, das klare und allgemeinverbindliche Normenhierarchien und Vorrangregeln begründet. Eine Hierarchisierung in konstitutionelles Primärrecht und nachfolgendes Sekundärrecht ist unumgänglich. Ein notwendiges Grundprinzip wird darin bestehen, dass Weltrecht gegenüber Völkerrecht Vorrang hat. In weltrechtlichen Regelungsbereichen wird Weltrecht also unmittelbar in Völkerrecht eingreifen können. In der Weltlegislative werden dabei bislang unverbundene und divergierende politische Regulierungsprozesse der Netzwerk-Governance und internationaler Institutionen zusammengeführt und politischer Ausgleich, Präferenzbildung und Priorisierung auf der globalen Ebene herbeigeführt. Im Anschluss an die Terminologie von Anne-Marie Slaughter könnte man von einer »Aggregierungsfunktion« eines Weltparlaments sprechen. Aus der Distanz eines Historikers kritisierte Charles Maier von der Harvard-Universität den Begriff der »Governance« als »Utopie der akademischen Verwaltungselite« und betonte diesen Aspekt im Zusammenhang mit einer fehlenden staatlichen Steuerung. »Der Begriff der Governance, der sich Ende des 20. Jahrhunderts so großer Beliebtheit erfreute und Sozialwissenschaftler sowie Stiftungen bis heute fasziniert«, so Maier, »zeugte und zeugt von der Hoffnung auf eine Regierung ohne ›Staatlichkeit‹ – als könnte Politik künftig der Aufgabe enthoben sein, Präferenzen zu bündeln und sich schließlich für die eine oder die andere zu entscheiden, und stattdessen über Konsens und die Macht der rationalen Diskussion funktionieren.«[29]

Die Unübersichtlichkeit der Weltordnung und das »Zeitalter der Entropie«

Auch politisch ist die Weltordnung von Unübersichtlichkeit geprägt. Samuel Huntington meinte 1999, dass das internationale System nach einem kurzen unipolaren Moment, der seinen Höhepunkt im Golfkrieg von 1991 gehabt habe, innerhalb einiger Jahrzehnte über eine »uni-multipolare« Phase schließlich in eine echte multipolare Ordnung eintreten werde.[30] Wie der Präsident des Council on Foreign Relations, Richard Haass, rund zehn Jahre später feststellte, wird man sich statt dessen vom Konzept geopolitischer Machtpole als zentralem Erklärungsmuster der Weltordnung *ganz verabschieden* müssen. Auf den ersten Blick, so Haass, scheine die Welt zwar multipolar geworden zu sein mit China, der EU, Indien, Japan, Russland und den USA als wichtigsten Mächten. Tatsächlich jedoch gebe es viel mehr Machtzentren und einige dieser Pole seien gar keine Nationalstaaten. Die Macht und Vorrangstellung der Staaten werde im Zuge der Globalisierung von regionalen und globalen Regierungsorganisationen sowie einer Vielzahl nichtstaatlicher Organisationen und Unternehmen herausgefordert. »Als wichtigstes Merkmal der internationalen Beziehungen im 21. Jahrhundert stellt sich die Non-Polarität heraus«, schreibt Haass, nämlich »eine Welt dominiert nicht von einem, zwei oder selbst mehreren Staaten, sondern vielmehr von Dutzenden von Akteuren, die verschiedenste Arten von Macht besitzen und ausüben.« Sich selbst überlassen würde diese »non-polare Welt« mit der Zeit immer unordentlicher.[31] Der Politikwissenschaftler und Gründer der Beratungsgesellschaft Eurasia Group, Ian Bremmer, spricht von einer »G-Zero-Welt«, um das Verschwinden der Fähigkeit zu effektiver politischer Führung durch einen einzelnen Staat oder sogar Staatengruppen im internationalen System zu beschreiben. »Wer wird führen?«, fragt er rhetorisch, um die Antwort gleich selbst zu liefern: »Niemand«. Weder die G7, die G20 oder irgendein anderes Forum.[32] Für Stewart Patrick vom Council on Foreign Relations ist nicht die »Abwesenheit von Multilateralismus«, sondern vielmehr dessen »erstaunliche Vielfalt« ein prägendes Merkmal der gegenwärtigen Ära. In der Welt der »G-X«, wie Patrick sie nennt, sei kollektives Handeln »nicht mehr allein, oder überhaupt primär auf die UN oder andere allgemeine vertragsbasierte Institutionen konzentriert und auch nicht auf ein einzelnes Spitzenforum wie die G-20. Regierungen operieren vielmehr an vielen Orten gleichzeitig und nehmen an einem verblüffenden Spektrum von themenspezifischen Netzwerken und Partnerschaften teil, deren Mitgliedschaft basierend auf situativen Interessen, geteilten Werten und relevantem Leistungsvermögen variiert«.[33]

Nach dem Befund des US-amerikanischen Politikwissenschaftlers Randall L. Schweller geht die Weltordnung in ein »Zeitalter der Entropie« über. Dem damit verbundenen »Multilateralismus à la carte« und der disaggregierten Netzwerk-Governance kann er dabei im Gegensatz zu Stewart Patrick wenig Positives abgewinnen. »Was manche als Global Governance bezeichnen«, so Schweller, »ist wenig mehr als eine Spaghettischüssel voller widersprüchlicher Vereinbarungen, die innerhalb und zwischen dreißigtausend oder so internationalen Organisationen unterschiedlicher Wichtigkeit ausgehandelt wurden.« Für Staaten sei es praktisch unmöglich, herauszufinden, wo bei irgendeinem Problem eigentlich die internationale Zuständigkeit liege. Der Grund dafür besteht nach Schweller freilich darin, dass es in Folge der wachsenden Entropie überhaupt keine zentralen internationalen Zuständigkeiten mehr gebe. »Niemand wird wissen, wo die internationale Zuständigkeit liegt, weil sie nirgendwo liegen wird; und ohne Zuständigkeit kann es keine Governance geben«, schreibt Schweller. Die »labyrinthartige Struktur der Global Governance« sei komplexer »als die meisten Probleme, die sie eigentlich lösen soll«, beklagt er.[34] Wie Dirk Messner schon vor längerer Zeit feststellte, »darf nicht übersehen werden, daß die Global-Governance-Architektur angesichts ihrer Komplexität selbst zum globalen Problem werden kann«.[35] Dieser Punkt ist zweifellos erreicht.

Ein entropischer Niedergang der Weltzivilisation?

Das gegenwärtige System »heterarchischen« Weltregierens ist in hohem Maße ineffektiv und ineffizient. Es trägt zur Komplexität des Weltsystems bei, statt diese zu steuern und zu reduzieren. Ein entropischer Niedergang könnte damit verbunden sein, wie er 1978 von der US-amerikanischen Zukunftsforscherin Hazel Henderson für Industriegesellschaften beschrieben wurde. Mit ansteigender Komplexität könnten Industriegesellschaften ihr zufolge irgendwann ein »Entropiestadium« erreichen. »Das Entropiestadium ist eine Gesellschaft auf einer Stufe, bei der die Komplexität und Interdependenz einen Punkt erreicht haben, an dem die generierten Transaktionskosten der produktiven Kapazität der Gesellschaft entsprechen oder diese übersteigen. Analog zu dem Phänomen, das in physikalischen Systemen auftritt, wird die Gesellschaft langsam von ihrem eigenen Gewicht und ihrer Komplexität erdrückt«, so Henderson. Das hat nach Henderson damit zu tun, dass der unproduktive Aufwand zur Steuerung und Koordination der Gesellschaft sowie die Kosten der entstehenden Externalitäten zu groß werden. »Wir scheinen unfähig zu sein, uns mit der Tatsache anzufreunden«, so die Zukunftsforscherin, »dass jeder Anstieg der Größenordnung technologischer Meisterschaft und unternehmerischer Kontrolle unweigerlich einen gleichzeitigen Anstieg der Größenordnung von staatlicher Kontrolle und Koordinierung erforderlich macht und mit sich bringt.«[36] Dieser Gedankengang kann auf die Weltzivilisation als Ganzes übertragen werden. In einer viel beachteten Studie über den »Kollaps komplexer Gesellschaften« kam der US-amerikanische Anthropologe und Historiker Joseph Tainter zehn Jahre später ebenfalls zu dem Schluss, dass mit dem Anstieg von Komplexität ein grundsätzliches Problem entsteht. Seiner Darstellung nach liegt es in der Natur menschlicher Gemeinschaften, dass mit der Bewältigung von Problemen eine Zunahme soziopolitischer Komplexität einhergeht. Diese entsteht etwa durch den kumulativen Ausbau von Bürokratie und organisatorischen Strukturen oder durch immer weitere soziale und hierarchische Ausdifferenzierung. Eine wachsende Kosten- und Steuerlast für die produktive Bevölkerung ist damit verbunden. Der mit dem Komplexitätszuwachs einhergehende ökonomische Nutzen wird tendenziell immer geringer und kann sich ab einem gewissen Punkt in der Entwicklung einer Gesellschaft ins Negative kehren. Dann wäre das von Henderson beschriebene »Entropiestadium« erreicht. In dieser Phase ist Kollaps in Form von soziopolitischer Desintegration trotz der desaströsen Folgen Tainter zufolge eine ökonomisch erklärbare und naheliegende Entwicklung, sofern nicht neue Quellen des Produktivitätszuwachses erschlossen werden können. Ein zivilisatorischer Zusammenbruch würde aus einem Rückfall auf weniger komplexe Organisationsstufen bestehen. In seiner Studie betont Tainter, dass unter den gegebenen Bedingungen einer komplexen Weltzivilisation ein isolierter Zusammenbruch einer einzelnen Gesellschaft nicht mehr möglich sei. Sollte daher erneut ein Kollaps auftreten, dann *im globalen Maßstab*. Die »Weltzivilisation als Ganzes« würde desintegrieren. Tainter befürchtet, dass die heutige Weltzivilisation ebenso wie frühere kollabierte Gesellschaften nicht dazu fähig sein wird, den Aufwand zur Lösung ihrer Probleme leisten zu können. »Wenn wir der nuklearen Vernichtung entgehen, Umweltverschmutzung und Bevölkerungszahl unter Kontrolle bekommen und es schaffen, die Ressourcenverknappung zu umgehen, wird unser Schicksal dann durch die hohen Kosten und den niedrigen Grenzertrag besiegelt, den diese Dinge erfordern werden?«, fragt er sich.[37]

Weltföderalismus als Komplexitätsreduktion

Die Frage stellt sich allerdings, ob diese Kosten auf einem höheren soziopolitischen Organisationsniveau, nämlich auf der Stufe weltstaatlicher Strukturen, tatsächlich derart hoch wären oder nicht eher niedriger liegen würden als heute. Ein wichtiges Ziel des von einem Weltparlament begleiteten globalen Integrationsprogramms besteht aus einer Harmonisierung, Reorganisation und Defragmentierung des heutigen Systems der Global Governance innerhalb eines demokratischen, weltstaatlichen Rahmens. Eine weltföderalistische Ordnung mit einem globalen Legislativsystem trägt zur *Komplexitätsreduktion* und zu *niedrigeren Transaktionskosten* bei. Sie repräsentiert eine hierarchische Konsolidierung des zivilisatorischen Prozesses auf einem höheren Systemniveau. Die Weltzivilisation läuft deshalb Gefahr, ein »Entropiestadium« zu erreichen, da das gegenwärtige zwischenstaatlich ausgerichtete System seiner Natur nach effiziente globale Problemlösungen mit niedrigen Transaktionskosten gar nicht leisten *kann*. Die fragmentierte »heterarchische« Struktur der Global Governance, die sich auf das Paradigma nationalstaatlicher Souveränität stützt und zentrale Steuerung nicht erlaubt, ist dazu nicht in der Lage. Ein Beispiel für Transaktionskosten, die zudem die Produktivkräfte mindern, sind die immensen Militär- und Rüstungsausgaben, die sich nicht zuletzt aus der Systemstruktur ergeben. Sie sind der Tatsache geschuldet, dass eine Überwindung der anarchischen Phase trotz aller Überlagerungen noch nicht gelungen ist. Durch den Aufbau einer Weltfriedensordnung, wie wir sie in diesem Buch skizzieren, könnte auf einen Großteil dieser Ausgaben verzichtet werden. Die durch das System begünstigte Steigerung der Ungleichheit und die wachsende Kapitalakkumulation auf Seiten der Superreichen ist ein weiteres Beispiel dafür, wie Produktivkräfte gebunden werden, ohne das eine geeignete Gegensteuerung möglich wäre.

Die Tabuisierung der Idee eines Weltstaates

Über die Notwendigkeit weltstaatlicher Strukturen wollen nur wenige ausdrücklich reden. Nicht selten hören wir von Akademikern, dass sie ein Weltparlament zwar interessant und richtig finden, sich aber nicht mit diesem Thema exponieren wollen. Der Horizont der Debatte über die Gestalt des Weltregierens hat sich stark verengt. In der bereits erwähnten Festrede von Thomas G. Weiss zum fünfzigsten Jubiläum der International Studies Association hob der Politikwissenschaftler hervor, dass die Frage eines Weltstaates aus dem wissenschaftlichen Diskurs und erst recht aus der Lehre inzwischen praktisch »verbannt« worden sei. In drastischen Worten beklagte er vor den versammelten Vertretern des Fachs die »erbärmliche Armut unseres heutigen Denkens«. Nach dem Zweiten Weltkrieg habe eine ernsthafte Beschäftigung mit dieser Frage zum Mainstream gehört. Wer sich heute dagegen mit der Idee einer Weltregierung befasse oder diese gar unterstütze, werde als naiv und schlimmstenfalls als verrückt abgestempelt. Dabei erinnert Weiss unter anderem daran, dass sogar Realisten wie Hans Morgenthau und Reinhold Niebuhr einen Weltstaat seinerzeit als »logisch notwendig« angesehen hätten.[38] Dass es »wichtige programmatische Gemeinsamkeiten« zwischen zentralen Vertretern der realistischen Schule der internationalen Beziehungen und dem Weltföderalismus gibt, hat der Politologe William E. Scheuerman in dem 2011 veröffentlichten Buch »The Realist Case for Global Reform« herausgearbeitet.[39]

Das wankende Paradigma der Zwischenstaatlichkeit

Heute krankt der Mainstream daran, sich weitgehend mit einer Beschreibung des vorgefundenen Ist-Zustands zu begnügen. Der Dreh- und Angelpunkt des Denkens ist nach wie vor der moderne Nationalstaat und die mit ihm verknüpfte Idee der Souveränität. Das daraus resultierende Konzept der Zwischenstaatlichkeit des Weltregierens kann als Paradigma nach der von Thomas S. Kuhn entwickelten Theorie wissenschaftlicher Revolutionen identifiziert werden. Abweichungen von diesem Paradigma werden vom Mainstream nicht gedacht, wahrgenommen oder erwünscht. Langfristige Überlegungen darüber, wie das Weltregieren statt dessen gestaltet sein sollte oder könnte, sind unter diesen Vorzeichen nicht von Interesse. »Nicht die Diagnose fehlt, erklärungsbedürftig ist die Zurückhaltung gegenüber einer Perspektive, die den Blick auf den wie immer auch unwegsamen Pfad einer transnationalen Weltinnenpolitik lenkt«, meinte etwa Jürgen Habermas mit Blick auf die Sozialwissenschaften. »Eine Soziologie«, so Habermas, »die ›Gesellschaft‹ fast immer als eine durch den Nationalstaat definierte Größe, eben als nationale Gesellschaft, betrachtet hat, stößt bei einem politisch so schwach strukturierten Gebilde wie der ›Weltgesellschaft‹ auf konzeptuelle Schwierigkeiten.«[40] Zwar mag es richtig sein, dass das »heterarchische Modell«, wie Volker Rittberger und Kollegen schreiben, »am ehesten in der Lage [ist], große Teile der empirisch zu beobachtenden Formen des Weltregierens zu erfassen«.[41] Die Muster des globalen Staatsbildungsprozesses können im herrschenden paradigmatischen Rahmen aber nur schwer als solche erfasst werden. Obwohl er einen Weltstaat als mögliches Ergebnis des sozioevolutionären Prozesses für unwahrscheinlich hält und ablehnt, hatte Rittberger 1973 selbst darauf hingewiesen, dass »das Weltstaats-Modell insoweit vorläufigen empirischen Untersuchungen unterzogen werden muß, als daß wahrnehmbare Trends in der tagtäglichen Weltpolitik existieren oder nicht existieren könnten, die letztlich auf die Bildung eines Weltstaats hindeuten«.[42]

In dem berühmten Werk »Über den Prozeß der Zivilisation«, das 1939 erschien und 1969 eine Neuausgabe erfuhr, hat Norbert Elias eine langfristige Perspektive eingenommen und die Entwicklung der Persönlichkeits- und Sozialstrukturen etwa seit dem 8. Jahrhundert untersucht. Die von ihm beschriebenen Verflechtungsmechanismen, die seit dem »Zustand der äußersten, feudalen Desintegration« zu einer Integration immer größerer soziopolitischer Verbände hindrängen, sind demnach weiter am Werk und umfassen inzwischen ein Verflechtungssystem, »das die ganze bewohnte Erde umfasst«. »Die zwischenstaatlichen Konkurrenzspannungen«, schrieb Elias, »können bei dem starken Spannungsdruck, den unser Gesellschaftsaufbau mit sich bringt, nicht zur Ruhe kommen, solange sich nicht durch eine lange Reihe von blutigen oder unblutigen Machtproben Gewaltmonopole und Zentralorganisationen für größere Herrschaftseinheiten stabilisiert haben, in deren Rahmen viele der kleineren, der ›Staaten‹, ihrerseits zu einer ausgewogeneren Einheit zusammenzuwachsen vermögen.« Zwar sei der zeitliche Rahmen und die Beschaffenheit der entstehenden »größeren Herrschaftseinheiten« unvorhersehbar, die Richtung der Verflechtungsprozesse aber sei gewiss: »die Bildung eines irdischen Gewaltmonopols, eines politischen Zentralinstituts der Erde«.[43] Mit Blick auf langfristige Staatsentwicklungsprozesse beklagte Elias, dass man es dabei offenbar mit Entwicklungen zu tun habe, »deren zeitliche Länge die gegenwärtig auf kurzfristigere Perspektiven abgestimmte soziologische Vorstellungskraft übersteigt«.[44] An diesem Befund hat sich nicht viel geändert. Dennoch mehren sich angesichts des immer offensichtlicher werdenden Scheiterns der Global Governance die Zweifel daran, ob die herrschende Perspektive noch ausreichend sein kann. Das von Thomas S. Kuhn beschriebene Muster einer paradigmatischen Krise spiegelt sich hier deutlich wider. »Politische Revolutionen«, so der Wissenschaftsphilosoph, »werden durch ein wachsendes, doch oft auf einen Teil der politischen Gemeinschaft beschränktes Gefühl eingeleitet, daß die existierenden Institutionen aufgehört haben, den Problemen, die eine teilweise von ihnen selbst geschaffene Umwelt stellt, gerecht zu werden. Ganz ähnlich werden die wissenschaftlichen Revolutionen durch ein wachsendes, doch ebenfalls oft auf eine kleine Untergruppe der wissenschaftlichen Gemeinschaft beschränktes Gefühl eingeleitet, daß ein existierendes Paradigma aufgehört hat, bei der Erforschung eines Aspekts der Natur, zu welchem das Paradigma selbst den Weg gewiesen hatte, in adäquater Weise zu funktionieren. Bei der politischen und wissenschaftlichen Entwicklung ist das Gefühl des Nichtfunktionierens, das zu einer Krise führen kann, eine Voraussetzung für die Revolution.«[45] Im vorliegenden Fall sind das moderne Völkerrecht und die existierende westfälische zwischenstaatliche Ordnung zweifellos ein Ergebnis der Idee vom souveränen Nationalstaat, eben jener Idee, die dem Diskurs nach wie vor als Paradigma dient. Für ein Verständnis der Weltordnung und wohin sie sich entwickeln mag, reicht dieses Paradigma nicht mehr aus. Auch wird immer stärker das Versagen der westfälischen Ordnung im Hinblick auf globale Herausforderungen beklagt. Die britische Sozialwissenschaftlerin Susan Strange prägte in einem 1999 veröffentlichten Aufsatz den prägnanten Begriff des »Westfailure System«. Dem »Staatszentrismus« in der Analyse der internationalen Beziehungen müsse man entkommen und sich widersetzen, schrieb sie. Es könne nicht Aufgabe der Wissenschaft sein, das westfälische System zu verteidigen oder zu entschuldigen.[46]

2015 wurde ein internationaler Forschungskreis speziell über die Frage einer Weltregierung gegründet, das World Government Research Network. Führende Wissenschaftler auf dem Gebiet wie Daniele Archibugi, Richard Falk, Thomas Pogge, William E. Scheuerman, Thomas G. Weiss oder Alexander Wendt haben sich angeschlossen. Auf der Website des Netzwerkes schreiben die beiden Koordinatoren Luis Cabrera von der Griffith-Universität im australischen Brisbane und James Thompson vom Hiram College in Ohio, dass es seit den 1940er Jahren nicht mehr so viele ernsthafte Akademiker gegeben hätte, die über globale Integration nachdenken. Die Gründung des Netzwerks unterstreicht, dass die Debatte über eine Weltregierung eine neue Qualität anzunehmen beginnt und nicht mehr ohne weiteres abgetan werden kann.

Standardthesen der reaktionären Rhetorik

Es handelt sich jedoch nicht allein um ein wissenschaftlich-intellektuelles Problem. Man sollte nicht glauben, dass die Debatte um die Gestalt des Weltregierens ganz frei von Interessenlagen geführt wird. Vielmehr lässt sie durchaus Züge eines *Herrschaftsdiskurses* erkennen. Das Paradigma der Zwischenstaatlichkeit und das Festhalten an der Fiktion nationalstaatlicher Souveränität werden wohl nicht zufällig gerade von Mitgliedern der transnationalen Elite am stärksten verteidigt. Die sich von dort gegen eine Weltdemokratie richtende Rhetorik dient letztlich dem Zweck, den gegenwärtigen Zustand des Weltregierens als alternativlos aussehen zu lassen. Häufig wird dabei auch auf die Sinnverkehrungs- und Gefährdungsthese zurückgegriffen. Die Angst vor der angeblichen Gefahr eines tyrannischen Weltstaates wird dabei instrumentalisiert und auf *jede* Form von Weltstaatlichkeit übertragen. Ein demokratischer und föderaler Weltstaat, so das Argument, sei zwar vielleicht ein hehres Ziel, berge aber doch stets die Gefahr in sich, zu einer Tyrannei zu degenerieren, wodurch die Demokratie und die Freiheit dann *noch viel mehr* gefährdet würden als zuvor. Wie der Soziologe Albert O. Hirschman gezeigt hat, gehört das Argumentationsmuster der Sinnverkehrungs- und Gefährdungsthese zu den »wichtigsten polemischen Posituren und Kunstgriffen, die dort verwendet werden, wo man progressive Politik und progressive Strömungen des Denkens abwerten und desorientieren will«. Reaktionäre Rhetorik dieser Art wird seiner Darstellung zufolge schon seit dem 19. Jahrhundert verwendet, um gegen den Ausbau individueller Menschenrechte, das allgemeine Wahlrecht und Demokratie sowie die Entwicklung des Wohlfahrtsstaats zu opponieren. Nun richtet sie sich gegen eine weltstaatliche Globalisierung dieser Errungenschaften. In dem Buch »Denken gegen die Zukunft« hat Hirschman die typischen reaktionären Argumentationsfiguren untersucht. »Der *Sinnverkehrungsthese* zufolge«, erläutert er, »dient alles absichtsvolle Handeln mit dem Ziel, bestimmte Gegebenheiten der politischen, sozialen oder ökonomischen Ordnung zu verbessern, nur zur Verschlimmerung der Lage, die man bessern wollte. Die *Vergeblichkeitsthese* besagt, daß alle Anstrengungen zur Umgestaltung der Gesellschaft umsonst sind, daß sie einfach ›nichts bewegen‹. Die *Gefährdungsthese* schließlich unterstellt, daß Reformvorhaben oder Veränderungen des bestehenden Zustands am Ende zu teuer bezahlt werden, insofern nämlich, als sie kostbare Errungenschaften gefährden, die ihnen vorausgegangen sind.«[47] Dass hunderte Millionen von Menschen, wenn nicht die Mehrheit der Weltbevölkerung, *bereits jetzt* global verankerter struktureller Gewalt ausgesetzt sind und dass das Versagen der Global Governance den Bestand der Weltzivilisation gefährdet, bleibt bei dieser Argumentation unbeachtet. Eingeführt wurde der Begriff der strukturellen Gewalt von Johan Galtung. Strukturelle Gewalt ist ihm zufolge Gewalt, die keinem einzelnen Akteur direkt zugerechnet werden kann und aufgrund ihrer Permanenz und »Geräuschlosigkeit« selbst von den Betroffenen oft nicht als solche wahrgenommen wird. Diese Gewalt, fasst Galtung zusammen, »ist in das System eingebaut und äußert sich in ungleichen Machtverhältnissen und folglich in ungleichen Lebenschancen. [...] wenn Menschen in einer Zeit verhungern, in der dies objektiv vermeidbar ist, dann wird Gewalt ausgeübt, gleichgültig ob eine klare Subjekt-Objekt-Beziehung vorliegt«. Die Bedingung der strukturellen Gewalt, so Galtung, besteht in sozialer Ungerechtigkeit und vor allem in der Ungleichheit in der Verteilung von Macht.[48] Ein demokratischer Weltstaat und ein Weltparlament dienen dem Ziel, eine *bereits gegenwärtige globale Barbarei zu beseitigen*.

24.
Die dritte demokratische Transformation und das globale Demokratiedefizit

»Durchläuft man die Seiten unserer Geschichte«, schrieb Alexis de Tocqueville in der Einleitung seines Werkes »Über die Demokratie in Amerika« von 1835, »so findet man in den letzten siebenhundert Jahren keine bedeutenden Ereignisse, die nicht die Entwicklung der Gleichheit gefördert hätten.« Der Jurist und Historiker hatte den großen Gang der Geschichte vor Augen, der von den Kreuzzügen über die Reformation und die Revolutionen des 18. Jahrhunderts einen fortwährenden Niedergang der Aristokratie und einen Aufstieg des Bürgertums beschrieb. Er wies darauf hin, wie die Erfindung von Feuerwaffen und Buchdruck sowie bessere Bildung, Wissenschaft und Literatur zu der Entwicklung beigetragen hätten. Eine »große demokratische Revolution« sei im Gange, schrieb er.[1] Zu seiner Zeit stand diese Revolution erst am Anfang.

Die Demokratisierungswellen

Die weltweite Ausbreitung der Demokratie und der mit ihr verbundenen bürgerlichen und politischen Rechte zählt zu den wichtigsten politischen Trends der vergangenen zwei Jahrhunderte. Die Entwicklung kann in historische Demokratisierungswellen eingeteilt werden, wie sie 1991 erstmals von dem US-amerikanischen Politologen Samuel Huntington vorgeschlagen wurden. Von einer Demokratisierungswelle ist dann die Rede, wenn sich in einer bestimmten Zeit wesentlich mehr nichtdemokratische Staaten zu einer Demokratie wandeln, als umgekehrt. Betrachtet man die Versuche, solche Entwicklungen zu erfassen, ist immer zu bedenken, dass es bei den Demokratiebewertungen der einzelnen Länder oft auf subjektive Einschätzungen ankommt, die schon mit der Auswahl der Indikatoren beginnen. Das Gesamtbild bleibt von solchen Unzulänglichkeiten aber unberührt. Die erste Welle, die Huntington identifizierte, begann um 1828 und dauerte bis etwa 1926. Sie hatte ihre Wurzeln in der Amerikanischen und Französischen Revolution und beinhaltete eine allmähliche Ausweitung des Wahlrechts und eine Subordination der Exekutive unter das Parlament. In den hundert Jahren der ersten Welle, berichtet Huntington, haben über 30 Länder zumindest minimale demokratische Institutionen aufgebaut.[2] Nach den Daten des Polity-Forschungsprogramms qualifizierten sich zum Ende der ersten Welle einundzwanzig Länder oder rund 30 Prozent aller untersuchten Staaten als Demokratien.[3] In diesen Ländern lebten damals rund 17 Prozent der Weltbevölkerung.[4] Nach den Rückschlägen der 1920er und 1930er Jahre fand etwa zwischen 1943 und 1962 eine zweite Demokratisierungswelle statt. Zum Ende dieser Welle wurden nun 35 der vom Polity-Programm analysierten Länder, ein Drittel der anwachsenden Staatenwelt, in dem nun rund 36 Prozent der Weltbevölkerung lebten, als demokratisch eingestuft. Nach weiteren Rückschlägen begann mit der Nelkenrevolution in Portugal im Jahr 1974 Huntingtons Einteilung zufolge die dritte Demokratisierungswelle. Andere Forscher verorten den Beginn der dritten Welle im Jahr 1987. Vorher hätten sich die Bewegungen zu mehr und zu weniger Demokratie in der Staatenwelt die Waage gehalten.[5] Im Zuge der von der Sowjetunion betriebenen Reformpolitik, der friedlichen Revolutionen in Osteuropa und dem Ende des Kalten Krieges bekam die weltweite Demokratisierung ab 1989 jedenfalls noch nie dagewesenen Schwung. Die Anzahl der Demokratien wuchs nach den Polity-Zahlen zwischen 1974 und 1989 von 34 auf 49 an, was einen Anstieg von 25 auf 35 Prozent bedeutet. Bis 1992 schnellte die Zahl dann in nur drei Jahren auf 75 oder 47 Prozent der Staatenwelt hoch. Seitdem lebt erstmals mehr als die Hälfte der Weltbevölkerung in Demokratien. Einen Höhepunkt fand die dritte Welle im Jahr 2006, als von Polity weltweit 95 Demokratien gezählt wurden, ein Anteil von 58 Prozent.

Von der in Washington D.C. ansässigen Stiftung Freedom House wird jährlich das Niveau bürgerlicher und politischer Rechte in der Welt eingeschätzt. Wie der Demokratieexperte Larry Diamond von der Stanford-Universität in Kalifornien hervorhebt, wurde auf einer Skala von eins für die größte Freiheit und sieben für die schwerste Repression für das Jahr 1974 ein weltweiter Durchschnitt von 4,38 angenommen. Nach dem Fall der Mauer wurde die Marke von vier Punkten durchbrochen und der Höhepunkt wurde 2005 mit 3,22 Punkten erreicht.[6] Weder bei der Zahl der Demokratien, noch bei der Bewertung der Freiheitsrechte ist es seither zu weiteren großen Fortschritten gekommen. Experten diskutieren daher, ob die dritte Demokratisierungswelle anhält oder ob sich nun der Beginn eines Rückschlages abzeichnet. Nach Ansicht von Diamond befindet sich die Welt seit 2006 zumindest in einer »milden, aber langwierigen demokratischen Rezession« und es bestehe die Gefahr, dass sich diese in etwas »weitaus schlimmeres« entwickele.[7] Andere betonen, dass es die geringen Schwankungen in den verschiedenen Demokratiebewertungen wie denen von Polity oder Freedom House nicht rechtfertigen, von einem Rückschlag zu sprechen. Sie führen die pessimistische Sichtweise darauf zurück, dass viele Beobachter sich noch deutlichere Fortschritte gewünscht hätten. Die enttäuschten Erwartungen würden als Rückschläge empfunden. »Tatsächlich wird Nichtdemokratisierung in China, im Mittleren Osten oder Zentralasien als Rückschlag betrachtet«, stellen etwa Steven Levitsky und Lucan Way fest.[8] Bei Polity bewegte sich die Zahl der Demokratien seit 2005 zwischen 91 und 95 und erreichte 2015 einen Höchststand von 96. In der Bewertung von Freedom House waren die Schwankungen mit 115 bis 125 etwas größer. 2014 und 2015 wurde mit 125 »Wahldemokratien« ebenfalls ein neuer Höchststand erreicht. Nach den arabischen Revolutionen in Tunesien, Ägypten und zahlreichen anderen Ländern war ab 2011 auch von einer möglichen vierten Demokratisierungswelle die Rede. Gleichzeitig verzeichnet Freedom House seit 2006 in einer Mehrzahl der untersuchten Länder allerdings einen Rückgang bei den bürgerlichen und politischen Freiheitsrechten.

Wirtschaftliche Entwicklung und Demokratie

Ob es einen Zusammenhang zwischen wirtschaftlicher Entwicklung und Demokratie gibt, wird seit Jahrzehnten diskutiert. Angestoßen wurde die Debatte durch den Soziologen und Politikwissenschaftler Seymour Lipset (1922 bis 2006), der 1959 argumentierte, dass »je wohlhabender ein Land ist, desto eher wird sich die Demokratie dort behaupten«.[9] Unterschieden wird zwischen der »endogenen« Theorie, wonach die Wahrscheinlichkeit der Demokratisierung armer Länder durch Entwicklung erhöht wird und der »exogenen« Theorie, wonach Entwicklung es weniger wahrscheinlich macht, dass etablierte Demokratien in eine Diktatur zurückfallen. Neuere Untersuchungen haben diese Annahmen bestätigt. Die Politikwissenschaftler Carles Boix und Susan Stokes etwa weisen beide Effekte für den Zeitraum zwischen 1850 und 1990 nach. Anders als vorherige Studien haben sie damit auch die erste Welle der Demokratisierung erfasst.[10] Die Politologen Ronald Inglehart und Christian Welzel wiederum sind der Frage nachgegangen, ob ökonomische Entwicklung mehr Regimeänderungen in Richtung Demokratie als zur Autokratie mit sich bringt, so wie es die Annahmen vermuten lassen würden. »Die Bilanz der Regimeänderungen verschiebt sich stark und gleichbleibend zugunsten der Demokratie so wie das Einkommen steigt«, berichten sie. Mit jedem Zuwachs an 1.000 US-Dollar Pro-Kopf-Einkommen *verdoppele* sich die Anzahl der Veränderungen zur Demokratie im Verhältnis zu denen zur Autokratie. »Sozioökonomische Entwicklung trägt zur Entstehung von Demokratie bei und dies auf dramatische Weise«, so ihre Folgerung.[11] Ab einem Pro-Kopf-Einkommen von 4.000 US-Dollar ist die Wahrscheinlichkeit, dass eine Demokratie zusammenbricht, praktisch null.[12] Diese Ergebnisse bedeuten allerdings nicht, dass arme Länder sich nicht demokratisieren können. Wirtschaftliche Entwicklung macht Demokratisierung nur *wahrscheinlicher* und das demokratische System stabiler. Umgekehrt demonstrieren die Ölstaaten der arabischen Welt, dass Reichtum allein auch kein Garant für Demokratisierung ist. Ein wesentlicher Faktor ist eine mit der wirtschaftlichen Entwicklung verbundene *kulturelle* Veränderung.

Der postindustrielle Wertewandel

Mit der weltweit voranschreitenden Modernisierung und dem postindustriellen Strukturwandel hin zu einer Informations- und Wissensgesellschaft geht in wohlhabenden Bevölkerungsschichten in immer mehr Ländern ein Werte- und Kulturwandel einher. Anhaltender wirtschaftlicher Wohlstand und ein höheres Bildungsniveau fördert die Hinwendung zu postmateriellen Werten, bei denen statt Fragen des ökonomischen Überlebens und Vorankommens nun individuelle Selbstverwirklichung und das Streben nach Lebensqualität, Freiheit und Glück im Vordergrund stehen. Die Entwicklung wurde im Rahmen des groß angelegten Projekts World Values Survey, kurz WVS, nachvollzogen. In bisher sechs Wellen wurden zwischen 1981 und 2014 repräsentative Daten über die soziokulturellen und politischen Ansichten in über neunzig Ländern erhoben, die alle Weltregionen und fast neunzig Prozent der Weltbevölkerung abdecken. Der Direktor des Programms, Ronald Inglehart, kommt zu dem Schluss, dass die wachsende Bedeutung postmaterieller Werte »eine zentrale Rolle im Trend zur Demokratie« spiele. »Postindustralisierung«, so Inglehart und sein Kollege Welzel, »bringt noch vorteilhaftere existentielle Bedingungen mit sich als die Industrialisierung. Sie macht die Menschen ökonomisch sicherer, intellektuell autonomer und sozial unabhängiger als jemals zuvor. Dieser emanzipative Prozess gibt Menschen einen fundamentalen Sinn für Autonomie, bringt sie dazu, der Entscheidungsfreiheit höhere Priorität einzuräumen und macht sie weniger dazu geneigt, Autorität und dogmatische Wahrheiten zu akzeptieren.« Der Wertewandel der »postindustriellen Phase der Modernisierung« bringe eine »Emanzipation von Autorität« mit sich und produziere ein »immer stärkeres massenhaftes Verlangen nach Demokratie, der Regierungsform, die Individuen den breitesten möglichen Spielraum gibt, ihr Leben so zu leben, wie sie möchten«.[13]

Nicht umsonst gelten die aufstrebenden Mittelschichten als »potentielle revolutionäre Klasse«.

Der postindustrielle Strukturwandel ist freilich nicht der einzige Treiber der Demokratisierung. Nach dem Ende des Kommunismus ist die Demokratie als Regierungsform ideologisch konkurrenzlos geworden. Autoritäre und repressive Regime unterliegen einem immer stärkeren internationalen Rechtfertigungsdruck, der auch ihren eigenen Bevölkerungen nicht verborgen bleibt. Trotz ihrer Versuche, etwa das Internet zu kontrollieren, ist es diesen Regimen nur bedingt möglich, die Menschen vom globalen Informationsfluss abzuschneiden. »Es gibt kaum eine Diktatur in der Welt«, so Larry Diamond, »die langfristig stabil aussieht. Die einzige wirklich zuverlässige Quelle für Regimestabilität ist Legitimität und die Zahl der Menschen in der Welt, die an die intrinsische Legitimität irgendeiner Form von Autoritarismus glauben, schrumpft rapide. Die wirtschaftliche Entwicklung, die Globalisierung und die Informationsrevolution unterminieren jede Form von Autorität und stärken die Individuen. Werte wandeln sich und während wir keinen teleologischen Weg zu einer globalen ›Aufklärung‹ annehmen sollten, geht die Bewegung generell in die Richtung von größerem Misstrauen in Autorität und mehr Verlangen nach Rechenschaftspflicht, Freiheit und politischer Wahl.«[14] Dass autokratische Regime die Schraube andrehen, interpretieren wir eher als Hinweis darauf, dass der Drang zur Demokratie in der Bevölkerung immer stärker wird.

Demokratie als universeller Wert

Die Frage, ob es sich bei der Demokratie um einen universell anerkannten Wert handelt, kann vorerst als entschieden betrachtet werden. Repräsentative Umfragen aus aller Welt bescheinigen eine sehr hohe Zustimmung der Weltbevölkerung. Basierend auf den empirischen Daten des WVS und anderen Umfragen kommt die Harvard-Professorin Pippa Norris zu dem Ergebnis, dass die Zustimmung zur Demokratie als einem politischen System »umfassend und universell« ist. Die durchschnittliche Zustimmungsrate lag bei der zwischen 2005 und 2009 durchgeführten fünften WVS-Umfragewelle weltweit bei *92 Prozent*. Wie Norris betont, gibt es zwar unterschiedliche Beweggründe für die Zustimmung zur Demokratie, aber der kulturelle Hintergrund, die Weltregion oder das politische Regime, in dem die Befragten lebten, machten *keinen großen Unterschied*. Zwar hat der Bildungsstand einen Einfluss auf die Haltung der Befragten, aber auch der wirtschaftliche Entwicklungsstand eines

Landes spielt interessanterweise keine Rolle. »Im Vergleich von wohlhabenden postindustriellen Gesellschaften, aufstrebenden produzierenden Ökonomien und ärmeren Entwicklungsländern gibt es in den demokratischen Erwartungen und der Zufriedenheit mit der demokratischen Performance keine statistisch signifikanten Gegensätze«, berichtet die Politikwissenschaftlerin. Anhand der empirischen Daten könne zudem *nicht* bestätigt werden, dass es einen allgemeinen Trend zu einem wachsenden Vertrauensverlust in die Demokratie gebe. Die weit verbreitete These von einer »demokratischen Krise« sei in dieser Hinsicht eine »allzu starke Vereinfachung«, die auf »unsoliden Behauptungen« und »einzelnen Anekdoten« beruhe und die revidiert werden müsse.[15] Ganz im Gegenteil, meinen Ronald Inglehart und Christian Welzel. »Im Gegensatz zu häufig wiederholten Behauptungen, dass soziales Kapital und Massenpartizipation erodieren, interveniert die Öffentlichkeit postindustrieller Gesellschaften aktiver in die Politik als jemals zuvor«, stellen sie fest.[16] Gerade weil die Demokratie so hohe Anerkennung genießt, gibt es zum Teil auch hohe Unzufriedenheit. Eine wichtige Unterscheidung liegt dabei zwischen der Zustimmung zur Demokratie als einem *abstrakten Ideal* und der Zufriedenheit darüber, wie die Demokratie *in der Praxis* umgesetzt wird. Aus der Differenz zwischen Erwartung und Wirklichkeit ergibt sich nach Norris ein Demokratiedefizit.

Auch auf der internationalen Ebene ist die Demokratie als universeller Wert etabliert. Die Demokratie wird heute praktisch als einzige legitime Regierungsform angesehen. In der von den Staats- und Regierungschefs der Welt angenommenen Millennium-Erklärung aus dem Jahr 2000 beispielsweise ist davon die Rede, in allen Ländern Demokratie, Rechtsstaatlichkeit und Menschenrechte stärken zu wollen. Beim nachfolgenden Weltgipfel fünf Jahre später wurde in der Abschlusserklärung »bekräftigt«, »dass Demokratie *ein universeller Wert ist,* der auf dem frei bekundeten Willen der Menschen, ihr politisches, wirtschaftliches, soziales und kulturelles System selbst zu bestimmen, sowie auf ihrer uneingeschränkten Teilhabe in allen Aspekten ihres Lebens beruht« (unsere Hervorhebung).[17] Als die UN-Generalversammlung 2007 den 15. September zum »Internationalen Tag der Demokratie« erklärte, wurde erneut betont, dass es sich bei der Demokratie um einen universellen Wert handele, der außerdem »zu den universellen und unteilbaren Grundwerten und Prinzipien der Vereinten Nationen« zähle.[18] Als UN-Generalsekretär argumentierte Boutros Boutros-Ghali, dass die öffnenden Worte der UN-Charta, »Wir, die Völker«, auf das Demokratieprinzip verweisen und die Souveränität der Mitgliedsstaaten sowie die Legitimität der UN selbst »im Willen ihrer Völker« verwurzeln.[19]

Auch in anderen Weltregionen als Europa, wo die Förderung der Demokratie nach dem Ende des Zweiten Weltkrieges insbesondere im Rahmen des Europarates zu einem regionalen Anliegen wurde, spiegelt sich die Entwicklung wieder. Im ersten Artikel der 2001 von der Organisation Amerikanischer Staaten angenommenen Demokratiecharta beispielsweise ist ein »Recht auf Demokratie« verankert und die Regierungen werden dazu verpflichtet, dieses »zu fördern und zu verteidigen«. Repräsentative Demokratie wird als essentiell und unverzichtbar erklärt. In der aus dem Jahr 2008 stammenden Charta der Vereinigung südostasiatischer Staaten ASEAN wird die »Stärkung der Demokratie« als eines der Ziele der Organisation genannt. In der 2011 verabschiedeten Demokratiecharta der Südasiatischen Vereinigung für regionale Kooperation SAARC erklären die Mitgliedsstaaten, die Demokratie »auf allen Ebenen der Regierung und in der Gesellschaft im Allgemeinen« zu fördern und die durch freie Wahlen und eine gewählte Legislative charakterisierte Demokratie aufrecht zu erhalten. Die 2012 in Kraft getretene Afrikanische Charta für Demokratie, Wahlen und Governance wiederum verpflichtet die Vertragsstaaten zur Wahrung der »universellen Werte und Prinzipien der Demokratie«.

Das Recht auf Demokratie

Zwar gibt es unterschiedliche Ansichten darüber, was genau Demokratie und ein demokratisches System ausmacht. Ein allgemein anerkanntes Modell, das als Maßstab herangezogen werden könnte, gibt es nicht. Nichtsdestotrotz wurden im Völkerrecht bestimmte Anforderungen formuliert. Artikel 21 der Allgemeinen Erklärung der Menschenrechte von 1948 etwa besagt, dass der durch »wiederkehrende, echte, allgemeine und gleiche Wahlen« zum Ausdruck gebrachte »Wille des Volkes« die »Grundlage für die Autorität der öffentlichen Gewalt« bilden muss. Nach Artikel 25 des Pakts über bürgerliche und politische Rechte, der 1976 in Kraft trat und von 167 Staaten ratifiziert wurde, hat jeder Staatsbürger das Recht »an der Gestaltung der öffentlichen Angelegenheiten unmittelbar oder durch frei gewählte Vertreter teilzunehmen« und »bei echten, wiederkehrenden, allgemeinen, gleichen und geheimen Wahlen« zu wählen und gewählt zu werden. Der US-amerikanische Jurist Thomas M. Franck (1931 bis 2009) argumentierte 1992 in einem viel beachteten Beitrag, dass sich demokratische Regierungsführung zu einer internationalen Norm und einem völkerrechtlichen Anspruch entwickele.[20] Im Kern beinhaltet das Recht auf Demokratie, dass alle diejenigen, die von einer Entscheidung der öffentlichen Gewalt betroffen werden, die Möglichkeit haben müssen, diese zu beeinflussen und zwar wenigstens durch frei gewählte Repräsentanten.

Auf welcher Ebene die Entscheidungsprozesse der öffentlichen Gewalt angesiedelt sind, kann keine Rolle spielen. Den Anspruch auf die nationalstaatliche Ebene begrenzen zu wollen, würde das Recht auf Demokratie angesichts der Abwanderung von wichtigen Entscheidungsprozessen auf die intergouvernementale Ebene aushöhlen und ineffizient machen. Die Demokratisierung kann nicht auf der nationalstaatlichen Ebene halt machen. Das Recht auf Demokratie gebietet auch eine Demokratisierung der intergouvernementalen Entscheidungsprozesse und Organisationen. Artikel 28 der Menschenrechtserklärung kann in diesem Lichte gelesen werden. »Jedermann«, heißt es da, »hat das Recht auf eine soziale und *internationale Ordnung,* in der die in dieser Erklärung ausgesprochenen Rechte und Freiheiten voll verwirklicht werden können« (unsere Hervorhebung). In mehreren seit 2004 verabschiedeten Resolutionen erklärte die UN-Generalversammlung unter anderem wortgleich, dass eine »demokratische und gerechte internationale Ordnung« die Realisierung »des Rechts auf gerechte Partizipation von jedem, ohne jede Diskriminierung, in innerstaatlicher und *globaler* Entscheidungsfindung« erfordere (unsere Hervorhebung).[21] Wie das institutionell gewährleistet werden kann, beantwortet das Recht auf Demokratie schon selbst, nämlich durch die Einbeziehung *frei gewählter Volksvertreter*. Demokratische Ausübung öffentlicher Gewalt im Rahmen der internationalen Ordnung ist nur mit der Ausdehnung parlamentarischer Repräsentation auf die globale Ebene möglich. Nur auf diese Weise kann der »Wille des Volkes« – und hier der Wille der Weltbevölkerung – auf möglichst pluralistische Weise zum Tragen kommen. In letzter Konsequenz muss eine weltweite parlamentarische Repräsentation auf *Weltwahlen* beruhen. Um das »Anrecht auf Demokratie« zu institutionalisieren, empfahl schon Franck ein von der Weltbevölkerung direkt gewähltes Parlament, dessen Sitzverteilung sich an den Bevölkerungszahlen orientiert.[22]

Entdemokratisierung durch die intergouvernementale Ebene

Selbst wenn alle Länder der Welt einwandfreie Demokratien wären, würde das nichts am undemokratischen Charakter der intergouvernementalen Völkerrechtsordnung ändern. Demokratische Willensbildung und Einflussnahme gestaltet sich in internationalen Fragen bisher sehr schwierig. Der Politikwissenschaftler Klaus Dieter Wolf hat die These aufgestellt, dass der mit der Internationalisierung des Regierens einhergehende »Entdemokratisierungseffekt« sogar durchaus erwünscht sei. Wolf argumentiert, dass »das für das Regieren jenseits des Staates charakteristische Nebeneinander von zwischenstaatlicher Selbstbindung und demokratisch defizitären Strukturen das *intendierte Resultat* strategischer Interaktion zwischen staatlichen Regierungen ist« (unsere Hervorhebung). Die Exekutive könne »ihr Gewicht im innenpolitischen Kräftespiel« nämlich dadurch stärken, dass »sie Entscheidungen in die intergouvernementale Arena verlagert und sie damit der innenpolitischen Kontrolle entzieht«. Die so gekennzeichnete »Politik der Neuen Staatsräson« besteht nach Wolf »in dem Versuch einer kartellartigen Absicherung staatlicher Autorität durch intergouvernementale Verflechtungen und gegenseitige Selbstbindungen. Sie dient dem Ziel, Handlungsräume zu schaffen, die es ermöglichen, substantielle Festlegungen zu treffen, die der gesellschaftlichen Auseinandersetzung und damit auch einer innenpolitischen Revidierbarkeit möglichst weitgehend entzogen sind«.[23]

Dieser Sichtweise ist einiges abzugewinnen. Zwischenstaatliche Vertragsverhandlungen beispielsweise werden von den Regierungsexekutiven meist unter Ausschluss der Öffentlichkeit geführt, obwohl sehr häufig auch innenpolitisch relevante Fragen behandelt und geregelt werden. Beispiele der jüngeren Zeit sind die Verhandlungen über das sogenannte »Handelsübereinkommen zur Bekämpfung von Produkt- und Markenpiraterie« ACTA oder über das transatlantische Handels- und Investitionsabkommen TTIP. Die Parlamente werden hier selten einbezogen und wissen oft bis zuletzt nicht, was ihre Regierungen überhaupt verhandeln. Unternehmens- und Handelsvertreter dagegen werden gerne konsultiert. Die Gewaltenteilung wird praktisch aufgehoben und die Exekutive schwingt sich zum Gesetzgeber auf. Nach Abschluss der Verhandlungen können die von der Regierung vorgelegten Verträge vom Parlament in der Regel nur in ihrer Gesamtheit angenommen oder abgelehnt werden. Die Kontrollrechte des Parlaments seien »im Feld der Außenpolitik bzw. auch in allen anderen ressortübergreifenden Feldern internationaler Politik eingeschränkt, insbesondere wenn es um die spezifischen Regeln für die Einflussnahme des Parlaments auf völkerrechtliche Verträge geht«, beklagte etwa der Bericht der Enquete-Kommission »Globalisierung der Weltwirtschaft« des Deutschen Bundestages 2002. Parlamentarier müssten aber »auch im Hinblick auf Globalisierungsprozesse Kontroll- wie Gestaltungsfunktionen« übernehmen.[24] Die willkürliche Einbeziehung von einzelnen Parlamentariern in ausgewählte Regierungsdelegationen, wie es in manchen Staaten praktiziert wird, hat damit nichts zu tun. »Der moderne Parlamentarismus verlangte in vielen Staaten die Ratifizierung außenpolitischer Verträge«, schreibt Klaus von Beyme. »Aber die Praxis zeigt, daß selbst die Opposition den meisten Verträgen ihre Zustimmung nicht verweigert, um die Kontinuität der Außenbeziehungen nicht aufs Spiel zu setzen.«[25] Noch weniger sind im Parlament vertretene Regierungsfraktionen dazu bereit, ihrer eigenen Exekutive in den Rücken zu fallen. Meist stimmen die Parlamente den vorgelegten völkerrechtlichen Verträgen ohne weiteres mehrheitlich zu, schon allein um die eigene Regierung außen- und innenpolitisch nicht zu destabilisieren. Die Regierungen können sich auf den bequemen Standpunkt stellen, dass internationale Vorgaben umgesetzt werden müssten – Vorgaben freilich, die sie selbst mit ausgehandelt haben. Es kommt hinzu, dass völkerrechtliche Verträge in der Staatenpraxis dynamisch fortentwickelt werden können, ohne dass die Parlamente nennenswerten Einfluss darauf hätten.

Der Soziologe und Politikwissenschaftler Robert D. Putnam von der Harvard-Universität spricht von einem »Zwei-Ebenen-Spiel«. Die erste Ebene ist die der zwischenstaatlichen Verhandlungen und die zweite die der nationalen Zustimmung zu den Verhandlungsergebnissen. Das Motiv der Unterhändler könne darin bestehen, »die Machtbalance auf Ebene II zugunsten innenpolitischer Ziele« zu verschieben. »Internationale Verhandlungen ermöglichen es Regierungschefs manchmal, das zu tun, das sie insgeheim machen möchten, aber innenpolitisch nicht zu tun vermögen«, stellte Putnam fest.[26] Um ihre Position zu stärken, kann sich die Exekutive dabei auf das »nationale Interesse« oder die »nationale Sicherheit« berufen. Diese Begriffe können bis zur Substanzlosigkeit als rhetorische Figuren genutzt werden, um ein Handeln im Interesse des Allgemeinwohls und eine breite öffentliche Übereinstimmung zu suggerieren. »Die verbreitete Phrase vom ›nationalen Interesse‹«, schreibt Jeff Faux, »ist eines der nebulösesten Konzepte in der Politik. Es hat den Effekt, den gewöhnlichen Bürgern den falschen Eindruck zu geben, dass ein demokratischer Konsens erzielt wurde und daher nicht mehr debattiert werden muss.«[27]

Der Einfluss transnationaler Konzerne

Der derzeitige Zustand der Weltordnung bietet nicht nur den Regierungsexekutiven, sondern auch der transnationalen kapitalistischen Elite einen vorteilhaften Handlungsrahmen. Transnationale Konzerne und die durch sie vertretenen Wirtschaftsinteressen können die Klaviatur des in ein unüberschaubares Gewirr von internationalen Akteuren, sektoralen Organisationen, Agenturen, Behörden, Gremien, Verhandlungsprozessen, Gerichtsbarkeiten, Abkommen und Rechtsregimes zersplitterten internationalen Systems bestens zu ihren Gunsten bedienen. Transnationale Unternehmen sind die Schlüsselinstitutionen der sogenannten »Postdemokratie«. Sie verfügen über die erforderlichen Mittel, um an den entscheidenden Stellen Einfluss ausüben zu können, auf nationaler wie auch auf internationaler Ebene. In wichtigen internationalen Gremien wie der Codex-Alimentarius-Kommission nehmen Unternehmensvertreter auf Augenhöhe mit Regierungsbürokraten an den Beratungen teil. In intergouvernementale Vertragsverhandlungen werden sie von Regierungen oftmals eingebunden und eingeladen, Entwürfe zu kommentieren und Vorschläge zu unterbreiten. Andere Gremien wie das International Accounting Standard Board IASB sind gleich ganz in ihrer Hand. »Der IASB«, kommentiert der Europaabgeordnete Sven Giegold, »legt ohne effektive demokratische Kontrolle internationale Buchhaltungsvorschriften fest. Dabei dominieren sogenannte Experten den Rat, die aus internationalen Konzernen kommen.« Die vom IASB erarbeiteten Standards werden regelmäßig in verbindliches EU-Recht umgesetzt.

Das Beispiel der Codex-Kommission

Im Hinblick auf die Codex-Alimentarius-Kommission kritisiert Leslie Sklair, dass die Vertreter transnationaler Konzerne wie Nestlé, Unilever oder Monsanto einen erheblichen Anteil aller Delegierten stellen.[28] Die Unternehmen wirken direkt an der Formulierung von Normen mit, die ihre Produkte und Wirtschaftsinteressen betreffen. Vor diesem Hintergrund ist die Codex-Kommission ein gutes Beispiel für die verzwickte und abgehobene Funktionsweise der Global Governance. Die 1963 von der FAO und WHO eingerichtete Kommission ist das wichtigste Gremium zur Festsetzung internationaler Standards im Nahrungsmittelsektor. Dabei geht es um viele wichtige Fragen, die den Endverbraucher direkt betreffen, wie zum Beispiel um Vorschriften zur Kennzeichnung von Lebensmitteln, um Grenzwerte für Zusätze oder Giftstoffe oder um die Zulässigkeit von Futtermittelzusätzen. Eigentlich galten die Standards der Codex-Kommission oder auch die der Internationalen Organisation für Normung ISO als unverbindlich. Die 1994 abgeschlossenen Übereinkommen der WTO über gesundheitspolizeiliche und pflanzenschutzrechtliche Maßnahmen und über technische Handelshemmnisse besagen allerdings, dass internationale Standards zu berücksichtigen sind und dass ihre Einhaltung eine Konformität mit den Abkommen vermuten lässt. Im Bereich der Nahrungsmittelsicherheit haben die Codex-Standards damit erhebliche rechtliche Bedeutung erlangt. Im berühmten Handelsstreit zwischen den USA und der EU über das europäische Importverbot von hormonbehandelten Fleisch entschied das ständige Berufungsgremium des Streitbeilegungsorgans DSB zwar 1998, dass die WTO-Mitglieder abweichend von Codex-Standards ein höheres Gesundheits- und Verbraucherschutzniveau festlegen können.[29] Trotzdem herrscht Unsicherheit über den Status der Codex-Normen, denn laut Wirtschaftsjuristen ist ein Abweichen rechtfertigungsbedürftig und erhöht das Risiko eines Streitverfahrens bei der WTO.[30] Sie sprechen daher von einer »faktischen Bindung« an die Standards und einer »versteckten Supranationalität«, die hier »in den Grundzügen« angelegt sei. Internationale Standardisierung ist sinnvoll und notwendig. Problematisch an dieser weitreichenden Bedeutung sind allerdings die »legitimatorischen Defizite, mit denen die jeweiligen Organisationen behaftet sind«. Industrieinteressen würden »häufig überwiegen«, da die Standardisierungsgremien »in aller Regel weder demokratisch noch paritätisch besetzt« seien.[31] Das gilt auch für die ISO, die seit ihrer Gründung 1947 über 15.000 Normen erarbeitet hat. Ihre Mitglieder, die nationalen Normenorganisationen, sind zivilrechtliche Vereine, die allen offenstehen, die mitarbeiten wollen. Zwar ist es erforderlich, dass zum Beispiel betroffene Industrien und Unternehmen mitwirken können. Dass jedoch entscheidende Normen und Vorschriften, die indirekt Rechtswirkung erlangen, ohne Mitwirkung von Parlamenten und Parlamentariern und ohne jede parlamentarische Kontrolle geschaffen werden können, ist problematisch. Es ist auch ein Kennzeichen der »Postdemokratie«, dass Parlamente und Abgeordnete das überhaupt mit sich machen lassen. Allerdings sind sie im nationalen Handlungsrahmen gefangen und haben dort nicht viele Einflussmöglichkeiten.

Fragmentierung als Demokratieproblem

Nach Ansicht von Armin von Bogdandy, der Direktor des renommierten Max-Planck-Instituts für ausländisches öffentliches Recht und Völkerrecht, zählt die globale Fortentwicklung des Parlamentarismus »zu den größten zeitgenössischen Herausforderungen«. Die Fragmentierung der »internationalen Ebene der Politikgestaltung« sieht der Völkerrechtler »im Lichte des Gebots der Allgemeinheit als demokratietheoretisch problematisch« an. Im Hinblick auf den Rechtsetzungsprozess bedeute das »Gebot der Allgemeinheit«, dass der demokratische Gesetzgeber zentraler Ort der Regelung und Legitimation sein müsse, an dem ergebnisoffen alle möglichen Perspektiven abgewogen werden.

»Ausgangspunkt«, so von Bogdandy, »ist das Individuum als ganzer, multidimensionaler Mensch, der sich nicht in funktionale Logiken spalten lässt, sondern einen Mechanismus der Repräsentation einfordert, in dem konkurrierende Perspektiven verhandelt werden können.« Die partikulare Schwerpunktsetzung durch internationale Regime unterminiere daher »das Gebot der Allgemeinheit als Kernmoment des demokratischen Prinzips«.[32] Vor diesem Hintergrund kommt der Aggregierungsfunktion eines Weltparlaments eine zentrale demokratische Bedeutung zu. Das Weltparlament ist direkt auf der Ebene der internationalen Normgebung eingebunden. Durch Ausschüsse muss das Weltparlament an bestehende Prozesse angekoppelt werden oder die Beratungen und entsprechende Regelungskompetenzen gegebenenfalls ganz übernehmen. So sollte es zum Beispiel an den Beratungen der Codex-Kommission teilnehmen und die Ergebnisse sanktionieren müssen. Zudem wurde bereits gefordert, dass eine UNPA das Recht haben sollte, »voll mitwirkungsberechtigte parlamentarische Delegationen oder Repräsentanten zu intergouvernementalen Foren und Verhandlungen« entsenden zu können.[33] Der britische Philosoph, Nobelpreisträger und Weltföderalist Bertrand Russell hat 1954 den interessanten Vorschlag gemacht, dass völkerrechtliche Abkommen im Rahmen einer konstitutionellen föderalen Weltordnung der Zustimmung durch die föderale »Zentralautorität« bedürfen sollten.[34] Insofern von völkerrechtlichen Verträgen weltrechtliche Belange berührt werden, handelt es sich dabei um eine erwägenswerte Idee. Als zuständige Instanz sollte hier jedenfalls nur ein Weltparlament in Frage kommen.

Das Dilemma der Größenordnung

Viel beachtet wurde die Einschätzung des einflussreichen Politikwissenschaftlers Robert Dahl, dass man ehrlich einsehen und aussprechen sollte, dass internationale Organisationen, Institutionen und Prozesse *gemessen an der Bürgernähe* gar nicht demokratisch sein *können,* da sie notwendigerweise eine Delegierung von Entscheidungsgewalt an internationale Eliten erfordern, die ihrer Natur nach in hohem Maß bürgerfern ist. Das »fundamentale Dilemma« der demokratischen Theorie und Praxis bestehe darin, so Dahl, dass kleinere demokratische Einheiten dem einzelnen Bürger größere Beteiligungsmöglichkeiten an der Regierung böten, als größere. Doch je kleiner die Einheit ist, desto eher übersteigen wichtige Angelegenheiten die Fähigkeit der Regierung, diese effektiv zu handhaben. Um solche Probleme zu lösen, sind größere Einheiten erforderlich. Während sich die Regierungskapazität verbessert, verringern sich dann aber im Gegenzug die Einflussmöglichkeiten des Einzelnen. Auf der internationalen Ebene sei dabei die akzeptable Schwelle dessen überschritten, was man noch als Demokratie bezeichnen könne.

Nichtsdestotrotz ist es Dahl klar, dass internationale Organisationen unabdingbar sind. Man könnte ihm insoweit zustimmen, als dass Demokratie auf der globalen Ebene zumindest *in Idealform* nicht realisierbar sein mag (sofern dies denn überhaupt möglich ist). Das ist jedoch kein Grund, auf steten demokratischen Fortschritt in Annäherung an dieses Ziel zu verzichten. »Wenn wir annehmen, dass wichtige menschliche Bedürfnisse eine internationale Organisation erfordern, obwohl diese Kosten für die Demokratie mit sich bringt, sollten wir deren undemokratischen Aspekte nicht nur einer Prüfung und Kritik unterziehen, sondern auch versuchen, Vorschläge für größere Demokratisierung zu machen und darauf bestehen, dass diese umgesetzt werden«, stellte Dahl selbst fest. Damit auch nur annähernd ein Niveau an demokratischer Kontrolle erreicht werden könne, wie es in demokratischen Staaten existiert, müssten unter anderem politische Institutionen geschaffen werden, die den Bürgern ähnlich effektive Möglichkeiten zu »politischer Beteiligung, Einfluss und Kontrolle« einräumen.[35] Der Demokratieexperte denkt dabei, ganz im Sinne des Rechts auf Demokratie, an eine »internationale Bürgerkammer« mit gewählten Repräsentanten und internationalen Parteien.[36]

Die Idee der Legitimationskette

Um eine demokratische Rückbindung internationaler Organisationen zu begründen wird oft auf die Idee der »Legitimationskette« zurückgegriffen. Das Konzept geht auf die deutschen Juristen und ehemaligen Verfassungsrichter Roman Herzog und Ernst Wolfgang Böckenförde zurück. Demokratische Legitimation wird demnach ausgehend vom Wähler von einer Instanz auf die nächste übertragen. Die Wähler wählen das Parlament, das Parlament wählt die Regierung, die Regierung ernennt Vertreter in internationalen Gremien und diese wählen gegebenenfalls die führenden Funktionäre der betreffenden Organisation. Zu bedenken ist dabei, dass es somit nicht etwa eine, sondern für alle Staaten jeweils parallel verlaufende Legitimationsketten gibt. Nach Ansicht von Anne Peters ist die dadurch angeblich hergestellte »demokratische Verbindung zwischen internationalen Institutionen und Bürgern« allerdings eine »rechtliche Fiktion, die wenig mit der Realität zu tun hat«.[37] Mit jedem Glied in der Kette wird die Bürgernähe und die Legitimation schwächer und das Demokratiedefizit größer. Nach Auffassung der Politologen Frank Nullmeier und Martin Nonhoff funktioniert die Theorie im Hinblick auf inter- und supranationale politische Ordnungen überhaupt nicht. »Da keine direkten Wahlbeziehungen zwischen der Weltbevölkerung, d. h. einer Weltbürgerschaft, und den Gremien dieser internationalen Organisationen bestehen, kann von direkter Legitimation nicht die Rede sein. Die Rede vom ›demokratischen Defizit‹ ist in dieser Perspektive fast eine Untertreibung, da es sich um prinzipiell demokratisch illegitime Ordnungen handelt.«[38] Der Politikwissenschaftler Giovanni Sartori, der auch von »Makrodemokratien« spricht, hat »das Dilemma auf den Punkt gebracht, indem er die Legitimationskette mit einem Schwimmer verglich. Allein weil dieser schwimmen könne, habe er nicht automatisch auch die Fähigkeit, einen Ozean zu durchqueren«.[39] Die Kluft, die Bürger und intergouvernementale Prozesse trennt, ist zu groß geworden. Die kritische Wahrnehmung und die demokratischen Erwartungen der Bevölkerung sind ebenso wie die Bedeutung der intergouvernementalen Ebene gewachsen. Das Entscheidende liegt darin, dass ein »sozial konstruiertes transnationales Problembewusstsein« existiert, das politische Partizipationsmöglichkeiten auf der globalen Ebene einfordert, um mit den Worten von Volker Rittberger und seinen Ko-Autoren zu sprechen.[40]

Output-Legitimation

Die Idee der Legitimationskette bewegt sich im Bereich dessen, was Politikwissenschaftler als Input-Legitimation bezeichnen. »Die input-orientierte Perspektive betont die ›Herrschaft *durch das Volk*‹. Politische Entscheidungen sind legitim, wenn und weil sie den ›Willen des Volkes‹ widerspiegeln – das heißt, wenn sie von den authentischen Präferenzen der Mitglieder einer Gemeinschaft abgeleitet werden können«, so der Politologe Fritz Scharpf. Insbesondere mit Blick auf internationale Organisationen, bei denen die Input-Legitimation unterentwickelt ist, wird eine »Output-Perspektive« bemüht, um Legitimation zu konstruieren. Die »output-orientierte Perspektive«, erläutert Scharpf, stellt »den Aspekt der ›Herrschaft *für das Volk*‹ in den Vordergrund. Danach sind politische Entscheidungen legitim, wenn und weil sie auf wirksame Weise das allgemeine Wohl im jeweiligen Gemeinwesen fördern«. Von wem und nach welchen Maßstäben soll aber eigentlich beurteilt werden, inwieweit das der Fall ist? Letztlich führt auch die Output-Perspektive wieder zur Wählerschaft zurück. »In allen konstitutionellen Demokratien wird Output-Legitimität in erster Linie durch allgemeine, freie und gleiche Wahlen gewährleistet«, stellt Scharpf fest. Durch regelmäßige Wahlen würde die Orientierung der Amtsinhaber am öffentlichen Interesse gesichert und verstärkt. Die Antizipation öffentlicher Debatten und deren potentielle Rückwirkung auf das politische Schicksal der Amtsinhaber schaffe die Bedingungen für Output-Legitimität.[41] Wenn es in Zukunft also um die Frage gehen wird, wie es um die Fortschritte bei den neuen Nachhaltigkeitszielen der 2030-Agenda steht, sollte diese Beurteilung nicht nur den Regierungen und ihren internationalen Agenturen überlassen bleiben. Idealerweise sollte eine globale parlamentarische Versammlung dabei eine kritische Rolle spielen.

Das System der Global Governance ist in der Zivilgesellschaft wegen des als mangelhaft angesehenen Outputs und aufgrund des Demokratiedefizits zunehmend diskreditiert. »Global Governance funktioniert nicht. Für die globalen Probleme gibt es immer noch keine bürgerorientierten Lösungen«, fasst beispielsweise der von der internationalen Allianz für zivilgesellschaftliche Partizipation CIVICUS veröffentlichte Jahresbericht 2014 zur Lage der Zivilgesellschaft kurz und bündig zusammen. »Viele der Institutionen und Prozesse, durch die international Entscheidungen getroffen und durch die Normen gesetzt und verbreitet werden, sind veraltet und nicht dazu in der Lage, die gegenwärtigen, festgefahrenen Herausforderungen zu bewältigen«, heißt es da. Es handele sich nicht nur um eine Krise der Effizienz. Internationale Institutionen seien auch nicht offen und demokratisch genug. »Es ist schwierig für die Menschen, sich mit ihnen in Beziehung zu bringen oder sie überhaupt zu verstehen. Sie sind außerdem sogar weniger demokratisch als die Staaten, die ihre Mitgliedschaft ausmachen und es ist naiv zu erwarten, dass die Stimme der Bürger durch den Filter ihrer Staaten auf der globalen Ebene gehört wird«, urteilt der Bericht.[42]

Die Unzufriedenheit kommt auch in repräsentativen Umfragen zum Ausdruck. Die Vereinten Nationen beispielsweise erhalten zwar im Vergleich zu anderen Institutionen regelmäßig sehr hohe Zustimmungswerte. Bei einer 2013 in 39 Ländern durchgeführten Umfrage sagten etwa durchschnittlich 58 Prozent der Befragten, dass sie eine »positive Sicht« von den UN hätten und nur 27 Prozent gaben eine negative Haltung an.[43] In den Vorjahren bewegte sich die Zustimmung auf ähnlich hohem Niveau. Ein differenzierteres Bild ergibt sich jedoch aus einem Vergleich mit Erhebungen, bei denen etwas genauer nachgefragt wurde. Bei einer zwischen 2006 und 2007 durchgeführten Umfrage in acht Ländern wurden die Befragten gebeten, ihr *Gefühl* gegenüber den UN auf einer Skala von 0 bis 100 anzugeben, wobei 0 für sehr kalt und negativ und 100 für sehr warm und positiv stand. Im internationalen Durchschnitt lag das Ergebnis bei hohen 66 Grad. Bei der fünften WVS-Umfragewelle dagegen wurde das *Vertrauen* in die Organisation in 52 Ländern abgefragt. Hier nun gaben im Durchschnitt 46 Prozent der Befragten an, dass sie *kein Vertrauen* in die UN hätten, während 42 Prozent zumindest etwas Vertrauen einräumten. Die Ergebnisse werden als Hinweis dafür interpretiert, dass es zwar hohe Zustimmung zur Mission und Vision der Vereinten Nationen gibt, aber eben nicht zu ihrer praktischen Performance.[44]

Rechenschaftspflicht gegenüber der Weltbürgerschaft

In dem Buch »Independent Diplomat« betont der ehemalige britische Diplomat Carne Ross, dass sogar die Verbindung zwischen den Regierungen in den Hauptstädten und ihren eigenen Diplomaten in internationalen Gremien in der Praxis oft nur unzureichend funktioniert. In der enorm vernetzten Welt von heute sei es auch »lächerlich so zu tun, also ob die Wünsche und Bedürfnisse eines ganzen Landes durch einen einzelnen Diplomaten« verkörpert werden könnten.[45] Die Entkoppelung zwischen Regierungen und Parlamenten in intergouvernementalen Fragen und den damit einhergehenden Entdemokratisierungseffekt haben wir bereits beschrieben. Wie Ross weist auch Anne Peters darauf hin, dass Regierungsvertreter in internationalen Organisationen außerdem nicht nur gegenüber den Wählern ihres Landes, sondern gegenüber *der Weltbürgerschaft als Ganzes* rechenschaftspflichtig sein müssen, da auch deren Interessen zu berücksichtigen seien. »Die Summe der nationalen Wählerschaften ergibt keine echte globale Wählerschaft. Die parallelen Legitimationsketten zu parallelen innerstaatlichen Wählerschaften generieren keine angemessene Rechenschaftspflicht gegenüber der kombinierten Bürgerschaft aller involvierten Staaten, der globalen Wählerschaft. Dies bedeutet auch, dass die Summe der nationalen Mechanismen zur Überwachung und Kontrolle der jeweiligen nationalen Repräsentanten in internationalen Gremien nicht in voller Aufsicht resultiert«, argumentiert sie.[46] Es geht hier nicht darum, wie effektiv ein nationales Parlament die Haltung und das Handeln der eigenen Regierung und ihrer Beamten in internationalen Organisationen überwachen kann, sondern um die Überwachung der internationalen Organisation und ihrer Bürokratie selbst. Durch ein Weltparlament, das unter anderem diese Aufgabe übernimmt, entsteht eine *zusätzliche und entscheidend verkürzte* Legitimationskette, da hier die Vermittlung über die Regierungsexekutiven und ihre Vertreter entfällt. Die Mitglieder des Weltparlaments selbst wären außerdem prinzipiell der gesamten Weltbürgerschaft gegenüber verantwortlich.

Gleichheit und Repräsentation im Völkerrecht und im Weltrecht

Basierend auf dem völkerrechtlichen Grundsatz der »souveränen Gleichheit« der Staaten sind in intergouvernementalen Gremien alle Staaten in der Regel mit einer Stimme und gleichen Rechten vertreten. Die Länder der Welt sind aber alles andere als gleich. Die Weltbevölkerung ist innerhalb der Staatenwelt extrem ungleich verteilt. Verglichen mit den Schwergewichten sind die meisten Länder im Hinblick auf ihre Einwohnerzahl winzige Zwerge. Dieses Ungleichgewicht, das sich auch bei der Wirtschaftskraft und bei der Höhe der UN-Beiträge zeigt, stellt zusammen mit dem völkerrechtlichen Gleichheitsgrundsatz in der politischen Wirklichkeit der intergouvernementalen Organisationen eine große Belastung dar. Nach Ansicht von Mark Malloch Brown, der als stellvertretender UN-Generalsekretär, Kabinettschef des Generalsekretärs und sechs Jahre lang als Administrator des UN-Entwicklungsprogramms UNDP gedient hat, »ist die festgefahrene Situation zwischen den Regierungen der großen Beitragszahler und dem Rest der Mitgliedschaft im Hinblick auf die Steuerung der Organisation und bei Abstimmungen die zentrale Dysfunktion«.[47] Die Soziologen Patrick Nolan und Gerhard Lenski vertreten die gleiche Meinung und stellten fest, dass »das größte Hindernis für die Effektivität [der Vereinten Nationen] wahrscheinlich das System der Repräsentation in der Generalversammlung ist, das eine gleichberechtigte Stimme für die Volksrepublik China mit seiner Bevölkerung von 1,3 Milliarden und für Tuvalu mit seiner Bevölkerung von zehn *Tausend* vorsieht«.[48] Nach Pascal Lamy, ehemaliger EU-Kommissar für Außenhandel und seinerzeit WTO-Generaldirektor, ist der Grundsatz der gleichberechtigten Vertretung der Staaten »eine seit langem bestehende Fiktion, die auf eine ferne Zeit zurückgeht, als es noch keine Demokratien gab«. Heute sei das Prinzip »völlig aus dem Tritt mit zeitgenössischen geopolitischen Realitäten. Es kann weder die Vielfalt der Welt, noch die Verschiedenheit der Akteure wiederspiegeln«, so Lamy.[49]

Dessen ungeachtet wird der völkerrechtliche Grundsatz der Staatengleichheit oft als zentrales Merkmal internationaler Demokratie gefeiert. Aus weltrechtlicher Sicht stellt er sich im Gegenteil gerade als Ausdruck des *undemokratischen* Charakters der zwischenstaatlichen Ordnung dar. Der Gleichheitsgrundsatz des Völkerrechts, der sich *auf Staaten* bezieht (»one state, one vote«), steht im Kontrast zum Gleichheitsgrundsatz des Weltrechts, für den *die Menschen* als Weltbürger maßgeblich sind (»one person, one vote«). So repräsentieren die 100 Länder mit der geringsten Bevölkerungszahl und zusammen etwa 265 Millionen Einwohnern rund *4 Prozent* der Weltbevölkerung, machen aber *mehr als die Hälfte* des Stimmengewichts in der 193 Staaten zählenden UN-Generalversammlung aus. In den 128 bevölkerungskleinsten Ländern, die in der Generalversammlung rechnerisch eine *Zweidrittelmehrheit* stellen, leben mit rund 565 Millionen Menschen etwa *8,5 Prozent* der Weltbevölkerung. Demgegenüber haben die 10 bevölkerungsstärksten Staaten mit etwa *4 Milliarden* Einwohnern ein Stimmengewicht von *5 Prozent*. Die Mitglieder der G20 repräsentieren rund *zwei Drittel* der Weltbevölkerung und fast 90 Prozent des globalen Bruttosozialprodukts, haben aber nur ein Stimmengewicht von rund *10 Prozent*. In Anbetracht dieser Zahlen ist es zum Beispiel nicht verwunderlich, dass die Staats- und Regierungschefs der größten Industrie- und Schwellenländer ihre Reaktion auf die globale Finanzkrise im Rahmen der G20-Gipfel abstimmen wollten und nicht etwa bei den UN. Wie der Sozialwissenschaftler Geoffrey McNicoll schon vor einiger Zeit bemerkt hat, haben die mächtigen Staaten immer eine »Exit-Option«. »Sie können die Bemühungen der Liliputaner, sie zu fesseln, abschütteln und ihre Angelegenheiten anderswo erledigen«, schrieb er.[50] In Wirklichkeit stimmen die bevölkerungsärmsten Länder nicht in Blöcken zusammen ab. Wenn es darauf ankommt, lassen es die größeren Wirtschaftsmächte auch nicht unversucht, auf ihr Stimmverhalten Einfluss auszuüben. Das ändert jedoch nichts daran, wie ungleich das Gewicht der Weltbürger abhängig von ihrer Staatsangehörigkeit in den intergouvernementalen Gremien ist.

Es kommt hinzu, dass die politische Opposition und zumeist auch ethnische Minderheiten ganz unter den Tisch fallen. In der Generalversammlung mögen zwar nahezu 100 Prozent aller Staaten mit Diplomaten vertreten sein. Geht man aber von den innerstaatlichen Verhältnissen aus, repräsentieren diese nicht 100 Prozent der Weltbevölkerung. In demokratischen Staaten gibt es neben der Regierungsmehrheit in der Regel auch eine Opposition, die überhaupt keinen Zugang zur intergouvernementalen Ebene hat. Ihre Wähler sind dort nicht vertreten. Die rund 5.000 indigenen Völker der Erde wiederum vereinen auf sich bis zu 350 Millionen Menschen. In praktisch allen Staaten, in denen sie leben, stellen sie eine Minderheit dar. Obwohl ihre Bevölkerungszahl global gesehen größer ist als die der 100 kleinsten Länder haben letztere 100 Stimmen bei der UN und erstere garkeine. Im Hinblick auf Minderheiten hat Thomas M. Franck die Situation wie folgt verdeutlicht: »Es gibt so um die fünfzig Nationen mit indigenen Minderheiten: Hmong, Inuit, Kap, Sorben, Mauri, etc. Nirgendwo stellen diese indigenen Völker eine Mehrheit. Zusammen bilden sie aber eine Gruppe, die größer ist als die Bevölkerungen von der Hälfte der bei den UN repräsentierten Staaten. ... So wie es jetzt aussieht, bietet ihnen das globale System dennoch wenig Möglichkeiten, gehört zu werden.«[51] Die südasiatische Volksgruppe der Hmong beispielsweise zählt 4 bis 5 Millionen Menschen. Das entspricht ungefähr der Bevölkerungszahl, die zusammen genommen in den 27 bis 30 bevölkerungskleinsten Ländern lebt. Um im gegenwärtigen westfälischen System eine Repräsentation zu erreichen, bliebe solchen Völkern letztlich nichts anderes übrig, als einen eigenen Staat anzustreben, betont Franck.

Der weltrechtliche Gleichheitsgrundsatz verlangt eine politische Repräsentation der Weltbevölkerung, bei der die Stimme jedes Menschen auf dem Planeten idealerweise gleich viel zählt. An diesem Prinzip muss sich die Ausgestaltung der Wahlen zu einem Weltparlament und dessen Sitzverteilung orientieren. Ein Weltparlament setzt sich dabei aus unabhängigen Abgeordneten zusammen, die das politische Meinungsspektrum der Weltbürgerschaft abbilden sollen. Die Sitze wären daher bestmöglich im proportionalen Verhältnis zur Stimmabgabe zuzuteilen. Dies wäre eine Methode, um politischen und anderen Minderheiten, die nicht oder nur eingeschränkt an der nationalen Regierung partizipieren, ebenfalls eine Repräsentation zu ermöglichen.

Die dritte demokratische Transformation

In der Geschichte der Demokratie kann nach Robert Dahl von drei »großen Transformationen« gesprochen werden.[52] Bei jeder dieser Transformationen weitet sich *die Größenordnung* des demokratischen Regierens aus. Die erste Transformation begann demnach um 500 v. Chr. und bestand aus der Wandlung der autokratischen Stadtstaaten Griechenlands in die ersten Gemeinwesen mit demokratischen Merkmalen. Ihre zentrale Institution war die Volksversammlung, an der alle männlichen Bürger teilnehmen konnten, die den Militärdienst abgeleistet hatten. Die Ursprünge dieser »Versammlungsdemokratie« ortet der australische Politikwissenschaftler John Keane mindestens zweitausend Jahre zuvor im syrisch-mesopotamischen Raum.[53] Inwieweit man aus moderner Sicht von Demokratie sprechen kann, ist zweifelhaft. Individualrechte wurden nicht geschützt. Frauen waren ausgeschlossen und das Gemeinwesen der griechischen Polis stützte sich wesentlich auf Sklaverei. Wie der französische Philosoph Christian Delacampagne berichtet, entstand hier »die erste Gesellschaft in der Menschheitsgeschichte, in der die Sklaverei nicht länger ein wirtschaftliches Hilfsmittel unter anderen war, sondern zum wichtigsten Produktionsmittel überhaupt wurde«.[54] Trotzdem, man wird einräumen müssen, dass sich die Idee der Volksherrschaft erstmals in den griechischen Stadtstaaten verwirklichte, wenn auch begrenzt auf männliche »freie Bürger«. »Für die nächsten zweitausend Jahre«, so Dahl, »wurde die Idee und Praxis der Demokratie fast ausschließlich mit kleinen Stadtstaaten assoziiert.«[55] Dies änderte sich im Zuge der zweiten Transformation. Der Staatsbildungsprozess war vorangeschritten und hatte verhältnismäßig große territoriale Herrschaftseinheiten hervorgebracht. In der Auflehnung gegen monarchische Herrscher setzte sich in den entstehenden Nationalstaaten nun die Idee der repräsentativen Demokratie durch. Beispielgebend und revolutionär war die am 17. September 1787 angenommene Bundesverfassung der USA. Es folgte die weltweite Etablierung des nationalstaatlichen Systems und die drei beschriebenen Demokratisierungswellen.

Die Ausbreitung der Demokratie auf der nationalstaatlichen Ebene ist aber nicht das »Ende der Geschichte«, wie es Francis Fukuyama nahegelegt hat. Dass der Territorialstaat und die zwischenstaatliche Völkerrechtsordnung das Ende der zehntausendjährigen politischen Entwicklung der Menschheit sein sollen, ist eine unsinnige und unhistorische Sichtweise. So wenig sich viele Menschen im 18. Jahrhundert im Vorfeld der zweiten demokratischen Transformation eine repräsentative Demokratie im Territorialstaat vorstellen konnten, so übersteigt es auch heute noch die Vorstellungskraft vieler Menschen, dass es Demokratie auf Weltebene geben kann. Das aber ist genau der Gegenstand der *dritten Transformation,* die sich bereits abspielt. »Ganz so wie die früheren Stadtstaaten große Teile ihrer politischen, ökonomischen, sozialen und kulturellen Autonomie verloren, als sie von größeren Nationalstaaten absorbiert wurden, so reduziert die Entwicklung eines transnationalen Systems in unserer Zeit die politische, ökonomische, soziale und kulturelle Autonomie der Nationalstaaten«, beschreibt Dahl die Ausgangslage.[56] Wie in der zweiten Transformation ist die Entwicklung Teil eines Staatsbildungsprozesses, der nun aber das gesamte Weltsystem als solches erfasst. Sie ist Träger einer neuen »Großen Transformation« im Sinne von Karl Polanyi, bei der es um die Etablierung einer globalen ökosozialen Marktwirtschaft geht. Die Zukunft der Demokratie hängt von einem Erfolg der dritten Transformation ab, da sie im nationalstaatlichen Rahmen immer stärker marginalisiert sein wird. Zugleich stellt aber die fortschreitende Demokratisierung innerhalb der Staatenwelt eine wichtige Voraussetzung für die globale Demokratisierung dar. Beide Prozesse sind ineinander verschränkt.

Die dritte Transformation bedeutet nicht nur die Globalisierung der Demokratie, sondern auch die des Regierens. Demokratie ist eine Regierungsform. Die Geschichte der Demokratie ist eine Geschichte vom *Wandel des Regierens*. Mitbestimmung und Repräsentation, die in keinem Zusammenhang mit Regieren stehen, führen letztlich ins Leere. Wenn es die nötigen Instrumente nicht gibt, wie es auf der globalen Ebene der Fall ist, dann müssen sie geschaffen werden. Der Ruf nach globaler Demokratie ist somit zugleich ein Ruf nach globalem Regieren. Wie Otfried Höffe argumentiert, bedeutet die dritte demokratische Transformation »die Bildung eines demokratischen Rechts- und Verfassungsstaates auf globaler Ebene, die einer subsidiären und föderalen Weltrepublik«.[57] Zur Überwindung von Fremdherrschaft und Unterdrückung und zur Entwicklung nationalstaatlicher Demokratie war die Postulierung eines Selbstbestimmungsrechts der Völker während der zweiten Transformation von größter Wichtigkeit. Die enge Interdependenz im Weltsystem sowie die planetaren Aufgaben und Herausforderungen werfen nun mit aller Macht die Frage nach einem *Selbstbestimmungsrecht der Menschheit* auf. Durch den Aufbau globaler demokratischer Regierungsstrukturen gilt es das globale Regierungsvakuum zu beenden und die Fremdherrschaft eines elitären und imperialen transnationalen Apparates abzuschütteln, der paradoxerweise auf der Aufrechterhaltung des zwischenstaatlichen westfälischen Systems beruht. Kerninstitution der Demokratie ist das Parlament. Die Schaffung eines Weltparlaments steht somit im Mittelpunkt der dritten Transformation. Zunächst kommt es darauf an, die unterschiedlichen Erscheinungsformen und Prozesse der bereits bestehenden öffentlichen Gewalt auf der globalen Ebene nach und nach mit einem globalen parlamentarischen Gremium zu verknüpfen, damit diese wirksamer demokratischer Kontrolle und Mitbestimmung durch die Weltbevölkerung unterworfen werden. Das Parlament ist zugleich Ausgangspunkt und Motor für eine supranationale Gemeinschaftsbildung auf der globalen Ebene.

Internationale parlamentarische Institutionen

Ein Vorläufer der beginnenden dritten Transformation ist das rasante Wachstum an internationalen parlamentarischen Institutionen, kurz IPIs. Hier zeigen sich bereits vielfältige Formen demokratischer Repräsentation und Zusammenarbeit jenseits des Nationalstaats, die nicht über die Regierungsexekutiven vermittelt, sondern durch gewählte Abgeordnete geleistet wird. Die älteste dieser Institutionen ist die 1889 gegründete Inter-Parlamentarische Union, IPU, die in den Bemühungen um ein Weltparlament bisher eine ambivalente Rolle gespielt hat. Mit der Gründung des Europarates und seiner Parlamentarischen Versammlung, kurz PACE, wurde 1949 eine wichtige IPI geschaffen, die gleich als

Anlass genommen wurde, um eine UNPA vorzuschlagen. Als direkt gewähltes Legislativorgan der Europäischen Union ist das Europaparlament heute die am weitesten entwickelte IPI. Mit dem Parlament der Andengemeinschaft und dem Zentralamerikanischen Parlament gibt es zwei weitere direkt gewählte regionale IPIs. Auch für das Parlament der Staatengemeinschaft Mercosur und für das Pan-Afrikanische Parlament sind Direktwahlen geplant. Der Forschungsstand im Hinblick auf das wichtige Phänomen der IPIs ist erstaunlicherweise noch sehr schwach. Eine Bestandsaufnahme und rechtliche Klassifikation aller zu der Zeit bestehenden IPIs hat Claudia Kissling 2011 vorgenommen.[58] Für das Jahr 1990 zählte sie 40 dieser Institutionen, rund zwanzig Jahre später gab es bereits etwa 160, mit wachsender Tendenz. Eine der neuesten IPIs ist die 2014 gegründete Parlamentarische Versammlung des Süd-Ost-Europäischen Kooperationsprozesses. Bereits im Gespräch ist unter anderem etwa die Etablierung einer Parlamentarischen Versammlung der BRICS-Staatengruppe bestehend aus Brasilien, Russland, Indien, China und Südafrika.

Wie Kissling angesichts der zunehmenden Akzeptanz und Bedeutung von IPIs in aller Welt schreibt, sei es »bemerkenswert, dass noch keine wichtige internationale intergouvernementale Organisation irgendein formales parlamentarisches Organ besitzt, nicht einmal in beratender Funktion«. Insbesondere sei das der Fall im Hinblick auf die UN, die WTO, die Weltbankgruppe und den IWF. »Jene parlamentarischen Institutionen, die existieren und mit Aktivitäten dieser internationalen zwischenstaatlichen Organisationen zu tun haben, so wie die Inter-Parlamentarische Union, die Parlamentarische Konferenz der WTO oder das Parlamentarische Netzwerk zur Weltbank, sind nicht willens und rechtlich nicht in der Lage – irgendeinen nennenswerten Einfluss auf deren Agenda und Entscheidungsfindung auszuüben, von formaler Aufsicht ganz zu schweigen«, schreibt Kissling. Allerdings betont Kissling, dass nicht jede dieser Organisationen ein eigenes parlamentarisches Organ benötigt. Eine UNPA könnte als gemeinsames parlamentarisches Gremium mit entsprechenden Ausschüssen organisiert werden. »Auf jeden Fall«, so die Verwaltungs- und Rechtswissenschaftlerin, »würde eine UNPA wesentlich zur Überwindung einer immer größeren Legitimitätslücke auf der internationalen Ebene beitragen.«[59] Von den bereits bestehenden IPIs kann dabei viel gelernt werden.

25.
Die Entwicklung eines planetaren Bewusstseins und eine neue globale Aufklärung

Krieg und soziopolitische Evolution

Die soziale Evolution des Menschen kann als ein kontinuierlicher Zusammenschluss und Zerfall von menschlichen Gemeinschaften beschrieben werden.[1] In einem Wechselspiel aus Kooperation und Konkurrenz wetteiferten sie seit der Urgeschichte um Siedlungsgebiete, Rohstoffe, Nahrung und schließlich um geopolitische Kontrolle. Im Zuge der technologischen Entwicklung und des Bevölkerungswachstums sind die sozialen Einheiten immer differenzierter und ihre Verflechtungen miteinander immer enger und komplexer geworden. Innerhalb der Gemeinschaften bildeten sich Regeln aus, die das Zusammenleben möglichst friedlich organisieren, wenn auch vorwiegend im Interesse einer herrschenden Schicht, die die Gewaltanwendung sowie die Verteilung der Ressourcen kontrollierte. Gegenüber anderen Einheiten überwiegte das Misstrauen und die Bereitschaft zur Gewaltanwendung war hoch. Krieg, Vertreibung, Unterdrückung, Sklaverei und Assimilation waren charakteristisch für den Prozess. Demokratie, Menschenrechte und humanitäres Völkerrecht sind historisch gesehen ganz neue Entwicklungen. Die Anzahl der autonomen sozialen Einheiten ist im Verlauf der Geschichte langfristig gesehen immer weiter zurückgegangen. Ihre maximale Größe und der Organisationsgrad sind gewachsen. Aus Jägern und Sammlern, Hirtennomaden und sesshaften Gemeinschaften sind unter anderem Stadtstaaten, Fürstentümer, dynastische Imperien, Kontinentalreiche und die heutigen Territorialstaaten entstanden. Auf Rückfälle wie dem Zerfall des weströmischen Reiches folgten langsam wieder neue Konsolidierungsprozesse. Um 1500 v. Chr. existierten bei einer Weltbevölkerung von geschätzten 50 Millionen Menschen vielleicht 600.000 Einheiten.[2] Heute kommen auf die 193 Staaten der Welt fast sieben Milliarden Menschen und ob diese Staaten überhaupt als autonome Einheiten angesehen werden können, ist mehr als fraglich. Faktisch haben wir es bereits mit *einem* sich integrierenden Weltsystem zu tun.

Bei der Entstehung größerer sozialer Einheiten und staatlicher Strukturen hat Eroberungskrieg und Zwang in der Geschichte eine zentrale Rolle gespielt. »Gewalt und nicht aufgeklärtes Eigeninteresse ist der Mechanismus durch den die politische Evolution Schritt für Schritt von autonomen Dörfern zum Staat geführt hat«, schrieb der Anthropologe Robert Carneiro 1970 in einem einflussreichen Aufsatz. Von kleinen Dörfern bis zu großen Imperien finde sich in der gesamten Geschichte »keine einzige Ausnahme« für die »Unfähigkeit autonomer politischer Einheiten, ihre Souveränität ohne externen Zwang aufzugeben«.[3] Die soziopolitische Entwicklungsdynamik unterliegt jedoch einem fundamentalen Wandel, der Gewalt immer mehr ausschließt. Dass sich etwa Eroberungskrieg als Mittel dauerhafter Integration überlebt hat, wurde schon 1897 von Herbert Spencer festgestellt. Die durch den Krieg bewirkte voranschreitende Integration einfacher Gruppen, die schließlich zur Entstehung »großer Nationen« geführt habe, so Spencer, »ist ein Prozess, der bereits bis zu einem Punkt getrieben wurde, der weder praktikabel noch wünschenswert erscheint«. Der englische Soziologe erkannte den emanzipativen Drang der Menschen. Unterdrückerische Herrschaft funktioniere nicht mehr. »Über fremde Völker herrschende Imperien fallen regelmäßig in Stücke, wenn die sie zusammen haltende Zwangsgewalt versagt; und selbst wenn sie zusammen gehalten werden könnten, würden sie keine harmonisch funktionierende Ganzheiten bilden: *friedliche Föderation* ist die einzige Konsolidierung, die noch in Frage kommt« (unsere Hervorhebung).[4]

Nichtsdestotrotz wurden Eroberungskriege weiter versucht. Der Anthropologe Robert Bates Graber hat die beiden Weltkriege als wichtigste Beispiele herangezogen. Territoriale Konflikte hatten beim Ausbruch des Ersten Weltkrieges eine wichtige Bedeutung und der Zweite Weltkrieg wurde von Nazideutschland als Vernichtungs- und Eroberungskrieg geführt. Wie Graber feststellt, ist die Anzahl der Staaten als Folge beider Weltkriege im Endeffekt aber gestiegen und nicht gesunken. »Im Hinblick auf politische Evolution wird dadurch für Eroberungskriege ein desintegrierender und kein integrierender Gesamteffekt nahe gelegt«, bilanziert Graber für das 20. Jahrhundert.[5] Die territoriale Integrität der Staaten zu wahren, wurde nach 1945 zu einem zentralen internationalen Prinzip, das sich auch in Artikel 2 Absatz 4 der UN-Charta findet. Selbst an den künstlichen Kolonialgrenzen wurde im Zuge der Entkolonialisierung nicht gerüttelt. Seit 1976 sind keine bedeutenden Fälle von dauerhaft erfolgreichen Gebietsannexionen mehr aufgetreten.[6] Die gegen den Willen der Ukraine erfolgte Angliederung der Krim an Russland 2014 stellt insofern einen besorgniserregenden Rückschritt dar.

Das in Artikel 2 Absatz 4 der UN-Charta enthaltene Gewaltverbot dokumentiert, dass zwischenstaatliche Gewalt grundsätzlich nicht mehr akzeptiert wird. Ab 2017 soll Angriffskrieg, wie ursprünglich geplant, zu den vom ICC verfolgten Straftaten hinzutreten. Im völkerrechtlichen Kriegsverbot, wie es sich erstmals im Briand-Kellogg-Pakt von 1928 niederschlug, spiegelt sich ein immer stärker werdender Bewusstseinswandel. Kriegs- und Eroberungswünsche sind Reste einer *archaischen Mentalität*, die zunehmend überwunden wird.[7] Die Demonstrationen gegen den von den USA angeführten Irak-Krieg 2003 etwa waren in vielen Ländern die größten der Geschichte. Allein am 15. Februar 2003 sollen bei einem international koordinierten Protesttag weltweit mehr als 10 Millionen Menschen auf die Straße gegangen sein. Nicht nur gegen den Krieg wurde protestiert, sondern zugleich gegen das völkerrechtswidrige hegemoniale Gebaren der USA. Mit Blick auf diese Proteste bezeichnete die *New York Times* die Weltöffentlichkeit als neue »Supermacht«.[8]

Die zwischen den nuklearen Großmächten gegebene »Interdependenz des Untergangs« (Schütz) bedeutet, dass eine Konsolidierung des Staatensystems zu einer weltstaatlichen Einheit durch den militärischen Zwang einer Hegemonialmacht faktisch unmöglich ist. Ein Dritter Weltkrieg würde die Weltzivilisation zerstören. Es ist schlicht unzutreffend, wenn Rittberger und seine Koautoren behaupten, dass die Einrichtung eines Weltstaates »die Anwendung militärischer Gewalt, im Extremfall einen globalen Ausscheidungskampf zwischen den heute bestehenden Staaten erfordern« würde.[9] Ebenso wie die ökonomischen und politischen Integrationsprozesse in den Weltregionen wird der globale Staatsbildungsprozess nicht mehr durch zwischenstaatliche Gewaltanwendung angetrieben. Anders als Carneiro annimmt, zeigt das Beispiel der europäischen Integration sehr wohl, dass im Rahmen eines friedlichen und kooperativen Prozesses nach und nach auf Souveränitätsrechte verzichtet werden kann. Wie sonst als auf diese Weise sollte eine den Menschenrechten und demokratischen Prinzipien verpflichtete Weltföderation entstehen können? In wesentlichen Belangen wird auf der nationalstaatlichen Ebene schon jetzt nur noch der Schein von Souveränität aufrecht erhalten und in einem weltstaatlichen Rahmen könnte die politische Steuerungsfähigkeit wieder kollektiv hergestellt werden. Zwar mag die *schnelle* Einrichtung eines globalen föderalen Staates unter den gegebenen Bedingungen unrealistisch sein. Auf den Zusammenhang zwischen nationalstaatlicher und globaler Demokratisierung beispielsweise haben wir bereits hingewiesen. Nach Ansicht von William E. Scheuerman darf man deshalb aber nicht von vornherein die Möglichkeit ausschließen (wie er es der gegenwärtigen kosmopolitischen Denkschule vorwirft), dass ein globaler Föderalstaat »ein erstrebenswertes späteres Ziel« darstellen könnte, »dessen Voraussetzungen potentiell durch *verantwortliche und friedliche politische Mittel sorgsam und graduell* geschaffen werden« (unsere Hervorhebung).[10]

Der Rückgang von Gewalt

Ein wichtiger Schlüssel für eine sich verändernde soziopolitische Entwicklungsdynamik liegt in einem globalen Mentalitätswandel. In einem viel beachteten Buch aus dem Jahr 2011 hat der Harvard-Psychologe Steven Pinker anhand von zahlreichen Statistiken auf ein Nachlassen der menschlichen Gewalttätigkeit im Verlauf der Jahrhunderte hingewiesen. Im Verhältnis zur Bevölkerungsgröße soll zum Beispiel die relative Zahl der Morde, der Vergewaltigungen, der Kriegstoten oder der Genozidopfer stark zurückgegangen sein. Insbesondere für die Zeit nach 1945 ist die Entwicklung gut nachvollziehbar. Dieser langfristige Trend, so Pinker, »dürfte die wichtigste und am wenigsten gewürdigte Entwicklung in der Geschichte unserer Spezies sein«. Die Nostalgie für eine angeblich friedlichere Vergangenheit sei die »größte aller Illusionen«. Als vielleicht wichtigsten Faktor für die Reduzierung der Gewalt sieht Pinker in Anlehnung an Norbert Elias die Entstehung des Staates an, der »sein Gewaltmonopol dazu nutzt, um seine Bürger voreinander zu schützen«. Als Banden und Stämme unter die Kontrolle der ersten Staaten kamen, was Pinker als Befriedungsprozess bezeichnet, sei die Rate der gewaltsamen Tode um das Fünffache gesunken. Als die europäischen Lehnsherrschaften in Königreiche und souveräne Staaten übergingen, habe die Konsolidierung des Gesetzesvollzugs die Mordquote noch einmal um das Dreißigfache gesenkt.[11] Weitere Fortschritte brachte im Zuge der »humanitären Revolution« das Zeitalter der Aufklärung sowie der Rückgang der zwischenstaatlichen Gewalt und die Menschenrechtsrevolution nach dem Zweiten Weltkrieg.

Die Entwicklung von Vernunft, Empathie und Moral

Zu den *psychologischen* Faktoren, die nach Pinker für die sinkende Ausübung und Akzeptanz von Gewalt verantwortlich sind, gehört der Anstieg von Empathie, Selbstbeherrschung, Moral und Vernunft. Der neuseeländische Politologe James R. Flynn hat beobachtet, dass die durch IQ-Tests gemessene Intelligenz im Verlauf des letzten Jahrhunderts von Generation zu Generation stetig und signifikant zugenommen hat. Seiner Ansicht nach fördert die »größere Komplexität des Alltagslebens in der modernen Welt« klassifizierendes, logisches, abstraktes und hypothetisches Denken, das in Intelligenztests hohes Gewicht hat.[12] Die Rede ist hier von der formaloperationalen Stufe der kognitiven Entwicklung, wie sie der Entwicklungspsychologe Jean Piaget (1896 bis 1980) beschrieben hat. Piagets Forschungsergebnissen zufolge vollzieht sich die geistige Entwicklung des Menschen von der Geburt bis zum Erwachsenenalter kulturübergreifend in bis zu vier aufeinanderfolgenden Stadien. Dabei handelt es sich um die sensomotorische, die präoperationale, die konkretoperationale und schließlich um die formaloperationale Stufe. Für die Entwicklung der formaloperationalen Stufe etwa zwischen dem elften und sechzehnten Lebensjahr stellt mehrjährige moderne Schulbildung eine Bedingung dar.[13] »Das Denken zieht nun die notwendigen Schlussfolgerungen aus beliebig gesetzten Annahmen und Prämissen, ohne an sie unbedingt zu glauben«, fasst Georg W. Oesterdiekhoff zusammen. Erst so wird es zum Beispiel möglich, Thesen aufzustellen und zu überprüfen.[14] Die moderne Kultur und das moderne Bildungswesen hätten dafür gesorgt, so der Soziologe, dass das formaloperationale Denken »durch die ganze Breite der Industriebevölkerung« diffundiert sei. Im Laufe des 19. und 20. Jahrhunderts sei so die wissenschaftlich-technische Zivilisation entstanden. »Man kann das 20. Jahrhundert nicht nur verstehen als das Zeitalter der Industrialisierung und Modernisierung der Welt, sondern auch als die Epoche der weltweiten Ausdehnung der formalen Operationen bzw. als Ära der Reifung der Menschheit«, so Oesterdiekhoff.[15]

Die voranschreitende kognitive Entwicklung schafft die Voraussetzung für eine Reifung des emphatischen Vermögens und der moralischen Urteilsentwicklung des Menschen. Wie die Forschung gezeigt hat, bilden die von Piaget identifizierten kognitiven Stadien eine notwendige Vorbedingung für die parallele Ausbildung von Stadien der sozialen Wahrnehmung und Rollenübernahme, die wiederum eine Vorbedingung für eine parallele Reifung des moralischen Urteilens darstellen. Während die kognitive Entwicklung zu einem immer besseren Verständnis der objektiven Welt führt, bringt die Entwicklung der sozialen Perspektivenübernahme ein immer besseres Verstehen davon mit sich, wie und warum Menschen als Subjekte auf bestimmte Weise denken und handeln. Das moralische Urteilen wiederum ist ein weiterer Schritt, in dem nun bewertet wird, wie man selbst und andere denken und handeln *sollten*.[16] Der Entwicklungspsychologe Robert Selman hat vier Stufen in der Entwicklung der sozialen Wahrnehmung unterschieden, die mit den Stadien von Piaget in Verbindung stehen. Im Hinblick auf die individuelle Moralentwicklung hat der Psychologe Lawrence Kohlberg (1927 bis 1987) drei kognitive Ebenen mit jeweils zwei Stufen herausgearbeitet, die mit den Stadien von Piaget und Selman korrespondieren. Es handelt sich um die präkonventionelle, die konventionelle und die postkonventionelle Ebene.

Auf der ersten Stufe der präkonventionellen Ebene nach Kohlberg ist die Moral situationsgebunden an Strafe und Gehorsam orientiert. Ob eine Handlung als richtig oder falsch gilt, hängt von ihren Folgen ab. Auf der zweiten Stufe ist eine Handlung dann richtig, wenn sie die eigenen Bedürfnisse und mitunter auch diejenigen anderer dient. Die moralische Wertung im Rahmen der konventionellen Ebene ist an den Erwartungen anderer ausgerichtet, ungeachtet der sich daraus ergebenden Konsequenzen. Die dritte Stufe ist in dieser Hinsicht personengebunden, während die vierte Stufe Orientierung an Recht und Gesetz bedeutet. »Autorität, feste Regeln und die Erhaltung der sozialen Ordnung«, schrieb Kohlberg, »sind die wesentlichen Orientierungspunkte. Richtiges Verhalten besteht darin, seine Pflicht zu tun, Respekt vor Autorität zu zeigen und die bestehende Sozialordnung um ihrer selbst willen zu erhalten.«[17] Auf dem postkonventionellen Niveau werden generell moralische Werte und Normen herangezogen, ohne dass die Autorität der Gruppen oder Personen, die diese Prinzipien vertreten, ins Gewicht fällt. Es spielt auch keine Rolle, ob man sich selbst mit diesen Gruppen identifiziert. Auf der fünften Stufe der »legalistischen Sozialvertrags-Orientierung« ist die Relativität der eigenen Haltung bewusst und als richtig wird eine Handlung dann angesehen, wenn sie mit Rechten und Standards übereinstimmt, die nach demokratischen Verfahrensregeln von der gesamten Gesellschaft vereinbart worden sind. Eine Orientierung an selbstgewählten ethischen und moralphilosophischen Prinzipien im Rahmen von persönlichen Gewissensentscheidungen ist auf der sechsten Stufe gegeben. »Im Mittelpunkt stehen die universellen Prinzipien der *Gerechtigkeit,* der *Gegenseitigkeit* und *Gleichheit* der *Menschenrechte* sowie der Achtung vor der Würde menschlicher Wesen als *individueller Personen*«, fasste Kohlberg zusammen.[18]

Die Kohlberg'sche Theorie erklärt nicht gut, *warum* sich Menschen dazu entscheiden, das Wohl anderer zu berücksichtigen und selbstlos zu handeln. Die Ausbildung der entsprechenden kognitiven Fähigkeiten allein ist nicht ausreichend, wie der Psychologe Martin Hoffman unterstreicht. Für ihn ist die *emotionale* Seite von Empathie und Moral der entscheidende Faktor. Eine Neigung zum Mitgefühl und zur Fürsorge ist dem Menschen *angeboren* und lässt sich schon bei Kleinkindern beobachten. Bereits auf der präkonventionellen Ebene gibt es bei Kindern unwillkürliche Formen der empathischen Reaktion und eine intuitive prosoziale moralische Haltung. Nach Hoffman spielt sich die empathische Reifung des Menschen beginnend mit dem Säuglingsalter in fünf Stufen ab.[19] Erst auf den fortgeschrittenen Stufen der empathischen Entwicklung verbindet sich die emotionale Reaktion mit kognitiven Prozessen.

Gruppenselektion als Ursprung der Moral

Mit der Evolutionspsychologie ist ein ganzer Forschungszweig entstanden, der sich mit den evolutionären Ursprüngen der menschlichen Psychologie befasst. Die immer und überall anzutreffende empathische Disposition des Menschen ist offenbar ein Merkmal mit tiefen evolutionären Wurzeln. Die Vorstellung vom Menschen als einem egoistischen und asozialen Wesen, wie sie beispielsweise dem Denken von Thomas Hobbes zugrunde lag, ist »im Licht unseres heutigen Wissens über die Evolution unserer Spezies unhaltbar«, stellt der Primatenforscher Frans de Waal fest. Der Mensch lebte schon »immer und ewig in Gruppen« und sei daher »bis ins Mark sozial« eingestellt.[20] Bereits Charles Darwin (1809 bis 1882) fragte sich in seinem berühmten Werk über »Die Abstammung des Menschen«, das 1871 veröffentlicht wurde, wie soziale Instinkte, Altruismus und Handeln zum Wohle der Gemeinschaft mit seiner Theorie der natürlichen Selektion erklärt werden können. Die Lösung, argumentierte er, könnte in einer prähistorischen Gruppenselektion liegen. Individuen, die sich bereitwillig für andere einsetzten und dabei umkamen würden im Schnitt weniger Nachkommen zeugen und die selbstlose Neigung müsste somit eigentlich nach und nach verschwinden. Zwar brachte ein »hoher Standard der Moralität« einem *Individuum* in der natürlichen Auslese so kaum Vorteile, die für den *Stamm* seien dafür aber »immens« gewesen. »Ein Stamm«, erläuterte Darwin, »welcher viele Mitglieder umfasst, die in einem hohen Grade den Geist des Patriotismus, der Treue, des Gehorsams, Muts und der Sympathie besitzen und daher stets bereit sind, einander zu helfen und sich für das allgemeine Wohl zu opfern, wird über die meisten anderen Stämme den Sieg davontragen; und dies würde natürliche Auslese sein. Zu allen Zeiten haben über die ganze Erde einzelne Stämme andere verdrängt und da die Moralität ein wichtiges Element ihres Erfolges ist, wird der Standard der Moralität und die Zahl gut begabter Menschen überall dazu tendieren, sich zu steigern.«[21]

In einem der vielleicht wichtigsten Forschungsbeiträge zu dieser Frage in der jüngeren Zeit bestätigen die beiden Ökonomen Samuel Bowles und Herbert Gintis die Bedeutung der Gruppenselektion in der Grundlegung von sozialem Verhalten, Altruismus und Moral während der rohen Bedingungen des Pleistozäns, das vor etwa 2,5 Millionen Jahren begann und um 10.000 v. Chr. endete. »Gruppenkonkurrenz um Ressourcen und Überleben war und bleibt eine entscheidende Kraft in der menschlichen evolutionären Dynamik«, erläutern sie in dem 2011 erschienenen Buch »A Cooperative Species«. Den höchst gewaltsamen und tödlichen Konflikten zwischen den altsteinzeitlichen Gruppen von Jägern und Sammlern schreiben sie die entscheidende Rolle zu. »Gruppen mit vielen kooperativen Mitgliedern haben dazu tendiert, diese Herausforderungen zu überleben und auf das Territorium weniger kooperativer Gruppen vorzudringen, wodurch sie sowohl reproduktive Vorteile erlangten, als auch kooperatives Verhalten durch kulturelle Transmission verbreiteten. Die außergewöhnlich hohe Bedeutung der Intergruppenkonkurrenz und der Beitrag altruistischer Kooperateure zum Erfolg in diesen Auseinandersetzungen bedeutete, dass sich Aufopferungsbereitschaft zugunsten anderer, die sich über die unmittelbare Familie hinaus sogar auf praktisch Fremde erstreckte, verbreiten konnte.«[22] Da Altruismus und selbstloses Verhalten sich auf einen viel größeren Kreis als auf unmittelbar genetisch Verwandte erstrecke, reiche die Theorie der Verwandtenselektion nicht aus, um das Phänomen zu erklären. Formen der Reziprozität wiederum, die kooperatives Verhalten von Individuen erklären, würden in größeren Gruppen ineffektiv und sind darüber hinaus auch nicht altruistisch, sondern mit der Erwartung einer Gegenleistung verknüpft. Dieser Auffassung hat sich inzwischen auch Edward O. Wilson angeschlossen. In dem *New York Times*-Bestseller »The Social Conquest of Earth« aus dem Jahr 2012 vertritt der Begründer der Soziobiologie und weltweit führende Ameisenforscher einen Ansatz der Multilevel-Selektion. »Auf der höheren Ebene der zwei relevanten Ebenen der biologischen Organisation«, so Wilson, »konkurrieren Gruppen mit Gruppen, wodurch kooperative soziale Merkmale zwischen Mitgliedern der gleichen Gruppe bevorzugt werden. Auf der niedrigeren Ebene konkurrieren Mitglieder der gleichen Gruppe auf eine Weise miteinander, die zu eigennützigem Verhalten führt.« Individuelle Selektion begünstigt demnach Eigennutz und Gruppenselektion begünstigt Altruismus – letzteren aber nicht im Hinblick auf Mitglieder *anderer* Gruppen, wie Wilson hervorhebt, sondern nur der *eigenen*.[23] Wie Frans de Waal schreibt, entwickelte sich moralisches Handeln »vermutlich gemeinsam mit anderen gruppenspezifischen Kapazitäten wie Konfliktlösung, Kooperation und Teilen als *gruppeninternes* Phänomen« (unsere Hervorhebung). »Im Verlauf der menschlichen Evolution«, so de Waal, »verstärkte der Zusammenhalt gegen gruppenfremde Feinde die Solidarität innerhalb der Gruppe so sehr, dass sich Moralität auszubilden begann.«[24]

Binnenmoral und die Adoleszenzkrise der Menschheit

Es kommt also nicht nur darauf an, dass sich das emotionale und kognitive moralische Vermögen über die verschiedenen Stufen hinweg individuell ausbilden kann. Es stellt sich auch die Frage, inwiefern die entwickelte Empathie und Moral gruppenbezogen oder universell sind. Für Mitglieder der eigenen sozialen Gruppe gelten regelmäßig andere moralische Maßstäbe, als für Außenstehende. Binnenmoral und Außenmoral können sich stark unterscheiden. Aspekte der Gruppenidentität und Gruppenzugehörigkeit spielen in der praktischen moralischen Abwägung daher eine wichtige Rolle. Im extremsten Fall kann das so weit gehen, dass Außenstehenden das Menschsein an sich abgesprochen wird. Mit einer solchen Entmenschlichung wird das Mindestmaß an Moral, das jedem Menschen natürlicherweise entgegengebracht wird, aufgegeben. Nach dem in den USA lehrenden Genozidforscher Gregory Stanton ist die Dehumanisierung einer zuvor klassifizierten Personengruppe eine zentrale Voraussetzung für Völkermord. »Dehumanisierung überwindet die natürliche menschliche Abscheu vor Mord«, erläutert der Professor.[25] Der industrielle Völkermord Nazideutschlands an den Juden basierte nicht nur auf einer »Law and Order«-Moral der konventionellen Ebene, bei der Gehorsam vor den Autoritäten einen Selbstzweck darstellt, sondern auch auf einer solchen Dehumanisierung.

Auf dem postkonventionellen Niveau sollte eine Emanzipation von Gruppenzugehörigkeiten im moralischen Urteil stattfinden, da Werte und Normen einen universellen und prinzipiengeleiteten Charakter annehmen. Wie Peter Singer argumentiert hat, müssen in einem kohärenten ethischen System für alle die gleichen Maßstäbe gelten, gleich ob es um einen selbst, die eigene Familie, eigene Gruppen oder andere Gruppen geht. Prinzipiell können die eigenen Interessen nicht wichtiger sein, als die eines anderen, nur aus dem Grund, weil es die eigenen sind.[26] Eine postkonventionelle Moral als reine Binnenmoral ist ein Widerspruch in sich. So hat der deutsche Philosoph Karl-Otto Apel darauf hingewiesen, dass die Integration universalistischer Moralprinzipien in die »europäische Postaufklärungsmoral« »nicht mit der gelungenen Transformation der *bloß konventionellen* Binnenmoral der Stämme, Nationen und der militanten Glaubensgemeinschaften in eine – bis in die Institutionen und Konventionen hinein wirksame – *postkonventionelle* Moral gleichgesetzt werden kann«. Die »universalistische Transzendierung jeder bloßen ›Binnenmoral‹« sieht Apel als ein »unabgeschlossenes Menschheitsprojekt« an, das aus der »Bewältigung der kollektiven Adoleszenzkrise der Menschheit« bestehe. Als »weltgeschichtliches Problem« trete die Adoleszenzkrise der Menschheit im Übergang von der konventionellen zur postkonventionellen Stufe der Moral auf.[27] Bringt man das unparteiische Element im ethischen Denken zu seinem logischen Schluss, so Singer, dann müsste man alle Menschen mit der gleichen Anteilnahme behandeln, wie man sie für die eigene Sippe aufbringt. »Das Ideal der Bruderschaft aller Menschen ist Teil der offiziellen Rhetorik geworden«, schreibt der Philosoph. »Dieses Ideal in die Wirklichkeit umzusetzen ist allerdings eine andere Sache.« Es könne keine Bruderschaft geben, wenn manche Nationen in zuvor unerhörtem Luxus schwelgen, während andere darum kämpfen, Hunger abzuwenden.[28] Die strukturelle Gewalt und das zugrunde liegende Regierungs- und Demokratiedefizit des internationalen Systems lassen sich aus der Perspektive der postkonventionellen Moral nicht rechtfertigen.

Nach Karl-Otto Apel manifestiert sich in den Verfassungen der modernen westlichen Demokratien und in der Durchsetzung der Menschen- und Bürgerrechte in diesen Ländern »eine Repräsentanz der postkonventionellen Moral auf der Ebene des Rechts und der Kulturevolution«.[29] Für Georg W. Oesterdiekhoff ist die Entstehung der formalen Operationen, die ja eine Voraussetzung für postkonventionelles Denken bilden, als »die einzige Ursache« für die Entstehung des demokratischen Rechtsstaates anzusehen. »Demokratische Institutionen sind direkter Niederschlag des Geistes der Freiheit und des Humanismus. Diese Ideen entstehen erst auf der Stufe der formalen Operationen«, erklärt Oesterdiekhoff.[30] Die Fähigkeit der sozialen Perspektivenübernahme und der Empathie ist eine weitere Voraussetzung. In einem Buch über die »empathische Zivilisation« hebt Jeremy Rifkin diesen Aspekt hervor. Empathie sei der Boden, »auf dem demokratische Verhältnisse wachsen und gedeihen können. Je empathischer eine Gesellschaft, umso demokratischer ihr Wertesystem und ihre staatlichen Institutionen; je weniger empathisch, umso totalitärer ist ihr Wertesystem und ihre staatlichen Institutionen. Der Zusammenhang zwischen Empathie und Demokratie ist so offenkundig, dass man sich nur wundern kann, wie wenig Beachtung er bisher in Forschung und Wissenschaft gefunden hat«, meint der Ökonom und Soziologe.[31]

Die Herausforderung der »Adoleszenzkrise der Menschheit« besteht nun darin, die Prinzipien der postkonventionellen Moral in einer *demokratischen Weltrechtsordnung* zu objektivieren. Das gegenwärtige internationale System ist Ausdruck einer Moral, die Elemente der präkonventionellen und der konventionellen Ebene beinhaltet. Einerseits fehlen zwar die zentralen Merkmale einer Rechtsordnung, zugleich sind die Staaten aber durchaus in einem Rechtsgeflecht miteinander verbunden, das Verhalten vorhersehbar macht, Interaktionen regelt und an dessen Erhalt großes Interesse besteht. Andererseits ist das Handeln der Regierungen im Wesentlichen daran ausgerichtet, Eigeninteressen zu fördern und das System zu diesem Zweck bestmöglich zu instrumentalisieren.

Soziogenese und Psychogenese

Zwischen der Entwicklung der menschlichen Psyche und der sozialen Institutionen, der Psychogenese und der Soziogenese, besteht ein untrennbarer Zusammenhang, wie Norbert Elias aufgezeigt hat. Mentalitäts- und Strukturwandel bedingen sich gegenseitig. Wissenschaftler sprechen heute von einem »Verschränkungsverhältnis«. Erst mit wachsender Komplexität der sozialen Verflechtungen, die für den Staatsbildungsprozess und die Modernisierung charakteristisch sind, entwickelten sich stärkere Affektkontrolle, Rationalität und ein ausgeprägtes Schamgefühl. »Soziogenetisch-institutionell bedingte psychische Entwicklungen bewirken ihrerseits institutionelle Transformationen«, fasst Oesterdiekhoff zusammen. »Zivilisation und Zivilisierung der Menschen ist ein psychogenetischer Prozeß, der kognitive, emotionale und habituelle Strukturen der Bevölkerungen vollständig transformiert. Industrialisierung, Modernisierung und Staatsbildung sind das Resultat dieser Zivilisierung der Bevölkerungen. Zivilisation psychischer Funktionen ist eine Bewegung von naturnahen, triebhaften, egozentrischen, kindlichen, undifferenzierten und primitiven Zuständen zu differenzierteren, rationaleren und intellektuelleren psychischen Zuständen. Diese zunehmende kognitive Differenzierung und emotionale Selbstkontrolle ist die Ursache von Nationwerdung, Modernisierung und Industrialisierung«, erläutert der Soziologe. In der Menschheitsgeschichte lasse sich somit »eine sequentiell fortschreitende, unilineare und zunehmende Differenzierung und Integration *sozialer und psychischer Strukturen* feststellen« (unsere Hervorhebung).[32] Mit voranschreitender globaler Verflechtung, Komplexität und Modernisierung ist einerseits ein sich verstärkender Mentalitätswandel und andererseits ein damit einhergehender sozialer Strukturwandel zu erwarten. Je stärker sich formaloperationales Denken, Empathie, postmaterialistische Werte und postkonventionelle Moral in der Weltbevölkerung verbreiten, desto unausweichlicher wird sich die Frage nach einer Weltrechtsordnung und globaler Staatlichkeit stellen. In der »kontinuierlichen Annäherung« an das Ziel eines Völkerstaates werde das Weltbürgerrecht dann zu einer »notwendigen Ergänzung« des Staats- und Völkerrechts, sobald die menschliche Gemeinschaft der Erde so weit gekommen sei, dass eine »Rechtsverletzung an *einem* Platz der Erde an *allen* gefühlt« werde, hatte Immanuel Kant noch im Zeitalter der Postkutschen geschrieben.[33]

Der wachsende Kreis der Empathie

Nach Ansicht von Peter Singer ist es eine notwendige Folge der postkonventionellen Vernunft, dass sich die altruistische Sorge um das Wohlergehen der Menschen auf die gesamte Menschheit erstreckt. Letztlich müssten alle Lebewesen, die zur Empfindung von Schmerz und Wohlgefallen fähig sind, in den Kreis eingeschlossen werden.[34] Seit dem 18. Jahrhundert gehört es zu den wiederkehrenden Beobachtungen, dass sich mit der zunehmenden Größe der sozialen Einheiten auch der Kreis derjenigen vergrößert, die von Empathie, Moral und Solidaritätsempfinden erfasst werden. In seiner »Untersuchung über die Prinzipien der Moral« hat etwa Kants Zeitgenosse David Hume (1711 bis 1776) auf den »natürlichen Fortschritt der menschlichen Empfindungen« und »die allmähliche Zunahme unserer Achtung für Gerechtigkeit« hingewiesen. Ausgehend von der Familie erweitere sich der von gemeinsamen Regeln erfasste Kreis und damit auch der Kreis des Gerechtigkeitsdenkens *mit zunehmender Interaktion* beständig.[35] »Während der Mensch in der Zivilisation voranschreitet und kleine Stämme sich in größeren Gemeinschaften vereinen«, schrieb Charles Darwin, »gebietet die einfachste Vernunft jedem Individuum, seine sozialen Instinkte und Sympathien auf alle Mitglieder der gleichen Nation zu erstrecken, obwohl sie ihm persönlich nicht bekannt sind. Wenn dieser Punkt einmal erreicht wurde«, so Darwin, »gibt es nur noch eine künstliche Barriere, die es verhindert, die Anteilnahme auf die Menschen aller Nationen und Rassen zu erweitern.«[36] Nach Carl Sagan lässt sich die Menschheitsgeschichte als ein Prozess deuten, »in dem wir uns langsam unserer Zugehörigkeit zu einer größeren Gruppe bewußt geworden sind. Anfangs beschränkte sich unsere Loyalität nur auf uns selbst und unsere nächsten Angehörigen, dann auf herumziehende Jäger- und Sammlertrupps, schließlich auf Stämme, Dorfgemeinschaften, Stadtstaaten, Nationen. ... Doch um zu überleben, müssen wir unsere Loyalität noch weiter spannen und die ganze menschliche Gemeinschaft, den ganzen Planeten Erde, einbeziehen«.[37]

Jeremy Rifkin hat die Entwicklung nachgezeichnet und sieht eine Verbindung zwischen der wachsenden globalen Vernetzung und der Erweiterung des »empathischen Bewusstseins« des Menschen. Durch die Globalisierung sei ein »grenzenloser sozialer Raum« entstanden, der Hunderte von Millionen Menschen ständig miteinander in Kontakt bringe und empathische Fähigkeiten über nationale Kulturen, Kontinente, Ozeane und andere traditionelle Barrieren hinweg wachsen lasse. Die »Kosmopolitisierung der Menschheit« habe begonnen.[38] Bereits Marshall McLuhan betonte vor über fünfzig Jahren, dass das

»Streben unserer Zeit nach Ganzheit, Empathie und Tiefe der Wahrnehmung« eine natürliche Konsequenz der »elektrischen Technologie« sei, die »alle sozialen und politischen Funktionen in einer plötzlichen Implosion« zusammenbringe und das menschliche Bewusstsein für Verantwortung zu einem hohen Grad intensiviere.[39] Folgt man McLuhan, der immer wieder hervorgehoben hat, dass das technologische Medium unabhängig von seinem Inhalt die Wahrnehmung und das Bewusstsein verändert (»Das Medium ist die Botschaft«), dann wäre zu erwarten, dass die zunehmende globale kommunikative Vernetzung ein planetares Bewusstsein und in der Folge letztlich auch planetare Integration fördert. Rifkin verweist auf einen »empathischen Reifeprozess« des Menschen, der in einem »universellen Bewusstsein« münde. Dieses Bewusstsein erlaube es, »sich emotional in eine ganze Gruppe von Menschen oder gar in Mitglieder einer anderen Spezies hineinzuversetzen, als wäre man selbst in ihrer Lage«. Da sich der Kreis der Empathie nach Ansicht von Rifkin im Zuge der immer komplexeren gesellschaftlichen Strukturen der Weltzivilisation erweitert und da diese wiederum einem immer größeren Ressourcenverbrauch bedeuten, bestehe der »große Widerspruch in der Geschichte der Menschheit« darin, »dass der Preis für unser wachsendes empathisches Bewusstsein die immer räuberische Plünderung unseres Heimatplaneten ist«. In dem Moment, an dem die Menschheit einem »globalen empathischen Bewusstsein so nah« sei, stehe sie angesichts des Klimawandels und der Gefahren der Massenvernichtungswaffen zugleich auch dicht vor ihrer eigenen Vernichtung. »Wir sind an einem Punkt angelangt«, so Rifkin, »an dem der Wettlauf zwischen globalem empathischen Bewusstsein und globalem entropischen Zusammenbruch vor der Entscheidung steht«.[40]

In dem 1979 veröffentlichten Buch »Das Prinzip Verantwortung« hat der Philosoph Hans Jonas globale Empathie zu einem *ethischen Imperativ* des technologischen Zeitalters erklärt. Die Konsequenzen des individuellen Handelns würden aufgrund der modernen Technik potentiell jeden anderen Menschen auf dem Planeten und das Überleben der Menschheit betreffen. Aus diesem Grund bestehe nicht nur eine Verantwortung zur Nächstenliebe, also für den unmittelbaren Nahbereich des Handelns, sondern auch zu einer »Fernstenliebe«, die *alle Menschen* und *alles Leben* auf der Erde in Gegenwart und Zukunft einschließe. Aus einer Verantwortung für das Überleben der Menschheit leitete Jonas den sogenannten »ökologischen Imperativ« ab: »Handle so, daß die Wirkungen deiner Handlungen verträglich sind mit der Permanenz echten menschlichen Lebens auf Erden« oder negativ ausgedrückt: »Gefährde nicht die Bedingungen für den indefiniten Fortbestand der Menschheit auf Erden.«[41]

Der Übergang zum integralen Bewusstsein

Es gibt zahlreiche Modelle, um das menschliche Bewusstsein und seine Entwicklung unter verschiedensten Aspekten zu kategorisieren. Ken Wilber hat versucht, im theoretischen Rahmen einer »integralen Psychologie« einen vergleichenden Überblick zu schaffen.[42] Aus der Perspektive der Menschheitsgeschichte hat sich die Beschreibung des Kulturphilosophen Jean Gebser (1905 bis 1973) als besonders einflussreich erwiesen. Ausgehend von einer archaischen Grundstruktur unterscheidet er in seinem bahnbrechenden Werk »Ursprung und Gegenwart«, dessen erster Band 1949 erschien, zwischen vier Bewusstseinsstrukturen: die magische, die mythische, die mentale und die integrale. Nach Gebser befindet sich die Menschheit gegenwärtig in einer Übergangsphase, in der sich nun die integrale Struktur auszubilden beginnt. Jede Bewusstseinsstruktur ist unter anderem durch eine eigene Wahrnehmung von Zeit, Raum, Selbst und Außenwelt, durch unterschiedliche Formen des Denkens und Fühlens, verschiedene Ausdrucks- und Äußerungsformen sowie bestimmte soziale und gesellschaftliche Merkmale charakterisiert. Die magische Struktur ist beispielsweise instinkt- und triebgeprägt, erlebnis- und naturhaft, ich- und zeitlos und prärational-analogisch. Machtpolitik und Herrschaftsdrang wurzeln Gebser zufolge im Wunsch des naturverflochtenen magischen Bewusstseins, »das Außen zu beherrschen (um nicht von ihm beherrscht zu werden)«.[43] Die mythische Struktur basiert auf bildhafter Imagination, Gemüt, Irrationalität, gedeuteter Erfahrung und ist ichlos-wirhaft und vergangenheitsbezogen. Die Bewusstwerdung der Natur kommt hier zum Abschluss und die Bewusstwerdung der Seelenwelt beginnt. Von einem Individualbewusstsein sowie Reflexion, Abstraktion, Wille, Rationalität, perspektivischem Denken, Dreidimensionalität und Vorstellungskraft ist dann die zukunftsgerichtete mentale Struktur geprägt, die nach Gebser erstmals um etwa 500 v. Chr. in Griechenland Wirklichkeit wurde. Es ist wohl kein Zufall, dass dies mit der Entstehung der ersten demokratischen Staatswesen zusammenfiel.

Die integrale Struktur schließlich entsteht aus einer ganzheitlichen Vergegenwärtigung, Wahrnehmung und Integrierung der anderen Strukturen. Gebser beschreibt das integrale Bewusstsein als gegenwärtig, ichfrei-amateriell, aperspektivisch, arational und vierdimensional. Alle Strukturen sind in jedem Menschen in »mehr oder minder latenter oder akuter Form« vorhanden. Wenn eine Struktur oder Elemente von ihr zu starkes Übergewicht erhalten, werden sie destruktiv oder, wie Gebser es nennt, »defizient«. Die Bedeutung der integralen Struktur liegt darin, dass dem Menschen nun »nicht nur die verschiedenen Strukturen *durchsichtig* und bewußt werden, die ihn konstituieren, sondern daß er auch ihrer Auswirkungen auf sein eigenes Leben und Schicksal gewahr wird und die defizient wirkenden Komponenten durch eigene Einsicht [meistert]«.[44] Während die magische und mythische Struktur mit Clan- und Stammesbewusstsein assoziiert werden und die mentale mit Nationalismus, steht die integrale Struktur für »ein Ganzheitsbewußtsein, das die ganze Zeit und die ganze Menschheit und ihre tiefe Vergangenheit und Zukunft als eine lebendige Gegenwart umfaßt«.[45] Das integrale Bewusstsein ist *planetar und menschheitlich*.

Die dritte demokratische Transformation geht mit einer inneren Revolution einher. Mit dem Aufkommen einer integralen Weltsicht wird »eine Weltföderation realistisch und sogar unausweichlich«, meint etwa der US-amerikanische Autor Steve McIntosh. »Der Mechanismus einer Weltföderation ist der praktische Weg, über den integrales Bewusstsein größere Verantwortung für die Probleme der Welt übernehmen kann«, schreibt er. Der Zusammenhang zwischen Soziogenese und Psychogenese findet sich auch bei ihm. Er argumentiert, dass sich jede neue Weltsicht um ein politisches Projekt herum entwickelt habe und die integrale Sicht werde dabei keine Ausnahme sein. Die Schaffung einer »neuen Ebene der menschlichen politischen Organisation« sei für die integrale Weltsicht das politische Projekt, um »eine bleibende kulturelle Evolution zu generieren«.[46] Wie Jürgen Habermas feststellte, lässt sich »jeder evolutionäre Schub« »durch Institutionen kennzeichnen, in denen Rationalitätsstrukturen der nächst höheren Entwicklungsstufe verkörpert sind«.[47] Eine Versammlung aus demokratisch gewählten Vertretern der Weltbevölkerung wäre das erste politische Gremium in der Menschheitsgeschichte, das eine direkte Verbindung zwischen jedem einzelnen Menschen und dem Planeten als einer sozialen Einheit herstellt. Es wäre die wohl symbolträchtigste Verkörperung eines postkonventionellen, integralen und planetaren Bewusstseins. Zwei Monate nach seiner Wahl zum Präsidenten der Tschechoslowakei hielt Václav Havel, der an die Vision eines Weltparlaments glaubte, eine bemerkenswerte Rede in Washington D.C. »Das Bewußtsein kommt vor dem Sein und nicht anders herum, wie Marxisten behaupten«, erklärte er vor dem US-Kongress. »Aus diesem Grund«, sagte Havel, »liegt die Erlösung dieser menschlichen Welt nirgendwo sonst als im menschlichen Herz, im menschlichen Vermögen zu reflektieren, in menschlicher Demut und menschlicher Verantwortung. Ohne eine globale Revolution in der Sphäre des menschlichen Bewußtseins wird sich im Bereich unsers Seins als Menschen nichts zum besseren ändern und die Katastrophe, auf die die Welt zusteuert, sei sie ökologisch, sozial, demographisch oder ein allgemeiner Zusammenbruch der Zivilisation, wird unvermeidlich.«[48]

Gruppennarzissmus und promethisches Gefälle

Schon vor mehr als sechs Jahrzehnten schrieb Jean Gebser, dass die Welt seiner Auffassung nach auf eine globale Katastrophe zusteuert, die für das Leben auf der Erde und die Menschheit »einschneidend und endgültig« sein werde. Die Frist bis zu diesem Ereignis sei, so der Kulturphilosoph, »durch die Zunahme der technischen Möglichkeiten bestimmt, die in einem exakten Verhältnis zu der Abnahme des menschlichen Verantwortungsbewußtseins steht«.[49] Die von Albert Einstein aufgestellte Relativitätstheorie verbindet Raum und Zeit in einer vierdimensionalen Struktur und wird von Gebser als markante Manifestation des integralen Bewusstseins angesehen. Genutzt wurde sie aber als Hilfsmittel zur Konstruktion der Atombombe. Die Weltkrise ist unter anderem durch ein destruktives Übergewicht von Rationalität und Egoismus im Rahmen der mentalen Struktur, verbunden mit dem Herrschaftsdrang der magischen Ebene, gekennzeichnet. Mensch und Erde in ihrer heutigen Form könnten untergehen und der Übergang zu einer integralen Wahrnehmung um »zwei Jahrtausende« verzögert werden, meinte Gebser.[50] Nichtsdestotrotz nahm er an, dass viele Menschen schon heute dazu in der Lage sind, ein integrales Bewusstsein zu entwickeln. Ein Wandel des Bewußtseins sei immer dann aufgetreten, so Gebser, »wenn die herrschende Bewußtseinsstruktur zur Weltbewältigung nicht mehr ausreichte. So war es auch bei der letzten historisch überblickbaren Mutation, jener, die um 500 v. Chr. aus dem Mythischen ins Mentale führte. Das damalige psychistische, defizient mythische Klima war bedrohlich; der Durchbruch des Mentalen brachte die entscheidende Wandlung. Das heutige rationalistische, defizient mentale Klima ist ebenso bedrohlich; der Durchbruch zum Integralen wird auch hier die entscheidende Wandlung bringen.«[51]

Die Kluft zwischen der emotional-moralischen Reifung des Menschen und seinem technologischen Vermögen hat auch Erich Fromm beschäftigt. In dem Buch »Die Seele des Menschen« geht der Humanist der Verbindung zwischen Narzissmus und Destruktivität, Nationalismus und Krieg nach. »Wir leben in einer historischen Epoche«, so Fromm, »die durch eine scharfe Diskrepanz gekennzeichnet ist zwischen der intellektuellen Entwicklung des Menschen, die ihn zur Entwicklung der schlimmsten Vernichtungswaffen geführt hat, und seiner geistig-emotionalen Entwicklung, die ihn noch im Zustand eines ausgeprägten

Narzißmus mit all seinen pathologischen Symptomen stecken bleiben ließ.«[52] Der Philosoph Günther Anders (1902 bis 1992) sprach von einem »promethischen Gefälle«, um zu beschreiben, dass das Band zwischen Wissen, Können und Tun auf der einen Seite und Begreifen, Fühlen und Gewissen auf der anderen Seite im technischen Zeitalter »nun endgültig zerreißt«. Der Mensch sei dem »Prometheus in sich« nicht gewachsen. Die Folgen dieses Gefälles könnten die Menschheit vernichten.[53] Fromm betont ebenfalls, dass aus dem Widerspruch zwischen der intellektuellen und der emotionalen Entwicklung des Menschen »leicht« eine Katastrophe erwachsen könne.

Fromm zufolge ist zunächst davon auszugehen, dass die narzisstische Leidenschaft genauso wie der Geschlechts- und Selbsterhaltungstrieb eine wichtige biologische Funktion hat, denn vom Gesichtspunkt des Überlebens aus müsse jeder Mensch sich selbst weit wichtiger nehmen als irgendjemand sonst. Allerdings dient nur ein *optimaler* und nicht ein *maximaler* Narzissmus dem Überleben. Das biologisch notwendige Maß ist nur so groß, als dass es noch mit sozialer Zusammenarbeit vereinbart werden kann. Ein von Fromm beschriebener Vorgang besteht darin, dass sich individueller Narzissmus in Gruppen-Narzissmus umwandelt. Anstelle des Selbst wird die eigene Familie, die Sippe, das Volk oder die Nation zu Objekten der narzisstischen Leidenschaft. »So bleibt die narzißtische Energie erhalten, wird jedoch im Interesse der Erhaltung der Gruppe anstatt zur Lebenserhaltung des einzelnen eingesetzt«, stellte Fromm fest.[54]

Idealerweise würde die Lösung darin liegen, dass der Narzissmus in jedem einzelnen Menschen im Zuge *einer Erweiterung des Bewusstseins* reduziert und schließlich ganz überwunden würde. Die einfachere Möglichkeit liege derweil darin, so Fromm, *wenigstens das Objekt zu ändern,* auf das sich die narzisstische Energie richte. Woran Fromm dachte, war eine planetar-menschheitliche Ausrichtung. »Wenn der einzelne sich primär als Weltbürger erleben und wenn er auf die Menschheit und ihre Leistungen stolz sein könnte, würde sich sein Narzißmus die Menschheit und nicht ihre widerstreitenden Komponenten zum Gegenstand nehmen.« Die Errungenschaften der Menschheit könnten als »Objekt des gutartigen Narzißmus von einer übernationalen Organisation wie den Vereinten Nationen« repräsentiert werden. Allerdings stellt Fromm fest, dass »es zu einer solchen Entwicklung nur kommen kann, wenn sich viele und schließlich alle Nationen zusammentun und bereit sind, zugunsten der Souveränität der Menschheit auf einen Teil ihrer nationalen Souveränität zu verzichten, und dies nicht nur auf politischem Gebiet, sondern auch unter Berücksichtigung der emotionalen Gegebenheiten. Eine verstärkte UNO und die vernünftige und friedliche Lösung von Gruppenkonflikten sind zweifellos die Voraussetzung dafür, daß die Menschheit und ihre gemeinsamen Errungenschaften zum Gegenstand des Gruppen-Narzißmus werden können.« Zu den wesentlichen Bedingungen, die sich ändern müssen, damit der destruktive Gruppen-Narzissmus überwunden und der Mensch »in sich die ganze Menschheit« erleben kann, zählt der Sozialpsychologe eine Unterordnung nationaler Hoheitsrechte *unter die »Souveränität der menschlichen Rasse* und *ihrer gewählten Organe«* (unsere Hervorhebung).[55]

Das Problem der kulturellen Phasenverschiebung

Es ist bemerkenswert, dass die revolutionären technologischen Entwicklungen im Bereich der internationalen politischen Strukturen bisher so seltsam folgenlos geblieben sind. Der Autor und Technologiekritiker Lewis Mumford hat Mitte der 1970er Jahre auf das Phänomen hingewiesen: »Man hat abwechselnd das Dampfschiff, die Eisenbahn, die Post, den elektrischen Telegraphen und das Flugzeug als Mittel bezeichnet, örtliche Schwächen zu überwinden, Mißverhältnisse zwischen natürlichen Reichtümern zu korrigieren und die Welt politisch zu vereinigen, *Menschheitsparlament, Weltföderation*«, schrieb er. »Aus der technischen Vereinheitlichung, glaubten fortschrittliche Geister, würde menschliche Solidarität erwachsen. Im Lauf von zwei Jahrhunderten«, so Mumford, »wurden diese Hoffnungen widerlegt.«[56] Womit wir es offenbar zu tun haben ist das bereits 1922 von dem Soziologen William Ogburn (1886 bis 1959) beschriebene Phänomen der kulturellen Phasenverschiebung. Nach dieser Theorie gelingt es einer Gesellschaft nur mit einer gewissen Verzögerung, sich auf den Umgang mit neuen Technologien und ihren Anwendungen einzustellen. Die hohe und wachsende Veränderungsgeschwindigkeit in der Moderne allein ist demnach nicht das Problem, sondern auch die unterschiedlichen Geschwindigkeiten, mit denen es die verschiedenen Kulturelemente mehr oder weniger schaffen, sich an die Veränderungen anzupassen.[57] Das auf 1648 zurückgehende westfälische zwischenstaatliche System stellt in dieser Hinsicht den gravierendsten Anachronismus unserer Zeit dar. Eine »höchst gefährliche Phasenverschiebung« stellt nach Ansicht von Ogburn beispielsweise »die verspätete Anpassung an die Atombombe« dar, wie er 1957 schrieb.[58] Tatsächlich hat es *bis heute* überhaupt keine Anpassung an diese Vernichtungstechnologie gegeben. Wie wir gezeigt haben, kann diese, um erfolgreich und nachhaltig zu sein, nur im Aufbau einer demilitarisierten und föderalen Weltfriedensordnung liegen.

Interessanterweise ist der dem westfälischen System innewohnende zwischenstaatliche Machtwettbewerb ein wichtiger Treiber der Beschleunigungsdynamik. Das zwischenstaatliche System ist das stille Auge des rasenden Hurrikans, der die Welt durchwirbelt. Der Philosoph Paul Virilio, der die Entwicklung der modernen Welt unter dem Gesichtspunkt der Geschwindigkeit betrachtet, hat von einer »Dromos-Politik«, einer Politik des Wettlaufs, gesprochen. In einer hervorragenden Untersuchung über die »Zeitstrukturen in der Moderne« schreibt der Soziologe Hartmut Rosa, dass sich die Entfaltung des modernen Beschleunigungsprozesses »erst im Lichte des nationalstaatlichen und militärischen Wettlaufs um die Eroberung, Kontrolle und Verteidigung nationaler Territorien adäquat begreifen« lasse. »Modernisierung«, so Rosa weiter, »ist aus dieser Perspektive als nationalstaatliches Beschleunigungsprogramm zu verstehen, das von nichts anderem angetrieben wurde als dem politischen Streben nach Machtakkumulation und -erhalt in einem sich nach dem Westfälischen Frieden herausbildenden System konkurrierender Nationalstaaten.« Nach Auffassung von Rosa haben sich die Nationalstaaten inzwischen in gewisser Weise zu Beschleunigungshindernissen gewandelt. »Beschleunigung wird in der Spätmoderne in gerader Umkehr der Verhältnisse der klassischen Moderne nicht mehr durch staatliche Regulierung sozialer, kultureller und ökonomischer Prozesse erzielt, sondern durch deren *De-Regulierung*«, so der Professor. Im Endeffekt bleibt es aber dabei, dass sie »maßgebende Agenten der Akzeleration« sind, wie Rosa einräumt. Was sich geändert hat, ist lediglich der Modus. Die Beschleunigungskräfte haben sich globalisiert und zwingen die Staaten in einer sich selbst verstärkenden Dynamik, ihre eigene Erosion zu betreiben. Das »politische Projekt der Moderne« sei »aufgrund der Desynchronisation von sozioökonomischer Entwicklung und politischem Gestaltungshandeln an sein mögliches Ende gelangt«, stellt Rosa fest.[59] Das wäre aber nur dann der Fall, wenn diese Phasenverschiebung bestehen bleibt und keine Anpassung der globalen politischen Strukturen durch eine Überwindung des westfälischen Systems erfolgt. Noch gelingt es den Eliten, sich gegen die offensichtliche Antwort zu stemmen, nämlich *eine Globalisierung der staatlichen Gestaltungsmacht* selbst. In der Weltbevölkerung zeichnet sich der notwendige Bewusstseinswandel aber bereits deutlich ab.

Für William E. Scheuerman stellt sich die Frage, ob Demokratie noch möglich ist »inmitten eines Staatensystems, dessen fundamentale zeitliche Dynamik mit sorgsamer und bedächtiger demokratischer Deliberation und Debatte grundsätzlich inkompatibel zu sein scheint«. »Wenn soziale Beschleunigung eine gefährliche, aber unvermeidbare Facette des modernen Staatensystems darstellt, wie können wir dann das System rekonfigurieren, um zumindest die offensichtlichen Gefahren zu minimieren, zu denen nicht zuletzt die schreckliche Möglichkeit eines nuklearen Krieges (in Hochgeschwindigkeit) gehört? Könnte ein alternatives Modell zwischenstaatlicher Beziehungen – vielleicht eine Form von transnationaler Demokratie – zumindest einen besseren Ausgangspunkt bieten als das westfälische System«, deutet Scheuermann die richtige Richtung an.[60] Demokratische Entscheidungsfindung braucht Zeit. Paradoxerweise würde ein globales demokratisches System der Rechtssetzung, das auf qualifizierten Mehrheitsentscheidungen basiert, aber sogar zu *schnelleren* und *effektiveren* Ergebnissen kommen können, als das extrem langsame Völkerrecht. Ein Weltparlament ist dabei auch ein politisches Instrument, um Entwicklungen zu verzögern, zu beschleunigen oder womöglich ganz zu unterbinden. Es dient zur Einhegung der eigendynamischen Beschleunigungskräfte.

Globale Identität und die »Anderen«

Angesichts der bisherigen Entwicklungsdynamik der menschlichen Evolution wurde vorgebracht, dass die Entstehung einer globalen Regierung schlichtweg unmöglich sei, da sich die Erde keinem äußeren Gegner, keiner äußeren Einheit gegenübergestellt sieht, die globale Identitätsbildung und politische Integration im planetarem Maßstab ermöglichen würde. »Identität ist prinzipiell die binäre Unterscheidung zwischen einer Menge von ›uns‹ von einer anderen Menge von ›sie‹«, fasste etwa der Anthropologe Richard Newbold Adams zusammen.[61] »Ohne starken, extern generierten Anpassungsdruck scheint die Wahrscheinlichkeit eines Weltstaates gering zu sein«, schrieb Volker Rittberger, ohne die Möglichkeit allerdings ganz ausschließen zu wollen.[62] Die Problematik wurde 1987 von US-Präsident Ronald Reagan thematisiert. »Wir sind so von den Gegensätzen des Moments besessen, dass wir oft vergessen, wie viel alle Mitglieder der Menschheit vereint«, sagte er in einer Rede vor der UN-Generalversammlung. »Vielleicht brauchen wir irgendeine auswärtige universelle Gefahr«, so Reagan weiter, »um uns dieses gemeinsame Band erkennen zu lassen. Gelegentlich denke ich darüber nach, wie schnell unsere Differenzen weltweit verschwinden würden, wenn wir mit einer fremden Gefahr von außerhalb dieser Welt konfrontiert wären.«[63] Wie der kanadische Politikwissenschaftler Arash Abizadeh in einem Beitrag zu dieser Frage schreibt, hat bereits

Georg Friedrich Hegel in seiner »Phänomenologie des Geistes« argumentiert, dass die Ausbildung eines Bewusstseins seiner Selbst und damit Identitätsbildung die Anerkennung dieses Selbst durch einen anderen voraussetzt. Darauf aufbauend habe in jüngerer Zeit etwa der Philosoph Charles Taylor betont, dass sich Identität immer im Dialog oder in der Auseinandersetzung mit Anderen ausbilde.

Der Trugschluss liegt nach Abizadeh allerdings darin, das, was für *individuelle* Identitätsbildung zutreffend sein mag, einfach auf die *kollektive* Identitätsbildung zu übertragen. Ein Kollektiv nämlich, so der Kern des Arguments, kann sich im Gegensatz zu einem Individuum auch durch die Anerkennung durch seine individuellen Mitglieder konstituieren. Eine Anerkennung durch ein anderes externes Kollektiv ist zwar eine Möglichkeit, aber keine zwingende Voraussetzung.[64] Der Politikwissenschaftler Alexander Wendt bringt es so auf den Punkt: »Der Weltstaat würde durch die Individuen und Gruppen, die seine Teile konstituieren, anerkannt werden und umgekehrt würde er diese konstituieren und anerkennen. Das ist möglich, weil selbst wenn Teile und Ganzes gegenseitig konstitutiv sind, identisch sind sie nicht; es besteht eine Abgrenzung oder Unterscheidung zwischen ihnen. Die Mitglieder eines Weltstaates haben ihre eigenen Subjektivitäten, die sein Verhalten einschränken und der Weltstaat hat eine Subjektivität, die deren Verhalten einschränkt.« Wendt weist zudem darauf hin, dass sich globale Identitätsbildung im Rahmen eines Weltstaates funktional gesehen auch *durch eine Differenzierung zu einer überwundenen Vergangenheit* und ihren überkommenen Werten hergestellt werden könnte. »Aus Hegelianischer Sicht könnten wir sagen, dass die ›Geschichte‹ der Andere wird anhand dessen sich das globale Selbst definiert«, erklärt er. Identität basiere auf Erzählungen, die zwischen *vergangenem und gegenwärtigem Selbst* unterscheiden können. Deutschland beispielsweise beziehe heute einen Teil seiner Identität aus einer Abgrenzung vom Naziregime und seinen Verbrechen.[65] »Die Menschheit verfügt mit ihrer eigenen Geschichte über eine reichhaltige und schreckenerregende Fundgrube, zu der sich kosmopolitische Identität konstitutiv in Gegensatz stellen könnte«, stellt Abizadeh fest.[66]

Die Vision einer historisch gewandelten Menschheit, das Versprechen eines »Nie wieder!«, ist somit ein Teil der globalen Identitätsbildung. In einem leidenschaftlichen Plädoyer für eine planetare Perspektive ordnet der französische Philosoph Edgar Morin den Beginn der planetaren Ära der Menschheitsgeschichte um 1500 ein, als die kleinen westeuropäischen Nationen damit begannen, die Welt zu umsegeln. Eingeläutet wurde damit nach Morin eine von Gewalt und

Zerstörung geprägte »planetare Eisenzeit«, die er auch als »Vorgeschichte des menschlichen Geistes« bezeichnet.[67] In diesem Zeitalter liegt das gefährliche »Andere« angesichts der Bedrohung durch Krieg, Nuklearwaffen, Umweltzerstörung und Overshoot *in der Menschheit selbst*. Ein Bewusstsein dafür, dass die menschliche Geschichte eigentlich erst am Anfang steht sowie der Wille, Krieg, Völkermord, Ausbeutung und Umweltzerstörung endlich zu überwinden und im Einklang miteinander zu leben, sind wichtige Bestandteile einer globalen Identität.

Die Menschheit muss sich mit ihrem kollektiven Schatten befassen. Dazu gehört auch die strukturelle Gewalt durch das internationale System. Nach dem Vorbild nationaler Kommissionen wie in Südafrika könnte eine *globale Wahrheitskommission* dabei helfen und den Übergang zu einer demokratischen Weltordnung begleiten. Aufgabe einer solchen Kommission könnte es unter anderem sein, die Umstände der gravierendsten Menschheitsverbrechen, Kriege und Bürgerkriegssituationen der jüngeren Vergangenheit und der Gegenwart aus einer globalen Perspektive möglichst ideologiefrei und objektiv zu untersuchen und öffentlich zu machen, Täter zu identifizieren, die Opfer anzuerkennen und zu würdigen sowie die Grundlage für Versöhnung zu schaffen. Wie Heikki Patomäki und Teivo Teivainen betonen, ist die moralische und politische Legitimität einer solchen Kommission von größter Wichtigkeit.[68] Sie könnte von einer UNPA eingerichtet und im Rahmen eines Weltparlaments fortgeführt werden. Nach Ansicht von Michael Hardt und Antonio Negri ist die Arbeit solcher Kommissionen »ein exemplarisches Aufklärungsprojekt moderner Politik, und Kritik daran kann in diesen Kontexten lediglich dazu dienen, den vertuschenden und repressiven Mächten des unter Beschuss stehenden Regimes beizustehen«.[69]

Der »Overview«-Effekt und ein planetares Weltbild

Wenn es auch keine außerirdischen »Anderen« gibt, so ist die Gegenüberstellung mit dem Planeten als Ganzem, von außen betrachtet, für die Selbsterkenntnis und Bewusstwerdung der Menschheit von epochaler Bedeutung. Die beiden ersten Bilder von der Erde im Gesamtanblick zählen zu den einflussreichsten und wichtigsten Fotografien, die jemals gemacht wurden. Es handelt sich um das während der Apollo 8-Mission am 24. Dezember 1968 angefertigte »Earthrise«-Foto sowie um das berühmte »Blue Marble«-Foto, das am 7. Dezember 1972 während der Apollo 17-Mission entstand. Die Fernsehübertragung der Mondlandung wurde 1969 von hunderten Millionen Menschen verfolgt und konfrontierte sie mit einer Außenperspektive auf den Planeten. Das Bild der Erde in ihrer Ganzheit ist *das* Symbol unseres Zeitalters schlechthin. Der Autor Frank White hat die Wirkung der planetaren Perspektive als »Overview«-Effekt bezeichnet. Man muss nicht unbedingt ins All fliegen, um den Effekt erleben zu können. »Jeder Flugpassagier hat beim Blick aus dem Fenster die Gelegenheit, eine einfache Version davon zu erfahren«, sagt White.[70] Satelliten- und Luftbilder bester Qualität gehören heute zum medialen Alltag. Mit Programmen wie Google Earth kann man den gesamten Globus von oben virtuell erkunden.

Die beste Beschreibung des »Overview«-Effekts stammt von denjenigen, die ihn selbst unmittelbar erlebt haben, den Astronauten. Seit Beginn der Raumfahrt berichten sie davon, wie tiefgreifend sie der Anblick des Planeten vom Weltraum aus verändert hat. Sie beschreiben ein ergriffenes Gefühl der Einheit, der Heimat und der Verletzlichkeit. Der aus Deutschland stammende Astronaut Ulf Merbold beispielsweise war im Verlauf von drei Missionen rund 40 Tage lang im All. »Beim ersten Blick zum Horizont der Erde«, berichtet er, »stockte mir der Atem. Nicht daß mich die Krümmung der Horizontlinie überrascht hätte, es war vielmehr die königsblaue Farbe der Atmosphäre, die mich verzauberte. Doch wie dünn war die lebenserhaltende Schicht! Hier war der Moment, von dem alle Astronauten erzählt hatten. ... Die Erde lag ausgebreitet unter uns. Ihre Schönheit war hinreißend – keine Sprache kann es beschreiben –, doch wie verletzlich sah sie aus! ... Wir suchten die trennenden Grenzlinien zu finden, die auf allen Landkarten zwischen den Ländern so deutlich vorhanden sind. Doch sie existierten nicht.« »Wenn man die gesamte Erde in eineinhalb Stunden umkreist«, so der Apollo 9-Mondlandepilot Russell Schweickart, »dann stellt sich allmählich die Erkenntnis ein, daß man sich *mit ihr als Ganzem identifiziert*« (unsere Hervorhebung). Man werde »plötzlich von dem machtvollen Gefühl durchdrungen, nur ein Sinnesorgan für die Menschheit zu sein. Man blickt um sich und sieht die Oberfläche jenes Planeten, auf dem man bis dahin gelebt hat, und man weiß, daß alle Menschen da unten genau sind wie man selbst«. Die größte Bedeutung der Raumfahrt mag nach Ansicht von Merbold daher in der Entwicklung *eines globalen Bewusstseins* liegen.[71]

Der für die Theorie des Sicherheitsdilemmas bekannte deutsch-amerikanische Politikwissenschaftler John H. Herz argumentierte 1980 in einem Aufsatz, dass »zum ersten Mal ein wahrhaft planetares Weltbild plausibel erscheint«. »Es ergibt sich aus der Sicht der Astronauten von der kleinen bläulichen Kugel Erde, der Bewußtwerdung von ihrer Einzigartigkeit, ihrer Begrenztheit und ihrer Verletzlichkeit.« Dies sei zwar nur eines von vielen möglichen Weltbildern, doch

»die anderen sind provinziell, antagonistisch und tragen unter den neuen Bedingungen weltweiter Interdependenz das Risiko der Zerstörung, wenn nicht gar der Auslöschung der Menschheit in sich. Und so stellt sich selbst dem Wertrelativisten das globale Weltbild deshalb fundamentaler dar als alle anderen, weil es dem Wert des Überlebens der Menschheit, ohne den alle anderen Wertmaßstäbe bedeutungslos werden, den Vorrang einräumt.«[72]

In der Weltpolitik hatte das planetare Weltbild bereits wichtige und unmittelbare Auswirkungen. Mit Glasnost und Perestroika sowie den entschiedenen Entspannungsbemühungen gegenüber den USA und den NATO-Staaten hat Michail Gorbatschow wesentlich zur Beendigung des Kalten Kriegs beigetragen. Das Inferno einer atomaren Selbstvernichtung der Menschheit wurde zunächst abgewandt. Laut Gorbatschow war eine planetare Perspektive für seine Politik von wesentlicher Bedeutung. »Letzten Endes muß der vernunftbegabte Mensch sich als globaler Mensch verstehen, als Individuum, das nicht nur für sich selbst und sein Schicksal seiner Gemeinschaft, sondern für den Erdball, für die ganze Menschheit Verantwortung übernimmt«, skizziert Gorbatschow das sogenannte »Neue Denken«, das ihm als politische Leitlinie gedient haben soll. »Im Grunde genommen ist die ganze Geschichte des Denkens eine Geschichte der Erweiterung seiner Grenzen, seines Horizonts. Nun ist die Zeit gekommen, daß dieser Horizont den ganzen Erdball umschließen muß. Bereits heute können wir beobachten, wie der Mensch sich allmählich eine umfassendere, eine globale Weltsicht zu eigen macht«, erläuterten der ehemalige Generalsekretär der KPdSU und seine Berater in einem 1997 veröffentlichten Buch.[73]

Zwar mag der weltpolitische Einfluss des »Neuen Denkens« beträchtlich gewesen sein und in einer kritischen Zeit »zu einer Konsolidierung der zivilisatorischen Prozesse« beigetragen haben (wie Gorbatschow sich ausdrückte)[74], aber solange sich der planetare Bewusstseinswandel nicht auch in veränderten institutionellen globalen Strukturen wiederspiegelt, verharrt das Weltsystem in einem gefährlichen instabilen Zustand der Phasenverschiebung. »Ein System, das den Frieden der Welt nur so lange sichern kann, als überdurchschnittliche Menschen an seiner Spitze stehen«, stellte Lionel Curtis fest, ist »eine ständige Gefahr für den Frieden. Es verurteilt sich selbst, denn kein System kann darauf rechnen, daß ununterbrochen erstrangige Führer nach dem Rechten sehen. Die einzigen vertrauenswürdigen Systeme sind die, welche die Dauer des Friedens auch unter durchschnittlichen Führern gewährleisten.«[75] Die einzige dauerhafte Lösung besteht darin, die anarchische Grundstruktur des internationalen Systems zu überwinden.

Identität, Demos und Staatsbildung

Die Entstehung einer globalen Identität und die Entwicklung von globalen staatlichen Strukturen sind eng miteinander verschränkt. Einerseits ist eine planetare Perspektive die Grundlage, aus der ein Weltparlament erwächst. Andererseits ist ein Weltparlament das vielleicht wichtigste Vehikel, um eine planetare Perspektive zu fördern. Die Entwicklung von Institutionen und die Ausbildung von Solidarität und Identität sind ein wechselseitiger Prozess, bei dem das eine nicht ohne das andere entstehen und sich etablieren kann. Anhand der Entstehung der Nationalstaaten kann das gut beobachtet werden. In dem einflussreichen Buch über die »Erfindung der Nation« beschreibt der Politikwissenschaftler Benedict Anderson Nationalität und Nationalismus als »kulturelle Kunstprodukte«. Nach Anderson ist die Nation in einem anthropologischen Sinne als »vorgestellte politische Gemeinschaft« zu verstehen. »*Vorgestellt* ist sie deswegen«, erläutert Anderson, »weil die Mitglieder selbst der kleinsten Nation die meisten anderen niemals kennen, ihnen begegnen oder auch nur von ihnen hören werden, aber im Kopf eines jeden die Vorstellung ihrer Gemeinschaft existiert.«[76] Die Vorstellung einer solchen nationalen Gemeinschaft ist nicht naturgegeben, sondern *historisch konstruiert*. Laut Jürgen Osterhammel gibt es eine stärker werdende Strömung in der neueren Nationalismustheorie, wonach der Nationalstaat »nicht das nahezu unvermeidliche Resultat einer massenhaften Bewußtseinsbildung und Identitätsformierung ›von unten‹« war, sondern »das Produkt eines konzentrierenden Machtwillens ›von oben‹«. Er war ein Projekt von machthabenden Eliten oder – wie Osterhammel betont – von antikolonialen oder revolutionären Gegeneliten.[77] Die Staatsbildung war nicht das Ergebnis, sondern oft erst der Anfang – und wichtigstes Instrument – der Nationwerdung. Berühmt geworden ist der dem italienischen Politiker Massimo d'Azeglio zugeschriebene Ausspruch aus den 1860er Jahren: »Wir haben Italien geschaffen, jetzt müssen wir Italiener schaffen.«[78]

Die im 19. Jahrhundert entstehenden Geschichtswissenschaften waren ein entscheidender Geburtshelfer der neuen Nationalstaaten. Sie befassten sich damit, weit zurückreichende Nationalgeschichten zu konstruieren. »Die modernen Methoden der Forschung und Geschichtsschreibung wurden nicht als neutrale Instrumente der Wissenschaft entwickelt, sondern um gezielt nationalistische Ziele zu fördern«, so der Historiker Patrick Geary. Bildungsprogramme wurden geschaffen, um die nationale Ideologie und die zunächst meist nur von einer Minderheit beherrschte »Nationalsprache« in der Bevölkerung zu verbreiten. Geary warnt zu recht davor, nationale Ideologien als trivial oder unwichtig abzutun, nur weil sie im Wesentlichen imaginiert wurden.[79] Sie hatten eine äußerst reale Wirkung. Der Nationalismus konnte die Menschen massenhaft mobilisieren und in den Krieg führen. Er ist ein Beispiel für die Konstruktion einer Binnenmoral und zeigt, wie bedeutend die Abgrenzung zwischen einem »Wir« und den »Anderen« sein kann. William E. Scheuerman etwa weist darauf hin, dass die »Konstruktion nationaler Identitäten« es den Eliten erlaubt hätte, die gewöhnlichen Menschen dazu zu bringen, gegen ihre eigenen sozialen Standesgenossen jenseits der Grenze zu kämpfen, einfach weil diese einem anderen Nationalstaat angehörten.[80]

Was macht aber nun eine Nation und das Staatsvolk – das Demos – aus? Wie Eric Hobsbawm unter anderem mit Verweis auf den französischen Historiker Pierre Vilar anmerkt, wurde die »Nation« bei der Amerikanischen und der Französischen Revolution zunächst nicht anhand ethnischer, sprachlicher oder religiöser Kriterien definiert. Das »eigentliche Kennzeichen der Nation als Volk« unter einem »volksrevolutionären Aspekt« sei es gewesen, dass »sie das Allgemeininteresse gegenüber den Partikularinteressen repräsentierte, das Gemeinwohl gegenüber den Privilegien«. Unter einem »revolutionär-demokratischen Blickwinkel« seien ethnische Gruppenunterschiede »unerheblich« gewesen.[81] Erst später haben Theoretiker und nationalistische Programme versucht, den Begriff des Volkes und der Nation auf derartige Kriterien zu verengen. Tatsächlich sind die meisten Staaten der Welt allerdings multikulturell und haben große Anteile von Minderheiten. Der homogene »Nationalstaat« ist weitgehend eine Fiktion. Der multireligiöse Vielvölkerstaat Indien mit seinen rund 1,24 Milliarden Einwohnern und zahlreichen Sprachgemeinschaften ist ein gutes Beispiel dafür, dass eine einheitliche Kultur, eine gemeinsame Religion oder auch ein Mindestniveau von Wohlstand keine Voraussetzungen für ein Demos und eine funktionierende Demokratie sind. Bereits der französische Wissenschaftler Ernest Rénan erkannte 1882, dass ethnische Zuordnungen schon grundsätzlich problematisch sind und dass es darüber hinaus auch auf sprachliche, religiöse und geographische Kriterien für die Zugehörigkeit zu einer Nation nicht ankommen kann. Eine Nation ist nach Rénan vielmehr eine *geistige Solidargemeinschaft,* die auf gemeinsamen Erinnerungen und auf der Übereinkunft ihrer Mitglieder basiert, das »gemeinsame Leben fortzusetzen«. Die Nation, so Rénan prägnant, ist ein »täglicher Plebiszit«.[82] Sie basiert auf der gegenseitig anerkannten Selbstidentifikation ihrer Mitglieder.

Das Demos existiert nicht losgelöst von Institutionen. Mit der Staatsbildung wird das Demos überhaupt erst geschaffen. Die Politikwissenschaftler Michael

Zürn und Gregor Walter-Drop betonen, dass ein Demos nie von außen gegeben, sondern »immer das Resultat von politischen Institutionen und intensivierten Transaktionen« ist. Die Beispiele von Frankreich und Großbritannien würden illustrieren, dass es primär der Staat war, der zu einem frühen Zeitpunkt seiner Geschichte einen symbolischen Rahmen kreierte und dass dieser erst die Entwicklung einer imaginierten Gemeinschaft und eine starke nationalstaatliche Identität förderte.[83] Das Demos ist ein rechtliches Gebilde, das aus einem politischen Akt, nämlich der Staatsgründung, hervorgeht und dessen Mitgliedschaft durch die Staatsbürgerschaft abgesteckt wird. Für den Weltstaat gilt das ganz genauso wie für die Territorialstaaten. Auch die Formung eines *Weltdemos* ist nicht Voraussetzung, sondern Folge der globalen Staatsbildung. Der Unterschied liegt allerdings darin, dass die Menschheitsgemeinschaft als Kollektiv aller Menschen naturgegeben ist. Anders als bei der nationalen Staatsbürgerschaft gibt es hier aus kosmopolitischer Perspektive keinerlei Abgrenzungsprobleme. Jeder Mensch ist eingeschlossen und Teil des potentiellen Weltdemos. Homogenität, in welcher Hinsicht auch immer, stellt keine Vorbedingung dar. Die Weltgesellschaft ist und bleibt multikulturell, multiethnisch, multireligiös und vielsprachig. »Wenn die indische Union und die Europäische Union in der Lage sind, ein Parlament zu organisieren, dann kann das die Welt als Ganzes auch«, argumentierte Johan Galtung. Mit der Etablierung eines Weltparlaments wird ein planetares Demos ins Leben gerufen. Das im Weltparlament verkörperte Demos repräsentiert das *Allgemeininteresse der Menschheit* und verteidigt dieses gegenüber den Partikularinteressen der Staaten und den Privilegien der transnationalen Elite. Auch wenn antidemokratische Regierungseliten und antimodernistische Extremisten dies bestreiten mögen, hat sich mit der Allgemeinen Erklärung der Menschenrechte und den etablierten Menschenrechtsabkommen, allen voran mit den beiden Pakten über politische und bürgerliche sowie über wirtschaftliche, soziale und kulturelle Rechte, längst eine gemeinsame globale Wertegrundlage ausgebildet. Umfragen dokumentieren einen »dramatischen internationalen Konsens« der Weltbevölkerung über fundamentale Menschenrechte.[84] Damit ist eine umfassende Wertegrundlage gegeben, auf der ein Weltparlament und mit ihm ein Weltdemos entstehen kann.

Vor dem Hintergrund der Globalisierung sollte die moralische Bedeutung nationaler Grenzen neu bedacht werden, meint Peter Singer. »Wir müssen uns fragen«, so der Philosoph, »ob es langfristig gesehen besser ist, wenn wir in imaginierten Gemeinschaften weiterleben, die wir Nationalstaaten nennen, oder ob wir nicht damit anfangen, uns als Mitglieder *einer imaginierten Gemeinschaft der Welt* anzusehen« (unsere Hervorhebung).[85] Nationale und globale Identität schließen sich dabei gegenseitig nicht aus. Schon der Soziologe Georg Simmel (1858 bis 1918) hat Identität als das Ergebnis *individuell kombinierter Zugehörigkeiten* zu sozialen Kreisen und Gruppen beschrieben.[86] Mit jeder Gruppenzugehörigkeit gehen unterschiedlich stark ausgeprägte Solidaritäts- und Identitätsgefühle einher, die gegebenenfalls miteinander ausbalanciert werden müssen. Die nationale Staatsbürgerschaft ist letzten Endes ebenfalls nur eine dieser Zugehörigkeiten. In dem Buch »Die Identitätsfalle« betont Amartya Sen, dass Menschen nicht auf eine Identität verkürzt werden dürfen. Identitäten seien »entschieden plural« und überschneiden sich. Die Wichtigkeit einer Identität müsse die Wichtigkeit anderer nicht zunichtemachen. Deshalb sei es auch nicht notwendig, schreibt Sen, »daß wir unsere nationalen Bindungen und lokalen Loyalitäten durch ein globales Zugehörigkeitsgefühl ersetzen, das sich im Wirken eines riesigen ›Weltstaates‹ widerspiegelt. Man kann der globalen Loyalität nach und nach das Ihre zukommen lassen, ohne seine anderen Loyalitäten zu beseitigen«.[87]

Die progressive Haltung der Weltbevölkerung

Wie die zunehmende Verbreitung postmaterieller Werte und einer planetaren Perspektive annehmen lässt, verstehen sich bereits mehr und mehr Menschen auch als Weltbürger und empfinden als solche Solidarität füreinander. Das Online-Netzwerk Avaaz zum Beispiel kann innerhalb kürzester Zeit Millionen von Menschen weltweit für globale Anliegen mobilisieren. »Warum sollten Männer und Frauen aus einem Teil der Welt sich Gedanken darüber machen, daß Menschen in anderen Teilen der Welt unfair behandelt werden, wenn es kein Gefühl globaler Zusammengehörigkeit und keine Sorge um die globale Ungerechtigkeit gibt?«, fragt Amartya Sen mit Blick auf die Globalisierungsproteste. »Die globale Unzufriedenheit, der die Protestbewegungen Ausdruck geben, kann als Beweis für die Existenz eines Gefühls globaler Identität und einer gewissen Sorge um die globale Ethik gelten«, so der Ökonom und Philosoph.[88] Dieser Befund wird durch repräsentative Umfragen bestätigt, die in den letzten zehn Jahren international durchgeführt wurden. Bei der fünften WVS-Umfragewelle zum Beispiel gaben im globalen Durchschnitt 72 Prozent der Befragten aus 46 Ländern an, *dass sie sich als Weltbürger ansehen.*[89] Zu dieser Gruppe gehört das Segment der sogenannten »kulturell Kreativen«, das im Jahr 2000 von dem Soziologen Paul Ray und der Psychologin Ruth Anderson beschrieben wurde. Neben Traditionalisten und Modernisten bilden sie ihnen zufolge eine neue

Subkultur und sollen rund ein Drittel der Bevölkerungen der Industriegesellschaften ausmachen. Die kulturell Kreativen konzentrieren sich auf das, was alle Menschen gemeinsam haben. Sie denken ganzheitlich und möchten nicht so weitermachen, wie bisher. Sie beziehen das Wohl zukünftiger Generationen in ihre Überlegungen mit ein. »Sie sind die Menschen, die sich um den Zustand der globalen Ökologie und das Wohlergehen der Menschen auf dem Planeten am meisten Gedanken machen«, so Ray und Anderson.[90]

Ob Maßnahmen zur Minderung der Folgen des Klimawandels, Beachtung von internationalem Recht, Durchsetzung der Menschenrechte, demokratische Mitbestimmung, Abschaffung von Nuklearwaffen oder eine Stärkung und Demokratisierung der Vereinten Nationen: Mehrheiten der Menschen in aller Welt *unterstützen diese Ziele.* Ihr Denken ist stark weiter entwickelt als jenes der Regierungsexekutiven, die international in ihrem Namen agieren und nur nationale Eigeninteressen verfolgen. »Es scheint so zu sein, dass die Öffentlichkeit in vielen Fällen dazu neigt, den Regierungen zumindest einen Schritt voraus zu sein«, bilanziert der Direktor des Forschungsprogramms WorldPublicOpinion.org, Steven Kull. »Diese Dynamik trifft insbesondere dann zu«, so Kull, »wenn es um die Behandlung von globalen Problemen geht, die internationale Kooperation erfordern. Nationalstaaten als Institutionen haben sich als zögerlich erwiesen, auf eine Art und Weise zu kooperieren, die ihre Souveränität oder ihre Freiheit, ihr maximales nationales Interesse zu verfolgen, einschränkt. ... Es scheint nun aber so zu sein, dass Individuen als Ganzes stärker dazu bereit sind, im globalen Rahmen zu kooperieren und dass nationales Konkurrenzdenken sie dabei nicht so beeinträchtigt.«[91]

Bei einer in 16 Ländern durchgeführten Umfrage beispielsweise antworteten im internationalen Schnitt 87 Prozent, dass ihr Land die Verantwortung habe, Maßnahmen gegen den Klimawandel zu ergreifen. Eine Mehrheit in 13 Ländern – im internationalen Durchschnitt 63 Prozent – war der Auffassung, dass ihre Regierung dabei nicht genug tue. Bei einer anderen Umfrage meinten Mehrheiten in 15 von 19 Ländern, dass ihre Regierung der Bekämpfung des Klimawandels eine höhere Priorität einräumen sollte, im internationalen Schnitt waren es 60 Prozent. Darüber befragt, ob Verhaltensänderungen im individuellen Lebensstil erforderlich seien, um den Ausstoß von Klimagasen zu reduzieren, antworteten im internationalen Schnitt von 21 Ländern 83 Prozent der Befragten, dass dies notwendig sei.[92] Starke Befürwortung findet auch ein »internationales Abkommen zur Eliminierung aller Atomwaffen«, das ausdrücklich Überwachungsmaßnahmen enthalten soll, damit sich alle Länder daran halten.

76 Prozent der Befragten aus 21 Ländern stimmten dem zu, darunter auch große Mehrheiten der Befragten aus den fünf Atommächten im UN-Sicherheitsrat.[93] Eine weitere Umfrage in 20 Ländern fragte nach, ob der UN-Sicherheitsrat die Verantwortung habe, Bevölkerungen mit militärischen Mitteln gegen schwere Menschenrechtsverletzungen und Völkermord zu schützen. Im internationalen Schnitt stimmten dem 61 Prozent zu und nur 21 Prozent waren nicht dieser Meinung. Darüber hinaus plädierten im internationalen Durchschnitt von 22 Ländern 66 Prozent der Befragten für die Etablierung einer ständigen UN-Friedenstruppe, die von den UN ausgewählt, trainiert und kommandiert wird.[94] Andere Umfragen signalisieren zugleich Unterstützung für eine Demokratisierung der UN. 2005 wurde zum Beispiel gefragt, ob der offizielle Vertreter des Landes bei der UN-Generalversammlung von der Bevölkerung gewählt werden sollte. In allen 19 von der Umfrage erfassten Ländern wurde das mehrheitlich befürwortet. Die durchschnittliche Zustimmung lag bei 74 Prozent. Mehrheitliche Zustimmung in allen 18 abgedeckten Ländern bekam außerdem der Vorschlag, ein »neues UN-Parlament« zu schaffen, »bestehend aus direkt von den Bürgern gewählten Repräsentanten, mit Kompetenzen wie sie die gegenwärtige UN-Generalversammlung hat«. Durchschnittlich lag die Zustimmung hierfür bei 63 Prozent, während im Schnitt 20 Prozent dagegen waren.[95]

Globalgeschichte und weltbürgerliche Schulbildung

Auch in der Geschichtsschreibung ist die planetare Perspektive nicht ohne Wirkung geblieben. Historiker sprechen von einem regelrechten »Boom« der Globalgeschichte in Literatur, Forschung und Lehre. In einer Einführung zu diesem neuen Ansatz schreibt Sebastian Conrad, dass »grenzüberschreitende Prozesse, Austauschbeziehungen, aber auch Vergleiche im Rahmen globaler Zusammenhänge« im Mittelpunkt stehen. »Die Verflechtung der Welt ist dabei stets der Ausgangspunkt und die Zirkulation von und der Austausch zwischen Dingen, Menschen, Ideen und Institutionen gehören zu den wichtigsten Gegenständen dieses Zugriffs«, erläutert der in Berlin lehrende Geschichtswissenschaftler. Globalgeschichte kann eine Universalgeschichte der Menschheit in der Tradition von Arnold Toynbee oder H.G. Wells sein, aber »die spannendsten Fragen stellen sich häufig am Schnittpunkt globaler Prozesse und ihrer lokalen Manifestationen«, wie Conrad erläutert. Ihm zufolge können drei »idealtypische Formen« der Globalgeschichte unterschieden werden, nämlich eine Welt- oder Universalgeschichte mit globalem Horizont, eine Geschichte globaler Verflechtungen und eine Geschichte der globalen Integration.[96] Die Globalgeschichte bedeutet eine entschiedene Abkehr von der Fixierung der Geschichtswissenschaften auf den nationalstaatlichen Rahmen und ist zugleich der Versuch, jeden Eurozentrismus zu überwinden. »Nach dem Ende europäischer Weltbeherrschung, in einer Epoche schnell voranschreitender interkontinentaler Vernetzung und angesichts wachsenden Zweifels an der universalen normativen Verbindlichkeit und praktischen Überlegenheit von Modernitätsvorstellungen europäischen Ursprungs sieht sich auch die Historie der unabweisbaren Forderung nach einem globalen Problemhorizont konfrontiert«, schreibt der Konstanzer Geschichtsprofessor Jürgen Osterhammel, der als führender Vordenker der Globalgeschichte gilt. Globalgeschichte wird dabei auch ganz klar als politisches Projekt angesehen. »An die Seite einer Historie mit nationalgeschichtlicher auch nationalpädagogischer Selbstbeauftragung und einer solchen, die sich die historische Identitätsstärkung Europas vornimmt, muß eine *Geschichte in weltbürgerlicher Absicht* treten«, schreibt Osterhammel, der seit 2012 zusammen mit dem ehemaligen Harvard-Professor Akira Iriye eine neue sechsbändige »Geschichte der Welt« herausgibt.[97] Globalgeschichte, stellt Sebastian Conrad fest, werde »meist in kosmopolitischer Absicht« geschrieben. Es handele sich um »ein politisches Projekt mit emanzipatorischem Potenzial«. Sie sei »ein Schritt auf dem Weg zu einem globalen Bewusstsein und eröffnet Möglichkeiten der grenzüberschreitenden Kommunikation und Interaktion. So wie die im 19. Jahrhundert geschaffene Geschichtswissenschaft nationale Subjekte hervorbringen sollte, ist eine globale Perspektive eine Voraussetzung für ein Selbstverständnis als Bürger dieser Welt«.[98]

Eine globalgeschichtliche Ausrichtung in den Geschichtswissenschaften bildet eine wichtige Grundlage für die globale Identitätsbildung und flankiert den globalen Staatsbildungsprozess. Anders als bei der nationalen Geschichtsschreibung im 19. Jahrhundert, bei der das nationale Subjekt erst konstruiert werden musste, findet eine Geschichte der Menschheit ihren Gegenstand, nämlich die Spezies Mensch, ohne weiteres vor. Im Anthropozän handelt es sich bei der Menschheit zudem um eine *realexistierende Schicksalsgemeinschaft,* da das Wohlergehen aller Menschen einschließlich kommender Generation, ja vielleicht sogar der Fortbestand der menschlichen Zivilisation, wesentlich vom Management des Weltsystems, der globalen öffentlichen Güter und globaler existentieller Risiken abhängt.

Insbesondere in der Schulbildung kann auf globalgeschichtliche Arbeiten und Perspektiven zurückgegriffen werden. Ein weltbürgerlicher Ansatz in der

Schulbildung wird inzwischen von den Vereinten Nationen stark vorangetrieben. In der 2012 von UN-Generalsekretär Ban Ki-moon gegründeten Initiative »Global Education First« ist die schulische Erziehung zu einer weltbürgerlichen Haltung eine von drei globalen Prioritäten – neben der Verbesserung der Lernqualität im allgemeinen und dem Ziel, jedem Kind auf dem Planeten Schulbildung zu ermöglichen. Im Bildungsprogramm der UNESCO gehört es zu den strategischen Zielen, den Staaten dabei zu helfen, weltbürgerliche Erziehung in ihre Bildungssysteme zu integrieren. Laut UNESCO geht es darum, »Lernende jeden Alters mit den Werten, dem Wissen und den Fähigkeiten auszustatten, die auf dem Respekt vor den Menschenrechten, sozialer Gerechtigkeit, Diversität, der Gleichstellung der Geschlechter und ökologischer Nachhaltigkeit basieren und diesen generieren und die Lernenden dazu befähigen, verantwortliche Weltbürger zu sein«.99

»Big History« als moderne Schöpfungsgeschichte

Zu einer Betrachtung der Menschheitsgeschichte aus einer planetaren Perspektive gehört es auch, die Spezies Mensch in einem kosmologischen Zusammenhang zu sehen. Der Blick richtet sich nicht nur vom Weltraum aus zurück auf die Erde, sondern auch nach außen in das Universum. Spektakuläre Aufnahmen, wie sie etwa vom Hubble-Weltraumteleskop geliefert werden, lassen über das Leben auf der Erde und die Existenz als Ganzes nachdenken. In der Tradition von populären Autoren wie Carl Sagan, Isaac Asimov oder Stephen Hawking wird die Globalgeschichte so zu einem Teil dessen, was der Historiker David Christian oder der Biochemiker Fred Spier »Big History« nennen. Der Zeithorizont dieses neuen interdisziplinären Fachgebiets erstreckt sich vom Urknall vor etwa 13,8 Milliarden Jahren bis in die Gegenwart. Das sogenannte »Raumschiff Erde« als Heimat des Menschen ist ein kleiner Planet, der um eine der vielleicht bis zu 400 Milliarden Sonnen kreist, die Teil der Galaxis sind, die wir Milchstraße nennen. Die Milchstraße wiederum ist nur eine von vielleicht 200 Milliarden Galaxien, die in hierarchisch strukturierten Haufen und Superhaufen das derzeit bekannte Universum ausmachen. Das nächstgelegene Sonnensystem Alpha Centauri in der Andromeda-Galaxie ist 4,3 Lichtjahre oder über 40 Billionen Kilometer entfernt. Dazwischen befindet sich leerer Raum durchzogen von kosmischer Strahlung. Nach Stand der Dinge ist es angesichts der kosmologischen Entfernungen sehr unwahrscheinlich, dass jemals auch nur ein nennenswerter Bruchteil der Menschen anderswo als auf der Erde leben wird. Der gemeinsame Nenner in der Geschichte des Universums ist nach Ansicht von Spier »die Entstehung und der Rückgang von Komplexität« innerhalb von Regulationssystemen in der Welt der unbelebten Materie, des Lebens und der menschlichen Kultur unter den Bedingungen wachsender Entropie.[100]

Die Sichtweise der »Big History«, so Spier, »stimuliert vielleicht eine weitere Art von Identität, nämlich die Idee, dass alle von uns zu einer einzigen, eher außergewöhnlichen Tiergattung angehören, die auf einem eher außergewöhnlichen Planeten irgendwo im Universum entstanden ist; dass unsere engsten Verwandten die Primaten sind; dass wir tatsächlich mit allen Lebensformen verwandt sind und dass unsere fernen Verwandten aus einer kosmologischen Perspektive die Steine, das Wasser und sogar die Sterne sind«. Denn wenn das gegenwärtige Wissen einigermaßen zutreffe, dann sei all das aus dem »Feuerdunst« winzigster Partikel unmittelbar nach dem Urknall entstanden.[101] Auf rein wissenschaftlicher Grundlage liefert die »Big History« eine Erzählung über den Ursprung allen Seins und des Lebens auf der Erde. Das kosmologische Weltbild hilft so auf dem Weg zu einem integralen Bewusstsein und schafft einen wichtigen Bezugsrahmen für planetare Identität.

Einer der führenden Köpfe auf dem Gebiet der »Big History« ist der US-amerikanische Historiker David Christian. Zu Beginn seines Werkes »Maps of Time« aus dem Jahr 2004 weist er darauf hin, dass jede menschliche Gemeinschaft auf die eine oder andere Weise versucht, die Frage nach den Ursprüngen des Seins zu beantworten. Schöpfungsgeschichten haben dem Menschen geholfen, seine Existenz in einem Gesamtkontext zu sehen, ihr eine Bedeutung zu geben und ein Zugehörigkeitsgefühl zum Ganzen zu entwickeln. In der modernen Welt allerdings, beklagt Christian, gibt es zwar mehr Informationen und Wissen als je zuvor, aber dieses ist nur in unverbundenen Fragmenten und nicht im Rahmen einer universellen Erzählung vorhanden. »Big History« stellt nun den Versuch dar, diese Fragmente in einem »modernen Schöpfungsmythos« zusammenzuführen.[102] Wenn große Fragen wie unsere Stellung im Universum angesprochen würden, dann könne Geschichte in modernen industriellen Gesellschaften eine ebenso wichtige Rolle spielen, wie traditionelle Schöpfungsmythen in nichtindustriellen Gemeinschaften, meint Christian.[103]

Die Fortsetzung des Projekts der Moderne

Für Wortführer einer Postmoderne wie Jean-François Lyotard ist es ein Kennzeichen der Zeit, dass die Menschen nicht mehr an übergeordnete Leitideen wie Fortschritt, Aufklärung oder Sozialismus glauben können. Spätestens im Zuge der globalen Finanzkrise ab 2007 hat sich mit dem marktfundamentalistischen Neoliberalismus ein weiterer Versuch einer »großen Erzählung«, der nach dem Zusammenbruch des realexistierenden Sozialismus noch übrig geblieben ist, delegitimiert. Wie der deutsche Philosoph und Lyotard-Kenner Wolfgang Welsch betont, ist das postmoderne Denken dabei von der Überzeugung durchdrungen, dass es zumindest keine Erzählungen mehr geben kann, die *allgemeine* Verbindlichkeit und Legitimationskraft für sich beanspruchen können. Die Postmoderne dieser Lesart verabschiedet sich von jedem Konzept einer Ganzheit und konzentriert sich auf das Partikulare. »Wenn man so will«, stellt Welsch fest, »ist das jetzt unsere Meta-Erzählung.«[104]

Das postmoderne Denken ist selbst das Angebot einer neuen Metaerzählung, die eigentlich keine sein will. Die Leitidee besteht darin, dass es keine universale Leitidee mehr geben kann und darf. Der Versuch einer solchen postmodernen Erzählung ist ironischerweise selbst gescheitert und sollte als erledigt betrachtet werden. Ohne eine gemeinsame Idee von sich selbst und eine gemeinsame Orientierung wird die Weltzivilisation auf lange Sicht nicht bestehen können. Auch im Rahmen eines postmodernen Denkens sollte man nicht daran vorbeikommen, sich mit der Notwendigkeit und den Voraussetzungen einer globalen Regierungsform als Überlebensbedingung der Menschheit im Anthropozän auseinanderzusetzen, wenn man die Menschheit an sich nicht aufgeben will. Welsch betont, dass sowohl die Verteidiger der Moderne wie die Anwälte einer Postmoderne die »Pathologien der Moderne diagnostizieren und therapieren« wollen.[105] Doch Lösungen zur globalen Problemlage kann das postmoderne Denken nach Art Lyotards nicht bieten. Ein globaler Ansatz ist hier praktisch ausgeschlossen, bilanzierte etwa der Sozialwissenschaftler David Harvey in dem Buch »The Condition of Postmodernity«.[106] Aus postmoderner Sicht liegt das Problem darin, wie Welsch beschreibt, dass »Totalität nur durch die Verabsolutierung eines Partikularen entspringen kann und daher unweigerlich mit der Unterdrückung anderer Partikularitäten verbunden ist«.[107] Die Totalisierung des Partikularen, etwa im Rahmen des Nationalismus, und die daraus resultierende Zersplitterung des Völkerrechts und der Global Governance ist ein typisches Merkmal der Moderne. Indem die Möglichkeit einer gemeinsamen kosmopolitischen Perspektive ausgeschlossen wird, überwindet das postmoderne Denken

Lyotards diesen Zustand aber nicht, sondern zementiert ihn noch weiter. Warum aber sollte eine ganzheitliche Sicht – im Sinne eines integralen Bewusstseins – nicht zugleich auch das Partikulare zulassen können?

Wie Karl-Otto Apel bemerkte, ist nach Ansicht von Lyotard nicht nur die »Universalgeschichte der Emanzipation«, sondern auch die Idee »der Menschheit als des einen, in der Zukunft zu realisierenden Subjekts der Geschichte« gescheitert. Die Ursache liege für Lyotard »an dem Scheitern kosmopolitischer Solidarität in der Moderne, vom Nationalismus der Französischen Revolution über den Stalinismus bis zu den Machtkämpfen innerhalb des kapitalistischen Wirtschaftssystems«.[108] Im Hinblick auf Kernanliegen der Aufklärung, nämlich Demokratie und Menschenrechte, ist die empirische Grundlage der postmodernen These vom Ende der Metaerzählungen sehr fragwürdig. Die voranschreitende Demokratisierung und die zunehmende Akzeptanz der Menschenrechte in der Welt demonstrieren, dass der Drang zur Freiheit ungebrochen ist. Die wachsende globale Empathie und der Trend zu einer planetaren Sichtweise bereiten Grundlagen für eine kosmopolitische Solidarität. Schon vor über zwanzig Jahren hat Apel darauf hingewiesen, dass zwar die deterministische Annahme eines »notwendigen Ganges der Geschichte« überholt ist, aber »aktueller denn je« seien dagegen die Postulate »eines jederzeit geforderten und frustrationsresistent als Ziel zu verfolgenden Fortschritts im Sinne der kosmopolitischen Einheit der menschlichen Geschichte«.[109]

Das Zeichen der Zeit ist nicht das Scheitern, sondern im Gegenteil *die Fortsetzung* des modernen Projekts der Emanzipation, allerdings mit Konzentration auf die planetare Ebene. Ganz im Sinne von Jürgen Habermas, der sich vehement gegen die Konzeption einer Postmoderne gewandt hat, ist die Moderne als ein »unvollendetes Projekt« anzusehen, das nun in einer »postnationalen Konstellation« unter dem Vorzeichen einer »radikalisierten Aufklärung« fortgeführt werden muss, um »neue Formen einer demokratischen Selbststeuerung der Gesellschaft zu entwickeln«.[110] An vielen Stellen ist Habermas auf seine Vorstellungen zur notwendigen »Konstituierung einer Weltbürgergemeinschaft« eingegangen, die ein aus Repräsentanten der Staaten und der Weltbürger zusammengesetztes Weltparlament beinhalten.[111] Wenn man überhaupt von einem Epochenwechsel sprechen will, dann ist der von Ulrich Beck verfolgte Ansatz eines Übergangs zu einer *zweiten Moderne* am überzeugendsten. Im Blickpunkt steht hier die Erosion der mit dem Nationalstaat verbundenen Institutionen und Systeme sowie die von den modernen Industriegesellschaften erzeugten Risiken und Nebenfolgen. Allerdings, so Beck, wird dabei der Frage, was sich auflöst, zugleich »die Frage entgegengehalten, was entsteht – die Frage nach den sich heute schon abzeichnenden Konturen, Prinzipien und Chancen einer zweiten, nichtlinearen, globalen Moderne in ›weltbürgerlicher Absicht‹«.[112] Man könnte auch vom Übergang zu einer *planetaren Moderne* sprechen.

Der Philosoph Peter Sloterdijk hat den Gedanken geäußert, dass das »Elend der großen Erzählungen herkömmlicher Machart« keineswegs darin liege, dass sie »zu groß, sondern darin, daß sie *nicht groß genug* waren« (unsere Hervorhebung). Das Durchschauen bisheriger großer Erzählungen als ungeeignete Versuche, »sich der Weltkomplexität zu bemächtigen« delegitimiere nicht das fortgesetzte »Erzählen von gewesenen Dingen«. Die Rede vom Ende der großen Erzählungen schieße über ihr Ziel hinaus, wenn es ihr nicht ausreiche, deren »unerträgliche Simplifikationen« zurückzuweisen.[113] Nicht groß genug bedeutet für uns, nicht selbstreflexiv und nicht übergreifend genug. Das erinnert an die Entwicklung des utopischen Denkens. Beginnend mit Platons Werk »Politeia« um 370 v. Chr. wurden Überlegungen über das ideale Staatswesen und eine ideale Gesellschaft angestellt, die eine eigene Literaturgattung gebildet haben, die literarische Utopie. Sie ist benannt nach dem Roman »Utopia« von Thomas Morus aus dem Jahr 1516, mit dem die Grundlage für das utopische Denken in der Neuzeit gelegt wurde. War die utopische Literatur anfangs von statischen Staatsmodellen nach der Art von Thomas Morus geprägt, so hat sie inzwischen reflexive Erzählungen hervorgebracht. In dem utopischen Roman »Planet der Habenichtse« von Ursula K. LeGuin von 1974 beispielsweise werden die Bedingungen und Probleme der Utopie selbst reflektiert und kritisch betrachtet.

Es braucht nicht eine abgeschlossene Erzählung, sondern einen umfassenden, integralen und lebendigen Ansatz. Das Wissen um die eigene Begrenztheit sowie eine selbstkritische Haltung mit dem Ziel der steten Weiterentwicklung sind wichtige Merkmale einer neuen großen Erzählung, die für sich allgemeinen Anspruch erheben will. Es ist klar, dass es sich nicht um eine statische und endgültige Weisheit handeln kann. In einem berühmt gewordenen Vortrag über die Freiheit hat der russisch-britische Philosoph Isaiah Berlin (1909 bis 1997) 1958 auf die Problematik geschlossener Weltbilder hingewiesen. »Eine Überzeugung«, so Berlin, »ist mehr als alle anderen verantwortlich für das Abschlachten von Individuen auf den Altären großer historischer Ideale – der Gerechtigkeit oder des Fortschritts oder des Glücks künftiger Generationen, der Mission oder Emanzipation einer Nation, einer Rasse, einer Klasse oder der Freiheit selbst, die verlangt, einzelne um der Freiheit der Gesellschaft willen zu opfern. Es ist dies die Überzeugung, daß es irgendwo, in der Vergangenheit oder in der Zukunft, in der göttlichen Offenbarung oder im Geist eines einzelnen Denkers, in den Verlautbarungen der Geschichte oder der Naturwissenschaft oder in dem einfachen Gemüt eines unverdorbenen braven Menschen eine endgültige Lösung gibt.«[114]

Die neue »Große Erzählung« ist die Erzählung von der Menschheitsgeschichte selbst, die Globalgeschichte eingebettet in die »Big History«, von der Entstehung der Erde bis zu ihrem Ende, wenn die sich erhöhende Sonneneinstrahlung in einer Milliarde Jahren kein Leben mehr auf unserem Planeten mehr erlauben wird. Es ist eine Geschichte, in der die Spezies Mensch sich und ihren Handlungen nach und nach immer stärker bewusst wird. Es ist die Geschichte von der Entstehung einer planetaren Demokratie, die im Einklang mit dem Leben auf der Erde das Wohlergehen und das friedliche Zusammenleben aller Menschen gewährleistet. Es ist eine Metaerzählung insofern, als dass sie aus dem Scheitern bisheriger Erzählungen mit Ausschließlichkeits- und Wahrheitsanspruch die Folgerung zieht, ganz im Sinne von Isaiah Berlin, dass sie nicht abgeschlossen ist, sondern sich selbstkritisch und selbstreflexiv immer weiter wandelt. »Wir müssen versuchen, unser Universum zu verstehen, selbst wenn wir sicher sein können, dass unsere Bemühungen niemals ganz erfolgreich sein können«, erläutert David Christian die Grundhaltung der »Big History«. Der Historiker hat darauf hingewiesen, dass der Mensch unweigerlich nach Erzählungen sucht, die Sinn stiften und Orientierung bieten. Man solle daher nicht davor zurückschrecken, aufgeklärte, universelle Weltbilder anzubieten. »Nur wenn ein moderner Schöpfungsmythos als kohärente Geschichte herausgearbeitet wurde, wird es wirklich möglich sein, den nächsten Schritt zu machen«, so Christian, nämlich diesen »zu kritisieren, zu dekonstruieren und möglicherweise zu verbessern.«[115]

Die neue globale Aufklärung

Mit Blick auf die gesellschaftliche Organisation dreht sich die neue »Große Erzählung« um die Entwicklung der Demokratie und Emanzipation im Zuge der soziopolitischen und geistigen Evolution des Menschen. Es wird immer unterschiedliche Meinungen über die richtige Politik sowie damit verbundene Verteilungskonflikte geben. Die Demokratie als Mittel der Entscheidungsfindung muss dabei immer weiter verbessert werden. In der planetaren Moderne ist ein Weltparlament die zentrale Institution, um die Demokratie als Regierungsform zu bewahren und weiter zu entwickeln. Es ist zugleich der Brennpunkt einer neuen globalen Aufklärung, die nach einer Periode der Verunsicherung und Orientierungslosigkeit mit der dritten demokratischen Transformation einhergeht.

Die neue globale Aufklärung muss nicht proklamiert werden. Mit der voranschreitenden kognitiven und moralischen Entwicklung des Menschen und mit der zunehmenden Verbreitung eines planetaren Bewusstseins findet sie bereits statt. Ein großer Anteil der Weltbevölkerung hat begriffen, dass die Menschheit für die Handlungen des Menschen als Spezies Verantwortung übernehmen muss, damit das Leben auf der Erde und die Menschheit selbst eine Zukunft hat. Wie Edward O. Wilson argumentiert, ist dieses Wissen ein wichtiger Bestandteil einer »neuen Aufklärung«.[116] Die Krise der frühen planetaren Moderne besteht in der Unfähigkeit der Menschheit, dieser Verantwortung als Kollektiv gerecht werden zu können. Das zu ändern und die Menschheit durch den Aufbau einer planetaren Demokratie aus ihrer Unmündigkeit zu befreien, ist der Impuls der neuen globalen Aufklärung.

Teil III

Die Zukunft gestalten: Design und Verwirklichung einer Weltdemokratie

Die Realisierung eines demokratischen Weltparlaments wurde von Anfang an als ein praktisches politisches Projekt angesehen. Nicht etwa Philosophen, sondern Revolutionäre wie Anacharsis Cloots und Sozialreformer wie Constantin Pecqueur waren zum Ende des 18. und zur Mitte des 19. Jahrhunderts die wichtigsten frühen Verfechter. Sie waren es, die die Prinzipien der Gleichheit aller Menschen und der Volkssouveränität als erste konsequent kosmopolitisch ausbuchstabierten. Sie betrachteten ein Weltparlament als Ziel und Ergebnis eines globalen Einigungsprozesses und der demokratischen Selbstverwirklichung der Menschheit. Mit der Idee eines Weltparlaments ist diese Perspektive untrennbar verbunden.

Der Übergang vom zwischenstaatlichen Völkerrecht zum kosmopolitischen Weltrecht ist zu einer dringenden Notwendigkeit geworden. Die Schaffung eines direkt gewählten Weltparlaments mit Legislativbefugnissen und einer Weltrechtsordnung muss so schnell wie möglich gelingen. Die weltweite Zusammenarbeit muss zu einem politischen Integrationsprojekt werden. Global Governance ist als das zu erkennen, was sie ist, nämlich Teil eines voranschreitenden, globalen Staatsbildungsprozesses. Die Verwirklichung einer Weltdemokratie und ein fundamentaler Umbau der UN – oder ihre Ablösung durch eine neue Weltorganisation – eignet sich allerdings nicht für übereilte und gewagte Experimente. Es ist zwar nicht ausgeschlossen, dass sich die politischen und gesellschaftlichen Rahmenbedingungen zur Realisierung eines Weltparlaments plötzlich und radikal verbessern werden. Bis auf weiteres sollte man sich aber auf einen stufenweisen und evolutionären Prozess einstellen. Ein Weltparlament mag unter den gegebenen Bedingungen ein Fernziel sein, aber der erste pragmatische Schritt, um die Entwicklung in Gang zu bringen, ist längst möglich und überfällig. Eine *parlamentarische Versammlung* soll den globalen Einigungsprozess begleiten und ein Vehikel für demokratische supranationale Gemeinschaftsbildung sein:

Keine Integration ohne Repräsentation. Im Sinne des Projekts einer neuen globalen Aufklärung dient sie der Entwicklung einer globalen bürgerlichen Gesellschaft und einer demokratischen Weltöffentlichkeit.

Seit jeher werden die gleichen Grundfragen diskutiert. Wie sollen die Abgeordneten einer solchen parlamentarischen Versammlung ausgewählt werden? Wie ist damit umzugehen, dass demokratische Wahlen in manchen Ländern noch nicht möglich sind? Wie soll die Sitzverteilung aussehen? Welche Kompetenzen muss ein Weltparlament bekommen? Neben der Behandlung dieser und weiterer Fragen kommt es darauf an, sich eine Vorstellung davon zu machen, wie ein Weltparlament im Laufe der Zeit nach und nach praktisch verwirklicht werden kann. Mit der historischen Entwicklung des Europäischen Parlaments im Zuge der europäischen Integration gibt es ein lehrreiches Beispiel, auf das wir dabei aufbauen können.

26.
Die Entwicklung eines Weltparlaments

Das Beispiel des Europäischen Parlaments

Das Europäische Parlament ist aus der Gemeinsamen Versammlung der 1952 in Kraft getretenen Europäischen Gemeinschaft für Kohle und Stahl EGKS, der Montanunion, hervorgegangen. Die Gemeinsame Versammlung war von Anfang an mehr als nur ein beratendes Organ. Nach dem EGKS-Vertrag unterlag ihr die Kontrolle des Exekutivorgans der Gemeinschaft, der Hohen Behörde. Nach dem EGKS-Vertrag blieb es den Staaten überlassen, ob ihre Abgeordneten aus dem nationalen Parlament entsendet oder direkt gewählt werden sollten. Von der letzten Option wurde jedoch nicht Gebrauch gemacht. Die Versammlung bestand somit aus zunächst aus 78 Abgeordneten, die aus den nationalen Parlamenten der sechs EGKS-Gründerstaaten entsandt wurden. Die Abgeordneten organisierten sich nicht nach nationaler Herkunft, sondern in transnationalen, politischen Fraktionen. Sie bildeten Ausschüsse, die den Arbeitsbereichen der Hohen Behörde entsprachen. Die Versammlung debattierte den jährlichen Rechenschaftsbericht der Hohen Behörde und hatte das Recht, diese mit Zweidrittelmehrheit zum Rücktritt zu zwingen.

Mit den Römischen Verträgen wurden 1957 neben der EGKS auch die Europäische Wirtschaftsgemeinschaft EWG und die Europäische Atomgemeinschaft Euratom als eigenständige Organisationen gegründet. Für alle drei Gemeinschaften war ein parlamentarisches Gremium vorgesehen. Um eine parlamentarische Dreifachstruktur zu vermeiden, wurde die Gemeinsame Versammlung im Zuge der Römischen Verträge zu einem Organ aller drei Gemeinschaften gemacht. Die Klausel für optionale Direktwahlen der Abgeordneten wurde abgeschafft. Dafür enthielt der EWG-Vertrag die Bestimmung, dass die Versammlung Vorschläge für Direktwahlen auf der Grundlage eines in allen Mitgliedsstaaten einheitlichen Verfahrens vorlegen sollte. Die Versammlung umfasste nun 142 Abgeordnete und bezeichnete sich als Europäisches Parlament. 1958 traf sie in dieser Konfiguration erstmals zusammen. Mit einem 1967 in Kraft getretenen Fusionsvertrag wurde die Zusammenführung auch aller anderen Gemeinschaftsorgane vollendet. Ab 1975 durfte das Parlament über die Gemeinschaftshaushalte mitentscheiden. Während die Kompetenzen der Europäischen Gemeinschaften weiter ausgebaut wurden, wuchs auch das Erfordernis besserer demokratischer Legitimation auf europäischer Ebene. 1976 wurde endlich eine Einigung über die Einführung von Direktwahlen erzielt, wenn auch ohne einheitliches Verfahren, und ein entsprechendes Abkommen von den Mitgliedsstaaten ratifiziert. Seit 1979 werden die Abgeordneten des Europaparlaments direkt gewählt. Dadurch politisch gestärkt, lehnte das EP den Haushaltsplan der Kommission 1980 erstmals ab.

In den frühen 1980er Jahren verwickelten sich die europäischen Institutionen aufgrund des Einstimmigkeitsprinzips in einem Komplex lähmender Probleme. Unter der Bedingung, dass jede der inzwischen zwölf Regierungen eine Entscheidung blockieren konnte, wurden oftmals gar keine Entscheidungen getroffen. Als Antwort darauf präsentierte das Europäische Parlament 1984 unter der Leitung von Altiero Spinelli einen Verfassungsentwurf für eine föderative Europäische Union mit einer echten Legislative, die auf dem Mehrheitsprinzip basierte. Durch diesen Anstoß wurde die institutionelle Reform der Gemeinschaften durch die Regierungen angetrieben. Die weitere Entwicklung der europäischen Verträge von der Einheitlichen Europäischen Akte (1985) über Maastricht (1992), Amsterdam (1997) und Nizza (2000) bis zur Gründung der Europäischen Union als einer eigenständigen Rechtspersönlichkeit mit dem Vertrag von Lissabon von 2007 braucht hier nicht nachgezeichnet zu werden. Der entscheidende Punkt ist der, dass sich das Europäische Parlament von der aus nationalen Abgeordneten zusammengesetzten Versammlung der EGKS zu einem direkt gewählten Legislativ- und Kontrollorgan der Europäischen Union entwickelt hat. Es entscheidet gemeinsam mit dem Ministerrat über den Unionshaushalt und in den meisten Politikfeldern ist es neben dem Rat der EU gleichberechtigter Gesetzgeber, wenn auch *noch* ohne Initiativrecht. Das Europäische Parlament hat sich im Zuge der europäischen Integration zu einem Machtzentrum entwickelt, dem im europäischen Gefüge mehr Einfluss zugerechnet werden kann, als manchem nationalen Parlament zuhause.

Für ein globales parlamentarisches Gremium lassen sich aus der europäischen Entwicklung verschiedene Parameter und mögliche Entwicklungsstufen ableiten. Zu den wichtigen Parametern gehören 1. der Zuständigkeitsbereich (an welche zwischenstaatlichen Organisationen und Organe ist sie inhaltlich und institutionell »angedockt«), 2. die Ausgestaltung der Kompetenzen sowie 3. der Wahlmodus (durch Parlamente, Direktwahl oder wahlweise beides). Ein Ziel besteht darin, nach und nach *alle* Formen der öffentlichen Gewalt und Entscheidungsfindung auf der globalen Ebene der demokratischen Kontrolle und gegebenenfalls auch der Mitbestimmung des Parlaments zu unterwerfen.

Der Vorschlag einer UNPA

Das Konzept einer UNPA ist ursprünglich dadurch gekennzeichnet, sich in den drei genannten Bereichen zum Gründungszeitpunkt mit einem Minimum zufrieden zu geben. Die Versammlung könnte gemäß Artikel 22 der UN-Charta durch einen Beschluss der UN-Generalversammlung als ein Nebenorgan ins Leben gerufen werden. Damit würde die Notwendigkeit einer Charta-Änderung zunächst einmal umgangen. Diese wäre nämlich nur unter der schwierigen Bedingung möglich, dass zwei Drittel aller Staaten sowie alle fünf Vetomächte im Sicherheitsrat zustimmen. Die Versammlung könnte die Arbeit der Ausschüsse der Generalversammlung als ein beratendes parlamentarisches Gremium begleiten und wäre aus Abgeordneten der nationalen Parlamente der Mitgliedsstaaten und möglicherweise auch aus Internationalen Parlamentarischen Institutionen, IPIs, wie dem Europaparlament, zusammengesetzt. Das Vorbild für diese Art von Versammlung ist nicht die Gemeinsame Versammlung der EGKS, die ja von Anfang an auch Kontrollrechte hatte, sondern vor allem die Parlamentarische Versammlung der Organisation für Sicherheit und Zusammenarbeit in Europa, OSZE-PV, die 1990 gegründet wurde und 1992 zu ihrer konstituierenden Sitzung zusammentrat. Gegen eine Modellfunktion der Gemeinsamen Versammlung der EGKS oder überhaupt des Europäischen Parlaments (oder auch der Parlamentarischen Versammlung des Europarates) könnte nämlich eingewandt werden, dass dieses eben nur regionalen, nämlich europäischen Charakter habe und daher weltweit, für die UNO, nur schwer herangezogen werden könne. Die OSZE besteht allerdings aus 55 Mitgliedsstaaten und 12 Partnerstaaten, die die gesamte nördliche Hemisphäre abdecken, darunter befinden sich (mit Ausnahme Chinas) vier der fünf ständigen Mitglieder des UN-Sicherheitsrates. In der 320 Mitglieder starken OSZE-PV sind Abgeordnete der Parlamente aller OSZE-Mitgliedsstaaten vertreten. Die Aufgabe der Versammlung ist es, zur Sicherheit und Demokratieentwicklung im OSZE-Raum beizutragen. Sie beschließt Resolutionen, gibt Empfehlungen ab und ist insbesondere aufgrund ihrer Wahlbeobachtungsmissionen bekannt.

Ebenso wie im Europaparlament sollen sich die Abgeordneten der UNPA nicht nach ihrer nationalen Herkunft organisieren, sondern im Rahmen von *transnationalen Fraktionen*, die eine gemeinsame politische Orientierung zusammenführt. So würde es aller Wahrscheinlichkeit nach zum Beispiel eine konservative, eine sozialistische, eine liberale, eine grüne, eine linke und weitere Fraktionen geben. Bestehende internationale Parteiverbände könnten mit entsprechenden Gruppen in einer UNPA kooperieren, so zum Beispiel die konservative Zentristisch-Demokratische Internationale, die Sozialistische Internationale, die neue sozialdemokratische Progressive Allianz, die Liberale Internationale oder die Globalen Grünen. Ihr politischer Einfluss ist bislang äußerst gering. Durch die Zusammenarbeit mit affiliierten Fraktionen in einem globalen parlamentarischen Gremium könnte sich das allerdings ändern. Auf dem Weg zu einem Weltparlament würde so nach und nach die Herausbildung *globaler Parteien* gefördert.

Ausbau von Kompetenzen und Zuständigkeit

Die Befürworter der internationalen Kampagne für eine UNPA unterstützen eine Weiterentwicklung der Versammlung, nachdem sie einmal eingerichtet wurde. In dem von Abgeordneten aus aller Welt unterzeichneten Aufruf heißt es, die Versammlung »kann zunächst aus nationalen Parlamentariern zusammengesetzt sein. Nach und nach soll sie mit umfassenden Informations-, Beteiligungs- und Kontrollrechten gegenüber den UN und den Organisationen des UN-Systems ausgestattet werden. In einem späteren Schritt könnte sie direkt gewählt werden«. Bei der UNPA handelt es sich um eine zurückhaltende Forderung, die vielen nicht weit genug geht. Das Europäische Parlament beispielsweise meint, dass die Versammlung von Anfang an mit Informations-, Kontroll- und Beteiligungsrechten ausgestattet werden sollte. Eine rein beratende Funktion wird als zu wenig angesehen. Zudem wird inzwischen vorgeschlagen, dass die teilnehmenden Staaten von Beginn an die Option haben sollen, dass die aus ihrem Land stammenden Abgeordneten direkt gewählt werden können. Manche progressive Länder würden für die Wahl ihrer Abgeordneten eine Direktwahl einführen, andere würden erst später nachziehen und manche würden die indirekte Auswahl durch das nationale Parlament auch langfristig vorziehen wollen. Nach dem Vorbild der EGKS-Versammlung könnte der erste Schritt auch in der Etablierung einer parlamentarischen Versammlung einer fachlich spezialisierten Organisation bestehen, etwa bei der WTO oder bei der Konferenz der UN-Klimarahmenkonvention.

In nächsten Entwicklungsschritten wird der Zuständigkeits- und Kompetenzbereich der Versammlung ausgeweitet. Die Ausweitung des Zuständigkeitsbereichs erscheint insoweit auch sinnvoll, als dass es schon aus praktischen Gründen nicht möglich ist, den Dutzenden verschiedenen zwischenstaatlichen Organisationen und UN-Programmen jeweils eigenständige parlamentarische Gremien an die Seite zu stellen. Spiegelbildlich zur Strukturierung des UN-Systems würde sich die Arbeit der UNPA schwerpunktmäßig in Fachausschüssen organisieren, die im Gegensatz zu Plenarsitzungen flexibler tagen könnten. Das Parlament würde mehr und mehr zu einer »Gemeinsamen Versammlung« der Organisationen und Programme des UN-Systems werden und so der Fragmentierung des Systems entgegenwirken. Bei den Beratungen der Ausschüsse sollten neben nationalen Parlamentariern auch Vertreter der neun sogenannten »wichtigen Gruppen« einbezogen werden, die im Zuge der Agenda 21 von der UN definiert wurden. Diese Gruppen sind Frauen, Kinder und Jugendliche, Bauern, indigene Völker, Nichtregierungsorganisationen, Gewerkschaften, Städte und Kommunen, Wissenschaft und Technologie sowie Geschäftswelt und Industrie. Die Beratungen der Ausschüsse hätten so den Charakter kosmopolitischer Konferenzen.

Die UN-Generalversammlung kann der Versammlung nicht mehr Rechte verleihen, als über die sie selbst verfügt. Einer Ausweitung von Kontroll- oder Mitentscheidungsbefugnissen sind damit im Rahmen von Artikel 22 Grenzen gesetzt. Die Kompetenzen der Generalversammlung sind aber auch nicht geringzuschätzen. Auf die von ihr eingerichteten Programme und Fonds wie das Kinderhilfswerk UNICEF, das Entwicklungsprogramm UNDP, das Flüchtlingskommissariat UNHCR oder das Umweltprogramm UNEP und deren Regularien kann sie direkt Einfluss nehmen. Frage-, Zitier- und Interpellationsrechte und die Mitwirkung an der Verabschiedung der Haushalte oder der Wahl der Direktoren wären umsetzbar. Vermittelt durch die Generalversammlung könnten einer UNPA grundsätzlich die gleichen Möglichkeiten eingeräumt werden wie der Generalversammlung selbst. Dazu gehört zum Beispiel, den Sicherheitsrat auf Krisen aufmerksam zu machen oder dem Internationalen Gerichtshof Rechtsfragen zu unterbreiten. Grundsätzlich könnte sich die Versammlung politisch mit allen UN-Themen befassen und so beispielsweise auch die Friedensoperationen parlamentarisch überwachen oder über die Frage einer nachhaltigen Wirtschafts- und Gesellschaftsordnung beraten. Aus Sicht der internationalen Kampagne für eine UNPA sollte das Gremium vordringlich »eine Reform des gegenwärtigen Systems der internationalen Institutionen und der Global Governance« verfolgen.[1] Im Aufruf der Kampagne heißt es, dass die Versammlung »als ein Katalysator für eine Weiterentwicklung des internationalen Systems und des Völkerrechts wirken« könnte. Noch in ihrem Gründungsjahr 1952 wurde die EGKS-Versammlung beispielsweise damit beauftragt, einen Vertragsentwurf über die Schaffung einer politischen Gemeinschaft auszuarbeiten.

Sobald sich die Zuständigkeit auf den Internationalen Währungsfonds, die Weltbankgruppe oder die Welthandelsorganisation erstrecken soll, könnte man zur besseren Differenzierung von einer Globalen Parlamentarischen Versammlung, GPA (für Global Parliamentary Assembly), sprechen. Die völkerrechtliche Umsetzung könnte hier möglicherweise zunächst ebenfalls ohne Vertragsänderungen über entsprechende Kooperationsverträge erzielt werden. Nach dem Vorbild des Römischen Abkommens über gemeinsame Organe der Europäischen Gemeinschaften könnten wir uns letztlich aber einen zwischenstaatlichen Vertrag vorstellen, der alle relevanten Abkommen abändert und die GPA als ein gemeinsames Gremium verankert, das im Hinblick auf alle einbezogenen Institutionen der Global Governance über weitgehende Rechte verfügt. Ein Mitentscheidungsrecht bei der Wahl der Direktoren von IWF, der Weltbankgruppe und der WTO könnte so zum Beispiel verankert werden. Die Versammlung sollte außerdem mit eigenständigen Delegationen an allen relevanten zwischenstaatlichen Verhandlungen teilnehmen können, etwa im Rahmen der WTO, der Klimarahmenkonvention oder bei der Abrüstungskonferenz. Es sollte sich auch in die globale Normierung einschalten können und diese demokratisch überwachen. Wenn es denn politisch möglich wäre, ist es auch denkbar, den Entwicklungsschritt einer UNPA nach Artikel 22 zu überspringen und die Versammlung direkt mit einem zwischenstaatlichen Vertrag dieser Art als eine GPA zu etablieren.

Der wichtigste Schritt wäre schließlich die Weiterentwicklung zu einem Weltparlament. Die Verwendung des Begriffs eines Weltparlaments zeigt an, dass die Versammlung nun zu einem Bestandteil eines *globalen legislativen Systems* würde, das unter bestimmten Voraussetzungen und innerhalb bestimmter Grenzen verbindliches Weltrecht setzt. Spätestens an dieser Stelle wären je nach Ausgestaltung zahlreiche völkerrechtliche und in manchen Ländern vielleicht auch verfassungsrechtliche Änderungen erforderlich. Der Schöpfungsakt eines Weltrechtssystems würde zwar im Namen der Menschheit erfolgen, wäre aber völkerrechtlicher Natur. Das Weltparlament würde als ein Hauptorgan einer Weltorganisation der dritten Generation verankert werden. Als zentrale Säule einer Weltfriedensordnung sollte es beispielsweise bei Zwangsmaßnahmen und Friedenseinsätzen mitentscheiden und im Zuge vollständiger nuklearer Abrüstung an einem globalen Inspektionssystem mitwirken. Neue supranationale Institutionen, die bereits in der Diskussion sind und früher oder später auf die Tagesordnung kommen werden, wie zum Beispiel eine Weltzentralbank, eine Weltsteuerbehörde, eine globale Antikartellbehörde, eine Kriminalpolizei und eine Eingreiftruppe ebenso sowie die Einführung globaler Steuern oder eines globalen Grundeinkommens bedürfen der demokratischen Legitimation und der parlamentarischen Kontrolle durch ein Weltparlament. Ein Weltparlament bildet eine unverzichtbare Grundlage für legitime, demokratische und verbindliche Mehrheitsentscheidungen zur Regulierung von globalen Fragen, darunter insbesondere die Regulierung des Umgangs mit den globalen Gemeingütern wie der Atmosphäre und das Management globaler öffentlicher Güter wie des Finanzsystems.

Steigende demokratische Anforderungen

Viele Unterstützer einer UNPA würden zustimmen, dass wichtige Voraussetzungen für den Schritt zu einem Weltparlament jetzt noch nicht vorliegen. Im Hinblick auf die demokratische Legitimität betrifft das vor allem den Stand der Demokratisierung in der Staatenwelt. Ein wichtiger Unterschied zur europäischen Parallele besteht darin, dass nicht alle Länder einwandfrei oder überhaupt demokratisch verfasst sind. An der europäischen Integration waren nur Demokratien beteiligt. Die Kampagne für eine UNPA plädiert aber dafür, dass die Versammlung Abgeordneten aus allen Mitgliedsländern der UN offenstehen soll. Wie sonst sollte sie als Plattform einer Weltinnenpolitik einen globalen Anspruch erheben und in das bestehende System der Global Governance integriert werden können? Anders als in Europa ist die globale Integration ohne Rücksicht auf die Staatsform der beteiligten Länder längst vorangeschritten, so zum Beispiel im Rahmen der Welthandelsorganisation. Wir glauben, dass das Ziel eines demokratischeren Weltregierens und eines Weltparlaments über einen universellen Ansatz schneller und besser erreicht werden kann, als über eine exklusive Versammlung einer langsam wachsenden Anzahl von Demokratien, die bis auf weiteres wenig bis gar keine Anknüpfungspunkte zu den globalen Entscheidungszentren hätte. Bei der Etablierung der globalen parlamentarischen Versammlung und bei ihrer weiteren Entwicklung müssen Demokratien und demokratische Abgeordnete aber auf jeden Fall eine bestimmende Rolle spielen. Zu diesem Zweck sollten sich die demokratischen Abgeordneten in der Versammlung in einem fraktionsübergreifenden Netzwerk organisieren. Die Gemeinschaft der Demokratien und ihr parlamentarisches Forum könnten es sich zur Aufgabe machen, den Prozess in diesem Sinne zu unterstützen.

Dennoch wären prinzipiell auch solche Länder eingeschlossen, in denen demokratische und freie Wahlen jedenfalls bis auf weiteres nicht oder nur eingeschränkt möglich sind, allen voran das bevölkerungsstarke China. Die Einrichtung einer UNPA wird dabei auch als *eine Maßnahme zur Demokratieförderung* angesehen. Man verspricht sich insbesondere eine Stärkung der parlamentarischen Opposition in den zahlreichen Transformationsländern. Von bestehenden internationalen parlamentarischen Institutionen kann man im Hinblick auf diesen Effekt lernen. Als internationale Netzwerke von Abgeordneten gelten sie als »Schulen der Demokratie«, in denen Lern- und Überzeugungsprozesse stattfinden. Der Staatswissenschaftler Beat Habegger spricht auch von einer Sozialisierungsfunktion.[2] Bereits das erste multinationale Parlament der Welt, der bis 1918 existierende österreichische Reichsrat, dem Abgeordnete aus acht Nationalitäten angehörten, wurde von Karl Renner optimistisch als »Rekrutenschule der mittel- und südosteuropäischen Demokratien« angesehen.[3] Der Sozialisierungseffekt ist eines der Argumente dafür, weshalb eine UNPA einer Beteiligung durch sämtliche UN-Mitgliedsstaaten offenstehen sollte. Die Abgeordneten müssen aber wenigstens durch das nationale Parlament gewählt werden. Wer ein Regierungsamt ausübt, dem darf es nicht erlaubt sein, der Versammlung anzugehören. Mögliche »Pseudo-Parlamentarier« sollen durch die demokratischen Abgeordneten und die parlamentarische Umgangs- und Diskussionskultur positiv beeinflusst werden. Es ist fraglich, ob manche autokratische Regierungen überhaupt wollen, dass ihr Land an einer UNPA mitwirkt. Von Schritt zu Schritt werden die demokratischen Anforderungen jedenfalls größer. Mit Blick auf die spätere Entwicklung wird daher von der internationalen Kampagne klar formuliert, dass »die Direktwahl der UNPA-Delegierten als Voraussetzung dafür angesehen wird, um die Institution mit legislativen Rechten auszustatten«.[4] Eine solche Wahl müsste frei, fair, gleich, allgemein und geheim sein. Dies wird in einigen Staaten auf absehbare Zeit nicht verwirklicht werden können. Es ist jedoch keine Alternative, vor dem ersten Schritt einen vollen Erfolg der Demokratisierung der Staatenwelt abzuwarten.

Die Sitzverteilung

Bei den vier bislang von uns untersuchten Modellen für eine mögliche Sitzverteilung in einer UNPA kommen wir nach den Daten von Freedom House aus dem Jahr 2015 zu dem Ergebnis, dass zwischen rund 60 und 70 Prozent der insgesamt etwa 800 Abgeordneten aus Ländern stammen würden, die als Wahldemokratien eingestuft wurden. Zwischen 68 und 76 Prozent würden außerdem aus freien oder teilweise freien Ländern kommen.[5] So wie die dritte Demokratisierungswelle voranschreitet, werden diese Anteile von der Tendenz her stetig wachsen. Die Zahl der demokratisch legitimierten Abgeordneten wäre ohnehin größer, als anhand dieser Klassifizierungen zu erwarten wäre. Es ist nämlich zu beachten, dass es beispielsweise in Ländern, die als »unfrei« eingestuft werden, trotzdem eine echte parlamentarische Opposition geben kann. Die weit verbreitete Ansicht, dass die meisten Abgeordneten eines weltweiten parlamentarischen Gremiums notwendigerweise von autokratischen Regierungen kontrolliert würden, ist unzutreffend.

Um zu gewährleisten, dass die Meinungsvielfalt innerhalb eines Landes in einer UNPA zum Ausdruck kommen kann, hatten unsere Modelle vorgesehen, dass unabhängig von der Bevölkerungsgröße immer mindestens zwei Abgeordnete entsandt werden können. Die je Land vergebenen Sitze sollen, sofern noch keine Direktwahl stattfindet, das politische Spektrum im jeweiligen Parlament so gut wie möglich abbilden. So könnte auch im Fall kleiner Staaten stets mindestens ein Abgeordneter die parlamentarische Regierungsmehrheit und einer die Opposition vertreten. Die übrigen Sitze können dann nach verschiedenen Formeln vergeben werden, etwa proportional zur Bevölkerungsgröße. Auf diese Weise würde einer völligen Marginalisierung der kleinen Länder entgegengewirkt. Bei einer direkt proportionalen Aufteilung und 800 Sitzen würden nämlich 71 Länder die Schwelle von rund vier Millionen Menschen, um auch nur einen Abgeordneten zu erhalten, nicht überschreiten. Zusammen kommen sie allerdings auf rund 90 Millionen Einwohner. Die zehn bevölkerungsreichsten Länder dagegen würden etwa 60 Prozent aller Abgeordneten stellen. Selbst im Fall einer direkt proportionalen Aufteilung von 800 Sitzen würden nach unserer Berechnung etwa 58 Prozent der Sitze von Abgeordneten aus Wahldemokratien eingenommen werden. Nach Ansicht des US-amerikanischen Geographen und Weltföderalisten Joseph Schwartzberg, der im Rahmen von drei Entwicklungsstufen detaillierte Modelle für die Sitzverteilung vorgelegt hat, sollte es angesichts ihrer verhältnismäßig geringen Bevölkerungsgröße ausreichend sein, wenn die Kleinststaaten im ersten Schritt wenigstens jeweils einen Abgeordneten erhalten.[6]

Bei bestehenden IPIs wird man keine direkt proportionale Berechnung finden und sie empfiehlt sich auch nicht für eine UNPA. Das Pan-Afrikanische Parlament und das Lateinamerikanische Parlament sehen sogar eine einheitliche Größe ihrer nationalen Delegationen vor. Bei anderen IPIs wird die Bevölkerungsgröße als Maßstab herangezogen, jedoch eine Abstufung vorgenommen, um einer Marginalisierung kleiner Länder und einer übermäßigen Dominanz der Großen vorzubeugen. Besonders lehrreich ist hier wieder das Beispiel des Europaparlaments. Die Zuteilung der Sitze im Europäischen Parlament ist im EU-Vertrag geregelt, worin es heißt: »Das Europäische Parlament setzt sich aus Vertretern der Unionsbürgerinnen und Unionsbürger zusammen. Ihre Anzahl darf 750 nicht überschreiten, zuzüglich des Präsidenten. Die Bürgerinnen und Bürger sind im Europäischen Parlament degressiv proportional, mindestens jedoch mit sechs Mitgliedern je Mitgliedstaat vertreten. Kein Mitgliedstaat erhält mehr als 96 Sitze.«[7] Der Schlüssel ist hier das Prinzip der »degressiven Proportionalität«. Je größer die Bevölkerung eines Staates ist, desto mehr Menschen werden je Abgeordneten vertreten. Eine mathematische Formel ist im EU-Vertrag nicht enthalten. Die genaue Zuteilung wird unter Wahrung der erwähnten Grundsätze durch den Europäischen Rat und das Europäische Parlament beschlossen. In der achten Wahlperiode hatte Malta als kleinstes EU-Mitgliedsland beispielsweise sechs Sitze, das ist ein Abgeordneter je 70.000 Einwohner, während Deutschland als bevölkerungsstärkstes Land 96 Sitze hatte, das sind ein Abgeordneter je 833.000 Einwohner.

Die ungleiche Repräsentation war in Deutschland Gegenstand von Verfassungsbeschwerden. Zwei Urteile des Bundesverfassungsgerichts haben sich mit der Thematik befasst und enthalten interessante Feststellungen. In der Entscheidung zum Vertrag von Maastricht aus dem Jahr 1993 hat das Bundesverfassungsgericht unter anderem angemerkt, dass in einer Staatengemeinschaft »demokratische Legitimation nicht in gleicher Form hergestellt werden [kann] wie innerhalb einer durch eine Staatsverfassung einheitlich und abschließend geregelten Staatsordnung«.[8] In einem Urteil zum Lissabon-Vertrag von 2009 hat sich das Gericht erneut mit der Frage der demokratischen Legitimität der EU befasst und ausgeführt: »Als Vertretungsorgan der Völker in einer supranationalen und als solche von begrenztem Einheitswillen geprägten Gemeinschaft kann und muss [das Europäische Parlament] in seiner Zusammensetzung nicht den Anforderungen entsprechen, die sich auf der staatlichen Ebene aus dem gleichen politischen Wahlrecht aller Bürger ergeben«[9], und weiterhin: »Die demokratische Grundregel der wahlrechtlichen Erfolgschancengleichheit (›one man, one vote‹) gilt nur innerhalb eines Volkes, nicht in einem supranationalen Vertretungsorgan, das – wenngleich nunmehr unter besonderer Betonung der Unionsbürgerschaft – eine Vertretung der miteinander vertraglich verbundenen Völker bleibt.«[10]

Eine abgestufte Zuteilung der Sitze in einer UNPA ist gut vertretbar und politisch unumgänglich. Wie die erwähnten Modelle demonstrieren, ist sie auch machbar, selbst wenn dabei eine Vielzahl von Ministaaten mit dem Bevölkerungsriesen China in Ausgleich gebracht werden müssen. Das Bundesverfassungsgericht hat wohl darauf hingewiesen, dass die Ungleichheit im Europäischen Parlament nur akzeptabel ist, so lange der Deutsche Bundestag »eigene Aufgaben und Befugnisse von substantiellem politischem Gewicht behält«.[11] Der erforderliche Grad an demokratischer Legitimität korrespondiert mit der Tiefe der supranationalen Integration. Aus dieser Perspektive würde eine abgestufte Sitzverteilung in einer UNPA kein Problem darstellen, da ihre rechtlichen Kompetenzen etwa im Vergleich zu denen des Europäischen Parlaments zu Beginn eingeschränkt wären. Im Zuge einer Kompetenzausweitung und einer Weiterentwicklung hin zu einem Weltparlament wird die Frage der demokratischen Repräsentation der Bürger später allerdings eine zunehmende Rolle spielen. Langfristig gesehen wird sich die Sitzverteilung immer stärker an das weltrechtliche Prinzip von »ein Mensch, eine Stimme« annähern müssen. Auf der Stufe eines Weltparlaments könnte es dann auch in Betracht kommen, für die Direktwahl der Abgeordneten weltweit ungefähr gleich große Wahlbezirke zu schaffen, durch die viele kleine Länder parlamentarisch gemeinsam vertreten werden würden. Dies ist zum Beispiel ein Ansatz, den Schwartzberg in seinem Entwicklungsszenario verfolgt hat. In jedem Fall könnten auch diese Staaten weiterhin gleichberechtigt in der Generalversammlung oder ihrem Nachfolgegremium vertreten sein. Das Parlament wäre in erster Linie dazu da, die Weltbevölkerung demokratisch zu repräsentieren.

27.
Die Schaffung von Weltrecht

Völkerrecht und Weltrecht im Vergleich

Es gehört zu den wichtigsten Aufgaben einer globalen parlamentarischen Versammlung, sich damit zu befassen, wie ein konstitutionelles Weltrechtssystem im Detail gestaltet und verwirklicht werden könnte. Sie wird dabei auf viele Vorarbeiten zurückgreifen können, die wir bereits erwähnt haben. Wichtige Merkmale des Weltrechts und einer globalen Gesetzgebung sollen jedoch kurz umrissen werden. In einer bemerkenswerten Studie aus dem Jahr 2007 ist die Rechtswissenschaftlerin Angelika Emmerich-Fritsche auf rund 1200 Seiten der Entwicklung des Weltrechts nachgegangen. Wie Emmerich-Fritsche ausführt, ist der Zweck des Weltrechts »nicht der zwischenstaatliche Interessenausgleich, für den das Völkerrecht konzipiert ist, sondern die Verwirklichung der elementaren Belange der gesamten Menschheit«.[1] Der Charakter des Weltrechts erschließt sich am besten aus den wichtigsten Unterschieden zum Völkerrecht:

1. Im Völkerrecht ist der *Staat* die wichtigste Einheit, während es im Weltrecht der individuelle Mensch als *Weltbürger* ist. Weltrecht wurzelt in der Idee der Weltbürgerschaft. Individuen kommen unmittelbare Rechte und Pflichten zu.
2. Während Völkerrecht in der Regel nur Staaten bindet und durch nationales Recht *umgesetzt* werden muss, kann Weltrecht prinzipiell überall und für jeden *unmittelbar* gelten.
3. Das Völkerrecht basiert auf zwischenstaatlichen Verträgen, denen sich Staaten *optional* anschließen können oder nicht, während Weltrecht *allgemeinverbindlich* ist und nicht nur Staaten, sondern prinzipiell auch Individuen oder Unternehmen binden kann.
4. Die zentralen Paradigmen des Völkerrechts sind nationale Unabhängigkeit und die souveräne Gleichheit der Staaten, während es im Weltrecht globale Interdependenz und die Gleichheit aller Menschen sind.
5. Die im zwischenstaatlichen System dominierende Perspektive ist das *nationale Interesse*, oder der Raison d'Etat, während es im Weltrecht das *planetare Interesse* der Menschheit ist. Yehezkel Dror hat dafür den passenden Begriff der »Raison d'Humanité« eingeführt.[2]

6. Die Schaffung neuer Regulierungen durch zwischenstaatliche Verträge im Völkerrecht basiert auf dem *Konsensprinzip*, während Weltrecht auf demokratischer Entscheidungsfindung mit *qualifizierten Mehrheiten* basiert.
7. In zwischenstaatlichen Verhandlungen und Gremien findet Repräsentation in der Regel durch Beamte statt, die von *der nationalen Regierungsexekutive ernannt* wurden, während die Repräsentanten in weltrechtlichen Entscheidungsgremien *von der Weltbevölkerung demokratisch gewählt* werden. Im Völkerrecht gilt dabei in der Regel das Prinzip »*ein Staat, eine Stimme*«, während es im Weltrecht »*eine Person, eine Stimme*« ist.
8. Im Gegensatz zu Völkerrecht, bei dem es *von den Staaten abhängt*, welchen Rang sie ihm geben, ist Weltrecht gegenüber innerstaatlichem Recht und dem Völkerrecht *immer vorrangig*.
9. Nach völkerrechtlichen Grundsätzen entscheidet ein Staat selbst, ob und unter welchen Bedingungen er sich einer Gerichtsbarkeit unterwirft, sie ist *freiwillig*. Im Weltrecht ist eine *obligatorische* Gerichtsbarkeit vorausgesetzt.

Weltrecht sorgt sich nicht nur um das individuelle Wohl, sondern zugleich um das Wohlergehen und das Überleben der gesamten Spezies und ihres Lebensraumes, der Erde. Wie Emmrich-Fritsche festgestellt hat, können grundsätzlich auch im Rahmen des Völkerrechts weltrechtliche Prinzipien verwirklicht werden. Dazu sollen völkerrechtliche Abkommen dann geeignet sein, wenn ihnen alle oder nahezu alle Staaten zustimmen, sie also praktisch universelle Geltung haben. Die Schaffung einer Weltlegislative sei dafür »nicht zwingend notwendig«.[3] Spuren des Weltrechts sind im Völkerrechtssystem tatsächlich bereits vorhanden. Das betrifft beispielsweise die bindende Wirkung von Beschlüssen des UN-Sicherheitsrates nach Kapitel VII der UN-Charta, das Konzept des gemeinsamen Erbes der Menschheit im Seerechtsübereinkommen, das obligatorische Streitschlichtungsverfahren der WTO, die Zuständigkeit des Internationalen Strafgerichtshofes zur Verfolgung von Individuen oder das entstehende Prinzip der Schutzverantwortung der Staaten, das der staatlichen Souveränität Grenzen setzt.

Es ist allerdings zweifelhaft, ob Vertreter der nationalen Regierungsexekutiven dazu in der Lage und willens sind, das Menschheitsinteresse legitim zu bestimmen. Wie die bereits skizzierte Tragödie des Völkerrechts demonstriert, gibt es in völkerrechtlichen Verhandlungen eine Tendenz zum kleinsten gemeinsamen Nenner einzelstaatlicher Interessen. Auf zentralen Gebieten wie der nuklearen Abrüstung oder dem Klimawandel hat die Völkerrechtsordnung ihren dysfunktionalen Charakter jahrzehntelang unter Beweis gestellt. Die Ausbildung von Völkergewohnheitsrecht wiederum ist ebenfalls quälend langsam und ineffektiv. Ein von der Weltbevölkerung demokratisch gewähltes Parlament ist der Mechanismus, mit dem das gemeinsame Interesse der Menschheit kontinuierlich bestimmt werden kann. Freie und faire planetare Wahlen zu einem Weltparlament mit Legislativbefugnissen sind der vielleicht symbolträchtigste Ausdruck eines voll entwickelten Weltrechts und eines *demokratischen* Systems des Weltregierens.

Eine Weltlegislative mit zwei Kammern

Die Staaten werden allerdings die wichtigste Körperschaft des Regierens in der Welt bleiben und für viele Menschen weiterhin ein wichtiger Bezugspunkt ihrer Identität sein. In einer föderalen Weltrechtsordnung bilden sie eine unabdingbare Regierungs- und Entscheidungsebene. So wie die deutschen Bundesländer zum Beispiel Verwaltungsaufgaben im Auftrag des Bundes erledigen, könnten die Nationalstaaten, sofern sie über funktionierende staatliche Strukturen verfügen, auch bestimmte weltrechtliche Aufgaben übernehmen. Wie Otfried Höffe, Jürgen Habermas oder Václav Havel argumentiert haben, müssen zur Legitimation einer Weltorganisation der dritten Generation sowohl die Staaten, als auch die Weltbevölkerung institutionell vertreten sein. Ein globales gesetzgebendes System sollte auf zwei Kammern basieren, einer Staatenversammlung und dem demokratisch gewählten Weltparlament. Für die Verabschiedung von Weltrecht sollte prinzipiell die Zustimmung beider Kammern erforderlich sein. Dabei können je nach Regelungsgegenstand unterschiedliche qualifizierte Mehrheiten erforderlich gemacht werden. Die in der Staatenkammer abgegebenen Stimmen könnten dabei je nach Materie auch mit speziellen Mehrheitserfordernissen verknüpft werden, so zum Beispiel, dass sie einen bestimmten Mindestanteil des Weltbruttosozialprodukts oder des weltweiten CO_2-Ausstoßes repräsentieren müssen. Für bindende globale Gesetzgebung wird eine einfache Mehrheit der Stimmen in beiden Kammern als Legitimationsgrundlage noch für eine lange Zeit nicht ausreichen.

Auch für die Staatenkammer wurden Stimmengewichtungen vorgeschlagen, um dort das Ungleichgewicht zwischen kleinen und großen Ländern zu verringern. Für die UN-Generalversammlung hat Joseph Schwartzberg ein Modell ausgearbeitet, denn »bis die Vereinten Nationen ein System der Stimmengewichtung einführt, das die tatsächliche globale Machtverteilung in der Welt reflektiert, scheint es zweifelhaft zu sein, dass irgendein wichtiger Staat der Generalversammlung als repräsentativstes Organ des UN-Systems aus freien Stücken die Autorität einräumt, bindende Entscheidungen zu treffen«.[4] Wenn jedoch die Balance im Weltparlament hergestellt wird, könnte sich die Einführung einer starken Stimmengewichtung in der Staatenkammer erledigen. Die Staatenkammer wäre vielmehr der Ort, an dem sichergestellt werden könnte, dass auch die Interessen kleiner Länder weiterhin Gewicht haben.

Als zusätzliches Mittel der Rückkoppelung zwischen globaler Gesetzgebung und der Wählerschaft sollten auch die nationalen Parlamente einbezogen sein. Damit ein globales Legislativsystem effektiv ist, kann es aber nicht darum gehen, dass globale Gesetze erst von einer bestimmten Mehrheit der nationalen Parlamente ratifiziert werden müssten. Die Beschlüsse der Staatenkammer und des Weltparlaments sollen jedoch nur dann in Kraft treten können, wenn eine bestimmte Anzahl nationaler Parlamente nicht innerhalb eines festgelegten Zeitraums widerspricht. Dies entspricht einem Vorschlag, der bereits 1905 von US-amerikanischen Abgeordneten formuliert wurde.[5] Ähnlich wie im Gesetzgebungsverfahren der EU ist an wenigstens zwei Arten von globalen Rechtsakten zu denken. Einerseits Rahmengesetze, die von den nationalen Parlamenten innerhalb bestimmter Fristen konkretisiert und umgesetzt werden müssen und andererseits Gesetze, die unmittelbar gelten.

Ein Weltverfassungsgericht

Weltrecht basiert auf primärem Verfassungsrecht und sekundären Rechtsakten. In einer Weltverfassung sind universelle Grund- und Menschenrechte zu verankern. Ob die Beschlüsse der Weltlegislative und das Handeln globaler Regierungsinstitutionen mit den Menschenrechten in Einklang stehen und sich im Rahmen der festgelegten Kompetenzverteilung bewegen, muss gerichtlich überprüfbar sein. Zu diesem Zweck sollte ein Weltverfassungsgericht eingerichtet werden. Schon im Rahmen der gegebenen Völkerrechtsordnung hat der Europäische Gerichtshof mit Blick auf Sanktionsmaßnahmen des UN-Sicherheitsrates festgestellt, dass eine gerichtliche Kontrolle unerlässlich ist, »um einen gerechten Ausgleich zwischen der Erhaltung des internationalen Friedens und der internationalen Sicherheit und dem Schutz der Grundfreiheiten und -rechte der betroffenen Person, die gemeinsame Werte der UNO und der [EU] darstellen, zu gewährleisten«.[6] Nach der Revolution von 2011 hat Tunesien die Einrichtung eines »internationalen Verfassungsgerichtshofes«

vorgeschlagen, damit nationale Wahlen und Regierungswechsel vor einem unabhängigen internationalen Gericht kontrolliert werden können. Im Übergang zu einer Weltrechtsordnung könnten die Aufgaben eines solchen Gerichts später entsprechend ausgeweitet werden.

Ein Weltparlament hat umgekehrt auch eine wichtige Bedeutung für die Legitimation eines Weltverfassungsgerichts *und jeder Weltgerichtsbarkeit im Allgemeinen*. Armin von Bogdandy und Ingo Venzke haben darauf hingewiesen, dass auch internationale Gerichte »Akteure globalen Regierens« seien und »demokratischer Legitimation bedürfen, die repräsentative Institutionen vermitteln«. Die Legitimationskraft durch das herkömmliche Ratifikationsverfahren auf der nationalen Ebene habe Grenzen, die es bereits »bei dem heutigen Entwicklungsstand vieler internationaler Gerichte angeraten erscheinen lässt, weitere Legitimationsquellen zu erschließen«. Im Mittelpunkt der demokratischen Rechtfertigung müssten die Individuen stehen, »deren Freiheit die Urteile gestalten, und sei es auch noch so indirekt«.[7] Angelika Emmerich-Fritsche macht in ihrer Studie klar, dass »Weltgerichte, welche gegenüber den Bürgern der Welt verbindlich Recht sprechen«, grundsätzlich »weitergehender demokratischer Legitimation« bedürfen. Konkret bedeutet das, dass die Richter von der betroffenen Bürgerschaft, deren Parlament oder einem demokratisch eingesetzten Wahlausschuss gewählt werden müssten. Nach Auffassung von Emmerich-Fritsche wäre es für ein Weltgericht »praktisch vernünftig«, einen Richterwahlausschuss einzusetzen, »der sich parallel aus Mitgliedern der nationalen Parlamente und/oder des Weltparlaments sowie aus den höchsten Richtern der Staaten zusammensetzt«.[8] Eine Beteiligung des Weltparlaments als Vertretung der Weltbevölkerung sollte als unumgänglich betrachtet werden.

28.
Die Bedingungen der Transformation

Die Rahmenbedingungen für institutionelle Veränderungen

Eine Weltrechtsordnung mit einem Weltparlament wird sich nicht einfach nur deshalb durchsetzen, weil sie im Vergleich zum heutigen völkerrechtlichen System ethisch und moralisch überlegen ist und in einer rationalen Debatte die überzeugenderen Argumente für sie sprechen. Das ist zwar eine wichtige Ausgangslage, aber für sich alleine genommen reicht das natürlich nicht aus. Richard Falk hat darauf hingewiesen, dass es in Weltordnungsstudien lange Zeit Tradition war, ein besseres System vorzuschlagen, ohne weiter darauf einzugehen, wie der Weg von »hier« nach »dort« überhaupt aussehen könnte. Man verließ sich auf die Kraft der besseren Argumente. Diese Haltung hat Falk zu Recht als romantisch und naiv angesehen. Die Auseinandersetzung wird nicht im Debattierklub, sondern in der politischen Arena entschieden. »Außer auf marginale und kosmetische Weise«, so der Völkerrechtler, »ist es sehr unwahrscheinlich, dass diejenigen, die von existierenden Machtkonstellationen und -interessen profitieren, sich von Appellen beeinflussen lassen, die auf Argumentation oder Werten beruhen.« Macht könne nur durch Gegenmacht transformiert werden. »Kein Lösungskonzept für die Weltordnung, das eine substantielle Veränderung des Staatensystems vorsieht, kann umgesetzt werden, ohne dass die Verfechter des neuen Systems mit wichtigen sozialen und politischen Kräften innerhalb der existierenden Weltstruktur verbunden sind«, schrieb Falk.[1] Es liegt nun in der Natur der dritten demokratischen Transformation und der neuen globalen Aufklärung, dass sich ihre Ziele, Werte und Perspektiven nach und nach in der Weltgesellschaft verbreiten und dadurch immer mehr an Potential gewinnen. Dieser Prozess wird von den langfristigen ökonomischen, sozialen und kulturellen Veränderungen vorangetrieben, die mit der globalen Industrialisierung und Postindustrialisierung einhergehen. Auf die Bedeutung von anhaltendem Wohlstand und einem steigenden Bildungsniveau für einen emanzipativen Wertewandel und letztlich für die Ausbildung einer postkonventionellen Moral haben wir beispielsweise bereits hingewiesen. Das zunehmende Erleben der globalen Vernetzung und wachsende globale Empathie ist einer der anderen Faktoren, auf die wir eingegangen sind. Aufstrebende Mittelschichten in den Entwicklungsländern auf der einen Seite und bedrängte Mittelschichten in den Industrieländern auf der anderen Seite bilden neben dem globalen Prekariat die sozialen Kräfte, die als Teil eines »transformativen Subjekts« die dritte Transformation gesellschaftlich im Wesentlichen tragen werden.

Dies soll jedoch nicht heißen, dass dieser Trend zwangsläufig weitergehen und zur Realisierung einer Weltdemokratie führen wird. Die Verharrungskräfte des Status Quo und der Widerstand seiner Nutznießer gegen einen neuen globalen Gesellschaftsvertrag und einen neuen globalen Klassenkompromiss im Rahmen einer ökologisch-sozialen und pazifistischen Weltrechtsordnung sind nicht zu unterschätzen. Auf dem Gebiet der Klimapolitik beispielsweise versuchen Vertreter der Öl- und Kohleindustrie unerlässlich, die internationalen Verhandlungen zu hintertreiben, die Ergebnisse der Klimaforschung zu diskreditieren und die öffentliche Meinung in ihrem Sinne zu beeinflussen. Es besteht außerdem die reale Gefahr eines zivilisatorischen Rückschlages oder gar eines Kollaps im Weltmaßstab. Das neue Prekariat und die bedrängten Mittelschichten bringen auch antimodernes, nationalistisch-reaktionäres Potential mit sich, das Demagogen für ihre Zwecke mobilisieren können. Anhand der jüngsten Ergebnisse der siebten Welle des World Values Survey erkennen Forscher Anzeichen einer sich möglicherweise anbahnenden »demokratischen Dekonsolidierung« auch in den etablierten westlichen Demokratien und warnen davor, einen Zusammenbruch der Demokratie in diesen Ländern als unmöglich anzusehen.[2]

Ronald Inglehart und Christian Welzel haben beschrieben, wie langfristiger gesellschaftlicher Wertewandel die Grundlage für institutionelle Veränderungen schafft. Sie führen das Beispiel an, dass innerhalb der Bevölkerungen der osteuropäischen Länder in den Jahrzehnten vor 1989 ein langsamer, aber stetiger Wandel hin zur stärkeren Betonung von Selbstbestimmung und Selbstverwirklichung stattgefunden habe. Dieser Wertewandel hat einen gesellschaftlichen Veränderungsdruck aufgebaut, der unter speziellen historischen Bedingungen schließlich relativ plötzlich und unerwartet den Fall der Mauer und den Kollaps der kommunistischen Regime in Osteuropa bewirken konnte. Der genaue Zeitpunkt, wann ein solcher langfristiger Wertewandel zu einem institutionellen Durchbruch führt, ist nach Inglehart und Welzel in aller Regel durch die Überwindung von Blockaden *auf der Ebene der Eliten* bestimmt. Für die Revolutionen in Osteuropa war ihnen zufolge die 1988 von Michail Gorbatschow verkündete Politik entscheidend, dass die Sowjetunion anders als etwa 1956 in Ungarn oder 1968 in der Tschechoslowakei zusammenbrechende verbündete Regierungen nicht mehr mit militärischer Gewalt aufrecht erhalten würde.[3] Ein interessanter Aspekt an diesem Beispiel liegt darin, dass jedenfalls nach Gorbatschows eigener

Aussage ein Wandel zu einer planetaren Perspektive für ihn persönlich ein bestimmender Faktor war.

Gesellschaftliche Spannungen können angesichts von anhaltenden Blockaden auf der Elitenebene so groß werden, dass sie sich gewaltsam entladen. Die Weltakademie der Künste und Wissenschaften, WAAS, hat 2013 gemeinsam mit dem Club of Rome und anderen Institutionen ein Projekt über die Formulierung einer neuen »integrierten Perspektive« für die Lösung der globalen Herausforderungen begonnen. Ziel ist die Etablierung eines globalen Konsortiums zur Umsetzung eines »neuen Paradigmas der menschlichen Entwicklung«. In einem programmatischen Aufsatz zu dem Projekt schreiben Ivo Šlaus und Garry Jacobs von der Weltakademie, dass radikaler Wandel in der Geschichte gewöhnlich in der Form gewaltsamer Revolutionen vorkomme. Diese richten sich gegen Eliten, die sich Machteinbußen gegenüber hartnäckig widersetzen. Gelegentlich hätten weitsichtige Führer aber auch die dringende Notwendigkeit schneller sozialer Evolution erkannt, um der Möglichkeit solcher Revolutionen vorzubeugen. Die Elite Englands beispielsweise habe eine Wiederholung des Blutvergießens der französischen Revolution, das die französische Aristokratie ausradiert habe, durch eine Öffnung gegenüber der Mittelklasse zu verhindern gesucht.[4]

Eine kosmopolitische Bewegung

Im Hinblick auf das Weltsystem ist die Situation insofern anders, als dass es kein politisches Machtzentrum gibt, gegen das sich eine Revolution – rein theoretisch gesehen – überhaupt richten könnte. Im Unterschied zur Entstehung der Nationalstaaten im 19. Jahrhundert, bei der die Nationwerdung und die Staatsbildung auf der Elitenebene vorangetrieben wurde, gibt es jedenfalls bislang auch kaum Anzeichen dafür, dass Teile der transnationale Elite ein solches Machtzentrum etablieren wollen. Es dient den Interessen der transnationalen Elite umso mehr, je weniger der transnationale Staatsapparat für Gegenbewegungen greifbar ist. Sie können ihre Anliegen global nicht richtig kanalisieren. Für den Ko-Direktor des neuen World Democratic Forum, Jean Rossiaud, liegt genau hier die Ursache dafür, dass die Bemühungen der sozialen Bewegungen für globalen Wandel im Wesentlichen ins Leere laufen. Das Fehlen eines Weltstaates begrenze die Handlungsoptionen der sozialen Bewegungen und der Zivilgesellschaft auf Widerstand und defensive Aktionen auf der lokalen oder nationalen Ebene. Die wesentlichen Weichenstellungen müssten aber global gesetzt werden. In der »ersten Moderne« hätten sich nationale Bewegungen für die Etablierung von Nationalstaaten eingesetzt. Für die neuen sozialen Bewegungen sei die Zeit gekommen, eine »demokratische kosmopolitische Bewegung« zu formieren, deren wichtigste Forderung die Etablierung eines Weltstaates sei. Dieser würde dann die institutionelle Grundlage für die Umsetzung ihrer eigentlichen Anliegen bilden.[5] Dabei geht es nicht darum, dass sich die Bewegung über diese Anliegen im Einzelnen einig werden muss. Einigkeit braucht es nur bei dem Ziel, dass es einen demokratischen globalen Gestaltungsrahmen geben muss, damit *überhaupt* eine bestimmte globale Politik effektiv verfolgt werden kann. Es liegt nahe, dass sich die sozialen Bewegungen der *zweiten* demokratischen Transformation, die in vielen Ländern weiterhin für eine Demokratisierung auf der nationalstaatlichen Ebene kämpfen, sich auch als Teil der kosmopolitischen Bewegung verstehen werden. Das gemeinsame Ziel liegt schließlich in der Errichtung und Stärkung der Demokratie, nur auf verschiedenen Ebenen.

Der Ansatz einer kosmopolitischen Bewegung zieht immer mehr Interesse auf sich. Die »globale Transformation« erfordere »das Erwachen eines neuen sozialen Akteurs: einer enormen Bewegung von Weltbürgern, die eine supranationale Identität zum Ausdruck bringen und neue Institutionen für ein planetares Zeitalter aufbauen«, meint Paul Raskin vom Tellus-Institut.[6] Im Rahmen der »Great Transition Initiative« arbeitet das Institut gemeinsam mit anderen an Strategien, um eine solche »globale Bürgerbewegung« ins Leben zu rufen. In einem Papier des Instituts heißt es, dass die Etablierung eines Weltparlaments eines der Projekte sein sollte, an dem eine solche Bewegung arbeitet.[7] Mit der Formierung einer Weltbürgerbewegung haben sich in den Jahren 2013 bis 2015 auch drei internationale Konferenzen beschäftigt. Organisiert wurden sie unter dem Dach eines zivilgesellschaftlichen Projekts mit dem Namen DEEEP, das sich ebenfalls als Teil der Bewegung für eine »Große Transformation« versteht.

Die Rolle der NGOs

Der von der Zivilgesellschaft und den neuen sozialen Bewegungen aufgebaute politische Druck erübrigt sich nicht nur in Widerstand. Er zielt aber in erster Linie auf *intrasystemische* Veränderungen ab, also auf die Verwirklichung bestimmter Ziele im Rahmen des vorgefundenen Weltsystems. Die mit der anarchischen Völkerrechtsordnung verbundenen Probleme werden so nicht angesprochen oder gar gelöst. Der gesellschaftliche Veränderungsdruck muss in die Richtung einer radikalen Veränderung der *institutionellen und rechtlichen*

Grundlagen des Systems selbst gelenkt werden. Obwohl die großen internationalen NGOs dabei eine wichtige Rolle spielen könnten, indem sie Veränderungsdruck auf die Eliten ausüben, wollen sich die Vordenker einer kosmopolitischen Bewegung lieber nicht auf sie verlassen. Bisher sind sie mit Blick auf eine Veränderung der institutionellen Strukturen des Weltsystems nicht als bedeutende Akteure einer »Großen Transformation« in Erscheinung getreten. In den vergangenen dreißig Jahren sind zum Beispiel immer wieder Bemühungen im Sand verlaufen, die großen NGOs der Welt zu starken gemeinsamen Kampagnen für eine Reform der Vereinten Nationen zu bewegen. Wie Unternehmen, die sich auf ihr Kerngeschäft konzentrieren, reicht ihr Horizont in den meisten Fällen nicht über ihr unmittelbares Anliegen hinaus. Ihre Tätigkeit wird im Wesentlichen von tagespolitischen Erwägungen bestimmt und konzentriert sich darauf, kurzfristige Ergebnisse zu erzielen, die möglichst gut messbar und darstellbar sind. Obwohl eine Systemänderung in die Richtung einer Weltrechtsordnung oft der wohl effektivste Hebel wäre, um ihre Ziele nachhaltig zu verwirklichen, erscheint ihnen dieses Anliegen als zu weit entfernt. Für die Arbeit an Weltordnungsfragen, die eine übergreifende und langfristige Perspektive erfordert, gibt es bei ihnen über Symbolhandlungen hinaus wenig Platz. Wie Politik und Wirtschaft – und unsere Gesellschaft insgesamt – sind auch sie in der »Kurzfristfalle« gefangen, wie sie der Unternehmensberater Pero Mićić jüngst beschrieben hat.[8]

Die Ursachen reichen jedoch noch tiefer. In ihrem Buch »Protest Inc.« von 2014 beschreiben die Politikwissenschaftler Peter Dauvergne und Genevieve Lebaron, wie die großen NGOs immer mehr wie Unternehmen aussehen, denken und handeln und sich dabei zu Stützen des Systems verwandeln. »Eine Konsequenz für die Weltpolitik liegt darin«, schreiben sie, »dass der Aktivismus heute weniger ›radikal‹ ist als vor vierzig oder fünfzig Jahren, zumindest wenn es um die Forderung nach systemischen und weitreichenden Wandel geht.« Nur selten würden »Karriereaktivisten« heute etwa eine Weltregierung oder eine neue internationale Wirtschaftsordnung fordern. Sie sind mit dem bestehenden System verwoben und neigen daher zu einer konservativen »realistischen« Haltung. In der Entradikalisierung und der damit einhergehenden pragmatischen Annäherung der professionellen NGO-Welt an Regierungen, Wirtschaftskonzerne und Geldgeber sehen Dauvergne und Lebaron eine Erklärung dafür, dass sich die Weltordnung trotz globaler Proteste und Aufstände als »so immun gegenüber Forderungen von unten für systemische Reformen« erwiesen hat.[9] Der Druck von der Straße wird nur unzureichend aufgegriffen und weitergegeben.

Die wachsende Kluft zwischen der professionellen NGO-Welt und den gewöhnlichen Menschen wurde in einem 2014 veröffentlichten offenen Brief von NGO-Vertretern selbstkritisch als Problem erkannt. In dem unter anderen vom damaligen Greenpeace-Chef Kumi Naidoo oder der Oxfam-Direktorin Winnie Byanyima unterzeichneten Dokument hieß es, dass sich die großen NGOs durch die Einbindung in internationale Prozesse hätten zähmen, überlisten und ausmanövrieren lassen. Sie würden der wachsenden Forderung von unten »nach einer systemischen ökonomischen und politischen Transformation« nicht gerecht.[10] Mehr und mehr Aktivisten der Zivilgesellschaft wollen sich damit nicht mehr zufrieden geben und tauschen sich darüber aus, wie sie zu effektiven Systemveränderungen im Sinne einer »Großen Transformation« beitragen können. Im Rahmen des 2011 gegründeten SmartCSO Lab kommen sie auch mit Wissenschaftlern und Geldgebern zusammen, um über neue Ansätze zu beraten. Zivilgesellschaftliche Organisationen, schreibt das Lab auf seiner Website, »spielen im Voranbringen von transformativem sozialen und wirtschaftlichen Wandel eine entscheidende Rolle. Doch in Anbetracht der heutigen Herausforderungen sind neue Strategien und Vorgehensweisen notwendig. Mit unserem Fokus auf Einzelthemen und kurzfristige Ziele gewinnen wir viele kleine Kämpfe, verlieren aber währenddessen unseren Planeten«.[11]

Eine UNPA als Motor der Veränderung

Je stärker der gesellschaftliche Wertewandel und die neue globale Aufklärung in der Weltbevölkerung um sich greift, desto mehr werden auch die großen professionellen internationalen NGOs den Druck – und den Wunsch – verspüren, ihre Arbeit im Rahmen der »Großen Transformation« zu sehen und Ziele wie die eines Weltparlaments aktiv zu unterstützen. Es wird umso wahrscheinlicher, dass in der beschriebenen Entwicklungssequenz hin zu einem Weltparlament vorangeschritten werden kann. Der entscheidende Meilenstein besteht darin, den Prozess durch die Einrichtung einer UNPA erst einmal in Gang zu setzen. Für die Etablierung einer direkt gewählten UNPA mit Kompetenzen wie die Generalversammlung ist die gesellschaftliche Basis, wie die bereits erwähnte Umfrage aus dem Jahr 2005 bestätigt, bereits vorhanden. Eine stärkere weltweite Mobilisation für dieses Ziel ist möglich und kann in der richtigen Konstellation zum Erfolg führen, auch wenn noch nicht in allen Ländern Direktwahlen möglich oder erwünscht sein werden. Die entscheidende Hürde liegt hier in *Blockaden auf der Elitenebene*. Statt sich übermäßig zu verzetteln sollten sich die noch zarten

Kräfte der »Großen Transformation« vorrangig darauf konzentrieren, genau diese Blockaden zu durchbrechen. Wie Weltföderalisten wie Dieter Heinrich Anfang der 1990er Jahre erkannten, wird die Versammlung, wenn sie einmal eingerichtet ist, »selbst für die fortschreitende Dynamik sorgen, die für ihre weitere Evolution zu einer parlamentarischen Kammer bei den UN notwendig wäre«.[12] In einem wechselseitigen Prozess würde die Versammlung zur Entstehung und Stärkung einer kosmopolitischen Bewegung beitragen, die wiederum öffentliche Unterstützung für eine Weiterentwicklung der Versammlung mobilisieren würde. Die progressiven Abgeordneten in der Versammlung wären der vielleicht wichtigste Motor einer kosmopolitischen Bewegung. Eine UNPA stellt das entscheidende Vehikel dar, um den gesellschaftlichen Kräften des Systemwandels global Ausdruck zu verleihen und den Veränderungsdruck gegenüber den Regierungen und der Elite politisch zu bündeln. Auf dem Weg zu einem Weltparlament ist sie zugleich der entscheidende politische und institutionelle Angelpunkt, um eine weltstaatliche Struktur zu verwirklichen.

Im Hinblick auf das Ziel eines Weltparlaments auf der Basis von »ein Mensch, eine Stimme« scheint der gesellschaftliche Werte- und Bewusstseinswandel global gesehen zu diesem Zeitpunkt noch nicht ausreichend fortgeschritten zu sein. Eine im Auftrag der BBC im Jahr 2007 durchgeführte Erhebung in 15 Ländern stellte die Frage, wie wahrscheinlich die Befragten ein »globales Parlament« unterstützen würden, »in dem die Stimmen auf der Bevölkerungsgröße eines Landes basieren würden und das verbindliche Entscheidungen treffen könnte?« In nur zwei der abgedeckten Länder, nämlich Indien und Dubai, hat sich eine relative Mehrheit der Befragten unumschränkt hinter diesen Vorschlag gestellt. Zwar überwiegte in weiteren sechs Ländern die positive Haltung, doch nur mit Einschränkungen. In den restlichen sieben Ländern war die Haltung überwiegend negativ.[13] Für die Einrichtung eines Weltparlaments ist Aufklärungsarbeit sowie ein entschiedener Veränderungswille auf Seiten der Elite notwendig, um *gesellschaftliche Blockaden* aufzulösen. Die Versammlung, zunächst eingerichtet in der Form einer UNPA, wäre selbst einer der wichtigsten Akteure, um dies zu erreichen. Bei einer abgestuften Sitzverteilung, klaren Kompetenzgrenzen und einer Einbeziehung der Generalversammlung und der nationalen Parlamente in den Entscheidungsprozess würden wir außerdem mit mehr Zustimmung rechnen.

Vier Faktoren

Wann und in welcher Form der globale Wertewandel den Bemühungen für ein Weltparlament zu institutionellen Durchbrüchen verhelfen wird, ist nicht vorhersehbar. Das ist nicht überraschend. Historische Ereignisse kommen selbst für professionelle Beobachter oft unerwartet. Den Fall der Berlin Mauer am 9. November 1989 oder die Arabischen Revolutionen von 2011 hat trotz aller Vorzeichen praktisch niemand so kommen sehen. Dass es der Staatengemeinschaft nach dem Fall der Mauer innerhalb von neun Jahren gelingen würde, das Statut eines ständigen Internationalen Strafgerichtshofes zu verabschieden und dass dieses Statut trotz des Widerstands der USA innerhalb von nur vier Jahren von 60 Staaten ratifiziert und in Kraft treten würde, hätten ebenfalls nur wenige für möglich gehalten. Wenn man über Szenarien zur Verwirklichung eines Weltparlaments nachdenkt, wird aber wahrscheinlich eine Kombination aus vier Faktoren eine Rolle spielen.

Die schleichende Revolution

Wie es auch beim ICC der Fall war, ist zunächst an Fortschritte zu denken, die sich weitgehend unbemerkt von der allgemeinen Öffentlichkeit im politischen Hintergrund abspielen. Schritt für Schritt geht es langsam voran. Die Unterstützung in der Zivilgesellschaft, in akademischen und intellektuellen Kreisen, bei Experten, Politikern und durch Regierungen wächst. Dieser Prozess hat schon begonnen. Seine lange Vorgeschichte haben wir in diesem Buch geschildert. In ähnlicher Weise wie die internationale Unterstützung für einen ICC seit 1995 von einer Koalition von NGOs koordiniert und vorangetrieben wurde, gibt es seit 2007 die internationale Kampagne für eine UNPA. Durch das Voranschreiten der zweiten demokratischen Transformation, den globalen Wertewandel und die Globalisierung hat sich die Ausgangslage fundamental verbessert. Nach dem Zweiten Weltkrieg gab es zwar in vielen Ländern starke öffentliche Unterstützung für ein Weltparlament und Weltbürgertum, die man historisch durchaus als eine kosmopolitische Bewegung einordnen könnte, aber die *zweite* Transformation war noch nicht weit genug vorangeschritten. In der Sowjetunion als zentraler Siegermacht neben den USA regierte beispielsweise der Massenmörder und Diktator Josef Stalin und die Entkolonialisierung fing gerade erst an. Diesen Faktor könnte man die »schleichende Revolution« nennen. Sie schafft erforderliche Grundlagen, wird für sich alleine genommen jedoch nur schwer die nötigen Durchbrüche erreichen können.

Die Revolution von unten

Die Blockaden auf der Elitenebene werden an den entscheidenden Wegmarken, wenn es um die Einrichtung und später um die Weiterentwicklung einer UNPA geht, wohl nur dann gut überwunden werden, wenn der gesellschaftliche Veränderungsdruck als massenhafte Unterstützung für ein Weltparlament öffentlich sichtbar wird. Diesen Faktor könnte man als die »Revolution von unten« bezeichnen. Die internationalen Umfragen, die bisher zur Frage eines globalen Parlaments durchgeführt wurden, deuten darauf hin, dass es in der Weltbevölkerung Potential dafür gibt. Früher oder später könnte die Forderung nicht nur von führenden internationalen NGOs, sondern auch von den neuen sozialen Bewegungen prominent aufgegriffen werden. Zudem könnten Städte und Kommunen eine wichtige Rolle spielen. Nach Ansicht von David Wylie, der Mitglied des Stadtrates von Cambridge war, könnten Initiativen auf der kommunalen Ebene entscheidend sein, um den Widerstand der Nationalstaaten zu umgehen.[14] In all dem könnte die Geburtsstunde einer neuen kosmopolitischen Bewegung liegen. Durch Resolutionen von Städten und Gemeinden sowie Massenproteste und Demonstrationen, bei der die Forderung nach einem Weltparlament einen Mittelpunkt bildet, wird sie in der Weltöffentlichkeit präsent und wird Gegenstand der tagespolitischen Diskussion. Dies könnte etwa im Rahmen einer neuen globalen Protestwelle geschehen, wie sie zuletzt durch die Arabischen Revolutionen ausgelöst wurde. Die tunesische Revolution von 2011 schwappte nicht nur nach Ägypten, Libyen und Jemen über, wo die Regierungen ebenfalls gestürzt wurden, sondern animierte in aller Welt zu Protesten. In Spanien entstand die Bewegung des 15. Mai, deren Forderung nach »echter Demokratie« von Demonstranten in anderen Ländern aufgegriffen wurde. Die Besetzung des Zucotti Parks in New York durch »Occupy Wall Street« im September 2011 war von der Besetzung des Tahrir-Platzes in Kairo inspiriert. Die Occupy-Proteste breiteten sich in den USA, Großbritannien, Deutschland und weiteren Ländern aus. Die Gemeinsamkeiten und Verbindungen zwischen den verschiedenen Bewegungen bedürfen genauerer Betrachtung, doch mit Blick auf Proteste in elf Staaten im Jahr 2013, darunter Ägypten, Brasilien, China, Thailand, Türkei oder Ukraine, stellte das Weltwirtschaftsforum fest, dass eine »allgemeine Unzufriedenheit mit dem Status Quo unter den aufstrebenden Mittelklassen bereits offensichtlich« sei.[15] Dass die Etablierung eines Weltparlaments zur Forderung von Massenprotesten wird, ist nicht abwegig. Zu dem global koordinierten Protesttag am 15. Mai 2012 hatte beispielsweise das internationale Netzwerk der Occupy-Gruppierungen ein Statement angenommen, in dem bereits ein »systemischer Wandel« des globalen ökonomischen und politischen Systems und eine Demokratisierung internationaler Institutionen gefordert wurde. In dem vom *Guardian* veröffentlichten Text heißt es, dass »alle Entscheidungen, die die ganze Menschheit betreffen« in »demokratischen Foren wie einer partizipatorischen und direkten UN-Parlamentarierversammlung oder UN-Bürgerversammlung und nicht in Reichenklubs wie die G20 oder G8 getroffen werden« sollten.[16] Dies ist der »neue Kampfzyklus« von dem Michael Hardt und Antonio Negri gesprochen haben.

Die Revolution von oben

Einen weiteren wichtigen Faktor bei der Verwirklichung eines Weltparlaments wird die Unterstützung des Projekts durch aufgeklärte Eliten darstellen. Dies ist die »Revolution von oben«. Zunächst kleine und dann immer größere Teile der transnationalen Elite werden erkennen, dass es in ihrem eigenen Interesse liegt, globale demokratische Reformen aktiv voranzutreiben. Nur so wird eine Fortführung der wirtschaftlichen Integration und der globalen Modernisierung den nötigen gesellschaftlichen Rückhalt finden und die Stabilität – wenn nicht gar die Weiterexistenz – der Weltgesellschaft gewährleistet werden können. Aufgrund seiner universellen Geltung kann Weltrecht für alle wirtschaftlichen Akteure wettbewerbsneutral wirksam gemacht werden. Wirtschaftsvertreter könnten in weltrechtlicher Regulierung gegenüber dem heutigen völkerrechtlichen System einen Vorteil sehen. Die Unterstützung aus Kreisen der Wirtschafts- und Regierungseliten wird aber nicht nur durch kalkuliertes Eigeninteresse und gesellschaftlichen Druck motiviert sein. Das Voranschreiten der postkonventionellen Moral, der Empathie und der planetaren Perspektive macht auch vor ihnen nicht Halt. Das »neue Denken« von Michail Gorbatschow hätte dies nicht besser demonstrieren können. Der institutionelle Durchbruch einer »globalen Perestroika« könnte diesem Vorbild folgend aufgrund der entschlossenen Initiative eines einflussreichen Regierungschefs erzielt werden. »Der Weg zur Weltordnung führt über den Selbstverzicht Mächtiger, sei es, weil sie ihrer Menschlichkeit folgen, sei es, weil sie in weiser Voraussicht ihre eigene Macht scheitern sehen ohne Vereinigung mit den anderen«, hatte Karl Jaspers geschrieben.[17] Selbst aus dem Kreis der Superreichen könnte schließlich wichtige – nicht zuletzt finanzielle – Unterstützung für eine kosmopolitische Bewegung und die Bemühungen für ein Weltparlament kommen. Mit einem Vermögen von rund 80 Milliarden US-Dollar führt zum Beispiel Microsoft-Gründer Bill Gates die vom *Forbes*-Magazin aufgestellte Liste der reichsten Menschen der Welt an. In einem Interview mit der *Süddeutschen Zeitung* äußerte er sich Anfang 2015 kurz zur Frage einer Weltregierung. Im Klimawandel fehle »eine Art globale Regierungsführung«, beklagte er da. »Wir brauchen eine Weltregierung?«, hakten die Interviewer nach. »Wir haben globale Fragen, da wäre sie bitter nötig«, antwortete er.[18]

Der Auslöser

Wenn wir die Geschichte des internationalen Systems betrachten, sind die wichtigsten institutionellen Durchbrüche und Paradigmenwechsel meist erst nach einschneidenden Ereignissen aufgetreten. Das Paradigma der Souveränität war ein Ergebnis des Dreißigjährigen Krieges. Der Völkerbund als erster zwischenstaatlicher Organisation mit dem Ziel kollektiver Sicherheit und das völkerrechtliche Kriegsverbot im Briand-Kellogg-Pakt waren eine Konsequenz aus dem Ersten Weltkrieg. Die Ablösung des Völkerbundes durch die Vereinten Nationen als einer universellen Weltorganisation und der europäische Integrationsprozess mit dem Gedanken geteilter Souveränität waren Folgen des Zweiten Weltkrieges. Die Gründung des Internationalen Strafgerichtshofes war eine verzögerte Konsequenz aus dem Holocaust und den Nürnberger Prozessen. Konkrete politische Auslöser waren in der ersten Hälfte der 1990er Jahre aber die Verbrechen und der Völkermord auf dem Gebiet des ehemaligen Jugoslawien sowie der Völkermord in Ruanda, für die der UN-Sicherheitsrat jeweils eigene Tribunale eingerichtet hatte.

Oft begegnet man der Vorstellung, dass wohl auch der nächste evolutionäre Schritt zu einer föderalen Weltorganisation der dritten Generation nicht ohne eine ähnliche Leidens- und Schockerfahrung möglich sein wird. »Ein neues Weltsystem zur Vermeidung eines Dritten Weltkrieges zu schaffen«, schrieb Wilfred Jenks 1969, »wäre eine Aufgabe, die politische Imagination und Entschlossenheit in einem Ausmaß erfordert, das wir aufgrund historischer und gegenwärtiger Erfahrung nicht erwarten können.«[19] Randall Schweller meinte vor kurzem, dass die einzige Lösung darin bestehe, dass das System einen »enormen Schock« erleide, »ein Desaster von riesigem Ausmaß«, das der Welt »neue Energie« einspeise. Er denkt dabei an eine »entsetzliche Naturkatastrophe«, eine globale Pandemie, eine »koordinierte Serie weltweiter Terroranschläge« oder an einen Weltkrieg. Nur eine solche Destruktion, so Schweller, könne die Bühne für globale Erneuerung bereiten.[20] Wie für viele andere Wissenschaftler, die an der Entwicklung der Atombombe beteiligt waren, war es für den Physiker Leó Szilárd

(1898 bis 1964) keine Frage, ob zur Kontrolle der Atomtechnologie und zur Friedenssicherung eine Weltregierung geschaffen werden müsste. Wie er 1946 schrieb, liege das Problem vielmehr darin, »ob wir eine solche Weltregierung haben können, ohne durch einen Dritten Weltkrieg gehen zu müssen«.[21]

Wir wollen uns das Szenario eines Dritten Weltkrieges nicht ausmalen. »Dieser Atomblitz«, schrieb Carl Friedrich von Weizsäcker, »wird nie vergessen werden, solange die Menschen ihren Kindern Geschichte erzählen. Er wird das große Symbol für den Abgrund sein, in den uns die Verderbtheit des Menschenherzens einmal geführt hat.«[22] Sofern die Überreste der Weltzivilisation nach einem atomaren Krieg den Aufbau einer Weltregierung überhaupt noch erlauben würden, dann wird diese wahrscheinlich nicht demokratisch sein. Als auslösendes Ereignis für die Etablierung einer demokratischen Weltrechtsordnung ist dieses Szenario nicht nur in keiner Weise wünschenswert, sondern höchstwahrscheinlich auch ausgeschlossen. Nach Ansicht von Jean Rossiaud liegt der »vorrangige Zweck der Formierung einer demokratischen kosmopolitischen Bewegung« darin, »einen Dritten Weltkrieg zu verhindern«. Die historische Aufgabe der Bewegung liege darin, für eine »sanfte Transformation« zu sorgen. »Die Arbeiterbewegung und die Sozialistische Internationale ist an dieser Aufgabe 1914 gescheitert«, zieht Rossiaud eine historische Parallele.[23]

Den Schrecken antizipieren und verhindern

Die größte Herausforderung liegt wieder auf der Bewusstseinsebene. Wie Ulrich Bartosch erläutert, wurde »die Hoffnung, den schmerzlichen Weg der Erfahrung durch den vernünftigen Weg der denkenden Einsicht zu ersetzen«, schon von Carl Friedrich von Weizsäcker beschrieben. Wenn nämlich »die Erfahrung eines schrecklichen letzten Weltkrieges den menschlichen Bewußtseinswandel bewirken würde, was nichts anderes heißt, als daß dieser Bewußtseinswandel tatsächlich möglich ist, dann müßte die antizipatorische Wahrnehmung des Schreckens die Bedingung der Möglichkeit für einen Bewußtseinswandel ohne Krieg sein«, fasst Bartosch zusammen. Ein solcher Bewusstseinswandel »könnte die Menschen bemächtigen, eine politisch gesicherte Weltfriedensordnung vorwegnehmend zu errichten. Alle wesentlichen Elemente der Nachkriegszeit sind in der Gegenwart bereits erkennbar und stehen dem Denken, d.h. dem Nachdenken zur Verfügung. Was lediglich fehlt, ist das reale Erleben des Schmerzes, der Angst und der Verwüstung«.[24] Kurzum, das Hineinversetzen in die möglichen Schrecken eines Dritten Weltkrieges sollen die Kräfte mobilisieren, um eine solche Zukunft zu verhindern und durch den Aufbau einer Weltfriedensordnung auszuschließen. Das alleine reicht aber wohl nicht aus. Wie Joseph Baratta bilanziert, hat sich »atomare Angst« als »zu dürftig für die bedeutende Arbeit zur Etablierung einer Weltregierung erwiesen«. »Die Menschheit wird sich nicht aus Angst dazu bringen lassen, ihre souveräne Macht an eine gemeinsame oder föderale Regierung zu delegieren. Etwas wie Vaterlandsliebe – oder die Liebe zur Erde – ist erforderlich. Die Menschen müssen eine höhere Ebene der Regierung wollen, um ihre Freiheiten, ihr Eigentum und ihre Sicherheit zu garantieren. Eine positive Vision ist erforderlich.«[25]

Der Weg zu einer Weltrechtsordnung kann ohne ein Schockereignis vom Ausmaß eines Dritten Weltkrieges, einer globalen Pandemie oder einer beispiellosen Naturkatastrophe auskommen. Trotzdem wird es für die Revolution von unten und die Revolution von oben wahrscheinlich Auslöser geben müssen, damit sie sich mit der für einen Durchbruch nötigen Kraft entfalten können. Ein wichtiger Zündfunke etwa für das Entstehen der »Occupy«-Proteste war sicher nicht nur die Besetzung des Tahrir-Platzes in Kairo, sondern auch die globale Finanzkrise von 2007 und die damit einhergehenden Bankenrettungen. Es sind Szenarien vorstellbar, bei denen unvorhergesehene, aber sehr wirkungsträchtige Ereignisse schlagartig eine neue historische Konstellation bewirken, die ein schnelles Voranschreiten erlauben. Ein Zusammenbruch des internationalen Finanz- und Bankensystems mit einer damit einhergehenden globalen Wirtschaftskrise ist denkbar. Der Vereinigte US-Generalstab schließt in der US-Militärstrategie von 2015 die Beteiligung der USA »an einem zwischenstaatlichen Krieg mit einer Großmacht« nicht aus. Die Wahrscheinlichkeit sei »niedrig, aber anwachsend«.[26]

Klimabedingte Ereignisse

Was sicher zu sein scheint ist das vermehrte Auftreten extremer klimabedingter Ereignisse wie Stürme, Überschwemmungen, Hitze- und Kältewellen sowie Dürren. Der Klimawandel wird viele, vielleicht hunderte Millionen Menschen zu Flüchtlingen machen. Wie und mit welchen Konsequenzen er genau verlaufen wird, ist nicht vorhersehbar. Doch es gibt Grund zur Sorge. Mit Blick auf die langfristige Entwicklung gehen neue Forschungsergebnisse im Gegensatz zu IPCC-Szenarien beispielsweise davon aus, dass bei einem Temperaturanstieg von zwei Grad von einem Anstieg des Meeresspiegels von mehreren Metern gerechnet werden muss. Außerdem könnte dieser viel schneller als bisher angenommen verlaufen. Die ökologischen und gesellschaftlichen Konsequenzen könnten »verheerend« sein, so eine 2015 veröffentlichte Studie. »Es ist nicht schwierig sich vorzustellen, dass Konflikte aufgrund erzwungener Migration und ökonomischem Kollaps den Planeten unregierbar machen könnten und das Grundgefüge der Zivilisation bedrohen«, heißt es da.[27] Niedrig liegende Küstengebiete, zu denen Gegenden wie New York oder große Teile Bangladeschs gehören, würden unbewohnbar werden. In einem Bericht an den Club of Rome über Zukunftsprognosen für das Jahr 2052 geht Jørgen Randers davon aus, dass es »keine Chance« gibt, den CO_2-Ausstoß so stark und so schnell wie nötig zu bremsen, um den Temperaturanstieg unter zwei Grad zu halten.[28] Eine andere Studie weist darauf hin, dass ein Verbrennen aller noch vorhandenen Vorräte an Kohle, Gas und Öl im Laufe der nächsten Jahrhunderte einen Anstieg des Meeresspiegels von über 50 Meter bedeuten würde.[29] Das jahrzehntelange Versagen der Weltgemeinschaft, den menschengemachten Klimawandel zu bremsen, wird in den Verhandlungen über eine Weltorganisation der dritten Generation als Kronzeuge aufgerufen werden. Eine föderale Weltordnung könnte unausweichlich sein, um mit den Konsequenzen umgehen zu können.

Ein demokratisches China

Die ernsthafte Initiative eines aufgeklärten kosmopolitisch orientierten Präsidenten der USA, der die Unterstützung sowohl des Repräsentantenhauses, als auch des Senats genießt, erscheint unter bestimmten Umständen nicht als ausgeschlossen. Eine »globale Perestroika« könnte jedoch auch aus einer aus heutiger Sicht eher unwahrscheinlichen Richtung ihren Ausgang nehmen. Ein entscheidendes weltpolitisches Ereignis, nach dem die dritte demokratische Transformation kaum noch aufzuhalten sein wird, liegt in einer Demokratisierung Chinas. Mit einer Demokratisierung Chinas wird der Anteil der Weltbevölkerung, der in Demokratien lebt, auf einen Schlag von heute rund 60 auf rund 80 Prozent hochschnellen. Die dann noch verbliebenen autokratischen Regime würden unter immer größeren Druck geraten und das Ziel einer vollständigen Demokratisierung der Staatenwelt in die Nähe rücken. Zugleich wäre die demokratische Legitimation der allermeisten Abgeordneten eines Weltparlaments kaum noch anzuzweifeln. Ein demokratisches China wird die weltpolitische Landschaft entscheidend verändern und könnte sein wirtschaftliches und demographisches Gewicht in Waagschale werfen, um endlich eine Demokratisierung und Stärkung der Global Governance durchzusetzen.

Nicht zuletzt angesichts der Totalüberwachung der chinesischen Gesellschaft durch die staatlichen Sicherheitsbehörden und die Unterdrückung jeder organisierten Opposition in China werden Szenarien einer erfolgreichen Demokratisierung für die nächste Zukunft als unwahrscheinlich angesehen. Doch die Geschichte war schon immer für Überraschungen gut. Ein viel diskutierter Aspekt ist zum Beispiel die sozioökonomische Entwicklung. Das durchschnittliche Pro-Kopf-Einkommen in China hat mit über 7.000 US-Dollar bereits die Schwelle überschritten, die von vielen Sozialwissenschaftlern als Garant für das Einsetzen eines Demokratisierungsprozesses angesehen wird. Der Politikwissenschaftler Minxin Pei weist mit Blick auf China darauf hin, dass es mit Ausnahme von Ölförderländern kaum autokratische Regime gibt, die bei einem Pro-Kopf-Einkommen von über 6.000 US-Dollar überleben konnten.[30] Nach Umfragen aus dem Jahr 2003 sollen bereits damals 72,3 Prozent der chinesischen Befragten gesagt haben, dass Demokratie für China wünschenswert wäre.[31] 60 Jahre nach Verabschiedung der Allgemeinen Erklärung der Menschenrechte wurde eine von tausenden mutigen Chinesen unterzeichnete »Charta 08« veröffentlicht, die eine neue demokratische Verfassung für China fordert. In dem von vielen prominenten Chinesen unterstützten Dokument heißt es, dass sich der Autoritarismus in der Welt im allgemeinen Niedergang befinde und dass dieser Prozess auch vor China nicht Halt machen werde.[32]

Der theoretische und ideologische Unterbau, auf den sich eine kosmopolitische Initiative einer neuen demokratischen Führung Chinas stützen könnte, wird bereits gelegt. Er besteht in einer Neuinterpretation des »Tianxia«-Gedankens aus der Zhou-Dynastie aus der Perspektive der globalen Moderne. Nach Ansicht des Philosophen Zhao Tingyang, der in Chinas intellektuellen Kreisen als Star gelten soll, kann China durch eine Förderung dieses Konzepts eine Weltmacht werden, die zum Wohle aller Verantwortung übernimmt – nicht im Sinne eines imperialistischen Imperiums, sondern als progressive Kraft, die zur Realisierung eines »Tianxia«-Systems in der Welt beiträgt. Die zentrale Idee besteht nach Feng Zhang von der Tsinghua-Universität in Peking darin, »die Welt in eine Heimat für alle Menschen« zu transformieren. Das Konzept verabschiedet sich vom Nationalstaat als höchster politischer Einheit und verlangt die Etablierung einer Weltinstitution, die sich um alle globalen Belange kümmern kann. »Das läuft darauf hinaus zu sagen, dass im Tianxia-System eine Weltregierung notwendig ist«, bilanziert Zhang.[33] Diese soll ausdrücklich auf einer inklusiven Weltverfassung basieren.[34] Nach Einschätzung von Allen Carlson von der Cornell-Universität in New York hat die außenpolitische Elite Chinas »mit potentiell weitreichenden

Konsequenzen« zum ersten Mal in der Geschichte des Landes damit begonnen, die vom westlichen Denken geprägten normativen Strukturen des internationalen Systems zu hinterfragen.[35]

Am Anfang

Die dritte demokratische Transformation ist im Kern ein Werte- und Bewusstseinswandel. Wie Michael Koenig-Archibugi von der London School of Economics in einem lesenswerten Aufsatz bemerkt hat, ist die Möglichkeit globaler Demokratie nicht unabhängig vom Glauben der Menschen an die Möglichkeit globaler Demokratie.[36] Mit diesem Buch wollen wir gezeigt haben, dass globale Demokratie nicht nur notwendig, sondern auch möglich ist. Doch sie kommt nicht von selbst, sondern nur als Resultat unserer Anstrengung. Dabei brauchen wir einen langen Atem. Der strukturelle Wandel hin zu einer Weltdemokratie ist ein langfristiger Prozess. Zugleich gibt es unzählige akute Probleme, die sofortige Aufmerksamkeit benötigen. Es ist allerdings ein fataler Irrweg, deshalb keine Energie in den notwendigen langfristigen Wandel zu stecken. Das Kurzfristdenken wird den Evolutionssprung nicht bewerkstelligen und weiter in die Sackgasse führen. Eine fantastische und erfüllende Zukunft der Menschheit in Harmonie mit der Natur ist möglich. Je weiter das Anthropozän voranschreitet und je besser wir die Herausforderungen dieses Zeitalters meistern, desto mehr werden die Menschen begreifen, dass die letzten 10.000 Jahre der Menschheitsgeschichte nur ein Anfang waren. Wie H.G. Wells vor fast 100 Jahren in »The Outline of History« schrieb, ist die Geschichte eine »Beschreibung von Anfängen«. »Wir können es wagen vorherzusagen«, so Wells, »dass die nächsten Kapitel, die noch zu schreiben sind, von der Vollendung weltweiter politischer und sozialer Einheit berichten werden, wenn auch mit langen Zwischenphasen des Rückschritts und der Katastrophen. Aber wenn das erreicht wurde, wird das keine Ruhepause bedeuten, nicht einmal eine Atempause, bevor sich neue Anstrengungen und neue, noch größere Bemühungen ergeben. Die Menschheit wird sich vereinen, nur um die Suche nach Wissen und Fähigkeiten zu intensivieren und wie eh und je neue Gelegenheiten anzustreben.«[37] Endlich wird die Menschheit ihre Kreativität und Energie voll entfalten können und zwar auf produktive Weise zum besten Wohle aller und des Lebens auf der Erde. Dieser Traum *kann* Wirklichkeit werden. Er *muss* Wirklichkeit werden, wenn die Menschheit eine Zukunft haben soll.

Anhang

Personenverzeichnis

Abdi, Abdirahin 121
Abizadeh, Arash 348, 349
Achilles, Theodore 70
Adler, Mortimer J. 56
Agt, Andries van 84, 100
Ahmed, Fakhruddin Ali 71
Alberdi, Juan Bautista 35
Albright, Madeleine 96, 126
Alexander der Große 9
Alfons IX. 23
Alighieri, Dante 11, 13
Allan, John Anthony 256
Altman, Georges 59
Alvaro, Alexander 122
Amin, Samir 89
Amphiktyon 35
Anders, Günther 345
Anderson, Benedict 353
Anderson, Ruth 356, 357
Andreas, Peter 229
Annan, Kofi 100, 101, 110, 112, 113, 115, 143, 172, 255, 292
Apel, Karl-Otto 337, 338, 363
Archibugi, Daniele 91, 93, 117, 304
Arendt, Hannah 291
Aristoteles 15, 283
Arnold, David 241
Asimov, Isaac 190, 360
Attali, Jacques 124, 227
Attlee, Clemens 67
Augstein, Jakob 218
Axworthy, Lloyd 126
Azeglio, Massimo d' 353

Baetge, Dietmar 281
Bahá'u'lláh 53
Baratta, Joseph Preston 52, 61, 185, 397
Barber, Benjamin 214, 216
Barnaby, Frank 81
Barnier, Michel 156
Barofsky, Neil M. 155
Barre, Raymond 100
Barrett, Richard 224

Bartels, Klaus 10
Bartholdt, Richard 38
Bartosch, Ulrich 182, 396
Baruch, Bernard 202
Beck, Ulrich 92, 106, 107, 124, 363
Bellers, John 14
Benedikt XVI. 60
Bensouda, Fatou 225
Bentham, Jeremy 25
Bergh, Godfried van Benthem van den 195, 203
Berlin, Isaiah 364, 365
Bernanke, Ben 287
Bertrand, Maurice 76, 85
Beslar, Kemal 141
Beuys, Joseph 27
Bevin, Ernest 60, 61, 126
Beyme, Klaus von 23, 315
Bhagavan, Manu 53
Biermann, Frank 141
Binney, William 218
Bismarck, Otto von 34
Blair, Bruce 199
Blattmann, Christopher 266
Blyth, Mark 287
Boas, Franz 44
Böckenförde, Ernst Wolfgang 319
Bode, Thilo 108
Bodin, Jean 13
Bogdandy, Armin von 317, 318, 384
Boix, Carles 308
Bonwick, Colin 23
Borgese, Giuseppe Antonio 64
Borlaug, Norman 241
Bosley, John 84
Bostrom, Nick 187
Bourgeois, Léon 46
Boutros-Ghali, Boutros 83, 89, 90, 100, 109, 113, 116, 117, 120, 206, 311
Bowles, Samuel 335
Brandt, Willy 78, 81
Brauer, Maja 13, 52, 60, 62
Bremmer, Ian 298

403

Breton, André 59
Bridgman, Raymond L. 37, 38
Brockdorff-Rantzau, Ulrich Graf 48
Brockmann, Miguel d'Escoto 169
Broda, Rudolf 49
Brok, Elmar 106, 117, 122, 125
Broude, Tomer 296
Brown, Lester 243, 251
Brown, Mark Malloch 122, 323
Brundtland, Gro Harlem 78, 81
Brzeziński, Zbigniew 234, 236
Buffett, Warren 275
Bummel, Andreas 60, 112
Bush, George 80, 86, 193
Bush, George W. 106, 230
Buzan, Barry 183
Byanyima, Winnie 390

Cabrera, Luis 253, 304
Calmy-Rey, Micheline 113
Camus, Albert 58, 59
Capanna, Mario 193
Cardoso, Fernando Henrique 110
Carlson, Allen 399
Carlsson, Ingvar 81, 86
Carnegie, Andrew 37
Carneiro, Robert 330, 331
Carroll, William 278
Carson, Rachel 73
Carter, Jimmy 234
Castro, Josué de 238, 245, 249
Cecil, Lord Robert 45, 46
Chellaney, Brahma 255, 256
Cheneval, Francis 17, 18, 20, 25
Chertoff, Michael 232
Childers, Erskine 85, 116
Chirac, Jacques 176
Chisholm, Brock 58
Chomsky, Noam 124
Christian, David 360, 361, 365
Chruschtschow, Nikita 205
Churchill, Winston 61, 206
Cicero 9
Cirincione, Joseph 197
Clarke, Arthur C. 102, 117
Clark, Grenville 62, 65, 66, 67, 68
Clausewitz, Carl von 77
Cleveland, Harlan 182, 236
Cloots, Anacharsis 25, 27, 28, 58, 367
Collier, Paul 264

Collins, Joseph 245
Coll, Steve 211
Columbus, Christoph 11
Comenius, Johann Amos 77
Conrad, Sebastian 358, 359
Cooper, Richard N. 177
Cortés, Hernán 11
Costa, Antonio Maria 162, 228
Coulmas, Peter 9
Cromwell, Oliver 15
Crouch, Colin 165
Crucé, Émeric 14
Crutzen, Paul J. 132, 133
Curtis, Lionel 43, 44, 51, 56, 60, 352

Dahl, Birgitta 110
Dahl, Robert 22, 318, 319, 325, 326
Dalai Lama 117
Daley, Tad 198, 201, 202, 215
Darnstädt, Thomas 218, 222, 232, 233
Darwin, Charles 335, 340
Dauvergne, Peter 389
Davies, David 208
Davis, Garry 59
Davis, Hayne 38
Davis, Mike 192, 245, 246
Dawkins, Richard 102
Delacampagne, Christian 325
Delors, Jacques 100, 172
Demandt, Alexander 9
Désir, Harlem 104, 117
Diamond, Larry 307, 310
Diogenes von Sinope 9, 21
Dobner, Petra 256, 257, 258, 259
Domhoff, William 277
Dowarkasing, Mokshanand Sunil 118
Dror, Yehezkel 84, 89, 380
Duff, Andrew 122
Dunlop, Nicholas 73, 105

Ebright, Richard 192
Effendi, Shoghi 53
Ehrlich, Paul 241, 242
Eichel, Hans 120, 123
Einstein, Albert 56, 58, 69, 191, 208, 344
Eisler, Riane 294
Elias, Norbert 45, 130, 196, 302, 303, 332, 339
Elver, Hilal 253
Emmerich-Fritsche, Angelika 380, 381, 384
Engberg-Pedersen, Lars 283, 286

Enzensberger, Hans Magnus 12
Escudero, Sonia 119
Esquivel, Adolfo Pérez 109

Falk, Richard 72, 87, 94, 104, 117, 214, 216, 304, 385
Faux, Jeff 156, 289, 315
Feng Zhang 399
Finkbeiner, Frithjof 151
Fischer, Joschka 114
Flynn, James R. 332
Ford, Gerald 67
Ford, Henry 54, 63
Forni, Raymond 99
Fournier, François 40
Franck, Thomas M. 312, 313, 324, 325
Franklin, Benjamin 22
Frankman, Myron 165, 177, 268
Franziskus 60
Fraser, Nancy 153
Friedman, Milton 266
Friedman, Thomas L. 161
Fromm, Erich 268, 269, 344, 345
Fukuyama, Francis 80, 193, 326
Fulbright, William 56

Gabriel, Sigmar 123
Galbraith, James K. 284
Galbraith, Kenneth 266
Galtung, Johan 72, 117, 305, 355
Gambari, Ibrahim 126
Gandhi, Indira 71
Gandhi, Mohandas 53
Gandhi, Sonia 100
García Márquez, Gabriel 109
Gardiner, Stephen M. 140
Garis, Hugo de 189
Garvin, James Louis 180
Gates, Bill 171, 394
Geary, Patrick 353
Gebser, Jean 342, 344
Geißler, Heiner 123
Genscher, Hans-Dietrich 180
George, Susan 124
Georg III. 21
Gerber, David J. 280, 281
Geremek, Bronisław 96, 118
Ghurair, Abdul Aziz Al 122
Giegold, Sven 316
Gintis, Herbert 335

Giscard d'Estaing, Olivier 100, 118
Giscard d'Estaing, Valéry 100
Glattfelder, James 280
Goehler, Adrienne 267, 269
Gonzales, Felipe 100
Gorbatschow, Michail 77, 78, 81, 199, 203, 352, 386, 394
Gore, Al 151
Gorz, André 272, 273
Gouges, Olympe de 33
Graber, Robert Bates 330
Graham, Kennedy 84
Grau, Ramón 62
Grawert, Rolf 12
Greenwald, Glenn 210, 219
Grefe, Christiane 166
Grimm, Dieter 295
Gross, Andreas 115, 118, 120
Grouès-Pierre, Abbé 59
Gubrud, Mark 190
Guzman, Andrew T. 142
Gysin, Remo 112, 118

Haass, Richard 297, 298
Habegger, Beat 376
Habermas, Jürgen 93, 131, 302, 343, 363, 382
Habicht, Max 65
Hafner, Gerhard 296
Hahn, Robert W. 282
Halonen, Tarja 108, 146
Hamilton, Alexander 25
Hammarskjöld, Dag 85
Hansen, James 134
Hanson, Robin 186
Hardin, Garrett 138, 141
Hardt, Michael 270, 273, 274, 350, 394
Harmening, Ernst 41
Harvey, David 362
Hassan, Prinz von Jordanien 100
Hauptmann, Gerhart 49
Havel, Václav 101, 118, 343, 382
Hawking, Stephen 360
Hayek, Friedrich von 160
Hay, John 38
Hegel, Georg Friedrich 349
Heinrich, Dieter 82, 83, 85, 96, 112, 118, 141, 143, 391
Held, David 91, 92, 93, 118
Henderson, Hazel 299, 300
Henry, James 164

Heraklit 195
Herlyn, Estelle 151
Herz, John H. 17, 351
Herzog, Roman 89, 319
Higgins, Polly 227
Hirschfeld, Magnus 47
Hirschman, Albert O. 304
Hobbes, Thomas 15, 16, 335
Hobsbawm, Eric 44, 51, 354
Höffe, Otfried 96, 97, 106, 118, 327, 382
Hoffman, Martin 334
Horn, Christoph 294
Hösle, Vittorio 8
Hudson, Richard 75, 81, 95
Hume, David 21, 340
Hume, John 117
Huntington, Samuel 297, 306, 307
Huntley, James R. 95, 183
Hussein, Saddam 212, 223
Hutchins, Robert M. 64, 69
Hymans, Paul 46

Iglesias, Fernando 119, 123
Inglehart, Ronald 308, 309, 311, 386

Jacobs, Garry 387
Jaspers, Karl 184, 291, 394
Jellinek, Georg 34, 41
Jelzin, Boris 197
Jenks, Wilfred 296, 395
Johannes XXIII. 60
Johnson, Chalmers 211
Johnsson, Anders 98, 110, 111, 115
Jonas, Hans 341
Joy, Bill 191

Kaiser, Karl 89, 118
Kallbekken, Steffen 136
Kant, Immanuel 7, 17, 18, 20, 93, 339
Karadžić, Radovan 225
Karl I. 15
Kassebaum, Nancy 75
Keane, John 325
Kennedy, John F. 67, 204, 205
Kennedy, Paul 33, 235, 236
Kennedy, Robert 195
Keohane, Robert 181, 182
Kerr, Duncan 104
Kerr, Philip 180
Kersting, Wolfgang 15

Keynes, John Maynard 167
Kimminich, Otto 8
Ki-moon, Ban 255, 360
King, Martin Luther 266
Kissinger, Henry 199, 239
Kissling, Claudia 34, 51, 71, 83, 328
Knelangen, Wilhelm 228, 229
Knoll, Gottfried 48
Kocher, Victor 223
Köchler, Hans 86, 118
Koenig-Archibugi, Michael 400
Koestler, Arthur 293
Kohlberg, Lawrence 333, 334
Köhler, Horst 155
Konfuzius 11
Krauthammer, Charles 233, 235
Krysmanski, Hans Jürgen 276
Kuehl, Warren F. 37
Kuhn, Thomas S. 302, 303
Kull, Steven 357
Kurtz, Paul 102
Kurzweil, Ray 189

Lakner, Christoph 282
Lambsdorff, Alexander Graf 122
Lambsdorff, Otto Graf 83
Lammert, Norbert 121
Lamy, Pascal 323
Laschet, Armin 113, 118
Laski, Harold 184
Layne-Farrar, Anne 282
Lebaron, Genevieve 389
LeGuin, Ursula K. 364
Leinen, Jo 122, 125
Lenski, Gerhard 45, 323
Lesage, Dries 175
Lessing, Gotthold Ephraim 21
Levitsky, Steven 308
Lie, Trygve 206
Lipset, Seymour 308
List, Friedrich 29
Livshits, Alexander 172
Locke, John 15, 16, 24
Lodge, Henry Cabot 49
Lonergan, Eric 287
Lorimer, James 177
Lotringer, Sylvère 274
Lovelock, James 133
Lövin, Isabella 125, 141
Ludwig XVI. 25

Lumumba, Patrice 211
Luttwak, Edward 153, 158
Lyotard, Jean-François 131, 362, 363

Maddison, Angus 130
Madison, James 25
Maier, Charles 297
Malthus, Thomas 240
Mandela, Nelson 80, 100
Mandel, Michael 168
Mann Borgese, Elisabeth 64, 69
Mann, Thomas 56, 64
Marcoartu, Don Arturo de 35
Marshall, George C. 70
Martínez, Miguel Angel 118
Martin, Hans-Peter 89, 104
Marx, Karl 271
Marzouki, Moncef 247
Maverick Lloyd, Lola 52
May, Theresa 171
Mayer, Arnold J. 51
Mayor, Federico 109, 118
McCain, John 96
McCarthy, Joseph 69
McClintock, John 250
McCoy, Alfred 211, 218
McIntosh, Steve 343
McLuhan, Marshall 185, 340
McNicoll, Geoffrey 324
Meadows, Dennis 145
Meadows, Donella 145
Menchú, Rigoberta 109
Mendlovitz, Saul 71, 118
Menon, Krishna 53
Merbold, Ulf 351
Merkel, Angela 123, 248
Merz, Friedrich 106
Messner, Dirk 147, 299
Mićić, Pero 389
Milanović, Branko 271, 272, 282, 283, 284, 286
Mill, John Stuart 146
Mills, C. Wright 277
Mises, Ludwig von 159, 160
Mitterand, Danielle 110
Mitterrand, François 110
Mkapa, Benjamin William 108
Mladić, Ratko 225
Moghadam, Reza 169
Mogherini, Federica 124

Molgat, Gildas 99
Monbiot, George 104, 264
Mongella, Gertrude 118
Moore Lappé, Frances 245
Moore, Mike 98, 118
Morgan, Lewis Henry 45, 129
Morgenthau, Hans 301
Morin, Edgar 349
Morrison, Philip 56
Morus, Thomas 364
Moshirian, Fariborz 251
Mossadegh, Mohammad 211
Motz, Friedrich von 30
Moyo, Dambisa 263
Mühsam, Erich 42
Muller, Robert 85
Mumford, Lewis 65, 346
Munck, Ronaldo 153
Mundell, Robert 167

Nadelmann, Ethan 229
Naidoo, Kumi 390
Naím, Moisés 212, 226, 228, 271
Napoleon Bonaparte 28
Negri, Antonio 270, 273, 274, 350, 394
Nehru, Jawaharlal 53
Neumann, Sigmund 51
Newbold Adams, Richard 348
Newcombe, Hanna 75, 81
Niebuhr, Reinhold 65, 301
Niehaus, Paul 266
Nikolaus II. 36, 38
Nipperdey, Thomas 30
Nolan, Patrick 323
Nonhoff, Martin 320
Norris, Pippa 310
Nullmeier, Frank 320
Nunn, Sam 199
Nuscheler, Franz 260
Nye, Joseph 181, 182, 291
Nyerere, Julius K. 78, 81

Oates, Wallace E. 175
Obama, Barack 200, 219
Obasanjo, Olusegun 84
Oesterdiekhoff, Georg W. 129, 333, 338, 339
Ogburn, William 346
Oppenheimer, Robert 56
Orr, John Boyd 58, 249, 253
Orwell, George 210

Osterhammel, Jürgen 353, 359
Ostrom, Elinor 138, 141

Paine, Thomas 21, 22, 25, 26, 27, 268
Palma, Gabriel 283
Palme, Olof 78
Pandolfi, Beniamino 39
Patomäki, Heikki 286, 350
Patrick, Stewart 298
Paul VI. 60
Pecqueur, Constantin 29, 30, 31, 32, 33, 367
Pei, Minxin 399
Penn, William 14
Penrose, Lionel 74
Peres, Shimon 100
Pérez de Cuéllar, Javier 88, 100, 109
Perry, William 199
Pestalozzi, Johann Heinrich 25
Peters, Anne 142, 319, 322
Petrella, Ricardo 254, 257
Philo von Alexandria 10
Piaget, Jean 332, 333
Picciotto, Sol 173
Piketty, Thomas 176, 285
Pillay, Navi 220
Pinker, Steven 332
Pius XII. 59
Platon 364
Plutarch 9
Pogge, Thomas 91, 118, 176, 246, 247, 263, 267, 304
Polanyi, Karl 148, 149, 150, 152, 153, 154, 159, 272, 277, 326
Ponte, Carla del 225
Pratap, Vijay 71
Pūṅkuṉṟaṉ, Kaṉiyaṉ 10
Putnam, Robert D. 315

Quidde, Ludwig 40, 49, 50
Quigley, Carroll 44

Radermacher, Franz Josef 150, 151
Ramonet, Ignacio 90
Ramphal, Shridath 81, 86
Randers, Jørgen 145, 398
Raskin, Paul 148, 388
Ray, Paul 356, 357
Reagan, Ronald 153, 161, 348
Reddy, Sanjay 263
Rees, Martin 186

Rees, William 144
Rénan, Ernest 354
Renner, Karl 376
Reves, Emery 57
Reynders, Didier 123
Rhodes, Cecil 43, 46
Rickards, James 168, 169
Ricks, Thomas 212
Ries, Tomas 270
Rifkin, Jeremy 188, 338, 340, 341
Rittberger, Volker 179, 292, 302, 320, 331, 348
Rixen, Thomas 175
Roberts, Adam 206
Roberts, Owen J. 56, 70
Robespierre, Maximilien 27
Robinson, William 277, 278, 279, 291
Rocard, Michel 100, 118
Roche, Douglas 85, 118
Rockefeller, David 291
Rockström, Johan 134
Rómulo, Carlos P. 62
Roosevelt, Franklin D. 54, 58, 150, 191
Roosevelt, Theodore 38
Rosa, Hartmut 347
Ross, Carne 322
Rossiaud, Jean 387, 396
Rossi, Ernesto 53
Rotblat, Joseph 109
Roth, Claudia 119
Rothkopf, David 276, 288, 289
Roth, William V. 97
Rotter, David 189
Rousseau, Jean Jacques 22
Rubin, Robert 172
Russell, Bertrand 318

Saage, Richard 15, 145
Sagan, Carl 208, 340, 360
Sagan, Scott 197
Saint-Pierre, Abbé Castel de 13, 14, 17
Samans, Richard 122
Saramago, José 109
Sarkozy, Nicolas 248
Sarrazac-Soulage, Robert 59
Sartori, Giovanni 320
Sartorius, Johann Baptist 28
Sassen, Saskia 124
Scahill, Jeremy 207, 214
Schaar, Peter 219, 220

Scharpf, Fritz 320
Scheidemann, Philipp 47
Schellnhuber, Hans Joachim 147
Scheuerman, William E. 301, 304, 331, 347, 354
Schiller, Friedrich 21, 25, 27
Schilling, Heinz 24
Schlosser, Eric 198
Schücking, Walther 40, 41, 47
Schumann, Harald 89, 104, 118, 166, 248
Schumer, Chuck 161
Schutter, Olivier De 252
Schütz, Wilhelm Wolfgang 180, 196, 331
Schwab, Klaus 122
Schwartzberg, Joseph 377, 379, 382
Schweickart, Russell 351
Schweller, Randall L. 298, 299, 395
Schwimmer, Rosika 52
Segall, Jeffrey 74
Seitz, Volker 263
Selman, Robert 333
Sen, Amartya 100, 245, 246, 356
Sharkey, Noel 190
Shawcross, Hartley 62
Shaw, John 239, 249
Shaxson, Nicholas 162, 163, 165
Shiva, Vandana 124
Shultz, George 199
Silver, Lee 188, 189
Simmel, Georg 356
Simon, Herbert A. 293
Singer, Peter 193, 337, 340, 355
Singh, Manmohan 172
Sklair, Leslie 277, 316
Slaughter, Anne-Marie 181, 290, 297
Šlaus, Ivo 387
Sloterdijk, Peter 364
Smil, Vaclav 242, 243
Smith, Adam 166
Smuts, Jan Christiaan 46
Snowden, Edward 218
Soares, Ivone 118
Soares, Mario 100, 109
Soder, Josef 11
Sohn, Louis B. 63, 64, 65, 66, 67, 68, 71, 82
Solomon, Gerald 75
Soros, George 94, 95, 158, 159
Soto, Hernando de 262
Spencer, Herbert 45, 330
Spier, Fred 360, 361

Spinelli, Altiero 53, 370
Stalin, Josef 61, 392
Standing, Guy 272, 287
Stanton, Gregory 337
Stassen, Harold Edward 54, 61, 81
Stern, Nicholas 137
Stiglitz, Joseph 148, 151, 169
St. Laurent, Louis 61
Stokes, Susan 308
Stoppani, Antonio 132
Strahan, David 244
Strange, Susan 303
Strauss, Andrew 94, 104, 118, 142, 214, 216
Strauss, Ira 69
Streit, Clarence 51, 52, 65, 95
Strong, Maurice 73
Süssmuth, Rita 123
Suttner, Bertha von 40
Szilárd, Leó 56, 395

Tainter, Joseph 299, 300
Taylor, Charles 349
Teivainen, Teivo 350
Tenbergen, Rasmus 105
Tennyson, Alfred 32, 33
Tertullian 240
Teufel, Erwin 123
Thatcher, Margaret 153, 161
Thiam, Tidjane 157
Thompson, James 304
Thorn, Gaston 100
Thumfart, Johannes 11
Tickell, Crispin 129
Tilly, Charles 203, 238
Tobin, James 170, 266
Tocqueville, Alexis de 306
Toffler, Alvin 130, 180
Toynbee, Arnold 70, 358
Truman, Harry 33, 55, 70, 206, 280
Trump, Donald 171
Turner, Ted 93, 94

Uhlig, Ralph 36, 39
Ullsten, Ola 84
Urquhart, Brian 85, 118, 207
Ury, William 105
Usborne, Henry 67
Ustinov, Peter 82

Vayrynen, Paavo 83

Vella, George 126
Venzke, Ingo 384
Vilar, Pierre 354
Virilio, Paul 347
Vitoria, Francisco de 11, 12
Voltaire 21

Waal, Frans de 335, 336
Wackernagel, Mathis 144
Wałęsa, Lech 102
Walter-Drop, Gregor 355
Waltz, Kenneth 158
Washington, George 25
Watson, Graham 125
Way, Lucan 308
Webb, Gary 211
Wedekind, Frank 42
Weiss, Thomas G. 166, 295, 301, 304
Weizsäcker, Carl Friedrich von 182, 396
Weizsäcker, Ernst Ulrich von 147
Wells, Herbert George 44, 46, 49, 129, 358, 400
Welsch, Wolfgang 362
Welzel, Christian 308, 309, 311, 386
Wendt, Alexander 304, 349
Werner, Götz 267, 269
Westerwelle, Guido 123
White, Frank 351
White, Leslie A. 129

Wieland, Christoph Martin 21
Wijkman, Anders 105, 118
Wilber, Ken 294, 342
Wilhelm I. 24
Wilhelm II. 47
Wilhelm III, Friedrich 30
Wilson, Edward O. 102, 132, 336, 366
Wilson, Woodrow 45, 46, 48, 57
Winter, Michael 145
Wolff, Christian 17, 18
Wolf, Klaus Dieter 313
Woodward, David 264
Wylie, David 393

Xiaochuan, Zhou 168

Yoshida, Shigeru 67
Yunker, James A. 87
Yunus, Muhammad 109, 260

Zayas, Alfred de 125
Zedillo, Ernesto 157, 172
Zhao Tingyang 11, 399
Ziegler, Jean 238, 239, 241, 248
Zöpel, Christoph 112, 114, 118
Zulueta, Tana de 115, 118
Zuma, Jacob 146
Zürn, Michael 355

Endnoten

Einführung Teil I.
1. Kimminich, Otto. 1997. Einführung in das Völkerrecht. 6. Aufl. Tübingen, Basel: UTB. S. 64.
2. Kant, Immanuel. 1797. Die Metaphysik der Sitten. § 53.
3. Hösle, Vittorio. 1997. Politik und Moral. Grundlagen einer politischen Ethik für das 21. Jahrhundert. München: C.H. Beck. S. 933.

Kapitel 1.
1. Coulmas, Peter. 1990. Weltbürger. Geschichte einer Menschheitssehnsucht. Reinbek: Rowohlt. S. 90.
2. Demandt, Alexander. Alexander der Große: Leben und Legende. München: C.H. Beck, 2012. S. 373, 378, 373.
3. Cicero, de Legibus. I. 23., zitiert nach Coulmas, aaO., S. 118.
4. Coulmas, aaO., S. 114 ff.
5. Zit.n. Bartels, Klaus. 2011. Jahrtausendworte in die Gegenwart gesprochen. Darmstadt/Mainz: Philipp von Zabern. S. 74.
6. Zit.n. ebd., S. 74 f.
7. On the Confusion of Tongues, Abschnitt XXIII (108), in: Philo Judaeus. 1993. The Works of Philo. Übersetzt von C.D. Yonge. New updated edition. Hendrickson Publishers. S. 243.
8. On the Unchangeableness of God, Abschnitt XXXVI (175), ebd., S. 172.
9. Auch Kaṇiyan Pūṅkuṉṟaṉār. Die Übersetzung der Zeile variiert. So findet sich auch »Für uns sind alle Städte Eine, alle Menschen unsere Verwandte« oder »Jede Stadt ist unsere Heimatstadt. Jeder ist unser Verwandter«. Für diese Übersetzung siehe George Luzerne Hart. 1976. The Relation between Tamil and Classical Sanskrit Literature. Wiesbaden: Otto Harroswitz, S. 342.
10. Siehe z. B. die Geschichte »The Brahman and his weasel« in der Hitopadesha; vgl. Ṣarman, Lakshmīnarayaṇa. 1830. The Hitopadesa: A collection of fables and tales in Sanskrit by Vishnusarmá. Kalkutta: Shástra Prakásha Press, S. 508–509 (Kapitel 4, Geschichte 13).
11. Tingyang, Zhao. »A Political World Philosophy in terms of All-under-heaven (Tian-xia)«. Diogenes 56, Nr. 221 (2009): 5–18. S. 8 ff.
12. Thumfart, Johannes. 2011. Francisco de Vitorias Philsophie: globalpolitisch, nicht kosmopolitisch. In: Die Normativität des Rechts bei Francisco de Vitoria, hg von Kirstin Bunge, Anselm Spindler und Andreas Wagner, S. 229–254. Stuttgart-Bad Cannstatt: frommann-holzboog Verlag. S. 249. Siehe auch ders. Die Begründung Der Globalpolitischen Philosophie. Berlin: Kulturverlag Kadmos, 2012.
13. Soder, Josef. 1955. Die Idee der Völkergemeinschaft. Francisco de Vitoria und die philosophischen Grundlagen des Völkerrechts. Frankfurt am Main: Alfred Metzner Verlag. S. 53 ff.
14. Las Casas, Bartolomé de. 1981 [1552]. Bericht von der Verwüstung der Westindischen Länder. Hg von Hans Magnus Enzensberger. Insel Verlag. S. 124.
15. Obwohl Vitoria die Gräuel der Conquista missbilligte, lieferte er doch einen Weg, um die spanischen Eroberungen zu rechtfertigen. Er argumentierte, dass den Spaniern ein Eingriffsrecht gegen indianische Gemeinschaften zukomme, um so Unschuldige vor den dort praktizierten Menschenopfern zu schützen.
16. Grawert, Rolf. 2000. »Francisco de Vitoria. Naturrecht – Herrschaftsordnung – Völkerrecht«. Der Staat 39: 110–125. S. 117.

17 Brauer, Maja. 1994. Weltföderation – Modell globaler Gesellschaftsordnung. Frankfurt am Main et. al.: Peter Lang. S. 26.
18 Bodin, Jean. 1976 [1583]. Über den Staat. Stuttgart: Reclam. S. 31 f., siehe auch S. 42.
19 Brauer, aaO., S. 27.
20 Borner, Wilhelm. 1913. Das Weltstaatsprojekt des Abbé de Saint-Pierre. Diss. Berlin, Leipzig. S. 31 ff.
21 Bellers, John. 1710. Some Reasons for an European State. London. S. 19.
22 Crucé, Émeric. 1953 [1623]. Der neue Kineas. In: Ewiger Friede. Friedensrufe und Friedenspläne seit der Renaissance, hg von Kurt von Raumer, übers von Walther Neft, S. 289–320. Freiburg, München: Verlag Karl Alber. S. 314.
23 Saage, Richard. 2005. Demokratietheorien. Eine Einführung. Wiesbaden: VS Verlag für Sozialwissenschaften. S. 82.
24 Kersting, Wolfgang. 2002. Thomas Hobbes zur Einführung. 2. Aufl. Hamburg: Junius. S. 12 f.
25 Locke, John. 1974 [1689]. Über die Regierung. Übers von Dorothee Tidow. Stuttgart: Philipp Reclam jun. II §135, S. 103.
26 Locke, ebd., II §154, S. 118.
27 Hobbes, Thomas. 1998 [1651]. Leviathan. Übers von Walter Euchner. 8. Aufl. Frankfurt am Main: Suhrkamp. S. 269.
28 Rousseau, Jean Jacques. 1953. Auszug aus dem Plan des Ewigen Friedens des Herrn Abbé de Saint-Pierre. In: Ewiger Friede. Friedensrufe und Friedenspläne seit der Renaissance, hg von Kurt von Raumer, übers von Gertrud von Raumer, S. 343–368. Freiburg, München: Verlag Karl Alber. S. 348.
29 Cheneval, Francis. 2002. Philosophie in weltbürgerlicher Bedeutung. Über die Entstehung und die philosophischen Grundlagen des supranationalen und kosmopolitischen Denkens der Moderne. Basel: Schwabe & Co. S. 132 ff.
30 Ebd., S. 172.
31 Ebd., S. 202.
32 Ebd., S. 135.
33 Kant, Immanuel. 1784. Idee zu einer allgemeinen Geschichte in weltbürgerlicher Absicht. Abgedr. in: Schriften zur Anthropologie, Geschichtsphilosophie, Politik und Pädagogik 1. Werkausgabe Band XI, hg von Wilhelm Weischedel. Frankfurt am Main: Suhrkamp, 1977. Siebenter Satz, S. 41 ff. und Neunter Satz, S. 47 ff.
34 Kant, Immanuel. 1795. Zum ewigen Frieden. Ein philosophischer Entwurf. Abgedr. in: Schriften zur Anthropologie, Geschichtsphilosophie, Politik und Pädagogik 1. Werkausgabe Band XI, hg von Wilhelm Weischedel. Frankfurt am Main: Suhrkamp, 1977. Zweiter Abschnitt, Anmerkung, S. 203.
35 Kant, Frieden, Dritter Definitivartikel, S. 216 und ders. 1797. Die Metaphysik der Sitten. Werkausgabe Band VIII. Hg von Wilhelm Weischedel. Frankfurt am Main: Suhrkamp, 1977. § 61, S. 474; Beschluss, S. 479.
36 Kant, Metaphysik, aaO., § 61, S. 474.
37 Kant, Immanuel. 1793. Über den Gemeinspruch: Das mag in der Theorie richtig sein, taugt aber nicht für die Praxis. In Schriften zur Anthropologie, Geschichtsphilosophie, Politik und Pädagogik 1. Werkausgabe Band XI, hg von Wilhelm Weischedel. Frankfurt am Main: Suhrkamp, 1977. S. 169.
38 Kant, Frieden, aaO., Zweiter Definitivartikel, S. 212 f.
39 Kant, Frieden, aaO., Zweiter Definitivartikel, S. 209.
40 Cheneval, aaO., S. 620.

Kapitel 2.
1 Coulmas, aaO., S. 333.
2 Ebd., S. 333 ff.
3 Schiller, Friedrich. 1789. »Was heißt und zu welchem Ende studiert man Universalgeschichte?«, 26. Mai.
4 Paine, Thomas. 1776. Common Sense. In: Rights of Man, Common Sense and Other Political Writings. Oxford, New York et. al: Oxford University Press, 1995.

5 Dahl, Robert. 1989. Democracy and its critics. New Haven: Yale University Press. S. 213 ff.
6 Brief von Benjamin Franklin an Rodolphe-Ferdinand Grand, 22. Oktober 1787, in: Benjamin Franklin Papers, hg. von The American Philosophical Society and Yale University, Digital Edition by The Packard Humanities Institute. http://franklinpapers.org/franklin/framedVolumes.jsp?vol=45&page=229.
7 Bonwick, Colin. 1999. The United States Constitution and its Roots in British Political Thought and Tradition. In: Foundations of democracy in the European Union, hg von John Pinder, S. 41–58. Basingstoke: MacMillan Press. S. 41.
8 Zanden, Jan Luiten van, Eltjo Buringh, und Maarten Bosker. 2011. »The rise and decline of European parliaments, 1188–1789«. The Economic History Review (Early View Online Version) (29. Juli).
9 Beyme, Klaus von. 1999. Die parlamentarische Demokratie. 3. Aufl. Opladen/Wiesbaden: Westdeutscher Verlag. S. 21.
10 Schilling, Heinz. 1994. Aufbruch und Krise: Deutschland 1517–1648. Bd. 5. Siedler Deutsche Geschichte. Berlin: Siedler Verlag. S. 20.
11 Vgl. Zanden, aaO.
12 Cheneval, Francis. 2004. »Der kosmopolitische Republikanismus – erläutert am Beispiel Anacharsis Cloots'«. Zeitschrift für philosophische Forschung 58 (3): 373–396. S. 376, 378.
13 Tulard, Jean. 1989. Frankreich im Zeitalter der Revolutionen 1789–1851. Geschichte Frankreichs. Bd. 4. Stuttgart: DVA. S. 90 ff.
14 Cloots, Anacharsis. 1793. Bases constitutionnelles de la république du genre humain. Paris: L'Imprimerie Nationale, S. 3.
15 Cloots, ebd., S. 14.
16 Cloots, ebd., S. 35 f.
17 Guido de Werd. 1988. Vorwort. In: Anarchasis Cloots – Der Redner des Menschengeschlechts, hg von Städtisches Museum Haus Koekkoek. Kleve: Boss-Verlag. S. 7.
18 Vgl. Cheneval, Republikanismus, aaO., S. 377 ff.
19 Brief von Friedrich Schiller an Herzog Friedrich Christian von Augustenburg, 13. Juli 1793, in: Schillers Werke. Nationalausgabe, Bd. 26, hg. von Edith Nahler und Horst Nahler. Weimar: Verlag Hermann Böhlaus Nachfolger, 1992. S. 257–268. S. 262.

Kapitel 3.

1 Sartorius, Johann Baptist. 1837. Organon des vollkommenen Friedens. Zürich: S. Höhr. S. 272.
2 Pecqueur, Constantin. 1842. De la Paix. De son Principe et de sa Réalisation. Paris: Capelle, S. 212.
3 Friedrich List. Schriften, Reden, Briefe. Hg. von Erwin von Beckerath et. al., Bd. 1, Berlin 1929, S. 571.
4 Pecqueur, aaO., S. 320. Siehe auch S. 189 ff.
5 Nipperdey, Thomas. 1998. Deutsche Geschichte 1800–1866 : Bürgerwelt und starker Staat. München: C.H. Beck. S. 359.
6 Vorgeschichte und Begründung des Deutschen Zollvereins 1815–1834. Akten der Staaten des Deutschen Bundes und der europäischen Mächte. Hg. von Wilfried von Eisenhart Rothe und Ant Ritthaler, Berlin: Verlag R. Hobbing, 1934, Bd. 2, S. 534.
7 Pecqueur, aaO., S. 290.
8 Ebd., S. 333.
9 Ebd., S. 381.
10 Tennyson, Alfred. 1847. »Locksley Hall«. In: Perlen englischer Dichtung in deutscher Fassung, übers. von Hermann Behr, 105–124. New York: The De Vinne Press. S. 117 f.
11 Im Original lauten die Verse: Till the war-drum throbbed no longer, and the battle-flags were furl'd / In the Parliament of man, the Federation of the world. // There the common sense of most shall hold a fretful realm in awe, / And the kindly earth shall slumber, lapt in universal law.

12 Kennedy, Paul. 2006. The Parliament of Man. The Past, Present, and Future of the United Nations. New York: Random House. S. xi f.
13 Polity IV Annual Time-Series 1800–2010. http://www.systemicpeace.org/inscrdata.html.
14 Kissling, Claudia. 2005. »Repräsentativ-parlamentarische Entwürfe globaler Demokratiegestaltung im Laufe der Zeit«. forum historiae iuris (14. Februar). http://www.forhistiur.de/zitat/0502kissling.htm. Nr. 5.
15 Jellinek, Georg. 1882. Die Lehre von den Staatenverbindungen. Wien: Alfred Hölder. S. 186.
16 Ebd., S. 283.
17 Alberdi, Juan B. El Crimen de la Guerra. Buenos Aires: Talleres Gráficos Argentinos, 1900. Kapitel 10.
18 Marcoartu, Don Arturo de. 1876. Internationalism and Prize Essays on International Law. In: Internationalism, von Don Arturo de Marcoartu, A.P. Sprague, und Paul Lacombe, S. 6–55. London, New York: Stevens and Sons, E. Stanford, Baker Voorhis and Co. S. 17 f.
19 Uhlig, Ralph. 1988. Die Interparlamentarische Union 1889–1914. Wiesbaden: Franz Steiner Verlag. S. 3.
20 Ebd., S. 245.
21 Kuehl, Warren F. 1969. Seeking World Order. The United States and International Organization to 1920. Nashville: Vanderbilt University Press. S. 62 ff.
22 Bridgman, Raymond L. 1905. World Organization. Boston: Ginn & Company. S. 46 f.
23 Davis, Hayne. 1903. »The Perpetuation of the Union of Nations«. The Independent (Boston), 12. Februar 1903, Band 55. S. 384–386.
24 Davis, Hayne. 1904. »A World's Congress«. The Independent (Boston), 7. Juli 1904, Band 57. S. 11–19.
25 Bartholdt, Richard. 1930. From Steerage to Congress. Reminiscences and Reflections. Philadelphia: Dorrance & Company Inc. S. 261.
26 Lange, Christian, Hrsg. 1911. Un Congrès International, Conférence de Bruxelles, 1905. In: Union interparlementaire: Résolutions des Conférences et Décisions principales du Conseil, 93–94. 2. Aufl. Brussels: Misch & Thron.
27 Uhlig, aaO., S. 413 f.
28 Zit. n. ebd., S. 413.
29 Zit n. Walker, Barbara, Hrsg. 1993. Uniting the Peoples and Nations. Readings in World Federalism. Washington D.C. and New York: World Federalist Movement & World Federalist Association. S. 97 (»A Message to American Women« in: The Women Voter, Vol. V., Oktober 1914).
30 Schücking, Walther. 1908. Die Organisation der Welt. Tübingen: J.C.B. Mohr. S. 610 f.
31 Schücking, Walther. 1912. Der Staatenverband der Haager Konferenzen. Hg von. Walther Schücking. Bd. 1. München, Leipzig: Duncker & Humblot. S. 6.
32 Ebd., S. 302.
33 Harmening, Ernst. 1910. Das Weltparlament. Vortrag gehalten in der Staatswissenschaftlichen Gesellschaft zu Jena. Jena: Bernhard Vopelius. S. 6 f., 11, 31, 25.
34 Wedekind, Frank. 25. Dezember 1912. »Weihnachtsgedanken«. Berliner Tageblatt, No. 656, 1. Beiblatt, S. 1/2. Auch abgedruckt in: Wedekind, Frank. 1920. »Weihnachtsgedanken (1912)«. Schweizerland Bd. 2 (2. Halbjahr): S. 849–854.
35 Mühsam, Erich. »Das Weltparlament«. Kain. Zeitschrift für Menschlichkeit Bd. 2, Nr. 10 (Januar 1913): S. 145–163.. S. 150 f., 163.

Kapitel 4.
1 Rotberg, Robert I, und Miles F Shore. 1988. The founder : Cecil Rhodes and the pursuit of power. New York: Oxford University Press. S. 666, siehe auch S. 102, 281, 316.
2 Zu den Plänen einer Geheimgesellschaft siehe Bummel, Andreas. »Kritische Anmerkungen zur Urlegende moderner Verschwörungstheorien«. Telepolis, 8. Oktober 2003.

3 Lavin, Deborah. 1995. From Empire to Commonwealth. A Biography of Lionel Curtis. Oxford: Clarendon Press. S. 108.
4 Hall, H. Duncan. 1920. The British Commonwealth of Nations. A Study of its Past and Future Developments. London: Methuen & Co., S. 306 ff.
5 Hobsbawm, Eric. 1995. Das Zeitalter der Extreme. Weltgeschichte des 20. Jahrhunderts. München und Wien: Carl Hanser. S. 38.
6 Quigley, Carroll. 1981. The Anglo-American Establishment. New York: Books In Focus. S. 137.
7 Baratta, Joseph Preston. 2004. The Politics of World Federation. United Nations, UN Reform, Atomic Control. Vol. 1. Westport, Connecticut; London: Praeger Publishers. S. 74.
8 Wells, Herbert George, und et. al. 1919. »The idea of a League of Nations«. The Atlantic Monthly 123: 106–115, 265–275. S. 106.
9 Boas, Franz. 1912. »An Anthropologist's View of War«. The Advocate of Peace 74 (4) (April): 93–95. S. 94; Erstveröffentlichung in: International Conciliation, No. 52 (März 1912).
10 Miller, David Hunter. 1928. The Drafting of the Covenant.. Bd. 2. New York und London: G.P. Putnam's Sons. S. 62.
11 Miller, David Hunter. 1928. The Drafting of the Covenant. Bd. 1. New York und London: G.P. Putnam's Sons. S. 218, 273.
12 Für dieses und die vorigen Zitate: Miller, aaO., Bd. 2, S. 299–301.
13 »Berne Conferees Suggest Amendments«. New York Times, 19. März 1919.
14 Hirschfeld, Magnus. »Ansprache vom 10. November 1918«. Vierteljahresberichte des Wissenschaftlich-humanitären Komitees während der Kriegszeit herausgegeben statt des Jahrbuch für sexuelle Zwischenstufen Bd. 18, Nr. 4 (Oktober 1918): 165–166. S. 166.
15 Knoll, Gottfried. 1931. Der Deutsche Regierungsentwurf zu einer Völkerbundssatzung vom April 1919. Leipziger rechtswissenschaftliche Studien 61. Leipzig: Verlag von Theodor Weicher. S. 87.
16 Ebd., S. 22, 25.
17 Zit. n. ebd., S. 21 (Daily News, 25.02.1919).
18 Kuehl, Warren F. Seeking World Order. The United States and International Organization to 1920. Nashville: Vanderbilt University Press, 1969. S. 335.
19 Wells, Herbert George. 1920. The Outline of History. Being a Plain History of Life and Mankind. Bd. 2. New York: The MacMillan Company. S. 558.
20 Zit. n. Tschörtner, Heinz Dieter, Hrsg. 1994. Gespräche und Interviews mit Gerhart Hauptmann. Berlin: Erich Schmidt Verlag. S. 79 (New York Times, 10.09.1923).
21 Quidde, Ludwig. 1922. Völkerbund und Demokratie. 2. Aufl. Berlin: Verlag Neuer Staat. S. 16.
22 Broda, Rudolf. 1920. »Das kommende Weltparlament«. Der Völkerbund: S. 347–358. S. 348.
23 Quidde, aaO., S. 27.

Kapitel 5.

1 Neumann, Sigmund. 1946. The Future in Perspective. New York: G.P. Putnam's Sons. S. 6 ff.
2 Kissling, Claudia. 2006. Die Interparlamentarische Union im Wandel. Rechtspolitische Ansätze einer repräsentativparlamentarischen Gestaltung der Weltpolitik. Frankfurt am Main: Peter Lang. S. 145.
3 Streit, Clarence K. 1939. Union Now. A Proposal for a Federal Union of the Democracies of the North Atlantic. London: Jonathan Cape. S. 25.
4 Schwimmer, Rosika, und Lola Maverick Lloyd. Choas, War, or a New World Order. 4. Aufl., 1942.
5 http://www.altierospinelli.org/manifesto/de/pdf/manifesto1944de.pdf.
6 All-India Congress Committee. 1942. »Quit India Resolution« (8. August).
7 Bhagavan, Manu. India and the Quest for One World: The Peacemakers. 2013th ed. Houndmills, Basingstoke,

Hampshire: Palgrave Macmillan, 2013. S. 66.
8. Official Records of the General Assembly, Ninth Session, First Committee, 26. Oktober 1954, S. 215–25. Zit. n. Reddy, E.S., und A.K. Damodaran, Hrsg. 1994. Krishna Menon on Disarmament. Speeches at the United Nations. New Delhi: Sanchar Publishing House. S. 12.
9. Zit. n. Baratta, Joseph Preston. 2004. The Politics of World Federation. United Nations, UN Reform, Atomic Control. Vol. 1. Westport, Connecticut; London: Praeger Publishers. S. 97.
10. »World Parliament is Predicted by Ford«. New York Times, 2. Januar 1943.
11. Zit. n. Baratta, Vol. 1, aaO., S. 99.
12. Curtis, Lionel. 1949. Durch Weltrevolution zum Frieden. Übers von. Rudolf Juchhoff und Julius Stocky. Köln: Liga-Verlag. S. 57.
13. Vgl. Guma, Greg. 11. September 2013. »Waking Up from World Order Amnesia«. Global Research. (http://www.globalresearch.ca/).
14. Zit. n. Nathan, Otto, und Heinz Norden, Hrsg. 1960. Einstein on Peace. New York: Simon and Schuster. S. 340 f.
15. Reves, Emery. 1946. The Anatomy of Peace. 10. Aufl. New York, London: Harper and Brothers Publishers. S. 162.
16. Einstein, Albert. »Open Letter to the General Assembly of the United Nations, October 1947«. In Einstein on Peace, hg von. Otto Nathan und Heinz Norden, 440–443. New York: Simon and Schuster, 1960. S. 442.
17. Camus, Albert. 2007. Camus at »Combat«: Writing 1944–1947. Hg von. Jacqueline Levi-Valensi. Übers von Arthur Goldhammer. Princeton, NJ: Princeton University Press. S. 268.
18. Abgedruckt in Brauer, aaO., S. 332 f.
19. Bummel, Andreas, und Maja Brauer. »Das föderalistische Prinzip in der katholischen Soziallehre und die Frage eines Weltparlaments«. Komitee für eine demokratische UNO, Januar 2016. S. 8.
20. Lavin, S. 301 f.
21. Hansard Debate, House of Commons. Series 5, Vol. 416, 23. November 1945, cc759–846. S. 786 f.
22. Ministry on Foreign Affairs and International Trade Canada, Hrsg. 1946. »Extracts from the Draft Commentary for the Delegation to the Third Session of the Economic and Social Council of the United Nations, DEA-FAH/7-1946/1, September 1946 (Doc. 534)«. In: Documents on Canadian External Relations: 1977. Bd. 12.
23. Dass dieses Szenario untersucht wurde, ist erst seit 1998 bekannt. Siehe Hastings, Max. 2009. »Operation unthinkable: How Churchill wanted to recruit defeated Nazi troops and drive Russia out of Eastern Europe«. Daily Mail Online, 26. August (http://www.dailymail.co.uk/).
24. Zit. n. Baratta, Vol. 1, aaO., S. 205. (Statement before Committee I, 16. November 1946)
25. Zit. n. Rusett, Alan de. 1954. »Large and Small States in International Organization. Present Attitudes to the Problem of Weighted Voting«. International Affairs 30 (4): S. 463–474. S. 464 (The Times, 12.12.1949).
26. Zitate aus Sohn, Louis B. 1949. »The Development of International Law«. American Bar Association Journal 35 (October): S. 860–862.
27. Agar, Herbert, Frank Aydelotte, Giuseppe Antonio Borgese, Hermann Broch, Van Wyck Brooks, Ada L. Comstock, William Yandell Elliott, u. a. 1941. The City of Man. A Declaration on World Democracy. New York: The Viking Press. S. 94.
28. Hutchins, Robert M., Giuseppe Antonio Borgese, u. a. 1951. Ist eine Weltregierung möglich? Vorentwurf einer Weltverfassung. Übers von Friedrich Glum. Frankfurt am Main: S. Fischer. S. 65.
29. Habicht, Max. 1980. »Le droit de l'homme à la paix«. Transnational Associations (2): S. 84–88. S. 85 f.
30. Wir befassen uns im Folgenden nur mit der letzten Ausgabe: Clark, Grenville, und Louis B. Sohn. 1966. World Peace

Through World Law. Two Alternative Plans. Third Edition Enlarged. Cambridge: Harvard University Press.
31 Kim, Samuel S. 1993. »In Search of Global Constitutionalism«. In The Constitutional Foundations of World Peace, hg von Richard Falk, Robert C. Johansen, und Samuel S. Kim, 55–81. Albany: State University of New York Press. S. 57.
32 Brauer, aaO., S. 133.
33 Zu den parlamentarischen Aktivitäten der Weltföderalisten siehe ebd., S. 171 ff.
34 Vgl. Kissling, Interparlamentarische Union, aaO., S. 213.
35 World Association of Parliamentarians for World Government (Hrsg.) 1954. Report of the Third World Parliamentary Conference on World Government held at the Parliament House, Christiansborg, Copenhagen, August 22–29, 1953. S. 132.

Kapitel 6.
1 Hutchins, aaO., S. 7.
2 Zit. n. Nathan/Norden, aaO., S. 445.
3 Kissling, Interparlamentarische Union, aaO., S. 212.
4 Straus, Ira. 1999. »Atlantic Federalism and the expanding Atlantic Nucleus«. Peace & Change 24 (3) (Juli): 277–328.
5 Zit. n. ebd., S. 291 (Interview von Straus mit Achilles am 18.03.1983).
6 Matthews, John A. 1962. »Evolution of an Atlantic Assembly«, abgedruckt in: U.S. Congress, Congressional Record, Proceedings and Debates of the 99th Congress, Second Session, January 28, 1986. Hg von. U.S. Congress.S. 3.
7 Toynbee, Arnold J. 1952. »Union of Free Inevitable«. Freedom & Union 7 (10) (Dezember): 19–23.
8 Kissling, Interparlamentarische Union, aaO., S. 217.
9 Pratap, Vijay. »The global political«. In: Global political parties, hg. von Katarina Sehm-Patomäki und Marko Ulvila, 144–150. London, New York: Zed Books, 2007. S. 148. Leider konnten wir dazu nichts Näheres in Erfahrung bringen.

10 Logue, John. »One World, One Family. A Report on WAWF's New Delhi Congress«. Transnational Perspectives 2, Nr. 1 (1975): 4–8, S. 4.
11 Falk, Richard. 1975. A Study of Future Worlds. Amsterdam: North-Holland Publishing Company. S. 238.
12 Vgl. z. B. Galtung, Johan. 1975. »Nonterritorial Actors and the Problem of Peace«. In: On the Creation of a Just World Order. Preferred Worlds for the 1990's, hg von. Saul H. Mendlovitz, 151–188. New York: The Free Press; und ders. 1986. »International organizations and world decision-making«. Transnational Associations (4): 220–224.
13 Carson, Rachel. 1962. Der stumme Frühling. Übers von. Margaret Auer. C.H. Beck. S. 21.
14 Zit. n. Nerfin, Marc. 1993. »United Nations: Prince and Citizen?« In: The Constitutional Foundations of World Peace, hg von Richard Falk, Robert C. Johansen und Samuel S. Kim, 147–165. Albany: State University of New York Press. S. 156 (Maurice F. Strong, »Some Thoughts on the Future of the UN«, remarks at a meeting of the New York Chapter, Society for International Development, November 29, 1984).
15 Segall, Jeffrey J. 1982. »A UN Second Assembly«. Reconciliation Quarterly (Juni): 35–37.
16 International Network for a UN Second Assembly. 1987. »Appeal to the United Nations General Assembly to consider the proposal for a UN Second Assembly«. http://earthrights.ejnet.org/archives/gpa/unsa.html.
17 Newcombe, Hanna. 1971. »Weighted Voting Formulas for the United Nations«. Security Dialogue (2): 92–94. S. 92.
18 Hudson, Richard. 1991. »Should There Be a Global Parliament? What Is the Binding Triad?« In: A New World Order. Can It Bring Security to the World's People?, hg von. Walter Hoffmann, S. 32–36. Washington D.C.: World Federalist Association. S. 34.

19 United States Foreign Relations Authorization Act, Section 143, Fiscal Year 1986–1987, H.R. 2068, P.L. 99–93, August 17, 1985, abgedruckt in: International Legal Material, Bd. 25 (1986), S. 17–43.
20 Bertrand, Maurice. 1985. »Some reflections on reform of the United Nations, Report of the Joint Inspection Unit«. UN Doc. JIU/REP/85/9; A/40/988. S. 1, 5 f., 65 f.
21 Gorbatschow, Michail. 1987. Perestroika. Die zweite russische Revolution. Übers von Gabriele Burkhardt, Reiner Pfleiderer, und Wolfram Ströle. München: Droemer Knaur. S. 7, 186, 199, 203.
22 Gorbachev, Mikhail. 1987. »Reality and Guarantees for a Secure World«. International Affairs: A Russian Journal of World Politics, Diplomacy and International Relations 33 (11): 3–11. S. 10. (Pravda, 17.09.1987).
23 Comenius, Johann Amos. 1671. Panorthosia Or Universal Reform, Chapters 19 to 26. Übers von Archie Dobbie. Sheffield: JSOT Press. S. 129.
24 Brandt, Willy, et. al. 1980. Das Überleben sichern. Gemeinsame Interessen der Industrie- und Entwicklungsländer. Bericht der Nord-Süd-Kommission. Hg von Unabhängige Kommission für Internationale Entwicklungsfragen. Köln: Kiepenheuer & Witsch. S. 12.
25 Kingué, Michel Doo. 1989. »Report of the Chairman«. In: The Future Role of the United Nations in an Interdependent World. Papers of the International Roundtable in Moscow, 5–9 September 1988, sponsored by the USSR Association for the UN and UNITAR, hg von John P. Renninger, 257–265. Dordrecht: Martinus Nijhoff. S. 264.
26 In der englischen Quelle wird der Begriff »public organizations« benutzt. Zit. n. Gorbachev, Mikhail. 2006. The Road We Traveled. The Challenges We Face. Hg von. Izdatelstvo Ves Mir. Moscow: Gorbachev Foundation. S. 44.

Kapitel 7.
1 Fukuyama, Francis. Summer 1989. »The End of History?« The National Interest: S. 3–18.
2 Stockholm Initiative. 1991. Gemeinsame Verantwortung in den 90er Jahren. Die Stockholmer Initiative zu globaler Sicherheit und Verantwortung/Common Responsibility in the 1990's. The Stockholm Initiative on Global Security and Governance. Hg von. Stiftung Entwicklung und Frieden. Bonn. S. 13, 70.
3 Barnaby, Frank, Hrsg. 1991. Building a More Democratic United Nations. Proceedings of the First International Conference On A More Democratic UN. London/Portland: Frank Cass.
4 Heinrich, Dieter. 2010. Ein Plädoyer für eine parlamentarische Versammlung bei der UNO. Übers. von Miriam Mersin. Berlin: Komitee für eine demokratische UNO. S. 53.
5 Ebd., S. 53.
6 Siehe Kissling, Interparlamentarische Union, S. 219, 289 ff., S. 341 ff.
7 Heinrich, aaO., S. 33.
8 Liberal International. 1992. Strengthening of the United Nations. Report produced by a Committee headed by Paavo Vayrynen, Foreign Minister of Finland. S. 11 f.
9 House of Commons. 1993. Canada's role in the United Nations. 8th Report of the Standing Committee on External Affairs and International Trade. Parliament of Canada. Vorletzter Absatz.
10 Parliamentarians for Global Action, Hrsg. 1993. »A United Nations Parliamentary Assembly – Analysis and Parliamentarian Opinion. A Briefing Paper Prepared for the Standing Committee on External Affairs and Trade of the Canadian House of Commons«. http://www.radioradicale.it/exagora/a-united-nations-parliamentary-assembly-0.
11 InterAction Council. 1994. Report on the Conclusions and Recommendations of a High-level Expert Group on »The Future Role of the Global Multilateral

Organisations«. Chaired by Andries van Agt. The Hague. Absatz 16.
12 Dror, Yehezkel. 1995. Ist die Erde noch regierbar? Ein Bericht an den Club of Rome. Übers. von Hans-Jürgen Baron von Koskull. 1. Aufl. C. Bertelsmann. S. 271 f.
13 Muller, Robert, und Douglas Roche. 1995. Safe Passage into the Twenty-First Century. New York: Continuum. S. 119.
14 Bertrand, Maurice, und Daniel Warner, Hrsg. 1997. A New Charter for a Worldwide Organisation? Nijhoff Law Specials 22. The Hague et. al.: Kluwer Law International. S. 25. Siehe auch S. 217.
15 Stiftung Entwicklung und Frieden, Hrsg. 1995. Nachbarn in Einer Welt. Der Bericht der Kommission für Weltordnungspolitik. Übers von. Jobst Ellerbrock. Bonn. S. 4.
16 Köchler, Hans. 1998. Neue Wege der Demokratie. Demokratie im globalen Spannungsfeld von Machtpolitik und Rechtsstaatlichkeit. Wien: Springer-Verlag. S. 38.
17 Ebd., S. 54.
18 Stiftung Entwicklung und Frieden, Nachbarn, aaO., S. 286, 385 f.
19 Falk, Richard. 1995. »Liberalism at the Global Level: The Last of the Independent Commissions?« Millennium – Journal of International Studies 24 (3): 563–576. S. 574.
20 Harris, Errol E., und James A. Yunker, Hrsg. 1999. Toward Genuine Global Governance. Critical Reactions to »Our Global Neighborhood«. Praeger Publishers. S. ix.
21 Stiftung Entwicklung und Frieden, Nachbarn, aaO., S. 370; siehe auch S. xxi.
22 United Nations Educational, Scientific and Cultural Organization. 1995. Our Creative Diversity. Report of the World Commission on Culture and Development. S. 38, 284 ff.
23 Ebd., S. 286.

Kapitel 8.
1 Kaiser, Karl. 1998. »Globalisierung als Problem der Demokratie«. Internationale Politik (4): 4–11. S. 4.
2 Herzog, Roman. 1996. Rede vor dem 41. Deutschen Historikertag in München. 17. September.
3 Amin, Samir. The Empire of Chaos. Übersetzt von W.H. Locke Anderson. New York: Monthly Review Press, 1992. S. 10 f.
4 Amin, Samir. »The Future of Global Polarization«. Africa Today 40, Nr. 4 (1993): 75–86. S. 76, 80.
5 United Nations, 1996. »Secretary-General says democratization of international relations fundamental requirement for today's world«. Press Release SG/SM/5883.
6 Boutros-Ghali, Boutros. 1996. Supplement to reports on democratization. Report to the 51st Session of the United Nations General Assembly. S. 19 f.
7 Ramonet, Ignacio. 1997. »Die Märkte entschärfen«. Le Monde Diplomatique (12. Dezember): S. 1.
8 Archibugi, Daniele. 1993. »The Reform of the UN and Cosmopolitan Democracy: A Critical Review«. Journal of Peace Research 30 (3) (August): S. 301–315. S. 306, 307 ff.
9 Held, David. 1992. »Democracy: From City-states to a Cosmopolitan Order?« Political Studies 40 (Special Issue): S. 10–39. S. 31.
10 Pogge, Thomas. 1992. »Cosmopolitanism and Sovereignty«. Ethics 103 (1) (Oktober): S. 48–75. S. 63 f.
11 Ebd., S. 66.
12 Beck, Ulrich. 1986. Risikogesellschaft. Auf dem Weg in eine andere Moderne. Frankfurt am Main: Suhrkamp. S. 48, 310.
13 Beck, Ulrich. 1996. »Das Zeitalter der Nebenfolgen und die Politisierung der Moderne«. In Reflexive Modernisierung, hg. von Ulrich Beck, Anthony Giddens, und Scott Lash, S. 19–112. Frankfurt am Main: Suhrkamp. S. 27. Deutsche Erstausgabe. Zuerst erschienen als: Refle-

xive Modernization bei Polity Press, 1994.
14 Beck, Ulrich. 1999. »Wie wird Demokratie im Zeitalter der Globalisierung möglich? (Vortrag vom 05.05.1998 in der Paulskirche)«. In: Ende des Staates – Anfang der Bürgergesellschaft. Über die Zukunft der sozialen Demokratie in Zeiten der Globalisierung, hg. von Hans Eichel und Hilmar Hoffmann. Reinbek: Rowohlt. S. 41 f.
15 Held, David. 1995. Democracy and the Global Order. 1. Aufl. Cambridge: Polity Press. S. 232.
16 Ebd., S. 272 ff.
17 Habermas, Jürgen. 1995. »Kants Idee des Ewigen Friedens aus dem historischen Abstand von 200 Jahren«. Kritische Justiz 28 (3): 293–319; auch veröffentlicht in und zit. n.: ders. 1999. Die Einbeziehung des Anderen: Studien zur politischen Theorie. 1. Aufl. Frankfurt am Main: Suhrkamp. S. 192–236. S. 210, 217 f.
18 Habermas, Einbeziehung, aaO., S. 218.
19 Zusammengeführt in folgendem Sammelband: Falk, Richard, und Andrew Strauss. 2011. A Global Parliament: Essays and Articles. Berlin: Committee for a Democratic UN.
20 Tempest, Matthew. 2005. »Treasury papers reveal cost of Black Wednesday«. Guardian, 9. Februar. (http://www.guardian.co.uk/).
21 Strauss, Andrew, und Richard Falk. 1997. »For a Global Peoples' Assembly«. International Herald Tribune, 14. November. Abgedruckt in: Falk/Strauss, Global Parliament, aaO., S. 177 f.
22 Soros, George. 1998. Die Krise des globalen Kapitalismus. Berlin: Alexander Fest Verlag. S. 140, 148, 160.
23 Soros, George. 2002. Der Globalisierungsreport. Berlin: Alexander Fest Verlag. S. 130 ff.
24 Soros, George. Krise, aaO., S. 287.
25 Huntley, James Robert. 1998. Pax Democratica: A Strategy for the 21st Century. New York: St. Martin's Press. Siehe insbes. S. 109, 153.
26 Heinrich, Dieter. »Uniting the democracies: Let's imagine«. Hg. von World Federalists of Canada. Mondial, Juni 2006, 8–9. S. 9.
27 McCain, John. »Address at the Hoover Institution«. Council on Foreign Relations, 1. Mai 2007. (http://www.cfr.org/).
28 Höffe, Otfried. 2002. Demokratie im Zeitalter der Globalisierung. 1. überarbeitete und aktualisierte Neuausgabe. München: C.H. Beck. S. 304 f., 308 ff., 333 f.
29 Johnsson, Anders. 2003. »A Parliamentary Dimension to International Cooperation«. In A Reader on Second Assembly & Parliamentary Proposals, hg von. Saul H. Mendlovitz und Barbara Walker, 20–29. Wayne, NJ: Center for UN Reform Education. S. 28.
30 Europäisches Parlament. »Auf dem Weg zu einer Reform der Welthandelsorganisation«. Resolution P6_TA(2008)0180, 24. April 2008.
31 Forni, Raymond. 30. August 2000. »Discours au Conférence des Présidents des Parlements nationaux organisée par l'Union interparlementaire du 30 août au 1er septembre 2000 au siège des Nations Unies à New York«, New York. (http://www.assemblee-nationale.fr/).
32 Molgat, Gil. 2000. »A Parliamentary Vision for International Co-operation«. Canadian Parliamentary Review 23 (4).
33 Europäisches Parlament. 1999. »Entschließung zu den Herausforderungen einer Weltordnungspolitik (global governance) und der Reform der UNO«. Dok. A4-0077/99. Punkte T, U und 10.
34 United Nations Development Programme. 1999. Human Development Report 1999. Oxford, New York et. al: Oxford University Press. S. 12, 111.
35 Council of Europe Parliamentary Assembly. 27. September 2000. »The United Nations at the turn of the new century«. Recommendation 1476 (2000).
36 Millennium Forum. 2000. »Declaration and Agenda for Action: Strengthening the United Nations for the 21st Cen-

tury«. UN Doc. A/54/959 of 8 August 2000. Siehe Abschnitt F, Punkt 6.
37 Annan, Kofi. 2000. »Parliamentary Voices Must Be Heard If Global Democracy Is to Thrive«. Address to the Conference of Presiding Officers of National Parliaments. UN Doc. UNIS/SG/2641.
38 Walesa, Lech. 27. August 2005. »Unser Sieg ist uns teuer zu stehen gekommen« Interviewt von Konrad Schuller. Frankfurter Allgemeine Zeitung.
39 Barju Benacerraf, Paul D. Boyer, Herbert A. Hauptmann, Harold W. Kroto, Jean-Marie Lehn, Mario Molina, Ferid Murad, José Saramago, Jens C. Skou und Jack Steinberger. Eine vollständige Liste der Unterzeichner ist abgedruckt in Kurtz, Paul. 2000. Humanist Manifesto 2000. A Call For A New Planetary Humanism. Amherst, New York: Prometheus Books.

Kapitel 9.
1 Greve, Christiane. »Der Internationale«. Die Zeit, Nr. 06/2002. http://www.zeit.de/2002/06/Der_Internationale.
2 Falk, Richard, und Andrew Strauss. 2001. »Toward Global Parliament«. in: Foreign Affairs 80 (1): 212–220. Abgedruckt in: Falk/Strauss, Global Parliament, aaO., S. 21–28.
3 Kerr, Duncan. 2001. Elect the Ambassador! Building Democracy in a Globalised World. Annandale: Pluto Press. S. 144 ff.
4 Monbiot, George. 17. Juli 2001. »How to rule the world«. The Guardian. (http://www.guardian.co.uk/).
5 Monbiot, George. 2003. United People. Manifest für eine neue Weltordnung. Übers von. Elisabeth Liebl. München: Riemann-Verlag. S. 95 f.
6 Ebd., S. 104.
7 Merz, Friedrich. 10. Oktober 10 2001. »Gedanken zur Politik im 21. Jahrhundert«. Vortrag bei der Zukunftswerkstatt in der Konrad-Adenauer-Stiftung. Pressedienst der CDU/CSU-Bundestagsfraktion. Mitteilung 1630. S. 17 f.
8 Brok, Elmar. Schreiben vom 27.09.1999 an Andreas Bummel.
9 Beck, Ulrich. 2009 [2002]. Macht und Gegenmacht im globalen Zeitalter. Frankfurt am Main: Suhrkamp. S. 425 ff., 426, 444, 446.
10 Deutscher Bundestag. 2002. Schlussbericht der Enquete-Kommission »Globalisierung der Weltwirtschaft – Herausforderungen und Antworten«. S. 430.
11 Bode, Thilo. 2003. Die Demokratie verrät ihre Kinder. Stuttgart, München: DVA. S. 11, 205, 192 ff.
12 Internationale Arbeitsorganisation. 2004. Eine faire Globalisierung: Chancen für alle schaffen. Weltkommission für die soziale Dimension der Globalisierung. Genf. S. xv, siehe auch S. 133 f.
13 World Campaign for In-Depth Reform of the System of International Institutions, und UBUNTU Forum Ad Hoc Secretariat. 2004. »Reforms of the System of International Institutions to Make Another World Possible«. London Declaration vom 1. April 2004. S. 2.
14 Brief von Anders B. Johnsson an Kofi Annan vom 4. Mai 2004.
15 United Nations. 2004. We the Peoples: Civil society, the United Nations and Global Governance. Report of the Panel of Eminent Persons on United Nations–Civil Society Relations. UN Doc. A/58/817. Punkte 8, 106
16 Turner, Fred, und Zlatko Šabič. 2011. »The US Congress' Participation in NATO and the Organization for Security and Cooperation in Europe (OSCE) Assemblies«. Paper presented at the annual meeting of the International Studies Association Annual Conference »Global Governance: Political Authority in Transition«, Montreal. S. 12 (laut Interview der Autoren mit einem hohen Mitarbeiter des Kongresses).
17 Johnsson, Anders. 4. Oktober 2004. »Statement at the United Nations General Assembly joint debate, agenda items 52 and 54.«
18 United Nations, We the Peoples, aaO., Punkt 8.

19 Helsinki Process. 2005. »Governing Globalization – Globalizing Governance. New Approaches to Global Problem Solving«. Finish Ministry for Foreign Affairs. S. 6.
20 Socialist International. 29. Oktober 2003. Governance in a Global Society – The Social Democratic Approach. Report adopted at the XII. Congress, São Paulo. Kapitel III.0.a), und 3.3.
21 Brief von Marta Maurás, Director of the Executive Office of the Secretary-General, an Andreas Bummel, 27. Oktober 2004.
22 Gysin, Remo, Josef Lang, Christa Markwalder Bär, Heiner Studer, und Rosmarie Zapfl. »Establishment of a Parliamentary Assembly at the UN. Open letter of 108 Members of Parliament to the UN Secretary-General«. Swiss National Council, 8. Februar 2005.
23 Schweizerischer Bundesrat. »Bericht 2005 über das Verhältnis zur UNO und zu den internationalen Organisationen mit Sitz in der Schweiz«, 18, Mai 2005. S. 11 f.
24 Liberal International. 14. Mai 2005. »Strengthening citizens representation on international level through an UN Parliamentary Assembly«. Resolution adopted by the 53rd Congress in Sofia, Bulgaria.
25 Abgedruckt in: South Centre. 2005. What UN for the 21st Century? A New North-South Divide. Geneva. S. 38/39.
26 Europäisches Parlament. 9. Juni 2005. »Entschließung des Europäischen Parlaments zur Reform der Vereinten Nationen«. P6_TA(2005)0237. Siehe Punkt 39.
27 Deutscher Bundestag. 15. Juni 2005. Für eine parlamentarische Mitwirkung im System der Vereinten Nationen. 15/5690. http://dip.bundestag.de/btd/15/056/1505690.pdf. S. 3.
28 Zöpel, Christoph. 2005. »Die Vereinten Nationen und die Parlamente (II)«. Vereinte Nationen (4): 145–148. S. 148.
29 Bündnis 90/Die Grünen. »Eines für alle. Das Grüne Wahlprogramm 2005«, 10. Juli 2005. S. 107.
30 Johnsson, Anders. 16. September 2005. »Statement at the High-level Plenary Meeting of the United Nations General Assembly«.
31 Zulueta, Tana de. 2005. »Parliamentary dimension of the United Nations«. Report to the Political Affairs Committee of the Parliamentary Assembly of the Council of Europe. Doc. 10771. S. 8 f.
32 Council of Europe Parliamentary Assembly. 23. Januar 2006. »Parliamentary dimension of the United Nations«. Resolution 1476 (2006).
33 »Forderung nach UNO-Parlament«. sda-Meldung vom 21. Oktober 2006. http://www.nachrichten.ch/detail/255665.htm.
34 Childers, Erskine. 1996. »The United Nations and Global Institutions« gehalten auf der Conference on The Fate of Democracy In The Era of Globalisation, am 16. März 1996, Wellesley College, Massachusetts.
35 World Federation of United Nations Associations. »A United Nations Parliamentary Assembly«. Resolution adopted at the 38th Plenary Assembly, Buenos Aires, Argentina, 10. November 2006.
36 Aufruf zur Einrichtung einer Parlamentarischen Versammlung bei den Vereinten Nationen, 20. April 2007 (http://www.unpacampaign.org/).
37 Boutros-Ghali, Boutros. »Grußbotschaft an die Kampagne für die Einrichtung einer Parlamentarischen Versammlung bei den UN«, 16. Mai 2007.
38 Kampagne für ein UN-Parlament. »Folgerungen der Kampagne für ein UN-Parlament zu verschiedenen politischen Standpunkten«, November 2007.
39 Schweizerischer Bundesrat. »Bericht 2008 über das Verhältnis der Schweiz zur UNO und zu den internationalen Organisationen mit Sitz in der Schweiz«, 21. Mai 2008. S. 39.

40 Kampagne für ein UN-Parlament. »Die Einrichtung einer Parlamentarischen Versammlung bei der UNO und die Interparlamentarische Union«. November 2008.
41 Siehe http://www.unpacampaign.org/.
42 Verabschiedet am 24. Oktober 2007, abgedruckt in: Bummel, Andreas. 2010. Internationale Demokratie entwickeln. Für eine Parlamentarische Versammlung bei den Vereinten Nationen. 2. Aufl. Berlin: Komitee für eine demokratische UNO. S. 55–57.
43 Inter-Parliamentary Union, Hrsg. »Meeting of the Advisory Group of the IPU Committee on United Nations Affairs, 12–13 July 2007, Summary Report«, 2007. S. 2.
44 Grüne unterstützen Kampagne für ein UNO-Parlament, 2. Juli 2010, (http://www.unpacampaign.org).
45 Iglesias, Fernando. Globalizar la democracia: por un Parlamento Mundial. Buenos Aires: Manantial, 2006.
46 Abgedruckt in: Bummel, Internationale Demokratie, aaO., S. 53.
47 Aufruf: Globales Parlament soll »Aufsichtsfunktionen« im internationalen System übernehmen. 30. März 2009 (http://www.unpacampaign.org).
48 Council of Europe Parliamentary Assembly. »United Nations reform and the Council of Europe member states«. Resolution 1688 (2009), 1. Oktober 2009.
49 PACE: »Global Governance muss auf demokratischen Prinzipien basieren« – Debatte zur parlamentarischen Dimension der UNO, 01. Oktober 2009 (http://www.unpacampaign.org).
50 Inter-Parliamentary Union. »122nd Assembly and related meetings: Governing Council Item 13, Preparations for the 3rd World Conference of Speakers of Parliament, Annex I: Summary of decisions of the Second Meeting of the Preparatory Committee«. Document CL/186/13-R.1, 15. Februar 2010. S. 2.
51 Abdi, Abdirahin H. »Address of the Speaker of the East African Legislative Assembly on the occassion of the 3rd Conference of World Speakers«, Geneva, 20 Juli 2010.
52 Lammert, Norbert. »Rede des Präsidenten des Deutschen Bundestages, Prof. Dr. Norbert Lammert, auf der 3. Weltkonferenz der Parlamentspräsidenten in Genf«, 20. Juli 2010 (http://www.bundestag.de/).
53 »Idee für ein Weltparlament gestutzt«. Neue Zürcher Zeitung, 22. Juli 2010.
54 Emirates News Agency (WAM). »UAE calls for world body for democratic accountability«, 20. Juli 2010.
55 East African Legislative Assembly. »Resolution of the East African Legislative Assembly on the establishment of a United Nations Parliamentary Assembly«, 29. Januar 2013.
56 World Economic Forum. Everybody's Business: Strengthening International Cooperation in a More Interdependent World Report of the Global Redesign Initiative. Cologny/Geneva, 2010. S. 34 f.
57 Europäisches Parlament. »66. Tagung der Generalversammlung der Vereinten Nationen«. Resolution P7_TA (2011) 0255, 8. Juni 2011. Punkt (be) und (bf).
58 Rat der Europäischen Union/Europäisches Parlament. »Antwort auf eine schriftliche Anfrage – Parlamentarische Versammlung der Vereinten Nationen«. Dok. P-008768/2011, 28. November 2011.
59 Reynders, Didier. »Objet: United Nations Parliamentary Assembly, M2jMC/03.01.03.09«, Brief vom 26. Februar 2014.
60 Intellektuelle fordern »zügigen Aufbau einer demokratischen Weltordnungspolitik«. 27. Juni 2012 (http://www.unpacampaign.org).
61 United Nations. »Resolution adopted by the Human Rights Council: Promotion of a democratic and equitable international order«. UN Doc. A/HRC/RES/18/6, 13. Oktober 2011. Punkt 6 (h).
62 So z. B. United Nations. »Promotion of a democratic and equitable international order«. UN Doc. A/RES/68/175, 18. Dezember 2013. Punkt 5 (h).

63 Roshdy, Hussein O. »Statement at the 24th Session of the Human Rights Council«. Permanent Mission of the Arab Republic of Egypt, 10. September 2013.
64 Global Week of Action for a World Parliament. »Let the People Decide – World Parliament Now!«, 2013. (http://www.worldparliamentnow.org/)
65 »Vella calls on Commonwealth to support creation of UN Parliamentary Assembly«. Malta Today, 16. November 2014. (http://www.maltatoday.com.mt/).
66 Commission on Global Security, Justice & Governance. »Confronting the Crisis of Global Governance«. The Hague Institute for Global Justice and The Stimson Center, Juni 2015. S. xv, 84.
67 Ebd., S. 109 f.

Einführung Teil II.
1 Oesterdiekhoff, Georg W. 2005. Entwicklung der Weltgesellschaft: Von der Steinzeit zur Moderne. Münster: LIT. S. 7.
2 Ebd., S. 55.
3 Tickell, Crispin. 2005. »Are We Pushing Gaia Too Hard?« The 46th Annual Bennett Lecture for the 50th Anniversary of Geology, University of Leicester.
4 Wells, Herbert George. The Discovery of the Future. New York: B.W. Huebsch, 1913 (1902). S. 58.
5 White, Leslie A. 1969. The Science of Culture. A Study of Man and Civilization. 2. Aufl. New York: Farrar, Straus and Giroux. S. 368 f.
6 Vgl. Maddison, Angus. 2010. »Statistics on World Population, GDP and Per Capita GDP, 1–2008 AD«. http://www.ggdc.net/MADDISON/Historical_Statistics/horizontal-file_02–2010.xls und »Quantifying history: Two thousand years in one chart«. The Economist Online, 28. Juni 2011. http://www.economist.com/blogs/dailychart/2011/06/quantifying-history/print. Der prozentuale Anteil vor unserer Zeitrechnung fällt kaum ins Gewicht.
7 Ebd., Economist Online, 28. Juni 2011.

8 Toffler, Alvin. 1971. Der Zukunftsschock. 3. Aufl. Bern, München, et al.: Scherz. S. 10, 17.
9 Elias, Norbert. 1995 [1939]. Über den Prozeß der Zivilisation. Soziogenetische und psychogenetische Unterschungen. Zweiter Band. 19. Aufl. Bd. 2. Frankfurt am Main: Suhrkamp. S. 337.
10 Habermas, Jürgen. 1985. Die neue Unübersichtlichkeit. Frankfurt am Main: Suhrkamp. S. 141, 145.
11 Lyotard, Jean-Francois. 1990. »Randbemerkungen zu den Erzählungen (an Samuel Cassin, 6.2.1984)«. In Postmoderne und Dekonstruktion, hg. von Peter Engelmann und Jean-Francois Lyotard. Stuttgart: Reclam.. S. 49 ff.

Kapitel 10.
1 Crutzen, Paul J. 2002. »Geology of mankind«. Nature 415 (Januar): S. 23. Auf deutsch: Crutzen, Paul J. 2011. »Die Geologie der Menschheit«. In: Das Raumschiff Erde hat keinen Notausgang, übers von. Heinrich Geiselberger, S. 7–10. edition unseld.
2 Bärbel Hönisch et.al.: Atmospheric Carbon Dioxide Concentration Across the Mid-Pleistocene Transition, in: Science 324 (5934), 19. Juni 2009, S. 1551–1554.
3 Wilson, Edward O. 1992. The Diversity of Life. Cambridge: Belknap Press of Harvard University Press. S. 32, 278 ff.
4 Corcoran, Patricia L., Charles J. Moore, und Kelly Jazvac. »An anthropogenic marker horizon in the future rock record«. GSA Today 24, Nr. 6 (Juni 2014).
5 Zalasiewicz, Jan, Mark Williams, Will Steffen, und Paul Crutzen. 2010. »The New World of the Anthropocene«. Environmental Science and Technology 44 (7): S. 2228–31. S. 2230.
6 International Geosphere-Biosphere Programme (IGBP), International Human Dimensions Programme on Global Environmental Change (IHDP), World Climate Research Programme (WCRP), und DIVERSITAS. »The Amsterdam Declara-

tion on Global Change«, 13. Juli 2001. (http://www.essp.org/).
7 Rockström, Johan, und et.al. »Planetary Boundaries: Exploring the Safe Operating Space for Humanity«. Ecology and Society 14, Nr. 2 (2009): 32 ff.
8 WMO. »Record Greenhouse Gas Levels Impact Atmosphere and Oceans«. Press Release, 9. September 2014. (http://www.wmo.int/).
9 Church, John A. und Neil J. White, A 20th century acceleration in global sea-level rise, Geophysical Research Letters, Vol. 33, L01602 (2006).
10 Intergovernmental Panel on Climate Change. Climate Change 2013: The Physical Science Basis. Working Group I Contribution to the IPCC Fifth Assessment Report. Cambridge et. al.: Cambridge University Press, 2013. S. 25.
11 Chivers, Danny, und Jess Worth. »Paris Deal: Epic Fail on a Planetary Scale«. New Internationalist, 12. Dezember 2015.
12 Stern, Nicholas. 2006. The Economics of Climate Change. The Stern Review. S. 24 ff.
13 Ebd., S. 212 ff.; zwei Jahre später sprach Stern schon von zwei Prozent, siehe Jowit, Juliette, und Patrick Wintour. »Cost of tackling global climate change has doubled, warns Stern«. Guardian, Juni 26, 2008. (http://www.guardian.co.uk/).
14 Stern, ebd., S. 1, 25.
15 Aichele, Rahel, und Gabriel Felbermayr. »Auswirkungen der Kyoto-Verpflichtungen auf Emissionen und Carbon Footprints«. ifo Schnelldienst, Nr. 22 (2011): 23–26. S. 26.
16 Hardin, Garrett. »The Tragedy of the Commons«. Science 162, Nr. 3859 (13. Dezember 1968): 1243–1248.
17 Hardin, Garrett. »Extension of The Tragedy of the Commons«. Science 280 (5364) (1. Mai 1998): 682–683.
18 Hardin, Tragedy, aaO.
19 Ostrom, Elinor, Joanna Burger, Christopher B. Field, Richard B. Norgaard, und David Policansky. 1999. »Revisiting the Commons: Local Lessons, Global Challenges«. Science 284 (April 9): 278–282. S. 281.
20 Ebd.
21 Ebd. S. 281 f.
22 Gardiner, Stephen M. 2004. »The Global Warming Tragedy and the Dangerous Illusion of the Kyoto Protocol«. Ethics & International Affairs 18 (1): 23–39. S. 30 ff.
23 Hauser, Oliver P., David G. Rand, Alexander Peysakhovich, und Martin A. Nowak. »Cooperating with the Future«. Nature 511, Nr. 7508 (10. Juli 2014): 220–23. S. 221 f.
24 Lövin, Isabella. 2012. Silent Seas: The Fish Race to the Bottom. Rothersthorpe: Paragon Publishing. S. 72.
25 Heinrich, aaO., S. 23.
26 Baslar, Kemal. The Concept of the Common Heritage of Mankind in International Law. The Hague et. al.: Martinus Nijhoff, 1998. 92, 94.
27 Biermann, Frank, und et al. »Navigating the Anthropocene: Improving Earth System Governance«. Science 335 (16. März 2012): 1306–1307. S. 1307.
28 Goldenberg, Suzanne, Toby Helm, und John Vidal. »Copenhagen: The key players and how they rated«. The Observer, 20. Dezember 2009. (http://www.guardian.co.uk/).
29 Guzman, Andrew T. »Against Consent«. Virginia Journal of International Law 52, Nr. 4 (2012): 747–90. S. 749.
30 Peters, Anne. »Dual Democracy«. In The Constitutionalization of International Law, von Jan Klabbers, Anne Peters, und Geir Ulfstein, 263–341. Oxford, New York: Oxford University Press, 2009. S. 289.
31 Strauss, Andrew. 1999. »Overcoming the Dysfunction of the Bifurcated Global System: The Promise of A Peoples Assembly«. Transnational Law & Contemporary Problems 9 (2): 48–70. Abgedruckt und zit. n.: Falk, Richard, und Andrew Strauss. 2011. A Global Parliament: Essays and Articles. Berlin: Committee for a Democratic UN. S. 107 f.

32 Heinrich, aaO., S. 20.
33 Vereinte Nationen. 2005. In größerer Freiheit: Auf dem Weg zu Entwicklung, Sicherheit und Menschenrechte für alle. Bericht des Generalsekretärs. New York. UN-Dok. A/59/2005, Absatz 159.

Kapitel 11.
1 Meadows, Dennis. Die Grenzen des Wachstums. Bericht des Club of Rome zur Lage der Menschheit. 16. Aufl. Stuttgart: Deutsche Verlags-Anstalt, 1994. S. 17.
2 Aleklett, Kjell. Peeking at peak oil. New York ; London: Springer, 2012. S. 118.
3 Zittel, Werner, Jan Zerhusen, Martin Zerta, und Nikolaus Arnold. Fossile und Nukleare Brennstoffe – die künftige Versorgungssituation. Hg. von Energy Watch Group. Berlin, 2013. S. 14.
4 International Energy Agency. World Energy Outlook 2012. Paris: OECD/IEA, 2012. S. 25.
5 Meadows, Donella, Jorgen Randers, und Dennis Meadows. 2004. Limits to Growth. The 30-Year Update. 1. Aufl. White River Junction, VT: Chelsea Green Publishing. S. xvi.
6 Winter, Michael. 1993. Ende eines Traums : Blick zurück auf das utopische Zeitalter Europas. Stuttgart u. a.: Metzler. S. 298.
7 Saage, Richard. 1997. Utopieforschung. Eine Bilanz. Darmstadt: Wissenschaftliche Buchgesellschaft. S. 96.
8 Winter, aaO., S. 297 f., 299.
9 Worldwatch Institute, Hrsg. 2012. State of the World 2012: Moving Toward Sustainable Prosperity. Washington D.C.: Island Press. S. 24.
10 Mill, John Stuart. Principles of Political Economy with some of their Applications to Social Philosophy. Hg. von William J. Ashley. 7. Aufl. London: Library of Economics and Liberty, 1909 [1848]. Book IV, Chapter VI, §1. http://www.econlib.org/library/Mill/mlP49.html.
11 United Nations High-level Panel on Global Sustainability, Hrsg. 2012. »Resilient people, resilient planet: a future worth choosing. Report of the High-level Panel of the Secretary-General on Global Sustainability«. UN-Dok. A/66/700. S. 7.
12 Meadows, Donella, Dennis Meadows, und Jorgen Randers. 1993. Die neuen Grenzen des Wachstums. Übers von. Hans-Dieter Heck. Reinbek: Rowohlt Taschenbuch. S. 260 ff., 264.
13 von Weizsäcker, Ernst Ulrich, Karlson Hargroves, und Michael Smith. 2009. Faktor Fünf. Die Formel für nachhaltiges Wachstum. München: Droemer Knaur.
14 Wissenschaftlicher Beirat der Bundesregierung Globale Umweltveränderungen, Hrsg. 2011. Welt im Wandel. Gesellschaftsvertrag für eine Große Transformation. Hauptgutachten. Berlin: WBGU. S. 88 f.
15 Ebd., S. 98.
16 Wissenschaftlicher Beirat der Bundesregierung Globale Umweltveränderungen. »Gesellschaftsvertrag für eine Große Transformation«. Presseerklärung, 7. April 2011. http://www.wbgu.de/presse-termine/presseerklaerungen/2011-04-07-presseerklaerung/.
17 Potsdam-Memorandum. Schlussfolgerungen des Symposiums »Global Sustainability: A Nobel Cause«, Potsdam, 8. bis 10. Oktober 2007.
18 Raskin, Paul, Tariq Banuri, Gilberto Gallopín, Pablo Gutman, Al Hammond, Robert Kates, und Rob Swart. 2002. Great Transition. The Promise and Lure of the Times Ahead. A report of the Global Scenario Group. Boston, MA: Stockholm Environment Institute. (http://www.sei.se/).
19 Stiglitz, Joseph. Foreword in: Polanyi, Karl. 2001. The great transformation : the political and economic origins of our time. Boston, MA: Beacon Press. S. xiii.
20 Polanyi, Karl. 1944. The Great Transformation : Politische und ökonomische Ursprünge von Gesellschaften und

Wirtschaftssystemen. Frankfurt (Main): Suhrkamp. S. 68 ff., 89, 105.
21 Ebd., S. 111, 112.
22 Ebd., S. 192, 194.
23 Ebd., S. 97, 99.
24 Ebd., S. 71 ff.
25 Ebd., S. 112.
26 Ebd., S. 42.
27 Ebd., S. 317.
28 Herlyn, Estelle L. A., und Franz Josef Radermacher. 2011. »Ökosoziale Marktwirtschaft: Ideen, Bezüge, Perspektiven«. FAW/n Report. S. 3.
29 World Commission on Environment and Development, Hrsg. 1987. Our Common Future. Annex to UN Doc. A/42/427. Kap. 10, Pkt. 1.
30 Stiglitz, Joseph. 2004. Die Schatten der Globalisierung. 2. Aufl. München: Goldmann. S. 39.
31 Polanyi, aaO., S. 43.

Kapitel 12.
1 Luttwak, Edward. 9. Dezember 1999. »Wenige Gewinner, viele Verlierer«Interviewt von Dietmar H. Lamparter und Fritz Vorholz. Die Zeit. http://www.zeit.de/1999/50/199950.lutwak-interview.xml.
2 Fraser, Nancy. 2011. »Marketization, Social Protection, Emancipation: Toward a Neo-Polanyian Conception of Capitalist Crisis«. In: Business as Usual. The Roots of the Global Financial Meltdown, hg von Craig Calhoun und Georgi Derluguian, 137–157, 281/2. New York and London: New York University Press. S. 139.
3 International Monetary Fund. 2009. »The State of Public Finances Cross-Country Fiscal Monitor: November 2009«. S. 11.
4 »stern-Interview: Köhler nennt Finanzmärkte ›Monster‹«. stern.de, 14. Mai 14 2008. (http://www.stern.de/).
5 Barofsky, Neil M. »Bungled Bank Bailout Leaves Behind Righteous Anger«. Bloomberg, 22. Juli 2012. (http://www.bloomberg.com/).
6 Zit. n. Mussler, Werner. »Finanzmarkt: EU will Schattenbanken regulieren«. Frankfurter Allgemeine Zeitung, 19. März 2012. (http://www.faz.net/).
7 Financial Stability Board. ›Global Shadow Banking Monitoring Report 2015‹, 12 November 2015. S. 9.
8 Niepmann, Friederike, und Tim Schmidt-Eisenlohr. 2010. »Bank Bailouts, International Linkages and Cooperation«. London School of Economics and Political Science, CEP Discussion Paper No 1023, S. 2 (mit weiteren Nachweisen).
9 Faux, Jeff. 2006. The Global Class War. Hoboken NJ: John Wiley & Sons. S. 115 ff.
10 International Monetary Fund. Oktober 2012. Global Financial Stability Report: Restoring Confidence and Progressing on Reforms. Washington D.C.: IMF. Kapitel 3, S. 1.
11 International Task Force on Global Public Goods. »Meeting Global Challenges: International Cooperation in the National Interest. Report of the International Task Force on Global Public Goods«. Stockholm, Sweden, 2006. S. 18, 19.
12 Luttwak, Edward. 1999. Turbo-Kapitalismus – Gewinner und Verlierer der Globalisierung. Hamburg/Wien: Europa Verlag. S. 211.
13 Waltz, Kenneth N. 1993. »The Emerging Structure of International Politics«. International Security 18 (2): 44–79. S. 59.
14 Soros, George. 1998. Die Krise des globalen Kapitalismus. Berlin: Alexander Fest Verlag. S. 266.
15 Mises, Ludwig von. 1927. Liberalismus. Jena: Verlag Gustav Fischer. S. 33, 93, 130. Siehe auch S. 127, 131. Unter den Bedingungen des Zweiten Weltkriegs hat er diese Haltung später relativiert, siehe Mises, Ludwig von. 1944. Omnipotent Government: The Rise of the Total State and Total War. Auburn, Alabama: Liberty Fund/Ludwig von Mises Institute. S. 243. (http://mises.org/).

16 Hayek, Friedrich August von. 1944. Der Weg zur Knechtschaft. München: Olzog. S. 286, 287, 291.
17 U.S. Congress. »Proceedings and Debates of the 106th Congress, First Session«. Congressional Record 145, Nr. 154 (November 4, 1999). S. S13880.
18 Friedman, Thomas L. 2000. Globalisierung verstehen. Zwischen Marktplatz und Weltmarkt. München: Econ. S. 162 f.
19 Shaxson, Nicholas. 2011. Schatzinseln : wie Steueroasen die Demokratie untergraben. Übers von Peter Stäuber. Zürich: Rotpunktverlag. S. 18.
20 Syal, Rajeev. »Drug money saved banks in global crisis, claims UN advisor«. The Observer, 13. Dezember 2009. (http://www.guardian.co.uk/).
21 Shaxson, aaO. S. 34, 39.
22 Ebd., S. 36, 247 ff.
23 Elsayyad, May, und Kai A. Konrad. »Fighting Multiple Tax Havens«. Max Planck Institute for Tax Law and Public Finance, Working Paper 2011-01, Januar 2011. (http://www.tax.mpg.de); Johannesen, Niels, und Gabriel Zucman. »The End of Bank Secrecy? An Evaluation of the G20 Tax Haven Crackdown«. Working Paper, forthcoming in the American Economic Journal: Economic Policy, 12. Oktober 2012. (http://www.parisschoolofeconomics.eu/).
24 Findley, Michael G. Global Shell Games: Experiments In Transnational Relations, Crime, And Terrorism. New York: Cambridge University Press, 2014. S. 168 ff.
25 Henry, James S. »The Price of Offshore Revisited«. Tax Justice Network, Juli 2012. S. 3, 5.
26 Crouch, Colin. 2011. Das befremdliche Überleben des Neoliberalismus. Berlin: Suhrkamp. S. 12.
27 Ebd., S. 239.
28 Shaxson, aaO., S. 48.
29 Frankman, Myron J. 2004. World Democratic Federalism. New York: Palgrave Macmillan. S. 37 f.
30 Schumann, Harald, und Christiane Grefe. 2008. Der globale Countdown. Gerechtigkeit oder Selbstzerstörung – Die Zukunft der Globalisierung. Köln: Kiepenheuer & Witsch. S. 31 f.
31 Weiss, Thomas G. 2009. »What Happened to the Idea of World Government?« International Studies Quarterly 53: 253–271. S. 256 f.

Kapitel 13.

1 Mundell, Robert. »The case for a world currency«. Journal of Policy Modeling 27 (2005): 465–475. S. 468, 475.
2 »Get ready for the phoenix«. The Economist, Vol. 306 (Januar 9, 1988): 9–10, S. 9.
3 Mandel, Michael. »A Global Bailout?« Businessweek (16. März 2008). (http://www.businessweek.com/); siehe auch die Titelgeschichte zwei Jahre zuvor: Mandel, Michael, und Richard S. Dunham. »Can Anyone Steer This Economy?« Businessweek (20. November 2006): 57–62.
4 Xiaochuan, Zhou. »Statement on Reforming the International Monetary System«. Foreign Affairs Essential Documents, 23. März 2009. (http://www.cfr.org/).
5 Rickards, James. Currency wars : the making of the next global crisis. New York: Portfolio/Penguin, 2011. S. xiv f., 223.
6 United Nations Department of Economic and Social Affairs, Hrsg. 2010. »World Economic and Social Survey 2010: Retooling Global Development«. S. xxii.
7 Vgl. Moghadam, Reza. »Reserve Accumulation and International Monetary Stability«. International Monetary Fund, 13. April 2010. S. 26–28.
8 Moghadam, Reza. »Enhancing International Monetary Stability-A Role for the SDR?« International Monetary Fund, 7. Januar 2011. S. 12.
9 United Nations, Hrsg. »Report of the Commission of Experts of the President of the United Nations General Assembly on Reforms of the International Monetary and Financial System«, 21. September 2009. S. 115.

10 Tobin, James. »A tax on international currency transactions«. In: Human Development Report 1994: New dimensions of human security, hg. von United Nations Development Programme, New York: Oxford University Press. S. 70

11 Tax Foundation. »OECD Corporate Income Tax Rates, 1981-2012«, 29. Juni 2012 und ebd. »Corporate Income Tax Rates around the World, 2015«, September 2015.

12 Citizens for Tax Justice. »Which Fortune 500 Companies Are Sheltering Income in Overseas Tax Havens?« CTJ Reports, 17. Oktober 2012. (http://ctj.org/).

13 United States Senate. »Subcommittee Hearing to Examine Billions of Dollars in U.S. Tax Avoidance By Multinational Corporations«. The Permanent Subcommittee On Investigations, 20. September 2012. (http://www.hsgac.senate.gov/).

14 Bundesministerium der Finanzen, Hrsg. »Erklärung des deutschen und des britischen Finanzministers zu intensivierter internationaler Zusammenarbeit bei der Stärkung internationaler Standards für die Unternehmensbesteuerung«, 5. November 2012. (http://www.bundesfinanzministerium.de/).

15 United Nations, Hrsg. »Report of the High-Level Panel on Financing for Development«. (Zedillo report), 2001. S. 15.

16 Vgl. Rixen, Thomas. The political economy of international tax governance. Houndmills: Palgrave Macmillan, 2008. S. 127.

17 Supreme Court of the United States. »Barclays Bank Plc v. Franchise Tax Board of California«. 512 US 298, 20. Juni 1994. Abs. 40. http://openjurist.org/512/us/298

18 Horner, Frances M. »Do We Need an International Tax Organization?« Tax Notes (29. Oktober 2001): 709–715. Siehe Abs. 33, »Condition Five: Governance«.

19 Picciotto, Sol. »Towards Unitary Taxation of Transnational Corporations. Draft.« Tax Justice Network, November 2012. S. 19.

20 Engels, Rainer, Jens Martens, Peter Wahl, und Michael Windfuhr. »Alles neu macht das MAI? Das Multilaterale Investitionsabkommen«. Weltwirtschaft, Ökologie & Entwicklung e. V., März 1998. S. 34.

21 Picciotto, aaO., S. 3.

22 Rixen, Thomas. The political economy of international tax governance. Houndmills: Palgrave Macmillan, 2008. S. 203.

23 Rixen, Thomas. »Tax Competition and Inequality: The Case for Global Tax Governance«. Global Governance 17 (2011): 447–467. S. 457.

24 Lesage, Dries. »Global Taxation Governance after the 2002 UN Monterrey Conference«. Oxford Development Studies 36, Nr. 3 (September 2008): 281–94. S. 292.

25 Nord-Süd-Kommission. 1980. Das Überleben sichern. Gemeinsame Interessen der Industrie- und Entwicklungsländer. Bericht der Nord-Süd-Kommission. Köln: Kiepenheuer & Witsch. S. 306.

26 Pogge, Thomas. Weltarmut und Menschenrechte. Kosmopolitische Verantwortung und Reformen. Übersetzt von Anna Wehofsits. Berlin: De Gruyter, 2011. S. 245 f.

27 Piketty, Thomas. Capital in the Twenty-First Century. Cambridge Massachusetts: Harvard University Press, 2014. S. 515.

28 United Nations Department of Economic and Social Affairs. World Economic and Social Survey 2012: In Search of New Development Finance. New York: United Nations, 2012. S. 29 f., 98 f.

29 Zur UN: In 2009 waren das rund 32 Milliarden US-Dollar, siehe Hüfner, Klaus, und Michael Renner. »Total UN System Contributions«. Global Policy Forum. (http://www.globalpolicy.org/); zur OECD: In 2011 waren das 133,5 Milliarden US-Dollar, siehe »ODA-Zahlen 2011: Weniger Finanzmittel für Entwicklungsländer«. OECD, 4. April 2012. (http://www.oecd.org/).

30 Cooper, Richard N. »The Case for Charges on Greenhouse Gas Emissions«. Discussion Paper 08-10. Harvard Project on International Climate Agreements, Belfer Center for Science and International Affairs, Harvard Kennedy School, Oktober 2008. S. 5, 12.
31 Frankman, aaO., S. 100.
32 Brincat, Shannon. »A Global Greenhouse Tax«. Helsinki Review of Global Governance 2, Nr. 2 (September 2011): 42–44. S. 42 ff.

Kapitel 14.
1 Rittberger, Volker, Andreas Kruck, und Anne Romund. Grundzüge der Weltpolitik. Theorie und Empirie des Weltregierens. 1. Aufl. Wiesbaden: VS Verlag für Sozialwissenschaften, 2010. S. 278, mwN (die Definition stammt von Maryann Cusimano).
2 Ebd. S. 278, 280.
3 National Intelligence Council, Hrsg. »Global Governance 2025: At a critical juncture«, September 2010. S. iii.
4 Garvin, James Louis. 1919. The Economic Foundations of Peace: or world partnership as the truer basis of the League of Nations. London: MacMillan & Co. S. 74, siehe z. B. auch S. 13, 72.
5 Kerr, Philip (Lord Lothian). »Pacifism is not enough nor patriotism either«. 28. Mai 1935, Quelle: Federal Union (http://www.federalunion.org.uk/).
6 Schütz, Wolfgang Wilhelm. 1956. Wir wollen Überleben, Außenpolitik im Atomzeitalter. Stuttgart: DVA. S. 162.
7 Toffler, Alvin. 1975. Die Grenzen der Krise. Übers. Jürgen Bavendam. Bern und München: Scherz. S. 9, 110 f.
8 Genscher, Hans-Dietrich. 1981. »Außenpolitik im Zeitalter weltweiter Interdependenz. Rede vor der 30. Generalversammlung der Vereinten Nationen am 24. September 1975«. In: Deutsche Aussenpolitik. Ausgewählte Grundsatzreden 1975–1980, 87–104. Stuttgart: Bonn aktuell. S. 89 ff.
9 Steele Commager, Henry. 1976. »A Declaration of INTERdependence«. In: Third Try at World Order. U.S. Policy for an Interdependent World, Hrsg. Harlan Cleveland, 107–109. Philadelphia: World Affairs Council of Philadelphia. S. 109, 107.
10 Vgl. Slaughter, Anne-Marie. 2004. A new world order. Princeton: Princeton University Press.
11 Keohane, Robert, und Joseph S. Nye. 2011 (1977). Power and interdependence. 4th ed. Boston: Longman. S. 20.
12 Cleveland, Harlan. 1976. Third Try at World Order. U.S. Policy for an Interdependent World. Philadelphia: Aspen Institute for Humanistic Studies. S. 83 ff.
13 Weizsäcker, Carl Friedrich von. »Bedingungen des Friedens«. Dankesrede, Friedenspreis des Deutschen Buchhandels, 1963. S. 11.
14 Bartosch, Ulrich. 1995. Weltinnenpolitik. Zur Theorie des Friedens bei Carl Friedrich von Weizsäcker. Berlin: Duncker & Humblot. S. 254.
15 Weizsäcker, C.F., aaO., S. 12.
16 Bartosch, aaO., S. 263.
17 Siehe Buzan, Barry. 2004. From International to World Society? English School Theory and the Social Structure of Globalisation. Cambridge, New York, et.al.: Cambridge University Press. S. 159 f., 190 ff.
18 Ebd., S. 195.
19 Huntley, James Robert. 1998. Pax Democratica: A Strategy for the 21st Century. New York: St. Martin's Press. S. 21 ff., 35.
20 Jaspers, Karl. Vom Ursprung und Ziel der Geschichte. Frankfurt am Main: Fischer, 1955 (1949). S. 187, 189, 191 f.
21 Laski, Harold J. A Grammar of Politics. 4. Aufl. London/New Haven: George Allen & Unwin Ltd./The Yale University Press, 1938. S. 44 ff., 65 ff.
22 McLuhan, Marshall. Understanding Media : The Extensions of Man. London: Routledge, 1964. S. 4, 39 ff., 101.
23 McLuhan, Marshall. Die Gutenberg-Galaxis. Das Ende des Buchzeitalters. Bonn: Addison-Wesley, 1962. S. 39.
24 Baratta, Joseph Preston. The Politics of World Federation. United Nations, UN

Reform, Atomic Control. Vol. 1. Westport, Connecticut; London: Praeger Publishers, 2004. S. 255.

Kapitel 15.
1. Hanson, Robin. 2008. »Catastrophe, social collapse, and human extinction«. In Global Catastrophic Risks, Hrsg. Nick Bostrom und Milan M. Ćirković, 363–377. 1. Aufl. Oxford, New York: Oxford University Press. S. 375.
2. Bostrom, Nick, und Milan M. Ćirković, Hrsg. Global Catastrophic Risks. 1. Aufl. Oxford, New York: Oxford University Press, 2008. S. xi.
3. Rees, Martin. 2004. Our Final Century. Will Civilisation Survive the Twenty-First Century? 1. Aufl. Arrow Books. S. 8.
4. Bostrom, Nick. »Existential Risk Prevention as Global Priority«. Global Policy 4, Nr. 1 (Februar 2013): 15–31. S. 16, 19.
5. Deutsche UNESCO-Kommission. »Allgemeine Erklärung über das menschliche Genom und Menschenrechte«, November 1997. http://www.unesco.de/445.html.
6. Rifkin, Jeremy. 1998. Das biotechnische Zeitalter. Übers. Susanne Kuhlmann-Krieg. 1. Aufl. München: C. Bertelsmann. S. 23.
7. Silver, Lee M. 2000. »Gesündere und glücklichere Kinder mit Reprogenetik«. Novo (44). http://www.novo-magazin.de/44/novo4418.htm.
8. Silver, Lee M. 2002. »Die ›Schöne Neue Welt‹«. Project Syndicate. (http://www.project-syndicate.org/).
9. Silver, Reprogenetik, aaO.
10. Kurzweil, Ray. 1999. Homo Sapiens. Leben im 21. Jahrhundert – Was bleibt vom Menschen? 2. Aufl. Köln: Kiepenheuer & Witsch.
11. Rotter, David. 2013. »Transhumanismus. Die Abschaffung des Menschen«. Tattva Viveka (56) (August): 58–67. S. 64.
12. Garis, Hugo de. 2005. The Artilect War. Palm Springs, Ca.: ETC Publications. S. 19.
13. Sharkey, Noel. »Robot wars are a reality«. The Guardian, 18. August 2007. (http://www.theguardian.com/).
14. Zit. n. Stone, Richard. »Scientists Campaign Against Killer Robots«. Science 342, Nr. 6165 (20. Dezember 2013): 1428–1429. S. 1429.
15. Human Rights Watch. 2012. Losing Humanity. The Case Against Killer Robots. (http://www.hrw.org/).
16. Asimov, Isaac. »Keynote Address of the Humanist Institute first annual meeting, New York«, 14. Januar 1989. (http://www.youtube.com/watch?v=LO0sCs8jI4k).
17. Joy, Bill. »Warum die Zukunft uns nicht braucht«. Frankfurter Allgemeine Zeitung, 6. Juni 2000. S. 49.
18. Joy, Bill. »Act now to keep new technologies out of destructive hands«. New Perspectives Quarterly 17, Nr. 3 (2000): 12–14.
19. Joy, Zukunft, aaO., S. 51.
20. Bostrom/Ćirković, Hrsg. Global Catastrophic Risks, aaO., S. 16.
21. Davis, Mike. The Monster at Our Door. The Global Threat of Avian Flu. New York: Henry Holt and Company, 2006. S. 125 f.
22. Keim, Brandon. »Ready or Not: Mutant H5N1 Research Set to Resume«. Wired.com, Januar 23, 2013. (http://www.wired.com/).
23. National Intelligence Council, aaO., S. 35, 69.
24. Fukuyama, Francis. 2002. Das Ende des Menschen. 3. Aufl. Stuttgart, München: DVA. S. 253, 281, 291, 257.
25. Capanna, Mario. 2010. »Towards a World Parliament«. Speech at at the 10th Doha Forum on Democracy and Free Trade. (http://www.fondazionedirittigenetici.org/).
26. Singer, Peter. 2004. One world : the ethics of globalization. New Haven: Yale University Press. S. 149, 199 ff.

Kapitel 16.

1. Bergh, Godfried van Benthem van den. 1984. »Dynamik von Rüstung und Staatsbildungsprozessen«. In Macht und Zivilisation. Materialien zu Norbert Elias' Zivilisationstheorie 2, Hrsg. Peter Gleichmann, Johan Goudsblom, und Hermann Korte, 217–241. Frankfurt: Suhrkamp. S. 217.
2. Kennedy, Robert F. 1999 (1968). Thirteen Days. A Memoir of the Cuban Missile Crisis. New York und London: W.W. Norton & Company. S. 19.
3. Zu den Zahlen siehe Dobbs, Rachel. 2011. »What Was at Stake in 1962?« Foreign Policy. (http://www.foreignpolicy.com/). Vergleich auch Norris, Robert S., und Hans M. Kristensen. 12. Oktober 2012. »The Cuban Missile Crisis: A nuclear order of battle, October and November 1962«. Bulletin of the Atomic Scientists, Nuclear Notebook. (http://bos.sagepub.com/).
4. Stockholm International Peace Research Institute, Hrsg. 2012. SIPRI Yearbook 2012 Summary. Solna, Sweden. S 14.
5. Vgl. Kristensen, Hans M., und Matthew McKinzie. 2012. Reducing Alert Rates of Nuclear Weapons. New York and Geneva: United Nations Institute for Disarmament Research. S. viii. (http://www.unidir.ch/).
6. Amis, Martin. »Einführung: Die Denkbarkeit des Undenkbaren«. In: Einsteins Ungeheuer. Träume im Schatten der Bombe, ders., übersetzt von Bernhard Robben, 8–30. Reinbek: Rowohlt, 1988. S. 9.
7. Schütz, Wolfgang Wilhelm. 1956. Wir wollen Überleben, Außenpolitik im Atomzeitalter. Stuttgart: DVA. S. 162.
8. Elias, Norbert. 1983. Engagement und Distanzierung. Frankfurt am Main: Suhrkamp. S. 121; vgl. auch S. 77 f.
9. Cirincione, Joseph. 2008. »The continuing threat of nuclear war«. In Global Catastrophic Risks, Hrsg. Bostrom/Ćirković, aaO., 381–401. S. 382.
10. Sagan, Scott D. 1995. The Limits of Safety. Organizations, Accidents, and Nuclear Weapons. 4. Aufl. Princeton, NJ: Princeton University Press. S. 262.
11. Robock, Alan, und Brian Toon. 2010. »Local Nuclear War, Global Suffering«. Scientific American (January 2010): 74–81. S. 76.
12. Daley, Tad. 2010. Apocalypse never. Forging the path to a nuclear weapon-free world. New Brunswick, N.J.: Rutgers University Press. S. 95.
13. Schlosser, Eric. 2013. Command and control: nuclear weapons, the Damascus Accident, and the illusion of safety. New York: The Penguin Press. S. 245 ff.
14. Blair, Bruce. 19. September 2004. »The Wrong Deterrence«. Washington Post (http://www.washingtonpost.com/). Vgl. auch Rosenbaum, Ron. 2011. How the end begins: the road to a nuclear World War III. London: Simon & Schuster. S. 109.
15. Gorbachev, Mikhail. 1987. »Reality and Guarantees for a Secure World«. International Affairs: A Russian Journal of World Politics, Diplomacy and International Relations 33 (11): 3–11. S. 4.
16. Shultz, George P., William J. Perry, Henry A. Kissinger, und Sam Nunn. 5. März 2013. »Next Steps in Reducing Nuclear Risks: The Pace of Nonproliferation Work Today Doesn't Match the Urgency of the Threat«. The Wall Street Journal, (http://www.nuclearsecurityproject.org/).
17. International Court of Justice. 1996. »Legality of the Threat or Use of Nuclear Weapons. Advisory Opinion.« ICJ. Abs. 99, S. 41 f. http://www.icj-cij.org/docket/files/95/7495.pdf
18. Daley, Apocalypse, aaO., S. 118.
19. Lippmann, Walter. »International Control of Atomic Energy«. In One World Or None, hg. von Dexter Masters und Katharine Way, 180–208. New York: The New Press, 1946. S. 187 ff.
20. Daley, Apocalypse, aaO., S. 179.

21 Daley, Tad. 25. Oktober 2013. »Ban the Bomb!« Foreign Policy in Focus. http://fpif.org/ban-bomb/.
22 Bergh, Godfried van Benthem van den. 1992. The Nuclear Revolution and the End of the Cold War. Houndsmills: MacMillan Press. S. 211.
23 Vereinte Nationen. 1978. »Schlussdokument der Zehnten Sondertagung der Generalversammlung«. UN-Dok. S-10/2. Abs. 22, S. 10; siehe auch Abs. 81, S. 23.
24 Hanley, Charles J. 16. April 2009. »Gorbachev: US military power blocks ›no nukes‹«. Associated Press.
25 Tilly, Charles. 2010. Coercion, Capital, and European States AD 990 – 1992. Revised paperback edition. Cambridge, Mass; Oxford, UK: Blackwell. S. 14, siehe auch 67 ff.
26 »War made the state and the state made war«, Tilly, Charles. 1975. »Reflections on the History of European State-Making«. In: The Formation of National States in Western Europe, hg. von Charles Tilly. Princeton: Princeton University Press. S. 42.
27 »Joint Statement of Agreed Principles for Disarmament Negotiations (McCloy-Zorin Accords)«. 20. September 1961. Quelle: Nuclear Age Peace Foundation. (http://www.nuclearfiles.org/).
28 Siehe seine Friedensrede an American University Commencement Address, 10.06.1963 in Washington D.C. Im Monat zuvor hatte er außerdem eine entsprechende interne Anordnung erlassen, siehe Kennedy, John F. »National Security Action Memorandum Number 239«. Quelle: John F. Kennedy Presidential Library & Museum, 6. Mai 1963. (http://www.jfklibrary.org/).
29 Churchill, Winston. »The Sinews of Peace, Westminster College, Fulton, Missouri«. 5. März 1946. Quelle: The Churchill Centre and Museum at the Churchill War Rooms, London. (http://www.winstonchurchill.org/).
30 Roberts, Adam. »Proposals for UN Standing Forces: A Critical History«. In: The United Nations Security Council and War, 99–130. Hg. von Vaughan Lowe, Adam Roberts, Jennifer Welsh, und Dominik Zaum. Oxford: Oxford University Press, 2008.
31 United Nations. 1992. »An Agenda for Peace. Preventive diplomacy, peacemaking and peace-keeping«. Report of the Secretary-General pursuant to the statement adopted by the Summit Meeting of the Security Council on 31 January 1992, UN-Dok. A/47/277-S/24111. Abs. 43.
32 United Nations. 1995. »Supplement to an Agenda for Peace: Position Paper of the Secretary-General on the Occassion of the Fiftieth Anniversary of the United Nations«. Report of the Secretary-General on the work of the organization A/50/60-S/1995/1. New York. Abs. 44.
33 Avant, Deborah. 2005. The Market for Force: The Consequences of Privatizing Security. Cambridge: Cambridge University Press. S. 7.
34 Scahill, Jeremy. 2007. Blackwater. The Rise of the World's Most Powerful Mercenary Army. London: Serpent's Tail. S. 345.
35 »Lateline: Dogs of War«. 18.05.2000. Australian Broadcasting Corp. (http://www.abc.net.au/). Gespräch mit Brian Urquhart, Tim Spicer und Abdul Musa.
36 Pingeot, Lou. 2012. »Dangerous Partnership: Private Military & Security Companies and the UN«. Global Policy Forum/Rosa-Luxemburg-Stiftung. S. 8.
37 Vgl. Lange, Anne. 2012. »Kein Nachrichtendienst für das UN-Sekretariat«. Vereinte Nationen (6): 257–262. S. 259.
38 Offener Brief an die UN-Generalversammlung, Oktober 1947. Zit. n. Nathan/Norden, aaO., S. 440.
39 In einer Nachricht vom Mai 1947, zit. n. ebd., S. 407. Siehe auch S. 362, 255, 242, 205 f.
40 Davies, David. 1930. The Problem of the Twentieth Century. London: Ernest Benn Limited. S. 271.
41 Sagan, Carl. 1982. Unser Kosmos. Übers. Siglinde Summerer und Gerda Kurz. München: Droemer Knaur. S. 330, 341.

Kapitel 17.

1 Greenwald, Glenn. »Washington gets explicit: its ›war on terror‹ is permanent«. Guardian.co.uk, 17. Mai 2013. (http://www.guardian.co.uk/).
2 Die Unterstützung der Mudschaheddin wurde sechs Monate vor der sowjetischen Invasion begonnen, vgl. Gates, Robert M. 2006 (1996). From the Shadows: The Ultimate Insider's Story of Five Presidents and How They Won the Cold War. Annotated edition. Simon & Schuster. S. 146 f.
3 McCoy, Alfred W. 2003. Die CIA und das Heroin. Weltpolitik durch Drogenhandel. Übersetzt von Andreas Simon. Deutsche Erstausgabe. Frankfurt am Main: Zweitausendeins. S. 681 ff.
4 Naím, Moisés. 2005. Illicit: how smugglers, traffickers and copycats are hijacking the global economy. 1st ed. New York: Doubleday. S. 261 ff.
5 Ricks, Thomas E. 2007. Fiasco: The American Military Adventure in Iraq. New York: Penguin Books. S. 128.
6 Nach Schätzungen von Iraq Body Count bzw. des irakischen Menschenrechtsministeriums, Quelle: »The War in Iraq: 10 years and counting«. 19. März 2013. Iraq Body Count. (http://www.iraqbodycount.org/).
7 Woods, Chris, und Alice K. Ross. »Revealed: US and Britain launched 1,200 drone strikes in recent wars«. The Bureau of Investigative Journalism, 4. Dezember 2012. (http://www.thebureauinvestigates.com/).
8 International Human Rights and Conflict Resolution Clinic at Stanford Law School, und Global Justice Clinic at NYU School of Law. September 2012. »Living Under Drones. Death, Injury, and Trauma to Civilians From US Drone Practices in Pakistan«. (http://www.livingunderdrones.org/).
9 Scahill, Jeremy. 2013. Dirty Wars: The World Is a Battlefield. London: Serpent's Tail. S. 466.
10 Barber, Benjamin. 1996. Coca Cola und Heiliger Krieg. Wie Kapitalismus und Fundamentalismus Demokratie und Freiheit abschaffen. Übersetzt von Günter Seib. Bern, München, et al.: Scherz. S. 235, 38, 167 ff., 13.
11 Falk, Richard, und Andrew Strauss. 2003. »The Deeper Challenges of Global Terrorism: A Democratizing Reponse«. In: Debating Cosmopolitics, hg. von Daniele Archibugi, 203–231. London, New York: Verso. Abgedruckt in und zit. n.: Falk/Strauss. Global Parliament, aaO., S. 137.
12 Daley, Apocaplyse, aaO., S. 62 ff.
13 Ebd., S. 140.
14 Barber, aaO., S. 295 f., 297, 244, 285, 243, 298 f.
15 Europäisches Parlament. 2001. »Bericht über die Existenz eines globalen Abhörsystems für private und wirtschaftliche Kommunikation (Abhörsystem ECHELON) – Nichtständiger Ausschuss über das Abhörsystem ECHELON«. Dok. A5-0264/2001.
16 Bamford, James. 2002. NSA. Die Anatomie des mächtigsten Geheimdienstes der Welt. München: Goldmann. S. 528.
17 McCoy, Alfred W. »Surveillance and Scandal: Time-Tested Weapons for U.S. Global Power«. TomDispatch, 19. Januar 2014. http://www.tomdispatch.com/post/175795/.
18 McCoy, Alfred W. »Surveillance Blowback: The Making of the U.S. Surveillance State, 1898–2020«, 14. Juli 2013. http://www.tomdispatch.com/blog/175724/.
19 »Binney: NSA-Praxis ist totalitär«. Deutscher Bundestag – Aktuelle Meldungen (hib), 3. Juli 2014. http://www.bundestag.de/presse/hib/2014_07/-/286332.
20 Augstein, Jakob. 17. Juni 2013. »Obama's Soft Totalitarianism: Europe Must Protect Itself from America«. Spiegel Online. (http://www.spiegel.de/).
21 Darnstädt, Thomas. 10. Juli 2013. »Amerikas digitaler Großangriff auf das Völkerrecht«. Spiegel Online. (http://www.spiegel.de/).
22 Greenwald, Glenn. 7. Juli 2013. »The NSA's mass and indiscriminate spying

on Brazilians«. Guardian.co.uk. (http://www.guardian.co.uk/).
23 Schaar, Peter. 25. Juni 2013. »Prism und Tempora: Zügellose Überwachung zurückfahren!« Spiegel Online. (http://www.spiegel.de/).
24 Office of the High Commissioner for Human Rights, Hrsg. 12. Juli 2013. »Mass surveillance: Pillay urges respect for right to privacy and protection of individuals revealing human rights violations«. (http://www.ohchr.org/).

Kapitel 18.
1 Darnstädt, Thomas. 2009. Der globale Polizeistaat. 1. Aufl. München: Goldmann. S. 294, 46, 326.
2 Ebd., S. 328.
3 Kocher, Victor. Terrorlisten. Die schwarzen Löcher des Völkerrechts. Wien: Promedia, 2011. S. 13, 139.
4 Europäischer Gerichtshof. »Urteil des Gerichtshofes, Rechtssachen C-584/10 P, C-593/10 P und C-595/10 P«, 18. Juli 2013 (Kadi II). Absatz 133.
5 Karadžić wurde schließlich 2008 und Mladić 2011 festgenommen.
6 Zit n. Bummel, Andreas. 2003. »Für eine ständige Eingreiftruppe der Vereinten Nationen. Ein Memorandum der Gesellschaft für bedrohte Völker« (im Interview mit der Allgemeinen Schweizerischen Militärzeitschrift, Ausgabe 11/2001).
7 »Justice for Darfur's victims mired in political expediency – ICC prosecutor«. United Nations News Centre, 17. Juni 2014.
8 Final Act of the International Criminal Court. UN Doc. A/CONF.183/10, 17. Juli 1998. Siehe Resolution E. http://legal.un.org/icc/statute/finalfra.htm.
9 Anderson, Michael. »International Money Laundering: The Need for ICC Investigative and Adjudicative Jurisdiction«. Virginia Journal of International Law 53, Nr. 3 (2013): 763–786. S. 764, 771.
10 Naím, Moisés. »Mafia States«. Foreign Affairs 91, Nr. 3 (2012): 100–111. S. 109.
11 Anderson, aaO.
12 Attali, Jacques. »For an International Financial Court«. L'Express – Le blog de Jacques Attali, 16. März 2010. http://blogs.lexpress.fr/attali/2010/03/16/for_an_international_financial/.
13 Higgins, Polly. Eradicating ecocide: laws and governance to prevent the destruction of our planet. London: Shepheard-Walwyn, 2010. S. 62 f.
14 Coffey, Stuart. Juli 2011. »The Case for the Creation of a ›Global FBI‹«. Central European Journal of International and Security Studies 5, Nr. 2: 23–56. S. 32, 24.
15 United Nations Office on Drugs and Crime. 2010. The Globalization of Crime: A Transnational Organized Crime Threat Assessment. Vienna: United Nations Office on Drugs and Crime. S. ii.
16 »International criminal markets have become major centres of power, UNODC report shows«. 17. Juni 2010. United Nations Office on Drugs and Crime. (http://www.unodc.org/).
17 Knelangen, Wilhelm. 2008. »Europäisierung und Globalisierung der Polizei«. Aus Politik und Zeitgeschichte Nr. 48 (Beilage). (http://www.das-parlament.de/).
18 UNODC, aaO., S. iii.
19 Naím, aaO., S. 276.
20 Andreas, Peter, und Ethan Nadelmann. 2006. Policing the Globe. Criminalization and Crime Control in International Relations. Oxford, New York et. al: Oxford University Press. S. 232, 246, 248.
21 Knelangen, aaO..
22 Andreas/Nadelmann, aaO., S. 250 f., zur »Versicherheitlichung« (securitization) siehe auch S. 253.
23 Siehe z. B. OSCE Parliamentary Assembly. 2012. Monaco Declaration and Resolutions adopted by the OSCE Parliamentary Assembly at the 21st Annual Session, Monaco, 5–9 July 2012. Absatz 93. (http://www.oscepa.org/).
24 Oborne, Peter. 22. Mai 2013. »Is Interpol fighting for truth and justice, or helping the villains?« The Telegraph. (http://www.telegraph.co.uk/).

25 Fair Trials International. »Strengthening respect for human rights, strengthening INTERPOL«, November 2013.
26 United Nations Office on Drugs and Crime. World Drug Report 2005. Vienna, 2005. S. 16 f.
27 Rushe, Dominic, und Jill Treanor. »HSBC's record $1.9bn fine preferable to prosecution, US authorities insist«. Guardian.co.uk, 11. Dezember 2012. (http://www.theguardian.com/).
28 Chertoff, Michael. »The Responsibility to Contain«. Foreign Affairs 88, Nr. 1 (2009): 130–147.
29 Darnstädt, aaO., S. 334.
30 Krauthammer, Charles. »The Unipolar Moment Revisited«. The National Interest 70, Nr. Winter 2002 (2002): 5–17. S. 17, 12. Siehe auch Krauthammer, Charles. »The Unipolar Moment«. Foreign Affairs 70, Nr. 1 (1990): 23–33.
31 Brzezinski, Zbigniew. Die einzige Weltmacht. Weinheim und Berlin: Beltz Quadriga, 1997. S. 298.
32 Kennedy, Paul. Aufstieg und Fall der großen Mächte. Ökonomischer Wandel und militärischer Konflikt von 1500 bis 2000. Limitierte Sonderausgabe. Frankfurt am Main: Fischer Taschenbuch Verlag, 1996. S. 759.
33 Ebd., 786 f.
34 Brzezinski, aaO., S. 299.
35 Ebd., S. 306 f.
36 Kennedy, Paul. 2002. »Die Bewahrung der amerikanischen Macht«. In: Das Zeitalter des Terrors. Amerika und die Welt nach dem 11. September, hg. von Strobe Talbott und Nayan Chanda, 62–86. München und Berlin: Propyläen. S. 84.

Kapitel 19.
1 Castro, Josué de. Weltgeißel Hunger. Übersetzt von Gerhard Heberer. Göttingen, Berlin, Frankfurt: Musterschmidt-Verlag, 1959. S. 18.
2 Tilly, Charles. »Food Supply and Public Order in Modern Europe«. In: The Formation of National States in Western Europe, hg. von Charles Tilly, 380–455. Princeton: Princeton University Press, 1975. S. 455, 431, 385, 392.
3 Ziegler, Jean. Wir lassen sie verhungern. Die Massenvernichtung in der Dritten Welt. Übersetzt von Hainer Kober. 2. Aufl. München: Bertelsmann, 2012. S. 28.
4 FAO, IFAD, und WFP. The State of Food Insecurity in the World. Rome: Food and Agricultural Organization of the United Nations, 2015.
5 Ziegler, aaO., S. 25.
6 Shaw, D. John. World Food Security: A History Since 1945. Palgrave, 2007. S. 388.
7 Kissinger, Henry. »Address a the World Food Conference in Rome«. The Department of State Bulletin LXXI, Nr. 1851 (16. Dezember 1974): 821–829. S. 829.
8 Food and Agricultural Organization of the United Nations. »Rome Declaration and Plan of Action«, 13. November 1996. Abs. 1 des Aktionsplans.
9 Vgl. Food and Agricultural Organization of the United Nations. Anti-Hunger Programme. Rome: FAO, November 2003. Abs. 18.
10 United Nations. »The Millennium Development Goals Report 2015«, 2015. S. 20.
11 Food and Agricultural Organization of the United Nations. FAO Statistical Yearbook 2013: World Food and Agriculture. Rome: FAO, 2013. S. 126.
12 Schutter, Olivier De. »Final report of the Special Rapporteur on the right to food: The transformative potential of the right to food«. UN Doc. A/HRC/25/57, 24. Januar 2014. S. 4.
13 Tertullian. Über die Seele. Übersetzt von Jan H. Waszink. Zürich und München: Artemis Verlag, 1980. Abschnitt XXX, 4. S. 119.
14 Ehrlich, Paul R. Die Bevölkerungsbombe. München: Carl Hanser, 1971. S. 30, 55.
15 Arnold, David. Famine: Social Crisis and Historical Change. Oxford, UK; New York, NY, USA: B. Blackwell, 1988. S. 41.
16 Ziegler, aaO., S. 103 f.

17 Borlaug, Norman. »Acceptance Speech on the occasion of the award of the Nobel Peace Peace Prize in Oslo«. Nobelprize.org, 10. Dezember 1970. (http://www.nobelprize.org/).
18 Alexandratos, Nikos, und Jelle Bruinsma. »World Agriculture Towards 2030/2050: The 2012 Revision«. Food and Agriculture Organization of the United Nations, Juni 2012. S. 7, 17, 23.
19 Smil, Vaclav. Feeding the World: A Challenge for the Twenty-First Century. Cambridge, Mass.: MIT Press, 2001. S. xxvii.
20 Ehrlich, Paul R., und Anne H. Ehrlich. »Can a collapse of global civilization be avoided?« Proceedings of the Royal Society B 280, Nr. 20122845 (2013). S. 2.
21 Brown, Lester R. Plan B 4.0. Übersetzt von Verena Gajewski. Berlin: Kai Homilius Verlag, 2010. S. 12, 11, 29, 205.
22 Alexandratos, S. 18.
23 Smil, aaO., S. xvii.
24 Intergovernmental Panel on Climate Change. Climate Change 2013: The Physical Science Basis. Working Group I Contribution to the IPCC Fifth Assessment Report. Cambridge et al.: Cambridge University Press, 2013. S. 20.
25 Nelson, Gerald C., und et.al. Climate Change: Impact on Agriculture and Costs of Adaptation. Hg. von International Food Policy Research Institute. Washington, D.C.: International Food Policy Research Institute, 2009. (http://www.ifpri.org/).
26 Peng, Shaobing, Jianliang Huang, John E. Sheehy, Rebecca C. Laza, Romeo M. Visperas, Xuhua Zhong, Grace S. Centeno, Gurdev S. Khush, und Kenneth G. Cassman. »Rice Yields Decline with Higher Night Temperature from Global Warming«. Proceedings of the National Academy of Sciences of the United States of America 101, Nr. 27 (6. Juli 2004): 9971-75.
27 Barkley, Andrew, Jesse Tack, Lawton Lanier Nalley, Jason Bergtold, Robert Bowden, und Allan K. Fritz. Impact of Climate, Disease, and Wheat Breeding on Wheat Variety Yields in Kansas, 1985–2011. Hg. von Kansas State University Agricultural Experiment Station and Cooperative Extension Service. K-State Research and Extension, 2013. S. 27. (http://www.ksre.ksu.edu/).
28 Myers, Samuel S., Antonella Zanobetti, Itai Kloog, Peter Huybers, Andrew D. B. Leakey, Arnold J. Bloom, Eli Carlisle, u. a. »Increasing CO_2 Threatens Human Nutrition«. Nature advance online publication (7. Mai 2014). doi:10.1038/nature13179.
29 Strahan, David. The Last Oil Shock: A Survival Guide to the Imminent Extinction of Petroleum Man. London: John Murray, 2008. S. 126.
30 Soil Association. »A rock and a hard place. Peak phosphorus and the threat to our food security«, 2010. S. 2.
31 Gustavsson, Jenny, Christel Cederberg, Ulf Sonesson, Robert van Otterdijk, und Alexandre Meybeck. Global Food Losses and Food Waste. Extent, Causes, and Prevention. Rome: Food and Agriculture Organization of the United Nations, 2011. S. 4.
32 Castro, aaO., S. 29, 40.
33 Lappé, Frances Moore, und Joseph Collins. Vom Mythos des Hungers. 2. Aufl. Frankfurt am Main: S. Fischer, 1978. S. 31, 136.
34 Sen, Amartya Kumar. Poverty and Famines: An Essay on Entitlement and Deprivation. Oxford; New York: Clarendon Press ; Oxford University Press, 1982. S. 1, 7.
35 Davis, Mike. Die Geburt der Dritten Welt. Hungerkatastrophen und Massenvernichtung im imperialistischen Zeitlater. 3. Aufl. Berlin, Hamburg, Göttingen: Assoziation A, 2011. S. 17, 21.
36 Alexandratos, aaO., S. 21.
37 Sen, Amartya. »Democracy as a Universal Value«. Journal of Democracy 10, Nr. 3 (1999): 3–17. S. 7 f.
38 Pogge, Thomas. Weltarmut und Menschenrechte. Kosmopolitische Verantwortung und Reformen. Übersetzt von

Anna Wehofsits. Berlin: De Gruyter, 2011. S. 179, 182.
39 Ebd., S. 180 f., 197, vgl. auch 143 ff.
40 United Nations. »Statement of H.E. Mr. Moncef Marzouki at the UN General Assembly General Debate of the 67th Session«, 27. September 2012.
41 International Task Force on Global Public Goods, aaO. S. 25.
42 »Momagri – About us«. http://www.momagri.org/UK/momagri-about-us.html.
43 Carles, Jacques, und Bastien Gibert. »Financial Stability and Agricultural Markets Stability as Global Public Goods?« momagri, 17. November 2008. (http://www.momagri.org/).
44 Sarkozy, Nicolas. »Address by the President of the French Republic«. gehalten auf der Press Conference to present the presidency of the G20 and G8, Elysée Palace, 24. Januar 2011. S. 6.
45 Schumann, Harald. Die Hungermacher. Wie Deutsche Bank, Goldman Sachs & Co. auf Kosten der Ärmsten mit Lebensmitteln spekulieren. Hg. von Foodwatch. Berlin: Foodwatch, 2011. S. 66, 70.
46 Ziegler, aaO., S. 197.
47 Donner, Jochen. »Ausgegipfelt? FAO: Fünf Jahre nach dem Welternährungsgipfel«. Vereinte Nationen Nr. 6 (2002): 220–222. S. 222.
48 Castro, aaO., S. 337.
49 Shaw, aaO., S. xi.
50 Vgl. ebd., S. 24ff;
51 McClintock, John. The Uniting of Nations: An Essay on Global Governance. 3rd ed., rev. and updated. Brussels ; New York: P.I.E. Peter Lang, 2010. S. 231.
52 Runge, C. Ford, Benjamin Senauer, Philip G. Pardey, und Mark W. Rosegrant. Ending Hunger in Our Lifetime: Food Security and Globalization. Baltimore: Johns Hopkins University Press, 2003. S. 105–108.
53 Moshirian, Fariborz. »Globalization and financial market integration«. Journal of Multinational Financial Management Nr. 13 (2003): 289–302. S. 293.
54 Brown, Lester R. »Jüngstes Gericht. Warum die Nahrungskrise den Anfang vom Ende unser Kultur markieren könnte«. Internationale Politik, Nr. November (2008): 18–35. S. 20 ff. und Brown, Lester R. Full planet, empty plates: the new geopolitics of food scarcity. First Edition. New York and London: W.W. Norton & Company, 2012. S. 12 ff.
55 Schutter, Olivier De. »Democracy and diversity can mend broken food systems – final diagnosis from UN right to food expert«, 10. März 2014.
56 Schutter, Final Report, aaO., S. 18.
57 Cabrera, Luis. Political Theory of Global Justice: A Cosmopolitan Case for the World State. London [etc.]: Routledge, 2004. S. xiii.

Kapitel 20.
1 Petrella, Riccardo. Wasser für alle. Ein globales Manifest. Übersetzt von Gabriela Zehnder. Zürich: Rotpunktverlag, 2000. S. 79.
2 Report of the United Nations Water Conference. UN Doc. E/CONF.70/29. New York: United Nations, 1977. S. 66, 68.
3 United Nations. »The human right to water and sanitation«. UN Doc. A/RES/64/292, 28. Juli 2010.
4 WHO, und UNICEF. »Progress on drinking water and sanitation. Joint Monitoring Programme update 2014«, Mai 2014. S. 8.
5 Onda, Kyle, Joe LoBuglio, und Jamie Bartram. »Global Access to Safe Water: Accounting for Water Quality and the Resulting Impact on MDG Progress«. International Journal of Environmental Research and Public Health 9, Nr. 3 (14. März 2012): 880–94. S. 887, 892.
6 Gassert, Francis, Paul Reig, Tianyi Luo, und Andrew Maddocks. Aqueduct country and river basin rankings: a weighted aggregation of spatially distinct hydrological indicators. Working Paper. Washington D.C.: World Resources Institute, 2013. (http://www.wri.org/).
7 Vörösmarty, C. J., P. B. McIntyre, M. O. Gessner, D. Dudgeon, A. Prusevich, P. Green, S. Glidden, u. a. »Global Threats

to Human Water Security and River Biodiversity«. Nature 467, Nr. 7315 (30. September 2010): 555–61.
8 UN-Water Task Force on Water Security. »Water Security and the Global Water Agenda. A UN-Water Analytical Brief«. United Nations University, Oktober 2013. S. 1. (http://www.unwater.org/).
9 United Nations. »Question and answer session after statement at the Federation of Indian Chambers of Commerce and Industry with UN Secretary-General Kofi Annan«. UN Doc. SG/SM/7742, 15. März 2001.
10 United Nations. »Secretary-General, in message to inaugural Asia-Pacific Water Summit, warns that scarcity threatens socio-economic gains, could fuel conflicts«. UN Doc. SG/SM/11311, 3. Dezember 2007.
11 Chellaney, Brahma. Water, Peace, and War: Confronting the Global Water Crisis. Lanham: Rowman & Littlefield, 2013. S. 47, 54, xiv, 38.
12 Hoekstra, A. Y. The global dimension of water governance: Nine reasons for global arrangements in order to cope with local water problems. Delft: UNESCO-IHE Institute for Water Education, 2006. S. 15, 27. http://doc.utwente.nl/58371.
13 Dobner, Petra. Wasserpolitik. Zur politischen Theorie, Praxis und Kritik globaler Governance. Berlin: Suhrkamp, 2010. S. 16.
14 Petrella, aaO., S. 19, 140, 137 f., 146.
15 Dellapenna, Joseph W., Joyeeta Gupta, Wenjing Li, und Falk Schmidt. »Thinking about the Future of Global Water Governance«. Ecology and Society 18, Nr. 3 (2013)..
16 Dobner, aaO., S. 28, 348 f., 283, 329 f., 307, 336, 326 f., 351.
17 »Manifeste du Forum Alternatif Mondial de l'Eau: Pour une autre politique de l'eau«. Magazine H2o, März 2003. (http://www.h2o.net/).
18 5th World Water Forum. »Parliamentarians Process: Proposals emerging from ›Parliaments for Water‹«, März 2009.

Kapitel 21.
1 Nuscheler, Franz. »Armut«. Online-Handbuch Demografie, Berlin-Institut für Bevölkerung und Entwicklung, November 2008. (http://www.berlin-institut.org/).
2 Yunus, Muhammad. Creating a world without poverty: social business and the future of capitalism. New York: PublicAffairs, 2007. S. 105.
3 Friedensvertrag von Versailles, 28. Juni 1919, Teil XIII., Abschnitt 1, vor Artikel 387.
4 World Bank. World Development Indicators 2014. Washington D.C., 2014. S. 23 (für 2010); World Bank. World Development Indicators 2015. Washington D.C., 2015. S. 4 (für 2011); Im Millennium-Fortschrittsbericht ist von einem Rückgang von 47 Prozent in 1990 auf 22 Prozent in 2010 die Rede. United Nations. »The Millennium Development Goals Report 2013«, Juni 2013. S. 7.
5 Olinto, Pedro, Kathleen Beegle, Carlos Sobrado, und Hiroki Uematsu. »The State of the Poor: Where Are The Poor, Where Is Extreme Poverty Harder to End, and What Is the Current Profile of the World's Poor?« World Bank. Economic Premise No. 125, Oktober 2013. S. 3.
6 World Bank. World Development Report 2014. Washington D.C., 2013. S. 303, 319.
7 World Bank. World Development Indicators 2015. Washington D.C., 2015. S. 4.
8 World Bank Group. Poverty and Shared Prosperity 2016: Taking On Inequality. Washington D.C.: International Bank for Reconstruction and Development/The World Bank, 2016. S. 3.
9 Vgl. Olinto et al., S. 4, hier angegeben entsprechend der Schwelle von 1,25 US-Dollar.
10 UN Habitat. Streets as Public Spaces and Drivers of Urban Prosperity. Nairobi: United Nations Human Settlements Programme, 2013. S. 84.
11 International Energy Agency. »Access to Electricity«. World Energy Outlook, 2011.

12 Demirguc-Kunt, Asli, und Leora Klapper. »Measuring Financial Inclusion: The Global Findex Database«. World Bank Policy Research Working Paper 6025, April 2012.
13 Organisation for Economic Cooperation and Development. Fragile States 2014: Domestic Revenue Mobilisation in Fragile States. Paris: OECD, 2014. S. 16.
14 Commission on Legal Empowerment of the Poor, und United Nations Development Programme, Hrsg. Making the Law Work for Everyone. Report of the Commission on Legal Empowerment of the Poor. Volume I, 2008. S. 1, 10, 34 ff., 86.
15 Reddy, Sanjay G., und Thomas Pogge. »How Not to Count the Poor«. In Debates on the Measurement of Global Poverty, hg. von Sudhir Anand, Paul Segal, und Joseph Stiglitz, 42–85. New York: Oxford University Press, 2010.
16 Seitz, Volker. 2009. Afrika wird armregiert oder wie man Afrika wirklich helfen kann. 2. Aufl. München: dtv. S. 65.
17 Monbiot, George. »The best way to give the poor a real voice is through a world parliament«. The Guardian, 24. April 2007. (http://www.guardian.co.uk/).
18 Woodward, David. »Incrementum ad Absurdum: Global Growth, Inequality and Poverty Eradication in a Carbon-Constrained World«. World Economic Review, Nr. 4 (2015): 43–62.
19 Woodward, David. »How progressive is the push to eradicate extreme poverty?« Guardian.co.uk, 7. Juni 2013. (http://www.guardian.co.uk/).
20 Collier, Paul. Die unterste Milliarde: warum die ärmsten Länder scheitern und was man dagegen tun kann. München: Dt. Taschenbuch-Verl., 2010. S. 26 f.
21 World Bank. Prosperity for All. Ending Extreme Poverty. A Note for the World Bank Group Spring Meetings 2014. Washington D.C., 2014.
22 Zervas, Georgios, and Peter Spiegel. Die 1-Dollar-Revolution. Globaler Mindestlohn Gegen Ausbeutung Und Armut. München/Berlin: Piper, 2016.
23 International Labour Organization. A fair globalization: Creating opportunities for all. Report of the World Commission on the Social Dimension of Globalization. Geneva, Februar 2004. Abs. 491, S. 110.
24 International Labour Organization. World Social Protection Report 2014/15. Geneva: International Labour Office, 2014. S. 2, 154 ff.
25 Blattman, Christopher, und Paul Niehaus. »Show Them the Money«. Foreign Affairs, May/June (2014).
26 Europäisches Parlament. »Resolution zur Bedeutung des Mindesteinkommens für die Bekämpfung der Armut und die Förderung einer integrativen Gesellschaft in Europa«. Dok. P7_TA(2010)0375, 20. Oktober 2010. Abs. 34, siehe auch Abs. 44.
27 King, Jr., Martin Luther. Where Do We Go from Here: Chaos or Community? Boston: Beacon Press, 1968. S. 162.
28 King, Martin Luther. »In a Single Garment of Destiny«: A Global Vision of Justice. Hg. von Lewis V. Baldwin. Boston: Beacon Press, 2014. Part V: Statements prepared for Redbook Magazine, November 5, 1964. S. 149.
29 Werner, Götz, und Adrienne Goehler. 1000 € für jeden: Freiheit. Gleichheit. Grundeinkommen. Berlin: Ullstein, 2011. S. 218.
30 Pinzani, Alessandro, Interview mit Thomas Pogge. »Global Justice as Moral Issue«. ethic@ – International Journal for Moral Philosophy 4, Nr. 1 (Juni 2005): 1–6. S. 4.
31 Werner/Goehler, aaO., S. 233.
32 Frankman, Myron J. World Democratic Federalism. New York: Palgrave Macmillan, 2004. S. 150.
33 Paine, Thomas. »Agrarian Justice«. In Rights of Man, Common Sense and Other Political Writings. Oxford, New York et. al: Oxford University Press, 1995 (1797), S. 417.
34 Fromm, Erich. »Psychologische Aspekte zur Frage eines garantierten Einkom-

mens für alle« (1966). In: Gesamtausgabe Band V: Politik und sozialistische Gesellschaftskritik, hg. von Rainer Funk, 309–16. Stuttgart: DVA, 1981. S. 309 ff.
35 Werner/Goehler, aaO., S. 11, 25, 265 f.

Kapitel 22.
1 Hardt, Michael, und Antonio Negri. Empire. Die neue Weltordnung. Frankfurt/New York: Campus, 2003. S. 344.
2 United Nations Development Programme. Human Development Report 2013. The Rise of the South: Human Progress in a Diverse World. New York: UNDP, 2013. S. 2.
3 Ries, Tomas. »The globalising security environment and the EU«. In: What ambitions for European defence in 2020?, 61–74. Hg. von Álvaro de Vasconcelos. 2. Aufl. European Union Institute for Security Studies, 2009. S. 62 f., 67 f.
4 UK Ministry of Defense Development, Concepts and Doctrine Centre. The DCDC Strategic Trends Programme 2007–2036. 3. Aufl. Shrivenham: DCDC, 2007. S. 80.
5 Naím, Moisés. »The Clash of the Middle Classes«. Huffington Post, 5. August 2011. (http://www.huffingtonpost.com/).
6 Gorz, André. Abschied vom Proletariat. Reinbek: Rowohlt, 1983. S. 62.
7 Milanović, Branko. The Haves and the Have-Nots: A Brief and Idiosyncratic History of Global Inequality. New York: Basic Books, 2011. S. 113, 110 f., 117 f.
8 Milanović, Branko. »How we can strengthen the world's fragile middle class«. Financial Times, 28. April 2014.
9 Lakner, Christoph, und Branko Milanović. »Global Income Distribution: From the Fall of the Berlin Wall to the Great Recession«. World Bank Policy Research Working Paper 6719, Dezember 2013. S. 32, 49.
10 Gorz, aaO., S. 63 f.
11 Standing, Guy. The precariat: the new dangerous class. London, New York: Bloomsbury Academic, 2011 und Standing, Guy. A Precariat Charter: From Denizens to Citizens. London, New York: Bloomsbury Academic, 2014.
12 Hardt, Michael, und Antonio Negri. Multitude: Krieg und Demokratie im Empire. Frankfurt/Main, New York: Campus-Verl., 2004. S. 147 ff., 10, 125, 11.
13 Ebd., S. 124, 13, 147.
14 Ebd., S. 122 ff., 239.
15 Lotringer, Sylvère. »Foreword: We, the Multitude«. In Grammar of the Multitude, von Paolo Virno, 7–19. Los Angeles, CA: Semiotext(e), 2004. S. 16.
16 Hardt/Negri, Empire, aaO., S. 9, 198, 202, 390.
17 Hardt/Negri, Multitude, aaO., S. 355 f., 241, 7.
18 Capgemini, und RBC Wealth Management. »World Wealth Report 2014«, 2014.
19 Credit Suisse. »Global Wealth Report 2013«, Oktober 2013. S. 24.
20 Ebd., S. 22.
21 Stein, Ben. »In Class Warfare, Guess Which Class Is Winning«. The New York Times, 26. November 2006, (http://www.nytimes.com/).
22 Krysmanski, Hans Jürgen. 0,1 Prozent – Das Imperium der Milliardäre. Frankfurt am Main: Westend, 2012. S. 64 f.
23 Krysmanski, Hans Jürgen. »Planetarische Herrschaft«. junge Welt, 30. April/1. Mai 2013. S. 10.
24 Rothkopf, David. Die Super-Klasse: die Welt der internationalen Machtelite. München: Riemann, 2008. S. 12, 77.
25 Sklair, Leslie. The Transnational Capitalist Class. Oxford, UK; Malden, Mass.: Blackwell, 2001. S. 5, 17, 295, 12.
26 Robinson, William I. A Theory of Global Capitalism. Production, Class, and State in a Transnational World. Baltimore and London: Johns Hopkins University Press, 2004. S. 41, 54 ff.
27 Gemeint ist: Carroll, William K. The Making of a Transnational Capitalist Class. Corporate Power in the 21st Century. London and New York: Zed Books, 2010.
28 Robinson, William I. »Global Capitalism Theory and the Emergence of Transna-

tional Elites«. Critical Sociology 38, Nr. 3 (2011): 349–63.
29 Robinson, Transnational World, aaO., S. 99, 91, 77, 100, 88, 94, 101, 135, 106.
30 Vitali, Stefania, James B. Glattfelder, und Stefano Battiston. »The network of global corporate control«. PloS One, Nr. arXiv:1107.5728v2 (19. September 2011). S. 8.
31 Coghlan, Andy, und Debora MacKenzie. »Revealed – the capitalist network that runs the world«. New Scientist, Nr. 2835 (19. Oktober 2011).
32 Siehe Kapitel 2 in Gerber, David J. Global Competition: Law, Markets and Globalization. Oxford, New York: Oxford University Press, 2010. S. 20–54.
33 Gerber, aaO., S. vii.
34 Baetge, Dietmar. Globalisierung des Wettbewerbsrechts. Eine internationale Wettbewerbsordnung zwischen Kartell- und Welthandelsrecht. Tübingen: Mohr Siebeck, 2009. S. 103 f., 108, 112, 471, 476, 109, 467.
35 Hahn, Robert W., und Anne Layne-Farrar. »Federalism in Antitrust«. Harvard Journal of Law & Public Policy 26, Nr. 3 (2002): 877–921. S. 917.
36 Vermeulen, Philip. »How Fat is the Top Tail of Wealth Distribution?« European Central Bank Working Paper Series No. 1692, Juli 2014.
37 Lakner/Milanović, aaO., S. 38, 48, 30.
38 Engberg-Pedersen, Lars. »Development goals post 2015: Reduce inequality«. DIIS Policy Brief, Danish Institute for International Studies, März 2013. S. 4.
39 Alesina, Alberto, und Roberto Perotti. »Income distribution, political instability, and investment«. European Economic Review 40, Nr. 6 (1996): 1203–28.
40 Einen Überblick zum Forschungsstand gibt: Giskemo, Grunhild Gram. »Exploring the relationship between socioeconomic inequality, political instability and economic growth. Why do we know so little?« Chr. Michelsen Institute, CMI Working Papers, 2012.
41 Aristoteles. Politik. Hg. von Hans-Joachim Gehrke. Übersetzt von Olof Gigon. Zürich: Artemis & Winkler/Patmos, 2006. Fünftes Buch, S. 156.
42 Milanović, The Haves and the Have-Nots, aaO., S. 161 f.
43 Galbraith, James K., Professor. Inequality and Instability: A Study of the World Economy Just Before the Great Crisis. New York: Oxford University Press, 2012. S. 4.
44 Kumhof, Michael, und Romain Rancière. »Inequality, Leverage and Crises«. IMF Working Paper WP/10/268, November 2010. S. 3, 22.
45 Milanović. The Haves and the Have-Nots, aaO., S. 196.
46 Piketty, Thomas, und Emmanuel Saez. Table A6: Top fractiles income levels (including capital gains) in the United States, in: elsa.berkeley.edu/~saez/TabFig2010.xls.
47 Piketty, Thomas. Capital, aaO., S. 518 f.
48 Cowen, Tyler. »Capital Punishment. Why a Global Tax on Wealth Won't End Inequality«. Foreign Affairs, Nr. May/June (2014).
49 Engberg-Pedersen, aaO., S. 4.
50 Milanović. The Haves and the Have-Nots, aaO., S. 160.
51 Patomäki, Heikki. The Great Eurozone Disaster. From Crisis to Global New Deal. Übersetzt von James O'Connor. London and New York: Zed Books, 2013. S. 179 ff.
52 Standing, Precariat Charter, aaO., S. 321 f.
53 Blyth, Mark, und Eric Lonergan. »Print Less but Transfer More«. Foreign Affairs 93, Nr. 5 (2014): 98–109. S. 99, 103.
54 Rothkopf, Super-Klasse, aaO., S. 506, 504.

Kapitel 23.
1 World Economic Forum. Global Risks 2014. Geneva, 2014. S. 9.
2 Rothkopf, Super-Klasse, aaO., S. 497.
3 Faux, Jeff. The Global Class War. Hoboken NJ: John Wiley & Sons, 2006. S. 169 f.
4 Slaughter, aaO., S. 4, 8, 124.
5 Wagner, Hans. 1976. »Internationale Hochfinanz im Zwielicht: Der unheim-

liche Kreis um Prinz Bernhard«. Quick (Heft Nr. 9) (Februar). S. 27.
6 Robinson, Theory of Global Capitalism, aaO., S. 113 f.
7 Crozier, Michael, Samuel P. Huntington, und Joji Watanuki. The Crisis of Democracy. Report on the Governability of Democracies to the Trilateral Commission. New York University Press, 1975. S. 113, 161 ff.
8 Nye, Joseph S., Jessica P. Einhorn, Béla Kádár, Hisashi Owada, Luis Rubio, und Soogil Young. 2003. The »Democracy Deficit« in the Global Economy: Enhancing the Legitimacy and Accountability of Global Institutions. Report to the Trilateral Commission, The Triangle Papers Bd. 57. Washington, Paris, Tokyo: Trilateral Commission. S. 33 ff., 37.
9 Nye, Joseph S. The Paradox of American Power. Oxford, New York et al: Oxford University Press, 2002. S. 104 f.
10 Arendt, Hannah. Men in Dark Times. San Diego, New York, London: Harcourt Brace & Company, 1995. S. 81 f.
11 Arendt, Hannah. Über die Revolution. München: Piper, 2011. S. 200.
12 Arendt, Hannah. Men, aaO. S. 93.
13 Annan, Kofi. We the Peoples. The Role of the United Nations in the 21st Century. Report of the Secretary-General. UN Doc. A/54/2000. New York: United Nations, 2000. Abs. 42, S. 7.
14 Rittberger et al., Grundzüge der Weltpolitik, aaO., S. 315.
15 Annan, We the Peoples, aaO., Abs. 42, S. 7.
16 Simon, Herbert A. »The Organization of Complex Systems«. In Hierarchy Theory. The Challenge of Complex Systems, hg. von Howard H. Pattee, 1–27. New York: George Braziller, 1973. S. 5.
17 Simon, Herbert A. »The Architecture of Complexity«. Proceedings of the American Philosophical Society 106, Nr. 6 (1962): 467–82. S. 481 f.
18 Simon, Herbert A. »Near decomposability and the speed of evolution«. Industrial and corporate change 11, Nr. 3 (2002): 587–99. S. 595 f.
19 Koestler, Arthur. Das Gespenst in der Maschine. Übersetzt von Wolfram Wagmuth. 1. Aufl. Wien, München, Zürich: Fritz Molden, 1968. S. 69.
20 Wilber, Ken. Eros, Kosmos, Logos. Eine Vision an der Schwelle zum nächsten Jahrtausend. Frankfurt am Main: Wolfgang Krüger, 1996. S. 43.
21 Zit. n. ebd., S. 43. Siehe auch Eisler, Riane. Kelch & Schwert. Unsere Geschichte, unsere Zukunft. Übersetzt von Christel Rost. Freiamt im Schwarzwald: Arbor Verlag, 2005. S. 168 f.
22 Horn, Christoph. »Philosophische Argumente für einen Weltstaat«. Allgemeine Zeitschrift für Philosophie 21 (1996): 229–51. S. 244.
23 Weiss, What Happened to The Idea of World Government, aaO., S. 255.
24 United Nations High-level Panel on Global Sustainability, Hrsg. »Resilient people, resilient planet: a future worth choosing. Report of the High-level Panel of the Secretary-General on Global Sustainability«. UN Doc. A/66/700, 1. März 2012. S. 8, 74.
25 Grimm, Dieter. »Transnationale Macht – konstitutionalisierbar?«. In Vernunft oder Macht? : zum Verhältnis von Philosophie und Politik, hg. von Otfried Höffe, 161–70. Tübingen: Francke, 2006. S. 168.
26 Hafner, Gerhard. »Risks Ensuing from Fragmentation of International Law«. In: Report of the International Law Commission on the work of its fifty-second session, 1 May – 9 June and 10 July – 18 August 2000, Official Records of the General Assembly, Fifty-fifth session, Supplement No. 10, UN doc. A/55/10, 143–50, 2000. S. 143, 147, 145.
27 Broude, Tomer. »Fragmentation(s) of International Law: On Normative Integration as Authority Allocation«. In The Shifting Allocation of Authority in International Law, hg. von Tomer Broude und Yuval Shany, 99–120. Oxford and Portland, Oregon: Hart Publishing, 2008. S. 104, 110.

28 Jenks, Wilfred. »The Conflict of Law-Making Treaties«. British Yearbook of International Law 30 (1953): 401–53. S. 403.
29 Maier, Charles S. 2012. »Leviathan 2.0: Die Erfindung moderner Staatlichkeit«. In: Geschichte der Welt. 5, Weltmärkte und Weltkriege 1870–1945, hg. von Akira Iriye und Jürgen Osterhammel, 34–286. München: Beck. S. 285.
30 Huntington, Samuel P. »The Lonely Superpower«. Foreign Affairs 78, Nr. 2 (1999): 35–49. S. 37.
31 Haass, Richard N. »The Age of Nonpolarity – What Will Follow U.S. Dominance«. Foreign Affairs Nr. May/June (2008).
32 Bremmer, Ian. Every Nation for Itself: Winners and Losers in a G-Zero World. London: Portfolio Penguin, 2012. S. 4.
33 Patrick, Stewart. »The Unruled World«. Foreign Affairs 93, Nr. 1 (Februar 2014): 58–73. S. 62.
34 Schweller, Randall L. Maxwell's Demon and the Golden Apple: Global Discord in the New Millennium. Baltimore, Maryland: Johns Hopkins University Press, 2014. S. 118, 23.
35 Messner, Dirk. »Architektur der Weltordnung«. Internationale Politik, November 1998, 17–24. S. 23.
36 Henderson, Hazel. Creating Alternative Futures. The End of Economics. First Kumarian Press Printing. West Hartford CT: Kumarian Press, 1996. S. 83 f. Erstveröffentlichung 1978 bei G.P. Putnam's and Sons, New York.
37 Tainter, Joseph A. The Collapse of Complex Societies. Cambridge University Press, 1988. S. 213, siehe auch S. 118, 123, 127, 195.
38 Weiss, What Happened to The Idea of World Government, aaO., S. 261 ff.
39 Scheuerman, William E. The realist case for global reform. Cambridge: Polity Press, 2011.
40 Habermas, Jürgen. »Jenseits des Nationalstaats? Bemerkungen zu Folgeproblemen der wirtschaftlichen Globalisierung«. In Politik der Globalisierung, hg. von Ulrich Beck, 67–84. Frankfurt: Suhrkamp, 1998. S. 79.
41 Rittberger et al., Grundzüge der Weltpolitik, aaO., S. 711.
42 Rittberger, Volker. Evolution and International Organization. Toward a New Level of Sociopolitical Integration. Den Haag: Nijhoff, 1973. S. 47.
43 Elias, Norbert. Über den Prozeß der Zivilisation. Soziogenetische und psychogenetische Untersuchungen. Zweiter Band. 19. Aufl. Bd. 2. Frankfurt am Main: Suhrkamp, 1995. S. 435 ff., 438, 452.
44 Elias, Norbert. Was ist Soziologie?. 8. Aufl. Weinheim und München: Juventa, 1996. S. 183.
45 Kuhn, Thomas S. Die Struktur wissenschaftlicher Revolutionen. 2. Aufl. Frankfurt: Suhrkamp, 1976. S. 104.
46 Strange, Susan. »The Westfailure System«. Review of International Studies 25, Nr. 3 (Juli 1999): 345–54.
47 Hirschman, Albert O. Denken gegen die Zukunft: Die Rhetorik der Reaktion. Übersetzt von Daniel von Recklinghausen. München und Wien: Hanser, 1992. S. 20, 21.
48 Galtung, Johan. Strukturelle Gewalt. Reinbek: Rowohlt, 1975. S. 12 f., 19.

Kapitel 24.
1 Tocqueville, Alexis de. 1835/40 [1985]. Über die Demokratie in Amerika. Stuttgart: Philipp Reclam jun. S. 15, 18.
2 Huntington, Samuel. 1991. The Third Wave: Democratization in the late Twentieth Century. Norman: University of Oklahoma Press. S. 15 ff.
3 Polity IV Annual Time-Series 1800–2010, http://www.systemicpeace.org/inscrdata.html.
4 Diese und die folgenden Zahlen zu den Bevölkerungsanteilen wurden zusammengestellt und zugeordnet von Max Roser auf der Basis von Polity IV, US Census und Gapminder. http://ourworldindata.org/data/political-regimes/democratisation/#the-number-of-world-citizens-living-under-different-political-systems-max-roserref.

5 Inglehart, Ronald, und Christian Welzel. Modernization, cultural change, and democracy: the human development sequence. Cambridge, UK ; New York: Cambridge University Press, 2005. S. 176 f.
6 Diamond, Larry. »Facing Up To The Democratic Recession«. Journal of Democracy 26, Nr. 1 (Januar 2015): 141–55. S. 141 f.
7 Ebd., 144, 153.
8 Levitsky, Steven, und Lucan Way. »The Myth Of Democratic Recession«. Journal of Democracy 26, Nr. 1 (Januar 2015): 45–58.
9 Lipset, Seymour Martin. »Some Social Requisites of Democracy: Economic Development and Political Legitimacy«. The American Political Science Review 53, Nr. 1 (März 1959): 69–105. S. 75.
10 Boix, Carles, und Susan C. Stokes. »Endogenous Democratization«. World Politics 55 (Juli 2003): 517–49.
11 Inglehart, Ronald, und Christian Welzel. Modernization, cultural change, and democracy: the human development sequence. Cambridge, UK ; New York: Cambridge University Press, 2005. S. 169.
12 Przeworski, Adam, und Fernando Limongi. »Modernization: Theories and Facts«. World Politics 49, Nr. 2 (1997): 155–83. S. 165.
13 Inglehart/Welzel. Modernization, aaO. S. 209, 29, 1.
14 Diamond, Facing Up, S. 153 f.
15 Norris, Pippa. Democratic Deficit : Critical Citizens Revisited. New York: Cambridge University Press, 2011. S. 92, 129, 110, 58, 4.
16 Inglehart/Welzel, Modernization, aaO., S. 44, 117.
17 United Nations. »2005 World Summit Outcome. General Assembly Resolution A/RES/60/1«, 24. Oktober 2005. Absatz 135.
18 United Nations. »Support by the United Nations system of the efforts of Governments to promote and consolidate new or restored democracies«. UN Doc. A/RES/62/7, 13. Dezember 2007.
19 Boutros-Ghali, Boutros. Supplement to reports on democratization. Report to the 51st Session of the United Nations General Assembly, 20. Dezember 1996. Abs. 28.
20 Franck, Thomas M. »The Emerging Right to Democratic Governance«. The American Journal of International Law, Nr. 86 (1992): 46–91.
21 United Nations. »Promotion of a democratic and equitable international order«. UN Doc. A/RES/68/175, 18. Dezember 2013. Punkt 5 (h).
22 Franck, Thomas M. Fairness in International Law and Institutions. Oxford: Clarendon Press, 1995. S. 482 ff.
23 Wolf, Klaus Dieter. Die Neue Staatsräson – Zwischenstaatliche Kooperation als Demokratieproblem in der Weltgesellschaft. 1. Aufl. Baden-Baden: Nomos, 2000. S. 13, 17 f., 67.
24 Deutscher Bundestag. Schlussbericht der Enquete-Kommission »Globalisierung der Weltwirtschaft – Herausforderungen und Antworten«, 16. Juni 2002. S. 446; 445 ff.
25 Beyme, Klaus von. »Niedergang der Parlamente«. Internationale Politik, Nr. 4 (1998): 21–30. S. 21.
26 Putnam, Robert D. »Diplomacy and domestic politics: the logic of two-level games«. International Organization 42, Nr. 3 (1988): 427–60. S. 436, 457.
27 Faux, Class War, aaO., S. 50.
28 Sklair, Leslie. »Democracy and the Transnational Capitalist Class«. Annals of the American Academy of Political and Social Science Nr. 581 (Mai 2002): 144–157. S. 148 f.
29 Eggers, Barbara. »Die Entscheidung des WTO Appellate Body im Hormonfall – Doch ein Recht auf Vorsorge?« Europäische Zeitschrift für Wirtschaftsrecht Nr. 5–6 (1998): 147–151.
30 Veggeland, Frode, und Svein Ole Borgen. »Negotiating International Food Standards: The World Trade Organization's Impact on the Codex Alimentarius Commission«. Governance: An Inter-

national Journal of Policy, Administration, and Institutions 18, Nr. 4 (Oktober 2005): 675–708. S. 690 f.
31 Herrmann, Christoph, Wolfgang Weiß und Christoph Ohler. Welthandelsrecht. München: C.H. Beck, 2. Aufl. 2007. § 12 Rn 591, S. 258.
32 Bogdandy, Armin von, und Ingo Venzke. »Zur Herrschaft internationaler Gerichte: Eine Untersuchung internationaler öffentlicher Gewalt und ihrer demokratischen Rechtfertigung«. Zeitschrift für ausländisches öffentliches Recht und Völkerrecht 70, Nr. 1 (2010): 1–49. S. 21, 25 f.
33 Pan-African Parliament. »A United Nations Parliamentary Assembly«. Resolution adopted at the 8th Ordinary Session, Midrand, South Africa, 24. Oktober 2007. Abs. 16.
34 Russell, Bertrand. »A Prescription for the World«. The Saturday Review, 28. August 1954, 9–11, 38–39. S. 10.
35 Dahl, Robert. »Can international organizations be democratic? A skeptic's view«. In: Democracy's Edges, hg. von Ian Shapiro und Casiano Hacker-Cordón, 19–36. Cambridge; New York: Cambridge University Press, 1999. S. 22, 34, 31.
36 Dahl, Robert. On democracy. New Haven: Yale University Press, 2000. S. 116.
37 Peters, aaO., S. 294.
38 Nullmeier, Frank, Dominika Biegon, Jennifer Gronau, Martin Nonhoff, Henning Schmidtke, und Steffen Schneider. Prekäre Legitimitäten: Rechtfertigung von Herrschaft in der postnationalen Konstellation. Frankfurt, M; New York, NY: Campus Verlag, 2010. S. 21.
39 Petersen, Niels. »Demokratie und Grundgesetz«. Max Planck Institute for Research on Collective Goods, 2008. http://www.coll.mpg.de/pdf_dat/2008_26online.pdf. S. 3.
40 Rittberger et al., Grundzüge der Weltpolitik, aaO., S. 616.
41 Scharpf, Fritz W. Regieren in Europa. Effektiv und demokratisch?. Frankfurt/Main: Campus, 1999. S. 16, 22 f.
42 CIVICUS: World Alliance for Citizen Participation, Hrsg. »Towards a Democratic Multilateralism: Civil Society Perspectives on the State of Global Governance«. In State of Civil Society Report 2014: Reimagining Global Governance, 39–69, 2014. S. 39.
43 PewResearchCenter. »United Nations Retains Strong Global Image«, 17. September 2013. (http://www.pewglobal.org/).
44 Council on Foreign Relations. »Chapter 2: World Opinion on International Institutions«. In Public Opinion on Global Issues. New York: Council on Foreign Relations, 2012.
45 Ross, Carne. Independent diplomat : dispatches from an unaccountable elite. Ithaca N.Y.: Cornell University Press, 2007. S. 210.
46 Peters, aaO., S. 295.
47 Brown, Mark Malloch. »The John W. Holmes Lecture: Can the UN Be Reformed?«. Global Governance, Nr. 14 (2008): 1–12. S. 8.
48 Nolan, Patrick, und Gerhard Lenski. Human societies : an introduction to macrosociology. 10th ed. Boulder Colo.: Paradigm Publishers, 2006. S. 352.
49 Lamy, Pascal. Towards World Democracy. London: policy network, 2005. S. 24 f.
50 McNicoll, Geoffrey. »Population weights in the international order«. Population and Development Review 25, Nr. 3 (1999): 411–42. S. 422.
51 Franck, Fairness, aaO., S. 480 f.
52 Dahl, Robert. »A Democratic Dilemma: System Effectiveness versus Citizen Participation«. Political Science Quarterly 109, Nr. 1 (1994): 23–34. S. 25 ff.
53 Keane, John. 2010. The life and death of democracy. London: Pocket Books. S. 89 ff., 111
54 Delacampagne, Christian. Die Geschichte der Sklaverei. Übersetzt von Ursula Vones-Liebenstein. Artemis & Winkler, 2004. S. 51.
55 Dahl, Dilemma, aaO., S. 25.

56 Ebd., S. 26.
57 Höffe, Otfried. Demokratie im Zeitalter der Globalisierung. 1. überarbeitete und aktualisierte Neuausgabe. München: C.H. Beck, 2002. S. 428.
58 Claudia Kissling, The Legal and Political Status of International Parliamentary Institutions, Committee for a Democratic UN, 2011, http://www.kdun.org.
59 Ebd., S. 53.

Kapitel 25.
1 Dieser Abschnitt basiert zum Teil auf Bummel, Andreas. »Soziale Evolution, Weltparlament und Bewußtsein«. Tattva Viveka, Nr. 48 (2011): 64–69.
2 Carneiro, Robert L. »The Political Unification of the World: Whether, When, and How—Some Speculations«. Cross-Cultural Research 38, Nr. 2 (Mai 2004): 162–77. S. 175.
3 Carneiro, Robert L. »A Theory of the Origin of the State«. Science, Nr. 169 (August 1970): 733–38. S. 734.
4 Spencer, Herbert. The Principles of Sociology. Volume II, Part 2. New York: D. Appleton and Company, 1897. http://archive.org/stream/principlesofsociv2pt2speniala. S. 664.
5 Graber, Robert Bates. Plunging to Leviathan? Exploring the World's Political Future. Boulder Colo.: Paradigm Publishers, 2006. S. 67.
6 Zacher, Mark W. »The Territorial Integrity Norm: International Boundaries and the Use of Force«. International Organization 55, Nr. 2 (2001): 215–50.
7 Vgl. Oesterdiekhoff, Georg W. Die Entwicklung der Menschheit: Von der Kindheitsphase zur Erwachsenenreife. VS Verlag für Sozialwissenschaften, 2012. S. 509 ff.
8 Tyler, Patrick E. »A New Power In the Streets«. The New York Times, 17. Februar 2003. (http://www.nytimes.com/).
9 Rittberger et al., Weltregieren, aaO., S. 317.
10 Scheuerman, William E. »Cosmopolitanism and the world state«. Review of International Studies 40, Nr. 3 (Juli 2014): 419–41. S. 425.
11 Pinker, Steven. The Better Angels of Our Nature. Why Violence has declined. New York et. al.: Viking, 2011. S. 692 f., 681
12 Flynn, James R. Are We Getting Smarter?: Rising IQ in the Twenty-First Century. New. Cambridge ; New York: Cambridge University Press, 2012. S. 96.
13 Oesterdiekhoff, Georg W. Kulturelle Evolution des Geistes. Die historische Wechselwirkung von Psyche und Gesellschaft. Münster et. al.: LIT, 2006. S. 65 ff.
14 Ebd., S. 45.
15 Oesterdiekhoff, Entwicklung der Menschheit, aaO., S. 324, 59.
16 Walker, Lawrence J. »Cognitive and Perspective-Taking Prerequisites for Moral Development«. Child Development 51, Nr. 1 (März 1980): 131–39. S. 137.
17 Kohlberg, Lawrence. »Zusammenhänge und Brüche zwischen der Moralentwicklung in der Kindheit und im Erwachsenenalter (mit Richard Kramer, 1969)«. In: Die Psychologie der Moralentwicklung, 7. Aufl., 41–80. Frankfurt am Main: Suhrkamp, 2014. S. 52.
18 Ebd., S. 53.
19 Hoffman, Martin L. Empathy and Moral Development: Implications for Caring and Justice. Cambridge: Cambridge University Press, 2000. S. 6, 63 ff.
20 Waal, Frans de. Primaten und Philosophen: Wie die Evolution die Moral hervorbrachte. München: dtv, 2011. S. 22 f.
21 Darwin, Charles. The Descent of Man. 2. Aufl. New York: Clarke, Given and Hooper, 1874. S. 150.
22 Bowles, Samuel, und Herbert Gintis. A Cooperative Species. Human Reciprocity and its Evolution. Princeton and Oxford: Princeton University Press, 2011. S. 4.
23 Wilson, Edward O. The Social Conquest of Earth. New York: Liveright Pub. Corporation, 2012. S. 289, 241.
24 Waal, aaO. S. 73 f.
25 Stanton, Gregory H. »The Ten Stages of Genocide«. Genocide Watch, 2013. http://www.genocidewatch.org/genocide/tenstagesofgenocide.html.

26 Singer, Peter. The Expanding Circle. Princeton and Oxford: Princeton University Press, 2011. S. 118 f.
27 Apel, Karl-Otto. Diskurs und Verantwortung. Das Problem des Übergangs zur postkonventionellen Moral. Frankfurt am Main: Suhrkamp, 1990. S. 410, 429, 474
28 Singer, Expanding, aaO., S. 119.
29 Apel, aaO., S. 433.
30 Oesterdiekhoff, Entwicklung der Menschheit, aaO., S. 392 f.
31 Rifkin, Jeremy. Die empathische Zivilisation. Wege zu einem globalen Bewusstsein. Übersetzt von Ulrike Bischoff, Waltraud Götting, und Xenia Osthelder. Frankfurt; New York: Campus, 2009. S. 119 f.
32 Oesterdiekhoff, Georg W. Zivilisation und Strukturgenese. Norbert Elias und Jean Piaget im Vergleich. Frankfurt am Main: Suhrkamp, 2000. S. 48 f., 29.
33 Kant, Frieden, aaO., Dritter Definitivartikel, S. 216.
34 Singer, Expanding, aaO., S. 120.
35 Hume, David. Eine Untersuchung über die Prinzipien der Moral. Stuttgart: Reclam, 2012. S. 34.
36 Darwin, Descent, aaO., S. 138.
37 Sagan, Kosmos, aaO., S. 351.
38 Rifkin, Empathische Zivilisation, aaO., S. 317 ff.
39 McLuhan, Understanding Media, aaO., S. 5.
40 Rifkin, Empathische Zivilisation, aaO., S. 100, 31 f., 45.
41 Jonas, Hans. Das Prinzip Verantwortung. Frankfurt am Main: Suhrkamp, 1984. S. 36.
42 Wilber, Ken. Integrale Psychologie. Freiamt: Arbor Verlag, 2001.
43 Gebser, Jean. Ursprung und Gegenwart. Erster Teil. Das Fundament der aperspektivischen Welt. Bd. II. Gesamtausgabe. Schaffhausen: Novalis Verlag, 1978. S. 96.
44 Ebd., S. 81, 173, 167.
45 Ebd., S. 31.
46 McIntosh, Steve. Integral Consciousness and the Future of Evolution. St. Paul, Minnesota: Paragon House, 2007. S. 115 f.
47 Habermas, Jürgen. Zur Rekonstruktion des Historischen Materialismus. Frankfurt am Main: Suhrkamp, 1976. S. 37.
48 Havel, Vaclav. »Address to the Joint Session of the U.S. Congress, Washington D.C.«, 21. Februar 1990. http://old.hrad.cz/president/Havel/speeches/1990/2102_uk.html.
49 Gebser, Bd. II., aaO., S. 16.
50 Gebser, Jean. Ursprung und Gegenwart. Zweiter Teil. Die Manifestationen der aperspektivischen Welt. Bd. III. Gesamtausgabe. Schaffhausen: Novalis Verlag, 1978. S. 400.
51 Ebd., S. 395.
52 Fromm, Erich. Die Seele des Menschen. 4. Aufl. München: dtv, 1992. S. 97.
53 Anders, Günther. Die Antiquiertheit des Menschen 1: Über die Seele im Zeitalter der zweiten industriellen Revolution. München: Verlag C.H. Beck, 1956. S. 267 ff.
54 Fromm, Seele, aaO., S. 76, 77.
55 Ebd., S. 98, 99 f., 102.
56 Mumford, Lewis. 1977. Mythos der Maschine. Frankfurt am Main: Fischer. S. 674.
57 Ogburn, William Fielding. Social Change with Respect to Culture and Original Nature. New York: The Viking Press, 1922. S. 200 ff.
58 Ogburn, William F. »Die Theorie der kulturellen Phasenverschiebung (lag)«. In Kultur und sozialer Wandel. Ausgewählte Schriften, hg. von Otis Dudley Duncan, 134–45. Neuwied und Berlin: Luchterhand, 1969. S. 144.
59 Rosa, Hartmut. Beschleunigung. Die Veränderung der Zeitstrukturen in der Moderne. Frankfurt: Suhrkamp, 2005. S. 475, 324 ff., 477.
60 Scheuerman, William E. »Speed, States, and Social Theory: A Response to Hartmut Rosa«. Constellations 10, Nr. 1 (2003): 42–48. S. 47.
61 Adams, Richard Newbold. Energy and Structure. A Theory of Social Power. Austin, London: University of Texas

Press, 1975. S. 210, 304.
62 Rittberger, Evolution, aaO., S. 48.
63 Reagan, Ronald. »Address to the 42d Session of the United Nations General Assembly in New York, New York«, 21. September 1987. (http://www.reagan.utexas.edu/).
64 Abizadeh, Arash. »Does Collective Identity Presuppose an Other? On the Alleged Incoherence of Global Solidarity«. American Political Science Review 99, Nr. 1 (Februar 2005): 45–60. S. 47 ff.
65 Wendt, Alexander. »Why a World State is Inevitable«. European Journal of International Relations 9, Nr. 4 (2003): 491–542. S. 527 f.
66 Abizadeh, aaO., S. 58.
67 Morin, Edgar, und Anne Brigitte Kern. Homeland Earth. Cresskill, NJ: Hampton Press, 1999. S. 8, 58.
68 Patomäki, Heikki, und Teivo Teivainen. A possible World : democratic transformation of global institutions. London, New York: Zed Books, 2004. S. 136.
69 Hardt/Negri, Empire, aaO. S. 168.
70 White, Frank. Der Overview-Effekt. Übersetzt von Erwin Schuhmacher. Goldmann, 1993. S. 21.
71 Ebd., S. 8 f., 31 f., 11.
72 Herz, John H. »Weltbild und Bewußtwerdung – vernachlässigte Faktoren beim Studium der Internationalen Beziehungen«. Aus Politik und Zeitgeschichte, Nr. 11/80 (15. März 1980): 3–17. S. 15.
73 Gorbatschow, Michail, Vadim Sagladin, und Anatoli Tschernjajew. Das Neue Denken. Politik im Zeitalter der Globalisierung. München: Goldmann, 1997. S. 205 f.
74 Ebd., S. 209.
75 Curtis, Lionel. Durch Weltrevolution zum Frieden. Übersetzt von Rudolf Juchhoff und Julius Stocky. Köln: Liga-Verlag, 1949. S. 56.
76 Anderson, Benedict. Die Erfindung der Nation. 2. Aufl. Frankfurt/New York: Campus, 1996. S. 14 ff.
77 Osterhammel, Jürgen. Geschichtswissenschaft jenseits des Nationalstaats. 2. Aufl. Göttingen: Vandenhoeck & Ruprecht, 2003. S. 325.
78 Hom, Stephanie Malia. »On the Origins of Making Italy: Massimo D'Azeglio and ›Fatta l'Italia, bisogna fare gli Italiani‹«. Italian Culture XXXI, Nr. 1 (März 2013): 1–16.
79 Geary, Patrick J. The Myth of Nations: The Medieval Origins of Europe. Princeton, N.J.: Princeton University Press, 2003. S. 16 f.
80 Scheuerman, Realist Case, aaO., S. 43.
81 Hobsbawm, Eric. Nationen und Nationalismus. Übersetzt von Udo Rennert. München: dtv, 1996. S. 31 f.
82 Rénan, Ernest. »Was ist eine Nation? Vortrag in der Sorbonne am 11. März 1882«. In Grenzfälle – Über neuen und alten Nationalismus, hg. von Michael Jeismann und Henning Ritter, übersetzt von Henning Ritter. Leipzig, 1993.
83 Zürn, Michael, und Gregor Walter-Drop. »Democracy and representation beyond the nation state«. In The Future of Representative Democracy, hg. von Sonia Alonso, John Keane, und Wolfgang Merkel, 258–81. Cambridge et al.: Cambridge University Press, 2011. S. 265.
84 Patrick, Stewart M. »Surprising International Human Rights Consensus«. Council on Foreign Relations – The Internationalist, 8. Dezember 2011. (http://blogs.cfr.org/).
85 Singer, Peter. One World : The Ethics of Globalization. New Haven: Yale University Press, 2004. S. 171.
86 Simmel, Georg. Soziologie. Untersuchungen über die Formen der Vergesellschaftung. Gesamtausgabe Band 11. 7. Aufl. Frankfurt am Main: Suhrkamp, 2013. Sechstes Kapitel, Die Kreuzung sozialer Kreise, S. 456–511.
87 Sen, Amartya Kumar. Die Identitätsfalle: warum es keinen Krieg der Kulturen gibt. München: Dt. Taschenbuch-Verl., 2010. S. 34, 192.
88 Ebd., S. 133.
89 Council on Foreign Relations. »Chapter 1: World Opinion on General Principles of World Order«. In Public

Opinion on Global Issues. New York: Council on Foreign Relations, 2011. S. 11.
90 Ray, Paul H., und Sherry Ruth Anderson. The Cultural Creatives: How 50 Million People Are Changing the World. New York: Broadway Books, 2001. S. 11.
91 Kull, Steven. »Listening to the Voice of Humanity«. Kosmos Journal, Nr. Spring-Summer (2010): 26–29. S. 27.
92 Council on Foreign Relations. »Chapter 5a: World Opinion on the Environment«. In: Public Opinion on Global Issues. New York: Council on Foreign Relations, 2011. S. 6 f.
93 Global Zero. »Launch Press Release«, 9. Dezember 2008. http://www.globalzero.org/de/node/414.
94 Council on Foreign Relations. »Chapter 3: World Opinion on Violent Conflict«. In: Public Opinion on Global Issues. New York: Council on Foreign Relations, 2012. S. 2.
95 Council on Foreign Relations. »Chapter 2: World Opinion on International Institutions«. In: Public Opinion on Global Issues. New York: Council on Foreign Relations, 2012. S. 6 f.
96 Conrad, Sebastian. Globalgeschichte. Eine Einführung. München: C.H. Beck, 2013. S. 9 f.
97 Osterhammel, Jürgen. Geschichtswissenschaft jenseits des Nationalstaats. 2. Aufl. Göttingen: Vandenhoeck & Ruprecht, 2003. S. 47, 9.
98 Conrad, aaO., S. 26.
99 UNESCO. »Global Citizenship Education«, 28. Mai 2015. (http://www.unesco.org/).
100 Spier, Fred. Big History and the Future of Humanity. Chichester, U.K.; Malden, MA: Wiley-Blackwell, 2011. S. 24 ff.
101 Ebd., S. 139.
102 Christian, David. Maps of Time: An Introduction to Big History. Berkeley et. al.: University of California Press, 2011. S. 2.
103 Christian, David. »The Case for ›Big History‹.« Journal of World History 2, Nr. 2 (1991): 223–38. S. 227.
104 Welsch, Wolfgang. Unsere postmoderne Moderne. Berlin: Akademie Verl., 2008. S. 172 f.
105 Ebd., S. 165.
106 Harvey, David. The Conditions of Postmodernity. Malden, MA: Blackwell, 1990. S. 52.
107 Welsch, aaO., S. 181.
108 Apel, aaO., S. 396 f. mit Bezug auf »Discussion entre Jean-Francois Lyotard et Richard Rorty«. Critique, Nr. 456 (Mai 1985): 559–85.
109 Apel, ebd., S. 410 f.
110 Habermas, Jürgen. Die postnationale Konstellation. Frankfurt: Suhrkamp, 1998. S. 134.
111 In jüngerer Zeit z. B. hier: Habermas, Jürgen. Zur Verfassung Europas. Berlin: Suhrkamp, 2011. S. 85 ff.
112 Beck, Ulrich, Anthony Giddens, und Scott Lash. Reflexive Modernisierung. Eine Kontroverse. Frankfurt am Main: Suhrkamp, 1996. S. 19.
113 Sloterdijk, Peter. Im Weltinnenraum des Kapitals. Frankfurt am Main: Suhrkamp, 2006. S. 13 f.
114 Berlin, Isaiah. Freiheit. Vier Versuche. Frankfurt am Main: S. Fischer, 2006. S. 250.
115 Christian, Maps, aaO., 10 f.
116 Wilson, Social Conquest, aaO., S. 294.

Kapitel 26.
1 Kampagne für ein UN-Parlament, »Folgerungen der Kampagne für ein UN-Parlament zu verschiedenen politischen Standpunkten«, November 2007.
2 Habegger, Beat. Parlamentarismus in der internationalen Politik: Europarat, OSZE und Interparlamentarische Union. 1. Aufl. Baden-Baden: Nomos, 2005. S. 34, 228.
3 Zit. n. Österreichisches Parlament, Parlamentskorrespondenz Nr. 98, 18. Februar 2002. http://www.parlament.gv.at/PAKT/PR/JAHR_2002/PK0098/index.shtml.
4 Kampagne für ein UN-Parlament, »Folgerungen der Kampagne für ein

UN-Parlament zu verschiedenen politischen Standpunkten«, November 2007.
5 Zu den Modellen siehe: Bummel, Andreas. Die Zusammensetzung einer Parlamentarischen Versammlung bei der UNO. 3. Aufl. Berlin: Komitee für eine demokratische UNO, 2010.
6 Schwartzberg, Joseph. Creating a World Parliamentary Assembly. An Evolutionary Journey. Berlin: Committee for a Democratic UN, 2012.
7 Artikel 14 Absatz 2.
8 BVerfG, 2 BvR 2134, 2159/92, 12. Oktober 1993; 89, 155 – Maastricht, S. 182, Rn. 93.
9 BVerfG, 2 BvE 2/08, 30. Juni 2009 – Lisbon, Rn. 271.
10 Ebd., Rn. 279.
11 Ebd., Rn. 246. Vgl. auch Rn. 263.

Kapitel 27.
1 Emmerich-Fritsche, Angelika. Vom Völkerrecht zum Weltrecht. Berlin: Duncker & Humblot, 2007. S. 340.
2 Dror, Ist die Erde noch regierbar, S. 116 ff.
3 Emmrich-Fritsche, aaO., S. 458.
4 Schwartzberg, Joseph. Transforming the United Nations System. Designs for a Workable World. Tokyo, New York, Paris: United Nations University Press, 2013. S. 17.
5 Lange, Christian, Hrsg. »Un Congrès International, Conférence de Bruxelles, 1905«. In Union interparlementaire: Résolutions des Conférences et Décisions principales du Conseil, 2. Aufl., 93–94. Brussels: Misch & Thron, 1911. Siehe Punkt 8.
6 Europäischer Gerichtshof. »Urteil des Gerichtshofes, Rechtssachen C-584/10 P, C-593/10 P und C-595/10 P«, 18. Juli 2013 (Kadi II). Absatz 131.
7 Bogdandy, Armin von, und Ingo Venzke. In wessen Namen? Internationale Gerichte in Zeiten globalen Regierens. Berlin: Suhrkamp, 2014. S. 283, 204, 206, 290.
8 Emmerich-Fritsche, aaO., S. 651 f.

Kapitel 28.
1 Falk, Richard. A Study of Future Worlds. Amsterdam: North-Holland Publishing Company, 1975. S. 277.
2 Foa, Roberto, and Yascha Mounk. ›The Democratic Disconnect‹. Journal of Democracy 27, no. 3 (July 2016): 5–17.
3 Inglehart, Ronald, und Christian Welzel. Modernization, cultural change, and democracy: the human development sequence. Cambridge, UK ; New York: Cambridge University Press, 2005. S. 41 ff.
4 Šlaus, Ivo, und Garry Jacobs. »In Search of a New Paradigm for Global Development.« Cad 6, Nr. 1 (Mai 2013). (http://www.cadmusjournal.org/).
5 Rossiaud, Jean. »For a Democratic Cosmopolitan Movement.« Forum for a New World Governance, November 2012. S. 11 f.
6 Raskin, Paul. »Imagine All the People: Advancing a global citizens movement.« Tellus Institute, Dezember 2010. S. 1, 3.
7 Raskin, Paul, Orion Kriegman, und Josep Xercavins. »We the People of Earth: Toward Global Democracy.« Tellus Institute, Mai 2010.
8 Mićić, Pero. Wie wir uns täglich die Zukunft versauen Raus aus der Kurzfristfalle. Berlin: Econ, 2014.
9 Dauvergne, Peter, und Genevieve LeBaron. Protest Inc. The Corporatization of Activism. Polity Press, 2014. S. 4, 1, 136.
10 »An open letter to our fellow activists across the globe: Building from below and beyond borders.« CIVICUS' Blog, 6. August 2014. (http://blogs.civicus.org/).
11 »Das Smart CSOs Lab.« SmartCSOs. Zugegriffen 4. August 2015. http://smartcsos.org/berlin-lab/das-smart-csos-lab.
12 Heinrich, Dieter. Ein Plädoyer für eine parlamentarische Versammlung bei der UNO. Übersetzt von Miriam Mersin. Berlin: Komitee für eine demokratische UNO, 2010. S. 51 ff.
13 Vgl. Bummel, Zusammensetzung, aaO., S. 20.

14 Wylie, David A. City, Save Thyself! Boston: Trueblood Publishing, 2009.
15 World Economic Forum. Global Risks 2014. Geneva, 2014. S. 28.
16 »The ›GlobalMay manifesto‹ of the Occupy movement«. Guardian Online, 11. Mai 2012. (http://www.guardian.co.uk/).
17 Jaspers, Karl. Rechenschaft und Ausblick. München: Piper, 1958. S. 301.
18 Gates, Bill. Du darfst keine Zweifel haben. Interviewt von Michael Bauchmüller und Stefan Braun. Süddeutsche Zeitung, 28. Januar 2015. www.sueddeutsche.de/wirtschaft/-1.2324164.
19 Jenks, C. Wilfred. The World Beyond the Charter. London: George Allen & Unwin Ltd., 1969. S. 11.
20 Schweller, aaO., S. 140.
21 Szilard, Leo. »Can we Avert an Arms Race by an Inspection System?« In: One World Or None, hg. von Dexter Masters und Katharine Way, 167–79. New York: The New Press, 1946. S. 178.
22 Weizsäcker, Carl Friedrich von. Der ungesicherte Friede. 2. Aufl. Göttingen: Vandenhoeck & Ruprecht, 1979. S. 103.
23 Rossiaud, aaO., S. 19.
24 Bartosch, aaO., S. 311.
25 Baratta, Vol. 2., aaO., S. 528.
26 Joint Chiefs of Staff, Hrsg. »The National Military Strategy of the United States of America 2015«, Juni 2015. S. 4.
27 Hansen, J., M. Sato, P. Hearty, R. Ruedy, M. Kelley, V. Masson-Delmotte, G. Russell, u. a. »Ice melt, sea level rise and superstorms: evidence from paleoclimate data, climate modeling, and modern observations that 2 °C global warming is highly dangerous.« Atmos. Chem. Phys. Discuss. 15, Nr. 14 (23. Juli 2015): 20059–179. S. 20121, 20119.
28 Randers, Jorgen. 2052. White River Junction, Vt: Chelsea Green Publishing Co, 2012. S. 118.
29 Winkelmann, Ricarda, Anders Levermann, Andy Ridgwell, und Ken Caldeira. »Combustion of Available Fossil Fuel Resources Sufficient to Eliminate the Antarctic Ice Sheet.« Science Advances 1, Nr. 8 (4. September 2015).
30 Pei, Minxin. »5 Ways China Could Become a Democracy.« The Diplomat, 13. Februar 2013. (http://thediplomat.com/).
31 Chu, Yun-Han, Larry Diamond, Andrew J. Nathan, und Doh Chull Shin, Hrsg. How East Asians View Democracy. New York: Columbia University Press, 2010. S. 22.
32 Link, Perry, übers. Von. »China's Charter 08.« The New York Review of Books, 15. Januar 2009. (http://www.nybooks.com/).
33 Feng, Zhang. »The Tianxia System: World Order in a Chinese Utopia.« GlobalAsia 4, Nr. 4 (2009): 108–12. S. 108 ff.
34 Tingyang, Zhao. »All-Under-Heaven and Methodological Relationalism.« In: Contemporary Chinese Political Thought, hg. von Fred Dallmayr und Zhao Tingyang, 46–66. Lexington: University Press of Kentucky, 2012. S. 64.
35 Carlson, Allen. »Moving Beyond Sovereignty? A brief consideration of recent changes in China's approach to international order and the emergence of the tianxia concept.« Journal of Contemporary China 20, Nr. 68 (2011): 89–102.
36 Koenig-Archibugi, Mathias. »Is global democracy possible?« European Journal of International Relations Prepublished (16. Juni 2010): 1–24. S. 5.
37 Wells, Herbert George. The Outline of History. Being a Plain History of Life and Mankind. Volume II. Bd. 2. New York: The MacMillan Company, 1920. S. 594.

Jo Leinen
geb. 1948 in Bisten, Mitglied des Europäischen Parlaments und Präsident der Europäischen Bewegung International. Zuvor war er saarländischer Umweltminister. Studium der Wirtschafts- und Rechtswissenschaften.

Andreas Bummel
geb. 1976 in Kapstadt, leitet die internationale Kampagne für ein Parlament bei der UNO und gehört dem Council des World Federalist Movement-Institute for Global Policy an. Zuvor tätig bei einer Unternehmensberatung.